四庫全書總目彙訂

修訂本

8

集部

魏小虎　編撰

上海古籍出版社

卷一四八

集　部　一

集　部　總　敍

　　集部之目，《楚辭》最古，別集次之，總集次之，詩文評又晚出，詞曲則其閏餘也。古人不以文章名，故秦以前書無稱屈原、宋玉工賦者。洎乎漢代，始有詞人。跡其著作，率由追錄。故武帝命所忠求相如遺書，魏文帝亦詔天下上孔融文章。至於六朝，始自編次。唐末又刊版印行。事見貫休《禪月集》序。夫自編則多所愛惜，刊版則易於流傳。四部之書，別集最雜，兹其故歟？然典册高文，清辭麗句，亦未嘗不高標獨秀，挺出鄧林。此在翦刈卮言，別裁偽體，不必以猥濫病也。總集之作，多由論定。而《蘭亭》、《金谷》悉觴咏於一時，下及《漢上題襟》、《松陵倡和》。《丹陽集》惟錄鄉人，《篋中集》則附登乃弟。雖去取僉乎衆議，而履霜有漸，已為詩社標榜之先驅。其聲氣攀援，甚於別集。要之，浮華易歇，公論終明，巋然而獨存者，《文選》、《玉臺新詠》以下數十家耳。詩文評之作，著於齊、梁。觀同一"八病四聲"也，鍾嶸以求譽不遂，巧致譏排；劉勰以知遇獨深，繼為推闡。詞場恩怨，亘古如斯。冷齋曲附乎豫章，石林隱排乎元祐，黨人餘釁，報及文章，又其已事矣。固宜別白存之，各核其實。至於倚聲末技，

分派詩歌，其閒周、柳、蘇、辛，亦遞爭軌轍。然其得其失，不足重
輕，姑附存以備一格而已。大抵門户構爭之見，莫甚於講學，而
論文次之。講學者聚黨分朋，往往禍延宗社；操觚之士筆舌相
攻，則未有亂及國事者。蓋講學者必辨是非，辨是非必及時政，
其事與權勢相連，故其患大；文人詞翰，所爭者名譽而已，與朝廷
無預，故其患小也。然如艾南英以排斥王、李之故，至以嚴嵩爲
察相，而以殺楊繼盛爲稍過當。豈其捫心清夜，果自謂然？亦朋
黨既分，勢不兩立，故決裂名教而不辭耳。至錢謙益《列朝詩
集》，更顛倒賢姦，彝良泯絕。其貽害人心風俗者，又豈尠哉！今
掃除畛域，一準至公。明以來諸派之中，各取其所長，而不回護
其所短。蓋有世道之防焉，不僅爲文體計也。

楚　辭　類

　　裒屈、宋諸賦，定名《楚辭》，自劉向始也。後人或謂之“騷”，
故劉勰品論《楚辭》，以《辨騷》標目。考史遷稱：“屈原放逐，乃著
《離騷》。”蓋舉其最著一篇。《九歌》以下，均襲“騷”名，則非事實
矣①。《隋志》集部以“楚辭”別爲一門，歷代因之②。蓋漢、魏以
下，賦體既變，無全集皆作此體者。他集不與《楚辭》類，《楚辭》
亦不與他集類，體例既異，理不得不分著也。楊穆有《九悼》一
卷，至宋已佚。晁補之、朱子皆嘗續編，然補之書亦不傳，僅朱子
書附刻《集註》後③。今所傳者，大抵註與音耳。註家由東漢至
宋，遞相補苴，無大異詞。迨於近世，始多別解，割裂補綴，言人
人殊。錯簡説經之術，蔓延及於詞賦矣。今並刊除，杜竄亂古書
之漸也。

【彙訂】

①“楚辭”一名，含義有二：一為繼《詩三百》而起，發源於楚國之新詩體，二為總集之稱，即書名。司馬遷《史記·酷吏列傳·張湯傳》云“始長史朱買臣，會稽人也，讀《春秋》。莊助使人言買臣，買臣以《楚辭》與助俱幸，侍中，為太中大夫。”班固《漢書·朱買臣傳》續為記載云：“會邑子嚴助貴幸，薦買臣。召見。説《春秋》，言《楚辭》，帝甚悦之。”《漢書·王襃傳》亦載及《楚辭》：“宣帝時，修武帝故事，講論六藝群書，博盡奇異之好。徵能為《楚辭》。九江被公召見誦讀。”《太平御覽》五百八十九引《七略》言“被公年衰老，每一誦，輒與粥”。審其文義，詩體、書名俱在焉。是漢初已有其書。或謂宋玉始輯《離騷》、《九辨》為書，是為《楚辭》之濫觴。越一百年，漢文帝時，阜陽漢簡有屈原作品，今殘存《離騷》、《涉江》二簡（還有數簡，待辨認）。其後劉安封淮南王，都壽春（楚故都，今安徽壽縣）。取《離騷》、《九辨》輯本，益以《九歌》、《天問》、《九章》、《遠遊》、《卜居》、《漁父》（當時人斷定為屈原作品），附以己作《招隱士》，計九篇，遂奠定《楚辭》規模。武帝時安又撰《離騷傳》，為輯註、論評之始。近人章炳麟曰：“《楚辭》傳本非一，然淮南王安為《離騷傳》，則知定本出於淮南。”（《訄書·官統中》）《離騷傳》論評不限《離騷》，遍及《九歌》、《天問》、《九章》、《遠遊》、《卜居》、《漁父》等七題二十五篇。這應是劉安考定的屈原作品，概稱作“離騷”。這一見解，直接影響到劉向、劉歆、王逸諸人。傳世《楚辭章句》雖目次已非原本面貌，然舊刻本子於《離騷》、《九歌》、《天問》、《九章》、《遠遊》、《卜居》、《漁父》七題下皆大題“離騷”二字，而於《九辨》、《招魂》、《大招》、《招隱士》諸題下則大題“楚辭”二字。郭璞注《山海經》，引《天

問》、《遠遊》詩句,概題曰《離騷》。朱熹作《楚辭集註》,敘目於《九歌》至《漁父》六題前皆冠"離騷"二字,謂"以上《離騷》,凡七題二十五篇,皆屈原作,定為五卷";而於《九辨》、《招魂》、《大招》、《招隱士》諸題前皆冠"續離騷"三字,謂"以上續離騷,凡八題十六篇,今定為三卷"。吳仁傑撰《離騷草木疏》,自為解題云:"仁傑獨取諸二十五篇之文,故命曰《離騷草木疏》。"可證西漢前期業已存在以"離騷"概稱屈原作品的現象,並且給後世以極大的影響,大題既不取代、亦不排斥小題,而是相互依存的。(湯炳正:《〈楚辭〉成書之探索》、《古人多稱〈楚辭〉為〈離騷〉,以小名代大名》;崔富章:《四庫提要補正》)

②　梁阮孝緒《七錄》之《文集錄》已別立"楚辭"一類。(熊良智:《屈原賦探名》)

③　晁補之《楚辭後語》雖無單行本流傳,但亦收入《楚辭集註》中。(李致忠:《三目類序釋評》)

楚辭章句十七卷(兵部侍郎紀昀家藏本)

漢王逸撰。逸字叔師,南郡宜城人。順帝時,官至侍中。事迹具《後漢書·文苑傳》。舊本題"校書郎中",蓋據其註是書時所居官也。初,劉向裒集屈原《離騷》、《九歌》、《天問》、《九章》、《遠遊》、《卜居》、《漁父》,宋玉《九辨》、《招魂》,景差《大招》,而以賈誼《惜誓》、淮南小山《招隱士》、東方朔《七諫》、嚴忌《哀時命》、王褒《九懷》及向所作《九嘆》,共為《楚辭》十六篇。是為總集之祖①。逸又益以己作《九思》與班固二敘為十七卷,而各為之註。其《九思》之註,洪興祖疑其子延壽所為。然《漢書·地理志》、《藝文志》即有自註,事在逸前。謝靈運作《山居賦》,亦自註之,安知非用逸例耶②？舊説無文，未可遽疑為延壽作也。陳振孫《書錄解題》載有《古文楚辭釋文》一卷③，其篇第首《離騷》，次《九辨》、《九歌》、《天問》、《九章》、《遠遊》、《卜居》、《漁父》、《招隱士》、《招魂》、《九懷》、《七諫》、《九嘆》、《哀時命》、《惜誓》、《大招》、《九思》，迥與今本不同。興祖據逸《九章》註中稱“皆解於《九辨》中”，知古本《九辨》在前，《九章》在後。振孫又引朱子之言，據天聖十年陳説之序，謂“舊本篇第混併，乃考其人之先後，重定其篇第”，知今本為説之所改。則自宋以來，已非逸之舊本。又黃伯思《東觀餘論》謂逸註《楚辭》，序皆在後，如《法言》舊本之例，不知何人移於前。則不但篇第非舊，併其序亦非舊矣。然洪興祖《考異》於“離騷經”下註曰“《釋文》第一”，無“經”字。而逸註明云：“離，別也。騷，愁也。經，徑也。”則逸所註本確有“經”字，與《釋文》本不同。必謂《釋文》為舊本，亦未可信，姑存其説可也①。逸註雖不甚詳賅，而去古未遠，多傳先儒之訓詁。故李善註《文選》，全用其文。《抽思》以下諸篇註中，往往隔句用韻。如“哀憤結縎，慮煩冤也；哀悲太息，損肺肝也；心中結屈，如連環也”之類，不一而足。蓋仿《周易》象傳之體，亦足以考證漢人之韻。而吳棫以來談古韻者皆未徵引，是尤宜表而出之矣。

【彙訂】

①《離騷》、《九辨》本是屈、宋合集，獨立成書，後來逐漸增補，成了先秦時代《楚辭》的雛型。其纂輯者，或即為宋玉本人。其後淮南王劉安或其門客整理增輯至九篇。至於劉向則不過是纂輯者之一，而且不是重要的纂輯者，他只是增補了四篇作品。對屈原作品搜集最多的是淮南王劉安或其門客，經過這次纂輯，已奠定了《楚辭》一書的基礎，此後不過是零星增補而已。（湯炳

正：《〈楚辭〉成書之探索》）

②　班固二敍為原本所有，非王逸增益。王逸《楚辭章句敍》云：“今臣復以所識所知，稽之舊章，合之經傳，作十六卷章句。”姚振宗《隋書經籍志考證》云：“王逸自敍稱臣，則當時嘗進於朝。其十六卷本，自敍言之甚明，是為經進本；其十七卷本，蓋私家別行本也。”細讀《九思敍》中稱“博雅多覽”、“未有解說，故聊敍訓誼”云云，決非自敍、自注者甚明。（崔富章：《四庫提要補正》）

③　陳振孫《直齋書錄解題》卷十五著錄《離騷釋文》一卷，並無“古文”二字，第言“古本，無名氏”而已。著錄其篇第首《騷經》。（余嘉錫：《四庫提要辨證》）

④　晁公武《郡齋讀書志》卷四下（袁本，衢本文同）亦謂：“《釋文》篇第，蓋舊本也，後人始以作者先後次第之耳。”此說宋、元人皆無異詞。凡見於前者即略於後，乃王逸《楚辭章句》的慣例。如《七諫》注云“已解於《九章》篇”中；又《哀時命》注云“已解於《七諫》也”。通貫全書，例不勝舉。且書中於《九歌》、《九章》的敍文中都不釋“九”字之義，而在《九辨》的敍文中則曰：“九者，陽之數，道之綱紀也。故天有九星，以正機衡；地有九州，以成萬邦；人有九竅，以通精明。”這更證明了王逸《楚辭章句》的原始篇次，《九辨》不僅在《九章》之前，而且在《九歌》之前，跟《楚辭釋文》的篇次相同。梁劉勰《文心雕龍·辨騷》曰：“故《騷經》、《九章》，朗麗以哀志；《九歌》、《九辨》，綺靡以傷情；《遠遊》、《天問》，瓌詭而惠巧；《招魂》、《招隱》，耀豔而深華；《卜居》標放言之致；《漁父》寄獨往之才。故能氣往轢古，辭來切今，驚采絕豔，難與並能矣。自《九懷》以下，遽躕其跡，而屈、宋逸步，莫之能追。”其所見之本，《騷經》至《漁父》十篇次第同樣集中在一起，而《九懷》以下

七篇皆為漢人作品。據此可知,《楚辭釋文》的篇次雖較混亂,卻是
王逸《楚辭章句》的原始面貌。(湯炳正:《〈楚辭〉成書之探索》)

楚辭補註十七卷(內府藏本)

宋洪興祖撰。興祖字慶善。陸游《渭南集》有興祖手帖跋,
稱為"洪成季慶善",未之詳也①。丹陽人。政和中登上舍第。
南渡後召試,授祕書省正字。歷官提點江東刑獄,知真州、饒州。
後忤秦檜,編管昭州卒。事迹具《宋史·儒林傳》。周麟之《海陵
集》有興祖贈直敷文閣制,極褒其編纂之功。蓋檜死乃昭雪也。
案陳振孫《書錄解題》列《補註楚辭》十七卷,《考異》一卷。稱"興
祖少時,從柳展如得東坡手校十卷。凡諸本異同,皆兩出之。後
又得洪玉父而下本十四五家,參校遂為定本,始補王逸《章句》之
未備者。成書又得姚廷輝本,作《考異》,附古本釋文之後。又得
歐陽永叔、孫莘老、蘇子容本於關子東、葉少協,校正以補《考異》
之遺"云云。則舊本兼載釋文,而《考異》一卷附之,在《補註》十
七卷之外。此本每卷之末有"汲古後人毛表字奏叔依古本是正"
印記,而《考異》已散入各句下,未知誰所竄亂也。又目錄後有興
祖附記,稱鮑欽止云"《辨騷》非《楚辭》本書,不當錄。班固二序,
舊在《九嘆》之後,今附於第一通之末"云云②。此本《離騷》之末
有班固二序,與所記合。而劉勰《辨騷》一篇仍列序後,亦不詳其
何故。豈但言其不當錄,而未敢遽刪歟?漢人註書,大抵簡質,
又往往舉其訓詁,而不備列其考據。興祖是編列逸註於前,而一
一疏通、證明、補註於後,於逸註多所闡發。又皆以"補曰"二字
別之,使與原文不亂。亦異乎明代諸人妄改古書,恣情損益。於
楚辭諸註之中,特為善本。故陳振孫稱其用力之勤,而朱子作

《集註》,亦多取其説云。

【彙訂】

① 洪興祖《韓子年譜》附孫伯野跋稱:"又洪慶善所次《昌黎年譜》,宣和壬寅得於其叔成季。"則成季乃慶善之叔。陸游《渭南文集》卷二九《跋洪慶善帖》亦云:"每見子咸言洪成季、慶善學行,然皆不及識。"據《宋會要輯稿》崇儒五載《中興會要》及選舉三二《憫恤舊族》,子咸乃興祖之子,字作"葳"。(李大明:《洪興祖生平事迹及著述考》)

② 洪興祖附記原文為"班孟堅二序,舊在《天問》、《九嘆》之後",二序一題《班孟堅序》,一題《離騷贊序》,而前者原在《天問》之後。(陳尚君、張金耀主撰:《四庫提要精讀》)

楚辭集註八卷辨證二卷後語六卷(內府藏本)

宋朱子撰。以後漢王逸《章句》及洪興祖《補註》二書詳於訓詁,未得意旨,乃櫽括舊編,定為此本。以屈原所著二十五篇為《離騷》,宋玉以下十六篇為《續離騷》。隨文詮釋,每章各繫以興、比、賦字,如《毛詩傳》例。其訂正舊註之謬誤者,別為《辨證》二卷附焉,自為之序。又刊定晁補之《續楚辭》、《變離騷》二書,錄荀卿至吕大臨凡五十二篇,為《楚辭後語》[①],亦自為之序。《楚辭》舊本有東方朔《七諫》、王褒《九懷》、劉向《九嘆》、王逸《九思》,晁本刪《九思》一篇。是編并削《七諫》、《九懷》、《九嘆》三篇,益以賈誼二賦。陳振孫《書錄解題》謂以"《七諫》以下,詞意平緩,意不深切,如無病而呻吟者也"。晁氏《續離騷》凡二十卷,《變楚辭》亦二十卷[②]。《後語》刪為六卷,去取特嚴。而揚雄《反騷》為舊錄所不取者,乃反收入。自序謂:"欲因《反騷》而著蘇

氏、洪氏之貶詞，以明天下之大戒也。"周密《齊東野語》記紹熙內
禪事曰："趙汝愚永州安置，至衡州而卒，朱熹為之註《離騷》以寄
意焉。"然則是書大旨在以靈均放逐寓宗臣之貶，以宋玉招魂抒
故舊之悲耳。固不必於賤釋音叶之閒，規規爭其得失矣。

【彙訂】

①《後語》非成書，自《思玄》、《悲憤》及《復志賦》以下至於
《幽懷》，僅存其目。故嘉定六年江西本只刊《集註》、《辨證》，後
五年重校刊時始並刻《後語》，而《思玄》以下十九章用晁補之之
説。（饒宗頤：《楚辭書錄》）

②"《續離騷》"、"《變楚辭》"乃"《續楚辭》"、"《變離騷》"之
誤。（廖棟梁：《靈均餘影·論朱熹〈楚辭後語〉》）

離騷草木疏四卷（安徽巡撫採進本）

宋吳仁傑撰。仁傑有《古周易》，已著錄①。是編末有仁傑
慶元丁巳自序，謂梁劉杳有《草木疏》二卷，見於本傳。其書已
亡。杳疏凡王逸所集者皆在焉，仁傑獨取二十五篇疏之。其大
旨謂《離騷》之文多本《山海經》，故書中引用，每以《山海經》為
斷。若辨"夕攬洲之宿莽"句，引"朝歌"之"山有莽草焉"為據，駁
王逸舊註之非。其說甚辨。然騷人寄興，義不一端。瓊枝若木
之屬，固有寓言；澧蘭沅芷之類，亦多即目。必舉其隨時抒望，觸
物興懷，悉引之於大荒之外，使靈均所賦悉出伯益所書，是澤畔
行吟，主於侈其博贍，非以寫其哀怨，是亦好奇之過矣。以其徵
引宏富，考辨典核，實能補王逸訓詁所未及。以視陸璣之疏《毛
詩》、羅願之翼《爾雅》，可以方軌並駕，爭騖後先，故博物者恒資
焉。跡其賅洽，固亦考證之林也②。此本為影宋舊鈔，末有慶元

庚申方燦跋，又有校正姓氏三行。蓋仁傑官國子學錄時，屬燦刊於羅田者。舊版散佚，流傳頗罕。寫本僅存③，亦可謂藝林之珍笈矣④。

【彙訂】

①《總目》卷三著錄吳仁傑撰《易圖說》三卷，其後一條為呂祖謙編《古周易》，無吳氏撰《古周易》。

②“固”，殿本無。

③ 聊城楊氏海源閣藏宋慶元六年（1200）羅田縣庠刊本，今歸國家圖書館。（崔富章：《四庫提要補正》）

④“亦”，殿本無。

欽定補繪離騷全圖二卷

國朝蕭雲從原圖，乾隆四十七年奉敕補繪。雲從字尺木，當塗貢生①。考《天問》序稱：“屈原放逐，彷徨山澤，見楚有先王之廟及公卿祠堂，圖畫天地山川神靈琦瑋譎詭，及古聖賢怪物行事②，因書其壁，呵而問之。”是《天問》一篇，本由圖畫而作。後世讀其書者，見所徵引，自天文地理、蟲魚草木與凡可喜、可愕之物，無不畢備，咸足以擴耳目而窮幽渺，往往就其興趣所至，繪之為圖。如宋之李公麟等，皆以此擅長。特所畫不過一篇一章，未能賅極情狀。雲從始因其章句，廣為此圖。當時咸推其工妙，為之鐫刻流傳。原本所有③，祇以三閭大夫、鄭詹尹、漁父合繪一圖，冠於卷端。及《九歌》為九圖，《天問》為五十四圖。而目錄、凡例所稱《離騷經》、《遠遊》諸圖，並已闕佚。《香草》一圖，則自稱有志未逮。核之《楚辭》篇什，挂漏良多。皇上幾餘披覽，以其用意雖勤，而脫略不免，特命內廷諸臣，參考釐訂，各為補繪。於

《離騷經》則分文析句，次為三十二圖。又《九章》為九圖，《遠遊》為五圖，《九辯》為九圖，《招魂》為十三圖，《大招》為七圖，《香草》為十六圖。於是體物摹神，粲然大備。不獨原始要終，篇無剩義，而靈均旨趣，亦藉以考見其比興之原。仰見大聖人游藝觀文，意存深遠。而雲從以繪事之微，荷蒙宸鑒，得為大輅之椎輪，實永被榮施於不朽矣。

【彙訂】

① 蕭雲從，《江南通志》卷一六七、《大清一統志》卷八四、《總目》卷九《易存》條均謂蕪湖人。依《總目》體例，當作“雲從有《易存》，已著錄”。

② “行”，底本作“異”，據《天問》序原文及殿本改。

③ 殿本“原”上有“然”字。

山帶閣註楚辭六卷楚辭餘論二卷楚辭說韻一卷（通行本）

國朝蔣驥撰。驥字涑塍，武進人。是書自序題康熙癸巳，而《餘論》上卷有“庚子以後，復見安谿李氏《離騷解義》”之語，蓋《餘論》又成於註後也。註前冠以《史記·屈原列傳》、沈亞之《屈原外傳》、《楚世家節略》，以考原事迹之本末。次以《楚辭地理》，列為五圖，以考原涉歷之後先。所註即據事迹之年月、道里之遠近，以定所作之時地。雖穿鑿附會，所不能無，而徵實之談，終勝懸斷。《餘論》二卷，駁正註釋之得失，考證典故之同異。其間詆訶舊說，頗涉輕薄。如以少司命為月下老人之類，亦幾同戲劇，皆乖著書之體。而汰其冗蕪，簡其精要，亦自瑕不掩瑜。《說韻》一卷，分以字母，通以方音。又博引古音之同異，每部列通韻、叶韻、同母叶韻三例，以攻顧炎武、毛奇齡之說。夫雙聲互轉、四聲遞轉之二例，沙隨程迥已言之，非驥之創論。然實不知先有聲韻，後有字母，聲韻為古法，字母為梵學，而執末以繩其本。至於五方音異，自古已然，不能謂之不協，亦不能執以為例。黃庭堅詞用蜀音，以"笛"韻"竹"；林外詞用閩音，以"掃"韻"鎖"。是可據為典要，謂宋韻盡如是乎？又古音一字而數叶，亦如今韻一字而重音。"佳"字佳、麻並收，"寅"字支、真並見，是即其例。使非韻書俱在，亦將執其別音攻今韻之部分乎？蓋古音本無成書，不過後人參互比校，擇其相通之多者，區為界限。猶之九州列國，今但能約指其地，而不能一一稽其犬牙相錯之形。驥不究同異之由，但執一二小節，遽欲變亂其大綱，亦非通論。以其引證浩博中亦閒有可採者，故仍從原本，與《餘論》並附錄焉。

右楚辭類六部，六十五卷，皆文淵閣著錄。

楚 辭 類 存 目

天問天對解一卷（浙江范懋柱家天一閣藏本）

宋楊萬里撰。萬里有《易傳》，已著錄。是書取屈原《天問》、柳宗元《天對》，比附貫綴，各為之解。已載入《誠齋集》中，此其別行本也。訓詁頗為淺易。其閒有所辨證者，如《天問》"雄虺九首，倏忽焉在"，引《莊子》"南方之帝曰儵，北方之帝曰忽"，證王逸註"電光"之誤，特因《天對》"儵忽之居，帝南北海"而為之說。又如《天問》"鯪魚何所，魼堆焉處"，獨謂"堆"當為"雀"，"魼雀在北號山，如雞，虎爪，食人"，證王逸註"奇獸"之誤。亦因《天對》"魼雀在北號，惟人是食"而為之說，未嘗別有新義也。

楚辭集解八卷蒙引二卷考異一卷（兩淮鹽政採進本）

明汪瑗撰。瑗字玉卿，歙縣人。是書《集解》八卷，惟註屈原諸賦，而宋玉、景差以下諸篇弗與。《蒙引》二卷，皆辨證文義。《考異》一卷，則以王逸、洪興祖、朱子三本互校其字句也。《楚辭》一書，文重義隱，寄託遙深。自漢以來，訓詁或有異同，而大旨不相違舛。瑗乃以臆測之見，務為新說以排詆諸家。其尤舛者，以“何必懷故都”一語為《離騷》之綱領，謂實有去楚之志，而深闢洪興祖等謂原惓惓宗國之非。又謂原為聖人之徒，必不肯自沈於水，而痛斥司馬遷以下諸家言死於汨羅之誣。蓋掇拾王安石《聞呂望之解舟》詩李壁註中語也。亦可為疑所不當疑，信所不當信矣。

離騷草木疏補四卷（浙江范懋柱家天一閣藏本）

明屠本畯撰。本畯有《閩中海錯疏》，已著錄。是書以宋吳仁傑《離騷草木疏》多有未備，特於“香草”類增入麻、秬黍、薇、藻、稻、粱、麥、粱八種，於“嘉木”類增入楓、梧二種。其餘於仁傑疏多所删汰。自謂明簡過之，而實則反失之疏略。又每類冠以《離騷》本文及王逸註，擬於《詩》之《小序》，亦無關宏旨，徒事更張。至仁傑謂宿莽非卷葹，斥王逸註及郭璞《爾雅註》之誤，本畯是書引羅願《爾雅翼》以明之。不知其引《南越志》“寧鄉草名卷葹，江淮閒謂之宿莽”者，正主郭之説。不免自相刺謬，尤失於考證矣。

楚騷協韻十卷附讀騷大旨一卷（浙江范懋柱家天一閣藏本）

明屠本畯撰。此本惟題曰屠畯，蓋未改名以前刻也。本畯以朱子《楚辭集註》韻為未備，故廣為此書，然所增實未盡當。古無韻書，各以方音取讀。方音南北互殊，不免大同而小異。如《離騷》"朕皇考曰伯庸，維庚寅吾以降"，"降"讀戶工切；又"重之以修能，紉秋蘭以為佩"，"能"讀奴來切，皆古音也。至"肇錫予以嘉名，字余曰靈均"，則方音矣。江以南真、庚互叶，今世尚然。本畯必讀"名"彌延反、"均"居員反，殊為牽合。本畯又好取《説文》字體改今楷法，以為楚騷文字在小篆未變之前，寫《楚辭》宜用小篆分草。今刊本雖用隸書，然宜以六書善本正其差譌。夫隸體與分草之興，初不相遠。且意取簡易，與篆固殊。若盡依《説文》改變形體，以為能守六書之義，轉為煩重。則但作篆可耳，奚以隸為？是亦好奇之過也。

　　楚辭聽直八卷合論一卷（兩江總督採進本）

　　明黄文煥撰。文煥有《詩經考》，已著錄。崇禎中，文煥坐黄道周黨下獄，因在獄中著此書。蓋借屈原以寓感。其曰《聽直》，即取原《惜誦》篇中"皐陶聽直"語也。其例凡評謂之"品"，註謂之"牋"。《九歌》、《九章》諸篇標題下又有"總品"。其篇次首《離騷》，次《遠遊》，次《天問》，次《九歌》，次《漁父》，次《卜居》，次《九章》。又據王逸之註，以《大招》或稱屈原；又據司馬遷《屈原賈生傳贊》有"讀原《離騷》、《招魂》、《哀郢》"語，並以《大招》、《招魂》附於篇末，與舊本皆異。《合論》一卷，即以發明《聽直》之旨。有合論一篇者，《聽離騷》、《聽遠遊》、《聽天問》、《聽九歌》、《聽卜居、漁父》、《聽九章》、《聽二招》七篇是也；有合論全書者，《聽忠》、《聽孝》、《聽年》、《聽次》、《聽復》、《聽芳》、《聽玉》、《聽路》、《聽女》、《聽禮》十篇是也。大抵借抒牢騷，不必盡屈原之本意。其詞氣傲睨恣肆，亦不出明末佻薄之習也。

楚辭評林八卷（內府藏本）

明沈雲翔編。雲翔字千仞，慶城人。是書成於崇禎丁丑。因朱子《集註》雜採諸家之說，標識簡端，冗碎殊甚。蓋坊賈射利之本也[1]。

【彙訂】

[1] 明天啟六年，秀水蔣之翹輯為《七十二家評楚辭》，刊載於《楚辭集註》眉間。十一年後，明崇禎十年（1637），沈雲翔增輯十二家為《八十四家評楚辭》，亦刊於《楚辭集註》眉端，即《總目》所題"《楚辭評林》八卷"也。其中，蔣之翹輯本《楚辭總評》四十五人中已有姜南，則沈氏所增實十一家也。集腋成裘，亦頗可觀。（崔富章：《四庫提要補正》）

天問補註一卷（浙江巡撫採進本）

國朝毛奇齡撰。奇齡有《仲氏易》，已著錄。是編以朱子《楚辭集註》於《天問》一篇多所闕疑，又謂世或牽引《天問》，造飾襞積，因以為說，而淺陋者更且牽引而註之。奇齡喜摭朱子之失，故為之補註。前為總論，後凡三十四條，皆先列《天問》原文，次列《集註》，而後以補註繼之，亦閒有所疏證。然語本恍惚，事尤奇詭，終屬臆測之詞，不能一一確證也。

楚辭燈四卷（內府藏本）

國朝林雲銘撰。雲銘字西仲，侯官人。順治戊戌進士，官徽州府通判。王晫《今世說》稱："雲銘少嗜學，每探索精思，竟日不食。暑月家僮具湯請浴，或和衣入盆。里人皆呼為'書癡'。"然觀所著諸書，實未能深造。是編取《楚辭》之文，逐句詮釋。又每篇為總論，詞旨淺近，蓋鄉塾課蒙之本。江寧朱冀嘗作《離騷辨》

一卷,攻雲銘之説甚力。然二人均以時文之法解古書,亦同浴而
譏裸裎也。其於《九章》篇次,自《涉江》以下,皆易其舊。曰《惜
誦》第一、《思美人》第二、《抽思》第三、《涉江》第四、《橘頌》第五、
《悲回風》第六、《惜往日》第七、《哀郢》第八、《懷沙》第九。考王
逸註稱:"屈原放於江南之埜,思君念國,憂心罔極,故復作《九
章》。"蓋以《九章》皆放江南時作。雲銘此編謂《惜誦》為懷王見
疏之後,又進言得罪而作,時但見疏而未嘗放。本傳所謂"不復
在位"者,以不復在左徒之位,未嘗不在朝也。其《思美人》、《抽
思》乃懷王置之於外時作,然此時在漢北,尚與江南之埜無涉。
惟《涉江》、《橘頌》、《悲回風》、《惜往日》、《哀郢》、《懷沙》六篇,始
是頃襄放之江南所作。如此説來,既與本傳使齊及諫釋張儀、諫
入武關數事不相礙,且與《思美人》、《抽思》章稱造都為"南行"、
朝臣為"南人",及"來集漢北"等語,《哀郢》章"仲春東遷"、"逍遙
來東"、"西思故都"等語一一印合云云①。然此説本明黃文煥
《楚辭聽直》,亦非其創解也。

【彙訂】

①"來集漢北"出自《哀郢》,"民離散而相失兮,仲春而東
遷"、"去終古之所居兮,今逍遙而來東"、"背夏浦而西思兮,哀故
都之日遠"皆出自《涉江》。

離騷經註一卷九歌註一卷(安徽巡撫採進本)

國朝李光地撰。光地有《周易觀象》,已著錄①。案《史記》
但稱"屈原著《離騷》",至王逸註本,始於《離騷》加"經"字,而《九
歌》、《九章》加"傳"字。此稱《離騷經》,從逸本也。所註皆推尋
文意,以疏通其旨,亦頗簡要。然《楚辭》實詩賦之流,未可説以

詁經之法。至《國殤》、《禮魂》二篇，向在《九歌》之末。古人以九紀數，實其大凡之名，猶《雅》、《頌》之稱"什"。故篇十有一，仍題曰"九"。光地謂當止於九篇，竟不附載，則未免拘泥矣。

【彙訂】

① 依《總目》體例，當作"光地有《周易通論》，已著錄"。

離騷經解一卷（浙江巡撫採進本）

國朝方楘如撰。楘如字文輈，淳安人。康熙丙戌進士，官豐潤縣知縣。是編所解甚略，無所考證發明。原附刻《集虛齋學古文》後，今析出別著錄焉。

離騷解一卷（江蘇巡撫採進本）

國朝顧成天撰。成天字良哉，婁縣人。雍正庚戌進士，官翰林院侍講。是編成於乾隆辛酉。大旨深闢王逸以來求女譬求君之說，持論甚正。然詞賦之體與敍事不同，寄託之言與莊語不同，往往恍惚汗漫，翕張反覆，迴出於蹊徑之外，而曲終乃歸於本意。疏以訓詁，核以事實，則刻舟而求劍矣。《離騷》之末曰："陟升皇之赫戲兮，忽臨睨夫舊鄉。僕夫悲余馬懷兮，蜷局顧而不行①。"即終之以"亂曰"云云，大意顯然，以前皆文章之波瀾也。不通觀其全篇，而句句字字必求其人以實之，反詆古人之疏舛，是亦蘇軾所謂"作詩必此詩"也。

【彙訂】

① "蜷"，殿本重一"蜷"字，衍文。

楚辭九歌解一卷（江蘇巡撫採進本）

國朝顧成天撰。其說以《湘君》、《湘夫人》為一篇，《大司命》、《少司命》為一篇，併十一篇為九，以合《九歌》之數，說尚可通。至於每篇所解，大抵以林雲銘《楚辭燈》為藍本，而加以穿鑿附會。如《河伯篇》云："九河屬韓、魏之境，而崑崙在秦之墟。韓、魏不能蔽秦，而東諸侯始無寧日。'與女遊兮九河'，武關之要盟也，'衝風起兮橫波'，伏兵之劫行也，'登崑崙兮四望'，留秦而不返也，'靈何為兮水中，朝章臺如藩臣'，不與抗禮也，'與女遊兮河渚，流澌紛兮來下'，冬卒而春歸其喪也。"則全歸之於懷王。又《山鬼篇》云："楚襄王遊雲夢，夢一婦人，名曰瑤姬。通篇辭意，似指此事。"則又歸之於巫山神女。屈原本旨，豈其然乎！

　　讀騷列論一卷（江蘇巡撫採進本）[1]

　　國朝顧成天撰。此書又舉《九章》以下諸篇未及作解者，一一評其大意。謂《離騷》之作在頃襄之世，屈原之死乃身殉懷王，力闢《史記》記事之謬；謂《九章·惜誦》、《惜往日》二篇為偽託，定為河洛間人所作；謂《卜居》亦為偽託，定為戰國人所作；謂《漁父》即莊周；謂《招魂》、《大招》皆招懷王，其說皆不免武斷。至《思美人》篇託元〔玄〕鳥而致詞句，謂因張儀生出"鳥"字，因商於生出"元鳥"字，其說尤不可解矣。

【彙訂】

　　① "列"，底本作"別"，據清乾隆六年刻本此書及殿本改。（杜澤遜：《四庫存目標注》）

　　離騷中正無卷數（副都御史黃登賢家藏本）

　　國朝林仲懿撰。仲懿有《南華本義》，已著錄。是編首載《讀離騷管見》數則，謂屈原之賦"以執中為宗派，主敬為根柢。自敍學問本領，陳述帝王心法，與四子書相表裏"。其說甚迂，故所釋類多穿鑿。如釋"名余曰正則，字余曰靈均"，謂屈子竊取子思之道,所言"正則"、"靈均",與《中庸》"天命之性"、"率性之道"相合。是果騷人之本意乎?

屈騷心印五卷(浙江巡撫採進本)

國朝夏大霖撰。大霖字用雨,號梅皋,衢州西安人。是編成於乾隆甲子,因林雲銘《楚辭燈》而改訂之。據其自述,自林本以外,所見惟朱子、來欽之、黃維章三家本。其論韻稱沈約為晉人,所引據者亦不過李漁《笠翁詩韻》、蔡方炳《廣輿記》諸書。前有毛以陽評,謂朱子未暇註《楚辭》,今本出後人之附會。尤不知何據也。

楚辭新註八卷(陝西巡撫採進本)

國朝屈復撰。復字悔翁,蒲城人。是編采合《楚辭》舊註,而自以新意疏解之。復頗工詩,故能求騷人言外之意,與拘言詮、涉理路者有殊。而果於師心,亦往往臆為變亂。如《離騷》"曰黃昏以為期兮"二句,指為衍文①。《天問》一篇,隨意移置其前後,謂之錯簡。《九歌》末《禮魂》一章,欲改為《禮成》,以為《九歌》之"亂辭"。大抵皆以意為之,無所依據也。

【彙訂】

① "文",殿本無。

楚辭章句七卷(山東巡撫採進本)

國朝劉夢鵬撰。夢鵬有《春秋義解》,已著錄。是書就諸本字句異同。參互考訂,亦頗詳悉。然不註某字出某本,未足依據。至於篇章次第,竄亂尤多。如二卷《九歌》內《湘君》、《湘夫人》、《大司命》、《少司命》本各自標題,而刪除《湘夫人》、《少司命》之名,稱《湘君》前後篇、《司命》前後篇。六卷《九章》內刪《抽思》、《橘頌》之目，統為《哀郢》，又移置其先後。均不知何據。又誤以《史記》敍事之文為屈平之語，遂合《漁父》、《懷沙》為一篇。刪去"漁父歌"，而增入"乃作《懷沙》之賦，其辭曰"九字，尤以意為之也。

右楚辭類十七部，七十五卷，內一部無卷數。皆附存目。

別集類一

集始於東漢[①]。荀況諸集，後人追題也。其自製名者，則始張融《玉海集》[②]。其區分部帙，則江淹有前集，有後集；梁武帝有詩賦集，有文集，有別集；梁元帝有集，有小集；謝朓有集，有逸集，與王筠之一官一集，沈約之《正集》百卷，又別選《集略》三十卷者，其體例均始於齊、梁[③]。蓋集之盛，自是始也。唐、宋以後，名目益繁。然《隋》、《唐志》所著錄，《宋志》十不存一；《宋志》所著錄，今又十不存一。新刻日增，舊編日減，豈數有乘除歟？文章公論，歷久乃明。天地英華所聚，卓然不可磨滅者，一代不過數十人。其餘可傳可不傳者，則繫乎有幸有不幸。存佚靡恒，不足異也。今於元代以前，凡論定諸編，多加甄錄；有明以後，篇章彌富，則刪薙彌嚴。非曰沿襲恒情，貴遠賤近。蓋閱時未久，珠礫並存，去取之閒，尤不敢不慎云爾。

【彙訂】

①《漢書·藝文志》之《詩賦略》，即後世之集部也。當時無"集"之名，而有"集"之實。（張舜徽：《四庫提要敍講疏》）

②"集"，殿本脫。《南史·張融傳》云："融文集數十卷行於

世,自名其集為《玉海》。"(同上)

③ 沈約《集略》三十卷不見於《隋書·經籍志》別集類,乃見於《舊唐書·經籍志》別集類和《新唐書·藝文志》別集類,則不宜稱"其體例均始於齊、梁"。(吕友仁、李正輝:《〈四庫全書總目〉補正十六則》)

揚子雲集六卷(副都御史黄登賢家藏本)

漢揚雄撰①。案《漢書·藝文志》、《隋書·經籍志》、《唐書·藝文志》皆載雄集五卷②,其本久佚。宋譚愈始取《漢書》及《古文苑》所載四十餘篇,仍輯為五卷,已非舊本③。明萬曆中,遂州鄭樸又取所撰《太元》、《法言》、《方言》三書及類書所引《蜀王本紀》、《琴清英》諸條,與諸文賦合編之④,釐為六卷,而以逸篇之目附卷末,即此本也。雄所撰諸箴,《古文苑》及《中興書目》皆二十四篇⑤。惟晁公武《讀書志》稱二十八篇,多《司空》、《尚書》、《博士》、《太常》四篇。是集復益以《太官令》、《太史令》為三十篇。考《後漢書·班固傳》註引雄《尚書箴》,《太平御覽》引雄《太官令》、《太史令》二箴,則樸之所增,未為無據。然考《漢書·胡廣傳》,稱雄作十二州箴、二十五官箴,其九箴亡。則漢世止二十八篇。劉勰《文心雕龍》稱"卿尹州牧二十五篇",則又亡其三,不應其後復出。且《古文苑》載《司空》等四箴,明註崔駰、崔瑗之名。葉大慶《考古質疑》又摘《初學記》所載《潤州箴》中乃有"六代都興"之語,則諸書或屬誤引,未可遽定為雄作也⑥。是書之首又冠以雄《始末辨》一篇,乃焦竑《筆乘》之文,謂:"《漢書》載雄仕莽作符命投閣,年七十一,天鳳五年卒。考雄至京見成帝,年四十餘,自成帝建始改元至天鳳五年,計五十有二歲。以五十二合四十餘，已近百年，則與年七十一者又相牴牾。又考雄至京，大司馬王音奇其文，而音薨於永始初年，則雄來必在永始之前。謂雄為仕於莽年者妄也"云云。近人多祖其說，為雄訟枉。案《文選》任昉所作《〈王文憲公集〉序》"家牒"字下，李善註引劉歆《七略》曰："子雲家牒言以甘露元年生。"⑦《漢書‧成帝紀》載行幸甘泉、行幸長楊宮，並在元延元年己酉⑧，上距宣帝甘露元年戊辰正四十二年，與四十餘之數合。其後元延凡五年，綏和凡二年，哀帝建平凡四年，元壽凡二年，平帝元始凡五年，孺子嬰凡三年，王莽始建國凡五年，積至天鳳五年，正得七十一年，與七十一卒之數亦合。其仕莽十年，毫無疑義。竑不考祠甘泉、獵長楊之歲，而以成帝即位之建始元年起算，悖謬殊甚⑨。惟王音卒歲，實與雄傳不合。然"音"字為"根"字之誤，宋祁固已言之。其文載今本《漢書》註中，竑豈未見耶？

【彙訂】

① 依《總目》體例，當補"雄有《方言》，已著錄"。

②《漢書‧藝文志》未著錄揚雄文集，《舊唐書‧經籍志》亦有著錄。（余嘉錫：《四庫提要辨證》）

③《郡齋讀書志》載《揚雄集》三卷，譚愈所編，《直齋書錄解題》作《揚子雲集》五卷，不著編輯者名氏。（同上）

④"編"，殿本無。

⑤ 宋章樵注《古文苑》卷十五實收揚雄箴二十八篇。（余嘉錫：《四庫提要辨證》）

⑥《郡齋讀書志》未錄揚雄之箴，亦無一語涉及之。惟《直齋書錄解題》卷十六《揚子雲集》之後有《二十四箴》一卷。《文獻通考‧經籍考》引之，誤陳氏為晁氏。《漢書‧胡廣傳》云："初，揚雄

依《虞箴》作十二州、二十五官箴,其九箴亡闕。"亡闕者,有亡有闕
也。(嚴可均:《重編揚子雲集敍》;余嘉錫:《四庫提要辨證》)

⑦ "子雲家牒言",殿本作"考子雲家牒"。

⑧ 據《漢書·成帝本紀》,行幸甘泉及長楊宮,事在元延二
年。(余嘉錫:《四庫提要辨證》)

⑨ 焦竑《筆乘》卷二《揚子雲始末辨》條明言乃錄泰和胡正
甫(名直)之説,未嘗更著一語。(同上)

蔡中郎集六卷(江蘇巡撫採進本)

漢蔡邕撰。《隋志》載後漢左中郎將蔡邕集十二卷,註曰"梁
有二十卷,錄一卷",則其集至隋已非完本。《舊唐志》乃仍作二
十卷,當由官書佚脱,而民閒傳本未亡,故復出也。《宋志》著錄
僅十卷,則又經散亡,非其舊本矣①。此本為雍正中陳留所刊,
文與詩共得九十四首。證以張溥《百三家集》刻本,多寡增損,互
有出入。卷首歐靜序論《姜伯淮》、《劉鎮南碑》斷非邕作。以年
月考之,其説良是。張本刪去《劉碑》,不為無見。然以伯淮為邕
前輩,宜有邕文,遂改建安二年為熹平二年,則近於武斷矣②。
張本又載《薦董卓表》,而陳留本無之。其事范書不載,或疑為後
人贋作。然劉克莊《後村詩話》已排詆此表,與揚雄《劇秦美新》
同稱。則宋本實有此文,不自張本始載。後漢諸史,自范、袁二
家以外③,尚有謝承、薛瑩、張璠、華嶠、謝沈、袁崧、司馬彪諸家,
今皆散佚,亦難以史所未載,斷其事之必無。或新本刊於陳留,
以桑梓之情,欲為隱諱,故削之以滅其跡歟?

【彙訂】

① "梁有二十卷,錄一卷"乃著錄之文,非註文,當作"著錄

曰",而非"註曰"。單從著錄卷數多寡來判斷其存佚完缺,亦太過武斷。(鄒定霞:《〈四庫提要·蔡中郎集〉辯誤》)

②據《後漢書·姜肱傳》,姜肱字伯淮,"年七十七,熹平二年終於家"。張溥明據史書,豈武斷耶?(胡玉縉:《四庫全書總目提要補正》)

③"范袁",殿本作"袁范"。

孔北海集一卷(編修朱筠家藏本)

漢孔融撰。案魏文帝《典論·論文》稱①:"孔氏卓卓,信含異氣。筆墨之性,殆不可勝。"②《後漢書》融本傳亦曰:"魏文帝深好融文辭,嘆曰:'揚、班儔也。'募天下有上融文章者,輒賞以金帛。所著詩、頌、碑文、論議、六言、策文、表、檄、教令、書記,凡二十五篇。"《隋書·經籍志》載漢少府孔融集九卷,註曰"梁十卷,錄一卷",則較本傳所記已多增益。新、舊《唐書》皆作十卷,蓋猶梁時之舊本。《宋史》始不著錄,則其集當佚於宋時。此本乃明人所掇拾。凡表一篇、疏一篇、上書三篇、奏事二篇、議一篇、對一篇、教一篇、書十六篇、碑銘一篇、論四篇、詩六篇,共三十七篇。其《聖人優劣論》,蓋一文而偶存兩條,編次者遂析為兩篇,實三十六篇也。張溥《百三家集》亦載是集,而較此本少《再告高密令教》、《告高密縣僚屬》二篇③。大抵捃拾史傳、類書,多斷簡殘章,首尾不具。不但非隋唐之舊,即蘇軾《孔北海贊序》稱讀其所作《楊氏四公贊》,今本亦無之。則宋人所及見者,今已不具矣。然人既國器,文亦鴻寶,雖闕佚之餘,彌可珍也。其《六言詩》之名見於本傳,今所傳三章,詞多凡近,又皆盛稱曹操功德。斷以融之生平,可信其義不出此。即使舊本有之,亦必黃初開購求遺文,贋託融作以頌曹操①,未可定為真本也。流傳既久,姑仍舊本錄之,而附糾其偽於此⑤。集中詩文,多有牋釋本事者,不知何人所作。奏疏之類⑥,皆附綴篇末,書教之類,則夾註篇題之下,體例自相違異。今悉夾註篇題之下,俾畫一焉。

【彙訂】

① "魏文帝",殿本作"魏史帝",誤。

② 曹丕《典論·論文》,載於《文選》卷五二及嚴可均《全三國文》魏文帝卷者,均無"孔氏卓卓"等四語。《文心雕龍·風骨》云:"故魏文帝稱'文以氣為主,氣之清濁有體,不可力強而致。'故其論孔融,則云'體氣高妙';論徐幹,則云'時有齊氣';論劉楨,則云'有逸氣'。公幹亦云:'孔氏卓卓,信含異氣。筆墨之性,殆不可勝。'並重氣之旨也。"公幹即劉楨。劉勰引《典論·論文》之說時,因述及劉楨及孔融,遂並引劉楨評孔融文章之語。可知"孔氏卓卓"云云,乃出劉楨之評(原文已佚),非《典論·論文》之文。(楊武泉:《四庫全書總目辨誤》)

③ 文淵閣《四庫》本此集收表一篇、疏一篇、上書三篇、奏事二篇、議二篇、對一篇、教八篇、書十六篇、碑銘一篇、論四篇、詩六篇(九首),共四十五篇。《漢魏六朝百三家集》本收表疏二篇、上書五篇(存目三篇)、對一篇、教六篇、書十六篇、論四篇、議二篇、碑一篇、詩五篇(八首),共四十二篇。(許瀚:《讀四庫全書提要誌疑》;袁芸:《〈文溯閣四庫全書提要〉別集類辨證》)

④ "頌",殿本作"重"。

⑤ 孔融在朝中,初與曹操相當接近,政治上明顯持合作態度。且今存不少對曹氏的稱美文字,如作於建安九年的《與曹公論盛孝章書》等。謂《六言詩》必偽,乃據孔、曹後來交惡直至其

被殺的逆推之詞，並無根據。（徐公持：《建安七子論》）

⑥“奏疏”，殿本作“疏奏”。

曹子建集十卷（兩江總督採進本）

魏曹植撰。案《魏志》植本傳，景初中，撰錄植所著賦頌、詩銘、雜論凡百餘篇，副藏內外。《隋書‧經籍志》載《陳思王集》三十卷。《唐書‧藝文志》作二十卷，然復曰“又三十卷”。蓋三十卷者，隋時舊本，二十卷者，為後來合併重編，實無兩集。鄭樵作《通志略》，亦併載二本。焦竑作《國史經籍志》，遂合二本卷數為一，稱植集為五十卷，謬之甚矣。陳振孫《書錄解題》亦作二十卷。然振孫謂其閒頗有採取《御覽》、《書鈔》、《類聚》中所有者，則捃摭而成，已非唐時二十卷之舊。《文獻通考》作十卷，又併非陳氏著錄之舊。此本目錄後有“嘉定六年癸酉”字，猶從宋寧宗時本翻雕，蓋即《通考》所載也。凡賦四十四篇，詩七十四篇，雜文九十二篇，合計之，得二百十篇①。較《魏志》所稱百餘篇者，其數轉溢。然殘篇斷句，錯出其閒。如《鷂雀》、《蝙蝠》二賦均採自《藝文類聚》。《藝文類聚》之例，皆標“某人某文曰”云云，編是集者遂以“曰”字為正文，連於賦之首句，殊為失考。又《七哀詩》晉人採以入樂，增減其詞，以就音律，見《宋書‧樂志》中。此不載其本詞，而載其入樂之本，亦為舛謬。《棄婦篇》見《玉臺新詠》，亦見《太平御覽》；《鏡銘》八字，反覆顛例，皆叶韻成文，實為回文之祖，見《藝文類聚》，皆棄不載。而《善哉行》一篇，諸本皆作古辭，乃誤為植作。不知其下所載“當來日大難”，即當此篇也。使此為植作，將自作之而自擬之乎？至於王宋妻詩②，《藝文類聚》作魏文帝，邢凱《坦齋通編》據舊本《玉臺新詠》，稱為植作③。今本《玉臺新詠》又作王宋自賦之詩。則衆説異同,亦宜附載,以備參考。乃竟遺漏,亦為疏略,不得謂之善本。然唐以前舊本既佚,後來刻植集者率以是編為祖,別無更古於斯者。錄而存之,亦不得已而思其次也。

【彙訂】

① 文津閣《四庫》本此集與明活字本全同,凡賦四十三篇,詩七十三篇,雜文九十二篇,合之得二百有八篇。文淵閣《四庫》本凡賦四十四篇,詩七十四篇,卷七至卷十實載文九十四篇,合計則為二百一十二篇。(余嘉錫:《四庫提要辨證》;周錄祥:《〈四庫全書簡明目錄·集部〉訂誤》)

② 明趙宦光刻本《玉臺新詠》卷二有劉勳妻王氏《雜詩》二首并序,序云:"王宋者,平虜將軍劉勳妻也。"則應作"劉勳妻王宋詩"。(余嘉錫:《四庫提要辨證》)

③ 本集卷五有《七哀》一首,與《文選》卷二三曹子建《七哀詩》字句全同,並未增減其詞。《宋書·樂志》亦無《七哀詩》,惟有《楚調怨詩》,較《七哀詩》增十二句,又改數字。此集編者乃錄《文選·七哀詩》於卷五,又錄《宋書·樂志》之辭入卷六。《藝文類聚》卷七三有殷仲堪《酒盤銘》八字,顛倒成文,並無曹植《鏡銘》,實乃《回文類聚》所載唐婦人鑑銘。《永樂大典》本《坦齋通編》未引《玉臺新詠》曹植代王氏詩。(丁晏:《曹集詮評》;余嘉錫:《四庫提要辨證》)

嵇中散集十卷(兩江總督採進本)

舊本題晉嵇康撰。案康為司馬昭所害,時當塗之祚未終,則康當為魏人,不當為晉人。《晉書》立傳,實房喬等之舛誤。本集因而題之,非也。《隋書·經籍志》載康文集十五卷[①],新、舊《唐書》並同。鄭樵《通志略》所載卷數尚合,至陳振孫《書錄解題》則已作十卷。且稱"康所作文論六七萬言,其存於世者僅如此",則宋時已無全本矣。疑鄭樵所載,亦因仍舊史之文,未必真見十五卷之本也。王楙《野客叢書》云:"《嵇康傳》曰:'康喜談名理,能屬文。撰《高士傳贊》,作《太師箴》[②]、《聲無哀樂論》。'余得毘陵賀方回家所藏繕寫《嵇康集》十卷,有詩六十八首,今《文選》所載才三數首。《選》惟載康《與山巨源絕交書》一首,不知又有《與呂長悌絕交》一書。《選》惟載《養生論》一篇,不知又有《與向子期論養生難答》一篇,四千餘言,辨論甚悉。集又有《宅無吉凶》、《攝生論難》上中下三篇、《難張遼自然好學論》一首、《管蔡論》、《釋私論》、《明膽論》等文。《崇文總目》謂《嵇康集》十卷,正此本爾。唐《藝文志》謂《嵇康集》十五卷,不知五卷謂何。"觀楙所言,則樵之妄載確矣。此本凡詩四十七篇[③]、賦一篇、書二篇、雜著二篇、論九篇、箴一篇、家誡一篇。而雜著中《嵇荀錄》一篇,有錄無書。實共詩文六十二篇,又非宋本之舊。蓋明嘉靖乙酉吳縣黃省曾所重輯也。楊慎《丹鉛錄》嘗辨阮籍卒於康後,而世傳籍碑為康作。此本不載此碑,則其考核猶為精審矣。

【彙訂】

①《隋書·經籍志》著錄《魏中散大夫嵇康集》十三卷,註云:"梁十五卷,錄一卷。"(胡玉縉:《四庫全書總目提要補正》)

②"太師箴",底本作"太史箴",據殿本改。《晉書》卷四十九嵇康本傳及《野客叢書》卷八"嵇康集"條皆作《太師箴》。文淵閣《四庫》本此集卷八有《太師箴》。

③文淵閣《四庫》本此集卷一共載康詩五十三首,又附錄十

三首。（周錄祥：《〈四庫全書簡明目錄·集部〉訂誤》）

　　陸士龍集十卷（編修勵守謙家藏本）

　　晉陸雲撰。雲與兄機齊名，時稱"二陸"。史謂其文章不及機，而持論過之。今觀集中諸啟，其執辭諫諍，陳議鯁切，誠近於古之遺直。至其文藻麗密，詞旨深雅，與機亦相上下。平吳二俊，要亦未易優劣也。《隋書·經籍志》載雲集十二卷，又稱"梁十卷，錄一卷"，是當時所傳之本已有異同。《新唐書·藝文志》但作十卷，則所謂十二卷者，已不復見。至南宋時，十卷之本又漸湮沒。慶元間，信安徐民瞻始得之於祕書省，與機集並刊以行①。然今亦未見宋刻，世所行者惟此本②。考史稱雲所著文詞凡三百四十九篇，此僅錄二百餘篇，似非足本。蓋宋以前相傳舊集，久已亡佚。此特裒合散亡，重加編緝，故敘次頗為叢雜③。如《答兄平原詩》二首，其"行矣怨路長"一首乃機贈雲之作，故馮惟訥《詩紀》收入機詩內，而此本誤作雲答機詩。又"綠房含青實"四語及"逍遙近南畔"二語，皆自《藝文類聚》芙蕖部、嘯部摘出，佚其全篇。故《詩紀》以為失題，繫之卷末，但註"見《藝文》某部"。此乃直標曰《芙蓉》、曰《嘯》，殆明人不學者所編，又出《詩紀》之後矣④。特是雲之原集既不可見，惟藉此以傳什一，故悉仍其舊錄之，姑以存其梗概焉。

【彙訂】

　　①"刊"，殿本作"列"。

　　②錢曾《讀書敏求記》卷四載《陸士龍集》十卷，即徐民瞻刊本，《寶禮堂宋本書錄》亦載一部。（徐鵬、劉遠遊：《四庫提要補正》）

　　③"為"，殿本無。

④ 卷四《答兄平原詩》二首，其第二首“行矣怨路長”，馮惟訥《詩紀》乃以為機贈雲之作，《總目》許之，謂明本實誤。又“綠房含青實”四語、“逍遙近南畔”二語，標題曰《芙蓉》、曰《嘯》，斥為明人不學者據《藝文類聚》所編。而不知宋本即已如是。（張元濟：《寶禮堂宋本書錄》）

陶淵明集八卷（內府藏本）

晉陶潛撰。案北齊陽休之《序錄》，潛集行世凡三本。一本八卷，無序。一本六卷，有序目，而編比顛亂，兼復闕少。一本為蕭統所撰，案古人編錄之書亦謂之“撰”，故《文選》舊本皆題“梁昭明太子撰”，而徐陵《玉臺新詠》序亦稱“撰錄豔歌，凡為十卷”。休之稱潛集為統撰，蓋沿當日之稱，今亦仍其舊文。亦八卷，而少《五孝傳》及《四八目》。《四八目》即《聖賢群輔錄》也。休之參合三本，定為十卷，已非昭明之舊。又宋庠《私記》稱《隋經籍志》潛集九卷，又云“梁有五卷，錄一卷”。《唐志》作五卷。庠時所行，一為蕭統八卷本，以文列詩前①。一為陽休之十卷本。其他又數十本，終不知何者為是。晚乃得江左舊本，次第最若倫貫。今世所行，即庠稱江左本也。然昭明太子去潛世近，已不見《五孝傳》、《四八目》，不以入集，陽休之何由續得？且《五孝傳》及《四八目》所引《尚書》自相矛盾，決不出於一手，當必依託之文，休之誤信而增之。以後諸本，雖卷帙多少、次第先後各有不同，其竄入偽作，則同一轍，實自休之所編始。庠《私記》但疑“八儒”、“三墨”二條之誤，亦考之不審矣。今《四八目》已經睿鑒指示，灼知其贗，別著錄於子部類書而詳辨之。其《五孝傳》文義庸淺，決非潛作。既與《四八目》一時同出，其贗亦不待言②。今並刪除。惟編潛詩文，仍從昭明太子為八卷。雖梁時舊第今不可考，而黜偽存真，庶幾猶為近古焉。

【彙訂】

①據陽休之《序錄》，其本乃以蕭統八卷本為基礎，參以其他二本，補入《五孝傳》、《四八目》，合為十卷本。"參合三本"之說不確。現存陶集中宋刻本與影宋本皆詩在文前，無文列詩前者。（周期政：《〈四庫全書總目・陶淵明集提要〉辨證》；陳尚君、張金耀主撰：《四庫提要精讀》）

②《四八目》、《五孝傳》非偽，說詳卷一三七《聖賢群輔錄》條訂誤。

璇璣圖詩讀法二卷（湖北巡撫採進本）①

明康萬民撰。萬民字無沴，武功人，海之孫也。蘇蕙織錦回文，古今傳為佳話。劉勰《文心雕龍》稱"回文所興，道原為始"，則齊、梁之際尚未見其圖。此圖及唐則天皇后序，均莫知所從來。考《晉書・列女傳》載："苻堅秦州刺史竇滔，有罪徙流沙。其妻蘇蕙織錦為回文旋圖詩。"無滔鎮襄陽及趙陽臺讒間事。又考《晉書・孝武帝紀》稱："太元四年，苻丕陷襄陽。"《苻堅載記》稱："以其中壘梁成為南中郎將，都督荊揚州諸軍事，荊州刺史，領護南蠻校尉，配兵一萬，鎮襄陽。"亦不言竇滔。與序所言，全然乖異。序末稱"如意元年五月一日"，是時《晉書》久成，不應矛盾至此。又其文萎弱，亦不類初唐文體，疑後人依託。然《晉書》稱："其圖凡八百四十字，縱橫宛轉以讀之，文多不錄。"則唐初實有是圖。又李善註江淹《別賦》，引《〈織錦回文詩〉序》曰："竇滔秦州被徙沙漠。其妻蘇氏，秦州臨去別蘇，誓不再娶。至沙漠，更娶婦。蘇氏織錦端中作此回文詩以贈之。苻國時人也。"其說亦與《晉書》合，益知詩真而序偽。考黃庭堅詩已用"連波悔過陽臺暮雨"事，其偽當在宋以前也。序稱其錦縱廣八寸，題詩二百餘首，計八百餘言。縱橫反覆，皆成章句。黃伯思《東觀餘論》謂："其圖本五色相宣，因以別三、五、七言之異。後人流傳，不復施采，故迷其句讀。"又謂："嘗於王晉玉家得唐申誡之釋，而後曉然。"今誡本已不傳。僧起宗以意推求，得三、四、五、六、七言詩三千七百五十二首，分為七圖。萬民更為尋繹，又於第三圖內增立一圖，併增讀其詩至四千二百六首。合起宗所讀，共成七千九百五十八首[②]。合兩家之圖，輯為此編。夫但求協韻成句，而不問義之如何，輾轉鉤連，旁行斜上，原可愈增愈多。然必以為若蘭本意如斯，則未之能信，存以為藝林之玩可矣。起宗不知何許人。王士禎《居易錄》載趙孟頫妻管道昇《璇璣圖真蹟》，已稱"起宗道人"云云，則其人當在宋、元閒也[③]。

【彙訂】

① "二卷"，底本作"一卷"，據文淵閣《四庫》本此書及殿本改。（沈治宏：《〈四庫全書總目〉集部著錄圖書失誤原因析》）

② 僧起宗讀法實際只能得詩三千七百四十四首，康萬民實際增讀四千一百八十八首，兩家合計七千九百三十二首。（李蔚：《詩苑珍品：璇璣圖》）

③《居易錄》原文云："起宗道人分圖析類，獨得其旨，附錄於右。天水管道昇後有仇英補圖。"又一則云："楊文公讀至五百餘首，明僧起宗乃又分為七圖。"明萬曆刊本《讀織錦回文法》一卷，題明釋子起宗道人分讀，前有弘治丙辰仇柬之序，稱"起宗道人經禪之暇，以游戲三昧，細玩是圖，得詩三、四、五、六、七言者三千七百餘首，韻意悉如己出，嘗錄以見贈。"是起宗為明僧無疑。

（丁丙：《善本書室藏書志》；章鈺：《錢遵王讀書敏求記校證》）

　　鮑參軍集十卷（安徽巡撫採進本）

　　宋鮑照撰。照字明遠，東海人。晁公武《讀書志》作上黨人，蓋誤讀虞炎序中“本上黨人”之語。“照”或作“昭”，蓋唐人避武后諱所改。韋莊詩有“欲將張翰松江雨，畫作屏風寄鮑昭”句，押入平聲，殊失其實。案宋《禮部貢舉條式》“齊桓”避諱作“齊威”，可用於句中，不可押入微韻。沈約《宋書》、李延壽《南》、《北史》作於武后稱制前者，實皆作“照”，不作“昭”也。照為臨川王子頊參軍，沒於亂兵，遺文零落，齊散騎侍郎虞炎始編次成集。《隋書·經籍志》著錄十卷，而註曰“梁六卷”，然則後人又續增矣。此本為明正德庚午朱應登所刊，云得自都穆家。卷數與《隋志》合，而冠以炎序，未審即《隋志》舊本否？考其編次，既以樂府別為一卷，而《采桑》、《梅花落》、《行路難》亦皆樂府，乃列入詩中。唐以前人皆解聲律，不應舛互若此[1]。又《行路難》第七首“蹲蹲”字下註曰：“集作‘樽樽’。”“啄”字下註曰：“集作‘逐’。”使果原集，何得又稱“集作”？此為後人重輯之明驗矣[2]。然文章皆有首尾，詩賦亦往往有自序、自註，與六朝他集從類書採出者不同，殆因相傳舊本而稍為竄亂歟[3]？鍾嶸《詩品》云：“學鮑照纔能‘日中市朝滿’，學謝朓劣得‘黃鳥度青枝’。”今集中無此一句，益知非梁時本也[1]。

【彙訂】

　　① 唐前史書常稱某人“解音律”，可見非人人通曉音律。且古詩與樂府詩本無截然界線，可互相改寫。至於《采桑》、《梅花落》、《行路難》，當時均未必入樂。（曹道衡：《樂府和古詩》）

②　毛扆據宋本手校《鮑氏集》"蹲蹲"正作"樽樽"，"啄"字正作"逐"，朱應登或見別本與己所校本不同，故據《樂府詩集》改此三字，並註曰"集作"。（同上）

③　朱應登刊本《鮑氏集》十卷，其集名、分卷、篇第均與宋本無大異，非後人重輯之本。（許逸民：《鮑參軍集提要》）

④　所引鍾嶸之語，見《詩品·總論》。然《總論》上句作"師鮑終不及'日中市朝滿'"。蓋言"輕薄之徒"，譏鮑詩古質，如同"羲皇上人"，然學其詩，"終不及"焉。改作"纔能"，殊失原意。又"日中市朝滿"，見於《四庫》本此集中卷三第三首，題為《代結客少年場行》。（楊武泉：《四庫全書總目辨誤》）

謝宣城集五卷（內府藏本）①

齊謝朓撰。朓字元暉，陳郡陽夏人。事迹具《南齊書》本傳。案朓以中書郎出為宣城太守，以選復為中書郎。又出為晉安王鎮北諮議、南東海太守，行南徐州事，遷尚書吏部郎，被誅。其官實不止於宣城太守。然詩家皆稱"謝宣城"，殆以北樓吟詠為世盛傳耶？據陳振孫《書錄解題》稱："朓集本十卷。樓炤知宣州，止以上五卷賦與詩刊之。下五卷皆當時應用之文、衰世之事，可採者已見本傳及《文選》。餘視詩劣焉，無傳可也。"考鍾嶸《詩品》稱："朓極與予論詩，感激頓挫過其文。"則振孫之言審矣。張溥刻《百三家集》，合朓詩賦五卷為一卷。此本五卷，即紹興二十八年樓炤所刻。前有炤序，猶南宋佳本也。本傳稱朓長於五言詩②，沈約嘗云"二百年來無此詩"。鍾嶸《詩品》乃稱其"微傷細密，頗在不倫。一章之中，自有玉石"，又稱其"善自發詩端③，而末篇多躓"。過毀過譽，皆失其真。趙紫芝詩曰："輔

嗣易行無漢學，元暉詩變有唐風。"斯於文質升降之間，為得其
平矣。

【彙訂】

① 殿本此條置於《鮑參軍集》條之前，與文淵閣庫書次序
不符。

② "於"，殿本無。

③ "詩"，據鍾嶸《詩品》原文及殿本補。

昭明太子集六卷（江蘇巡撫採進本）

梁昭明太子統撰。案《梁書》本傳稱統有集二十卷，《隋書·
經籍志》、《唐書·藝文志》並同。《宋史·藝文志》僅載五卷，已
非其舊。《文獻通考》不著錄，則宋末已佚矣。此本為明嘉興葉
紹泰所刊，凡詩賦一卷，雜文五卷。賦每篇不過數句，蓋自類書
採掇而成，皆非完本。詩中《擬古》第二首、《林下作伎》一首、《照
流看落釵》一首、《美人晨妝》一首、《名士悅傾城》一首，皆梁簡文
帝詩，見於《玉臺新詠》。其書為徐陵奉簡文之令而作，不容有
誤。當由書中稱簡文帝為皇太子，輾轉裨販，故誤作昭明。又
《錦帶書十二月啟》亦不類齊、梁文體。其《姑洗三月啟》中有"啼
鶯出谷，爭傳求友之聲"句。考唐人試《鶯出谷》詩，李綽《尚書故
實》譏其事無所出。使昭明先有此啟，綽豈不見乎？是亦作偽之
明證也。張溥《百三家集》中亦有統集。以兩本互校，此本《七
召》一篇，《與東宮官屬令》一篇，《謝賚涅槃經講疏啟》一篇，《謝
敕齎銅造善覺寺塔露盤啟》一篇，《謝賚魏國錦》、《賚廣州㲲》、
《賚城邊橘》①、《賚河南菜》、《賚大菘啟》五篇，《與劉孝儀》、《與
張纘》、《與晉安王論張新安書》三篇，《駁舉樂議》一篇，皆溥本所

無②。溥本《與明山賓令》一篇,《詳東宮禮絕旁親議》一篇,《謝敕鑄慈覺寺鐘啟》一篇③,亦此本所無④。然則是二本者皆明人所掇拾耳?

【彙訂】

① 據《藝文類聚》卷八六引,《貲城邊橘》乃《貲邊城橘》(《謝敕貲邊城橘啟》)之誤。

② 張溥《漢魏六朝百三家集》編《七召》入《何遜集》,編《謝敕齎銅造善覺寺塔露盤啟》、《謝敕貲魏國所獻錦等啟》、《謝敕貲廣州甌等啟》、《謝敕貲邊城橘啟》、《謝敕貲河南菜啟》、《謝敕貲大菘啟》入《梁簡文帝集》,非遺漏失收。

③ "敕",殿本作"助",誤,參《藝文類聚》卷七七引。

④《詳東宮禮絕旁親議》即葉本《駁舉業議》,《慈覺寺鐘啟》見《藝文類聚》卷七七,為簡文帝作,張溥誤收。《與東宮官屬令》文見《梁書·王規傳》,大同二年王規卒時,"皇太子出臨哭,與湘東王繹令曰"。其時昭明已卒,此"皇太子"乃蕭綱。則此令非昭明之作,葉本誤收。(王重民:《中國善本書提要》;俞紹初:《昭明太子集校注》)

　　江文通集四卷(江蘇巡撫採進本)

梁江淹撰。淹有《銅劍贊》,已著錄。淹自序傳稱:"自少及長,未嘗著書,惟集十卷。"考傳中所序官階,止於中書侍郎。校以史傳,正當建元之初。則永明以後所作,尚不在其內①。今舊本散佚,行於世者惟歙縣汪士賢、太倉張溥二本。此本乃乾隆戊寅淹鄉人梁賓以汪本、張本參核異同,又益以睢州湯斌家鈔本,參互成編。汪本闕《知己賦》一篇、《井賦》四語、《銅劍贊》一篇、

《詠美人春遊》一篇、《征怨》一篇,張本闕《為蕭讓太傅揚州牧表》
一篇,此皆補完[2]。他如《待罪江南思北歸賦》,張本無題首四
字;《尚書符》,張本題下闕夾註"起都宮車軍局蘭臺"八字[3];《為
蕭重讓揚州表》中"任鈞符負圖之重"句,張本誤脫"符"字;《為蕭
讓太傅相國十郡九錫表》首,張本無"備九錫之禮"五字;《上建平
王書》末,汪本脫"此心既照,死且不朽"八字,亦均校正。其餘字
句,皆備錄異同。若《雜擬詩》序中"芳草寧共氣"句,此本譌"氣"
為"棄"之類,小小疏舛,閒或不免。然終較他本為善也。

【彙訂】

① 自序中已稱蕭道成諡號"高帝",又據《梁書》本傳"尋遷
中書侍郎,永明初遷驍騎將軍",則此文必撰成於建元四年(482)
四月與永明初(483或稍後)之間。《總目》卷一一六《銅劍贊》條
云"齊永明中,掘地得古銅劍。淹因詮次劍事,考古人鑄兵用銅、
後世鑄兵用鐵原委,以為之贊",則《銅劍贊》肯定作於永明初年
以後。《郊外望秋答殷博士》可能也是永明年間任國子博士時
作,詩中有"屬我茲景半,賞爾若光初"之語,應是中年以後所作。
(曹道衡:《論江淹詩歌的幾個問題》;俞紹初:《江淹年譜》)

② 考文淵閣《四庫》本此集,張本所闕之表當為《為蕭拜太
尉揚州牧表》,非《為蕭讓太傅揚州牧表》。明胡之驥《江文通集
彙註》亦同。(袁芸:《〈文溯閣四庫全書提要〉別集類辨證》)

③ 應為"起都官軍局符蘭臺"八字。(同上)

何水部集一卷(江蘇蔣曾瑩家藏本)[1]

梁何遜撰。遜字仲言,東海郯人。官至水部員外郎,故自唐
以來稱何水部。王僧孺嘗輯遜詩編為八卷。宋黃伯思《東觀餘

論》有遜集跋，稱為“春明宋氏本”。蓋宋敏求家所傳，其卷數尚
與《梁書》相符。而伯思云杜甫所引“昏鴉接翅歸，金粟裹搔頭”
等句不見集中，則當時已有佚脱。舊本久亡，所謂八卷者不可復
睹。即《永樂大典》所引遜詩，亦皆今世所習見，則元、明閒已不
存矣。此本為正德丁丑松江張紘所刊。首列遜小傳，凡詩九十
五首，附載范雲、劉孝綽同作《擬古》二首，《聯句》十三首。末載
黃伯思跋，跋後附《七召》一篇②。末復有紘跋，稱：“舊與《陰鏗
集》偕刻。紘以二家體裁各別，不當比而同之。公暇獨取是集，
删其繁蕪。同寅毘陵陸懋之、永嘉李昇之捐俸共刻。”然則是集
又經紘刊削，有所去取歟？《玉臺新詠》載遜《學青青河邊草》一
首，此本標題作“《擬青青河畔草》。轉韻體為人作，其人識節工
歌”，與《玉臺新詠》不同。考六朝以前之詩題無此體格，顯為後
人所妄加。又《青青河邊草》為蔡邕之作，《青青河畔草》為枚乘
之作。六朝人所擬，截然有別。此效邕體而題作“畔”字，明為後
人據《十九首》而改。復以古詩不换韻，此詩换韻，妄增“轉韻體”
云云。蓋字句亦多所竄亂，非其舊矣。

【彙訂】

　　① 底本此條與文淵閣庫書次序不符。文淵閣庫書與殿本
均置於“江文通集四卷”條之前。

　　② 文淵閣《四庫》本此集實載《聯句》十二首（《慈母磯》一首
非聯句），《七召》八篇。（周錄祥：《〈四庫全書簡明目錄·集部〉
訂誤》）

　　庾開府集箋註十卷（少詹事陸費墀家藏本）

　　周庾信撰，國朝吳兆宜註。信，《周書》有傳。然考集中《辛

成碑》文，稱“開皇元年七月某日，反葬河州”[①]，則入隋幾一載矣。信為梁元帝守朱雀舫，望敵先奔。厥後歷仕諸朝，如更傳舍。其立身本不足重，其駢偶之文，則集六朝之大成，而導四傑之先路。自古迄今，屹然為四六宗匠。初在南朝，與徐陵齊名。故李延壽《北史·文苑傳序》稱：“徐陵、庾信，其意淺而繁，其文匿而采，詞尚輕險，情多哀思。”王通《中說》亦曰：“徐陵、庾信，古之夸人也，其文誕。”令狐德棻作《周書》，至詆其“夸目侈於紅紫，蕩心踰於鄭衛”，斥為詞賦之罪人。然此自指臺城應教之日，二人以宮體相高耳。至信北遷以後，閱歷既久，學問彌深，所作皆華實相扶，情文兼至。抽黄對白之中，灝氣舒卷，變化自如，則非陵之所能及矣[②]。張説詩曰：“蘭成追宋玉，舊宅偶詞人。筆涌江山氣，文驕雲雨神。”其推挹甚至。杜甫詩曰：“庾信文章老更成，凌雲健筆意縱橫。後來嗤點流傳賦，不覺前賢畏後生。”則諸家之論，甫固不以為然矣。《北史》本傳稱有集二十卷，與周滕王逌之序合，《隋書·經籍志》作二十一卷，皆已久佚。倪瓚《清閟閣集》有《與彝齋學士書》曰：“聞執事新收得《庾子山集》，在州郭時欲借以示僕，不時也。兹專一力致左右，千萬暫借一觀。”云云。則元末明初尚有重編之本[③]，今亦未見。此本雖冠以滕王逌序，實由諸書鈔撮而成，非其原帙也。《隋書·魏澹傳》稱廢太子勇命澹註《庾信集》[④]，其書不傳。《唐志》載張廷芳等三家嘗註《哀江南賦》，《宋志》已不著錄[⑤]。近代胡渭始為作註，而未及成帙。兆宜採輯其說，復與崑山徐樹穀等補綴成編，粗得梗概[⑥]。然六朝人所見之書，今已十不存一。兆宜捃摭殘文，補苴求合，勢不能盡詳所出。如註《哀江南賦》“經邦佐漢”一事，引《史記索隱》誤本，以園公為姓庚，以四皓為漢相，殊不免附會牽合。後錢塘倪璠別為箋註，而此本遂不甚行⑦。然其經營創始之功，終不可沒。與倪註並錄存之，亦言杜詩者不盡廢《千家註》意也。兆宜字顯令，吳江人，康熙中諸生。嘗註徐、庾二集，又註《玉臺新詠》、《才調集》、《韓偓詩集》。今惟徐、庾二集刊版行世，餘惟鈔本僅存云⑧。

【彙訂】

①“開皇元年七月某日，反葬河州”見於此集卷九《周上柱國宿國公河州都督辛威神道碑》。

② 殿本“非”上有“斷”字。

③《隋書·經籍志》有《後周開府儀同庾信集》二十一卷，注云“並錄”，明其有目錄一卷在內。若除目錄數之，仍與本傳同，非兩本也。此後兩《唐志》、《宋志》及《郡齋讀書志》卷十七均有《庾信集》二十卷，《直齋書錄解題》卷十六作《庾開府集》二十卷。是其集自周、隋以來至於南宋，皆舊本相傳，不聞有所亡佚也。迄乎元代，既無新刻，故流播漸稀。所謂“元末明初尚有重編之本”，乃臆決之詞。（余嘉錫：《四庫提要辨證》）

④“命”，殿本作“令”。

⑤《新唐書·藝文志》總集類只有張庭芳注庾信《哀江南賦》一卷，崔令欽注《哀江南賦》一卷兩家。《宋史·藝文志》別集類有王道珪注《哀江南賦》一卷，張庭芳注《哀江南賦》一卷。（余嘉錫：《四庫提要辨證》）

⑥ 此書注中所引諸家皆各具主名，並不掠美。其引胡渭說僅三條，在全書為最少，“補綴成編”之說不足據。（王欣夫：《蛾術軒篋存善本書錄》）

⑦ 倪璠《庾子山集註》刻於康熙二十六年，吳兆宜此書凡例

稱康熙己巳，為康熙二十八年。是倪注在前，吳注在後。（鄧之誠、鄧瑞：《五石齋文史劄記》）

⑧ 文淵閣《四庫》本書前提要文同，署乾隆四十六年九月。而吳兆宜注、程琰刪補《玉臺新詠》稻香樓刻本刊於乾隆三十九年。（柏克萊加州大學東亞圖書館編：《柏克萊加州大學東亞圖書館中文古籍善本書志》）

庾子山集註十六卷（通行本）

國朝倪璠撰。璠字魯玉，錢塘人。康熙乙酉舉人，官内閣中書舍人①。是編以吳兆宜所箋《庾開府集》合衆手以成之，頗傷漏略。乃詳考諸史，作《年譜》冠於集首。又旁採博蒐，重為註釋②。其中如《小園賦》前一段本屬散文，而璠以為用古韻，未免失之穿鑿。《漢書·藝文志》“《別栩陽賦》五篇”，自是人姓名，而信《哀江南賦》乃云“栩陽亭有離別之賦”；《唐山夫人安世房中歌》“桂華”二字，自屬篇名，“馮馮翼翼，承天之則”二句，乃下章之首，而信《黄帝雲門舞歌》乃云“清野桂馮馮”，皆顯然舛誤。璠依違其詞，不加駁正，亦失之附會。然比核史傳，實較吳本為詳。《哀江南賦》一篇，引據時事，尤為典核。集末《彭城公夫人爾朱氏墓誌銘》、《伯母東平郡夫人李氏墓誌銘》並考核年月，證以《文苑英華》，知為楊炯之文誤入信集。辨證亦頗精審，不以稍傷蕪冗為嫌也。

【彙訂】

① 依《總目》體例，當作“璠有《神州古史考》，已著錄”。（胡玉縉：《四庫全書總目提要補正》）

② 此書實作於吳注本之前，説詳本卷《庾開府集箋註》條訂誤。

徐孝穆集箋註六卷（內府藏本）

陳徐陵撰，國朝吳兆宜註。《隋書·經籍志》載陵集本三十卷，久佚不傳。此本乃後人從《藝文類聚》、《文苑英華》諸書內採掇而成。陵文章綺麗，與庾信齊名，世號"徐庾體"。《陳書》本傳稱其"緝裁巧密，多有新意。自有陳創業，文檄軍書及禪授詔策皆陵所製，為一代文宗"。其集舊無註釋。兆宜既箋庾信集，因并陵集箋之。未及卒業，其同里徐文炳續為補緝，以成是編①。其中可與史事相證者，如《資治通鑑》梁武帝太清二年："遣建康令謝挺、散騎常侍徐陵等聘於東魏。"胡三省註謂："建康令秩千石，散騎常侍秩二千石，謝挺不當在徐陵之上。蓋陵將命而使，挺特輔行耳。"今案集中《在北齊與楊僕射書》有云"謝常侍今年五十有一，吾今年四十有四。介已知命，賓又杖鄉"云云。是謝挺實為正使，蓋假散騎常侍以行。特《通鑑》但書其本官，並非舛錯②。胡三省未考陵書，未免曲為之說。參諸此集，可正其譌。而兆宜所箋，略不言及。蓋主於捃拾字句，不甚考訂史傳也。然箋釋詞藻，亦頗足備稽考，故至今與所箋庾集並傳焉。

【彙訂】

① 書中卷六禪代諸制，兆宜獨未箋注。據陳銳跋，因其假唐、虞之名，行篡竊之舉，故獨闕之，有維世之志，則本非未及卒業。（王欣夫：《蛾術軒篋存善本書錄》）

② "舛錯"，殿本作"舛誤"。

卷一四九

集　部　二

別　集　類　二

東皋子集三卷（兩江總督採進本）

唐王績撰。績字無功，太原祁人。隋大業中，授祕書省正字。出為六合丞。歸隱北山東皋，自號東皋子。唐初，以前官待詔門下，復求為太樂丞。後乃解官歸里。是身事兩朝，皆以仕途不達，乃退而放浪於山林。《新唐書》列之《隱逸傳》，所未喻也。然績為王通之弟①，而志趣高雅，不隨通聚徒講學，獻策干進，其人品亦不可及矣。史稱其簡放嗜酒，嘗作《醉鄉記》、《五斗先生傳》、《無心子傳》。其《醉鄉記》為蘇軾所稱，然他文亦疏野有致。其詩惟《野望》一首為世傳誦。然如《石竹詠》，意境高古，《薛記室收過莊見尋》詩二十四韻，氣格遒健，皆能滌初唐俳偶板滯之習，置之開元、天寶間，弗能別也。《唐書·藝文志》載績集五卷，陳振孫《書錄解題》亦云“其友呂才鳩訪遺文，編成五卷，為之序”。而今本實止三卷。又晁公武《讀書志》引呂才序，稱“績年十五，謁楊素，占對英辨。薛道衡見其《登龍門憶禹賦》，嘆為今之庾信”。且載其卜筮之驗者數事。今本呂才序尚存，而晁公武所引之文則無之。又序稱“鳩訪未畢，緝為三卷”，與《書錄解題》

不合。其《登龍門》一賦亦不載集中。或宋末本集已佚，後人從《文苑英華》、《文粹》諸書中採繢詩文，彙為此編，而偽託才序以冠之，未可知也②。此本為明崇禎中刊本，卷首尚有陸淳序一首，晁、陳二家目中皆未言及。其真偽亦在兩可閒矣③。

【彙訂】

① 據杜淹《文中子世家》（附載《中說》之末），王通之十八代祖家於祁。至高祖虬，仕北魏“家於河汾”。可知績家居河汾。故兩《唐書·王績傳》及《唐才子傳》卷一《王績傳》，均言“絳州龍門人”。龍門即今山西河津市，地近汾水與黃河交匯處，故曰“河汾”。清王鳴盛《十七史商榷》卷九二“王績絳州龍門人”條，謂稱祁人，乃就上世族望而言；稱龍門人，乃據其身實籍而言。（楊武泉：《四庫全書總目辨誤》）

② 呂才原編五卷本有敦煌卷子殘本存世。國家圖書館藏清陳氏晚晴軒抄本《王無功文集》五卷，即呂才所編，卷首有呂氏序。（王重民：《東皋子集提要》；傅璇琮主編：《唐才子傳校箋》）

③ 陳振孫《直齋書錄解題》卷十六云：“其友呂才鳩訪遺文，編成五卷，為之序。有《醉鄉記》傳於世。其後陸淳又為後序。”（余嘉錫：《四庫提要辨證》）

寒山子詩集一卷附豐干拾得詩一卷（浙江巡撫採進本）

案寒山子，貞觀中天台廣興縣僧。居於寒巖，時還往國清寺。豐干、拾得，則皆國清寺僧也。世傳台州刺史閭邱允〔丘胤〕遇三僧事，蹤跡甚怪。蓋莫得而考證也①。其詩相傳即允令寺僧道翹尋寒山平日於竹木石壁上及人家廳壁所書，得三百餘首。又取拾得土地堂壁上所書偈言，並纂集成卷。豐干則僅存房中

壁上詩二首。允自為之序②。宋時又名《三隱集》，見淳熙十六
年沙門道南所作《記》中③。《唐書·藝文志》載《寒山詩》入釋家
類，作七卷④。今本併為一卷⑤，以拾得、豐干詩別為一卷附之，
則明新安吳明春所校刻也。王士禎《居易錄》云：“寒山詩，詩家
每稱其‘鸚鵡花間弄，琵琶月下彈。長歌三月響，短舞萬人看’，
謂其有唐調。案，此明江盈科《雪濤》評語，士禎引之。寒山子即唐人，盈科以
為有唐調，蓋偶未考其時代。謹附訂於此。其詩有工語，有率語，有莊
語，有諧語。至云‘不煩鄭氏箋，豈待毛公解’，又似儒生語。大
抵佛語、菩薩語也。”今觀所作，皆信手拈弄，全作禪門偈語，不可
復以詩格繩之。而機趣橫溢，多足以資勸戒。且專集傳自唐時，
行世已久。今仍著之於錄，以備釋氏文字之一種焉。又案《太平
廣記》引《仙傳拾遺》曰：“寒山子者，不知其名氏。大曆中隱居天
台翠屏山。其山深邃，當暑有雪，亦名寒巖，因自號寒山子。好
為詩，每得一篇一句，輒題於樹間石上。有好事者隨而錄之，凡
三百餘首⑥。多述山林幽隱之興，或譏諷時態，能警勵流俗。桐
柏徵君徐靈府序而集之，分為三卷，行於人間。”云云。則寒山子
又為中唐仙人，與閭邱允事又異。無從深考，姑就文論文可矣。

【彙訂】

①“也”，殿本作“矣”。

② 據《元和郡縣志》卷二六、徐靈府《天台山記》，始豐縣於
唐肅宗上元二年始改為唐興縣（廣興縣誤），則貞觀中台州刺史
閭丘胤之《寒山子詩集序》顯係偽託。且寒山詩中言及武后、中
宗時人萬回與玄宗開元時人吳道子，其人必非貞觀時人。（余嘉
錫：《四庫提要辨證》）

③《三隱集記》乃宋沙門志南所作，末署“淳熙十六年歲次

己酉孟春十有九日"。（同上）

　　④《新唐書·藝文志》無釋家類，但以釋氏之書附之道家耳。中有《對寒山子》七卷。《宋高僧傳》卷十三《梁撫州曹山本寂傳》云："注《對寒山子詩》。"然則《對寒山子詩》者，本寂注解之名也。蓋敷衍其義，與原詩相應答，故謂之對。《總目》不解其意，遂徑刪去"對"字，非也。（同上）

　　⑤　七卷本乃本寂注解所分之本，《宋史·藝文志》著錄《寒山拾得詩》一卷，宋刻本亦只一卷。可知一卷本非明人所合併。（同上）

　　⑥　"首"，殿本作"篇"，疑誤，參《太平廣記》卷五十五"寒山子"條。

　　王子安集十六卷（山東巡撫採進本）

　　唐王勃撰。《唐書·文苑傳》稱其文集三十卷。而《楊炯集》序則謂分為二十卷，具諸篇目。洪邁《容齋隨筆》亦稱今存者二十卷，蓋猶舊本。明以來其集已佚，原目遂不可考。世所傳《初唐十二家集》，僅載勃詩賦二卷，闕略殊甚。故皇甫汸作《楊炯集》序，稱王詩賦之餘，未睹他製。此本乃明崇禎中閩人張燮搜輯《文苑英華》諸書，編為一十六卷。雖非唐、宋之舊，而以視別本，則較為完善矣。勃文為"四傑"之冠，儒者頗病其浮豔。案段成式《酉陽雜俎》曰："張燕公嘗讀勃《夫子學堂碑頌》'帝車南指，遁七曜於中階；華蓋西臨，高五雲於太甲'四句，悉不解，訪之一公。案，一公謂僧一行也。一公言：'北斗建午，七曜在南方，有是之祥，無位聖人當出。''華蓋'以下卒不可悉。"洪邁《容齋隨筆》亦曰："王勃等四子之文皆精切有本原。其用駢儷作記序碑碣，蓋一時體格如此，而後來頗議之。杜詩云：'王楊盧駱當時體，輕薄為文哂未休。爾曹身與名俱滅，不廢江河萬古流。'正謂此耳。'身名俱滅'以責輕薄子，'江河萬古'指四子也。"韓公《滕王閣記》云："江南多游觀之美，而滕王閣獨為第一。及得三王為序、賦、記等，壯其文詞。"註謂"王勃作遊閣序"。又云："中丞命為記，竊喜載名其上，詞列三王之次，有榮耀焉。"則韓之所以推勃，亦為不淺矣。夫一行、段成式博洽冠絕古今，杜甫、韓愈詩文亦冠絕古今，而其推勃如是。枵腹白戰之徒，掇拾語錄之糟粕，乃沾沾焉而動其喙，殆所謂蚍蜉撼樹者歟？今錄勃集，併錄成式及邁之所記，庶耳食者無輕訾焉。

　　盈川集十卷附錄一卷（浙江鮑士恭家藏本）

　　唐楊炯撰。《唐書·文苑傳》稱其文集本三十卷。晁公武《讀書志》僅著錄二十卷，云今多亡逸。是宋代已非完本，然其本今亦不傳。此乃明萬曆中龍游童佩從諸書裒集，詮次成編，併以本傳及贈答之文、評論之語，別為《附錄》一卷。皇甫汸為之序。凡賦八首、詩三十四首、雜文三十九首[①]。《文苑英華》載其《彭城公夫人爾朱氏墓誌銘》一首、《伯母東平郡夫人李氏墓誌銘》一首，列庾信文後，明人因誤編入信集中。此本收《爾朱氏誌》一篇[②]，而《李氏誌》仍不載，則蒐羅尚有所遺也。《舊唐書》本傳最稱其《盂蘭盆賦》。然炯之麗製，不止此篇，劉昫殆以為奏御之作，故特加紀錄歟？傳又載其駁太常博士蘇知幾《冕服議》一篇，引援經義，排斥游談，炯文之最有根柢者。知其詞章瑰麗，由於貫穿典籍，不止涉獵浮華。而《新唐書》本傳刪之不載，蓋猶本紀不載詔令之意。是宋祁之偏見，非定評也。又新、舊《唐書》並稱炯為政嚴酷，則非循吏可概見。童佩序稱："盈川廢縣在灊水北，其地隸龍邱〔丘〕，去郡四十餘里，今址巋然獨存。炯令盈川，無何卒，縣尋罷。民尸祝其地，至今春秋不輟。"是則因其文藝而更粉飾其治績，亦非公論矣。

【彙訂】

① 實際收文四十二篇。（陳于全：《〈楊盈川集〉版本源流考述》）

② 文淵閣《四庫》本未收《彭城公夫人爾朱氏墓誌銘》一文。收錄此篇與《伯母東平郡夫人李氏墓誌銘》者乃明張燮輯《初唐四子集》本。（同上）

　　盧昇之集七卷（兩江總督採進本）

　　唐盧照鄰撰。《唐書·文苑傳》稱照鄰初為鄧王府典籤，調新都尉，以病去官。後手足攣廢，竟自沈潁水而死。考集中《相里夫人檀龕序》稱"乾封紀歲"①，當為乾封元年丙寅，《對蜀父老問》稱"龍集荒落"，當為總章二年己巳，皆在益州時所作。《病梨樹賦序》稱"癸酉之歲，臥病長安"，則其罷官當在咸亨四年以前②。計其羈栖一尉，僅五六年。又《窮魚賦序》稱"曾以橫事被拘，將致之深議"，則中閒又遭非罪。其病廢以後《與洛陽名流朝士乞藥值書》③，至每人求乞錢二千④，其貧亦可想見，蓋文士之極坎坷者。故平生所作，大抵歡寡愁殷，有騷人之遺響，亦遭遇使之然也。史又稱王、楊、盧、駱以文章齊名，楊炯嘗謂"愧在盧前，恥居王後"。張說則曰："盈川文如懸河，酌之不竭，優於盧而不減王。'恥居後'，信然；'愧在前'，謙也。"今觀照鄰之文，似不及王、楊、駱三家之宏放，疑說之論為然。然所傳篇什獨少，未可

以一斑概全豹。杜甫均以"江河萬古"許之,似難執殘編斷簡以
強定低昂。況張鷟《朝野僉載》亦記是語,而作照鄰謂"喜居王
後,恥在駱前"。文人品目,多一時興到之言,尤未可據為定論
也。其集晁氏、陳氏書目俱作十卷,此本僅七卷,則其散佚者已
多。又《窮魚賦序》稱"嘗思報德,故冠之篇首",則照鄰自編之
集,當以是賦為第一,而此本列《秋霖》、《馴鳶》二賦後。其《與在
朝諸賢書》亦非完本。知由後人掇拾而成,非其舊帙矣。

【彙訂】

① 此書卷七有《相里夫人檀龕贊》。《文苑英華》卷七八一、
《蜀中廣記》卷一百五亦引作《相里夫人檀龕贊》。(江慶柏等:
《四庫全書薈要總目提要》)

② 盧照鄰咸亨二年春秩滿去官,其病發在咸亨三年春至來
年春之間。(康愛農:《盧照鄰生平若干問題考辨》)

③ "值",底本作"借",據殿本改。按此集卷七有《與洛陽名
流朝士乞藥直書》,又《寄裴舍人諸公遺衣藥直書》。直即值,藥
直即購藥之錢貨。(楊武泉:《四庫全書總目辨誤》)

④《與洛陽名流朝士乞藥直書》言有丹方,需丹砂二斤,"訪
知一處有此物甚佳,兩必須錢二千文,則三十二兩,當取六十四
斤也"。"若諸君子有好妙砂,能以見及,最為第一。無者各乞一
二兩藥直,是庶幾也"。"每人求乞錢二千",與《書》意並不切合。
(同上)

駱丞集四卷(副都御史黃登賢家藏本)

唐駱賓王撰。《唐書·文苑傳》稱:"中宗時詔求其文,得百
餘篇,命郗雲卿編次之。"①《書錄解題》引雲卿舊序,稱"光宅中

廣陵亂，伏誅”。蓋據李孝逸奏捷之語。孟棨《本事詩》則云：“賓王落髮，徧遊名山。宋之問遊靈隱寺作詩，嘗為續‘樓觀滄海日，門對浙江潮’之句。”②今觀集中，與之問蹤跡甚密，在江南則有投贈之作，在兗州則有餞別之章。宜非不相識者，何至覿面失之？封演為天寶中人，去賓王時甚近，所作《聞見記》中載之問此詩③，證月中桂子之事，並不云出賓王。知當時尚無是說①。又朱國楨《湧幢小品》載“正德九年，有曹某者鑿甃池於海門城東黃泥口，得古冢題石，曰駱賓王之墓”云云，亦足證亡命為僧之說不確。蓋武后改唐為周，人心共憤，敬業、賓王之敗，世頗憐之，故造是語。孟棨不考而誤載也。其集新、舊《唐書》皆作十卷。《宋藝文志》載有《百道判》三卷⑤，今並散佚。此本四卷，蓋後人所裒輯。其註則明給事中顏文選所作，援引疏舛，殆無可取。以文選之外別無註本⑥，而其中亦尚有一二可採者，故姑並錄之，以備參考焉。

【彙訂】

①《舊唐書·文苑傳》：“則天素重其文，遣使求之。有兗州人郗雲卿，集成十卷，盛傳於世。”《新唐書·文藝傳》：“中宗時，詔求其文，得數百篇。”《總目》所引乃合二書而成。（近藤光男：《四庫全書總目提要唐詩集の研究》）

②“樓觀滄海日，門對浙江潮”云云，實出自《揮麈後錄》、《唐才子傳》等，《本事詩》引作“樓觀滄海日，門聽浙江潮”。（江慶柏等：《四庫全書薈要總目提要》）

③“聞見記”，殿本作“見聞記”，誤。

④“知當時”，殿本作“可知當日”。封演《封氏聞見記》並未以此句屬駱賓王，說詳卷一二〇《封氏聞見記》條訂誤。

⑤《宋史·藝文志七》載有駱賓王《百道判》二卷，又鄭寬《百道判》一卷。（周錄祥：《〈四庫全書簡明目錄·集部〉訂誤》）

⑥ 諸家書目所錄尚有明王世貞、虞九章、陳魁士、陳繼儒、黃用中等數家注本。"顏注"全從陳魁士注本翻刻。（萬曼：《唐集敍錄》；柏克萊加州大學東亞圖書館編：《柏克萊加州大學東亞圖書館中文古籍善本書志》）

　　陳拾遺集十卷（內府藏本）

　　唐陳子昂撰。子昂事迹具《唐書》本傳及盧藏用所為《別傳》。唐初文章，不脫陳、隋舊習。子昂始奮發自為，追古作者。韓愈詩云："國朝盛文章，子昂始高蹈。"柳宗元亦謂張說工著述，張九齡善比興，兼備者子昂而已。馬端臨《文獻通考》乃謂子昂惟詩語高妙，其他文則不脫偶儷卑弱之體。韓、柳之論不專稱其詩，皆所未喻。今觀其集，惟諸表序猶沿排儷之習，若論事書疏之類，實疏樸近古，韓、柳之論未為非也。子昂嘗上書武后，請興明堂太學，宋祁《新唐書》傳贊以為"薦圭璧於房闈，以脂澤污漫之"。其文今載集中。王士禎《香祖筆記》又舉其《大周受命頌》四章、《進表》一篇、《請追上太原王帝號表》一篇，以為"視《劇秦美新》殆又過之，其下筆時不復知世有節義廉恥事"。今亦載集中。然則是集之傳，特以詞采見珍。譬諸蕩姬佚女，以色藝冠一世，而不可以禮法繩之者也。此本傳寫多譌脫，第七卷闕兩葉。據目錄尋之，《祸牙文》、《禜海文》在《文苑英華》九百九十五卷，《書寒上翁文》在九百九十九卷，《祭孫府君文》在九百七十九卷。又《送崔融等序》之後，據目錄尚有《餞陳少府序》一篇，此本亦佚，《英華》七百十九卷有此文。今並葺補，俾成完本。《英華》八百二十二卷收子昂《大崇福觀記》一篇，稱武士彠為太祖孝明皇帝。此集不載其目，殆偶佚脱，今併補入。俾操觚揮翰之士知立身一敗，遺詬萬年，有求其不傳而不能者焉。

張燕公集二十五卷（兩淮馬裕家藏本）

唐張説撰。説事迹具《唐書》本傳。其文章典麗宏贍，當時與蘇頲並稱，朝廷大述作多出其手，號曰“燕許”。《唐書·藝文志》載其集三十卷，今所傳本止二十五卷。然自宋以後，諸家著錄並同，則其五卷之佚久矣[1]。集中《元處士碣銘》稱序為處士子、將作少監行沖撰，而《唐書》行沖傳乃不載其為此官。《為留守奏慶山醴泉表》稱：“萬年縣令鄭國忠狀，六月十四日，縣界霸陵鄉有慶山，見醴泉出。”而《唐書·武后傳》載此事乃作“新豐縣”，皆與史傳頗有異同。然説在當時，必無譌誤，知《唐書》之疏舛多矣。此書所以貴舊本也[2]。集首永樂七年伍德《記》一篇，稱“兵燹之後，散佚僅存，錄而藏之”。至嘉靖閒，其子孫始為梓行，而譌舛特甚。又參考本傳及《文粹》、《文苑英華》諸書，其文不載於集者尚多。今旁加搜輯，於集外得頌一首、箴一首、表十八首、疏二首、狀六首、策三首、批答一首、序十一首、啟一首、書二首、露布一首、碑四首、墓誌九首、行狀一首，凡六十一首[3]。皆依類補入。而原集目次錯互者，亦詮次更定，仍釐為二十五卷，庶幾復成完本焉。

【彙訂】

[1] 傅增湘、繆荃孫皆謂其時尚存宋蜀刻本三十卷。（萬曼：《唐集敍錄》）

[2]《新唐書·則天皇后紀》載：“垂拱二年（686）十月己巳，

有山出於新豐縣，改新豐為慶山。"《舊唐書·五行志》、《地理志一》所載略同。《為留守奏慶山醴泉表》所記乃萬歲通天元年（696）事，顯非一事。（陳祖言：《張說年譜》）

③ 文淵閣《四庫》本所增補作品為五十九篇，武英殿聚珍本為七十篇，但其中《先天酺宴序》、《季春下旬詔宴薛王山池序》兩文已載原集卷五，則實補五十七、六十八篇。（朱玉麒：《〈張燕公集〉的閣本與殿本》）

曲江集二十卷（廣東巡撫採進本）

唐張九齡撰。九齡事迹具《唐書》本傳。徐浩作九齡《墓碑》，稱其"學究精義，文參微旨"，而不及其文集卷數。《唐》、《宋》二史《藝文志》俱載有九齡文集二十卷。其後流播稍稀。惟明《文淵閣書目》有《曲江文集》一部四冊，又一部五冊，而外閒多未之睹。成化閒，邱濬始從內閣錄出，韶州知府蘇韡為刊行之。其卷目與《唐志》相合，蓋猶宋以來之舊本也。九齡守正嫉邪，以道匡弼，稱開元賢相。而文章高雅，亦不在燕、許諸人下。《新唐書·文藝傳》載徐堅之言，謂其文"如輕縑素練，實濟時用，而窘邊幅"①。今觀其《感遇》諸作，神味超軼，可與陳子昂方駕。文筆宏博典實，有垂紳正笏氣象，亦具見大雅之遺。堅局於當時風氣，以富豔求之，不足以為定論。至所撰制草，明白切當，多得王言之體。本傳稱為祕書少監時，"會賜渤海詔，而書命無足為者，乃命九齡為之，被詔輒成②。因遷工部侍郎，知制誥"。今檢集中有《渤海王大武藝書》，當即其時所作。而其他詔命，亦多可與史傳相參考。如集中有敕奚都督右金吾衛大將軍歸誠王李歸國書③，而核之《唐書·外國傳》所載奚事，自開元以後，僅有李大醻、魯蘇、李詩、延寵、婆固諸酋長名^①，而不及歸國，知記載有所脫漏。是尤可以補史之闕矣。

【彙訂】

①《新唐書》卷二一四《文藝上》載"開元中，（張）說與徐堅論近世文章⋯⋯堅問：'今世奈何？'說曰：'⋯⋯張九齡如輕縑素練，實濟時用，而窘邊幅⋯⋯'堅謂篤論云。"《舊唐書》卷一百九十八《文苑上》所載略同。可知《總目》所引乃張說之言，非徐堅之言。

②"輒"，殿本作"趣"，誤，參《新唐書》卷一三九本傳。

③ 殿本"督"下有"府"字，衍。此集卷九有《敕奚都督李歸國書》二篇，其二首句云："敕奚都督右金吾衛大將軍歸誠王李歸國"。

④"婆固"，殿本作"娑固"，誤，參《新唐書》卷二三五《北狄》。《冊府元龜》卷九百七十三亦作"婆固"。《舊唐書》卷二一二《北狄》、《資治通鑑》作"娑固"。（江慶柏等：《四庫全書薈要總目提要》）

李北海集六卷附錄一卷（浙江鮑士恭家藏本）^①

唐李邕撰。邕事迹具《唐書》本傳。邕文集本七十卷，《宋志》已不著錄。此本為明無錫曹荃所刊。前有荃序，稱"紹和徵君刻唐人集，初得《北海集》，而余論之"。不言為何人所編。大抵皆採摭《文苑英華》諸書，裒而成帙，非原本矣。史稱邕長於碑頌，前後所製凡數百首。今惟賦五首，詩四首，表十四首^②，疏、狀各一首，碑文八首，銘、記各一首，神道碑五首，墓誌銘一首，蓋已十不存一。《舊唐書》稱其《韓公行狀》、《洪州放生池碑》、《批

韋巨源諡議》為當時文士所重。李白《東海有勇婦》一篇稱："北
海李使君，飛章奏天庭。"杜甫《八哀》詩稱："朗詠《六公》篇，憂來
豁蒙蔽。"趙明誠《金石錄》亦稱："唐《六公詠》，文詞高古。"今皆
不見此集中，殊可惜也。劉克莊《後村詩話》譏其為葉法善祖作
碑，貽千載之笑。然唐時名儒碩士為緇黃秉筆，不以為嫌，不似
兩宋諸儒視二教如敵國。此當尚論其世，固不容執後而議前。
且克莊與真德秀游，德秀《西山集》中，琳宮梵刹之文不可枚舉，
克莊曾無一詞，而獨刻責於邕。是尤門户之見，不足服邕之心
矣。卷末附錄載新、舊《唐書》邕本傳及贈送諸作，而別載《文苑
英華》所錄邕《賀赦表》六篇，題曰"糾繆"。謂考其事在代宗、德
宗、憲宗時，邕不及見，其論次頗為精審。然考彭叔夏《文苑英華
辨證》曰："《賀赦表》六首，《類表》以為李吉甫作，而《文苑》以為
李邕。按邕天寶初卒，而六表乃在代宗、德宗、憲宗時。況《文
苑》於三百五十九卷重出一表，題曰李吉甫。又第二表末云'謹
遣衙前虞侯王國清奉表陳賀以聞'，正與吉甫《郴州謝上表》末語
同③，則非邕作也。"云云。是宋人已經考證，編是集者用其説而
諱所自來，亦可謂攘人之善矣。

【彙訂】

① 底本此條與文淵閣庫書次序不符。文淵閣庫書與殿本
均置於"曲江集二十卷"條之前。

② 文淵閣《四庫》本此集卷二實載表十五首。（周錄祥：
《〈四庫全書簡明目錄·集部〉訂誤》）

③《文苑英華》卷五百八十五收李吉甫《柳州刺史謝上表》，
末句為"謹遣軍事衙前虞侯王國清奉表陳謝以聞"。

　　李太白集三十卷（安徽巡撫採進本）

　　唐李白撰。《舊唐書》白傳稱山東人，《新唐書》則作隴西成紀人。考杜甫作《崔端薛復筵醉歌》，有"近來海內為長句，汝與山東李白好"句。楊慎《丹鉛錄》據魏顥《李翰林集序》有"世號為李東山"之文，謂杜集傳寫誤倒其字，似乎有理。然元稹作《杜甫墓誌》亦稱"與山東人李白"，其文鑿然①。如倒之作"東山人"，則語不成文，又不得以魏序為解。檢白集《寄東魯二子》詩有"我家寄東魯"句，顥序亦稱"合於魯一婦人，生子曰頗黎"。蓋居山東頗久，故人亦以是稱之，實則非其本籍，劉昫等誤也。至於隴西成紀乃唐時李氏以郡望通稱，故劉知幾《史通·因習篇》自註曰："近代史為王氏傳云'瑯邪臨沂人'，為李氏傳云'隴西成紀人'。非惟王、李二族久離本郡，亦自當時無此郡縣，皆是魏、晉以前舊名。"②今勘驗《唐書·地理志》，果如所說。則宋祁等因襲舊文，亦不足據。惟李陽冰序稱："涼武昭王暠之後，謫居條支。神龍之始，逃歸於蜀。復指李樹而生伯陽，驚姜之夕，長庚入夢。"顥序稱"白本隴西，乃因家於綿，身既生蜀"云云，則白為蜀人，具有確證。二史所書，皆非其實也③。陽冰序不言卷數，《新唐書·藝文志》則曰《草堂集》二十卷，李陽冰編。案宋敏求後序曰："唐李陽冰序李白《草堂集》十卷，咸平中樂史別得白歌詩十卷，合為《李翰林集》二十卷。"史又云："雜著為別集十卷。"然則《草堂集》原本十卷，《唐志》以陽冰所編為二十卷者，殊失之不考。今《草堂集》不傳，樂史所編亦罕見。此本乃宋敏求得王溥及唐魏顥本，又裒集唐類詩諸編，洎石刻所傳，編為一集。曾鞏又考其先後而次第之，為三十卷。首卷惟載諸序碑記，二卷以下乃為歌詩，為二十三卷，雜著六卷。流傳頗少。國朝康熙中，吳縣繆曰芑始重刊之。後有曰芑跋云："得臨川晏氏宋本，重加校正，較坊刻頗為近古。"然陳氏《書錄解題》、晁氏《讀書志》並題《李翰林集》，而此乃云太白全集，未審為宋本所改，曰芑所改，是則稍稍可疑耳①。據王琦註本，是刻尚有《考異》一卷。而坊閒印本皆削去曰芑序目，以贋宋本，遂併《考異》而削之。以其文已全載王琦本中，今亦不更補錄焉。

【彙訂】

① 元稹《唐故工部員外郎杜君墓誌銘》(載《元氏長慶集》卷五六)原文云："時山東人李白亦以奇文取稱，時人謂之李杜。"無"與"字。(近藤光男：《四庫全書總目提要唐詩集の研究》)

② 所引文實為《史通·邑里篇》注文。(楊武泉：《四庫全書總目辨誤》)

③《舊唐書》上稱山東人，下稱父為任城尉，因家焉，是明乎白之先非山東人，而語未完備耳。《新唐書》稱："興聖皇帝九世孫，其先隋末以罪徙西域，神龍初，遁還，客巴西。白之生，母夢長庚星，因以名之。"則與李陽冰及魏顥序所言大致相同，未言係隴西成紀人。(胡玉縉：《四庫全書總目提要補正》)

④ 日本靜嘉堂文庫藏宋蜀刻本《李太白文集》即繆本之祖本。(朱金城：《談日本影印的宋本〈李太白文集〉》)

分類補註李太白集三十卷(通行本)

宋楊齊賢集註，而元蕭士贇所刪補也。杜甫集自北宋以來註者不下數十家，李白集註宋、元人所撰輯者，今惟此本行世而已。康熙中，吳縣繆曰芑翻刻宋本《李翰林集》，前二十三卷為歌詩，後六卷為雜著。此本前二十五卷為古賦、樂府、歌詩，後五卷

為雜文[1]。且分標門類,與繆本目次不同。其為齊賢改編,或士
贇改編,原書無序跋,已不可考[2]。惟所輯註文,則以“齊賢曰”、
“士贇曰”互為標題以別之,故猶可辨識。註中多徵引故實,兼及
意義。卷帙浩博,不能無失。唐觀《延州筆記》嘗摘士贇註《寄
遠》詩第七首“滅燭解羅衣”句,不知出《史記·滑稽傳》淳于髡
語,乃泛引謝瞻、曹植諸詩。又如《臨江王節士歌》,齊賢以為史
失其名,士贇則引樂府《遊俠曲》證之。不知《漢書·藝文志》,
《臨江王》及《愁思節士歌》原各為一篇,自南齊陸厥始併作《臨江
王節士歌》。後來庾信、杜甫俱承其誤,白詩亦屬沿譌。齊賢等
不為辨析,而轉以為史失名。此類俱未為精核。然其大致詳贍,
足資檢閱[3]。中如《廣武戰場懷古》一首,士贇謂非太白之詩,釐
置卷末,亦具有所見,其於白集固不為無功焉。齊賢字子見,春
陵人。士贇字粹可,寧都人,宋辰州通判立等之子,篤學工詩,與
吳澄相友善。所著有《詩評》二十餘篇及《冰崖集》,俱已久佚,獨
此本為世所共傳云[1]。

【彙訂】

① 書名當以《分類補註李太白詩》二十五卷《分類編次李太
白文》五卷為妥。(柏克萊加州大學東亞圖書館編:《柏克萊加
州大學東亞圖書館中文古籍善本書志》)

② 元刊本《分類補註李太白詩》二十五卷本前有李陽冰、樂
史、宋敏求、曾鞏、毛漸序及劉全白碣記,宋序云:“沿舊目而釐正
其彙次,使各相從。”曾序亦云:“次道以類廣白詩。”則分類實始
於宋敏求。又據至元辛卯蕭士贇自序,曾對楊注本有所移易,
“惜其博不能約,因取其本類比為之,節文善者存之”。(陸心源:
《儀顧堂續跋》;胡玉縉:《四庫全書總目提要補正》)

③《四庫》本所據為嘉靖二十二年(1543)郭雲鵬本,注已刪削過半,殊失蕭本原版面目。(陸心源:《儀顧堂續跋》)

④“共”,殿本無。

李太白詩集註三十六卷(浙江巡撫採進本)

國朝王琦撰。琦字琢崖,錢塘人。註李詩者自楊齊賢、蕭士贇後,明林兆珂有《李詩鈔述註》十六卷,簡陋殊甚。胡震亨駁正舊註,作《李詩通》二十一卷。琦以其尚多漏略,乃重為編次、箋釋,定為此本。其詩參合諸本,益以逸篇,釐為三十卷,以合曾鞏序所言之數。別以序誌、碑傳、贈答題咏、詩文評語、年譜、外紀為附錄六卷。而繆氏本所謂《考異》一卷,散入文句之下,不另列焉。其註欲補三家之遺闕,故採摭頗富,不免微傷於蕪雜。然捃拾殘賸,時亦寸有所長。自宋以來,註杜詩者林立[1],而註李詩者寥寥僅二三本。錄而存之,亦足以資考證。是固物少見珍之義也。

【彙訂】

①“林立”,殿本作“如林”。

九家集註杜詩三十六卷(內府藏本)

宋郭知達編。知達,蜀人。前有自序,作於淳熙八年。又有曾噩重刻序,作於寶慶元年。噩據《書錄解題》作:“字子肅,閩清人。”凌迪知《萬姓統譜》則作:“字噩甫,閩縣人。慶元中尉上高,復遷廣東漕使。”與陳振孫所記小異。振孫與噩同時,迪知所敘又與序中結銜合,未詳孰是也[1]。宋人喜言杜詩,而註杜詩者無善本。此書集王洙、宋祁、王安石、黃庭堅、薛夢符、杜田、鮑彪、師尹、趙彥材之註,頗為簡要[2]。知達序稱“屬二三士友隨是非而去取之。如假託名氏，撰造事實，皆刪削不載"。陳振孫《書錄解題》亦曰："世有稱《東坡事實》者③，案，當作《老杜事實》。隨事造文，一一牽合，而皆不言其所自出。且其詞氣首末出一口，蓋妄人偽託以欺亂流俗者。書坊輒鈔入《集註》中，殊敗人意。此本獨削去之"云云，與序相合，知其別裁有法矣①。振孫稱："噩刊版五羊漕司，字大宜老⑤，案，"宜老"謂宜乎老眼，刻本或作"可考"，非。最為善本。"此本即噩家所初印，字畫端勁而清楷，宋版中之絕佳者⑥。振孫所言，固不為虛云。

【彙訂】

①陳振孫《直齋書錄解題》卷十九《杜工部詩集註》條曰"福清曾噩子肅"，福清與閩清乃同屬福州府之兩縣。（近藤光男：《四庫全書總目提要唐詩集の研究》）

②曾噩重刻本無郭知達所集王洙、宋祁、王安石三家注，而多薛倉舒、王回、蔡元度等注，當為曾氏採舊本重為校訂集注者。而郭氏原本已佚無傳。（昌彼得：《跋宋廣東漕司本〈新刊校定集註杜詩〉》）

③"東坡事實"，殿本作"東坡故事"。《直齋書錄解題》卷十九原文乃"東坡《杜詩故事》"。（周采泉：《杜集書錄》）

④《四庫全書》本此集除所標明的九家外，尚有八家。其中明確標名的有六家：蘇軾、王深父、蔡元度、呂本中、范元實（一作寶，當誤）、胡仔。未標明而可考出的有二家：王彥輔、魯訔。偽東坡《杜詩故事》也頗有刪削未盡者。（劉文剛：《郭知達〈杜工部詩集註〉考論》）

⑤《直齋書錄解題》卷十九原文無"字大宜老"四字。（周采泉：《杜集書錄》）

⑥此本第二五、二六兩卷雜有贋刻，所補刻之詩與注皆依元高崇蘭編集《集千家註批點杜工部詩集》本。（同上）

黃氏補註杜詩三十六卷（内府藏本）①

宋黃希原本，而其子鶴續成之者也。希字夢得，宜黃人。登進士第，官至永新令。嘗作春風堂於縣治，楊萬里為作記，今載《誠齋集》中②。鶴字叔似，著有《北窻寓言集》，今已久佚。希以杜詩舊註每多遺舛，嘗為隨文補緝，未竟而歿。鶴因取槧本《集註》，即遺稾為之正定，又益以所見。積三十餘年之力，至嘉定丙子，始克成編。書首原題《補千家集註杜工部詩史》，所列註家姓氏實止一百五十一人。註中徵引則王洙、趙次公、師尹、鮑彪、杜修可、魯訔諸家之説為多③，其他亦寥寥罕見④。而當時所稱"偽蘇註"者，乃並見採綴。蓋坊行原有《千家註》本，鶴特因而廣之，故以"補註"為名。其郭知達《九家註》、蔡夢弼《草堂詩箋》，視鶴本成書稍前，案知達本成於淳熙辛丑，在鶴本前三十餘年。夢弼成於嘉泰甲子，在鶴本前十有二年。而註内無一字引及。殆流傳未廣，偶未之見也。書中凡原註各稱"某曰"，其補註則稱"希曰"、"鶴曰"以別之。大旨在於案年編詩，故冠以《年譜辨疑》，用為綱領。而詩中各以所作歲月註於逐篇之下，使讀者得考見其先後出處之大致。其例蓋始於黃伯思，後魯訔等踵加考訂，至鶴父子而益推明之。鈎稽辨證，亦頗具苦心。其閒牴牾不合者，如《贈李白》一首，鶴以為開元二十四年游齊、趙時作。不知甫與白初未相見，至天寶三四載白自供奉被放後⑤，始相遇於東都。觀甫《寄白二十韻》詩所云"乞歸優詔許，遇我宿心親"者，是其確證，鶴説殊誤。又《鄭駙馬宅宴洞中》一首，鶴謂與《重題鄭氏東亭》詩皆在河南新安縣作。不知《長安志》有蓮花洞，在神禾原鄭駙馬之居，即詩所云"洞中"，並不在新安，不可與束亭混而為一。又《高都護驄馬行》，鶴以為天寶七載作。考高仙芝平小勃律後，以天寶八載方入朝，詩中有"飄飄遠自流沙至"語，則當在八載，而非七載。又《遣興》詩"赫赫蕭京兆"句，鶴以京兆為蕭至忠。不知至忠未嘗官京兆尹，詩中所指當是蕭炅。又《喜雨》一首，鶴謂永泰元年所作。考詩末甫自註"浙右多盜賊"語⑥，正指寶應元年袁晁之亂，詩當作於是年。時甫方在梓、閬間，故有"巴人"之句，鶴說非是。似此者尚數十條，皆為疏於考核。又題與詩皆無明文，不可考其年月者，亦牽合其一字一句，強為編排，殊傷穿鑿。然其考據精核者，後來註杜諸家亦往往援以為證。故無不攻駁其書，而終不能廢棄其書焉。

【彙訂】

① 文淵閣《四庫》本尚有《傳序碑銘》一卷《年譜辨疑》一卷《集註杜詩姓氏》一卷。（沈治宏：《〈四庫全書總目〉集部著錄圖書失誤原因析》）

②《春風堂記》不見於《誠齋集》而僅見《永新縣志》。（王學泰：《評杜甫詩集的"黃氏補註"》）

③ 書中"師曰"非師尹乃師古，《竹莊詩話》引《師氏詩說》（即師古撰《杜詩詳說》）評"三別"文字與此書中"師曰"文字全同。（同上）

④ 書中如王彥輔、王深父、薛蒼舒、薛夢符、杜定功、張孝祥、李覯、鄭卭輂亦時時及之。（張元濟：《寶禮堂宋本書錄》）

⑤ "天寶三四載"，底本作"天寶十四載"，據殿本改。錢謙益《讀杜二箋下》（《牧齋初學集》卷一百十）《寄李十二白二十韻》

條云:"魯訔、黃鶴輩敘《杜詩年譜》,並云開元二十五年後客游齊、趙,從李白、高適過汴州,登吹臺,而引《壯遊》、《昔遊》、《遣懷》三詩為證。余考之非也。以杜集考之,《贈李十二》詩云:'乞歸優詔許,遇我宿心親。醉舞梁園夜,行歌泗水春。'則李之遇杜,在天寶三年乞歸之後,然後同為梁園、泗水之游也……天寶三載,杜在東都,四載在齊州,斯其與高、李遊之日乎?"當即《總目》所本。

⑥ 南宋刻《黃氏補註千家集註杜工部詩史》和元刻《黃氏補註千家集註分類杜工部詩》中《喜雨》詩無自注,而景宋《王狀元集百家註編年杜陵詩史》、《分門集註杜工部詩集》與《九家集註杜詩》"浙右多盜賊"語均作"(王)洙曰",則非甫自注。(王學泰:《評杜甫詩集的"黃氏補註"》)

集千家註杜詩二十卷(江蘇巡撫採進本)

不著編輯人名氏。前載王洙、王安石、胡宗愈、蔡夢弼四序。所採不滿百家,而題曰"千家",蓋務夸摭拾之富,如魏仲舉韓、柳集註亦虛稱五百家也。其句下篇末諸評悉劉辰翁之語,朱彝尊謂夢弼所編入。然夢弼所撰本名《草堂詩箋》,其自序內標識註例甚詳,與此本不合。宋犖謂杜詩評點自劉辰翁始。劉本無註,元大德間有高楚芳者,刪存諸註,以劉評附之。此本疑即楚芳編也。辰翁評所見至淺,其標舉尖新字句,殆於竟陵之先聲。王士禎乃比之郭象註《莊》,殆未為篤論①。至編中所集諸家之註,真贗錯雜②,亦多為後來所抨彈。然宋以來註杜諸家,尠有專本傳世,遺文緒論,頗賴此書以存。其篳路藍縷之功,亦未可盡廢也。

【彙訂】

①《天一閣書目》著錄元本《集千家註批點杜工部詩集》二十卷,有大德癸卯盧陵劉將孫序云:"先君子須谿先生,每浩嘆學詩者各自為宗,無能讀杜詩者,高楚芳類粹刻之……求為序以傳。是本……固《草堂集》之郭象本矣。"王士禛不過襲用其説。(楊紹和:《楹書隅錄》)

②贋注蓋指偽東坡注,然此編絶不載東坡注,劉將孫序已明言之。(楊守敬:《日本訪書志》)

杜詩攟四卷(江蘇巡撫採進本)

明唐元竑撰。元竑字遠生,烏程人,萬曆戊子舉人①。明亡,不食死,論者以首陽餓夫比之。是編乃其讀杜詩時所劄記。所閲蓋《千家註》本,其中附載劉辰翁評,故多駁正辰翁語。自宋人倡詩史之説,而箋杜詩者遂以劉昫、宋祁二書據為稾本,一字一句,務使與紀傳相符。夫忠君愛國,君子之心;感事憂時,風人之旨,杜詩所以高於諸家者,固在於是。然集中根本不過數十首耳。詠月而以為比肅宗,詠螢而以為比李輔國,則詩家無景物矣。謂紈袴下服比小人,謂儒冠上服比君子,則詩家無字句矣。元竑所論,雖未必全得杜意,而刊除附會,涵泳性情,頗能會於意言之外。其中如"白鷗没浩蕩"句,必抑蘇軾而申宋敏求②。"宛馬總肥秦苜蓿"句,正用漢武帝離宮種苜蓿事,而執誤本"春苜蓿"字③,以為不對"漢嫖姚"。又往往喜言詩讖,尤屬不經。然大旨合者為多,勝舊註之穿鑿遠矣。

【彙訂】

①同治《湖州府志》卷七八《人物傳》殉節條云:"唐元竑,字

遠生，烏程人。父世濟，萬曆二十六年進士，官都御史。元
竑……萬曆壬子舉於鄉。"光緒《烏程縣志》卷一五《人物四·唐
元竑傳》亦云："萬曆壬子舉於鄉。"壬子為萬曆四十一年，戊子為
萬曆十六年。據姜亮夫《歷代人物年里碑傳綜表》，唐元竑生於
萬曆十八年。可知唐元竑乃壬子舉於鄉，非戊子也。（楊武泉：
《四庫全書總目辨誤》）

②唐元竑以為宋敏求定作"白鷗沒波蕩"是而蘇軾非。王
定保《唐摭言》引此詩，原為"波"字，宋刊王洙編次本同，則非宋
敏求所改，但唐氏之說確有見地。（周采泉：《杜集書錄》）

③"字"，底本作"事"，據殿本改。

杜詩詳註二十五卷附編二卷（內府藏本）

國朝仇兆鼇撰。兆鼇字滄柱，鄞縣人。康熙乙丑進士，官至
吏部侍郎。是書乃康熙三十二年兆鼇為編修時所奏進。凡詩註
二十三卷，雜文註二卷。後以逸杜、詠杜、補杜①、論杜為《附編》
上、下二卷。其總目自二十八卷以下尚有仿杜、集杜諸卷，皆有
錄無書，疑欲續為而未成也。每詩各分段落，先詮釋文義於前，
而徵引典故列於詩末。其中摭拾類書，小有舛誤者。如註"忘機
對芳草"句，引《高士傳》"葉幹忘機"，今《高士傳》無此文。即《太
平御覽》所載嵇康《高士傳》幾盈二卷，亦無此文。又註"宵旰憂
虞軫"句，不知二字本徐陵文，乃引《左傳》註"旰食"，引《儀禮》註
"宵衣"。考之鄭註，"宵"乃同"綃"，非"宵旦"之宵也。至"吟杜"
卷中載徐增一詩，本出其《說唐詩》中。所謂"佛讓王維作，才憐
李白狂"者，蓋以維詩雜禪趣，白詩多逸氣，以互形甫之謹嚴。兆
鼇乃改上句為"賦似相如逸"②，乖其本旨。如此之類，往往有

之,皆不可據為典要。然援據繁富,而無《千家》諸註偽撰故實之陋習。核其大局,可資考證者為多,亦未可竟廢也。

【彙訂】

① "補杜",殿本作"補注",誤。

② 據此集中徐增《讀杜少陵詩》原文,"賦似相如逸"乃"賦羨相如逸"之誤。

王右丞集箋註二十八卷附錄二卷(江蘇巡撫採進本)①

唐王維撰,國朝趙殿成註。殿成字松谷,仁和人。王維集舊有顧起經分類註本,但註詩而不及文,詩註亦閒有舛漏。殿成是本初定橐於雍正戊申,成書於乾隆丙辰。鉤稽考訂,定為古體詩六卷、近體詩八卷,皆以元劉辰翁評本所載為斷。其別本所增及他書互見者,則為外編一卷。其雜文則釐為十三卷,併為箋註。又以王縉進表、代宗批答、《唐書》本傳、世系、遺事及同時唱和、後人題詠為一卷,弁之於首。以詩評、畫錄、年譜為一卷,綴之於末。其年譜亦本傳、世系之類,後人題詠亦詩評、畫錄之類,而一置於後,一置於前,編次殊為未協。又集外之詩既為外編,其論畫諸篇亦集外之文,疑以傳疑者。而混於文集,不復分別,體例亦未畫一。然排比有緒,終較他本為精審。其箋註往往捃拾類書,不能深究出典。即以開卷而論,"閶闔"字見《楚辭》,而引《三輔黃圖》;"八荒"字見《淮南子》,而引章懷太子《後漢書註》;"胡牀"字見《世說新語》桓伊、戴淵事,而引張端義《貴耳集》;"朱門"字亦見《世說新語》支遁語,而引程大昌《演繁露》;"雙鵠"字自用古詩"願為雙黃鵠"語,而引謝維新《合璧事類》;"絕跡"字見《莊子》,而引曹植《與楊修書》,皆未免舉末遺本。然於顧註多所訂正。又維本精於佛典，顧註多未及詳。殷成以王琦熟於三藏，屬其助成，亦頗補所未備。核其品第，固猶在顧註上也。

【彙訂】

① "附錄二卷"應作"卷首一卷附錄一卷"。

高常侍集十卷（浙江鮑士恭家藏本）

唐高適撰。適，《唐書》作渤海人。其集亦題曰渤海。《河間府志》據其《封邱〔丘〕縣》詩"我本漁樵孟諸野"句，又《初至封邱》詩有"去家百里不得歸"句，定為梁、宋間人。然集中《別孫沂》詩題下①，又註"時俱客宋中"，則又非生於梁、宋者，《志》所辨似亦未確。考唐代士人多題郡望，史傳亦復因之，往往失其里籍②。劉知幾作《史通》，極言其弊，而終不能更。適集既無定詞，則亦闕疑可也。其集《唐志》作十卷③。《通考》又有集外文一卷，詩一卷。此本從宋本影鈔，內"廓"字闕筆，避寧宗嫌名，當為慶元以後之本。凡詩八卷，文二卷。其集外詩文則無之。考明人所刻適集，以《太平廣記》高鍇侍郎墓中之狐妖絕句"危冠高髻楚宮妝，閒步前庭趁夜涼。自把玉簪敲砌竹，清歌一曲月如霜"一首併載入之，蕪雜殊甚。又《九日》一詩見宋程俱《北山集》，毛奇齡選唐人七律亦誤題適作。此本不載，較他本特為精審。第十卷中有《賀安祿山死表》，稱："臣得河南道及諸州牒，皆言逆賊安祿山苦痛而死，手足俱落，眼鼻殘壞。"則祿山竟以病死，與史載李豬兒事迥異。蓋兵戈雲擾，得諸傳聞之故也④。

【彙訂】

① 此集卷六、《全唐詩》卷二一四詩題皆作《別孫訢》。（近藤光男：《四庫全書總目提要唐詩集の研究》）

②"里籍",殿本作"現籍"。

③《新唐書》卷六〇《藝文志》別集類著錄《高適集》二十卷。（黃永年：《〈三夢記〉辨偽》）

④"也",殿本作"矣"。

孟浩然集四卷（江蘇蔣曾塋家藏本）

唐孟浩然撰。浩然事迹具《新唐書·文藝傳》。前有天寶四載宜城王士源序，案士源即補《亢倉子》之王士元，其事亦見序中。此作"源"字，蓋傳寫異文。又有天寶九載韋滔序。士源序稱："浩然卒於開元二十八年，年五十有二。凡所屬綴，就輒毀棄，無復編錄。鄉里購採，不有其半。敷求四方，往往而獲。今集其詩二百一十七首，分為四卷。"此本四卷之數，雖與序合，而詩乃二百六十二首①，較原本多四十五首。洪邁《容齋隨筆》嘗疑其《示孟郊》詩時代不能相及。今考《長安早春》一首，《文苑英華》作張子容，而《同張將軍薊門看鐙》一首亦非浩然遊跡之所及，則後人竄入者多矣。士源序又稱："詩或闕逸未成而製思清美，及他人酬贈，咸次而不棄。"而此本無不完之篇，亦無唱和之作。其非原本，尤有明徵。排律之名，始於楊宏〔弘〕《唐音》②，古無此稱，此本乃標排律為一體。其中《田家元日》一首、《晚泊潯陽望香鑪峯》一首、《萬山潭》一首、《渭南園即事貽皎上人》一首③，皆五言近體，而編入古詩④。《臨洞庭》詩舊本題下有"獻張相公"四字，見方回《瀛奎律髓》，此本亦無之。顯然為明代重刻，有所移改。至序中"丞相范陽張九齡等與浩然為忘形之交"語，考《唐書》，張說嘗謫岳州司馬，集中稱"張相公"、"張丞相"者凡五首，皆為說作。若九齡則籍隸嶺南，以"曲江"著號，安得署曰"范陽"？亦明人以意妄改也⑤。

以今世所行別無他本,姑仍其舊録之,而附訂其牴牾如右。

【彙訂】

①“二百六十二首”,殿本作“二百六十三首”,誤。此集之唐本、宋本、元本及明弘治關中刻本,王士源所集共二百一十八首,而文淵、文津閣本實收二百六十二首。(萬曼:《唐集敍録》;劉玉珺:《四庫唐集提要研究》)

②《總目》卷一八八《唐音》條載作者爲元代楊士弘,此處脱“士”字。(近藤光男:《四庫全書總目提要唐詩集の研究》)

③“渭南園”當作“澗南園”,參此集卷一詩題。澗南園即孟浩然居所,卷二有《上巳日澗南園期王山人陳七諸公不至》。

④除《晚泊潯陽望香鑪峯》一首,其餘三首格律與律詩不合,皆爲五言古詩。(近藤光男:《四庫全書總目提要唐詩集の研究》)

⑤集中與張丞相有關的詩共七首,非五首。其中六首可定作於荆州。張九齡開元二十五年四月貶荆州大都督府長史,至二十八年春離任,《舊唐書》孟浩然本傳載入張九齡幕,與之唱和。其《和張丞相春朝對雪》、《陪張丞相祠紫蓋山途經玉泉寺》二詩分別是張九齡《立春日晨起對積雪》、《冬中至玉泉山寺屬窮陰冰閉崖谷無色及仲春行縣復往焉故有此作》二詩的和詩,可證七首詩中的“張丞相”至少多數乃指張九齡。徐浩《唐尚書右丞相中書令張公神道碑》曰:“公諱九齡……其先范陽方城人。”徐安貞撰《唐故尚書右丞相贈荆州大都始興公陰堂誌銘并序》亦云“其先范陽人”,則“范陽”乃署郡望,非明人妄改。(近藤光男:《四庫全書總目提要唐詩集の研究》;劉文剛:《孟浩然生平蠡測》;李裕民:《四庫提要訂誤》)

常建詩三卷（江蘇巡撫採進本）①

案唐常建不知其字，其里貫亦無可考。據陳振孫《書錄解題》，知為開元十五年進士②，終於盱眙尉而已③。詩家但稱曰"常尉"，從其官也。《唐書・藝文志》載《常建詩》一卷。此本三卷，乃毛晉汲古閣所刊，云"不知何人類而析之"。據《書錄解題》作於宋末，尚稱一卷，則元、明人所分矣。殷璠作《河嶽英靈集》，去取至為精核。蕭、代之間，所錄僅二十四人，以建為冠。載詩僅二百三十四首①，而建詩居十五首。其序稱："劉楨死於文學，左思終於記室，鮑照卒於參軍，常建亦淪於一尉。"深用悲惋。又稱其"松際露微月，清光猶為君"、"山光悅鳥性，潭影空人心"諸句，而尤推《弔王將軍墓》一篇，以為善敘悲怨，勝於潘岳。今觀其詩凡五十七首，所與贈答者率莫考其姓氏。其中最知名者，惟王昌齡一人。而僅有宿其隱居一篇，為招與張賁共隱。則非惟宦途寂寞，守道無營，即倡和交游，亦泊然於名場聲氣之外。不然則李白與昌齡最契，高適、王之渙等亦與昌齡旗亭畫壁，同作俊遊，建亦何難因緣牽附，以博一時之譽哉！其人品如是，則詩品之高，固其所矣。其詩自殷璠所稱外，歐陽修《題青州山齋》又極賞其"曲徑通幽處，禪房花木深"之句。稱欲效其語，久不可得。案修集本作"竹徑遇幽處"，蓋一時誤記。姚寬《西谿叢話》已辨之，今據建集改正。附識於此⑤。然全集之中，卓然與王、孟抗行者，殆十之六七，不但二人所稱也。洪邁《萬首絕句》別載建《吳故宮》一首，此集不載，語亦不類。邁所編舛誤至多，不盡足據。今亦不復增入焉。

【彙訂】

① 底本此條與文淵閣庫書次序不符。文淵閣庫書與殿本均置於"孟浩然集四卷"條前。

②《直齋書錄解題》卷十九及《文獻通考·經籍考》所引陳氏語均作十四年進士。（余嘉錫：《四庫提要辨證》）

③ 唐人文獻中未有載常建任盱眙尉者。（傅璇琮主編：《唐才子傳校箋》）

④ "二百三十四首"，殿本作"二百二十四首"，誤。殷璠《河嶽英靈集敘》作"二百三十四首"。《總目》卷一八六《河嶽英靈集》條亦云："是集錄常建至閻防二十四人，詩二百三十四首。"文淵、文津閣本均為二百三十首，應有脫佚。（劉玉珺：《四庫唐集提要研究》）

⑤ 姚寬《西谿叢話》卷上引作"竹逕通幽處"，但謂"遇幽處"本作"通幽處"，未嘗言"竹逕"亦當作"曲徑"。《河嶽英靈集》卷上、《文苑英華》卷二三四、《唐文粹》卷十七、《吳郡圖經續記》卷中、《冷齋夜話》卷三、《李莊簡光集》卷五、《竹莊詩話》卷十二、《容齋隨筆》卷四均作"竹逕通幽處"，《郡齋讀書志》（衢本）卷十七、《苕谿漁隱叢話》卷二十作"竹徑通幽處"。元刊本《歐陽文忠集》卷七三《題青州山齋》亦作"竹逕通幽處"。《楹書隅錄》卷四著錄宋槧《常建詩集》二卷，云："《四庫提要》所辨'曲徑通幽處'，謂《歐集》及《西谿叢話》誤作'竹徑'，此本原詩第四首固作'竹逕通幽'，不誤也。"丁丙《善本書室藏書志》卷二四著錄明刊本《常建詩》二卷，用字亦同。（余嘉錫：《四庫提要辨證》；萬曼：《唐集敘錄》）

儲光羲詩五卷（內府藏本）

案陳振孫《書錄解題》載："《儲光羲詩》五卷，唐監察御史魯國儲光羲撰。與崔國輔、綦母潛皆同年進士。天寶末任偽官，貶死。"《唐書·藝文志》儲光羲《政論》下註曰："兗州人。開元進士第。又詔中書試文章,歷監察御史。安祿山反,陷賊,自歸。"與振孫所敍爵里相同,而任偽官事已小異。又《包融集》條下註曰,"融與儲光羲皆延陵人。與丁仙芝等十八人皆有詩名。殷璠彙次其詩",號曰《丹陽集》[1]。則併其里籍亦異。自相矛盾,莫之詳也[2]。《唐志》載其集七十卷。是集前有顧況序,亦稱所著文篇賦論七十卷。辛文房《唐才子傳》稱其又有《九經分疏義》二十卷,與所作《政論》十五卷並傳。今皆散佚,存者惟此詩五卷耳。其詩源出陶潛,質樸之中有古雅之味。位置於王維、孟浩然間,殆無媿色。殷璠《河嶽英靈集》稱其"削盡常言,得浩然之氣",非溢美也。

【彙訂】

[1] "號曰丹陽集",殿本作"為丹陽集者"。

[2] 據儲光羲詩"紛吾家延州"(《貽王侍御出臺掾丹陽》)、"家近華陽洞,早年深此情"(《游茅山五首》之二),茅山在延陵縣東南三十五里(《元和郡縣志》卷二五),華陽洞在茅山大茅峯上。知光羲應為潤州延陵人,兗州為其祖籍。(黃進德:《儲光羲貫潤州延陵考》;陳鐵民:《儲光羲生平事迹考辨》)

次山集十二卷(內府藏本)

唐元結撰。結事迹具《新唐書》本傳。結所著有《元子》十卷,李商隱為作序。《文編》十卷,李紓為作序[1]。又《猗玗子》一卷。並見《唐志》,今皆不傳。所傳者惟此本,而書名、卷數皆不合。蓋後人摭拾散佚而編之,非其舊本[2]。觀洪邁譏所記二十國事,如方國、圓國、言國、相乳國、無手國、無足國、惡國、忍國、無鼻國、觸國之類,見於《容齋隨筆》者,此本皆無之,則其佚篇多矣。結性不諧俗，亦往往跡涉詭激。初居商餘山，自稱季。及逃難猗玕洞，稱猗玕子。又或稱浪士，或稱聱叟，或稱漫叟，為官或稱漫郎，頗近於古之狂③。然制行高潔，而深抱閔時憂國之心。文章戛戛自異，變排偶綺靡之習。杜甫嘗和其《舂陵行》，稱其可為天地萬物吐氣。晁公武謂其文如古鐘磬，不諧俗耳。高似孫謂其文章奇古，不蹈襲。蓋唐文在韓愈以前，毅然自為者，自結始。亦可謂耿介拔俗之姿矣。皇甫湜嘗題其《浯谿中興頌》曰："次山有文章，可惋只在碎。然長於指敘，約結有餘態。心語適相應，出句多分外。於諸作者閒，拔戟成一隊。"其品題亦頗近實也。

【彙訂】

① 據《容齋隨筆》卷一四"元次山《元子》"條，《元子》十卷乃李紓作序，《文編》十卷乃李商隱為作序。（萬曼：《唐集敘錄》）

②《元子文編》即今存《元次山集》。（傅璇琮主編：《唐才子傳校箋》）

③ 李肇《國史補》卷上云："（元）結，天寶中，始在商餘之山，稱元子；逃難入猗玕山，或稱浪士，漁者呼為聱叟，酒徒呼為漫叟。及為官，呼為漫郎。"《新唐書》本傳載結所作《自釋》，亦謂"少居商餘山，著《元子》十篇，故以元子為稱"。可知"自稱季"乃"自稱元子"之誤。"元子"二字併為一字而譌也。文淵閣本書前提要不誤。（楊武泉：《四庫全書總目辨誤》）

顏魯公集十五卷補遺一卷年譜一卷附錄一卷（副都御史黃登賢家藏本）

唐顏真卿撰。真卿事迹具《唐書》本傳。其集見於《藝文志》者有《吳興集》十卷，又《廬州集》十卷、《臨川集》十卷，至北宋皆亡。有吳興沈氏者採掇遺佚，編為十五卷。劉敞為之序，但稱沈侯而不著名字。嘉祐中，又有宋敏求編本，亦十五卷，見《館閣書目》，江休復《嘉祐雜志》極稱其採錄之博。至南宋時，又多漫漶不完。嘉定間，留元剛守永嘉，得敏求殘本十二卷，失其三卷。乃以所見真卿文別為《補遺》，併撰次《年譜》附之，自為後序。後人復即元剛之本分為十五卷，以符沈、宋二本之原數。沿及明代，留本亦不甚傳。今世所行乃萬曆中真卿裔孫允〔胤〕祚所刊，脫漏舛錯，盡失其舊。獨此本為錫山安國所刻，雖已分十五卷，然猶元剛原本也①。真卿大節，炳著史冊。而文章典博莊重，亦稱其為人。集中《廟享議》等篇，說禮尤為精審。特收拾於散佚之餘，即元剛所編亦不免闕略。今考其遺文之見於石刻者，往往為元剛所未收。謹詳加搜輯，得《殷府君夫人顏氏碑銘》一首，《尉遲迴廟碑銘》一首，《太尉宋文貞公神道碑側記》一首，《贈祕書少監顏君廟碑碑側記》、《碑額陰記》各一首，《竹山連句》詩一首，《奉使蔡州書》一首②，皆有碑帖現存。又《政和公主碑》殘文、《顏元孫墓誌》殘文二篇，見《江氏筆錄》③，《陶公栗里》詩，見《困學紀聞》。今俱採出，增入《補遺》卷內。至留元剛所錄《禘祫議》，其文既與《廟享議》複見，而篇末“時議者譁然”云云，乃《新唐書·陳京傳》敘事之辭，亦非真卿本文。又《〈干祿字書〉序》乃顏元孫作，真卿特書之刻石，元剛遂以為真卿文，亦為舛誤。今並從刊削焉。後附《年譜》一卷，舊亦題元剛作。而譜中所列詩文諸目，多集中所無，疑亦元剛因舊本增輯也。元剛字茂潛，丞相留正之子①。官終起居舍人。

【彙訂】

① 安國所刻乃都穆改編本，非留元剛原本。（萬曼：《唐集敍錄》）

②“書”，底本作“詩”，據殿本改。此集卷十六有《奉使蔡州書》。

③《政和公主碑》應作《和政公主碑》，《顏元孫墓誌》應作《顏元孫神道碑》，《全唐文》皆有全文。（萬曼：《唐集敍錄》）

④《宋史·留正傳》：“子恭、丙、端，皆爲校書郎。孫元英，工部郎中；元剛，起居舍人。”雍正《福建通志》卷四八《永春州·人物·留正傳》：“子泰（恭）、端、孫元剛，俱有才略。”可知留元剛爲留正之孫。（楊武泉：《四庫全書總目辨誤》）

宗元〔玄〕集三卷附錄元〔玄〕綱論一卷內丹九章經一卷（浙江巡撫採進本）

唐吳筠撰。筠字貞節，華陰人，隱於南陽。天寶中召至京師。請爲道士，居嵩山。復求還茅山，東遊會稽。往來天台、剡中，與李白、孔巢父酬唱。大曆中卒，弟子私謚曰宗元先生。新、舊《唐書》皆載《隱逸傳》。此本爲浙江鮑氏知不足齋所鈔，末有跋云：“收入《道藏》中，世無別本。”然《文獻通考》云：“吳筠《宗元先生集》十卷，前有權德輿序，列於別集諸人之次。”則當時非無傳本。此跋題戊申歲，不著年號，疑作於《通考》前也①。卷首權德輿序稱“太原王顏類遺文爲三十卷”。後又有《吳尊師傳》，亦德輿撰，乃言文集二十卷。均與《文獻通考》稱十卷者不合。考德輿序稱四百五十篇，而此本合詩賦論僅一百十九篇，則非完書矣。又《舊書》筠本傳云“魯中儒士也”，《新書》本傳云“華州華陰人”，德輿序稱“華陰人”，而《傳》又云“魯儒士”。序稱受正一法於馮尊師，上距陶宏景五傳；《傳》又云受正一法於潘體元，乃馮之師，亦相乖剌。考《舊書·李白傳》稱：“天寶初客遊會稽，與道士吳筠隱於剡中。”而《傳》乃言：“祿山將亂，求還茅山。既而中原大亂，江淮多盜，乃東遊會稽，與詩人李白、孔巢父詩篇酬和。”不知天寶亂後，白已因永王璘事流夜郎矣，安能與筠同隱？此《傳》殆出於依託。序又稱筠卒於大曆十三年，後二十五歲乃序此集[②]，其年為貞元十九年。德輿於貞元十七年知禮部貢舉，明年真拜侍郎。故是年作序，繫銜云禮部侍郎，其文與史合。而《金丹九章經》前又載筠自序一篇，題元和戊戌年作。戊戌乃元和十三年，距所謂“先生化去”之年又隔四十年。後且云：“元和中遊淮西，遇王師討蔡賊吳元濟，避亂東岳。遇李謫仙，授以《內丹九章經》。”殆似囈語。然則此序與《傳》同一偽撰矣。據新、舊《書》皆有《元綱》三篇語，則卷末所附《元綱論》三篇，自屬筠作。至《內丹九章經》，核之以序，偽妄顯然。以流傳已久，姑併錄之，而辨其牴牾如右。

【彙訂】

① 跋文曰：“宣城沈方鄴錄以見詒，世未有別本也。戊申春記。”沈氏乃清人，與陳世祥、施閏章同時。則此跋非作於《文獻通考》之前。（劉玉珺：《四庫唐集提要研究》）

② 殿本“後”上有“卒”字。

杼山集十卷（內府藏本）

唐僧皎然撰。案《唐書·藝文志》：“皎然字清晝，湖州人，謝靈運十世孫，居杼山。顏真卿為刺史，集文士撰《韻海鏡源》，預其論著。貞元中，取其集藏集賢御書院，刺史於頔為序。"此集卷數與《唐志》合，頔序亦存，蓋猶舊本。前有贊寧所為傳，蓋自《高僧傳》錄入。末有集外詩，則毛晉所補緝也。皎然及貫休、齊己皆以詩名。今觀所作，弱於齊己而雅於貫休。在中唐作者之閒，可廁末席。集末附載雜文數篇，則聊以備體，非其所長矣。別本附刊《杼山詩式》一卷。案《唐志》，晝公《詩式》、《詩評》皆載"文史類"中，不附本集。今亦析出別著錄焉。

劉隨州集十一卷（編修鄒炳泰家藏本）

唐劉長卿撰。長卿字文房，河閒人，姚合《極元〔玄〕集》作宣城人，莫能詳也。開元二十一年登進士第[①]。官終隨州刺史，故至今稱曰"劉隨州"。是集凡詩十卷，文一卷。第二卷中《送河南元判官赴河南勾當苗稅充百官俸錢》詩，不書"勾"字，但註曰"御名"。蓋宋高宗名構，當時例避同音，故"勾"字稱"御名"。則猶從南宋舊本翻雕也。然編次叢脞頗甚，諸體皆以絕句為冠。中閒古體、近體亦多淆亂。如"四月深澗底，桃花方欲然。寧知地勢下，遂使春風偏"四句，第四卷中作《晚桃》詩前半首，乃《幽居八詠上李侍郎》之一，而第一卷又割此四句為絕句，題曰《入百丈澗見桃花晚開》。是二者必有一譌也。舊原有外集一卷，所錄僅詩十首，而《重送》一首已見八卷中，又佚去題中"裴郎中貶吉州"六字；《次前韻贈館作》一首，已見二卷中；《贈袁贊府》一首，已見九卷中，而又誤以題下所註"時經劉展平後"句為題，併軼"時經"二字；《送裴二十七端公》詩[②]，亦見二卷中；《哭李宥》一首，亦見九卷中；《秋雲嶺》、《洞山陽》、《橫龍渡》、《赤沙湖》四首，即四卷中《湘中紀行十首》之四，又譌"秋雲嶺"為"雲

秋嶺”、“洞山陽”為“山陽洞”③;《寄李侍郎行營五十韻》一首,
已見七卷,又佚其題首“至德三年”等二十四字,不知何以舛謬
至此。蓋宋本亦有善不善,不能一一精核也。今刊除《入百丈
澗見桃花晚開》一首,其外集亦一併刊除,以省重複。長卿詩
號“五言長城”,大抵研鍊深穩,而自有高秀之韻。其文工於造
語,亦如其詩。故於盛唐、中唐之閒,號為名手。但才地稍弱,
是其一短。高仲武《中興閒氣集》病其“十首以後,語意略同”,
可謂識微之論。王士禎《論詩絕句》乃云:“不解雌黃高仲武,
長城何意貶文房。”非篤論也。

【彙訂】

① 劉長卿《瓜州驛奉餞張侍御公拜膳部郎中欲復憲臺充賀
蘭大夫留後使之嶺南時侍御先在淮南幕府》詩:“一為鷗鳥誤,三
見露華團。”又《至德三年春正月時謬蒙差攝海鹽令聞王師收二
京因書事寄上浙西節度李侍郎中丞》詩:“昔忝登龍首,能傷困驥
鳴……遂令辭短褐,仍欲請長纓。”可知劉長卿中進士後並未立
即釋褐授官,後經李侍御(希言)提拔才入仕。賀蘭大夫即賀蘭
進明,至德元年正月授嶺南節度使,未之任,詩作於同年春
(756),“三見露華團”,則中進士應在天寶十一載(752),似乎還
是當年的狀元。(蔣寅:《大曆詩人研究》)

② 明弘治十一年李君紀刊本(存世最早之全本)此集詩題
作《送裴二十端公》。杜甫有《送裴二虯作尉永嘉》、《湘江宴餞裴
二端公虯赴道州》詩,長卿與裴虯善,早年即有《過裴虯郊園》詩,
詩題疑衍“十”字。(岑仲勉:《唐人行第錄》;儲仲君:《劉長卿詩
編年箋注》)

③ 清《一統志》“長沙府”記洞陽山,“在瀏陽縣西北六十里,

以山洞向南而名……道書第二十四洞天”。《文苑英華》卷一五九載詩題即作《洞陽山》，下注“浮丘公舊隱處”，詩云：“舊日仙成處，荒林客到稀。”（儲仲君：《劉長卿詩編年箋注》）

　　韋蘇州集十卷（江蘇巡撫採進本）

　　唐韋應物撰。應物，京兆人，新、舊《唐書》俱無傳。宋姚寬《西谿叢話》載，吳興沈作喆為作補傳，稱：“應物少游太學。當開元、天寶間，充宿衛，扈從遊幸，頗任俠負氣。兵亂後，流落失職，乃更折節讀書。由京兆功曹累官至蘇州刺史、太僕少卿，兼御史中丞，為諸道鹽鐵轉運、江淮留後。年九十餘[1]，不知其所終。”先是，嘉祐中王欽臣校定其集，有序一首，述應物事迹與補傳皆合。惟云以集中及時人所稱，推其仕宦本末，疑止於蘇州刺史。考《劉禹錫集》有《蘇州舉韋中丞自代狀》，則欽臣為疏略矣[2]。《李觀集》有《上應物書》，深言其褊躁，而李肇《國史補》云：“應物性高潔，鮮食寡欲，所居焚香掃地而坐。”二說頗異。蓋狷潔之過，每傷峭刻，亦事理所兼有也。其詩七言不如五言，近體不如古體。五言古體源出於陶，而鎔化於三謝。故真而不朴，華而不綺。但以為步趨柴桑，未為得實。如“喬木生夏涼，流雲吐華月”，陶詩安有是格耶？此本為康熙中項絪以宋槧翻雕，即欽臣所校定。首賦，次雜擬，次燕集，次寄贈，次送別，次酬答，次逢遇，次懷思，次行旅，次感嘆，次登眺，次遊覽，次雜興，次歌行。凡為類十四，為篇五百七十一[3]。原序乃云分類十五，殊不可解。然字畫精好，遠勝毛氏所刻《四家》刻本，故今據以著錄。其毛本所載拾遺數首，真偽莫決，亦不復補入焉。

【彙訂】

① 據《西谿叢話》卷下，"年九十餘"當作"年五十餘"。（司馬朝軍：《四庫全書總目精華錄》）

②《西谿叢話》無沈作喆所作補傳，實載於《賓退錄》卷九。韋應物貞元中（785）出為蘇州刺史，而《劉禹錫集》有大和六年（832）《除蘇州舉韋應物自代狀》，所舉顯別是一人。（余嘉錫：《四庫提要辨證》）

③ 此本實收詩五百五十一首。（李慶：《韋應物集版本源流考》）

卷一五〇

集　部　三

別　集　類　三

毘陵集二十卷（江蘇巡撫採進本）

唐獨孤及撰。及字至之，洛陽人。官至司封郎中、常州刺史，卒謚曰憲。事迹具《唐書》本傳。權德輿作《及謚議》，稱其"立言遣詞，有古風格。濬波瀾而去流宕，得菁華而無枝葉"。皇甫湜《諭業》亦稱及"文如危峯絶壁，穿倚霄漢；長松怪石，顛倒巖壑"。王士禎《香祖筆記》則謂其"序記尚沿唐習，碑版敍事，稍見情實。《仙掌》、《函谷》二銘，《瑯邪谿述》，《馬退山茅亭記》，《風后八陣圖記》是其傑作，《文粹》略已載之"。頗不以湜言爲然。考唐自貞觀以後，文士皆沿六朝之體。經開元、天寶，詩格大變，而文格猶襲舊規。元結與及始奮起滌除，蕭穎士、李華左右之。其後韓、柳繼起，唐之古文，遂蔚然極盛。斲雕爲樸，數子實居首功。《唐實録》稱韓愈學獨孤及之文，當必有據。_{案此據晁氏《讀書志》所引。}特風氣初開，明而未融耳。士禎於篳路藍縷之初，責以制禮作樂之事，是未尚論其世也。集爲其門人安定梁肅所編，李舟爲之序。凡詩三卷，文十七卷。舊本久湮，明吳寬自内閣鈔出，始傳於世。其中如《景皇帝配天議》，郭知運、吕諲等《謚議》，皆粹然儒者之言，非徒以詞采為勝，不止士禎所舉諸篇。至《馬退山茅亭記》乃柳宗元作，後人誤入及集。士禎一例稱之，尤疏於考證矣。又《文苑英華》載有及《賀赦》二表、《代獨孤將軍讓魏州刺史表》、《為崔使君讓潤州表》、《代於京兆請停官侍親表》，《唐文粹》有《招北客文》，凡六篇，集內皆無之。案《賀赦表》所云"誅剪大憝，清復闕廷"及"歸過罪己，降去鴻名"，並德宗興元時事。及沒於大曆十二年，已不及見。《招北客文》，《文苑英華》又以為岑參之作。彼此錯互，疑莫能詳，今姑依舊本闕載焉。

蕭茂挺文集一卷（江蘇巡撫採進本）

唐蕭穎士撰。穎士字茂挺，潁川人。梁鄱陽王之裔，世系具載其《贈韋司業書》中。開元二十三年舉進士，對策第一。天寶初，官祕書正字。以搜括遺書，淹久不報劾免。尋召為集賢校理，忤李林甫，調廣陵參軍。韋述薦為史館待制，又忤林甫免。林甫死，調河南府參軍。安祿山反，穎士走山南，源洧辟掌書記。後為揚州功曹參軍。復棄官去，遂客死於汝南。事迹具《新唐書·文藝傳》。穎士嘗作《伐櫻桃賦》以刺林甫，《唐書》本傳譏其褊。而晁公武《讀書志》則稱其"每俯臨於蕭牆，姦回得而窺伺"之句為知幾先，見《唐書》貶之為非。今考穎士當祿山寵盛之時，嘗與柳并策其必反。既而言驗，乃詣河南採訪使郭納言獻策守禦，納言不能用[①]。祿山別將攻南陽，山南節度使源洧欲遁。穎士力持之，乃堅意拒賊。永王璘嘗召之，不赴。而與宰相崔圓書，請先防江淮之亂。既而劉展又果叛。其才略志節，皆過於人，不但如晁氏之所云。文章根柢，固不僅在學問之博奧也。穎士文章與李華齊名，而穎士尤為當代所重。李邕負一代宿望，而

《進芝草表》假手穎士，則其推挹可知。《唐志》載穎士《游梁新集》三卷，文集十卷。《宋志》僅載《文集》十卷，而《游梁新集》已佚。此本前有曹溶名字二印，蓋其所藏。僅賦九篇，表五篇，牒一篇②，序五篇，書五篇。史稱其與崔圓書，今集中不載。《書錄解題》所云柳并序，今亦佚之。又後人鈔撮《文苑英華》、《唐文粹》諸書而成，非復十卷之舊矣。然殘膏剩馥，猶足沾溉，正不必以不完為歉也。

【彙訂】

①《新唐書》載："祿山反，穎士往見河南採訪使郭納，言禦守計，納忽不用。"則郭納是人名，言字當屬下讀。（吳梯：《巾箱拾羽》）

②"牒一篇"，文淵閣《四庫》本書前提要作"牋一篇"，集中有《為南陽尉六舅上鄧州趙王牋》而無"牒"。（周錄祥：《〈四庫全書簡明目錄·集部〉訂誤》）

李遐叔文集四卷（浙江吳玉墀家藏本）

唐李華撰。華字遐叔，趙州贊皇人。累中進士宏辭科。天寶中，遷監察御史，徙右補闕。安祿山反，華為賊所得，偽署鳳閣舍人。賊平，貶杭州司戶參軍。李峴表置幕府，擢吏部員外郎。以風痹去官，卒。新、舊《唐書》俱載入《文苑傳》中。《舊唐書》稱華有文集十卷。獨孤及序則稱自監察以前十卷號為前集，其後二十卷為中集，卷數頗不合。馬端臨《經籍考》不列其目，則南宋時原本已亡。此本不知何人所編，蓋取《唐文粹》、《文苑英華》所載，裒集類次，而仍以及序冠之。有篇次而無卷目。今釐為四卷，著之於錄。華遭逢危亂，污辱賊庭，晚而自傷，每託之文章以見意。如《權皋銘》云：“瀆而不滓，瑜而不瑕。”《元德秀銘》云：“貞玉白華，不緇不磷。”《四皓銘》云：“道不可屈，南山採芝。竦慕元風，徘徊古祠。”其悔志可以想見。然大節一虧，萬事瓦裂，天下不獨與之論心也。至其文詞綿麗，精彩煥發，實可追配古之作者。蕭穎士見所著《含元殿賦》，以為在《景福》之上，《靈光》之下。雖友朋推挹之詞，亦庶幾乎近之矣。集中原有盧坦之、楊烈婦二傳，檢勘其文，皆見於李翱集中①。當由誤採，今並從刊削焉。

【彙訂】

① 文淵閣本李翱《李文公集》卷十二有《故東川節度使盧公傳》云：“盧坦字保衡，河南人。”《舊唐書》卷一五三、《新唐書》卷一五九皆有《盧坦傳》。文淵閣本書前提要亦作“盧坦”。（周錄祥：《〈四庫全書簡明目錄・集部〉訂誤》）

　　錢仲文集十卷（內府藏本）

　　唐錢起撰。起字仲文，吳郡人①。天寶中舉進士，官至考功郎中。大曆以還，詩格初變，開寶渾厚之氣，漸遠漸漓。風調相高，稍趨浮響。升降之關，十子實為之職志，起與郎士元其稱首也。然溫秀蘊藉，不失風人之旨，前輩典型，猶有存焉。其集《唐志》作一卷，晁公武《讀書志》作二卷。今本十卷，殆後人所分。其中凡古體詩皆題曰“往體”。考陸龜蒙《松陵集》亦以古體為往體，蓋唐代詩集標目，有此二名。偶然異文，別無他義。又集末《江行》絕句一百首②，胡震亨《唐音統籤》以為本錢珝之詩，誤入起集，有考辨甚詳。然舊本流傳，相沿已久。且珝固起孫③，即附錄祖集之末，亦無不可，故今仍並存之焉。

【彙訂】

① 錢起之里籍,《新唐書》本傳作"吳興人",姚合《極玄集》卷上"錢起"條注:"字仲文,吳興人。"姚合為元和十一年進士,時代最接近錢起,所記必確。吳興為郡名,即湖州,與吳郡即蘇州相距尚遠。(楊武泉:《四庫全書總目辨誤》)

②《文溯閣提要》作"絕句七十五首"。文淵閣《四庫》本此集題曰《江行無題》的絕句有七十五首。(羅瑛、袁芸:《〈金毓黻手定本文溯閣四庫全書提要·別集類〉補正〈四庫全書總目〉舉例》)

③《新唐書·錢徽傳》:"子可復、方義……方義終太子賓客,子珝,字瑞文,善文辭。"可知珝為徽之孫而非其子。錢大昕《十駕齋養新錄》卷一九"錢珝"條所考亦同。珝既為徽孫,則必起之曾孫。(楊武泉:《四庫全書總目辨誤》)

華陽集三卷附顧非熊詩一卷(浙江鮑士恭家藏本)

唐顧況撰。況字逋翁,海鹽人。至德二年進士。德宗時官祕書郎,遷著作郎,貶饒州司户參軍。晚年退居茅山,自號"華陽真逸"①。集有皇甫湜序,稱為三十卷②。《讀書志》作二十卷。《書錄解題》惟載其詩集,云本十五卷,今止五卷。其本今皆不傳。此本乃明萬曆中況裔孫名端哀其詩文成三卷,末附況子非熊詩十餘首。《文苑英華》、《唐文粹》中尚有況詩四首、非熊詩一首,皆未收入,尚未為賅備也。非熊詩有父風。長慶中登第③,大中間為盱眙簿,亦棄官隱茅山。《酉陽雜俎》記況作殤子詩,旦夕悲吟,其子之魂聞之,因再生為況子,即非熊也。其事怪誕不足信。《本事詩》又載況紅葉題詩事,尤屬不經。其所題詩亦猥鄙不足傳，皆好事者為之也。舊本所有，姑存之以為談助云爾①。

【彙訂】

①　顧況《湖州刺史廳壁記》(《全唐文》卷五二九)末署"華陽山人顧況述"，唐人皇甫湜作顧氏詩文序及張彥遠《歷代名畫記》顧況小傳皆未著錄"華陽真逸"之號，乃始見於歐陽修《集古錄跋尾》。趙明誠《金石錄》已辨明其道號應為"華陽山人"。(傅璇琮主編：《唐才子傳校箋》；羅勇來：《瘞鶴銘研究》)

②　《唐文粹》、《全唐文》卷六八六所錄皇甫湜《唐故著作佐郎顧況集序》，作二十卷。《新唐書·藝文志》亦為二十卷。(萬曼：《唐集敍錄》；馮淑然：《顧況詩文著錄與版本考述》)

③　"中"，殿本無。《唐才子傳》卷七《顧非熊傳》載非熊"會昌五年(845)第"。同卷《孟遲傳》載遲會昌五年進士，與非熊同年。《唐摭言》卷八、《唐詩紀事》卷六三記非熊長慶中登第，均誤。(傅璇琮主編：《唐才子傳校箋》)

④　文淵閣《四庫》本此集未收紅葉題詩，書前提要亦無"舊本所有，姑存之以為談助云爾"一句。(周錄祥：《〈四庫全書簡明目錄·集部〉訂誤》)

翰苑集二十二卷(內府藏本)

唐陸贄撰。贄事迹具《唐書》本傳。案《藝文志》載贄《議論表疏集》十二卷，又《翰苑集》十卷，常處厚纂①。陳振孫《書錄解題》載《陸宣公集》二十二卷，中分《翰苑》、《牓子》為二集，其目亦與史志相同。惟晁公武《讀書志》所載乃衹有《奏議》十二卷。且稱"舊有《牓子集》五卷、《議論集》三卷、《翰苑集》十卷。元祐中蘇軾乞校正進呈,改從今名。疑是裒諸集成此書",與史志名目全不相合。今考尤袤《遂初堂書目》所列,實作《翰苑集》。而錢曾《讀書敏求記》載所見宋槧大字本二十二卷者,亦作《翰苑集》。則自南宋以後,已合議論、表疏為一集,而總題以《翰苑》之名。公武所見乃元祐本,恐非全冊。而今世刊行贄集,亦有題作《陸宣公奏議》者,則又沿《讀書志》而失之者也②。宋祁作贄傳贊,稱其論諫數十百篇,譏陳時病,皆本仁義,炳炳如丹青③,而惜德宗之不能盡用。故《新唐書》例不錄排偶之作,獨取贄文十餘篇,以為後世法。司馬光作《資治通鑑》,尤重贄議論,採奏疏三十九篇。其後蘇軾亦乞以贄文校正進讀。蓋其文雖多出於一時匡救規切之語,而於古今來政治得失之故,無不深切著明,有足為萬世龜鑑者,故歷代寶重焉。贄尚有詩文別集十五卷,久佚不傳。《全唐詩》所錄僅存試帖詩三首及《語林》所載逸句。然經世有用之言,悉具是書。其所以為贄重者,固不必在雕章繪句之末矣。

【彙訂】

①《新唐書·藝文志》著錄陸贄《議論表疏集》十二卷。又《翰苑集》十卷,韋處厚纂。韋氏乃稍晚於陸贄時人,"常處厚"誤。(沈時蓉:《陸贄文集知見錄》)

②《中書奏議》實非翰苑之作,則題《陸宣公集》者為得之。(錢大昕:《十駕齋養新錄》)

③ 宋祁《傳贄》原文作"炳炳如丹"。(江慶柏等整理:《四庫全書薈要總目提要》)

權文公集十卷(內府藏本)

唐權德輿撰。德輿字載之,天水人。初辟河南幕府①,歷中書門下平章事。事迹具《唐書》本傳。德興嘗自纂制集五十卷，楊憑序之。其孫憲又編其詩文為五十卷，楊嗣復序之。今制集已佚，文集亦久無傳本②。此本乃明嘉靖二十年楊慎得之於滇南，僅存目錄及詩賦十卷。劉大謨序而刻之，又刪其無書之目錄，德興文集遂不可考。惟《文苑英華》及《唐文粹》中時時散見耳。考王士禎《居易錄》載《權文公集》五十卷，註曰："詩賦十卷，文四十卷，碑銘八卷，論二卷，記二卷，集序三卷，贈送序四卷，策問一卷，書二卷，疏表狀五卷，祭文三卷。"稱無錫顧宸藏本，劉體仁之子凡寫之以貽士禎者。然則德興全集康熙中猶存，不識何以今所存者皆楊慎之殘本③。第士禎所註卷目，以數計之，乃八十卷，與五十卷之說不合，又不識其何故也④。

【彙訂】

①《舊唐書·權德輿傳》亦稱"天水略陽人"。略陽乃祖籍。《新唐書·權皐傳》謂"徙潤州丹徒"，皐即德輿之父。然宋盧憲《嘉定鎮江志》卷一八《權德輿傳》謂"居丹陽練塘"，練塘為丹陽縣地，見《元和郡縣志》卷二五"潤州丹陽縣"條。丹徒即今江蘇鎮江市，丹陽為今江蘇丹陽縣，二丹非同地。故"天水"應作"丹陽"。又據《新唐書·韓洄傳》："德宗即位，起為淮南黜陟使，復為諫議大夫。"可知《舊唐書·權德輿傳》"韓洄黜陟河南，辟為從事"，《新唐書·權德輿傳》"韓洄黜陟河南，辟置幕府"皆誤。（傅璇琮主編：《唐才子傳校箋》）

② 詩文集五十卷清朱珪得舊抄全本，於嘉慶丙寅（1806）重刻。既有抄本，則不可謂久無傳本。（胡玉縉：《四庫全書總目提要補正》）

③"存"，殿本作"傳"。

④ 以朱珪五十卷刻本核之,《居易錄》所注卷目,文體應加行狀二卷,墓誌七卷,銘贊一卷,謚議一卷。而論實為一卷,集序實為二卷,贈送序實為五卷。由碑銘八卷,至謚議一卷,合計為四十卷,加詩賦十卷,全集共五十卷。《居易錄》注謂"文四十卷",乃總各文體而言。(屈萬里:《善本書志》;萬曼:《唐集敍錄》)

韓集舉正十卷外集舉正一卷(編修朱筠家藏本)

宋方崧卿撰。崧卿,莆田人。孝宗時,嘗知台州軍事①。是書後有淳熙己酉崧卿自跋,稱:"右昌黎先生集四十卷,外集一卷,附錄五卷,增考年譜一卷。復次其異同,為《舉正》十卷。"陳振孫《書錄解題》所載同,而多《外鈔》八卷②。其註稱:"《年譜》洪興祖撰,莆田方崧卿增考,且撰《舉正》以校其同異,而刻之南安。《外集》但據嘉祐劉煜所錄二十五篇,而附以石刻、聯句、詩文之遺見於他集者。及葛嶠刻柳文,又以大庾韓郁所編註諸本號《外集》者,併考疑誤,輯遺事,共為《外鈔》刻之。"然則《外鈔》非方氏書,特葛氏刻柳集以配韓,因而增入,故崧卿跋不之及也。據自跋與陳氏所錄,則此書蓋與《文集》、《外集》、《附錄》、《年譜》並刻。此本惟有《舉正》,蓋所存止此也。十卷之末又有《外集舉正》一卷,而跋中不及,陳氏亦不及。核其原刻,不標卷第,殆即附之十卷中歟? 自朱子因崧卿是書作《韓文考異》,盛名所掩,原本遂微。越及元、明,幾希泯滅。此本紙墨精好,內"桓"字闕筆,避欽宗諱,"敦"字全書,不避光宗諱。蓋即淳熙舊刻,越五百載而幸存者。殆亦其精神刻苦,足以自傳,故若有呵護其間,非人力所能抑遏歟! 閻若璩號最博洽,其《潛邱劄記》中不知"李浙束"為誰,稱得李翱全集,或可以考。今觀此本第六卷《代張籍書》下,明註為李遜。且引《舊書》本傳"遜以元和五年刺浙東,九年召還,此書作於六七年閒"云云。則若璩亦未見此本,可稱罕覯之笈。其名曰《舉正》,蓋因郭京《易舉正》之舊,見首篇之自註。《考異》刪去此條,遂莫知其命名之義。其於改正之字用朱書,案刻本實作陰文。蓋古無套版之法,不能作二色也。觀《政和本草》稱《神農》本經用朱書,而皆作陰文,是其明證。謹附識於此。衍去之字以圓圈圍之,增入之字以方圈圍之,顛倒之字以墨線曲折乙之,體例亦似較《考異》為明晰。所據碑本,凡十有七。所據諸家之書,凡唐令狐澄本、南唐保大本、祕閣本、祥符杭本、嘉祐蜀本、謝克家本、李昞本,參以唐趙德《文錄》、宋白《文苑英華》、姚鉉《唐文粹》。參互鉤貫,用力亦勤。雖偏信閣本,是其一失,宜為朱子所糾,然司馬遷因《國策》作《史記》,不以《史記》廢《國策》,班固因《史記》作《漢書》,不以《漢書》廢《史記》。倪思嘗集《國策》、《史記》、《漢書》之同異,纂為二書,今其《班馬異同》猶有傳本。然則雖有《考異》,不妨並存。此書以備參訂,亦何必堅持門戶,盡沒前人著作之功乎!《書錄解題》又曰:"《韓昌黎集》四十卷,《外集》十卷,朱侍講以方氏本校定,凡異同定歸於一,多所發明。《外集》皆如舊本,獨用方本益《大顛三書》。"今考《外集舉正》所列,自《海水》詩至《明水賦》,二十五篇之數俱全,無所謂《大顛三書》者,亦無所謂石刻、聯句、詩文之遺於他集者,不知《考異》所據何本。此亦千古之大疑,姑闕所不知可矣[③]。

【彙訂】

　　① 據葉適《水心文集》卷一九《京西運判方公神道碑》、周必大《周文忠公集》卷七一《方君崧卿墓誌銘》,方崧卿於光宗紹熙

元年知吉州,無孝宗時知台州事。(李裕民:《四庫提要訂誤》)

②　方崧卿後序原文作:"右昌黎先生集四十卷,目錄一卷,外集一卷,附錄五卷,增考年譜一卷……因復次其異同,記其譌誤之自,為《舉正》十卷。"《直齋書錄解題》卷十六所載則無目錄一卷。(劉真倫:《韓愈集宋元傳本研究》)

③　據《讀韓記疑》鄧廷楨校語考,《直齋書錄解題》卷十六《昌黎集》條云:"《外集》但據嘉祐劉煜所錄二十五篇,而附以石刻、聯句、詩文之遺見於他集者。"《校定韓昌黎集》條云:"晦菴朱侍講熹以方氏本校定,凡異同定歸於一,多所發明,有益後學。《外集》皆如舊本,獨用方本益《大顛三書》。"朱熹《韓文考異》卷九云:"諸本《外集》,凡三十四篇,《與大顛書》諸本皆無,唯嘉祐小杭本有之,方本列於石刻之首。"又云:"石刻、聯句、遺詩文等,則從方本錄之,以補《外集》之闕。"則"《外集》皆如舊本",蓋指三十四篇之舊本而言,其中向無《與大顛三書》。(王欣夫:《蛾術軒篋存善本書錄》)

　　原本韓文考異十卷(江蘇巡撫採進本)

　　宋朱子撰。其書因韓集諸本互有異同,方崧卿所作《舉正》,雖參校衆本,棄短取長,實則惟以館閣本為主,多所依違牽就。即《南山有高樹》詩之"婆婆弄毛衣"①,傅安道所舉為笑端者,亦不敢明言其失。是以覆加考訂,勒為十卷。凡方本之合者存之,其不合者一一詳為辨證。其體例本但摘正文一二字大書,而所考夾註於下,如陸德明《經典釋文》之例,於全集之外別行。至宋末王伯大,始取而散附句下。以其易於省覽,故流布至今,不復知有朱子之原本。其閒譌脫竄亂,頗失本來。此本出自李光地家,乃從朱子門人張洽所校舊本翻雕,最為精善。第一卷末有洽補註一條,稱《陪杜侍御游湘西兩寺》詩"長沙千里平"句,"千里"當作"十里"。言親至嶽麓寺見之,方氏及朱子皆未知。又第四卷末洽補註一條,辨《原性》一篇,唐人實作《性原》,引楊倞《荀子註》所載全篇,證方氏《舉正》不誤,朱子偶未及考。又第七卷末有洽補註一條,辨《曹成王碑》中"搏力句卒"之義,皆今本所未載。其字為徐用錫所校,點畫不苟。然光地沒後,其版旋佚,故傳本頗少。此本猶當日之初印,毫無刓闕,尤可貴也。

【彙訂】

①"婆婆",底本作"婆娑",據殿本改。此書卷二於"婆婆"下註曰:"方雲閣本作'婆娑'。今按閣本之謬,乃有如此之甚者。方雖不從,而亦不敢明言其謬也。舊聞傅安道說親戚閒嘗有校此書者,他本元作'婆娑',先校者滅去其上一'婆'字,而別定作'娑'。此人不詳己本已作'婆娑',而遽亦滅去'娑'字,別定為'婆',則遂無復'娑'字,而直為'婆婆弄毛衣'矣。當時疑其戲語,今見方氏所據閣本乃如此,而云出於李左丞家,則知傅公之言為不妄矣。"

別本韓文考異四十卷外集十卷遺文一卷（兩江總督採進本）

宋王伯大編。伯大字幼學,號留耕,福州人。嘉定七年進士。理宗朝官至端明殿學士,拜參知政事。事迹具《宋史》本傳。伯大以朱子《韓文考異》於本集之外別為卷帙,不便尋覽,乃重為編次。離析《考異》之文,散入本集各句之下,刻於南劍州。又採洪興祖《年譜辨證》、樊汝霖《年譜註》、孫汝聽解、韓醇解、祝充解為之音釋,附於各篇之末。厥後麻沙書坊以註釋綴於篇末,仍不便檢閱，亦取而散諸句下。蓋伯大改朱子之舊第，坊賈又改伯大之舊第，已全失其初。即卷首題"朱文公校《昌黎先生集》凡例"十二條者，勘驗其文，亦伯大重編之凡例，非朱子《考異》之凡例。流俗相傳，執此為朱子之本，實一誤且再誤也。據李光地翻刻宋版《考異》跋，此本之舛謬遺漏，不一而足。蓋屢次重編，不能一一清整，勢所必然。然註附句下，較與文集別行者究屬易觀。今錄光地所刻十卷之本以存舊式，仍錄此本以便參稽。自宋以來，《經典釋文》、《史記索隱》均於原書之外別本各行，而監本經、史仍兼行散入句下之本。是即其例矣。

五百家註音辨昌黎先生文集四十卷（內府藏本）

宋魏仲舉編。仲舉，建安人。書前題慶元六年刻於家塾，實當時坊本也。首列評論、詁訓、音釋諸儒名氏一篇，自唐燕山劉氏迄潁人王氏，共一百四十八家。又附以新添集註五十家、補註五十家、廣註五十家、釋事二十家、補音二十家、協音十家、正誤二十家、考異十家，統計祇三百六十八家[①]，不足五百之數。而所云新添諸家，皆不著名氏。大抵虛構其目，務以炫博，非實有其書。即所列一百四十八家，如皇甫湜、孟郊、張籍等，皆同時唱和之人，劉昫、宋祁、范祖禹等，亦僅撰述唐史，均未嘗詮釋文集。乃引其片語，即列為一家，亦殊牽合。蓋與所刊《五百家註柳集》均一書肆之習氣。然其間如洪興祖、朱子、程敦厚、朱廷玉、樊汝霖、蔣璨、任淵、孫汝聽、韓醇、劉崧、祝充、張敦頤、嚴有翼、方崧卿、李樗、鄭耕老、陳汝義、劉安世、謝無逸、李朴、周行己、蔡夢弼、高元之、陸九淵、陸九齡、郭忠孝、郭雍、程至道、許開、周必大、史深大等有考證音訓者[②]，凡數十家。原書世多失傳，猶賴此以獲見一二,亦不可謂非仲舉之功也。朱彝尊稱此書尚有宋槧本在長洲文氏③,後歸李日華家。正集之外,尚有《外集》十卷、《別集》一卷,附《論語筆解》十卷。此本止四十卷,而《外集》、《別集》不與焉。蓋流傳既久,又有所闕佚矣。

【彙訂】

① 原注一百四十八家,新添二百三十家,共計三百七十八家。(周錄祥:《〈四庫全書簡明目錄・集部〉訂誤》)

② 本書首列《評論詁訓音釋諸儒名氏》云:"鄓山史氏,名彌大,字方叔。"作"史深大"誤。(江慶柏等:《四庫全書薈要總目提要》)

③ 朱彝尊《曝書亭集》卷五二《跋五百家昌黎集注》云:"是書向藏長洲文伯仁家,歸吾鄉李太僕君實,蓋宋槧之最精者。"可知"尚有"當作"向有",文淵閣本書前提要不誤。(同上)

東雅堂韓昌黎集註四十卷外集十卷(副都御史黃登賢家藏本)①

不著撰人名氏。惟卷末各有東吳徐氏刻梓家塾小印。考陳景雲《〈韓集點勘〉書後》曰:"近代吳中徐氏東雅堂刊韓集,用宋末廖瑩中世綵堂本。其註採建安魏仲舉《五百家註》本為多。閒有引他書者,僅十之三。復删節朱子單行《考異》,散入各條下。皆出瑩中手也。瑩中為賈似道館客,事見《宋史》似道傳。徐氏刊此本,不著其由來,殆深鄙瑩中為人,故削其名氏併開版年月也。"云云。今考此本前列重校凡例九條。内稱廟諱一條,確為宋人之語,景雲之説為可信,知此本為瑩中註也。景雲又自註此文曰:"東雅堂主人徐時泰,萬曆中進士,官工部郎中。"今考《明進士題名碑》，萬曆甲戌科有徐時泰，長洲人，蓋即其人矣②。

【彙訂】

① 文淵閣《四庫》本附《遺文》一卷《朱子校昌黎集傳》一卷。（沈治宏：《〈四庫全書總目〉集部著錄圖書失誤原因析》）

② 乾隆《長洲縣志》不載此人。康熙《錢塘縣志》卷一〇《選舉志》天啟二年壬戌科文震孟榜進士："徐時泰，翰林侍講。"民國《杭州府志》卷一〇八《選舉志》天啟二年進士欄亦載："徐時泰，錢塘人，侍讀。"（楊武泉：《四庫全書總目辨誤》）

韓集點勘四卷（浙江巡撫採進本）

國朝陳景雲撰。景雲有《通鑑胡註舉正》，已著錄。是編取廖瑩中世綵堂所註韓集，糾正其誤，因彙成編。卷首註曰"校東雅堂本"，以廖註為徐時泰東雅堂所翻雕也。末有景雲自跋，稱："瑩中粗涉文義，全無學識。其博採諸條，不特遴擇失當，即文義亦多疏舛。"今觀所校，考據史傳，訂正訓詁，刪繁補闕，較原本實為精密。如《別知賦》之"一旦為仇"，證以《爾雅》；《元和聖德詩》之"麻列"，證以李白《夢遊天姥》詩①；《城南聯句》之"疆甿"，證以《周禮》鄭註；《梁國公主輓歌》之"厭翟"，證以《毛詩》鄭箋；《師說》之句讀，證以《經典釋文》；《送韓侍御序》之"所治"，證以魏文帝《與吳質書》；《祭李使君文》之"驚透"，證以揚雄《方言》、左思賦；《烏氏廟碑》之"立議"，證以《漢書》顏註；《太原郡公神道碑》之"耆事"，證以王安石文；《劉統軍墓誌》之"父訟"，證以《漢書·段熲傳》②；《太傅董公行狀》之"其子"，乃證以《唐書·李萬榮傳》；以《至鄧城聯句》之"諛喙"當為"庚喙"，證以《李藩傳》；《進學解》之"守正"當為"宗王"，證以《新唐書》及《文粹》，皆援據精確。他如引《赤藤杖歌》證"南宮"不止稱禮部；引《唐志》"五岳四瀆令"證廟令老人；引德宗祔廟高宗已祧，證《諱辨》之"治"字，亦具有典據。而於時事辨別尤詳，可稱善本。惟《尸子》先見《公羊傳》，而云出《漢書》，稍為疏漏③。又《次潼關先寄張十二閣老》詩，忽參"宋人諧謔"一條，非惟無預於校讎，乃併無預於韓集，殊乖體例耳。

【彙訂】

　① 韓愈《元和聖德詩》之詩與序，均無"麻列"一詞。《韓集點勘》卷一"元和聖德詩"條，乃辨證"所在麻列"一句，認為朱熹改"麻列"為"森列"，不如仍作麻列，舉李白《夢遊天姥》詩"仙之人分列如麻"為證。今檢朱熹《韓文考異》卷九，以"所在麻列"為"所在森列"，乃《進撰平淮西碑表》（載《東雅堂韓昌黎集》卷三八）之文。（楊武泉：《四庫全書總目辨誤》）

　② 段熲為漢桓帝時名將，死於靈帝光和年間，傳載《後漢書》卷六五。《韓集點勘》卷四"劉統軍墓誌"條云："後漢有司徒尹訟，見《段熲傳》。"已明示"後漢"。（同上）

　③《公羊傳》並未提到《尸子》，提到《尸子》的為《穀梁傳》，見此傳之隱公五年及桓公九年。（同上）

　詁訓柳先生文集四十五卷外集二卷新編外集一卷（內府藏本）

　唐柳宗元撰。宋韓醇音釋。醇字仲韶，臨邛人。其始末未詳。宗元集為劉禹錫所編。其後卷目增損，在宋時已有四本。一則三十三卷，為元符閒京師開行本。一則曾丞相家本。一則晏元獻家本。一則此四十五卷之本，出自穆修家，云即禹錫原本。案陳振孫《書錄解題》曰："劉禹錫作序，稱編次其文為三十二通，退之之誌若祭文，附第一通之末。今世所行本皆四十五卷，又不附誌文，非當時本也。"考今本所載禹錫序，實作四十五通，不作三十二通，與振孫所説不符。或後人追改禹錫之序，以合見行之卷數，亦未可知①。要之，刻韓、柳集者自穆修始，雖非禹錫之舊第，諸家之本亦無更古於是者矣。政和中，胥山沈晦取各本參校，獨據此本為正，而以諸本所餘者別作《外集》二卷，附之於後，蓋以此也。至淳熙中，醇因沈氏之本為之牋註。又搜葺遺佚，別成一卷，附於《外集》之末，權知珍州事王咨為之序。醇先作《韓集全解》，及是又註柳文。其書蓋與張敦頤《韓柳音辨》同時並出，而詳博實過之，魏仲舉《五百家註》亦多引其説。明唐覲《延州筆記》嘗摘其註《南霽雲碑》不知"汧城鑿穴之奇"句本潘岳《馬汧督誄》，是誠一失。然不以害其全書也。

【彙訂】

① 陳振孫所見或即三十三卷本，殊難定其孰為原文，孰為後改。（張元濟：《寶禮堂宋本書錄》）

增廣註釋音辯柳集四十三卷（內府藏本）①

舊本題宋童宗説註釋，張敦頤音辯，潘緯音義。宗説，南城人，始末未詳。敦頤有《六朝事迹》，已著錄②。緯字仲寶，雲閒人。據乾道三年吳郡陸之淵序，稱為乙丑年甲科，官灊山廣文，亦不知其終於何官也。之淵序但題《柳文音義》。序中所述，亦僅及韓仿、祝充《韓文音義傳》、《柳氏釋音》，不及宗説與敦頤。書中所註，各以"童云"、"張云"、"潘云"別之，亦不似緯自撰之體例。蓋宗說之《註釋》、敦頤之《音辯》,本各自為書,坊賈合緯之《音義》,刊為一編。故書首不以《柳文音義》標目,而別題曰《增廣註釋音辯唐柳先生集》也。其本以宗元本集、外集合而為一,分類排次,已非劉禹錫所編之舊③。而不收王銍偽《龍城錄》之類,則尚為謹嚴④。其音釋雖隨文詮解,無大考證。而於僻音難字,一一疏通,以云詳博則不足,以云簡明易曉,以省檢閱篇韻之煩,則於讀柳文者亦不為無益矣。舊有明代刊本,頗多譌字。此本為麻沙小字版,尚不失其真云。

【彙訂】

① 文淵閣《四庫》本尚有《別集註》二卷《外集註》二卷附錄一卷。(沈治宏:《〈四庫全書總目〉集部著錄圖書失誤原因析》)

②《總目》卷七〇著錄張敦頤撰《六朝事迹編類》二卷。

③ 宋刻本有《外集》二卷,並未與本集合併,文淵閣《四庫》本同。(張元濟:《寶禮堂宋本書錄》)

④《龍城錄》非王銍所撰,說詳卷一四四《龍城錄》條訂誤。

五百家註音辨柳先生文集二十一卷外集二卷新編外集一卷龍城錄二卷附錄八卷(內府藏本)

宋魏仲舉編。其版式廣狹,字畫肥瘠,與所刻《五百家註昌黎集》纖毫不爽,蓋二集一時並出也。前有評論、訓詁諸儒姓氏,檢核亦不足五百家。書中所引,僅有集註,有補註,有音釋,有解義,及孫氏、童氏、張氏、韓氏諸解。此外罕所徵引,又不及韓集之博。蓋諸家論韓者多,論柳者較少,故所取不過如此①,特姑以"五百家"之名與韓集相配云爾。書後《外集》二卷,《新編外集》一卷,乃原集未錄之文,共二十五首。《附錄》二卷,則《羅池廟牒》及崇寧、紹興加封誥詞之類，而《法言註》五則亦在其中。又附以《龍城錄》二卷，序傳、碑記共一卷，後序一卷，而《柳文綱目》、《文安禮年譜》則俱冠之卷首②。其中如《封建論》後附載程敦夫論一篇，又揚雄《酒箴》、李華《德銘》、屈原《天問》、劉禹錫《天論》之類，亦俱採掇附入。其體例與韓集稍異。雖編次叢雜，不無繁贅，而旁搜遠引，寧冗毋漏，亦有足資考訂者。且其本槧鋟精工，在宋版中亦稱善本。今流傳五六百年，而紙墨如新，神明煥發。復得與《昌黎集註》先後同歸祕府，有類乎珠還合浦，劍會延津，是尤可為寶貴矣。

【彙訂】

①　"如此"，殿本作"如是"。

②　實為《新編外集》三卷，《附錄》四卷。（馬劉鳳：《"四庫"訂誤十五則》》）

劉賓客文集三十卷外集十卷（江蘇巡撫採進本）

唐劉禹錫撰。《唐書》禹錫本傳稱為彭城人，蓋舉郡望，實則中山無極人①。是編亦名《中山集》，蓋以是也。陳振孫《書錄解題》稱原本四十卷，宋初佚其十卷。宋次道哀其遺詩四百七篇、雜文二十二首為《外集》，然未必皆十卷所逸也。禹錫在元和初，以附王叔文被貶，為"八司馬"之一。召還之後，又以詠元〔玄〕都觀桃花觸忤執政，頗有輕薄之譏。然韓愈頗與之友善，集中有《上杜黃裳書》，歷引愈言為重。又《外集》有《子劉子自傳》一篇，敍述前事，尚不肯詆諆叔文。蓋其人品與柳宗元同。其古文則恣肆博辨，於昌黎、柳州之外自為軌轍。其詩則含蓄不足，而精銳有餘。氣骨亦在元、白上，均可與杜牧相頡頏，而詩尤矯出。

陳師道稱蘇軾詩初學禹錫。呂本中亦謂蘇轍晚年令人學禹錫詩，以為用意深遠，有曲折處。劉克莊《後村詩話》乃稱其"詩多感慨，惟'在人雖晚達，於樹似冬青'十字差為閒婉"，似非篤論也。其雜文二十卷、詩十卷，明時曾有刊版。獨《外集》世罕流傳，藏書家珍為祕笈。今揚州所進鈔本乃毛晉汲古閣所藏，紙墨精好，猶從宋刻影寫。謹合為一編，著之於錄，用還其卷目之舊焉。

【彙訂】

① 彭城、中山，皆屬郡望而非實籍。劉之實籍，乃在洛陽。《子劉子自傳》(載《劉賓客外集》卷九)云："七代祖亮，事北朝為冀州刺史，散騎常侍。遇遷都洛陽，為北部都昌里人，世為儒為仕。"又《汝州上後謝宰相狀》(載《劉賓客集》卷一七)云："忽蒙天恩，稍移近郡。家本滎上，籍占洛陽。病辭江干，老見鄉樹，榮感之至。"(楊武泉：《四庫全書總目辨誤》)

呂衡州集十卷(浙江鮑士恭家藏本)

唐呂溫撰。溫字和叔，一字化光，河中人。貞元十四年進士①，官至刑部郎中兼侍御史。後謫道州刺史，徙衡州，卒。事迹具《唐書》本傳。劉禹錫編次其文，稱斷自《人文化成論》至《諸葛武侯廟記》為上篇。此本先詩賦，後雜文，已非禹錫編次之舊。又第六卷、七卷誌銘已闕數篇。卷末有屨守居士跋云："甲子歲從錢氏借得前五卷，戊辰從郡中買得後三卷，俱宋本。第六、第七二卷均之闕如。因取《英華》、《文粹》照目寫入，以俟得完本校定。"又云："第二卷《聞砧》以下十五首，宋本所無，照陳解元棚本鈔入。"屨守居士，常熟馮舒之別號，蓋舒所重編也。溫亦"八司馬"之黨，當王叔文敗時，以使吐蕃幸免。其人品本不純粹。而學《春秋》於陸淳，學文章於梁肅，則授受頗有淵源。集中如《與族兄皐書》，深有得於六經之旨；《送薛天信歸臨晉序》，洞見文字之源；《裴氏〈海昏集〉序》，論詩亦殊精邃；《古東周城銘》，能明君臣之義，以糾《左氏》之失。其《思子臺銘》序謂："遇一物可以正訓於世者，秉筆之士未嘗闕焉。"其文章之本可見矣。惟《代尹僕射度女為尼表》可以不存。而《諸葛侯廟記》以為有才而無識，尤好為高論，失之謬妄。分別觀之可矣。

【彙訂】

①《舊唐書·呂渭傳》附子溫傳："貞元末登進士第。"《新唐書》同傳亦言"貞元末進士"。貞元共二十年零七個月，十四年不得言"末"，恐誤。（楊武泉：《四庫全書總目辨誤》）

張司業集八卷（安徽巡撫採進本）

唐張籍撰。籍字文昌，和州人。貞元十五年進士，官至國子司業。事迹附載《唐書·韓愈傳》中①。籍以樂府鳴一時，其骨體實出王建上。後人概稱"張王"，未為篤論。韓愈稱"張籍學古淡，軒鶴避雞群"，諒矣。其文惟《文苑英華》載與韓愈二書，餘不概見。相其筆力，亦在李翱、皇甫湜閒。視李觀、歐陽詹之有意剗雕，亦為勝之。《昌黎集》有《代籍上李淛東書》②，稱以盲廢。然集中《祭退之》詩稱："公比欲為書，遺約有修章。令我署其末，以為後事程。"則愈沒之時，籍猶執筆作字，知其目疾已愈，世傳盲廢者非也。其集為張洎所編。洎序稱："自丙午至乙丑相次綴輯，得四百餘篇。"考丙午為南唐李昇昇元元年，當晉開運三年，乙丑為宋乾德二年。蓋洎搜葺二十年始成完本，亦云勤矣。陳振孫《書錄解題》云："張洎所編籍詩，名《木鐸集》③，凡十二卷。近世湯中季庸以諸本校定，為《張司業集》八卷，刻之平江。"此本為明萬曆中，和州張尚儒與張孝祥《于湖集》合刻者①。尚儒稱購得河中劉侍御本，又參以朱蘭嵎太史金陵刊本，得詩四百四十九首，並錄《與韓昌黎書》二首，訂為八卷。則已非張洎、湯中之舊。然其數不甚相遠，似乎無所散佚也。

【彙訂】

① 張籍乃吳郡（今江蘇蘇州）人，曾遷居和州烏江（今安徽和縣），故《新唐書》謂為和州烏江人。貞元十四年進士及第。（余嘉錫：《四庫提要辨證》；傅璇琮主編：《唐才子傳校箋》）

②"李澗東"當作"李浙東"。

③《直齋書錄解題》卷十九原文云："《木鐸集》十二卷，張洎所編。錢公輔名《木鐸集》。"（余嘉錫：《四庫提要辨證》）

④"《于湖集》"，殿本作"《平湖集》"，誤。《總目》卷一五八著錄張孝祥《于湖集》四十卷。

皇甫持正集六卷（浙江鮑士恭家藏本）

唐皇甫湜撰。湜，睦州人，持正其字也。元和元年進士，解褐為陸渾尉，仕至工部郎中。下急使氣，數忤同省，求分司。裴度特愛之，辟為東都判官①。其集《唐志》作三卷。晁公武《讀書志》作六卷，雜文三十八篇，與今本合②。《唐書》本傳載湜為度作光福寺碑文，酣飲援筆立就，度贈車馬繒綵甚厚。湜曰："吾自為《顧況集》序，未嘗許人。今碑字三千，一字三縑，何遇我薄耶！"高彥休《唐闕史》亦載是碑，并記其字數甚詳③。蓋實有是作，非史之謬。然此本僅載況集序，而碑文已佚，即《集古》、《金石》二錄已均不載。此碑殆唐末尚存，故彥休得見。五代兵燹，遂已亡失歟？足證此本為宋人重編，非唐時之舊矣。其文與李翱同出韓愈。翱得愈之醇，而湜得愈之奇崛。其《答李生》三書，盛氣攻辨，又甚於愈。然如《編年紀傳論》、《孟子荀子言性論》，亦未嘗不持論平允。鄭玉《師山遺文》有《與洪君實書》，曰："所假《皇甫集》，連日細看，大抵不愜人意。其言語敘次，卻是著力鋪排，往往反傷工巧，終無自然氣象。其記文中又多叶韻語，殊非大家數。"云云。蓋講學之家，不甚解文章體例，持論往往如斯，亦不足辨也①。集中無詩，洪邁《容齋隨筆》嘗記其《浯谿》一篇，以為風格無可採。陸游跋湜集，則以為自是傑作，邁語為傳寫之誤。今考此詩為論文而作，李白集之"大雅久不作"一篇，蘇軾集之"我雖不工書"一篇，即是此格，安可全詆？游之所辨是也。游集又有一跋，謂司空圖論詩，有"皇甫祠部文集外所作，亦為遒逸"之語，疑湜亦有詩集。又謂張文昌集無一篇文，李習之集無一篇詩，皆詩文各為集之故。其說則不儘然。三人非漠漠無聞之流，果別有詩集、文集，豈有自唐以來都不著錄者乎⑤？

【彙訂】

①　"特愛之"三字乃以意增入。據《唐闕史》，裴度不過憐其貧耳。卑辭厚禮，待士之常，非獨施於湜也。且以唐制言之，當稱東都留守判官。（余嘉錫：《四庫提要辨證》）

②　今本第五卷有《睦州錄事參軍廳壁記》一首，列入本卷目錄，而卷首總目遺之，實共三十九篇。（同上）

③　《唐闕史》卷上"裴晉公大度"條、《新唐書》皇甫湜本傳皆言裴度修福先寺。作"光福寺"誤。（同上）

④　殿本"亦"上有"不足據"三字。

⑤ 既云"文集外所作"，則自宜有詩集。然卒不傳者，蓋散亡甚早，故《唐志》不著於錄。（余嘉錫：《四庫提要辨證》）

李文公集十八卷（浙江鮑士恭家藏本）

唐李翱撰。翱字習之，隴西成紀人。涼武昭王暠之裔也。貞元十四年進士，官至山南東道節度使，檢校戶部尚書。事迹具《唐書》本傳。其集《唐藝文志》作十八卷①。趙汸《東山存稾》有《書後》一篇，稱"《李文公集》十有八卷，百四篇，江浙行省參政趙郡蘇公所藏本"，與《唐志》合。陳振孫《書錄解題》則云蜀本分二十卷。近時凡有二本。一為明景泰閒河東邢讓鈔本，國朝徐養元刻之，譌舛最甚。此本為毛晉所刊，仍十八卷，或即蘇天爵家本歟？考閻若璩《潛邱〔丘〕劄記》有《與戴唐器書》曰："特假《舊唐書》參考，'李浙東'不知何名。或李翱習之全集出，尚可得其人。然老矣，倦於尋訪矣。"云云。則似尚不以為足本，不知何所據也。翱為韓愈之姪壻，故其學皆出於愈。集中載《答皇甫湜書》，自稱《高愍女》、《楊烈婦傳》不在班固、蔡邕下，其自許稍過。然觀《與梁載言書》，論文甚詳。至《寄從弟正辭書》謂："人號文章為一藝者，乃時世所好之文。其能到古人者，則仁義之詞，惡得以一藝名之？"故才與學雖皆遜愈，不能鎔鑄百氏，皆如己出，而立言具有根柢。大抵溫厚和平，俯仰中度，不似李觀、劉蛻諸人有矜心作意之態。蘇舜欽謂其詞不逮韓，而理過於柳，誠為篤論。鄭獬謂其尚質而少工，則貶之太甚矣。集不知何人所編。觀其有《與侯高第二書》，而無第一書，知其去取之閒，特為精審。惟集中《皇祖實錄》一篇，立名頗為僭越。夫皇祖、皇考，文見《禮經》。至明英宗時，始著為禁令。翱在其前，稱之猶有說也。若

"實錄"之名，則六代以來，已定為帝制。《隋志》所載，班班可稽。唐、宋以來，臣庶無敢稱者。翱乃以題其祖之行狀，殊為不經②。編集者無所刊正，則殊失別裁矣。陳振孫謂："集中無詩，獨載《戲贈》一篇，拙甚。"葉適亦謂其"不長於詩，故集中無傳。惟《傳燈錄》載其《贈藥山僧》一篇，韓退之《遠遊聯句》記其一聯。"振孫所謂有一詩者蓋蜀本，適所謂不載詩者蓋即此本。毛晉跋謂"邇來鈔本始附《戲贈》一篇"，蓋未考振孫語也。然《傳燈錄》一詩，得於鄭州石刻。劉攽《中山詩話》云："唐李習之不能詩。鄭州掘石刻，有鄭州刺史李翱詩云云。此別一李翱，非習之，《唐書》習之傳不記為鄭州。王深甫編習之集，乃收此詩，為不可曉。"《苕溪漁隱叢話》所論亦同。惟王楙《野客叢書》獨據僧錄敘翱仕履，斷其實嘗知鄭州，諸人未考。考開元寺僧嘗請翱為鐘銘，翱答以書曰："翱學聖人之心焉，則不敢遜乎知聖人之道者也。吾之銘是鐘也，吾將明聖人之道焉，則於釋氏無益；吾將順釋氏之教而述焉，則給乎下之人甚矣。何貴乎吾之先覺也。"觀其書語，豈肯向藥山問道者？此石刻亦如韓愈《大顛三書》，因其素不信佛，而緇徒務欲言其皈依，用彰彼教耳。楙乃以翱嘗為鄭州信之，是知其一，不知其二也③。至《金山志》載翱五言律詩一篇，全剿五代孫魴作，則尤近人所託，不足與辨。葉夢得《石林詩話》曰："人之才力有限。李翱、皇甫湜皆韓退之高弟，而二人獨不傳其詩，不應散亡無一篇者。計或非其所長，故不作耳。二人以非所長而不作，賢於世之不能而強為之者也。"斯言允矣。

【彙訂】

①《新唐書·藝文志》著錄《李翱集》十卷，非十八卷。（余嘉錫：《四庫提要辨證》）

②《漢書·司馬遷傳贊》曰："其文直，其事核，不虛美，不隱惡，故謂之實錄。"則凡序事之不失其實者皆可稱之。以實錄名書者，實始於劉昞《敦煌實錄》，後許嵩《建康實錄》亦畫地為書，皆不為帝制而作。六朝惟梁代有皇帝實錄二部，顯非定制。（同上）

③ 所引葉適語，見《文獻通考·經籍考》，本引"石林葉氏曰"，石林乃葉夢得之號。劉攽《中山詩話》明云鄭州掘一石刻，刺史李翱詩曰"縣君愛磚渠，遠水恣行遊"云云。此即所謂《戲贈》一篇也。詩為五律，與《景德傳燈錄》卷十四所載《贈藥山》之七絕二首迥不相同。《新唐書》李翱本傳雖未記，然《舊唐書》卷一百六十本傳明云曾為鄭州刺史。且《贈藥山》乃朗州刺史任上作，與其是否曾刺鄭州何干？（同上）

歐陽行周集十卷（福建巡撫採進本）①

唐歐陽詹撰。詹字行周，泉州人。舉進士，官至四門助教。事迹具《新唐書·文藝傳》。其集有大中六年李貽孫序，稱："韓侍郎愈、李校書觀洎君，並數百歲傑出。"今觀詹之文，與李觀相上下，去愈甚遠。蓋此三人同年舉進士，皆出陸贄之門，並有名聲。其優劣未經論定，故貽孫之言如此。然詹之文實有古格，在當時纂組排偶者上。韓愈為《歐陽生哀辭》，稱許甚至，亦非過情也。《太原贈妓》一詩，陳振孫《書錄解題》力辨"函髻"之誣。考《閩川名士傳》載詹游太原始末甚詳。所載孟簡一詩，乃同時之所作，亦必無舛誤。又考邵博《聞見後錄》載妓家至宋猶隸樂籍②，珍藏詹之手跡，博嘗見之。則不可謂竟無其事③。蓋唐、宋官妓，士大夫往往狎游，不以為訝。見於諸家詩集者甚多，亦其時風氣使然，固不必獎其風流，亦不必諱為瑕垢也。惟王士禎

《池北偶談》摘其《自誠明論》④，謂"尹喜自明誠而長生，公孫宏〔弘〕自明誠而為卿，張子房自明誠而輔劉，公孫軼自明誠而佐嬴"諸句，以為離經畔道，則其説信然。然宋儒未出以前，學者論多駁雜，難以盡糾，亦存而不論可矣。

【彙訂】

①《福建省呈送第四次書目》著錄八卷本，《兩江第一次書目》、《兩淮商人馬裕家呈送書目》等著錄十卷本。（劉玉珺：《四庫唐集提要研究》）

②"考"，殿本無。

③邵博《聞見後錄》卷十九曰："迪孺云，歐陽詹為并州妓賦'高城已不見，況乃城中人'詩，今其家尚為妓，詹詩本亦尚在。妓家夔州，其先必事劉尚書者，故獨能傳當時之聲也。"其意謂唐時妓人之家，至宋仍為妓者，并州亦有之，不獨夔州而已。此句館臣誤斷。（余嘉錫：《四庫提要辨證》）

④"《自誠明論》"乃"《自明誠論》"之誤，見此集卷六。

李元賓文編三卷外編二卷（兩江總督採進本）

唐李觀撰。觀字元賓，趙州贊皇人。李華之從子也。貞元八年登進士第。九年復中博學宏詞科，官至太子校書郎。年二十九，卒。事迹具《新唐書·文藝傳·李華傳》内。韓愈為誌其墓，文載《昌黎集》中。是集前三卷為大順元年給事中陸希聲所編，希聲自為之序。後為《外編》二卷，題曰蜀人趙昂編。希聲後至宰相，昂則未詳其仕履。晁公武《讀書志》稱昂所編凡十四篇。此本闕《帖經日上王侍御書》一篇，又時時有闕句闕字。蓋輾轉傳寫，脫佚久矣。觀與韓愈、歐陽詹為同年,並以古文相砥礪。其後愈文雄視百世,而二人之集寥寥僅存。論者以元賓蚤世,其文未極,退之窮老不休,故能獨擅其名。希聲之序則謂:"文以理為本,而詞質在所尚。元賓尚於詞,故詞勝於理;退之尚於質,故理勝其詞。退之雖窮老不休,終不能為元賓之詞;假使元賓後退之死,亦不及退之之質。"今觀其文,大抵琱琢艱深,或格格不能自達其意。殆與劉蛻、孫樵同為一格,而鎔鍊之功或不及。則不幸蚤凋,未卒其業之故也。然則當時之論,以較蛻、樵則可,以較於愈則不及。希聲之序為有見,宜不以論者為然也。顧當琱章繪句之時,方競以駢偶鬥工巧,而觀乃從事古文,以與愈相左右。雖所造不及愈,固非余子所及。王士禎《池北偶談》詆其與孟簡吏部、奚員外諸書如醉人使酒罵坐,抑之未免稍過矣。惟希聲之序稱其文"不古不今,卓然自作一體",品題頗當。今併錄之,以弁於篇首焉。

孟東野集十卷(內府藏本)

唐孟郊撰。郊字東野,武康人。貞元中舉進士,官溧陽尉。事迹附載《新唐書·韓愈傳》。愈集中《貞曜先生墓誌銘》,即為郊作也。是集前有宋敏求序,稱世傳其集編汴吳鏤本五卷一百二十四篇;周安惠本十卷三百三十一篇;蜀人蹇濬所纂凡二卷一百八十篇,取韓愈贈郊句,名之曰《咸池集》[①]。自餘諸家所雜錄不為編帙,諸本各異。敏求總括遺逸,刪除重複,分十四類編集,得詩五百一十一篇。又以雜文二篇附於後,共為十卷。此本卷數相符,蓋敏求所編也。郊詩託興深微而結體古奧,唐人自韓愈以下莫不推之,自蘇軾"詩空螯小魚"之誚,始有異詞,元好問《論詩絶句》乃有“東野窮愁死不休，高天厚地一詩囚”之句。當以蘇尚俊邁，元尚高華，門徑不同，故是丹非素。究之郊詩品格，不以二人之論減價也。

【彙訂】

① 宋敏求序原文作：“東野詩世傳汴吳鏤本五卷一百二十四篇，周安惠本十卷三百三十一篇，別本五卷三百四十篇，蜀人寒濬用退之贈郊句纂《咸池集》二卷一百八十篇。”（近藤光男：《四庫全書總目提要唐詩集の研究》）

長江集十卷（浙江汪啟淑家藏本）

唐賈島撰。島字閬仙，范陽人。初為僧，名無本。後返初服，舉進士不第。坐謗責授長江主簿，終於普州司倉參軍。島之謫也，《唐書》本傳謂在文宗時，王定保《摭言》謂在武宗時。晁公武《讀書志》謂長江祠中有宣宗大中九年墨制石刻，陳振孫《書錄解題》亦稱遂寧刊本首載此制，二人皆辨其非。今考集中卷二有《寄與令狐相公》詩①，不署其名。卷五有《送令狐綯相公》詩，卷六有《謝令狐綯相公賜衣九事》詩，又有《寄令狐綯相公》詩二首，則顯出綯名。考綯本傳，其為相在大中四年十月，與石刻、墨制年號相合。然韓愈《送無本師歸范陽》詩，年譜在元和六年。本傳載島卒時年五十六，從大中九年逆數至元和六年，凡四十五年。則愈贈詩時，島纔十二歲。自長江移普州又在其後，則愈贈詩時，島不滿十歲，恐無此理②。今檢與綯諸詩，皆明言在長江以後③，尚無顯證。至送綯詩中有“梁園趨旌節”句，又有“是日榮遊汴，當時怯往陳”句，當是楚鎮河中之時④。若綯則未嘗為是官，島安得有是語乎？知原集但作“令狐相公”，遂寧本各增一

"絢"字，以遷就大中九年之制。經晁、陳二家辨明，故後來刊本削去此制。而詩題所妄增，則未及改正耳。晁氏稱《長江集》十卷，詩三百七十九首。此本共存三百七十八首，僅佚其一，蓋猶舊本。《唐音統籤》載島《送無可上人》詩"獨行潭底影，數息樹邊身"二句之下，自註一絕云："二句三年得，一吟雙淚流。知音如不賞，歸臥故山秋。"晁氏其併此數之為三百七十九耶⑤？集中《劍客》一首，明代選本末二句皆作"今日把示君，誰有不平事"。惟舊本《才調集》"誰有"作"誰為"。案，"為"字去聲。馮舒兄弟嘗論之，以"有"字為後人妄改。今此集正作"誰為"，然則猶舊本之未改者矣⑥。

【彙訂】

① 此集卷三有《寄令狐相公》詩。（近藤光男：《四庫全書總目提要唐詩集の研究》）

②《新唐書》本傳稱："會昌初，以普州司倉參軍遷司户，未受命卒，年六十五。"蘇絳《唐故司倉參軍賈公墓誌銘》云："會昌癸亥歲，七月二十八日終於郡官舍，春秋六十有五。"癸亥為會昌三年，逆數至元和六年，賈島年三十三歲，韓愈贈詩年代不誤。（楊武泉：《四庫全書總目辨誤》）

③ "在"，殿本無。

④《寄令狐相公》詩一作《赴長江道中》，顯非"長江以後"所作。據《舊唐書》本紀及令狐楚本傳，楚曾出為宣武軍、天平軍、河東、山南西道等節度使，劉禹錫《唐故相國贈司空令狐公集紀》記楚事甚詳，亦不言鎮河中，疑河東之誤。然何以知詩必作於鎮河東之時，亦未詳所據。（李嘉言：《賈島年譜》）

⑤ 明初奉新縣刊本《長江集》七卷，凡載詩三百七十七首，

較宋書棚本欠《投張太祝》等三首，惟卷三《鄭尚書新開涪江》詩
為一題二首，晁公武或於此作一首計，則適得三百七十九首。
（屈萬里：《善本書志》）

⑥《四部叢刊》所收影宋抄本、文淵閣四庫本《才調集》卷一
均作"誰有不平事"。（傅璇琮、龔祖培：《〈才調集〉考》）

昌谷集四卷外集一卷（浙江巡撫採進本）

唐李賀撰。賀事迹具《新唐書·文學傳》①。案賀系出鄭
王，故自以郡望稱隴西，實則家於昌谷。昌谷地近洛陽，於唐為
福昌縣，今為宜陽縣地。集中屢言歸昌谷，宋張未集有《春遊昌
谷訪長吉故宅》詩，又《福昌懷古》詩中亦有《李賀宅》一首②，其
明證矣。《幽閒鼓吹》稱賀遺詩為其表兄投溷中，故流傳者少，然
但謂李藩所收耳。其沈子明所編、杜牧所序者，實未嘗亡。牧序
述子明之書，稱"賀且死，嘗授我平生所著歌詩，鏊為四編③，凡
二百三十三首"，則卷帙併賀所手定也。《唐》、《宋志》皆稱賀集
五卷④，較牧序多一卷。檢《文獻通考》，始知為集四卷，《外集》
一卷。吳正子《昌谷集箋註》曰："京師本無後卷。有後卷，鮑本
也。嘗聞薛常州士龍言：'長吉詩蜀本、會稽姚氏本皆二百一十
九篇，宣城本二百四十二篇。'云云。蓋《外集》詩二十三首，合
之則為二百四十二，除之則為二百一十九，實即一本也。惟正集
較杜牧所序少十四首⑤，而《外集》較黃伯思《東觀餘論》所跋少
二十九首，則莫可考耳。《樂府詩集》載有賀《靜女春曙曲》一首、
《少年樂》一首，今本皆無之。得非伯思藏本所佚耶！正子又謂
《外集》詞意儇淺，不類賀作，殆出後人摹仿。然正集如《苦篁
調》、《嘯引》之類，句格鄙率，亦不類賀作。古人操觚，亦時有利

鈍。如杜甫詩之"林熱鳥開口[6]，水渾魚掉頭"，使非刊在本集，誰信為甫作哉！疑以傳疑可矣。

【彙訂】

① 李賀事迹具《舊唐書·李賀傳》、《新唐書·文藝傳下·李賀傳》。（劉興超：《〈四庫提要·（李賀）昌谷集〉補正》）

② 二詩詩名應為《春遊昌谷訪李長吉故居》、《歲暮福昌懷古四首·李賀宅》。（同上）

③ "釐"，集前杜牧序原文及殿本作"離"。

④ 《宋史·藝文志》著錄《李賀集》一卷《外集》一卷。（余嘉錫：《四庫提要辨證》）

⑤ 明刊《李賀集》及《文苑英華》卷七一四載杜牧序，均作"二百二十三首"。薛季宣《浪語集》卷三十《李長吉詩集序》曰："右《李長吉詩集》四卷，蜀本、會稽姚氏本皆二百一十九篇，宣城本二百四十二篇……概之杜牧之敘，宣城本多羡詩十九，蜀、姚氏少亡詩四。"則其所見杜序，亦作二百二十三首。（同上）

⑥ "開"，殿本作"張"。

箋註評點李長吉歌詩四卷外集一卷（江蘇巡撫採進本）

舊本題西泉吳正子箋註，須谿劉辰翁評點。辰翁所評《班馬異同》，已著錄。正子則不知何許人。近時王琦作《李長吉歌詩彙解》，亦稱正子時代爵里未詳。考此本以辰翁之評列於其後，則當為南宋人。又《外集》之首，註稱"嘗聞薛常州士龍言"云云。士龍為薛季宣字。據《書錄解題》，季宣卒於乾道九年，則正子亦孝宗時人矣[1]。註李賀詩者，明以來有徐渭、董懋策、曾益、余光、姚佺五家本，又有邱〔丘〕象升、邱〔丘〕象隨、陳愫、陳開先、楊研、吳甫六家之辨註,孫枝蔚、張恂、蔣文運、胡廷佐、張星、謝啟秀、朱潮遠七家之評②。王琦又采諸家之説,作為《彙解》。遞相糾正,互有發明,而要以正子是註為最古。賀之為詩,冥心孤詣,往往出筆墨蹊徑之外,可意會而不可言傳。嚴羽所謂"詩有別趣,非關於理"者,以品賀詩,最得其似。故杜牧序稱其"少加以理,可以奴僕命騷"。而諸家所論,必欲一字一句為之詮釋,故不免輾轉繆輵,反成滯相。又所用典故,率多點化其意,藻飾其文,宛轉關生,不名一格。如"羲和敲日玻瓈聲"句,因羲和馭日而生"敲日",因"敲日"而生"玻瓈聲",非真有敲日事也。又如"秋墳鬼唱鮑家詩",因鮑照有《蒿里吟》而生"鬼唱",因"鬼唱"而生"秋墳",非真有唱詩事也。循文衍義,詎得其真?王琦解"塞土臙脂凝夜紫",不用紫塞之説,而改"塞土"為"塞上",引《隋書·長孫晟傳》"望見磧北有赤氣"為匈奴欲滅之徵,此豈復作者之意哉!正子此註但略疏典故所出,而不一一穿鑿其説,猶勝諸家之淆亂。辰翁論詩,以幽儁為宗,逗後來竟陵弊體。所評杜詩,每舍其大而求其細,王士禎顧極稱之。好惡之偏,殆不可解。惟評賀詩,其宗派見解乃頗相近,故所得較多。今亦並錄之,以資參證焉。

【彙訂】

① 元馬端臨《文獻通考》卷二三九《空青遺文》條錄其父馬廷鸞序云:"一日,西泉吳太史為言:'此吾鄉空青公也,有集藏於家。'"可知吳正子乃宋末人,非孝宗時人。所謂"嘗聞薛常州士龍言",不過稱引薛季宣《李長吉詩集序》之語,非親聞其講論也。(余嘉錫:《四庫提要辨證》)

② 據清王琦《李長吉歌詩彙解》中《評註諸家姓氏考略》,楊

研當作楊妍，謝啟秀當作謝起秀。（近藤光男：《四庫全書總目提要唐詩集の研究》）

　　絳守居園池記註一卷（浙江鄭大節家藏本）

　　唐樊宗師撰。元趙仁舉、吳師道、許謙註。宗師始末具韓愈所作《墓誌》中。是文乃長慶三年宗師官絳州刺史，即守居構園池，自為之記，文僻澀不可句讀。董迪《廣川書跋》稱：“嘗至絳州，得其舊碑。剔刮劘洗，見其後有宗師自釋。然僅略註亭榭之名，其文仍不盡可解。故好奇者多為之註。”據李肇《國史補》稱，唐時有王晟、劉忱二家，今並不傳①。故趙仁舉補為此註。皇慶癸丑，吳師道病其疏漏，為補二十二處，正六十處。延祐庚申，許謙仍以為未盡，又補正四十一條。至順三年，師道因謙之本，又重加刊定，復為之跋。二十年屢經竄易，尚未得為定稿。蓋其字句皆不師古，不可訓詁考證，不過據其文義②，推測鉤貫以求通。一篇之文僅七百七十七字，而衆說糾紛，終無定論，固其宜也。以其相傳既久，如古器銘識，雖不可音釋，而不得不謂之舊物，賞鑒家亦存而不棄耳。宗師別有《越王樓詩序》，其僻澀與此文相類。計有功《唐詩紀事》尚載其文，諸家未註，蓋偶未及檢。國朝仁和孫之騄始合二篇而註之，題曰《樊紹述集》，今別著於錄云。

【彙訂】

　　①《昌黎集》卷三四注：“《國史補》云，元和之後，文筆則學奇於韓愈，學澀於樊宗師。退之作《樊墓誌》，稱其為文不剽襲，觀《絳守居園池記》，誠然，亦太奇澀矣。本朝王晟、劉忱皆為之註解，如‘瑤翻碧激’、‘鬼眼潁耳’等語，皆前人所未道也。歐陽公《跋絳守居園池記》云……”《國史補》引文實至樊宗師而止，以

下是注家附按,故謂“歐陽公”。《總目》或因李肇為唐人,遂改本
朝為唐時,而卷一七四《樊紹述集註》條又據《輟耕錄》云“舊有宋
王晟、劉忱所註”。(岑仲勉:《〈絳守居園池記〉句解書目提要》)

②“不過”,殿本作“不可”,誤。

王司馬集八卷(浙江巡撫採進本)

唐王建撰。建字仲和,潁川人①。大曆十年進士②,大和中
為陝州司馬③。據《文獻通考》,建集十卷④。此本為國朝胡介祉
所校刊,凡古體二卷,近體六卷,蓋後人所合併。前有介祉序,謂
“虞山毛氏曾有刊本行世,校對亦未盡善。至《宮詞》自宋南渡後
逸去其七,好事者妄為補之。如‘淚盡羅巾’,白樂天詩也;‘鴛鴦
瓦上’,花蕊夫人詩也;‘寶帳平明’,王少伯詩也;‘日晚長秋’與
‘日映西陵’,樂府《銅爵臺詩》也;‘銀燭秋光冷畫屏’與‘閒吹玉
殿昭華管’,皆杜牧之詩也。獨《楊升菴集》中別載七首,云‘得之
古本,今錄於後’”云云。介祉所論,蓋本之胡仔《苕谿漁隱叢
話》,其考證皆精確。惟楊慎之言多不足據,《石鼓文》尚能偽造,
何有於王建《宮詞》? 介祉遽從而增入,未免輕信之失。至於《傷
近而不見》,乃《玉臺新詠》舊題,此本譌為《傷近者不見》;《江南
三臺》,名見《樂府詩集》及《才調集》,此本譌為《江南臺》。亦未
免小有所失,不能全譏毛本。但取以相較,猶為此善於彼耳。

【彙訂】

① 此集中《送韋處士老舅》詩:“自從出關輔,三十年作
客。……雲臺觀西路,華嶽寺前柏。”則王建籍在關輔中,絕非潁
川人。雲臺觀、華嶽寺均在華州之華山,地屬關輔。(遲乃鵬:
《〈唐才子傳·王建傳〉箋證》)

② 張籍《新除水曹郎答白舍人見賀》詩"年過五十到南宮"，即元和十五年(820)任祕書省祕書郎時五十一歲，當生於大曆五年(770)。而張籍《逢王建有贈》詩又曰"年狀皆齊初有髭"，則王建亦生於大曆五年，焉能於大曆十年成進士？(同上)

③ 由大曆十年至大和中，已五六十年，大和中為陝州司馬之王建，與大曆十年舉進士之王建，即便皆實有其事，亦非同一人。(傅璇琮主編：《唐才子傳校箋》)

④ 殿本"集"下有"本"字。

沈下賢集十二卷(編修汪如藻家藏本)

唐沈亞之撰。下賢，亞之字也。本長安人，而原序稱曰吳興人，似從其郡望。然李賀集有送亞之詩，亦曰"吳興才人怨春風"，又曰"家在錢塘東復東"，則其里貫似真在吳興者也①。亞之登元和十年進士第。大和三年柏耆宣慰德州，辟為判官。耆罷，亞之亦坐貶南康尉。是集凡詩賦一卷，雜文雜記一卷，雜著二卷，記二卷，書二卷，序一卷，策問併對一卷，碑文、墓誌、表一卷，行狀、祭文一卷。杜牧、李商隱集均有《擬沈下賢》詩②，則亞之固以詩名世。而此集所載乃止十有八篇。其文則務為險崛，在孫樵、劉蛻之間。觀其《答學文僧請益書》，謂"陶器速售而易敗，煅金難售而經久"，《送韓靜略序》亟述韓愈之言，蓋亦戛然自異者也。其中如《秦夢記》、《異夢錄》、《湘中怨解》，大抵諱其本事，託之寓言，如唐人《后土夫人傳》之類。劉克莊《後村詩話》詆其名檢掃地，王士禎《池北偶談》亦謂弄玉、邢鳳等事，大抵近小說家言。考《秦夢記》、《異夢錄》二篇見《太平廣記》二百八十二卷，《湘中怨解》一篇見《太平廣記》二百九十八卷。均註曰"出

《異聞集》"，不云出亞之本集。然則或亞之偶然戲筆，為小説家所採。後來編亞之集者又從小説摭入之③，非原本所舊有歟？此本前有元祐丙寅重刊序，不署姓名①，錢曾《讀書敏求記》乃稱為元祐丙申刻。考元祐元年歲在丙寅，至甲戌已改元紹聖，中閒不應有丙申。蓋即此本，而曾誤記"寅"為"申"。又是集本十二卷，曾記為二十卷，亦誤倒其文也。《池北偶談》又記末有萬曆丙午徐㷭跋，此本無之。而別有跋曰："吳興文集十二卷，義取艱深，字多舛脱，不可卒讀。因從秦對嚴先生借所藏季滄葦鈔本校閱一過。"題曰"辛卯仲夏"，有小印曰"邦采"，不知為誰。然則此本校以季氏本，季氏本鈔自錢氏宋刻，其源流固大概可見矣。

【彙訂】

①"則其里貫似真在吳興者也"，殿本作"則似真吳興人矣唐人里貫多錯互不得其真未之詳也"。此集卷九《別權武文》曰："余，吳興人，生於汧、隴之陽。"則其為吳興人無疑。（余嘉錫：《四庫提要辨證》）

②僅李商隱有《擬沈下賢》一首，而杜牧《沈下賢》詩乃其在大中四年任湖州刺史時的追思憑弔之作。（同上）

③"後來"，殿本作"從來"。

④"署"，殿本作"著"。

追昔遊集三卷（浙江范懋柱家天一閣藏本）

唐李紳撰。紳字公垂，亳州人。元和元年進士，武宗時為中書侍郎同中書門下平章事。事迹具《唐書》本傳①。此集皆其未為相時所作。晁公武《讀書志》載前有開成戊午八月紳自序，此本無之。詩凡一百一首。《新唐書》本傳所載貶端州司馬，禱神灘漲，及刺壽州，虎不為暴，為河南尹，惡少斂跡，皆語出此集。史傳事須實錄，而宋祁以所自言者為據，殊難徵信。且考紳之赴端州也，在夏秋之閒。其妻子舟行，十月始至。其時灘水減矣，故以書祝媪龍祠，而江復漲。紳詩內及所自註者如此。祁乃以為紳自度嶺時事，是閱其集而未審②。後儒以名之輕重為文之是非，必謂《新書》勝《舊書》，似非篤論也。紳與李德裕、元稹號"三俊"，白居易亦有"笑勸迂辛酒，閒吟短李詩"句。今觀此集，音節喧緩，似不能與同時諸人角爭強弱。然春容恬雅，無雕琢細碎之習，其格究在晚唐諸人刻畫纖巧之上也。

【彙訂】

①《舊唐書》本傳謂為"潤州無錫人"。《新唐書》同傳言"中書令敬玄曾孫，仕宦南方，客潤州"，亦以為潤州人。惟無錫屬常州，不屬潤州，二史傳所著"潤州"為"常州"之誤。宋史能之《咸淳毗陵志》卷一六《李紳傳》云："字公垂。父悟，歷晉陵令，因家錫山。"李紳《過梅里》詩序（《全唐樹》卷四八一）云："家於無錫四十載，今敝盧數堵猶存。"可知李紳實籍為常州無錫，亳州乃祖籍非本貫也。（傅璇琮主編：《唐才子傳校箋》）

②"而"，殿本作"亦"。

會昌一品集二十卷別集十卷外集四卷（江蘇巡撫採進本）

唐李德裕撰。德裕有《次柳氏舊聞》，已著錄。是編凡分三集。《會昌一品集》皆武宗時制誥，《外集》皆賦詩雜文，《窮愁志》則遷謫以後閒居論史之文也。明代袁州有刊本，然僅《會昌一品集》十卷，《外集》四卷①。此本正集二十卷，《別集》十卷，《外集》四卷即《窮愁志》，與晁公武《讀書志》所載相合，意即蜀本之舊歟②？ 陳振孫《書錄解題》稱衛公備全集五十卷，《年譜》一卷。又稱蜀本之外有《姑臧集》五卷，《獻替錄》、《辨謗略》諸書共十一卷。則其本不傳久矣。史言德裕在穆宗朝為翰林學士，號令大典册，咸出其手，而文多不傳。意皆在五十卷内也。《會昌一品集》序，鄭亞所作，李商隱集所謂"滎陽公"者是也。其文亦見商隱集，序稱代亞作③。而兩本異同者不一。考尋文義，皆以此集所載為長，蓋亞所改定之本云。

【彙訂】

① 明袁州知府鄭惇典刻本亦為文集二十卷，《別集》十卷，《外集》四卷。（吳昌綬：《李文饒公文集二十卷別集十卷外集四卷解題》）

②《郡齋讀書志》之袁本卷四上與衢本卷十八，均作"李德裕《會昌一品集》二十卷、《姑臧集》五卷、《平泉詩》一卷、《窮愁志》三卷、《別集》八卷，又《賦》一卷"，惟《直齋書錄解題》卷一六著錄"《會昌一品集》二十卷、《別集》十卷，《外集》四卷"，解題云："《外集》則《窮愁志》也。"（萬曼：《唐集敍錄》；楊武泉：《四庫全書總目辨誤》）

③ "序"，殿本無。

集　部　四

別　集　類　四

元氏長慶集六十卷補遺六卷(通行本)

唐元稹撰。稹事迹具《唐書》本傳。考稹與白居易書稱："河東李明府景儉在江陵時,僻好僕詩章。僕因撰成卷軸。其中有旨意可觀而詞近古往者爲'古諷',意亦可觀而流在樂府者爲'樂諷',詞雖近古而止於吟寫性情者爲'古體',詞實樂流而止於模象物色者爲'新題樂府',聲勢沿順,屬對穩切者爲'律詩',仍以五、七言爲兩體,其中有稍存寄興,與諷爲流者爲'律諷'。"又稱:"有悼亡詩數十首,豔詩百餘首。自十六時至元和七年,有詩八百餘首,成二十卷。"又稱:"昨巴南道中,有詩五十首①。文書中得七年以後所爲②,向二百篇。"然則稹三十七歲之時已有詩千餘首。《唐書》本傳稱稹卒時年五十三,其後十六年中,又不知所作凡幾矣③。白居易作《稹墓誌》,稱"著文一百卷,題曰《元氏長慶集》",《唐書·藝文志》又載有《小集》十卷。然原本已闕佚不傳。此本爲宋宣和甲辰建安劉麟所傳,明松江馬元調重刊。自一卷至八卷前半爲古詩,八卷後半至九卷爲傷悼詩,十卷至二十二卷爲律詩,二十三卷爲古樂府,二十四卷至二十六卷爲新樂府,二十七卷為賦,二十八卷為策,二十九卷至三十一卷為書,三十二卷至三十九卷為表狀,四十卷至五十卷為制誥,五十一卷為序記,五十二卷至五十八卷為碑誌,五十九卷至六十卷為告祭文。其卷帙與舊說不符,即標目亦與自敍迥異,不知為何人所重編。前有麟序,稱"積文雖盛傳一時,厥後浸以不顯,惟嗜書者時時傳錄。某先人嘗手自鈔寫,謹募工刻行"云云,則麟及其父均未嘗有所增損。蓋在北宋即僅有此殘本爾。

【彙訂】

① "五十首",底本"十"後脫"一"字,參《元氏長慶集》卷三十《敍詩寄樂天書》原文及書前提要。殿本作"五十一",脫"首"字。(江慶柏等:《四庫全書薈要總目提要》)

② "文",底本作"又",據《元氏長慶集》卷三十《敍詩寄樂天書》及殿本改。(同上)

③ 據白居易《元公墓誌銘》(載《白居易集》卷七十),元稹卒於大和五年,年五十三。可知元和七年時元稹為三十四歲。《與白居易書》所謂"今三十七矣",乃指作書信時,即元和十年。而"元和七年"乃"撰成卷軸"之時,此後元氏尚有十九年詩人生涯。(楊武泉:《四庫全書總目辨誤》)

白氏長慶集七十一卷(通行本)

唐白居易撰。居易有《六帖》,已著錄。案錢曾《讀書敏求記》稱所見宋刻居易集兩本,皆題為《白氏文集》,不名《長慶集》。汪立名校刻《香山詩集》,亦謂寶曆以後之詩不應概題曰《長慶》。今考居易嘗自寫其集,分置僧寺。據所自記,大和九年置東林寺者二千九百六十四首,勒成六十卷;開成元年置於聖善寺者三千二百五十五首，勒成六十五卷；開成四年置於蘇州南禪院者凡三千四百八十七首，勒為六十七卷，皆題曰《白氏文集》。開成五年置於香山寺者凡八百首，合為十卷，則別題曰《洛中集》。惟長慶四年元稹作《〈白氏長慶集〉序》，稱：“盡徵其文，手自排纂，成五十卷，二千一百九十一首。”又稱：“明年當改元長慶，訖於是，因號曰《白氏長慶集》。”則《長慶》一集，特穆宗甲辰以前之作。曾及立名所辨，不為無據①。然《唐志》載《白氏長慶集》七十五卷，《宋志》亦載《白氏長慶集》七十一卷，而《白氏文集》之名轉不著錄。又高斯得《恥堂存槀》有《〈白氏長慶集〉序》。宋人目錄傳於今者，晁公武《讀書志》、尤袤《遂初堂書目》、陳振孫《書錄解題》，亦均作《白氏長慶集》。則謂宋刻必作《白氏文集》，亦未盡然。況元稹之序本為《長慶集》作，而《聖善寺〈文集〉記》中載有居易自註，稱“元相公先作集序并目錄一卷在外”，則《〈長慶集〉序》已移弁開成新作之目錄。知寶曆以後之詩文均編為《續集》，襲其舊名矣，未可遽以總題《長慶》為非也。其卷帙之數，晁公武謂“《前集》五十卷，《後集》二十卷，《續集》五卷，今亡三卷”，則當有七十二卷。陳振孫謂“七十一卷之外，又有《外集》一卷”，亦當有七十二卷。而所標總數乃皆仍為七十一卷，與今本合，則其故不可得詳②。至彭叔夏《文苑英華辨證》謂集中進士策問第二道，俗本安有所增。又馮班《才調集》評亦稱每卷首古調、律詩、格詩之目為重刻改竄。則今所行本已迥非當日之舊矣。

【彙訂】

①《讀書敏求記》卷四云：“《白氏文集》七十一卷，《年譜》一卷。樂天自杭州刺史以右庶子詔還，排纂其文，成五十卷，號《長慶集》，微之為之序。又成《外集》二十卷，自為之序，嘗錄一部，

置廬山東林寺經藏院，北宋時鏤諸板，所謂廬山本是也。絳雲樓藏書中有之，惜乎不及繕寫，庚寅一炬，此本種子斷絕，自此無有知廬山本者矣。予昔從妻東王奉常購得宋刻，卷次與世行本無異，後亦歸之滄葦。此乃對宋本校寫者……是金華宋氏景濂所藏小宋板，圖記宛然，古香可愛，更精於奉常本。然總名《白氏文集》，愈知廬山舊本之為艱得矣。"則錢曾之意乃謂此兩宋刻總名《白氏文集》，究不如廬山本之分題《長慶集》、《外集》者為真，與汪立名之說適屬相反。（岑仲勉：《論〈白氏長慶集〉源流並評東洋本〈白集〉》）

② 晁公武衢本《郡齋讀書志》卷十八著錄："白居易《長慶集》七十一卷……《前集》五十卷……《後集》二十卷……又有《續後集》五卷，今亡三卷矣。"陳振孫《直齋書錄解題》卷十六著錄："《白氏長慶集》七十一卷，《年譜》一卷，又《新譜》一卷……今本七十一卷，蘇本、蜀本編次亦不同，蜀本又有《外集》一卷。"據日本內閣文庫藏《重鈔管見抄白氏文集》卷末載牒文，可知北宋除蘇本、蜀本外，確有一景祐四年杭州刊七十二卷本《白氏文集》，其前後集七十卷，《續後集》一卷，《拾遺》一卷，編次同於蜀本，晁公武所著錄亦應同於此本，惟缺書"《外集》一卷"。（謝思煒：《〈白氏文集〉的傳布及"淆亂"問題辨析》）

白香山詩集四十卷附錄年譜二卷（內府藏本）

國朝汪立名編。立名有《鐘鼎字源》，已著錄。唐白居易《長慶集》詩文各半，立名引宋祁之言，謂居易長於詩而他文未能稱是，因別刊其詩，以成是集。又據元稹序，謂長慶時所作僅前五十卷，其寶曆以後所作不應概名以《長慶》。案立名此論未確，已詳辨於《長慶集》下。因即其歸老之地,題曰《香山》。參互衆本,重加編次,定為《長慶集》二十卷,《後集》十七卷,《別集》一卷。又採摭諸書為《補遺》二卷。而以新定《年譜》一卷、陳振孫舊本《年譜》一卷併元稹《長慶集》序一篇、《舊唐書》本傳一篇冠於首。復採諸書之有關居易詩者,各箋註於其下。居易集在東林寺者,陸游《入蜀記》稱宋時已佚,真宗嘗令崇文院寫校,包以斑竹帙送寺。建炎中亦壞於兵。其傳於世者,錢曾所云宋本莫知存佚。舊有明武定侯家刻本,今亦罕見。世所行者惟蘇州錢氏、松江馬氏二本,皆頗有顛倒譌舛。胡震亨《唐音丁籤》所錄又分體瑣屑,往往以一題割隸二卷,殊為叢脞。立名此本考證編排,特為精密。其所箋釋,雖不能篇篇皆備,而引據典核,亦勝於註書諸家漫衍支離,徒溷耳目。蓋於諸刻之中特為善本①。其書成於康熙壬午,朱彝尊、宋犖皆為之序云。

【彙訂】

① "之",殿本無。

鮑溶詩集六卷外集一卷(江蘇巡撫採進本)

唐鮑溶撰。溶字德源,元和四年進士。其仕履未詳。溶詩在後世不甚著。然張為作《主客圖》,以溶為博解宏拔主,以李群玉為上入室,而為與司馬、退之二人同居入室之列①。則當時固絕重之也。其集宋史館舊本五卷,譌題鮑防。曾鞏始據《唐文粹》、《唐詩類選》考正之。又以歐陽修本參校,增多三十三篇,合舊本共二百三十三篇,釐為六卷。晁公武《讀書志》仍作五卷,稱惟存一百九十三篇,餘皆佚。此本為江南葉裕家所鈔,首有曾鞏校上序。今核所錄,惟《集外詩》一卷與曾鞏新增三十三首之說合。其正集比鼌序多一卷，而詩止一百四十五首。蓋舊本殘闕，傳寫者離析卷帙，以足鼌序之數，而忘《外集》一卷本在六卷中也。《全唐詩》所錄較此本多十六首，較晁本多二首，而較曾本尚少三十九首②。則其集之佚者多矣。

【彙訂】

①“列”，底本作“例”，據殿本改。

② 晁公武衢本《郡齋讀書志》卷十八“鮑溶詩”條云：“今本有一百九十二篇，餘逸。”《全唐詩》卷四八五、四八六、四八七錄存鮑溶詩一百八十八首，斷句一聯。（傅璇琮主編：《唐才子傳校箋》）

樊川文集二十卷外集一卷別集一卷（內府藏本）①

唐杜牧撰。牧字牧之，京兆萬年人。太和二年登進士第，官至中書舍人。事迹附載《新唐書·杜佑傳》內。是集為其甥裴延翰所編。《唐藝文志》作二十卷，晁氏《讀書志》又載《外集》一卷。王士禎《居易錄》謂“舊藏杜集止二十卷，後見宋版本，雕刻甚精，而多數卷”②。考劉克莊《後村詩話》云：“樊川有《續別集》三卷，十八九皆許渾詩。牧仕宦不至南海，而《別集》乃有《南海府罷》之作。”則宋本《外集》之外又有《續別集》三卷，故士禎云然也。此本僅附《外集》、《別集》各一卷，有裴延翰序，又有宋熙寧六年田概序。較克莊所見《別集》尚少二卷，而《南海府罷》之作不收焉。則又經後人刪定，非克莊所見本矣③。范攄《雲谿友議》曰：“先是，李林宗、杜牧言元、白詩體舛雜，而為清苦者見嗤，因茲有恨。牧又著論，言近有元、白者，喜為淫言媟語，鼓扇浮囂。吾恨方在下位，未能以法治之。”《後村詩話》因謂：“牧風情不淺。如《杜秋娘》、《張好好》諸詩，案《杜秋》詩非豔體，克莊此語殊誤。‘青樓薄倖'之句,‘街吏平安'之報,未知去元、白幾何?"比之以燕伐燕,其說良是。《新唐書》亦引以論居易。然考牧集無此論,惟《平盧軍節度巡官李戡墓誌》述戡之言曰:"嘗痛自元和以來,有元、白詩者,纖豔不逞。非莊士雅人,多為其所破壞。流於民間,疏於屏壁。子父女母,交口教授。淫言媟語,冬寒夏熱,入人肌骨,不可除去。吾無位,不得用法以治之。欲使後代知有發憤者,因集國朝以來類於古詩得若干首,編為三卷,目為《唐詩》。為序以導其志。"云云。然則此論乃戡之說,非牧之說。或牧嘗有是語,及為戡誌墓,乃借以發之,故攄以為牧之言歟? 平心而論,牧詩冶蕩甚於元、白,其風骨則實出元、白上。其古文縱橫奧衍,多切經世之務。《罪言》一篇,宋祁作《新唐書・藩鎮傳論》實全錄之。費袞《梁谿漫志》載:"歐陽修使子棐讀《新唐書》列傳,臥而聽之。至《藩鎮傳敘》,嘆曰:‘若皆如此傳,筆力亦不可及。'"識曲聽真,殆非偶爾。即以散體而論,亦遠勝元、白。觀其集中有讀韓、杜集詩。又《冬至日寄小姪阿宜》詩曰:"經書刮根本,史書閱興亡。高摘屈宋豔,濃薰班馬香。李杜泛浩浩,韓柳摩蒼蒼。近者四君子,與古爭强梁。"則牧於文章具有本末,宜其睥睨長慶體矣。

【彙訂】

① 文淵閣《四庫》本此集為十七卷,且無《外集》、《別集》。(沈治宏:《〈四庫全書總目〉集部著錄圖書失誤原因析》)

② 王士禎《居易錄》無此語,實出自《池北偶談》卷十四《樊川集》條。(近藤光男:《四庫全書總目提要唐詩集の研究》)

③ 劉克莊所見者,《別集》之外,更有《續別集》三卷。宋本《樊川文集》二十卷《外集》一卷《別集》一卷,無《續別集》,故無《南海府罷》詩。且《別集》田概序明云五十九首編為一卷,與此

本合，安得有删削之事。（楊守敬：《日本訪書志補》）

　　姚少監詩集十卷（江蘇巡撫採進本）

　　唐姚合撰。合，宰相崇之曾孫也[①]。登元和十一年進士第。調武功主簿，又為富平、萬年二縣尉。寶應中[②]，歷監察殿中御史、戶部員外郎。出為荆、杭二州刺史[③]。後為戶、刑二部郎中，諫議大夫，陝、虢觀察使。開成末，終於祕書少監[④]。然詩家皆謂之“姚武功”，其詩派亦稱武功體。以其早作《武功縣詩》三十首，為世傳誦，故相習而不能改也。合選《極元〔玄〕集》，去取至為精審。自稱所錄為“詩家射雕手”，論者以為不誣。其自作則刻意苦吟，冥搜物象，務求古人體貌所未到。張為作《主客圖》，以李益為清奇雅正主，以合為入室。然合詩格與益不相類，不知為何以云然。其集在北宋不甚顯。至南宋“永嘉四靈”，始奉以為宗。其末流寫景於瑣屑，寄情於偏僻，遂為論者所排。然由摹倣者滯於一家，趨而愈下，要不必追咎作始，遽懲羹而吹齏也。此本為毛晉所刻。分類編次，唐人從無此例，殆宋人所重編。晉跋稱此為浙本，尚有川本，編次小異。又稱得宋治平四年王頤石刻《武功縣詩》三十首，其次序字句皆有不同。然則非唐時舊本審矣。

【彙訂】

　　① 姚合，兩《唐書》均作姚崇之玄孫。而《新唐書·宰相世系表四下》又作崇弟元素之曾孫。據《唐故濮州臨濮縣令趙郡李公夫人吳興姚氏墓銘》，合乃崇兄元景之嫡曾孫。（岑仲勉：《姚合與李德裕及其系屬》）

　　② 寶應（代宗年號，共二年）二年（763）下距元和十一年（816）已五十三年，據原本提要，當作“寶曆中”。（楊武泉：《四

庫全書總目辨誤》）

　　③《舊唐書・地理志》二《山南東道》："（肅宗）上元元年九月（760）置南郡，以荆州為江陵府，長史為尹。"即在姚合出生前十五年，荆州已改名為江陵府，府設府尹，且由荆南節度使兼領。袁本《郡齋讀書志》卷四《姚合詩》條云："出金、杭二州刺史。"《唐才子傳》卷六《姚合傳》所載同。姚合有《題金州西園九首》，方干有《送姚合員外赴金州》，喻鳧有《送賈島往金州謁姚員外》，項斯有《贈金州姚合使君》，馬戴有《寄金州姚使君員外》，無可有《陪姚合游金州南池》、《金州別姚合》等詩。"荆州"當為"金州"之誤。（岑仲勉：《讀全唐詩劄記》；吳企明：《〈全唐詩〉姚合傳訂補》）

　　④　姚合於大和四年（830）任户部員外郎，同年秋出任金州刺史，故無可《過杏谿寺寄姚員外》（《全唐詩》卷八一三）、喻鳧《送賈島往金州謁姚員外》（《全唐詩》卷五四三）尚稱員外。自金州召回後，先後任刑、户二部郎中，再出任為杭州刺史，故劉得仁《送姚合郎中任杭州》（《全唐詩》卷五四四）、方干《上杭州姚郎中》（《全唐詩》卷六五〇）稱郎中。任右諫議大夫，在罷杭州任後。其仕當終於祕書監，方干《哭祕書姚少監》（《全唐詩》卷六五〇），《唐詩紀事》卷四九題作《哭姚監》。李頻有《夏日宿祕書姚監宅》（《全唐詩》卷五八七），姚鵠有《奉和祕監從翁夏日陝州河亭晚望》（《全唐詩》卷五五三）。姚潛《李公夫人吳興姚氏墓誌》亦云"祕書監"。《新唐書》本傳云："終祕書監"，《郡齋讀書志》卷四中、《直齋書錄解題》卷一九同。　姚合有《酬光祿田卿末伏見寄》（《全唐詩》卷五〇一）云："貴寺雖同秩，間曹只管書。"光祿寺卿與祕書監同為從三品。（傅璇琮主編：《唐才子傳校箋》）

李義山詩集三卷（內府藏本）

唐李商隱撰。商隱字義山，懷州河內人。開成二年進士，釋褐祕書省校書郎，調宏〔弘〕農尉。會昌二年，又以書判拔萃。王茂元鎮河陽，辟為掌書記。歷佐幕府，終於東川節度判官、檢校工部郎中。事迹具《唐書·文藝傳》。商隱詩與溫庭筠齊名，詞皆縟麗。然庭筠多綺羅脂粉之詞，而商隱感時傷事，尚頗得風人之旨。故《蔡寬夫詩話》載王安石之語，以為“唐人能學老杜而得其藩籬者，惟商隱一人”。自宋楊億、劉子儀等沿其流波，作《西崑酬唱集》，詩家遂有西崑體，致伶官有“撏撦”之譏，劉攽載之《中山詩話》以為口實。元祐諸人起而矯之，終宋之世，作詩者不以為宗①。胡仔《漁隱叢話》至摘其《馬嵬》詩、《渾河中》詩，詆為淺近。後江西一派漸流於生硬粗鄙，詩家又返而講溫、李。自釋道源以後，註其詩者凡數家。大抵刻意推求，務為深解。以為一字一句皆屬寓言，而《無題》諸篇穿鑿尤甚。今考商隱《府罷》詩中有“楚雨含情皆有託”句，則借夫婦以喻君臣，固嘗自道。然《無題》之中有確有寄託者，“來是空言去絕蹤”之類是也；有戲為豔體者，“近知名阿侯”之類是也；有實屬狎邪者，“昨夜星辰昨夜風”之類是也；有失去本題者，“萬里風波一葉舟”之類是也；有與《無題》相連誤合為一者，“幽人不倦賞”之類是也。其摘首二字為題，如《碧城》、《錦瑟》諸篇，亦同此例。一概以美人香草解之，殊乖本旨。至於流俗傳誦，多錄其綺豔之作。如集中《有感》二首之類，選本從無及之者。取所短而遺所長，益失之矣。

【彙訂】

① 宋人自西崑之後，如王安石、蔡寬夫、許彥周、呂本中、范溫、葛常之、葉夢得、朱弁、范晞文、張戒等，皆對李商隱盛許之。

呂居仁至謂：“少時作詩，未有以異於衆人，後得李義山詩熟讀規
摹之，始覺有異。”（龔鵬程：《江西詩社宗派研究》）

　　李義山詩註三卷附錄一卷（通行本）

　　國朝朱鶴齡撰。鶴齡有《尚書埤傳》，已著錄。李商隱詩舊
有劉克、張文亮二家註本，後俱不傳。故元好問《論詩絕句》有
“詩家總愛西崑好，衹恨無人作鄭箋”之語。案西崑體乃宋楊億等摹擬
商隱之詩，好問竟以商隱爲西崑，殊爲謬誤。謹附訂於此。明末釋道源始爲
作註。王士禎《論詩絕句》所謂“獺祭曾驚博奧殫，一篇《錦瑟》解
人難。千秋毛鄭功臣在，尚有彌天釋道安”者，即爲道源是註作
也。然其書徵引雖繁，實冗雜寡要，多不得古人之意。鶴齡删取
其什一，補輯其什九，以成此註。後來註商隱集者，如程夢星、姚
培謙、馮浩諸家，大抵以鶴齡爲藍本，而補正其闕誤。惟商隱以
婚於王茂元之故，爲令狐綯所擠，淪落終身。特文士輕於去就，
苟且目前之常態。鶴齡必以爲茂元黨李德裕，綯父子黨牛僧孺。
商隱之從茂元爲擇木之智、渙邱〔丘〕之公，然則令狐楚方盛之
時，何以從之受學？令狐綯見讎之後，何以又屢啓陳情？新、舊
《唐書》班班具在，鶴齡所論，未免爲回護之詞。至謂其詩寄託深
微，多寓忠憤，不同於溫庭筠、段成式綺靡香豔之詞，則所見特
深，爲從來論者所未及。惟所作《年譜》，於商隱出處及時事頗有
疏漏，故多爲馮浩註本所糾。又如《有感》二首，詠文宗甘露之變
者，引錢龍惕之箋，以李訓、鄭註爲奉天討，死國難。則觸於明末
璫禍，有激而言，與詩中“如何本初輩，自取屈氂誅。臨危對盧
植，始悔用龐萌”諸句顯爲背觸，殊失商隱之本旨。又《重有感》
一首，所謂“竇融表已來關右，陶侃軍宜次石頭”者，竟以稱兵犯

闚望劉從諫。漢十常侍之已事，獨未聞乎？鶴齡又引龍惕之語不加駁正，亦未免牽就其詞。然大旨在於通所可知，而闕所不知，絕不牽合新、舊《唐書》，務為穿鑿。其摧陷廓清之功，固超出諸家之上矣。

李義山文集箋註十卷（通行本）

國朝徐樹穀箋，徐炯註。樹穀字藝初，康熙乙丑進士，官至山東道監察御史。炯字章仲，康熙壬戌進士，官至直隸巡道。皆崑山人。考《舊唐書‧李商隱傳》，稱有《表狀集》四十卷。《新唐書‧藝文志》稱李商隱《樊南甲集》二十卷，《乙集》二十卷，《玉谿生詩》三卷，文、賦一卷。《宋史‧藝文志》稱《李商隱文集》八卷，《四六甲乙集》四十卷，《別集》二十卷，《詩集》三卷①。今惟《詩集》三卷傳，《文集》皆佚。國初吳江朱鶴齡始裒輯諸書，編為五卷，而闕其狀之一體。康熙庚午，炯典試福建，得其本於林佶。採摭《文苑英華》所載諸狀補之，又補入《重陽亭銘》一篇，是為今本。鶴齡原本雖略為詮釋，而多所疏漏，蓋猶未竟之稾。樹穀因博考史籍，證驗時事，以為之箋。炯復徵其典故訓詁，以為之註。其中《上崔華州書》一篇，樹穀斷其非商隱作。近時桐鄉馮浩註本則辨此書為開成二年春初作。崔華州乃崔龜從，非崔戎，故賈相國乃賈餗，非賈耽，崔宣州乃崔鄲，非崔群。引據《唐書》紀傳，證樹穀之誤疑。又《重陽亭銘》一篇，炯據《全蜀藝文志》採入。馮浩註本則辨其碑末結銜及鄉貫皆可疑，知為舊碑漫漶，楊慎偽補足之。援慎偽補《樊敏》、《柳敏》二碑，證炯之誤信②。又據《成都文類》採入《為河東公上西川相國京兆公書》一篇及逸句九條，皆足補正此本之疏漏。然《上京兆公書》乃案牘之文，本無可取，逸句尤無關宏旨，故仍以此本著於錄焉。

【彙訂】

①《新唐書·藝文志》於李商隱《樊南甲乙集》及《玉谿生詩》外，又有賦一卷，文一卷，非“文、賦一卷”。《宋史·藝文志》亦另有李商隱賦一卷，又雜文一卷，總集類有李商隱《桂管集》二十卷。（余嘉錫：《四庫提要辨證》）

②馮浩《樊南文集詳註》卷八云：“義山由太學博士出充梓幕，此仍書京職，而宋本詩集亦首標太學博士李商隱義山，不及他銜者，重王朝、尊儒職也。”此正言其自稱博士之故，何嘗“辨其碑末結銜可疑”？又云：“《全蜀藝文志》，用修所最矜喜者，得《漢太守樊敏碑》於蘆山，《漢孝廉柳莊敏碑》於黔江也。實則《柳碑》僅存其名而未能追補矣。”《金石錄》卷十著錄李商隱撰《重陽亭銘》，馮氏所疑並無實據。（同上）

溫飛卿集箋註九卷（內府藏本）

明曾益撰。顧予咸補輯，其子嗣立又重訂之。凡註中不署名者，益原註；署“補”字者，予咸註；署“嗣立案”者，則所續註也。益字予謙，山陰人①。其書成於天啟中。予咸字小阮，長洲人。順治丁亥進士，官至吏部考功司員外郎。嗣立字俠君，康熙壬辰進士，由庶吉士改補中書舍人。曾註謬譌頗多。如《漢皇迎春詞》乃詠漢成帝時事，而以漢皇為高祖；《邯鄲郭公詞》為北齊樂府，舊題郭公者，傀儡戲也。舊本譌“詞”為“祠”，遂引東京郭子儀祠以附會“祠”字之譌。嗣立悉為是正，考據頗為詳核。然多引白居易、李賀、李商隱詩為註。雖李善註《洛神賦》“遠遊履”字引繁欽《定情詩》為證，古人本有此例，然必謂《夜宴謠》“裂管”字用白居易“翕然聲作如管裂”句②,《曉仙謡》“下視九州”字用賀“遙望齊州九點煙”句,《生祺屏風歌》“銀鴨”字用商隱“睡鴨香鑪換夕薰”句,似乎不然。是亦一短也。《唐藝文志》載庭筠《握蘭集》三卷,《金荃集》十卷,《詩集》五卷,《漢南真棄》十卷。《宋志》亦同③。陳振孫《書録解題》作《飛卿集》七卷。又陸游《渭南集》有《温庭筠集跋》,稱其父所藏舊本以《華清宫》詩爲首,中有《早行》詩。後得蜀本,則《早行》詩已佚。《文獻通考》則云:“温庭筠《金荃集》七卷,《別集》一卷。”是宋刻已非一本矣。曾本合爲四卷,名曰《八叉集》,以作賦之事名其詩,頗爲杜撰。嗣立此註稱從所見宋刻分詩集七卷、別集一卷,以還其舊。疑即《通考》所載之本。又稱采《文苑英華》、《萬首絶句》所録爲《集外詩》一卷,較曾本差爲完備。然總之非唐本之舊也。

【彙訂】

①　依《總目》體例,當作“益有《左略》,已著録”。

②　“用白居易”,殿本作“爲用居易”。

③　《宋史·藝文志》有温庭筠《漢南真稿》十卷,又集十四卷,《握蘭集》三卷,《記室備要》三卷,《詩集》五卷,其後又别出《温庭筠集》七卷。與《新唐書·藝文志》乖異如此。(余嘉錫:《四庫提要辨證》)

丁卯集二卷續集二卷續補一卷集外遺詩一卷(江蘇巡撫採進本)①

唐許渾撰。渾字用晦,武后朝宰相圉師之後。考《新唐書·宰相世系表》,圉師爲安陸許氏。渾爲其後,應亦出於安陸。陳振孫《書録解題》乃稱渾爲丹陽人。觀集中《送王總歸丹陽》詩有曰："憑寄家書為回報,舊居還有故人知。"其家於丹陽,猶李白系出隴西而為蜀人矣[2]。渾大和六年進士及第。為當塗、太平二令,以病免。起潤州司馬。大中三年為監察御史[3],歷虞部員外郎,睦、郢二州刺史。其曰《丁卯集》者,潤州有丁卯橋,渾別墅在焉,因以名集,集中有《夜歸丁卯橋村舍》詩是也。《新唐書·藝文志》作二卷,晁氏《讀書志》亦作二卷,陳氏《書錄解題》註云:"蜀本有《拾遺》二卷。"今之《續集》,當即陳氏所謂《拾遺》,為後人改題。其《續補》及《集外遺詩》,又後人掇拾增入耳[1]。惟晁氏稱:"近得渾集完本五百篇,止二卷。"是本篇數雖合,而卷帙不同,蓋總非宋人刊本之舊矣。毛晉汲古閣刊本亦二卷,詩僅三百餘篇,疑即晁氏所見之本。《讀書志》或誤"三"為"五",亦未可知。以此本較毛本完備,故置彼而錄此焉。

【彙訂】

① 此書正集為上、下二卷,後有補遺一卷,實僅三卷,補遺內有續集、補遺詩之目,而無"續補"之目。(馬劉鳳:《"四庫"訂誤十五則》)

②《嘉定鎮江志》成書於南宋嘉定六年(1213),早於《直齋書錄解題》,其卷十八人物門所記隋唐至五代時名人,共五十人左右,未錄許渾。許氏有《早發壽安次永濟渡》詩:"東西車馬塵,鞏洛與咸秦。山月夜行客,水煙朝渡人。樹涼風皓皓,灘淺石磷磷。會待功名就,扁舟寄此身。"當是早年進京應考離家時所作。壽安縣位於洛陽西南七十多里。其《長安旅夜》詩云:"久客怨長夜,西風吹雁聲。云移河漢淺,月泛露華清。掩瑟獨凝思,緩歌空寄情。門前有歸路,迢遞洛陽城。"可見此時家在洛陽一帶。後因戰亂南遷,《江上喜洛中親友繼至》詩云:"誰言今夜月,同是

洛陽人。"又《長安早春》詩云:"雲月有歸處,故山清洛南。如何一花發,春夢遍江潭。""故山"即故鄉,"清洛南"與壽安地望相合。論籍貫,仍稱洛陽。(董乃斌:《唐詩人許渾生平考索》)

③ 許渾在會昌元年即拜監察御史,清刊《潤州許氏宗譜》載會昌二年敕監察御史許渾誥命。後貶謫潤州司馬,大中三年再拜監察御史。(羅時進:《許渾兩拜監察御史考》)

④ 據《鐵琴銅劍樓藏書目》、《楹書隅錄》所載,《續集》原分遺篇、拾遺、續補三類。(萬曼:《唐集敍錄》)

文泉子集一卷(兵部侍郎紀昀家藏本)

唐劉蛻撰。蛻字復愚,長沙人,大中四年進士及第。咸通中官至左拾遺,外謫華陰令。案王定保《唐摭言》載:"劉纂者,商州劉蛻之子,亦善為文。"則蛻當為商州人。又孫光憲《北夢瑣言》載:"劉蛻,桐廬人,官至中書舍人。有從其父命,死不祭祀一事。"所敘爵里復不同。或疑為別一劉蛻,未之詳也。是集前有自序曰:"自褐衣以後,辛卯以來,辛丑以前①,收其微詞屬意古今上下之閒者為內、外篇,復收其怨抑頌記嬰於仁義者雜為諸篇焉。物不可以終雜,故離為十卷。離則名之不絕,故授之以為《文泉》。蓋覃以九流之旨曰文,配以不竭之義曰泉。崖谷結珠璣,昧則將救之;雨雷亢粢盛,乾則將救之。豈託之空言哉!"觀其命名之義,自負者良厚。其《文冢銘》最為世所傳。他文皆原本揚雄,亦多奇奧,險於孫樵而易於樊宗師。大旨與元結相出入,欲挽末俗反之古。而所謂古者,乃多歸宗於老氏,不盡協聖賢之軌。又詞多恚憤,亦非仁義藹如之旨。然唐之末造,相率為纂組俳儷之文,而蛻獨毅然以復古自任,亦可謂特立者矣。高彥休《唐闕史》載：“蛻能辨齊桓公益之僞。”其學蓋有根柢。《舊唐書·令狐楚傳》載：“咸通二年，左拾遺劉蛻極論令狐綯子滈恃權納貨之罪，坐貶華陰令。”則蛻在當時，本風裁矯矯，宜其文之拔俗也。集十卷，今已不傳。此本爲崇禎庚辰閩人韓錫所編，僅得一卷②。蓋從《文苑英華》諸書採出，非其舊帙。存備唐文之一家，姑見崖略云爾。

【彙訂】

①“辛丑”，殿本作“辛卯”。此句自序原文作“自褐衣以來，辛卯以前”。

② 此書今存明天啟甲子吳馡問青堂本六卷，清道光二十九年蔣氏茹古精舍綠格抄本六卷。文淵閣《四庫》本書前提要亦題作六卷，與文內一致。（何槐昌：《〈四庫全書總目〉著錄校正選輯》）

梨岳集一卷附錄一卷（浙江鄭大節家藏本）

唐李頻撰。頻字德新，壽昌人①。大中八年擢進士第，調祕書郎②，累遷建州刺史。卒於官。州民思其德，立廟梨山。事迹具《唐書·文藝傳》。頻爲姚合之壻，然其詩別自爲格，不類武功之派。是編本名《建州刺史集》，後人敬頻之神，尊梨山曰梨嶽，集亦因之改名。初罕傳本，眞德秀得本於三館，欲刻未果。嘉熙三年，金華王埜始求得舊本鋟版。元元貞及後至元閒，頻裔孫邦材、會同，明永樂中河南師祐、正統中廣州彭森，先後重刊者四。此本即正統刻也。凡詩一百九十五首，較《全唐詩》所載少八首。而《送劉山人歸洞庭》一首，卷中兩見，惟起二句小異。又《秋宿慈恩寺遂上人院》詩，誤作《送宋震先輩赴青州》，題與詩兩不相

應,殊不及席氏《唐百家詩》本之完善。末為《附錄》,則歷朝廟祀
敕書碑記及刻詩序跋。張復、彭森二序皆稱初刻出真德秀,與王
埜序稱德秀欲刻不果者自相矛盾,未喻其故。殆傳聞譌異歟?
王士禎《居易錄》稱:"詩人為神,未有頻之顯著者。"然頻詩自佳
耳,其為神則政事之故,非文章之故也。

【彙訂】

① 李頻《自黔中歸新安》(《全唐詩》卷五八七):"卻將仙桂
東歸去,江月相隨直到家。"則新安為其鄉里,即清谿縣。(傅璇
琮主編:《唐才子傳校箋》)

② 進士及第,不得驟調遷從六品上之祕書郎,《佚存叢書》
本《唐才子傳》作"校書郎",當從。(同上)

李群玉集三卷後集五卷(江蘇蔣曾瑩家藏本)①

唐李群玉撰。群玉字文山,澧州人②。大中八年詣闕進詩,
授宏文館校書郎。其集首載群玉進詩表及令狐綯薦狀、鄭處約
所行制詞。表稱歌行、古體、今體七言、今體五言四通,合三百
首。考劉禹錫作《柳宗元集序》,稱三十二通,案今本作四十五通,乃
後人追改。則唐時以一通為一卷。今本三卷,已與表不合。又表
稱三百首,而今本正集僅一百三十五首,外集亦僅一百一十三
首,合之不足三百之數。觀中卷之末有《出春明門》一首,自註
曰:"時請告歸。"則此集雖仍以歌行,古體、今體七言,今體五言
分目,而已兼得官以後之詩,非復奏進之原本矣。《太平廣記》載
群玉遇湘君事甚異,其詩今載《後集》第三卷。然前一首為弔古
之詞,無媟褻之意。後一首寫當時棹女與二妃,尤不相關。況群
玉雖放誕風流,亦豈敢造作言語,瀆慢神明,污衊古聖! 殆因其

詩為時傳誦，小説家因造此事附會之耳。《洛神》譌為《感甄》，李善至引以註《文選》。俗語丹青，往往如是，未可據為實錄也。

【彙訂】

① 底本此條與文淵閣庫書次序不符。文淵閣庫書與殿本均置於"梨岳集一卷附錄一卷"條之前。

② "澧州"，底本作"澧州"，據殿本改。《全唐詩》卷五六八小傳作澧州人，澧則為水名。（崔富章：《〈四庫全書總目〉版本考辨》）

孫可之集十卷（浙江鮑士恭家藏本）

唐孫樵撰。樵字可之，又字隱之，自稱關東人。函谷以外，幅員遼闊，不知其籍何郡縣也。大中九年進士，授中書舍人。僖宗幸岐、隴時，詔赴行在，遷職方郎中、上柱國，賜紫金魚袋。《新唐書・藝文志》、《通志》、《通考》皆載樵《經緯集》三卷。《書錄解題》稱樵"自為序，凡三十五篇"。此本十卷，為毛晉汲古閣所刊，稱王鏊從内閣鈔出。前載樵自序，稱"藏書五千卷，常自探討。幼而工文，得其真訣。廣明元年，駕避岐、隴，朝廷以省方蜀國，文物攸興，品藻朝論，旌其才行。遂閱所著文及碑碣、書檄、傳記、銘誌，得二百餘篇。撮其可觀者三十五篇"云云，與陳振孫之説合。又稱"編成十卷，藏諸篋笥"云云，則與三卷之説迥異。近時汪師韓集有《〈孫文志疑〉序》一篇，因謂樵文惟《唐文粹》所載《後佛寺奏》、《讀開元雜報》①、《書褒城驛》、《刻武侯碑陰》、《文貞公笏銘》、《與李諫議行方書》、《與賈秀才書》、《孫氏西齋錄》、《書田將軍邊事》、《書何易于》十篇為真，餘一十五篇皆後人偽撰②。然卷帙分合，古書多有，未可以是定真偽。且師韓別無確據,但以其字句格局斷之,尤不足以為定論也。樵《與王霖秀才書》云:"某嘗得為文真訣於來無擇,來無擇得之於皇甫持正,皇甫持正得之於韓吏部退之。"其《與友人論文書》又復云然。今觀三家之文,韓愈包孕群言,自然高古,而皇甫湜稍有意為奇,樵則視湜益有努力為奇之態。其彌有意於奇,是其所以不及歟?《讀書志》引蘇軾之言,稱"學韓愈而不至者為皇甫湜,學湜而不至者為孫樵",其論甚微③。毛晉跋是集,乃以軾言為非,所見淺矣。

【彙訂】

① "讀開元雜報",底本作"讀開元雜記",據此集卷十及殿本改。

② 三十五篇若十篇為真,則偽者當為二十五篇。《後佛寺奏》,汪師韓《上湖分類文編》卷四《〈孫文志疑〉序》、文淵閣《四庫》本《孫可之集》卷六、《唐文粹》卷二十六下皆作《復佛寺奏》,乃為諫憲宗復營佛寺而作。(周錄祥:《〈四庫全書簡明目錄·集部〉訂誤》)

③ 所引蘇軾語,實出《直齋書錄解題》卷十六。(黃嬿婉:《〈四庫全書總目〉誤引〈郡齋讀書志〉訂正十則》)

曹祠部集二卷附曹唐詩一卷(江蘇蔣曾瑩家藏本)

唐曹鄴撰。鄴字鄴之,陽朔人。明蔣冕序稱:"大中閒登進士第。由天平節度掌書記累遷太常博士,祠部郎中。仕至洋州刺史。"然鄭谷《雲臺編》有《送曹鄴吏部歸桂林》詩①,則又嘗官吏部。冕考之未盡也②。《唐書·高元裕傳》載鄴為太常博士時,議高璩贈諡事,其論甚偉。顧其詩乃多怨老嗟卑之作。蓋坎壈不遇,晚乃成名。故一生寄託,不出此意,不但韋縠所稱《四

怨》、《三愁》、《五情》諸篇。及乎登第以後,《杏園席上同年》詩則
曰:"忽忽出九衢,僮僕顏色異。"《獻恩門》詩則曰:"名字如鳥飛,
數日便到越。"《寄陽朔友人》詩則曰:"桂林須產千株桂,未解當
天影日開③。我到月中收得種,為君移向故園栽。"又何其淺也。
張為作《主客圖》,鄴與其數,則當時亦為文士所推。其《讀李斯
傳》及《始皇陵下作》二首,諸家選本或取之。然皆無深致。《唐
志》載鄴集三卷。今僅二卷,其有佳篇而逸之耶? 流傳已久,姑
存以備一家可也。末附《曹唐詩》一卷。唐字堯賓,桂林人。初
為道士。大和中返初服,舉進士。累辟諸府從事。其《遊仙詩》
最著名。蓋本顏延之《為織女贈牽牛》詩,而曼衍及諸女仙,各擬
贈答。然諸篇姓名雖易,語意略同,實非傑出之作。《唐志》載其
集亦三卷。蔣冕求其原本不獲,乃蒐諸選本,裒成一卷,附之曹
鄴詩後。以二人皆粵西產耳。

【彙訂】

①《雲臺編》下所載詩題為《送吏部曹郎中免官南歸》,《文
苑英華》卷二八二同。(傅璇琮主編:《唐才子傳校箋》)

②《全唐詩》卷七二三有李洞《弔曹監》:"甘露施衣封淚點,
祕書取集印苔痕。"此曹監即曹鄴,可知終官於祕書監。(同上)

③"株",底本作"秋";"日",底本作"月",據此集卷二、《全
唐詩》卷五九三《寄陽朔友人》詩原文及殿本改。

麟角集一卷(浙江汪啟淑家藏本)①

唐王棨撰。棨字輔之,福清人②。咸通三年進士,官至水部
郎中。黃巢亂後,不知所終。唐代取士,科目至多。而所最重者
惟進士。其程試詩賦,《文苑英華》所收至夥。然諸家或不載於

本集中。如李商隱以《霓裳羽衣曲》詩及第，而《玉谿生集》無此詩。韓愈以《明水賦》及第，而其賦乃在《外集》是也。其自為一集行世，得傳於今者，惟棨此編。凡律賦四十五篇，又棨八代孫宋著作郎蘋於館閣得棨省試詩，錄附於集，凡二十一篇。題曰《麟角》者，蓋取《顏氏家訓》"學如牛毛，成如麟角"之義，以及第比登仙也③。集中佳作，已多載《文苑英華》中。雖科舉之文，無關著述，而當時風氣，略見於斯。錄而存之，亦足備文章之一格也。

【彙訂】

① 底本此條與文淵閣庫書次序不符。文淵閣庫書與殿本均置於"曹祠部集二卷附曹唐詩一卷"條之前。文淵閣庫書尚有《省題詩》一卷，宋王蘋輯錄。（沈治宏：《〈四庫全書總目〉集部著錄圖書失誤原因析》）

② 此集卷首有唐黃璞所撰《王郎中傳》，謂王棨福唐人。閩之福唐縣，後唐同光初始改福清，宋以下並因之。（余嘉錫：《四庫提要辨證》）

③《困學紀聞》卷十三曰："學如牛毛，成如麟角，出蔣子《萬機論》。"《太平御覽》卷六百七敘學門引蔣子《萬機論》曰："諺曰學如牛毛，成如麟角，言其少也。"（同上）

皮子文藪十卷（浙江鮑士恭家藏本）

唐皮日休撰。日休字襲美，襄陽人。居於鹿門山①，自號醉吟先生。登咸通八年進士，官太常博士。《唐書》稱其降於黃巢，後為所害。尹洙《河南集》有《大理寺丞皮子良墓誌》，則稱日休避廣明之難，奔錢氏。子光業，為吳越丞相。生璨，為元帥判官。子良即璨之子。陸游《老學菴筆記》亦據《皮光業碑》以為日休終於吳越，並無陷賊之事。皆與史全異，未知果誰是也。是編乃其文集。自序稱："咸通丙戌不上第，退歸州墅，編次其文。發篋叢萃，繁如藪澤，因名《文藪》。凡二百篇。"宋晁公武謂其尤善箴銘。今觀集中書序論辨諸作，亦多能原本經術。其《請孟子立學科》、《請韓愈配饗太學》二書，在唐人尤為卓識，不得僅以詞章目之。集中詩僅一卷。蓋已見《松陵唱和集》者不復重編，亦如《笠澤叢書》之例耳②。王士禎《池北偶談》嘗摘其中《鹿門隱書》一條、《與元徵君書》一條，皆"世民"二字句中連用，以為不避太宗之諱。今考之信然。然後人傳寫古書，往往改易其諱字。安知日休原本非"世"本作"代"、"民"本作"人"，而今本易之耶？是固未足為日休病也。

【彙訂】

① 此集卷十《送從弟歸復州》詩云："羨爾優游正少年，竟陵煙月似吳天。車螯近岸無妨取，舴艋隨風不費牽。處處路傍千頃稻，家家門外一渠蓮。殷勤莫笑襄陽住，為愛南遊縮頸鯿。"可知日休乃復州竟陵人，襄陽鹿門乃其隱居之地。（傅璇琮主編：《唐才子傳校箋》）

② 據《皮子文藪》自序、《松陵集》序、陸龜蒙《笠澤叢書》序，《文藪》編成於咸通七年丙戌（866），《松陵集》編於咸通十一年底（870）或十二年初（871），《笠澤叢書》編於乾符六年（879）之後。《文藪》怎能預先仿照十餘年後所編《笠澤叢書》，決定數年後所做唱和之詩？（李福標：《〈四庫全書〉之〈皮子文藪〉提要指誤》）

笠澤叢書四卷補遺一卷（內府藏本）

唐陸龜蒙撰。龜蒙有《耒耜經》，已著錄。此集為龜蒙自編。

以其叢脞細碎,故名《叢書》,以甲、乙、丙、丁為次,後又有《補遺》
一卷。宋元符間,蜀人樊開始序而梓之。政和初,毗陵朱袞復行
校刊,止分上、下二卷及《補遺》為三。此本為元季龜蒙裔孫德原
重鐫。既依蜀本釐為四卷,而序仍毗陵本作"三卷"者,字偶誤
也。王士禛《漁洋文略》有此書跋,謂得都穆重刊蜀本,内《紀錦
裙》在丙集,《迎潮詞》在丁集。而此本《錦裙》在乙集,《迎潮詞》
在丙集,敘次又不盡依蜀本之舊,疑德原又有所竄亂矣①。龜蒙
與皮日休相倡和,見於《松陵集》者,工力悉敵,未易定其甲乙。
惟雜文則龜蒙小品為多,不及日休《文藪》時標偉論。然閒情別
致,亦復自成一家,固不妨各擅所長也。

【彙訂】

　　①《直齋書錄解題》卷一六著錄:"《笠澤叢書》四卷,補遺一
卷。"並云:"為甲乙丙丁詩文雜編,政和中朱袞刊之吳江。"又
"《笠澤叢書》蜀本十七卷(《文獻通考》作七卷,十字當衍),元符
中郢人樊開所序",則樊開刊本為七卷,而朱袞刊本並非三卷。
至於都穆重刊本未見著錄,都跋也無聞。(萬曼:《唐集敘錄》)

　　甫里集二十卷(浙江汪汝瑮家藏本)

　　唐陸龜蒙撰。龜蒙著作頗富,其載於《笠澤叢書》者卷帙無
多。即《松陵集》亦僅倡和之作,不為賅備。宋寶祐間,葉茵始蒐
採諸書,得遺篇一百七十一首,合二書所載四百八十一首,共六
百五十二首,編為十九卷,並《附錄》總為二十卷。林希逸為序,
刊版置於義莊。歲久闕失。明成化丁未,崑山嚴景和重刊之。
於附錄之中增胡宿所撰《甫里先生碑銘》一篇。陸鈇序之。萬曆
乙卯,松江許自昌又取嚴本重刻。於《附錄》中續增范成大《吳郡

志》一條、王鏊《姑蘇志》一條,其餘詩十三卷,賦二卷,雜文四卷,則悉依舊次,即此本也。葉本所附顏萱《過張祐丹陽故居詩序》[①],龜蒙特屬和而已,其事不應附之於集。胡宿《碑銘》,《姑蘇志》云其碑亡,嚴氏所錄乃有全文,意成化中宿集尚未佚也。希逸序中辨"詔拜拾遺"一事極精核,足證《新唐書》之誤。茵於楊億《談苑》所載"彈鴨"一事,反覆辨其必無,殊為蛇足。文人游戲,亦復何關於賢否?乃以為瑕玷而諱之[②],亦迂拘之甚矣。

【彙訂】

①《松陵集》卷九有顏萱《過張祐丹陽故居》,作"張祐"誤。(江慶柏等:《四庫全書薈要總目提要》)

② 殿本"乃"下有"必"字。

詠史詩二卷(編修汪如藻家藏本)

唐胡曾撰。曾,邵陽人[①]。《文苑英華》載其二啟,皆干謁方鎮之作。陳振孫《書錄解題》稱其咸通末為漢南從事。何光遠《鑑戒錄》"判木夾"一條,載高駢鎮蜀,曾為記室,有草檄諭西山八國事。蓋終於幕府也。是編雜咏史事,各以地名為題。自共工之不周山,迄於隋之汴水,凡一百五十首[②]。《文獻通考》載三卷。此本不分卷數,蓋後人合而編之。其詩興寄頗淺,格調亦卑。何光遠稱其中陳後主、吳夫差、隋煬帝三首。然在唐人之中,未為傑出。惟其追述興亡,意存勸戒,為大旨不悖於風人耳。每首之下,鈔撮史書,各為之註。前後無序跋,亦不載註者名氏。觀所引證,似出南宋人手[③]。如《鉅橋》詩中"遂作商郊一聚灰"句,註曰:"武王發鹿臺之財,散鉅橋之粟,大賚於四海,而萬姓悦服。詩謂其作商郊聚灰,非也。"又《渭濱》詩"當時未入非熊夢"

句,註曰:"舊作'非罷',俗本誤,後世莫知是正。"亦閒有駁正。然弇陋特甚,如《洞庭》詩詠軒轅,自指張樂一事,而註乃置《莊子》本文,引《史記》鼎湖之説,未免失之於眉睫。徒以舊本存之耳。

【彙訂】

① 胡曾《寒食都門作》詩末句云"故園寥落在長沙",當為長沙人,《詠史詩》之《長沙》亦可為據。(趙清永:《胡曾考辨》)

②《四庫》本實存一百四十九首,校之影宋抄本缺《緱山》一首,校之《全唐詩》缺《廣武山》一首。(趙榮蔚:《胡曾詠史詩提要》)

③ 此書宋刊本為三卷。元代以後因其蒙書角色定型,社會大量需求,故三卷合為一卷、無序跋,皆為減少工序、節省工費所致。(范天成:《胡曾〈詠史詩〉流傳及版本考議》)

雲臺編三卷(江蘇巡撫採進本)

唐鄭谷撰。谷字守愚,宜春人。光啟三年進士,乾寧中仕至都官郎中。谷父嘗為永州刺史,與司空圖同院。圖見谷,即奇之,謂當為一代風騷主。詩名盛於唐末,人多傳諷,稱為"鄭都官"。史不立傳,其事迹頗見計有功《唐詩紀事》中①。《新唐書·藝文志》載谷所著有《雲臺編》三卷、《宜陽集》三卷。今《宜陽集》已佚,惟此編存,所錄詩約三百首②。其云《雲臺編》者,據自序稱:"乾寧初上幸三峯,朝謁多暇,寓止雲臺道舍,因以所紀編而成之。"蓋昭宗幸華州時也。谷以《鷓鴣》詩得名,至有"鄭鷓鴣"之稱。而其詩格調卑下,第七句"相呼相喚"字尤重複。寇宗奭《本草衍義》引作"相呼相應",差無語病,然亦非上乘。方回

《瀛奎律髓》又稱谷詩多用"僧"字,凡四十餘處,谷自有句云:"詩無僧字格還卑。"此與張端義《貴耳集》謂"詩句中有'梅花'二字,便覺有清意"者,同一雅中之俗,未可遽舉為美談。至其他作,則往往於風調之中獨饒思致。汰其膚淺,擷其菁華,固亦晚唐之巨擘矣。

【彙訂】

① 此事見於《唐詩紀事》卷七〇:"幼年,司空圖與刺史同院,見而奇之,曰:'曾吟得丈丈詩否?'……司空嘆息撫背曰:'當為一代風騷主!'"然鄭谷父鄭史咸通三年已外放永州刺史,而司空圖咸通十年始登進士第,如何"同院"? 且司空圖僅年長鄭谷十歲,安得以"丈丈"自稱。(傅璇琮主編:《唐才子傳校箋》)

②《崇文總目》卷五、袁本《郡齋讀書志》卷四僅載《宜陽外編》一卷,《直齋書錄解題》以後諸書錄,均不載《宜陽集》或《宜陽外編》。祖無擇《都官鄭谷墓誌銘》稱:"有《雲臺編》與《外集》,凡四百篇行焉。"童宗說《雲臺編後序》稱:"自至和甲午迄今百又七年(當為紹興三十年),《外集》又闕其半。"可知《宜陽外編》實為《外集》,僅百首上下,至南宋初已佚其半,宋以後更不存焉。《新唐書·藝文志》謂"《宜陽集》三卷"蓋誤。(同上)

司空表聖文集十卷(兩淮馬裕家藏本)

唐司空圖撰。圖,河內人①。表聖,圖字也。僖宗時知制誥,為中書舍人。旋解職去,晚自號耐辱居士。朱全忠召之,力拒不出。及全忠僭位,遂不食而死。《新唐書》列之《卓行傳》。所著詩集別行於世。此十卷乃其文集,即《唐志》所謂《一鳴集》也。其文尚有唐代舊格,無五季猥雜之習。集內《韓建德政碑》,

《五代史》謂:"乾寧三年昭宗幸華州所立。還朝乃封建穎川郡王。"而碑稱為乾寧元年立,已書建為穎川郡王,蓋史之誤②。其時建方強橫,昭宗不得已而譽之。圖奉敕為文,詞多誡飭,足見其剛正之氣矣。又集內《解縣新城碑》為王重榮作,《河中生祠碑》為其弟重盈作。宋祁遂謂重榮父子雅重圖,嘗為作碑。今考其文,亦皆奉敕所為,事非得已,不足以為圖病也。陳繼儒《太平清話》載耐辱居士《墨竹筆銘》,此集無之。其銘序云:"咸通二年,余登進士,叨職史館。"按唐制進士無即入史館者。圖成進士在咸通末,出依王凝為幕職,本傳甚明,安有職史館之事? 又云:"自後召拜禮部員外郎,遷知制誥,尋以中書舍人拜禮、戶二侍,無日不與竹對。"按序稱墨竹種於長安,圖為知制誥中書舍人,乃僖宗次鳳翔時,其為兵部侍郎,又當昭宗在華州時,何由得與竹對? 況圖身為唐死,年七十二。而序乃云:"今為梁庚寅,余年八十有二。"其為偽撰益明矣。是編前後八卷皆題為"雜著",五卷、六卷獨題曰"碑"③,實則他卷亦有碑文,例殊叢脞。舊本如是,今姑仍之焉④。

【彙訂】

① 唐河內縣,為懷州治所,即今河南沁陽市。然《舊唐書·文苑傳》云"臨淮人",《全唐文》卷八〇七《書屏記》、卷八〇八《月下留丹竈詩序》、卷八〇九《中條王官谷序》(《一鳴集序》)等均署"泗水司空氏",則其占籍為泗水,即今江蘇盱眙。(傅璇琮主編:《唐才子傳校箋》)

② 此碑確為乾寧元年所立。然據《冊府元龜》、《文苑英華》、《新唐書》、《舊五代史》、《新五代史》所載,乾寧四年三月又進封韓建昌黎郡王,至五月韓建已先後八次上表讓封昌黎郡王,

九月詔撰德政碑(盧知猷撰文,司空圖撰頌);光華元年九月改封穎川郡王,十月因辭王爵而改封許國公。則不應混淆兩次封穎川郡王事,徑謂《新五代史》誤。(陳道貴:《司空圖生平與作品繫年三題》)

③ 文淵閣《四庫》本卷六亦題曰"雜著",但其内容為三篇碑文。(袁芸:《〈文溯閣四庫全書提要〉別集類辨證》)

④《四部叢刊》本《司空表聖文集》體例與《四庫》本同,蓋因後人竄亂,非其舊。(羅聯添:《唐司空圖事迹編年》)

韓内翰別集一卷(江蘇巡撫採進本)

唐韓偓撰。《唐書》本傳謂偓字致光,計有功《唐詩紀事》作字致堯,胡仔《漁隱叢話》謂字致元。毛晉作是集跋,以為未知孰是。案劉向《列仙傳》稱偓佺堯時仙人,堯從而問道。則偓字致堯,於義為合。致光、致元皆以字形相近誤也。世為京兆萬年人。父瞻,與李商隱同登開成四年進士第[①],又同為王茂元壻。商隱集中所謂"留贈畏之同年"者,即瞻之字。偓十歲即能詩。商隱集中所謂"韓冬郎即席得句,有老成之風"者,即偓也。偓亦登龍紀元年進士第。昭宗時官至兵部侍郎、翰林學士承旨。忤朱全忠,貶濮州司馬,再貶榮懿尉,徙鄧州司馬。天祐二年,復故官。偓惡全忠逆節,不肯入朝。避地入閩,依王審知以卒。偓為學士時,内預祕謀,外爭國是,屢觸逆臣之鋒。死生患難,百折不渝。晚節亦管寧之流亞,實為唐末完人。其詩雖局於風氣,渾厚不及前人,而忠憤之氣時時溢於語外。性情既摯,風骨自遒,慷慨激昂,迥異當時靡靡之響。其在晚唐,亦可謂文筆之鳴鳳矣。變風變雅,聖人不廢,又何必定以一格繩之乎?《唐書·藝文志》

載偓集一卷,《香奩集》一卷②。晁氏《讀書志》云韓偓詩二卷,《香奩》不載卷數。陳振孫《書錄解題》云《香奩集》二卷,入內廷後《詩集》一卷,《別集》三卷。各家著錄,互有不同。今鈔本既曰《別集》,又註曰"入內廷後詩",而集中所載又不盡在內廷所作,疑為後人裒集成書,按年編次,實非偓之全集也。

【彙訂】

① 兩《唐書·李商隱傳》,均謂商隱為開成二年進士,《總目》卷一五一《李義山詩集》條同。韓瞻亦為開成二年進士。(楊武泉:《四庫全書總目辨誤》)

②《新唐書·藝文志》別集類所載為《韓偓詩》一卷,《香奩集》一卷。(傅璇琮主編:《唐才子傳校箋》)

唐英歌詩三卷(江蘇巡撫採進本)

唐吳融撰。融字子華,越州山陰人。龍紀元年登進士第,昭宗時官翰林學士承旨,戶部侍郎,知制誥。事迹具《新唐書·文藝傳》①。融與韓偓同為翰林學士,故偓有與融《玉堂同直》詩。然二人唱酬僅一兩篇,未詳其故。以立身本末論之,偓心在朝廷,力圖匡輔,以孱弱文士毅然折逆黨之凶鋒。其詩所謂"報國危曾捋虎鬚"者,實非虛語。純忠亮節,萬萬非融所能及。以文章工拙論之,則融詩音節諧雅,猶有中唐之遺風,較偓為稍勝焉。在天祐諸詩人中,閒遠不及司空圖,沈摯不及羅隱,繁富不及皮日休,奇闢不及周朴。然其餘作者,實罕與鴈行。《唐書》本傳稱昭宗反正,融於御前跪作十許詔,少選即成,意詳語當。《唐詩紀事》又稱李巨川為韓建草謝表以示融。融吟罷,立成一篇,巨川賞嘆不已。蓋在當時,亦鐵中錚錚者矣。

【彙訂】

① 《新唐書·文藝傳》本傳未載官至知制誥。

元〔玄〕英集八卷（浙江范懋柱家天一閣藏本）

唐方干撰。干字雄飛，新定人①。章八元之外孫也，以詩名於江南。咸通中一舉不第，遂遯跡會稽②。歿後，宰相張文蔚請追賜名儒淪落者及第凡十五人，干與焉。是集前有乾寧丙辰中書舍人祁縣王贊序。又有安樂孫郃所作小傳。名曰《元英》者，干私諡元英先生也。何光遠《鑑戒錄》稱干為詩鍊句，字字無失，詠繫風雅，體絕物理。郃《傳》亦稱其高堅峻拔。蓋其氣格清迥，意度閒遠，於晚唐纖靡俚俗之中，獨能自振，故盛為一時所推③。然其七言淺弱，較遜五言，《郝氏林亭》而外，佳句無多，則又風會之有以限之也。贊序稱干甥楊弇泊門僧居遠收綴遺詩三百七十餘篇，析為十卷。《唐書·藝文志》亦同。此本為明嘉靖丁酉干裔孫廷璽重刊，祗分八卷，詩三百七篇，卷目俱非其舊。近時洞庭席氏《百家唐詩》本從宋刻錄出者，雖仍作十卷，而詩亦止三百十六篇。《全唐詩》搜羅放失，增為三百四十七篇④，然與贊序原數終不相合。蓋流傳既久，其佚闕者多矣。

【彙訂】

① 孫郃《玄英先生傳》謂新定人，《舊唐書·地理志》云睦州"天寶元年改為新定郡，乾元元年復為睦州"。干為睦州桐廬人。《唐摭言》卷一六、呂祖謙《東萊集·嚴陵方君墓誌銘》亦謂桐廬人。（傅璇琮主編：《唐才子傳校箋》；楊武泉：《四庫全書總目辨誤》）

② 何光遠《鑑戒錄》卷八云："方十四郎干為人唇缺，連歷十

餘舉,有司議干才則才矣,不可與缺唇人科名,四夷所聞為中原勸士矣。干潛知所論,遂歸鏡湖。"《唐詩紀事》卷六三亦記干"為人唇缺,連應十餘舉,遂歸鏡湖"。其《新正》、《中秋月》、《中路寄喻鳧先輩》、《山中言事寄贈蘇判官》等詩表露急於求仕的決心甚堅,"兩鬢如霜始息機",當非"一舉不第,遂遯跡會稽"。又據其《寄普州賈司倉島》詩,則至遲在會昌三年(843)已隱居於會稽鏡湖。然大中(847—860)、咸通(860—873)中又曾赴舉不第而歸。(傅璇琮主編:《唐才子傳校箋》;吳在慶:《方干並非一舉受挫即罷隱鏡湖》、《方干始歸隱鏡湖之時間》)

③"盛",殿本作"甚"。

④《唐音統籤》所錄《方干集》有胡震亨《敍錄》云:"干集宋本具存,計三百十七篇。"《全唐詩》收三百四十八首。(冉旭:《唐音統籤研究》)

唐風集三卷(江蘇巡撫採進本)①

唐杜荀鶴撰。荀鶴,池州人。案計有功《唐詩紀事》稱:"荀鶴有詩名,大順初擢進士第二②。牧之微子也。牧之自齊安移守秋浦,時有妾懷姙,出嫁長林鄉杜筠而生荀鶴。"又稱:"荀鶴擢第,時危勢晏,復還舊山。田頵在宣州,甚重之。頵起兵,陰令以牋間至梁太祖許。及頵遇禍,梁主表授翰林學士,主客員外郎中,知制誥。恃勢侮易縉紳,衆怒欲殺之,未及。天祐初卒。"又稱:"荀鶴初謁梁王朱全忠,雨作而天無雲。荀鶴賦詩有'若教陰翳都相似,爭表梁王造化功'句。"是荀鶴為人至不足道。其稱杜牧之子,殆亦梁師成之依託蘇軾乎③?其詩最有名者為"風暖鳥聲碎,日高花影重"一聯,而歐陽修《六一詩話》以為周朴詩。吳聿《觀林詩話》亦稱見《唐人小説》作朴詩，荀鶴特竊以壓卷。然則此一聯者，又如寶月之於柴廓矣。此集乃其初登第時所自編，詩多俗調，不稱其名。以唐人舊集，流傳已久，姑存以備一家。毛晉刻本前有顧雲序。序末謂之《唐風集》，以下文不相屬。蓋舊本《唐詩紀事》載雲此序，誤連下條"荀鶴初謁梁王"云云六十四字為一條。晉不察而誤併鈔之，殊為疏舛。今刊除此段，以還其舊焉。

【彙訂】

① 底本此條與文淵閣庫書次序不符。文淵閣庫書與殿本均置於"唐英歌詩三卷"之前。

②《詩話總龜》卷五《投獻》門引《洞微志》云："杜荀鶴……於裴贄侍郎下第八人登科……九華王希羽以詩獻曰：'……九華山色高千尺，未必高於第八枝。'"《南部新書》辛卷亦云"太順二年正月十日裴贄下第八人"。（余嘉錫：《四庫提要辨證》；傅璇琮主編：《唐才子傳校箋》）

③ 梁師成乃"自言蘇軾出子"，而杜荀鶴本人詩中未嘗涉及杜牧，杜牧徵子之説始見於南宋初計有功《唐詩紀事》卷六五轉述之《池陽記》。（胡嗣坤、羅琴：《杜荀鶴及其〈唐風集〉研究》）

徐正字詩賦二卷（福建巡撫採進本）①

唐徐寅撰。寅字昭夢，莆田人。乾寧元年進士及第，授祕書省正字。後依王審知幕府，歸老延壽谿。所著有《探龍》、《釣磯》二集，共五卷。自《唐書·藝文志》已不著錄，諸家書目亦不載其名。意當時即散佚不傳②。此本僅存賦一卷，計八首，各體詩一卷，計三百六十八首③。蓋其後裔從《唐音統籤》、《文苑英華》諸書衷輯成編，附刻家乘之後者，已非五卷之舊矣。其賦句雕字琢，不出當時程試之格，而刻意鍛鍊，時多秀句。集中《贈渤海賓貢高元固詩序》，稱其國傳寫寅《斬蛇劍》、《御溝水》、《人生幾何》三賦，至以金書列為屏幛。則當時亦價重雞林矣。詩亦不出五代之格，體物之咏尤多。五言如"白髮隨梳少，青山入夢多"，"歲計懸僧債，科名負國恩"，七言如"豐年甲子春無雨，良夜庚申夜足眠"，"月明南浦夢初斷，花落洞庭人未歸"，"鵾鳩聲中雙闕雨，牡丹花畔六街塵"諸聯，已為集中佳句。然當時文體不過如斯，不能獨責備於寅也。寅嘗獻賦於朱全忠，後忤全忠，乃遁歸閩，非真有惓惓故主之思。乃與司空圖、羅隱二人遙相倡和，有如臭味。又作《大夫松》詩曰："爭如澗底凌霜節，不受秦王號此官。"《馬嵬》詩曰："張均兄弟皆何在，卻是楊妃死報君。"更似一飯不忘唐者。蓋文士之言不足盡據，論世者所以貴考其實也。

【彙訂】

① 底本此條與文淵閣庫書次序不符。文淵閣庫書與殿本均置於"白蓮集十卷"條之前。

②《崇文總目》卷六三著錄《探龍集》一卷，《徐寅賦》一卷。《宋史·藝文志》亦著錄《探龍集》五卷，《徐寅別集》五卷。不得謂諸家書目皆不載其名。其集在宋、元時凡有三本，《釣磯文集》傳世有十卷鈔本，乃元延祐中其裔孫徐玩據族孫師仁宋建炎中所次八卷本重編。（余嘉錫：《四庫提要辨證》；萬曼：《唐集敘錄》）

③ 徐玩本《釣磯文集》詩凡二百六十五首，《唐音統籤》、《全唐詩》搜羅鴻富，亦只多三首。"三百六十八首"應係"二百六十八首"之誤。（余嘉錫：《四庫提要辨證》）

黃御史集十卷附錄一卷（浙江汪啟淑家藏本）①

唐黃滔撰。滔字文江，莆田人。乾寧二年進士第。光化中，除四門博士，尋遷監察御史裏行，充威武軍節度推官。王審知據有全閩，而終守臣節，滔匡正之力為多。《五代史》稱審知好禮下士，王淡、楊沂、徐寅，唐時知名士多依之。獨不及滔。五代史多漏略，不足據也②。又集中有《祭南海南平王文》，稱“崔員外昨持禮幣，嘗詣門牆，爰蒙執手之懽，宏敘親仁之旨”云云。乃為王審知祭劉隱而作。案隱初封大彭王③，進封南平王，再進封南海王。據《五代會要》，南海之封在隱卒後一月，故此文尚稱南平王。說者或以高季興亦封南平，又不知此文為代審知所作，遂謂滔曾應高氏之聘。亦考之未審矣。《唐書·藝文志》載滔集十五卷，又《泉山秀句》三卷。並已散佚④。此本卷首有楊萬里及謝諤序⑤。萬里序謂“滔裔孫永豐君自言此集久逸，其父考功公始得之，僅四卷而已。其後永豐君又得詩文五卷於呂夏卿家。又得逸詩於翁承贊家。又得銘碣於浮屠、老子之宮，編為十卷”⑥，是為淳熙初刻。後再刻於明正德，三刻於萬曆，四刻於崇禎⑦。此本即崇禎刻也⑧。集中文頗贍蔚，詩亦有貞元、長慶之遺。雖不及羅隱、司空圖，而實非徐寅諸人之所及。其《潁川陳先生集序》稱天復元年“某叨閩相之辟”。考乾寧四年唐以福州為威武軍，拜審知節度使，累遷同中書門下平章事，封瑯邪王。至梁太祖即位，乃封閩王，仍同中書門下平章事。滔稱“閩相”而不稱“王”，則所謂“規正審知使守臣節”者，是亦一證也⑨。末有《附錄》一卷，又載滔裔孫補遺文一篇。補字季全，紹興中進士，歷官安谿縣令。所著《詩解》、《九經解》、《人物志》等書皆失傳，惟此篇僅存，故附滔集以行世云⑩。

【彙訂】

①《浙江省第四次汪啟淑家呈送書目》著錄"《莆陽集》,唐黃滔著,二本",《浙江採集遺書總錄簡目》則著錄:"《莆陽黃御史集》二冊(明萬曆十二年重刊本),唐監察御史裏行充威武軍節度推官莆田黃滔撰。"而黃廷良萬曆十二年(1584)刊刻的《莆陽黃御史集》為二卷本。(李最欣:《〈四庫總目・黃御史集〉提要辨正》)

② 歐陽修《新五代史》並未說唐時知名士多依審知,只是在指出王審知好禮下士時舉"王淡、楊沂、徐寅"三人為例而已。(同上)

③ "初封",殿本作"自"。

④《新唐書》卷六〇云"黃滔《泉山秀句集》三十卷,編閩人詩,自武德盡天祐末"。(李最欣:《〈四庫總目・黃御史集〉提要辨正》)

⑤ 文淵閣《四庫》本《黃御史集》有三人序,依次為楊萬里、洪邁、謝諤。崇禎十一年刻本又多曹學佺序。(同上)

⑥ 各本載楊萬里序"僅四卷而已"均作"僅數卷而已",又無"編為十卷"一句。天壤閣覆刻南宋慶元本《莆陽黃御史集》目錄上秩有言曰:"右賦二十篇,裔孫汝嘉得之東平呂氏家藏,分二卷";"右詩一百五十九篇,裔孫汝嘉得之東平呂氏家藏,分二卷";"右詩十五篇,裔孫處權得之翁諫議孫元柔中家藏墨本";"右文九篇,裔孫汝嘉得之東平呂氏家藏,為一卷,餘亡。"下秩含碑銘九篇,末五篇碑銘註云:"右五篇,裔孫汝材錄之石本。"可見,得詩文五卷於呂夏卿之家的是十世孫黃汝嘉,得逸詩於翁承贊之家的是十世孫黃處權,得銘碣於浮屠、老子之宮的是十世孫黃處材,均非九世孫永豐君黃沃。編為十卷者也不是黃沃,而是

八世孫黃公度。《莆陽黃御史集》上秩開頭的黃公度序曰："又黃某集十五卷，歲久譌缺，今以舊藏槀本釐為十卷，名曰《東家編略》。宋紹興丙子中夏初吉八世孫左朝散郎試尚書考功員外郎公度謹誌。"（同上）

⑦ 淳熙初刻後，黃沃（永豐縣令）又在慶元二年（1196）刻於邵州，洪邁為之序。明正德八年（1513）二十世孫黃希英刻於莆中，萬曆甲申（1584）有十九世孫黃廷良刻本，萬曆丙午（1606）有曹學佺刻本，天啟間有二十三世孫黃起有十卷刻本，崇禎十一年八卷刻本至少為七刻。（萬曼：《唐集敘錄》；王懿榮：《重刻影鈔宋慶元本〈黃御史集〉記》；李最欣：《〈四庫總目·黃御史集〉提要辨正》）

⑧ 今存崇禎十一年黃鳴喬刻本及文淵閣《四庫》本均為八卷。（李最欣：《〈四庫總目·黃御史集〉提要辨正》）

⑨ 乾寧四年為 897 年，而《十國春秋》卷九〇《太祖世家》云："光化三年（900）二月壬申，加（王審知）同中書門下平章事，檢校右僕射。"又云："天祐元年（904）夏四月，唐遣右拾遺翁承贊加審知檢校太保，封瑯邪王，食邑四千戶，食實封一百戶。"《新唐書》卷一百九十亦云："詔審知檢校刑部尚書、節度觀察留後……天祐初，進瑯邪郡王。"天復元年（901）黃滔作《潁川陳先生集序》時，王審知僅是"同中書門下平章事"，還不是"王"，故只可稱"閩相"而不可稱"王"。且"王"或"閩王"是中原王朝封賞的，稱"王"還是臣節。如黃滔所撰《福州雪峯山故真覺大師碑銘》一文云："今閩王誓眾養民之外，雅隆其道，凡齋僧構刹以之龜焉。為之增宇設像，鑄鐘以嚴其山，優施以充其眾……戊辰年（908）春三月示疾。吾王走醫，醫至粒藥以授。師曰：'吾非疾也，不可閔子

之工。’卒不之餌。其後劄偈以遺法子函翰以別王庭。”先稱“今閩王”，又稱“吾王”，又稱“以別王庭”，可見黃滔本人對於稱王審知為“王”或“閩王”並不忌諱。（同上）

⑩ 文淵閣《四庫》本《黃御史集》無黃補遺文。（同上）

羅昭諫集八卷（浙江巡撫採進本）

唐羅隱撰。隱有《兩同書》，已著錄。考《吳越備史》隱本傳云隱有《江東甲乙集》、《淮海寓言》及《讒書後集》，並行於世。鄭樵《通志·藝文略》載《羅隱集》二十卷，《後集》三卷，又有《吳越掌記集》三卷。至陳振孫《書錄解題》，則《甲乙集》僅十卷，而《後集》反有五卷，又多《湘南集》三卷。且註：“《甲乙集》皆詩，《後集》有律賦數首，《湘南集》乃長沙幕中應用之文。隱又有《淮海寓言》及《讒書》等，求之未獲。”云云。據此，則不特《吳越掌記集》不傳，即《淮海寓言》、《讒書》二種，振孫且不得見矣。此本為康熙初彭城知縣張瓚所刻①。後有瓚跋云：“昭諫諸集今不復見，僅得《江東集》鈔本於邑人袁英家。嗣後得《甲乙集》刻本，合而讀之，雖全集不獲盡睹，窺豹者已得一斑矣。”蓋出於後人所掇拾，非舊帙也。所載詩四卷②，又有雜文一卷。詩與毛晉所刻《甲乙集》合，雜文則不知原在何集。其《湘南集》僅存自序一篇，列於卷中。序謂：“湘南文失落於馬上軍前，僅分三卷，而舉業、祠祭亦與焉。”今雜文既無長沙應用之作，亦無舉業、祠祭之文。惟諸啟多作於湖南，或即《湘南集》中之遺歟？《文苑英華》有隱《秋雲似羅賦》一篇，蓋即後集之律賦，此本失載。則所採亦尚遺漏矣。第七卷末一篇為《廣陵妖亂志》，前十一篇疑即《淮海寓言》之文也③。第八卷有《兩同書》十篇，《唐志》著錄。其說以儒、道為一致，故曰"兩同"。似乎《讒書》之外，又有此書者，其異同則不可考矣。隱不得志於唐。迨唐之亡也，梁主以諫議大夫召之，拒不應。又力勸錢鏐討梁。事雖不成，君子韙之。其詩如《徐寇南逼感事獻江南知己》一首、《即事中元甲子》一首、《中元甲子以辛丑駕幸蜀》四首，皆忠憤之氣溢於言表，視同時李山甫、杜荀鶴輩有鸞梟之分。雖殘闕之餘，猶為藝林所寶重，殆有由矣。

【彙訂】

① "彭城"乃"新城"之誤。（雍文華：《羅隱集校輯説明》）

② "四卷"，殿本作"四首"，誤。文淵閣《四庫》本此集卷一至卷四為詩。

③ 文淵、文津閣本卷七均為《説天雞》等八篇，又《廣陵妖亂志》四小篇。則"前十一篇"應作"前八篇"。（劉玉珺：《四庫唐集提要研究》）

白蓮集十卷（兩江總督採進本）

唐釋齊己撰。齊己，益陽人①，自號衡岳沙門。宋人註杜甫《巳上人茅齋》詩，謂齊己與杜甫同時，其謬不待辨。舊本題為梁人，亦殊舛誤。考齊己嘗依高季興為龍興寺僧正。季興雖嘗受梁官，然齊己為僧正時，當龍德元年辛巳，在唐莊宗入洛之後矣②。集中已稱季興為南平王，而陶岳《五代史補》載徐東野在湖南幕中贈齊己詩，稱"我唐有僧號齊己"，安得謂為梁人耶？是集為其門人西文所編，首有天福三年孫光憲序。前九卷為近體，後一卷為古體。古體之後又有絶句四十二首，疑後人採輯附入也。唐代緇流能詩者衆，其有集傳於今者，惟皎然、貫休及齊己。

皎然清而弱，貫休豪而麤，齊己七言律詩不出當時之習。其七言
古詩③，以盧仝、馬異之體縮為短章，詰屈聱牙，尤不足取。惟五
言律詩居全集十分之六，雖頗沿武功一派，而風格獨遒。如《劍
客》、《聽琴》、《祝融峯》諸篇，猶有大曆以還遺意。其絕句中《庚
午年十五夜對月》詩曰："海澄空碧正團圝，吟想元宗此夜寒。玉
兔有情應記得，西邊不見舊長安。"惓惓故君，尤非他釋子所及。
宜其與司空圖相契矣。

【彙訂】

①　孫光憲《白蓮集序》、陶岳《五代史補》卷三《僧齊己》條、
陳振孫《直齋書錄解題》均謂長沙人。孫光憲與齊己相交十年，
陶岳亦為稍後時人，其說當可信。且《白蓮集》卷八《江上夏日》
詩云"故園舊寺臨湘水"，舊寺當指長沙之道林寺。（傅璇琮主
編：《唐才子傳校箋》）

②　龍德為朱梁末帝年號。龍德元年，李存勖（即唐莊宗）尚
在晉陽（今太原市）稱晉王。龍德三年四月，晉王稱帝，國號唐，
以當年為同光元年。是年十月滅梁，十二月入洛陽，遂定都於
洛。以上均見《資治通鑑》卷二七二至二七三。可知唐莊宗入
洛，在齊己為龍興寺僧正後二年。（楊武泉：《四庫全書總目辨
誤》）

③　"其"，殿本作"及"。

禪月集二十五卷補遺一卷（內府藏本）

唐釋貫休撰。貫休字德隱，姓姜氏，蘭谿人。舊本題曰梁
人。案貫休初以乾寧三年依荊帥成汭。後歷游高季興、錢鏐間。
晚乃入蜀依王建①。至乾德癸未卒②，年八十一。終身實未入

梁,舊本誤也。陶岳《五代史補》稱貫休《西岳集》四十卷,吳融序之。然集末載其門人曇域後序,編次歌詩文贊為三十卷,則岳亦誤記矣③。此本為宋嘉熙四年蘭谿兜率寺僧可燦所刊,毛晉得而重刊之。僅詩二十五卷,豈佚其文贊五卷耶?《補遺》一卷,亦晉所輯。然所收佚句如"朱門當大道,風雨立多時"一聯,乃贈乞食僧詩。今在第十七卷之首,但"道"作"路","雨"作"雪"耳。晉不辨而重收之,殊為失檢。《文獻通考》別載《寶月集》一卷,亦云貫休作,今已不傳。然曇域不云有此集,疑馬端臨或誤④。毛晉又云《西岳集》或作《南岳集》。考貫休生平未登太華,疑"南岳"之名為近之,"西"字或傳寫誤也⑤。又書籍刊版始於唐末,然皆傳布古書,未有自刻專集者。曇域後序作於王衍乾德五年,稱:"檢尋槀草及暗記憶者約一千首,雕刻成部。"則自刻專集自是集始,是亦可資考證也。

【彙訂】

① 吳融《西岳集序》云:"酬唱循環……如此者凡期有半……丙辰余蒙恩召歸,於上人別……"丙辰為乾寧三年(896)。據《禪月集》卷一三《送吳融員外赴闕》詩所寫冬景,時為乾寧三年冬,則乾寧二年夏吳融初至時貫休已在江陵依成汭。而宋錢儼《吳越備史》卷一載貫休曾於景福二年(893)向錢鏐獻詩。又開平元年(907),後梁大將高季興被任為荊南節度使,駐守江陵。乾化二年(912),高季興稱王,建南平國。而據《禪月集後序》及《禪月集》卷一○《遊雲頂山遠望》詩,貫休乃於天復二年(902)秋入蜀。(傅璇琮主編:《唐才子傳校箋》;田道英:《釋貫休研究》)

② "癸未",殿本作"癸酉",皆誤。曇域撰《禪月集後序》中明言壬申歲卒,癸酉年(梁乾化三年,913)置塔。(陳垣:《釋氏

疑年錄》）

　　③四部叢刊影宋本《禪月集》曇域後序無"三十卷"之文。（萬曼：《唐集敍錄》）

　　④《文獻通考》卷一四三作《寶月詩》一卷，其文實引自《郡齋讀書志》卷十八《禪月集》條。（余嘉錫：《四庫提要辨證》）

　　⑤齊己《白蓮集》卷八《荊門寄題禪月大師影堂》詩，有"西嶽千篇傳古律，南宗一卷印靈臺"之句。自注："大師著《西岳集》三十卷，盛傳於世。"歐陽炯《禪月大師應夢羅漢歌》有"師自江南來入秦"語。貫休有《繡州張相公見訪》詩，"繡州張相公"即張浚，據《舊唐書》卷二〇上《昭宗紀》、《新唐書》卷一八五《張浚傳》，張浚大順元年（890）十二月自宰相三貶為繡州司户參軍，行至藍田關，遂留華州依韓建，乾寧二年（895）五月遷太子賓客，可知在此數年間貫休曾居華州，游華山當在此時。（陳垣：《釋氏疑年錄》；楊武泉：《四庫全書總目辨誤》；尹楚兵：《唐五代作家考辨二題》）

　　浣花集十卷補遺一卷（編修汪如藻家藏本）

　　唐韋莊撰。莊字端己，杜陵人。乾寧九年第進士①，授校書郎，轉補闕。後仕蜀王建，至吏部侍郎同平章事。《文獻通考》載莊集五卷。此本十卷，乃毛晉汲古閣所刻。為莊弟藹所編，前有藹序。疑後人析五為十，故第十卷僅詩六首也②。末為《補遺》一卷，則毛晉所增。然如《癸丑年下第獻新先輩》一首，既見於卷八，又入《補遺》，殊為失檢。《全唐詩》所錄，較此本多《勉兒子即事》等篇共三十餘首。蓋藹序作於癸亥年六月，為唐昭宗之天復三年。莊方得杜甫草堂，故以名集。自是以後，篇什皆未載焉。

故往往散見於諸書，後人遞有增入耳。

【彙訂】

① 乾寧五年八月改元為光化元年，見《通鑑》卷二六一。《直齋書錄解題》卷一九《浣花集》條云："蜀韋莊撰，唐乾寧元年進士也。"（楊武泉：《四庫全書總目辨誤》）

② 韋藹《浣花集序》曰："次為□□□，目之為《浣花集》。"《崇文總目》卷一一別集類、《通志》卷七〇《藝文略》八別集類、《蜀檮杌》卷下皆稱韋莊有《浣花集》二十卷，則序文所闕乃"二十卷"。十卷本皆出自南宋書棚本，非韋藹原編。（萬曼：《唐集敘錄》；傅璇琮主編：《唐才子傳校箋》）

廣成集十二卷（浙江汪汝瑮家藏本）

蜀杜光庭撰。光庭有《了證歌》，已著錄。《宋史·藝文志》載光庭《廣成集》一百卷，又《壺中集》三卷。《通志·藝文略》載《光庭集》三十卷。今此本十二卷，僅表及齋醮文二體。《十國春秋》所載《序毛仙翁略文》一篇，又《瀘州劉真人碑記》、《青城縣重修冲妙觀碑記》、《雲昇宮廣雲外尊師碑記》、《三學山功德碑文》諸目，皆不載集中。蓋殘闕之餘，已非完本也。考《通鑑》載蜀主以光庭為諫議大夫，而集有《謝除戶部侍郎表》，史並不言其為此官。又《通鑑》載王宗綰取寶雞，岐保勝節度使李繼岌降，復姓名為桑宏〔弘〕志。而集中《賀收復隴州表》稱："節度使桑簡以手下兵士歸降。"是宏志又名簡，而史不之及。又有《賀太陽當虧不虧表》，稱："今月一日丁未巳時，太陽合虧於軫十一度"。今以史志核之，蜀高祖永平元年正月丁亥朔、後主乾德三年六月乙卯朔、五年十月辛未朔，皆當日食，而獨無丁未日。蜀用胡秀林《永昌

曆》，或其法與中國不同，是可以備參考。又其在唐末時為王建
所作醮詞，有稱川主相公者，有稱司徒者，有稱蜀王者，有稱太師
者。考之於史，建以西川節度同平章事守司徒，封蜀王，一一皆
合，而獨失載其太師之號。又有稱漢州尚書王宗夔、鎮江侍中王
宗黯者，二人皆王建養子。《十國春秋》具詳其官，而獨不紀其嘗
為漢州刺史、鎮江軍節度使。又有《越國夫人為都統宗侃還願
詞》，稱“俯迫孤城，遽淹旬月，俄開壁壘，大破兇狂，成掃蕩之功，
副聖明之獎”云云。而史記王宗侃為北路行軍都統伐岐，青泥鎮
之戰，侃兵大敗，為蜀主所責，無功而還，與所言全不相合。光庭
駢偶之文詞頗贍麗，而多涉其教中荒誕之説，不能悉軌於正。獨
五季文字闕略，集中所存，足與正史互證者尚多。故具錄之，以
為稽考同異之助焉。

集　部　五

別　集　類　五

騎省集三十卷（兩淮馬裕家藏本）

宋徐鉉撰。鉉有《稽神錄》，已著錄。晁公武《讀書志》、陳振孫《書錄解題》並載鉉集三十卷，與今本同。陳氏稱其前二十卷仕南唐時作，後十卷皆歸宋後作。今勘集中所載年月事迹，亦皆相符，蓋猶舊本也。集為其壻吳淑所編。天禧中，都官員外郎胡克順得其本於陳彭年，刊刻表進，始行於世①。鉉精於小學，所校許慎《説文》，至今為六書矩矱。而文章淹雅，亦冠一時。《讀書志》稱其"文思敏速，凡有撰述，常不喜預作。有欲從其求文者，必戒臨事即來請。往往執筆立就，未嘗沈思。常曰：'文速則意思敏壯，緩則體勢疏慢。'"故其詩流易有餘而深警不足。然如《臨漢隱居詩話》所稱《喜李少保卜隣》詩"井泉分地脈，砧杵共秋聲"之句，亦未嘗不具有思致。蓋其才高而學博，故振筆而成，時出名雋也。當五季之末，古文未興，故其文沿溯燕、許，不能嗣韓、柳之音。而就一時體格言之，則亦迥然孤秀。翟耆年《籀史》曰："太平興國中，李煜薨，詔侍臣撰神道碑。有欲中傷鉉者，奏曰：'吳王事莫若徐鉉為詳。'遂詔鉉撰。鉉請存故主之義，太宗許之。鉉但推言歷數有盡，天命有歸而已。其警句曰：'東鄰搆禍，南箕扇疑，投杼致慈親之惑，乞火無鄰婦之詞。始勞因壘之師，終後塗山之會。'太宗覽之，稱嘆不已。"云云。後呂祖謙編《文鑑》，多不取儷偶之詞，而特錄此碑。蓋亦賞其立言有體。以視楊維楨作《明鼓吹曲》，反顏而詆故主者，其心術相去遠矣。然則鉉之見重於世，又不徒以詞章也。

【彙訂】

① 陳彭年序云："公江南文稿撰集未終，一經亂離，所存無幾，公自勒成二十卷。及歸中國，入直禁林，制詔表章，多不留草，其餘存者，子壻吳君淑編為十卷。通成三十卷。"（胡玉縉：《四庫全書總目提要補正》）

河東集十五卷附錄一卷（浙江鮑士恭家藏本）

宋柳開撰。開字仲塗，大名人。開寶六年進士，歷典州郡，終於如京使。事迹具《宋史·文苑傳》。開少慕韓愈、柳宗元為文，因名肩愈，字紹先。既又改名、改字，自以為能開聖道之塗也。集中《東郊野夫》、《補亡先生》二傳，自述甚詳。集十五卷，其門人張景所編，附以景所撰《行狀》一卷。蔡絛《鐵圍山叢談》記其在陝右為刺史，喜生膾人肝，為鄭文寶所按，賴徐鉉救之得免。則其人實酷暴之流。石介集有《過魏東郊》詩為開而作，乃推重不遺餘力。絛說固多虛飾，介亦名心過重，好為詭激，不合中庸。其說未知孰確。今第就其文而論，則宋朝變偶儷為古文，實自開始。惟體近艱澀，是其所短耳。盛如梓《恕齋叢談》載開論文之語曰："古文非在詞澀言苦，令人難讀。在於古其理，高其意。"① 王士禎《池北偶談》譏開能言而不能行，非過論也。又尊崇揚雄太過,至比之聖人,持論殊謬。要其轉移風氣,於文格實為有功。謂之明而未融則可,王士禎以為初無好處,則已甚之詞也。

【彙訂】

① 元盛如梓《庶齋老學叢談》卷中上:"柳仲塗云:古文非在詞澀言苦,使人難讀誦之;在於古其理,高其意,隨言語短長,應變作制,同古人之行事,是謂古文。"但盛如梓號庶齋,不號恕齋。(楊武泉:《四庫全書總目辨誤》)

咸平集三十卷(兩江總督採進本)①

宋田錫撰。錫有《奏議》,已著錄。考《奏議》乃明安磐所輯,其文已全載此集中。然《宋史·藝文志》載錫《奏議》二卷,《文獻通考》載錫《咸平集》五十卷。此本載奏議一卷,書三卷,賦五卷,論三卷,箴、銘二卷,詩六卷,頌、策、笏記、表狀七卷,制誥、考詞三卷。以奏議與詩文集合為一編,僅三十卷,則亦後人重輯之本,非其舊也②。錫常慕魏徵、李絳之為人,以獻納為己任。《國老談苑》記:"太宗幸龍圖閣閱書,指西北架一漆畫篋,上親自署鑰者,謂學士陳堯叟曰:'此田錫之奏疏也。'愴然者久之。"則當時已重其言。故其沒也,范仲淹作《墓誌》,司馬光作《神道碑》,而蘇軾序其《奏議》,亦比之賈誼。為之操筆者皆天下偉人,則錫之生平可知也。詩文乃其餘事,然亦具有典型。其氣體光明磊落,如其為人,固終非澳忍者所得彷彿焉。

【彙訂】

① 文淵閣《四庫》本附《田司徒墓誌銘》一卷《田司徒神道碑》一卷。(沈治宏:《〈四庫全書總目〉集部著錄圖書失誤原因

析》）

②傅增湘《藏園群書經眼錄》卷一三《明澹生堂鈔本咸平集跋》曰："集凡三十卷……詳審此本，雖繕寫未精，而格式甚古，卷中如結銜及空格諸事，悉存舊式，所據必從古槧而出。"或係後人以五十卷本合併，或據殘宋本重編，而非重輯。（祝尚書：《宋人別集敍錄》）

逍遙集一卷（永樂大典本）

宋潘閬撰。閬，大名人。晁公武《讀書志》謂其字曰逍遙，江少虞《事實類苑》則謂其自號逍遙子，少虞說或近是歟？太宗時召對，賜進士第。後坐事亡命，真宗捕得之。釋其罪，以為滁州參軍。閬在宋初，去五代餘風未遠。其詩如《秋夕旅舍書懷》一篇①、《喜臘雪》一篇，閒有五代粗獷之習。而其他風格孤峭，亦尚有晚唐作者之遺。蘇軾嘗稱其《夏日宿西禪》詩，又稱其《題資福院石井》詩不在石曼卿、蘇子美下②，劉攽《中山詩話》稱其《歲暮自桐廬歸錢塘》詩不減劉長卿，《事實類苑》稱其《苦吟》詩、《貧居》詩、《峽中聞猿》詩、《哭高舍人》詩、《寄張詠》詩諸佳句，劉克莊《後村詩話》稱其《客舍》詩，方回《瀛奎律髓》稱其《渭上秋夕閒望》詩、《秋日題瑯琊寺》詩、《落葉》詩。《事實類苑》又記其在浙江時，好事者畫為《潘閬詠潮圖》。郭若虛《圖畫見聞志》又記長安許道寧愛其《華山》詩，畫為《潘閬倒騎驢圖》。一時若王禹偁、柳開、寇準、宋白、林逋諸人皆與贈答，蓋宋人絶重之也。《讀書志》載《逍遙詩》三卷，《宋史·藝文志》則作《潘閬集》一卷。原本久佚，未詳孰是。今考《永樂大典》所載，裒而錄之，編為一卷。而逸篇遺句載在他書者，亦併採輯，以補其闕。雖不能如晁氏著錄之數,而較《宋志》所載,則約略得其八九矣。其《古意》一首,今刻唐詩者皆以為崔國輔作,而《永樂大典》則題閭名。疑以傳疑,亦姑並錄之,而註其譌異於本題之下焉③。

【彙訂】

①　當作《旅舍秋夕書懷》。(袁芸:《〈文溯閣四庫全書提要〉別集類辨證》)

②　蘇軾於潘閬《夏日宿西禪》詩並無稱許之詞。又吳曾《能改齋漫錄》卷十一載潘閬題石井資福院詩,"蘇黃門過而跋之云:'東坡先生稱眉山矮道士好為詩,詩格亦不能高,往往有奇語,如"夜過脩竹寺,醉打老僧門",皆可喜者也。予舊讀《湘山野錄》,喜閬所作《西湖曲》,及遊江南,見題石井絶句,頗有前輩氣味,不在石曼卿、蘇子美下。'"則稱此詩者乃蘇轍,亦非蘇軾。(余嘉錫:《四庫提要辨證》)

③　唐殷璠《河嶽英靈集》卷中、蜀韋縠《才調集》卷一錄有崔國輔《怨詞》一首,與此集中之《古意》一字不異。殷璠、韋縠皆遠在潘閬之前,則其非閬所作,固已甚明。(同上)

寇忠愍公詩集三卷(兩淮鹽政採進本)

宋寇準撰。準,事迹具《宋史》本傳。初,準知巴東縣時,自擇其詩百餘篇為《巴東集》。後河陽守范雍哀合所作二百餘篇,編為此集。考《石林詩話》有《過襄州留題驛亭》詩一首,《侍兒小名錄拾遺》有《和蒨桃》詩一首,《合璧事類前集》有《春恨》一首、《春晝》一首,皆集中所無。蓋《題驛亭》、《和蒨桃》二篇,語皆淺率。《春晝》、《春恨》二首格意頗卑。雍殆有所持擇,特為刪汰,非遺漏也①。準以風節著於時,其詩乃含思淒婉,綽有晚唐之致。然骨韻特高,終非凡豔所可比,惟《湘山野錄》嘗稱其《江南春》二首及"野水無人渡,孤舟盡日橫"二句,以為深入唐格,則殊不然②。《江南春》體近填詞,不止秦觀之《小石調》。"野渡無人舟自橫"本韋應物《西澗》絕句,準點竄一二字,改為一聯,殆類生吞活剝,尤不為工。準詩自佳,此二句實非其佳處,未足據為定論也。

【彙訂】

①《春畫》見於本集卷中,《春恨》為唐來鵠七律《寒食山館抒情》中四句,見《全唐詩》卷六四二。(周勳初:《隋唐嘉話考》)

②《湘山野錄》卷上但言"野水無人渡,孤舟盡日橫"二句深入唐人風格,未嘗並稱《江南春》二首亦有唐格。(余嘉錫:《四庫提要辨證》)

乖崖集十二卷附錄一卷(衍聖公孔昭煥家藏本)①

宋張詠撰。詠事迹具《宋史》本傳。其集宋代有兩本。一本十卷,見於趙希弁《讀書附志》,所稱錢易《墓誌》、李畋《語錄》附於後者是也②。一本十二卷,見於陳振孫《書錄解題》,所稱郭森卿宰崇陽刻此集,舊本十卷,今增廣并《語錄》為十二卷者是也。此本前有森卿序,蓋即振孫所見之本③。序稱於世刻中增詩八篇④,別附以韓琦《神道碑》、王禹偁《送宰崇陽序》、李燾《祠堂記》、項安世《北峯亭記》,今檢勘併合。惟所稱刪次年譜別為一卷者,則已不見。蓋傳寫有所脫佚矣。詠兩莅益州,為政恩威並用,吏民畏服。平日剛方尚氣,有巖巖不可犯之節。其文乃疏通平易,不為嶄絕之語。其詩亦列名西崑體中。案西崑酬唱十七人,詠名在第十一。其《聲賦》一首,窮極幽渺,梁周翰至嘆為"一百年不見此作"⑤,則亦非無意於為文者。特其光明俊偉,發於自然,故真氣流露,無雕章琢句之態耳。案韓琦《神道碑》稱詠與邑人傅霖友善,登第後與傅詩有"巢、由莫相笑,心不為輕肥"之句。今集中乃作七言,琦蓋節用其意,故與集本不合。又案《陳輔之詩話》稱:"蕭林之知溧陽時,張乖崖召食,見几案一絶句云:'獨恨太平無一事,江南間殺老尚書'。蕭改'恨'作'幸'字。且言公功高身重,姦人側目,以此與公全身。乖崖曰:'蕭弟一字之師也。'"云云。今考集中《游趙氏西園》詩末聯云:"方信承平無一事,淮陽間殺老尚書。"詩中既無"恨"字、"幸"字,亦不作"江南"字,且七律而非絶句。則輔之所記,乃傳聞譌異之詞。又《青箱雜記》載詠贈官妓小英歌,今不見集中。其詩詞意凡劣,決非詠之所為。殆亦吳處厚誤採鄙談,不足據也⑥。

【彙訂】

①　底本此條與文淵閣庫書次序不符。文淵閣庫書與殿本均置於《寇忠愍公詩集》條之前。

②　今本《郡齋讀書志》衢本卷一九(袁本卷四)載《張乖崖集》十卷,謂"錢易所撰《墓誌》、李畋所纂《語錄》附於後"。而未見於《讀書附志》。(余嘉錫:《四庫提要辨證》;王嵐:《宋人文集編刻流傳叢考》)

③　《乖崖集》至少尚有一南宋伊賡刻本,亦刻於崇陽縣,係翻刻郭森卿刻本,有咸淳五年己巳(1269)龔夢龍序。傳世有殘闕本一部,前六卷為宋刻,後六卷及附錄配明抄本。(張其凡:《張詠事文考述》)

④　據郭森卿序原文,"世刻"乃"石刻"之誤。(筧文生、野村鯰子:《四庫提要北宋五十家研究》)

⑤此集附韓琦《故樞密直學士禮部尚書贈左僕射張公神道碑銘》："嘗為《聲賦》，梁公周翰覽而嘆曰：'二百年來不見此作矣。'"又見於韓琦《安陽集》卷五〇。（余嘉錫：《四庫提要辨證》）

⑥《青箱雜記》卷八所載與《乘崖集》卷二所收《筵上贈小英》略同，共二十二句，僅五字有異。（李裕民：《四庫提要訂誤》增訂本）

小畜集三十卷（鴻臚寺少卿曹學閔家藏本）小畜外集七卷（兵部侍郎紀昀家藏本）

宋王禹偁撰。禹偁字元之，鉅野人。太平興國八年進士，官至翰林學士，知制誥。屢以事謫守郡，終於知蘄州。事迹具《宋史》本傳①。禹偁嘗自次其文，以《易》筮之，得乾之小畜，因以名集。晁公武《讀書志》、陳振孫《書錄解題》皆作三十卷，與今本同。惟《宋志》作二十卷。然《宋志》荒謬最甚，不足據也。宋承五代之後，文體纖儷，禹偁始為古雅簡淡之作。其奏疏尤極剴切。《宋史》採入本傳者，議論皆英偉可觀。在詞垣時所為應制駢偶之文，亦多宏麗典贍，不媿一時作手。集凡賦二卷，詩十一卷，文十七卷。紹興丁卯，歷陽沈虞卿嘗刻之黃州。明代未有刊本，世多鈔傳其詩，而全集罕覯。故王士禎《池北偶談》稱僅見書賈以一本持售，後不可復得為憾。近時平陽趙氏始得宋本刊行。而陳振孫《書錄解題》所載《外集》三百四十首，其曾孫汾所裒輯者，則久佚不傳。此殘本為河間紀氏閱微草堂所藏，僅存第七卷至第十三卷。而又七卷前闕數頁，十三卷末《集賢錢侍郎知大名府序》惟有篇首二行，計亦當闕一兩頁。原帙籤題即曰"《小畜外集》殘本上下二册"，知所傳止此矣②。其中《次韻和朗公見贈》

詩及題下自註，“朗”字皆闕筆，知猶從宋本影鈔也。凡詩四十四篇，雜文八篇，論議五篇，傳三篇，箴、贊、頌九篇，代擬二十篇，序十二篇，共一百一篇，較原帙僅三之一。然北宋遺集，流傳漸少。我皇上稽古右文，凡零篇斷簡，散見《永樂大典》中者，苟可編排，咸命儒臣輯錄成帙，以示表章。此集原書七卷，巋然得存，是亦可寶之祕笈，不容以殘闕廢矣。

【彙訂】

①　依《總目》體例，當作“禹偁有《五代史闕文》，已著錄”。

②　文淵閣《四庫》本未收《小畜外集》。清光緒甲午增刻武英殿聚珍板叢書有《小畜集》三十卷，附《小畜外集》十三卷（第一至五卷缺）、《拾遺》一卷。（修世平、張蘭俊：《〈景印文淵閣四庫全書〉讕例錄述》）

南陽集六卷（永樂大典本）

宋趙湘撰。湘字叔靈，其先自京兆徙家於越。至湘始家於衢，遂為西安人。登淳化三年孫何榜進士，即資政殿大學士趙抃之祖也。《宋史》抃傳不著世系，故湘始末亦不具。惟蘇軾為抃作碑，稱湘官為廬州廬江尉。其後追贈司徒，則以抃貴推恩者也。湘著作散佚，僅《宋文鑑》載其《春夕偶作》詩一首，《剡錄》載其《剡中齊唐郎中所居》詩一首，《方輿勝覽》載其《方廣寺石橋》詩一首，《瀛奎律髓》載其《贈水墨巒上人》、《贈張處士》詩二首，《文翰類選》載其《秋夜集李式西齋》詩一首，《雲門集》載其《別耶溪諸叔》詩一首，《爛柯山志》載其《遊爛柯山》詩一首，餘悉不傳。併《南陽集》之名，知者亦罕。惟《永樂大典》所載詩文頗夥，哀之尚可成帙。北宋遺集，傳者日稀①，是亦難覯之祕本矣。案元方回作《羅壽可詩序》，稱："宋剗五代舊習，詩有白體、崑體、晚唐體。其晚唐一體，九僧最迫真。寇萊公、林和靖、魏仲先父子、潘逍遙、趙清獻之祖凡數家，深涵茂育，氣勢極盛。"又回所選《瀛奎律髓》評湘《贈張處士》詩曰："清獻家審言如此，宜乎乃孫之詩如其人之清，有自來哉。"云云。其推挹湘者甚至。然回錄湘二詩，皆取其體近江西者，殊不盡湘所長。今以《永樂大典》所載觀之，大抵運意清新，而風骨不失蒼秀。雖源出姚合，實與雕鏤瑣碎、務趨僻澀者迥殊。其古文亦掃除排偶，有李翱②、皇甫湜、孫樵之遺，非五季諸家所可及。沈埋晦蝕幾數百年，今逢聖代右文，復得掇拾散亡，表見於世。豈非其精神足以不朽，故光氣終莫可掩歟！其中《揚子三辨》一篇，推重揚雄，頗為過當，然孫復、司馬光亦同此失。蓋北宋儒者所見如斯，不能獨為湘責，知其所短則可矣。據方回稱"清獻漕益路時，宋景文序叔靈集，歐陽公跋亦稱之"，是原集實扑所編。今其目次已不可考，謹分類排訂，釐為六卷。

【彙訂】

① "日稀"，殿本作"已稀"。

② "李翱"，殿本無。

武夷新集二十卷（江蘇巡撫採進本）

宋楊億撰。億有《歷代銓政要略》，已著錄。《宋史》億本傳載所著有《括蒼》、《武夷》、《潁陰》、《韓城》、《退居》、《汝陽》、《蓬山》、《冠鼇》諸集，及《內外制》、《刀筆》。《藝文志》所著錄者，惟《蓬山集》五十四卷，《武夷新編集》二十卷，《潁陰集》二十卷，《刀筆集》二十卷，《別集》十二卷，《汝陽雜編》二十卷，《鑾坡遺札》二十卷①。較本傳所載，已不相符。陳氏《書錄解題》謂億所著共一百九十四卷,《館閣書目》猶有一百四十六卷。今俱亡佚,所存者獨《武夷新集》及《別集》而已。《武夷新集》者,億景德丙午入翰林,明年輯其十年以來詩筆而自序之。《別集》者,避讒歸陽翟時作也。此本但有《武夷新集》,則《別集》又亡矣。別本或題曰《楊大年全集》,誤也。凡詩五卷、雜文十五卷。大致宗法李商隱,而時際昇平,春容典贍,無唐末五代衰颯之氣。田況《儒林公議》稱:"億在兩禁,變文章之體,劉筠、錢惟演輩皆從而效之,時號'楊劉'。三人以詩更相屬和,極一時之麗。"惟石介不以為然,至作《怪説》以譏之,見所著《徂徠集》中。近時吳之振作《宋詩鈔》,遂置億集不錄,未免隨聲附和。觀蘇軾深以介説為謬,至形之於奏牘,知文章之不可以一格限矣。

【彙訂】

①《宋史·藝文志七》著錄《鑾坡遺札》十二卷,另有《虢略集》七卷。(笕文生、野村鮎子:《四庫提要北宋五十家研究》)

和靖詩集四卷(安徽巡撫採進本)

宋林逋撰。逋事迹具《宋史·隱逸傳》。其詩澄澹高逸,如其為人。史稱其"就槀輒棄去,好事者往往竊記之。今所傳尚三百餘篇"。兹集篇數與本傳相合,蓋當時所收止此。其他逸句,往往散見於説部及真蹟中。劉克莊《後村詩話》謂逋一生苦吟,自摘出五言十三聯。今惟五聯見集中。如"隱非唐甲子①,病有晉春秋","水天雲黑白,霜野樹青紅","風回時帶溜②,煙遠忽藏村",及郭索鈎輈之聯,皆不在焉。七言十七聯,集逸其三。使非有《摘句圖》旁證,則皆成逸詩矣。今《摘句圖》亦不傳,則其失於編輯者固不少也。是集前有皇祐五年梅堯臣序,康熙中長洲吳調元校刊之。後附《省心錄》一卷，實李邦獻所作，誤以為逌。今為考辨釐正，別著錄子部中，而此集則削之不載焉。

【彙訂】

①"唐"乃"秦"之誤，參《後村詩話》卷三原文。（筧文生、野村鯰子：《四庫提要北宋五十家研究》）

②"溜"乃"笛"之誤。（同上）

穆參軍集三卷附錄遺事一卷（大學士于敏中家藏本）

宋穆修撰。修字伯長，鄆州人。《蘇舜欽集》有《修哀文》，稱其咸平中舉進士得出身。而集中《上潁州劉侍郎書》稱"某以大中祥符中竊進士第"，邵伯溫《易學辨惑》亦稱修為祥符二年梁固榜進士。《宋史》本傳又云："真宗東封，詔舉齊、魯經行之士，修預選，賜進士出身。"所述小異，似當以自敍為確也。修初授泰州司理參軍，以忤直為通判秦應所誣搆，貶池州。再逢恩，徙潁、蔡二州文學掾。明道元年病卒。宋人皆謂之"穆參軍"，從其初官也。修受數學於陳摶，《先天圖》之竄入儒家，自修始①。其文章則莫考所師承，而歐陽修《論尹洙墓誌書》謂其學古文在洙前。朱子《名臣言行錄》亦稱洙學古文於修，而邵伯溫《辨惑》稱修家有唐本韓、柳集，募工鏤版。今《柳宗元集》尚有修後序。蓋天資高邁，沿溯於韓、柳而自得之。宋之古文，實柳開與修為倡。然開之學，及身而止②。修則一傳為尹洙，再傳為歐陽修，而宋之文章於斯極盛。則其功亦不尠矣。據蘇舜欽《哀文》，稱訪其遺文，惟得《任中正尚書家廟碑》、《靜勝亭記》、《徐生昌墓誌》③、《蔡州塔記》四篇，不能成卷。《祖無擇集》有修集序，稱其遺文於嗣子照得詩五十六④，書序、記誌、祭文總二十，次為三卷。其序作於慶曆三年。所刻詩文之數與今本合，蓋此集猶無擇所編之舊也。王得臣《麈史》述史驤之言，譏其作《巨盜》詩以刺丁謂，為有累於道。考邵伯溫《辨惑》載修於丁謂為貧賤交。謂後貴，修乃不與之揖。謂衘之，頗為所軋。修集中《聞報自崖徙雷》一章，即為謂作。則驤所謂累於道者，病其挾私怨耳。然其詩排斥姦邪，尚不致乖於公義，未可深非。又葉適《水心集》譏呂祖謙《宋文鑑》所收修《法相院鐘記》⑤、《靜勝亭記》二篇為腐敗廳澀，亦言之已甚。惟第三卷之首載《亳州魏武帝帳廟記》一篇，稱曹操"建休功，定中土，垂光顯盛大之業於來世"，又稱"惟帝之雄，使天濟其勇，尚延數年之位，豈強吳、庸蜀之不平"⑥，又稱"至今千年下，觀其書，猶震惕耳目，悚動毛髮，使人凜其遺風餘烈"，又稱"高祖於豐、沛，光武於南陽，廟象咸存，威德弗泯。其次則譙廟也"云云。其獎篡助逆，可謂大乖於名教。至述守臣之言，有"吾臨此州，不能導爾小民心知所奉，是亦吾過"云云。顯然以亂賊導天下，尤為悖理。尹洙《春秋》之學稱受於修，是於《春秋》為何義乎！自南宋以來，無一人能摘其謬⑦，殊不可解。今承睿鑒指示，使綱常大義，順逆昭然，允足立天經而定人紀，豈可使之仍廁簡牘，貽玷汙青！謹刊除此文，以彰袞鉞。其他作則仍錄之，用不沒其古文一脈篳路藍縷之功。舊本前有劉清之序，佚而不載，今從《龍學集》補錄⑧。《遺事》一卷，不知何人所編，亦附載備考。諸家鈔本或稱《河南穆先生文集》，或稱《穆參軍集》，祖無擇序則稱《河南穆公集》，參差不一。今考《文獻通考》以《穆參軍集》著錄，蓋南宋時通用此名。今從之焉。

【彙訂】

① 紹興四年(1134)，朱震《漢上易傳表》曰："陳摶以先天圖

傳种放(956—1015)，放傳穆修，修傳李之才。"咸淳六年(1270)，
《三易備遺》自序曰："陳摶以先天一圖傳种放，放傳穆修，修傳李
之才。"宋人所著《澠水燕談錄》卷五、《東軒筆錄》卷二、《玉壺野
史》卷八均載种放為陳摶門生。陳摶卒於989年，穆修生於979
年，以年齡計，穆修應為种放之徒。（李裕民：《四庫提要訂
誤》續）

②曾鞏《隆平集》卷五載："李迪，字復古，濮州人。少從柳
開學為古文，開謂門人張景、高弁曰：此公輔器也。"亦見《郡齋
讀書志》(袁本)卷四下。又據《宋史》卷四三二《高弁傳》、曾鞏
《刑部郎中致仕王公(逵)墓誌銘》(《元豐類稾》卷四二)，高弁又
傳之石介、劉潛、王逵。則不得謂其學及身而止。（同上）

③此集卷下有《東海徐君墓誌銘》，云"諱文質，字處中"，可知
"昌"字衍。（筧文生、野村鮎子：《四庫提要北宋五十家研究》）

④據《龍學文集》卷八《河南穆公集序》原文，"照"乃"熙"之
誤。（同上）

⑤《水心集》乃《習學記言》之誤。（同上）

⑥《四部叢刊》所收影宋鈔本此集卷三原文作"豈江吳、庸
蜀而足平哉"。（同上）

⑦殿本"謬"下有"戾"字。

⑧《龍學集》乃祖無擇文集，何來劉清之序？（祝尚書：《四
庫宋集提要糾誤》）

晏元獻遺文一卷（江西巡撫採進本）

宋晏殊撰。殊有《類要》，已著錄。《東都事略》稱殊有文集
二百四十卷，《中興書目》作九十四卷。《文獻通考》載《臨川集》

三十卷、《紫薇集》一卷。陳振孫《書錄解題》云“其五世孫大正，為《年譜》一卷。言‘先元獻嘗自差次起儒館至學士為《臨川集》三十卷，起樞廷至宰席為《二府集》二十五卷’”云云，今皆不傳。此本為國朝康熙中慈谿胡亦堂所輯，僅文六篇，詩六首，餘皆詩餘。殊當北宋盛時，日與諸名士文酒唱和，其零章斷什，往往散見諸書。如《復齋漫錄》、《古今歲時雜詠》、《侯鯖錄》、《西清詩話》所載諸詩，此本皆未收入，未為完備。然殊在北宋，號曰能文。雖二宋之作，亦資其點定。如《能改齋漫錄》所記“白雪久殘梁複道，黃頭閒守漢樓船”者，其推重可以想見。原集既已無存，則此裒輯之編，僅存什一於千百者，亦不能不錄備一家矣。

　　文莊集三十六卷（永樂大典本）

　　宋夏竦撰。竦有《古文四聲韻》，已著錄。其集本一百卷，《宋史·藝文志》著錄，今已不傳。茲據《永樂大典》所載，兼以他書附益之，尚得詩文三十六卷。竦之為人無足取，其文章則詞藻贍逸，風骨高秀，尚有燕、許軌範，《歸田錄》、《青箱雜記》、《東軒筆錄》、《中山詩話》、《玉海》、《困學紀聞》諸書皆稱引之。呂祖謙編《文鑑》，亦頗採錄。蓋其文可取，不以其人廢矣。集中多朝廷典冊之文，蓋所長特在於是。所載事迹如太宗為京兆尹時召見魏咸信，事在乾德五年，而史以為在開寶中；澶淵河清見底，事在端拱元年，而史以為在雍熙四年；竦之直集賢院以獻文得官，而史以為自通判召入。凡斯之類，皆足以訂《宋史》之譌。他若李昉之追封韓國公、王曾之為兵部郎中、魯宗道之為給事中、任中正之為右諫議大夫，史皆失書。凡斯之類，亦足補《宋史》之闕。蓋托克托等年遠傳聞，不及竦紀錄時事為得其實也。集中表奏有代王曾、王旦、寇準諸人作者。考之史傳，竦在洪州，能斷妖巫，毀淫祠。仁宗時增設賢良等六科，復百官轉對，置理檢使，亦皆竦所發。好水川之事，議者歸咎韓琦，竦於任福衣帶中得琦檄奏之，明其非罪。則竦雖巧佞，較之丁謂、王欽若輩，尚稍稍有閒，故正人尚肯假手歟？抑或為所籠絡，當時尚未遽悟其姦也。竦學賅洽，百家及二氏之書皆能通貫，故其文徵引奧博，傳寫者不得其解，往往舛譌。今參考諸書，為之是正，各附案語以明之。其不可盡考者，則姑仍其舊，從闕疑之義焉。

春卿遺稾一卷（編修汪如藻家藏本）

宋蔣堂撰。堂字希魯，宜興人。大中祥符五年擢進士第，仁宗朝歷官左諫議大夫，知蘇州。改給事中，仍知州事。後以禮部侍郎致仕，因家於蘇。事迹具《宋史》本傳。案胡宿《文恭集》有堂《神道碑》，稱堂以皇祐六年卒，贈吏部侍郎。此集題曰“春卿”，仍舉其致仕之官，所未詳也。《碑》稱其“有高情，富清藻，多所綴述，尤邃於詩。其閒所得，往往清絕。善作尺牘，思致簡詣。時人得之，藏為名筆。及退居林下，神機日旺。雖飲食寢處，未嘗忘詩，亦天性然。有文集二十卷”。本傳亦稱其“好學，工文詞，尤嗜作詩”，與碑文合。所載文集卷數亦同。然原集今不傳。此本乃明天啟中堂二十世孫鑌掇拾佚稾而成。凡賦一篇，詩三十七篇，記一篇，不及原集十分之一，其閒惟詩獨多。則碑所云尤邃於詩者信也。其詩雖興象不深，而平正通達，無雕鏤纖瑣之習。北宋遺集流傳日少，錄之亦可備一家焉。

東觀集十卷（兩江總督採進本）

宋魏野撰。野字仲先，號草堂居士。先世蜀人，徙於陝州。

真宗聞其名，召之不出。天禧三年卒，贈祕書省著作郎。事迹具《宋史·隱逸傳》。野與林逋同時，身後之名不及逋裝點湖山，供後人題咏，而當時則聲價出逋上。《澠水燕談》載："真宗西祀汾陰，至遣人圖畫所居。"①《宋史》本傳載："大中祥符初，遼使至宋，言本國得野《草堂集》上帙，願求全部。"《續湘山野錄》載："長安名姬添蘇得野一詩，至署於堂壁，夸鬻於人。"則傾動一時可想也。據天聖元年薛田所作集序，野先有《草堂集》行在人間，《宋史》亦稱野《草堂集》十卷，則十卷者野舊本也。序又稱其子閲以新舊詩三百篇混而編之，彙為七卷，因取贈典命之曰《鉅鹿東觀集》。則《東觀集》者，閲所重編七卷之本也。此本凡詩三百五十九首，題曰《東觀集》，而乃作十卷，未喻其故，豈序文誤"十"為"七"歟？別有《東觀集補遺》三卷，出杭州汪氏家，前後無序跋，不知何人所輯。今核所載詩一百十九首，即此本之四卷至六卷，蓋書賈作偽之本，不足為據。或疑除此三卷，正合薛田序七卷之數，當為後人所合併。不知除此一百一十九首，則七卷僅詩二百四十首，與田序三百首之說仍不相合，知決不然矣②。野在宋初，其詩尚仍五代舊格，未能及林逋之超詣。而胸次不俗，故究無齷齪凡鄙之氣，較楊朴《詠蓑》諸篇固無多讓。趙與虤《娛書堂詩話》曰："魏仲先詩沖淡閑逸，前輩稱其警句甚多。《上陳使君》云：'憂民如有病，見客似無官。'形容甚切，余喜誦之。"云云。亦錄隱逸詩者所不廢矣③。

【彙訂】

①《澠水燕談錄》卷四原文未言為西祀汾陰時事。（余嘉錫：《四庫提要辨證》）

②《宋史·藝文志》有魏野《草堂集》二卷，又《鉅鹿東觀集》

十卷。衢本《郡齋讀書志》卷十九、《直齋書錄解題》卷二十皆著錄《草堂集》二卷。宋刻《鉅鹿東觀集》十卷,卷首薛田序文實云詩四百篇,共成十卷。卷四至六實有詩一百二十二首,餘七卷實有二百五十九首。《補遺》三卷有明鈔本,非偽。七卷本皆出於宋刻七卷殘本,鈔者嫌其不全,故改序中之十卷為七卷,並改"四百"二字為"三百",欲以充全帙。後鋟版時已用別本補足三卷,而於舊序之誤未及改回。(余嘉錫:《四庫提要辨證》;張元濟:《寶禮堂宋本書錄》)

③ 殿本"亦"上有"固"字。

宋元憲集四十卷(永樂大典本)

宋宋庠撰。史稱庠所著有《國語補音》三卷,《紀年通譜》十二卷,《別集》四十卷,《掖垣叢志》三卷,《尊號錄》一卷。今惟《國語補音》有傳本,已著錄,餘書與文集並佚。國朝厲鶚編《宋詩紀事》,僅採掇《西清詩話》、《侯鯖錄》、《合璧事類》、《揚州府志》所載得詩八首,則海內絕無其本已三四百年矣。《永樂大典》修於明初,距宋末僅百餘年,舊刻猶存,故得以採錄。而庠文章淹雅,可取者多,故所載特為繁富。今以類排比,仍可得四十卷,疑當時全部收入也。方回《瀛奎律髓》載夏竦守安州日,庠兄弟以布衣遊學,席上各賦《落花》詩。竦以為有臺輔器。趙令時《侯鯖錄》亦云:"二宋《落花》詩,為時膾炙。"今考庠詩所謂"漢皋佩冷臨江失,金谷樓危到地香",祁詩所謂"將飛更作回風舞,已落猶成半面妝"者,特晚唐濃麗之格,實不盡其所長。祁集有和庠《赴鎮圃田遊西池作》,極稱其"長楊獵近寒羆吼,太液歌殘瑞鵠飛"句,嘆其警邁。蔡絛《西清詩話》亦稱之,又載其許昌西湖詩"鑿開魚鳥忘情地,展盡江湖極目天",曠古未有。然集中名章雋句,絡繹紛披,固不止是數聯也。文章多館閣之作,皆溫雅瓌麗,渢渢乎治世之音。蓋文章至五季而極弊。北宋諸家各奮起振作,以追復唐賢之舊。穆修、柳開以至尹洙、歐陽修,則沿洄韓、柳之波,庠兄弟則方駕燕、許之軌。譬諸賈、董、枚、馬,體制各殊,而同為漢京之極盛。固不必論甘而忌辛,是丹而非素矣。陳振孫稱:"景文清約莊重,不逮其兄,以此不至公輔。"今觀其集,庠有沈博之氣,而祁多新警之思,其氣象亦復小殊。所謂文章關乎器識者歟?《書錄解題》載是集作四十四卷,與史不合。然《文獻通考》亦作四十四卷,似非譌舛。疑別本以《掖垣叢志》三卷、《尊號錄》一卷編入集中,共成此數。唐、宋諸集往往有兼收雜著例也。《通考》於是集之下又附註曰:"一作《湜中集》二十卷。"其名又異。然《永樂大典》實祇標《宋元憲集》,則非《湜中集》明甚。故今仍舊目,不取《通考》之名焉①。

【彙訂】

①《直齋書錄解題》所載卷數雖與《宋史》本傳不合,然《宋史·藝文志》有宋庠《緹巾集》十三卷,又《操縵集》六卷,《連珠》一卷,復有《宋郊集》四十四卷,郊即庠也。袁本《郡齋讀書後志》卷二有宋庠《緹巾集》二十卷,即《文獻通考·經籍考》所據,今本此集卷三六有《緹巾集記》,可知《湜中集》乃《緹巾集》之誤。(余嘉錫:《四庫提要辨證》)

宋景文集六十二卷補遺二卷附錄一卷(永樂大典本)①

宋宋祁撰。祁有《益部方物略》,已著錄。晁公武《讀書志》謂祁詩文多奇字,證以蘇軾詩"淵源皆有考,奇險或難句"之語。

以今觀之，殆以祁撰《唐書》雕琢劌削，務為艱澀，故有是言。實則所著詩文博奧典雅，具有唐以前格律。殘膏剩馥，沾匄靡窮，未可盡以詰屈斥也。又陳振孫《書錄解題》稱：「祁自言年至六十，見少時所作，皆欲燒棄。」然考祁《筆記》嘗云：「年二十五②，即見奇於宰相夏公。試禮部，又見稱於龍圖劉公。」蓋少作未嘗不工，特晚歲彌為進境耳。至於舉陸機之「謝華啟秀」、韓愈之「陳言務去」以為為文之要，則其生平得力，具可想見矣。祁《筆記》又深戒其子無妄編綴作集，使後世嗤詆。然當時實已裒合成編，且非一種。據本傳稱集百卷，《藝文志》則稱百五十卷，又有《濡削》一卷、《刀筆集》二十卷，已與本傳不符。馬端臨《通考》亦稱百五十卷，《書錄解題》暨焦竑《經籍志》俱止稱百卷。王偁《東都事略》則文集百卷之外，又有《廣樂記》六十五卷③。記載互殊，莫詳孰是。陸游集載祁詩有《出麾小集》、《西州猥稾》，蜀人任淵曾與黃庭堅、陳無已二家同註，今亦不傳。近人所傳北宋小集中有《西州猥稾》一種，乃從《成都文類》、《瀛奎律髓》、《文翰類選》諸書採輯而成，非其原帙。兹就《永樂大典》所載，彙萃裒次，釐為六十有二卷。又旁採諸書，纂成《補遺》二卷。併以軼聞餘事各為考證，附錄於末①。雖未必盡還舊觀，名章鉅製，諒可得十之七八矣⑤。祁兄弟俱以文學名，當時號「大宋」、「小宋」。今其兄庠遺集已從《永樂大典》採掇成編，祁集亦於蠹蝕之餘得以復見於世。雖其文章足以自傳，實亦幸際聖朝表章遺佚，乃得晦而再顯，同邀乙夜之觀。其遭遇之奇，良非偶然也。

【彙訂】

①　文淵閣《四庫》本無補遺、附錄。（沈治宏：《〈四庫全書總目〉集部著錄圖書失誤原因析》）

② 據《宋景文筆記》（《百川學海》本）卷上原文，“年二十五”乃“年二十四”之誤。（筧文生、野村鯰子：《四庫提要北宋五十家研究》）

③《廣樂記》乃經部之書，與詩文別集迥不相涉。（余嘉錫：《四庫提要辨證》）

④ 據《總目》所言，可知《補遺》二卷《附錄》一卷並非輯自《永樂大典》，不得謂“《永樂大典》本”。（司馬朝軍：《四庫全書總目研究》）

⑤ 四庫本所輯恐未及“十之七八”，其後孫星華編《宋景文集拾遺》多達二十二卷。（曾棗莊：《“二宋”文校理札記》）

文恭集五十卷補遺一卷（永樂大典本）

宋胡宿撰。宿字武平，常州晉陵人。天聖二年進士，歷官兩浙轉運使，召修起居註，知制誥。由翰林學士拜樞密副使，以太子少師致仕①。文恭其諡也。事迹具《宋史》本傳。宿立朝以廉直著，而學問亦極該博。當時文格未變，尚沿四六駢偶之習，而宿於是體尤工。所為朝廷大制作，典重贍麗，追蹤六朝。其五、七言律詩，波瀾壯闊，聲律鏗匑，亦可彷彿盛唐遺響。陳氏《書錄解題》載宿集七十卷，久無傳本。近人編《北宋名賢小集》，所輯僅寥寥數篇。厲鶚撰《宋詩紀事》，搜羅至博。所錄宿詩，亦祇從志乘掇拾，未窺全豹。至金元好問選《唐詩鼓吹》，誤編入宿詩二十餘首，說者遂以為唐末之人，爵里未詳。今考好問所錄諸詩，大半在《文恭集》內。且其中有《和朱況》一首，其人為胡氏之壻，與宿同籍常州，具見所撰《李太夫人行狀》，確鑿可據。好問乃不能考證，舛錯至此，亦可知金、元之間，其集已罕覯矣。今惟《永

《樂大典》分採入各韻下者,裒而錄之,計詩文一千五百餘首。雖未必盡合原目,而篇帙較富,已可什得其八九。謹以類編次,釐為五十卷。庶俾藝林好古之士得以復見完書。其有《永樂大典》失採而散見於他書者,則別加搜輯,為《補遺》一卷,附之於後焉②。

【彙訂】

①“太子少師”,殿本作“太子少保”,誤,參《宋史》卷三百十八本傳。

②據《總目》所言,可知《補遺》一卷非輯自《永樂大典》。文淵閣、文溯閣本均作四十卷,無《補遺》一卷。據乾隆《御製題胡文恭集》御注,曾於乾隆乙未仲春下旨刪去原輯本中青詞等百餘首,故卷數也減為四十卷。(司馬朝軍:《四庫全書總目研究》)

武谿集二十卷(浙江汪啟淑家藏本)

宋余靖撰。靖字安道,韶州曲江人。天聖二年進士,累除右正言,知制誥。出知古州,經略廣西南路安撫使。預平儂智高,遷工部侍郎。英宗時,官至工部尚書。諡曰襄。事迹具《宋史》本傳。靖初為臺諫,以申救范仲淹外貶。蔡襄因作《四賢一不肖》詩,頗涉標榜。語詳《蔡忠惠集》條下。然實襄隨衆囂譁,非靖之本志。迹其生平樹立,要不失為名臣。其文章不甚著名。然狄青討平儂智高,靖磨崖作記,以旌武功,當時咸重其文。嘗奉命使遼,作《契丹官儀》一篇,頗可與史傳參證。他如論史、序潮諸作,亦多斐然可觀。以方駕歐、梅,固為不足,要於北宋諸人之中,固亦自成一隊也。是集乃其子屯田員外郎仲荀所編,有屯田郎中周源序。凡古、律詩一百二十,碑志記五十,議論箋碣表五十三,制誥九十八,判五十五,表狀啟七十五,祭文六,卷目與歐陽修所撰《墓誌》相合。其奏議五卷,別為一編,今已散佚,故集中闕此體焉。歷元及明,幾希湮沒。成化中邱濬鈔自內閣,始傳於世。今所行本為嘉靖甲午都御史唐冑所重刊云[①]。

【彙訂】

① 以明成化九年刊本相核,周源所記古、律詩只是概數,文集篇數也不完全相符,《總目》復錄而未加以覆核。嘉靖十三年瓊山都御史唐冑重刊本,實為韶州知府鄭騮所刻,源於成化本。(黃志輝:《余靖著述總目考》)

安陽集五十卷(內府藏本)

宋韓琦撰。琦事迹具《宋史》本傳。其集晁公武《讀書志》、陳振孫《書錄解題》、《宋史·藝文志》俱作五十卷。此本目次相符,蓋即原本。琦歷相三朝,功在社稷,生平不以文章名世。而詞氣典重,敷陳剴切,有垂紳正笏之風。呂祖謙編《文鑑》,錄其文十首[①]。其中如《論減省冗費》、《論西夏請和》、《論時事》、《論青苗》諸篇,皆正論凜然,足覘其大節。詩句多不事雕鏤,自然高雅。"黃花晚節"一聯[②],久為世所傳誦。而其他隨時抒興,亦多寄託遙深。江少虞《事實類苑》稱:"琦作《喜雪》一聯云:'危石蓋深鹽虎陷,老枝擎重玉龍寒。'人謂其身在外而自任以天下之重。"固未免涉於附會,非琦本旨。至於司馬光《詩話》稱:"琦罷相守北京,新進多凌侮之。琦為詩云:'風定曉枝蝴蝶鬧,雨勻春圃桔槔閒。'時人推其微婉。"強至《韓忠獻遺事》稱:"琦在相臺,作《喜雨》詩斷句云:'須臾慰滿三農望,卻斂神功寂似無。'人謂此真做出相業。"則實能得其寓意。蓋蘊蓄既深,故直抒胸臆,自然得風雅之遺，固不徒以風雲月露為工矣。《名臣言行錄》載司馬光辭樞副時，琦有書與文彥博，《東萊詩話》載是時亦有二書與光③，吳師道《禮部詩話》載：「琦手書《早夏》三詩，備蕭散閒適之趣。」皆《安陽集》所無。又陸游《渭南集》有《韓忠獻帖跋》，稱：「西夏犯邊，琦當禦戎重任。後入輔帷幄，陳謨畫策，駕馭人才。觀此帖可見。」今集中亦未載入。蓋編次猶有所脫遺也。此集之後，舊附《家傳》十卷，《別錄》、《遺事》各一卷。檢驗《通考》，三書本各自為目，乃後人彙而附之。今仍釐原帙，別著錄於史部，從其類焉。

【彙訂】

①　「十首」乃「十一首」之誤。（筧文生、野村鮎子：《四庫提要北宋五十家研究》）

②　此集卷十四《九日水閣》詩：「雖慚老圃秋容淡，且看寒花晚節香。」（同上）

③　呂本中《紫微詩話》載「司馬溫公既辭樞密副使，名重天下。韓魏公……在北門與溫公書云……又書云……又書云……」可知「二書」乃「三書」之誤。（同上）

文正集二十卷別集四卷補編五卷（江蘇巡撫採進本）

宋范仲淹撰。仲淹有《奏議》，已著錄。是編本名曰《丹陽集》，凡詩賦五卷，二百六十八首，雜文十五卷，一百六十五首。元祐四年蘇軾為之序。淳熙丙午鄱陽從事綦煥校定舊刻，又得詩文三十七篇，為《遺集》附於後，即今《別集》①。其《補編》五卷，則國朝康熙中仲淹裔孫能濬所搜輯也。仲淹人品事業卓絕一時，本不借文章以傳。而貫通經術，明達政體，凡所論著，一一皆有本之言。固非虛飾詞藻者所能，亦非高談心性者所及。蘇軾稱其天聖中所上執政萬言書，天下傳誦。考其平生所為，無出此者。蓋行求無媿於聖賢，學求有濟於天下。古之所謂大儒者，有體有用，不過如此。初不必說太極，衍先天，而後謂之能聞聖道；亦不必講封建，議井田，而後謂之不媿王佐也。觀仲淹之人與仲淹之文，可以知空言、實效之分矣。

【彙訂】

①《別集》有詩二十五篇，文三十八篇，顯非《遺集》。（張元濟：《寶禮堂宋本書錄》）

河南集二十七卷（兩淮馬裕家藏本）

宋尹洙撰。洙有《五代春秋》，已著錄。洙為人內剛外和，能以義自守。久歷邊塞，灼知情形，凡所措置，多有成效。其沒也，歐陽修為墓誌，韓琦為墓表，而范仲淹為序其集。其為正人君子所重，與田錫相等。至所為文章，古峭勁潔，繼柳開、穆修之後，一挽五季浮靡之習，尤卓然可以自傳。邵伯溫《聞見錄》稱：「錢惟演守西都，起雙桂樓，建臨園驛，命歐陽修及洙作記。修文千餘言，洙止用五百字。修服其簡古。」又稱：「修早工偶儷之文。及官河南，始得洙，乃出韓退之之文學之。蓋修與洙文雖不同，而修為古文則居洙後也。」云云。蓋有宋古文，修為巨擘，而洙實開其先，故所作具有原本。自修文盛行，洙名轉為所掩。然洙文具在，亦烏可盡沒其功也。集凡二十七卷，與《宋史‧藝文志》所載合①。晁公武《郡齋讀書志》云二十卷者，蓋傳寫之脫漏②。其《雙桂樓》、《臨園驛記》集中未載，當由編錄之時已佚其稿矣。

【彙訂】

①《宋史》卷二九七尹洙本傳謂"有集二十七卷",卷二〇八《藝文七》則作"尹洙集二十八卷"。(王嵐:《宋人文集編刻流傳叢考》)

② 國家圖書館藏明抄本《河南先生文集》有黃丕烈過錄錢大昕原藏舊抄本中宋尤袤跋,其文曰:"師魯集二十卷,承旨姚公手錄本……予……因復梓行之……淳熙庚戌錫山尤袤延之跋。"則宋代確有二十卷本存在。(同上)

孫明復小集一卷(兵部侍郎紀昀家藏本)

宋孫復撰。復有《春秋尊王發微》,已著錄。案《文獻通考》載孫復《睢陽子集》十卷。《宋史·藝文志》亦同。此本出自泰安趙國麟家,僅文十九篇、詩三篇,附以歐陽修所作《墓誌》一篇。蓋從《宋文鑑》、《宋文選》諸書鈔撮而成,十不存一。然復集久佚,得此猶見其梗概。蘇轍《歐陽修墓碑》載:"修謂於文得尹師魯、孫明復,而意猶不足。"蓋宋初承五代之敝,文體卑靡。穆修、柳開始追古格,復與尹洙繼之。風氣初開,菁華未盛,故修之言云爾。然復之文根柢經術,謹嚴峭潔,卓然為儒者之言。與歐、蘇、曾、王千變萬化,務極文章之能事者,又別為一格。修之所言,似未可概執也。至於揚雄過為溢美,謂其《太元》之作非以準《易》,乃以嫉莽。則白圭之玷,亦不必為復諱矣。

徂徠集二十卷(江蘇巡撫採進本)

宋石介撰。介字守道,兗州奉符人。天聖八年進士及第,初授嘉州判官①,後以直集賢院出通判濮州。事迹具《宋史》本傳。初,介嘗躬耕徂徠山下,人以徂徠先生稱之,因以名集。介深惡五季以後文格卑靡，故集中極推柳開之功，而復作《怪説》以排楊億。其文章宗旨，可以想見。雖主持太過，抑揚皆不得其平，要亦戞然自為者。王士禎《池北偶談》稱其"倔強勁質，有唐人風。較勝柳、穆二家，而終未脱草昧之氣"，亦篤論也。歐陽修作《介墓誌》，稱所為文章曰"某集者若干卷"，又曰"某集者若干卷"。凡重言之，似原集當分為二部。此本統名《徂徠集》，殆後人所合編歟②？第四卷内《寄元均》、《叔仁》、《讀易堂》、《永軒暫憩》四詩③，有錄無書，則傳寫脱佚，亦非盡其舊矣。介傳孫復之學，毅然以天下是非為己任。然客氣太深，名心太重，不免流於詭激。王偁《東都事略》記仁宗時罷呂夷簡、夏竦，而進章得象、晏殊、賈昌朝、杜衍、范仲淹、韓琦、富弼、王素、歐陽修、余靖諸人。介時為國子直講，因作《慶曆聖德詩》，以褒貶忠佞，其詩今載集中。蓋仿韓愈《元和聖德詩》體。然唐憲宗削平淮、蔡，功在社稷，愈仿雅、頌以紀功，是其職也。至於賢姦黜陟，權在朝廷，非儒官所應議。且其人見在，非蓋棺論定之時。跡涉嫌疑，尤不當播諸簡牘，以分恩怨。厥後歐陽修、司馬光朋黨之禍屢興，蘇軾、黃庭堅文字之獄迭起，實介有以先導其波。又若太學諸生挾持朝局，北宋之末，或至於臠割中使，南宋之末，或至於驅逐宰執，由來者漸，亦介有以倡之。史稱孫復見詩，有"子禍始此"之語。是猶為一人言之，未及慮其大且遠者也。雖當時以此詩得名，而其事實不可以訓。故仍舊本存之，而附論其失如右。

【彙訂】

① 據《宋史》卷四三二《儒林二》本傳等，石介進士及第後，歷任鄆州觀察推官、南京留守推官，至寶元元年(1038)，始任嘉州軍事判官。（覓文生、野村鮎子：《四庫提要北宋五十家研究》）

②清光緒十六年尚志堂重刊本《徂徠石先生文集》附徐坊《重雕徂徠石先生文集校記》，謂《郡齋讀書志》、《直齋書錄解題》、《宋史·藝文志》、明《文淵閣書目》、《內閣書目》皆著錄此集二十卷，孫星衍藏影宋刊本亦為二十卷。（同上）

③文淵閣《四庫》本卷四隻缺《寄元均》一首。又《寄叔仁》當作《寄叔文》，《永軒暫憩》當作《（入蜀至左綿路次）水軒暫憩》。（王嵐：《宋人文集編刻流傳叢考》）

蔡忠惠集三十六卷（江蘇巡撫採進本）

宋蔡襄撰。襄有《茶錄》，已著錄。《宋史·藝文志》載襄集六十卷，奏議十卷，《文獻通考》則作十七卷，多寡懸殊，不應如是。疑《通考》以奏議十卷合於集六十卷，總為七十卷，而傳刻譌舛，倒其文為"十七"也①。然其初本世不甚傳。乾道四年王十朋出知泉州，已求其本而不得，後屬知興化軍鍾離松訪得其書，重編為三十六卷，與教授蔣邕校正鋟版，乃復行於世。陳振孫《書錄解題》惟載十朋三十六卷之本，與史不符，蓋以此也。元代版復散佚，明人皆未睹全帙。閩謝肇淛嘗從葉向高入祕閣檢尋，亦僅有目無書。萬曆中，莆田盧廷選始得鈔本於豫章俞氏②。於是御史陳一元刻於南昌，析為四十卷。興化府知府蔡善繼復刻於郡署，仍為三十六卷，而附以徐熾所輯《別紀》十卷③。然盧本錯雜少緒，陳、蔡二本均未及銓次。後其里人宋珏重為編定④，而不及全刻，僅刻其詩集以行。雍正甲寅，襄裔孫廷魁又衰次重刻，是為今本。觀十朋序稱所編凡古、律詩三百七十首，奏議六十四首，雜文五百八十四首，則已合奏議於集中。又稱嘗於張唐英《仁英政要》見所作《四賢一不肖》詩，而集中不載，乃補置於卷首。又稱奏議之切直、舊所不載者併編之。則十朋頗有所增益，已非初本之舊。今本不以《四賢一不肖》詩弁首，又非十朋之舊⑤。然據目錄末徐居敬跋，則此本僅古、今體詩從宋珏本更其舊第，其餘惟刪除十五卷、十九卷內重見之《請用韓琦、范仲淹奏》一篇而已，則與十朋舊本亦無大異同也。襄於仁宗朝危言讜論，持正不撓，一時號為名臣，不但以書法名一世。其詩文亦光明磊落，如其為人。惟其為祕閣校勘時，以《四賢一不肖》詩得名，《宋史》載之本傳，以為美談。今考其時范仲淹以言事去國，余靖論救之，尹洙亦上書請與同貶，歐陽修又移書責司諫高若訥，均坐譴貶謫。襄時為祕閣校勘，因作是詩，至刊刻模印，為遼使所鬻。夫一人去國，眾人譁然而爭之，章疏交於上，諷刺作於下。此其意雖出於公，而其跡已近於黨。北宋門戶之禍，實從此胚胎。且宋代之制，雖小臣亦得上書，襄既以朝廷賞罰為不公，何難稽首青蒲，正言悟主？乃僅作為歌詩，使萬口流傳，貽侮鄰國，於事理尤為不宜。襄平生著作，確有可傳，惟此五篇，不可為訓。歐陽修作《襄墓誌》，削此一事不書。其自編《居士集》，亦削去《與高司諫書》不載。豈非晚年客氣漸平，知其過當歟？王十朋續收入集，殆非襄志。讀是集者固當分別觀之，未可循聲而和也。

【彙訂】

①《文獻通考》作十七卷，蓋本《郡齋讀書志》卷十九，《郡齋讀書附志》亦明云《郡齋讀書志》載十七卷。（陳樂素：《宋史藝文志考證》）

②明萬曆四十四年蔡善繼雙甕齋刻《宋蔡忠惠文集》三十六卷，附明徐熰《別紀》十卷、宋珏《別紀補遺》二卷。據《別紀補遺》卷首蔣孟育《再刻蔡端明別紀序》，"豫章俞氏"乃"豫章喻氏"

之誤。（筧文生、野村鮎子：《四庫提要北宋五十家研究》）

③ 明萬曆四十三年陳一元刻本四十卷外，有《別紀》十卷，亦題"朱祖瑋、李克家重校"一行，是陳本已有《別紀》，不自蔡善繼始也。（王重民：《中國善本書提要》）

④ "後其"，殿本作"其後"。

⑤ 王十朋《梅谿後集》卷十七有《傅興化送蔡端明集》詩，與序中所言相合，可知其所據之本乃得之莆田，當即蔡襄曾孫洸所刊之三十卷本，十朋校刻時又有所增益，故多六卷。非據《宋史·藝文志》所著錄之七十卷本併合而成。清雍正甲寅孫廷魁刻本為三十六卷，附《別紀補遺》二卷，然文淵、文瀾兩閣本均作《端明集》四十卷，以古詩起，卷數編次均與萬曆陳一元刻本一致。（余嘉錫：《四庫提要辨證》；祝尚書：《宋人別集敘錄》）

祠部集三十六卷（永樂大典本）①

宋強至撰。至有《韓忠獻遺事》，已著錄。《宋史·藝文志》載至《祠部集》四十卷，《文淵閣書目》尚著於錄，其後遂湮沒不傳。近時厲鶚撰《宋詩紀事》，僅從高似孫《蟹略》、方回《瀛奎律髓》採錄二詩，其他均佚不可見。今從《永樂大典》各韻中裒輯編綴，得詩文數百篇。雖原目久佚，無由知其完闕，而準計卷帙，當尚存十之八九。謹分類排纂，釐為三十五卷②。稍據其出處之跡，以為論次。而曾鞏原序載於《元豐類稿》者，仍錄以冠篇。大抵奏牘之文，曲折疏鬯，切中事情，多有裨於世用。《杭州志》稱："韓琦出鎮時，上奏及他書，皆至屬稿。琦乞不散青苗錢，神宗閱之曰：'此必強至之文也。'因出疏以示宰臣，新法幾罷。"是固琦之忠誠惻怛，足以感動人主，亦至文章懇摯，有以助之矣。其詩沈鬱頓挫，氣格頗高，在北宋諸家之中，可自樹一幟。觀所作《送郭秀才序》[3]，稱初為鄉試舉首，賦出，四方皆傳誦之。既得第，恥以賦見稱，乃專力《六經》，發為文章。有舉其賦者，輒頸漲面赤，惡其薄己。是其屏斥時蹊，力追古人，實有毅然以著作自命者。宜其以餘事為詩，亦根柢深厚若此也。

【彙訂】

①　"三十六卷"乃"三十五卷"之誤，文淵閣《四庫》本書前提要不誤。

②　"三十五卷"，底本作"三十六卷"，據殿本改。

③　據此書卷三十二所載，"郭秀才"乃"邵秀才"之誤。

鐔津集二十二卷（浙江鮑士恭家藏本）

宋釋契嵩撰。契嵩姓李氏，字仲靈，藤州鐔津人。慶曆間，居杭州靈隱寺。皇祐間入京師[1]，兩作萬言書上之，仁宗賜號明教大師。尋還山而卒。契嵩博通內典，而不自參悟其義諦。乃恃氣求勝，曉曉然與儒者爭。嘗作《原教孝論》十餘篇，明儒、釋之一貫，以與當時闢佛者抗。又作《非韓》三十篇，以力詆韓愈。又作《論原》四十篇，反覆強辨，務欲援儒以入墨。以儒理論之，固為偏駁。即以彼法論之，亦嗔癡之念太重，非所謂解脫纏縛，空種種人我相者。第就文論文，則筆力雄偉，論端鋒起，實能自暢其說，亦緇徒之健於文者也。是編為明宏治己未嘉興僧如玘所刊。凡文十九卷，詩二卷，附他人所作序、贊、詩、題疏一卷。卷首有陳舜俞所撰《行業記》，稱契嵩所著，自《定祖圖》而下，為《嘉祐集》、《治平集》凡百餘卷。蓋兼宗門語錄言之。此集僅載詩文，故止有此數[2]。王士禎《居易錄》稱其詩多秀句，而云集止十三卷③。是所見篇帙更少，不及此本之完備矣。

【彙訂】

　　① 據卷首陳舜俞《行業記》（又見陳氏《都官集》卷八），"皇祐"乃"嘉祐"之誤。（莧文生、野村鯰子：《四庫提要北宋五十家研究》）

　　② 據南宋初僧懷悟《鐔津文集序》，所編實即《嘉祐集》加《非韓文》，以及所輯詩歌，則《治平集》似多已散佚，"止有此數"云云恐不確。（祝尚書：《宋人別集敘錄》）

　　③ 據《居易錄》卷十七原文，"十三卷"乃"十五卷"之誤。（莧文生、野村鯰子：《四庫提要北宋五十家研究》）

　　祖英集二卷（編修汪如藻家藏本）

　　宋釋重顯撰。重顯字隱之，遂州李氏子。幼依普安院僧仁銑，落髮後至靈隱翠峯，晚住明州雪竇。皇祐四年卒。事迹詳具《僧寶傳》。此編乃其詩集。前有僧文政序，稱："師自戾止雪竇，或先德言句，師因而頌之，或感興、懷別、貽贈之作，總輯成二百二十首。"末署"天聖十年孟陬月"。天聖十年即明道元年，是歲十一月改元，故正月猶稱天聖也。重顯戒行清潔，彼教稱為古德。故其詩多語涉禪宗，與道潛、惠洪諸人專事吟詠者蹊逕稍別。然胸懷脫灑，韻度自高，隨意所如，皆天然拔俗。五言如"靜空孤鵶遠，高柳一蟬新"，"草隨春岸綠，風倚夜濤寒"，"片石幽籠蘚，殘花冷襯雲"，"啼狖衝寒影，歸鴻見斷行"，皆綽有"九僧"遺意。七言絕句如《自貽》、《送僧》、《喜禪人回山》諸篇，亦皆風致清婉，琅然可誦，固非概作禪家酸餡語也。

　　蘇學士集十六卷（浙江鮑士恭家藏本）

　　宋蘇舜欽撰。舜欽字子美，其先梓州人，家開封①。參政易簡之孫,直集賢院耆之子。景祐中進士,累遷集賢校理,監進奏院。坐事除名。後復為湖州長史而卒。事迹具《宋史》本傳。是集據歐陽修序,乃舜欽没後四年,修於其婦翁杜衍家蒐得遺稿編輯。修序稱十五卷,晁、陳二家目並同。而此本乃十六卷,則後人又有所續入[②]。考費袞《梁谿漫志》載舜欽《與歐陽公辨謗書》一篇,句下各有自註,論官紙事甚詳,併有修附題之語。蓋修編是集時,以語涉於己,引嫌避怨而删之。此本仍未收入,則尚有所佚矣。宋文體變於柳開、穆修,舜欽與尹洙實左右之。然修作《洙墓誌》,僅稱其“簡而有法”。蘇轍作《修墓碑》,又載修言“於文得尹洙、孫明復,猶以為未足”。而修作是集序,獨曰:“子美齒少於余,而余作古文,反在其後。”推挹之甚至。集中《昭應宮火疏》、《乞納諫書詣匭疏》、《答韓維書》,《宋史》皆載之本傳。劉克莊《後村詩話》稱“其歌行雄放於梅堯臣,軒昂不羈,如其為人。及蟠屈為近體[③],則極平夷妥帖”,其論亦允。惟稱其《垂虹亭中秋月》詩“佛氏解為銀色界,仙家多住月華宮”一聯,勝其“金餅玉虹”之句,則殊不然。二聯同一俗格,在舜欽集中為下乘,無庸置優劣也。王士禎《池北偶談》頗譏其《及第後與同年宴李丞相宅》詩。然宋初去唐未遠,猶沿貴重進士之餘習,亦未可以是深病之,存而不論可矣。

【彙訂】

　　① 據《永樂大典》卷二四〇一引《潼川志》,蘇舜欽為綿州鹽泉人。(朱傑人:《蘇舜欽行實考略》)

　　② 據何焯校叢書堂抄本此集校記,十六卷本僅在十五卷末尾分出兩篇行狀,列為第十六卷,非後人續入。(筧文生、野村鮎子:《四庫提要北宋五十家研究》)

③據《後村詩話前集》卷二原文，"近體"乃"吳體"之誤。
（同上）

蘇魏公集七十二卷（浙江鮑士恭家藏本）

宋蘇頌撰。頌字子容，南安人，徙居丹陽。慶曆二年進士，官至右僕射同中書門下平章事①，罷為集禧觀使。徽宗立，進太子太保，累爵趙郡公。卒贈司空、魏國公。事迹具《宋史》本傳②。集為其子攜所編，《宋史・藝文志》、陳振孫《書錄解題》皆作七十二卷。今本與之相合，蓋猶原帙。惟《藝文志》尚載有《外集》一卷③，而今本無之，則其書已佚也。史稱頌天性仁厚，宇量恢廓，在哲宗時稱為賢相。平生嗜學，自書契以來，經史九流百家之說，至於圖緯、陰陽五行、律吕、星宫、等法、山經、本草，無所不通。葉夢得《石林燕語》亦載："頌為試官，因神宗問暨陶之姓。頌引《三國志》證其當從入聲，不當從'洎'音。神宗甚喜。"是其學本博洽。故發之於文，亦多清麗雄贍，卓然可為典則④。《石林燕語》又稱神宗用吕公著為中丞，召頌使就曾公亮第中草制；又稱頌為《晏殊諡議》，以其能薦范仲淹、富弼，比之胡廣、謝安；又稱："頌過省時，以《曆者天地之大紀賦》為本場魁。既登第，遂留意天文術數之學。"陸游《老學菴筆記》又引頌"起草才多封卷速，把麻人衆引聲長"之句，以證當時宣麻之制。徐度《却掃編》又稱："頌奉使契丹，文彦博留守北京，與之宴。問魏收'逋峭難為'之語何謂。頌言：'梁上小柱名，取曲折之義。'因即席作詩以獻。"今檢是集，凡諸家所舉各篇，悉在其中，足知完本尚存，無所闕佚。而頌文翰之美，單詞隻句，膾炙人口，即此亦可見其概矣。

【彙訂】

① 據《宋史》卷三四〇本傳,蘇頌於元祐七年(1092)守尚書右僕射兼中書侍郎,《宋大詔令集》卷五七載《右丞蘇頌拜右僕射制》。按元豐五年(1082)改制後,左相為尚書左僕射兼門下侍郎,右相為尚書右僕射兼中書侍郎。(筧文生、野村鮎子:《四庫提要北宋五十家研究》)

② 依《總目》體例,當作“頌有《新儀象法要》,已著錄”。

③ 據《宋史·藝文志七》,《外集》當作《略集》。(筧文生、野村鮎子:《四庫提要北宋五十家研究》)

④ “卓然可為典則”,殿本無。

華陽集六十卷附錄十卷(永樂大典本)

宋王珪撰。珪字禹玉,成都華陽人,後徙舒。舉慶曆二年進士第二,授大理評事。累官翰林學士,知開封府,兼侍讀學士。神宗時,拜尚書左僕射門下侍郎。哲宗即位,封岐國公。卒贈太師,謚文恭。事迹具《宋史》本傳。珪少掇高科,以文章致位通顯,不出國門而致參預大政。詞人榮遇,蓋罕其比。晚居相位,惟務持祿固寵。與蔡確朋比,沮司馬光,復依阿時局,倡興西夏之役,大為物論所不予。人品事業,皆無可取。然其文章則博贍璀麗,自成一家。計其登翰苑、掌文誥者幾二十年,朝廷大典策皆出其手,故其多而且工者,以駢儷之作為最,揖讓於二宋之間,可無媿色。王銍、謝伋、陸游、楊萬里等往往稱之,殆非虛美。其詩以富麗為主,故《王直方詩話》載時人有“至寶丹”之目,以好用金玉錦繡字也。然其揍藻敷華,細潤熨貼,精思鍛鍊,具有鑪錘。名貴之篇,實復不少。正不獨葛立方、方回所稱《明堂慶成》、《上

《元應制》諸篇為工妙獨絕矣。集本一百卷，諸家著錄皆同。自明以來，久已湮没，僅《宋文鑑》、《文翰類選》等書略載數篇。今從《永樂大典》各韻中裒掇排比，所存詩文尚夥，而内外制草為尤備。其生平高文典册，大約已罕所遺佚。謹依類編次，釐為六十卷。其遺聞逸事與後人評論之語，見於他書者，亦詳加蒐輯，别為《附錄》十卷，繫之集末，用資考核①。至其中有青詞、密詞、道場文、齋文、樂語之類，雖屬當時沿用之體，而究非文章正軌，不可為訓。今以原集所有，姑附存之，而刊本則概加删削焉。

【彙訂】

①　據《總目》所言，《附錄》十卷並非輯自《永樂大典》。（司馬朝軍：《四庫全書總目研究》）

古靈集二十五卷（福建巡撫採進本）

宋陳襄撰。襄有《州縣提綱》，已著錄。襄生平最可傳者①，一在熙寧中劾王安石，并極論新法，反覆陳奏，若目覩後來之弊。其文今具載集中。一在居經筵時神宗訪以人才，遂條上所知司馬光、韓維、吕公著、蘇頌、孫覺、李常、范純仁、蘇軾、孫洙、王存、顧臨、林希、李思忠、傅堯俞、王安國、劉摯、虞太熙、程顥、劉載、薛昌期、張載、蘇轍、孔文仲、吳貫、吳恕、林英、孫奕、林旦、鄒何、唐坰、鄭俠等三十三人②。其時或在庶僚，或在謫籍，而一一品題，各肖其真。内惟林希一人後來附和時局，自隳生平。餘則碩學名臣，後先接踵。人倫之鑒，可謂罕與等夷。其文今為集中壓卷。而葉祖洽作《行狀》，孫覺作《墓誌》，陳瓘作《祠記》，惟盛稱其興學育才，勤於吏治，皆不及薦賢一事。於爭新法事，亦僅約略一二語。蓋其時黨禍初起，諱而不著也。他如陸佃博洽典禮，則薦之,不以王安石之門客而岐視;劉攽輕脫嘲弄,則彈之,亦不以蘇軾等之密友而徇隱,皆是是非非,不立門戶之見。乃國史本傳亦並削不書。微是集之存,幾無以見其心術之公矣。集內有《代賀明堂禮成表》三篇,一為崇國夫人等,一為內省宮正以下,一為修儀婉容等,並有批答三篇,亦載集內。蓋當日率由舊典,體例如斯。固與江總《代陳六宮謝表》等於狎客者,其事不同,其詞氣嚴重,亦非江表輕豔之比,則人品邪正之殊也。集為其子紹夫所編,以襄居侯官之古靈村,因以名其詩文。葉祖洽作《行狀》,稱襄"於《六經》之義自有所得,方將營一邱之地,著書以自見其志,志竟不遂。故其生平①所作文集止二十五卷"。與今本卷數相符。王士禎《居易錄》稱《古靈集》二十卷,蓋所見乃謝氏鈔本,非其完帙。惟其稱冠以紹興元年求賢手詔者,與李綱序合。此本不載,蓋傳寫佚之。綱序稱其"性理之學,庶乎子思、孟子",其言太過。至謂"詩篇平淡如韋應物,文詞高古如韓愈,論事明白激切如陸贄",雖亦稍覺溢量,然核其所作,固約略近之矣。

【彙訂】

① "生平",殿本作"平生"。

② 所列止三十一人。(吳梯:《巾箱拾羽》)

伐檀集二卷(兩淮馬裕家藏本)①

宋黃庶撰。庶字亞夫,分寧人。慶曆二年進士,歷佐一府三州,皆為從事,後終於攝知康州。黃庭堅之父也。江西詩派奉庭堅為初祖,而庭堅之學韓愈,實自庶倡之②。其《和柳子玉十詠》中《怪石》一首,最為世所傳誦。然集中古體諸詩,並戞戞自造,不蹈陳因。雖魄力不及庭堅之雄闊,運用古事,鎔鑄窮裁,亦不及庭堅之工巧，而生新矯拔，則取徑略同。先河後海，其淵源要有自也。惟開卷近體諸詩，乃多不工。觀集中《呂造〈許昌十詠〉後序》稱："造天聖中為許昌掾，取境內古蹟之著者為《十詠》。其時文章用聲律最盛，哇淫破碎不可讀，其於詩尤甚。士出於其間，為詞章能主意思而不流者，固少而最難。"云云。然則庶當西崑體盛行之時，頗有意矯其流弊。故《謝崔相之示詩槀》一首，有"淡泊路久弗，共約鋤榛菅"之句。《擬歐陽舍人古篆》一首，有"蘇梅鸞鳳相上下，鄙語燕雀何能群"之句。原註：蘇子美、梅聖俞同有此詩。而其古文一卷，亦古質簡勁，頗具韓愈規格，不屑為駢偶纖濃之詞。其不甚加意於近體③，蓋由於此，非其才有不逮也。其集自宋以來，即刻附《山谷集》末。然子雖齊聖，不先父食，古有明訓。列父詩於子集之末，於義終為未協。故今析之，別著錄焉①。

【彙訂】

① 底本此條與文淵閣庫書次序不符。文淵閣庫書與殿本均置於"華陽集六十卷附錄十卷"之前。

② 黃庶實宗杜甫。（詹八言：《〈四庫全書提要〉評黃庶〈伐檀集〉不可盡信》）

③《怪石》為拗體七絕，有異文三種，足見其推敲之勤，"不甚加意於近體"云云當是浮詞。（同上）

④ 緝香堂本、宜秋館翻明本、黃菊秋本此集均載有黃庶的姪曾孫黃犖、黃昀嘉定二年（1209）初刻單行本《伐檀集》跋，而洪玉父於建炎二年（1128）編纂《豫章黃先生退聽堂錄》、劉仲言於乾道年間所刻《類編增廣黃先生大全文集》等均無附《伐檀集》於集末的記載。（同上）

傳家集八十卷（江蘇巡撫採進本）

宋司馬光撰。光有《溫公易說》，已著錄。是集凡賦一卷，詩十四卷，雜文五十六卷，題跋、《疑孟》、《史剡》共一卷，《迃書》一卷，壺格、策問、樂詞共一卷，誌三卷，碑、行狀、墓表、哀辭共一卷，祭文一卷[①]。光大儒名臣，固不以詞章為重。然即以文論，其氣象亦包括諸家，凌跨一代。邵伯溫《聞見錄》記王安石推其文類西漢，語殆不誣。伯溫又稱：“光除知制誥，自云不善為四六，神宗許其用古文體。”今案集中諸詔亦有用儷體者，但語自質實，不以駢麗為工耳。邵博《聞見後錄》稱光辭樞密副使疏《傳家集》不載，博獨記之。熙寧中光常論西夏事，其疏亦不傳，惟略見於《元城語錄》中。又論張載私諡一書，載《張子全書》之首，稱真蹟在楊時家，本集不載。則亦頗有散佚矣。光所作《疑孟》，今載集中，元白珽《湛淵靜語》謂為王安石而發。考《孟子》之表章為經，實自王安石始。或意見相激，務與相反，亦事理所有。疑珽必有所受之，亦可存以備一說也。

【彙訂】

①《總目》所列僅七十九卷，文淵閣本卷十六至七十二為雜文，共五十七卷。文淵閣本書前提要、《文溯閣提要》作“雜文五十七卷”不誤。（袁芸：《〈文溯閣四庫全書提要〉別集類辨證》）

清獻集十卷（副都御史黃登賢家藏本）

宋趙抃撰。抃事迹具《宋史》本傳。是集詩文各五卷，前有天台陳仁玉序，乃從宋嘉定中舊本重刊[①]。所載多關時事。其《劾陳執中、王拱辰疏》，皆七八上，可以知其伉直。而宋庠、范鎮亦皆見之彈章。古所稱“群而不黨”，抃庶幾焉。其詩諧婉多姿，乃不類其為人。王士禎《居易錄》稱其五言律中《暖風》一首、《芳草》一首、《杜鵑》一首、《寒食》一首、《觀水》一首,謂:"數詩掩卷讀之,豈復知鐵面者所為!"案皮日休《桃花賦》序稱:"宋廣平鐵心石腸,而所作《梅花賦》輕便富豔,得南朝徐庾體。"抃之詩情,殆亦是類矣。

【彙訂】

① 陳仁玉序云:"訪得章貢(即贛州)所刊集本,旁搜散軼,以補足之。"刊成於郡(衢州),時在景定元年(1260)八月。是集宋本有二十卷、十六卷兩本,後者即景定刊本,十卷本乃明刊本,當即據十六卷本改編(主要改題卷次)。"嘉定"當係"景定"之誤。(祝尚書:《四庫宋集提要糾誤》)

集　部　六

別　集　類　六

盱江集三十七卷年譜一卷外集三卷（浙江孫仰曾家藏本）

宋李覯撰。覯字泰伯，建昌南城人。皇祐初，以薦授太學助教。終海門主簿、太學説書。事迹具《宋史·儒林傳》。考《覯年譜》稱慶曆三年癸未，集《退居類稾》十二卷，又皇祐四年庚辰，集《皇祐續稾》八卷。此集為明南城左贊所編。凡詩文雜著三十七卷，前列《年譜》一卷，後以制誥、薦章之類為《外集》三卷。蓋非當日之舊。宋人多稱覯不喜《孟子》，余允文《尊孟辨》中載覯《常語》十七條①。而此集所載僅《仲尼之徒無道桓文之事》及《伊尹廢太甲》、《周公封魯》三條。蓋贊諱而删之。集首載祖無擇《退居類稾》序，特以孟子比覯。又集中《答李觀書》云："孟氏、荀、揚醇疵之説不可復輕重。"其他文中亦頗引及《孟子》，與宋人所記種種相反。以所删《常語》推之，毋亦贊所竄亂歟？覯文格次於歐、曾，其論治體，悉可見於實用。故朱子謂覯文實有得於經。不喜《孟子》，特偶然偏見，與歐陽修不喜《繫辭》同，可以置而不論②。贊必欲委曲彌縫，務滅其迹，所見陋矣。集中《平土書》、《明堂》、《五宗》皆別有圖。此本不載，則或久佚不傳，未必贊所刊除也。覯在宋不以詩名。然王士禎《居易錄》嘗稱其《王方平》[③]、《璧月》、《梁元帝》、《送僧還廬山》、《憶錢塘江》五絶句,以為風致似義山。今觀諸詩,惟《梁元帝》一首不免傖父面目,餘皆不媿所稱,亦可謂淵明之賦《閒情》矣。《湘山野錄》載覯《望海亭席上作》一首,集中不載。考是時蔡襄守福唐,於此亭邀覯與陳烈飲。烈聞官妓唱歌,才一發聲,即越牆攀樹遁去。講學家以為美談。覯所謂"山鳥不知紅粉樂,一聲拍板便驚飛"者,正以嘲烈。殆亦左贊病其輕薄,諱而删之歟?

【彙訂】

① "十七條"當作"十六條"。(筧文生、野村鮎子:《四庫提要北宋五十家研究》)

② 《黄氏日抄》卷三五《讀余隱之〈尊孟辨〉》云:"泰伯……特所學正與孟子相反,則攻之亦其情耳。"不得謂偶然偏見。(楊新勳:《宋代疑經研究》)

③ 此集卷三六原詩名《方平》,《居易錄》卷十一誤衍"王"字。(筧文生、野村鮎子:《四庫提要北宋五十家研究》)

金氏文集二卷(永樂大典本)

宋金君卿撰。君卿字正叔,浮梁人。《江西通志》載:"君卿登慶曆進士。累官知臨川,權江西提刑,入為度支郎中。"洪邁《夷堅志》載"君卿讀書浮梁山"一條,稱其"策高科,歷郡守,部使者,積伐至度支郎中"[①]。與《通志》相合,然亦不詳其事迹。考曾鞏《元豐類稾》有《衛尉寺丞致仕金君墓誌銘》一篇,乃為君卿父温叟而作。稱温叟四子,君著、君佐、君卿、君佑,皆舉進士。君卿以皇祐二年官祕書丞,五年官太常博士,得以褒崇其親。其敍述頗詳。又稱君卿"方以材自起於賤貧，欲以其所為為天下，慨然有志"，則其人亦非碌碌者也。《宋史・藝文志》載《金君卿集》十卷，《江西通志》作十五卷。考《永樂大典》載是集，有富臨原序一篇，稱臨川江明仲求遺槀，編成十五卷，號《金氏文集》。則《宋志》稱十卷者誤矣。原本久佚。今掇拾《永樂大典》所載，僅得十之一二。然北宋文集傳者日稀，此本尤世所罕見。殘珪碎璧，彌少彌珍。謹以類編次，分為上、下二卷。集中所作，有文彥博、韓琦生日詩，范仲淹移鎮杭州次韻詩，和歐陽修《潁州西湖》及《芍藥》二詩。是君卿所與遊者，皆一代端人正士。故詩文皆清醇雅飭，猶有古風。陳災事、貢舉諸疏，剴切詳明，尤為有裨世用。又如《和介甫寄安豐張公儀》一首，即用《臨川集》中《安豐張令修芍陂》之韻。而據君卿詩知張宇為公儀，為李壁註所未引。又《和曾子固直言讁官者》一首，檢《元豐類槀》無其原唱，知此篇為鞏所自刪。亦均可互資考證。富臨序稱君卿長於《易》，嘗著《易說》、《易箋》。今並不存。獨有《傳〈易〉之家》一篇，具載傳授本末，疑即《易說》前所載之敍錄。今既無可考，姑並附於集末焉。

【彙訂】

①"積伐"，殿本作"積代"，誤。

公是集五十四卷（永樂大典本）

宋劉敞撰。敞有《春秋傳》，已著錄①。葉夢得《避暑錄話》稱敞集一百七十五卷。據其弟攽所作集序，稱《公是總集》七十五卷，敍為五種。曰古詩二十卷，律詩十五卷，內集二十卷，外集十五卷，小集五卷。《文獻通考》亦作七十五卷。則夢得所記為誤矣。原本不傳。今新喻所刻《三劉文集》,《公是集》僅四卷。大約採自《宋文鑑》者居多,而又以劉跂《趙氏〈金石錄〉序》、《泰山秦篆譜序》誤入集中。即攽所作《公是集》序,亦採自《文獻通考》而未見其全,故註云失名。其編次疏舛可知。又錢塘吳允嘉別編《公是集》六卷,亦殊闕略。考史有之序《春秋意林》曰:"清江為二劉、三孔之鄉,文獻宜徵而足。今《三孔集》故在,獨二劉所著燬於兵。"則其佚已久矣。惟《永樂大典》所載頗富,今裒輯排次,釐為五十四卷。疑當時重其兄弟之文,全部收入,故所存獨多也。敞之談經,雖好與先儒立異,而淹通典籍,具由心得,究非南宋諸家遊談無根者比。故其文湛深經術,具有本原。攽序稱其"合衆美為己用,超倫類而獨得,瓌偉奇特,放肆自若",又稱其"考百子之雜博,《六經》可以折衷;極帝王之治功,今日可以案行。學聖人而得其道,所以優出於前人"。友于之情,雖未免推揚太過,然曾肇《曲阜集》有敞《贈特進制》曰:"經術文章,追古作者。"朱子《晦菴集》有《墨莊記》曰:"學士舍人兄弟,皆以文章大顯於時而名後世。"《語錄》曰:"原父文才思極多,涌將出來。每作文,多法古,絕相似。有幾件文字學《禮記》、《春秋說》學《公》、《穀》。"又曰"劉侍讀氣平文緩,乃自經書中來。比之蘇公,有高古之趣"云云,則其文詞古雅,可以概見矣。晁公武《讀書志》謂歐陽修嘗短其文於韓琦。葉適《習學記言》亦謂:"敞言經旨,閒以謔語酬修,積不能平。復忤韓琦。遂不得為翰林學士。"蓋祖公武之說。今考修草敞《知制誥詔》曰:"議論宏博,詞章爛然。"又作其父立之墓誌曰:"敞與攽皆賢而有文章。"又作《敞墓誌》曰:"於學博,自《六經》百氏、古今傳記,下至天文地理、卜醫數術、浮屠老莊之說,無所不通。為文章尤敏贍。嘗直紫薇閣,一日追封皇子、公主九人。方將下直,止馬卻坐,一揮九制數千言,文辭典雅,各得其體。"其銘詞曰:"惟其文章燦日星,雖欲有毀知莫能。"則修亦雅重之。晁氏、葉氏所言,殆非其實歟?

【彙訂】

① 依《總目》體例,當作"敞有《春秋權衡》,已著錄"。

彭城集四十卷(永樂大典本)

宋劉攽撰。攽字貢父,號公非。與兄敞同登慶曆六年進士第,官至中書舍人。事迹具《宋史》本傳①。史稱攽未冠通《五經》,博覽群書。沈作喆《寓簡》亦曰:"國朝《六經》之學,自賈文元倡之,而原父兄弟為最高。"司馬光修《資治通鑑》,自辟所屬,極天下之選,而任《史記》、《前》、《後漢書》者,攽也。其知兗、亳二州,以不能奉行新法,黜監衡州鹽倉②。哲宗初,起知襄州。入為祕書少監。錢勰草制,極稱其詞藝之富。後以直龍圖閣出知蔡州。孫覺、胡宗愈、蘇軾、范百祿交薦之,言攽博記能文章,政事侔古循吏,身兼數器,守道不回。乃召拜中書舍人。蘇軾草制,稱其能讀典、墳、邱〔丘〕、索之書,習知漢、魏、晉、唐之故。其没也,曾鞏《祭文》有曰:"强學博敏,超絕一世。肇自載籍,孔墨百氏。太史所錄,俚聞野記③,延及荒外,陰陽鬼神,細大萬殊,一載以身。下至律令,老吏所疑,故事舊章,盈廷不知。有問於子,歸如得師。直貫傍穿,水決矢飛。一時書林,衆俊並馳。滿堂賢豪,視子塵揮。"云云。蓋一時廷評士論,莫不共推。即朱子於元祐諸人,自洛黨以外多所不滿,而《語錄》云:"貢父文字,工於摹倣,學《公羊》、《儀禮》亦復稱之。"豈非攽學問博洽,詞章奧雅,有不可遏抑者乎! 史載所著諸書有《文集》五十卷、《五代春秋》十五卷、《內傳國語》二十卷、《經史新議》七卷、《東漢刊誤》四卷、《詩話》二卷、《漢官儀》三卷、《芍藥譜》三卷。今所存者自《詩話》以外，惟《東漢刊誤》散附北監本《後漢書》中，近日始有刻本。《芍藥譜》亦僅而不亡④。《文集》則《宋史·藝文志》、《文獻通考》俱作六十卷。明《文淵閣書目》有《彭城集》十五冊，不列卷數。今所傳三劉文集，僅有《公非集》一卷，凡詩四首、文二十三篇。蓋掇拾於散佚之餘，多所闕漏。即《宋文鑑》所選者且不盡載，其他可知。至以劉顏之《輔弼召對序》誤屬之攽，舛謬尤屬顯然，殊不足據。今檢《永樂大典》所載，篇章尚富。蓋即據《彭城集》收入。謹掇拾排比，釐為四十卷。較之原書，所少不過十之一二。與新編其兄敞《公是集》，鉅製鴻裁，舊觀幾復⑤。在北宋諸家中，可謂超軼三孔，而憑陵兩宋者矣。

【彙訂】

① 依《總目》體例，當作“攽有《文選類林》，已著錄”。

② 據蘇轍《乞擢任劉攽狀》，其被貶乃因前任財用虧損，借貸於朝廷，而劉攽未採用聚斂於民的方法以早日償還，實與新法無關。其赴衡州，王安石作《送劉貢父謫官衡陽》，關愛有加。（李裕民：《四庫提要訂誤》）

③ “俚聞”，殿本作“俚問”，誤。曾鞏當係曾肇之誤，曾肇《曲阜集》卷四《代祭劉貢父文》作“俚聞野記”。又張耒《柯山集》卷四八亦載此文，《皇朝文鑑》卷一三四、《永樂大典》卷九二二、《八代文鈔》第三三冊所收皆題張耒作。（余嘉錫：《四庫提要辨證》）

④《宋史·藝文志》尚載其《三異記》一卷，《南康筆代耕心鑑》十卷，《干祿寶典》二十七卷及《三劉漢書標註》六卷。《漢官儀》今存。（李裕民：《四庫提要訂誤》）

⑤ "幾"，殿本作"盡"。

邕州小集一卷（浙江鮑士恭家藏本）

宋陶弼撰。弼字商翁，祁陽人。慶曆中，隨楊畋討湖南猺，以功授陽朔縣主簿。歷官知邕州，四遷為東上閣門使、康州團練使。《宋史》本傳詳敘其招納諸蠻之績，人稱其能。《黃庭堅集》有《弼墓誌銘》，亦謂其"聚晚學子弟講授《六經》。平生不治細故，獨以文章自喜，尤號為能詩。詩文、書奏十有八卷。讀其書，知非碌碌者"。今十八卷之本久佚，惟此集一卷尚存鈔帙，所載詩僅七十三首。厲鶚《宋詩紀事》錄弼詩，有《詠藕》、《詠蝀》二首，見於《合璧事類》者，茲集不載。又《湖廣通志》稱弼詩"尤善言風土，《蠟茶》詩至五十韻"，今亦不見集中。蓋是集皆在湖南所作，故以邕州為名。其非湖南所作者，則不在此集也。其中《辰州》一首、《園居》一首①，皆闕首二句，《五谿》一首，闕末二句。無別本校補，今亦仍之焉。

【彙訂】

① "園居"，底本作"園中"，據殿本改。集中《園居》詩僅存後二句"更添蒼柏兩三輩，相伴高枝作雨聲"。

都官集十四卷（永樂大典本）

宋陳舜俞撰。舜俞有《廬山記》，已著錄。其集乃舜俞歿後其壻周開祖所編。凡三十卷，蔣之奇為之序。慶元中，其曾孫杞以徽猷閣待制知慶元府，復刊版四明，名之曰《都官集》。樓鑰為後序。原本久佚。惟《永樂大典》所載，篇什頗多。檢核排比，可得十之六七。謹以類編次，益以厲鶚《宋詩紀事》、沈季友《檇李詩繫》所錄詩七首，釐為文十一卷，詩三卷。舜俞少學於胡瑗，長師歐陽修，而友司馬光、蘇軾等，毅然有經世志。所進萬言策，至自比於賈生。及貶死後，軾為文哭之，稱其"學術才能兼百人之器，慨然將以身任天下事。而一斥不復，士大夫識與不識皆深悲之"。今觀其詩，大半為謫後所作，氣格疏散，皆自抒胸臆之言。文則論時政者居多，大抵剴直敷陳，通達事體。而三上英宗書及諫青苗一疏，指摘利弊，尤為深切著明。雖不竟其用，而氣節、經濟均可於是見一斑矣。案《宋史》舜俞傳附於張問篇末，敍述官履甚略。今考集中自言："為天台從事。十五年中，再官天台、四明二州。"其《上唐州知郡啟》註云："時宰南陽。"又韓琦有《答陳舜俞推官》詩，司馬光贈詩亦云："他日蒼生望，非徒澤壽春。"本集序云："以光祿丞簽書壽州判官。"凡此皆《傳》所未及。又陳杞跋集後稱"曾祖都官"，陳振孫《書錄解題》亦云"都官員外郎"。集名實取於此，而本傳乃云以屯田員外郎知山陰。諸史之中，《宋史》最為紕漏，此亦一證也。

　　丹淵集四十卷拾遺二卷年譜一卷附錄二卷（浙江鮑士恭家藏本）

　　宋文同撰。同字與可，梓潼人①。漢文翁之後，故人以石室先生稱之。皇祐元年進士，解褐為邛州軍事判官。後歷知陵州、洋州。改湖州，未上而卒。今畫家稱文湖州，從其終而言之也。同事迹具《宋史·文苑傳》。遺文五十卷，其曾孫驟編為四十卷。慶元中，曲沃家誠之守邛州②，以同嘗三仕於邛，多遺蹟，因取其集重加釐正，而卷帙則仍其舊。所增《拾遺》二卷及卷首《年譜》，卷末附錄司馬光、蘇軾等往來詩文，則誠之所輯也。同未第時即以文章受知文彥博。其詩如"美人卻扇坐，羞落庭下花"諸篇，亦盛為蘇軾所推。特以墨竹流傳,遂為畫掩,故世人不甚稱之。然馳騁於黄、陳、晁、張之閒,未嘗不頡頏上下也。集中稱蘇軾為胡侯,或曰蘇子平,見誠之跋中。蓋其家避忌蜀黨而改之。今亦姑仍其舊云。

【彙訂】

① 據四部叢刊本此集附范百祿《新知湖州文公墓誌銘》,文同乃梓州永泰縣人。(笕文生、野村鯰子:《四庫提要北宋五十家研究》)

② 據家誠之序題署,"慶元中"當作"慶元元年乙卯"。(同上)

西溪集十卷(浙江巡撫採進本)

宋沈遘撰。遘字文通,錢塘人。以蔭為郊社齋郎。皇祐元年舉進士第一,以已官者不應先多士,改第二。歷知杭州開封府,皆有能名。終於翰林學士。事迹具《宋史》本傳。是集十卷。南宋初有從事郎、處州司理參軍高布者,與遘弟遼《雲巢集》、遘從叔括《長興集》合刻於括蒼。名《吳興三沈集》,以是編為首。然史稱遘通判江寧,還朝奏《本治論》十篇,為仁宗所嘉賞,而集中竟未之載。則亦非全帙矣①。遘以文學致身,而吏事精敏,一時推為軼材。其知制誥時所撰詞命,大都莊重溫厚,有古人典質之風。詩亦清俊流逸,不染俗韻。第二卷末《題揚州山光寺》二詩,其一有夾註,稱為盧中甫和詩。其"高臺已傾曲池平"一首,已見前而重出於此,字句稍不同。詩下亦有夾註,稱"傳自山光寺壁,與集中異"云云。疑皆高布校刊時所增入,非原集之舊。亦足見其校勘之不苟也。

【彙訂】

① 此集卷九收有《本治論》序,云"為論三十篇",《宋史》卷

三三一本傳作"十篇"誤。此論當另為一書,未收入集中,不得據此謂高布所刊"非全帙"。(李裕民:《四庫提要訂誤》)

郎溪集三十卷(永樂大典本)[①]

宋鄭獬撰。獬字毅夫,安陸人。皇祐五年進士第一,通判陳州,入直集賢院,知制誥。英宗即位,數上疏論事,出知荆南,還判三班院。神宗初,召拜翰林學士,權知開封府。以不肯行新法忤王安石,出知杭州。徙青州,又力言青苗之害,引疾提舉鴻慶宮,卒。事迹具《宋史》本傳。初,獬以進士較試於廷,舍人劉敞得獬卷,曰:"此文似皇甫湜。"獬嘗與敞書,亦言:"韓退之時用文章雄立一世者,獨李翱、皇甫湜、張籍耳。然翱之文尚質而少工,湜之文務實而不肆,張籍歌行乃勝於詩,至於他文不少見,計亦在歌詩下。使之質而工,奇而肆,則退之作也。"云云。觀其所言,知文章宗旨實源出韓門矣。《宋志》載《郎溪集》五十卷,淳熙十三年秦焴嘗序而刊之。今已久佚。惟從《永樂大典》內裒輯編次,又以《宋文鑑》、《兩宋名賢小集》諸書所載,分類補入,勒為三十卷。王得臣《麈史》稱:"鄭內翰久遊場屋,詞藻振時。唱名之日,同試進士皆歡曰:'好狀元!'仁宗為之慰悅。"本傳亦稱其文章"豪偉峭整,議論劌切,精練民事"。今以所存諸作核之,殆非虛美。秦焴序稱:"於《論綏州》見其計深慮遠,於《論毀譽》見其居寵思危,《辨楊繪救祖無擇》則特立不詭隨。"今其文雖不盡傳,然大概亦可想見矣。

【彙訂】

① 文淵閣庫書為二十八卷。(史廣超:《〈永樂大典〉輯佚研究》)

錢塘集十四卷（編修汪如藻家藏本）

宋韋驤撰。驤字子駿，錢塘人。皇祐五年進士，除知袁州萍鄉縣。歷福建轉運判官，主客郎中，出為夔路提刑。建中靖國初，除知明州。丐宮祠，以左朝議大夫提舉杭州洞霄宮，卒。其事迹不見於《宋史》。而集中所載表、狀、祭文諸篇，署銜尚存，可以得其大概。馬端臨《經籍考》有《錢唐韋先生集》十八卷，《宋史·藝文志》卷數亦同。是編原本十六卷，前有收藏家題識云：“宋版韋驤集，係明吳寬家藏本，原闕第一、第二卷，實止十四卷。”檢勘書中，凡“構”字皆空闕，而註其下云：“太上皇帝御名。”當由孝宗時刊本鈔傳。特所闕兩卷，諸本皆同，今已末由考補耳。驤少以詞賦知名，王安石最稱其《借箸賦》，而集中未見。考《宋史·藝文志》，驤別有賦二十卷。當別在賦集之內，而今佚之矣。其古體詩亦已不完，而梗概尚具。觀其氣格，大抵不屑屑於規橅唐人。而密詠恬吟，頗有自然之趣。雜文多安雅有法，而四六表啟為尤工。其精麗流逸，已開南宋一派。雖未能接蹟歐、梅，要亦一時才傑之士也。謹釐改目次，即所存之本以第三卷為第一，定為一十四卷，著之於錄①。屢經傳寫，脫落頗多。世無別本，其可知者隨文校正，其不可知者則姑從闕疑之義焉②。

【彙訂】

① 文淵閣庫書為十二卷。（修世平：《〈四庫全書總目〉訂誤十四則》）

② 今存三種清抄本此集均為十八卷本，皆缺第一、二卷，實存十六卷。且有乾道四年韋驤孫能定跋，云原稿二十卷，最後二卷遺失，以十八卷付梓。（朱家濂：《讀〈四庫提要〉札記》）

淨德集三十八卷（永樂大典本）

宋呂陶撰。陶字元鈞，號淨德，成都人。皇祐中進士，熙寧閒復登制科。歷官給事中，改集賢院學士，知陳州。紹聖末坐黨籍貶。徽宗初復集賢殿修撰，知梓州。致仕卒。事迹具《宋史》本傳。陶秉性抗直，遇事敢言，所陳論多切國家大計。其初應制科時，值王安石方行新法。陶對策言：「願陛下不惑理財之説，不閒老成之謀，不興疆場之事。」安石讀卷，神色頓沮。神宗使馮京竟讀，稱其有理。而卒為安石所抑，僅得通判蜀州。其知彭州，力陳四川榷茶之害，為蒲宗閔所劾謫官。其召用於元祐初，又極指蔡確、韓縝、章惇等之罪，請亟加罷斥。其他建白至多，大抵於邪正是非之介，剖析最明。而據理直陳，絕無洛、蜀諸人黨同伐異之習。嚴氣正性，與劉安世略同。至哲宗親政之始，陶首言：「太皇太后垂簾九年，小人不無怨憾。萬一姦邪之人謂某人宜復用，某政宜復行，此安危之機，不可不察。」其後興紹述之説，卒應其言。其深識遠慮，亦不在范祖禹下。故其所上奏議，類皆暢達剴切，洞悉事機。蔣堂以賈誼比之，良非虛譽。其餘詩文，亦多典雅可觀。至《學論》二篇，力攻王氏《字説》，不遺餘力。尤為毅然自立，不附合時局者矣。《宋史·藝文志》載陶集六十卷，久無傳本。其得見於世者，僅《宋文鑑》所載《請罷黃隱》一疏。今就《永樂大典》各韻內採掇裒輯，分類編次，釐為三十八卷。雖以史傳相較，其奏疏諸篇，或載或闕，其《應制科策》一首，不可復考，未必盡還舊觀，然已什得其七八，所闕者固無幾也。

馮安岳集十二卷（浙江汪啟淑家藏本）

宋馮山撰。山字允南，初名獻能，安岳人。嘉祐二年進士，官至禮部郎中。山詩文本三十卷,嘉定中瀘州周銳與山子瀜集合刊之,前有劉光祖《太師左丞合集序》及何恪固《二馮先生文集序》。此本瀜集全佚。山集目錄雖具,而自十三卷以後悉佚不傳,所存者惟詩十二卷。徐氏《傳是樓書目》所闕亦同。知散佚已久,世僅有此殘本也。山與梅堯臣、蘇舜欽同時。時已盡變楊、劉西崑之體,故其詩平正條達,無翦紅刻翠之態。其《上金陵王荆公》詩有"更張漢法新"句,原序所謂"當熙豐間,不能苟合於新法"者,於此可見。蓋亦介立之士。其人足重,雖殘編斷簡,要不害其可傳。至瀜當靖康中奏罷李綱宣撫西河,又受張邦昌偽命,墮其家聲。其集與山並刻,實為薰蕕同器。其不傳也,正亦不足惜矣。

元豐類稿五十卷(江西巡撫採進本)

宋曾鞏撰。鞏字子固,建昌南豐人。嘉祐二年進士,官至中書舍人。事迹具《宋史》本傳[1]。鞏所作《元豐類稿》本五十卷,見於《郡齋讀書志》。韓維撰《鞏神道碑》,又載有《續稿》四十卷、《外集》十卷,《宋史》本傳亦同。至南渡後,《續稿》、《外集》已散佚不傳。開禧中,建昌郡守趙汝礪始得其本於鞏族孫濰,闕誤頗多。乃同郡丞陳束合《續稿》、《外集》校定之,而刪其偽者,仍編定為四十卷,以符原數[2]。元季兵燹,其本又亡。今所存者惟此五十卷而已[3]。吳曾《能改齋漫錄》所載《懷友》一首,莊綽《雞肋編》所載《厄臺記》一首,高似孫《緯略》所載《實錄院謝賜硯紙筆墨表》一首,及世所傳《書〈魏鄭公傳〉後》諸佚文,見於《宋文鑑》、《宋文選》者,當即《外集》、《續稿》之文。故今悉不見集中也。今世所行凡有二本。一為明成化六年南豐知縣楊參所刊。前有元豐八年王震序,後有大德甲辰東平丁思敬序。又有《年譜》序二篇,無撰人姓名,而《年譜》已佚④。蓋已非宋本之舊,其中舛謬尤多。一為國朝康熙中長洲顧崧齡所刊。以宋本參校,補入第七卷中《水西亭書事》詩一首、第四十七卷中《太子賓客陳公神道碑銘》中闕文四百六十八字,頗為清整⑤。然何焯《義門讀書記》中有《校正〈元豐類稿〉》五卷。其中有如《雜詩》五首之顛倒次序者,有如會稽絕句之妄增題目者,有如《寄鄆州邵資政》詩諸篇之脫落原註者。其他字句異同,不可殫舉,顧本尚未一一改正。今以顧本著錄,而以何本所點勘者補正其譌脫。較諸明刻,差為完善焉。

【彙訂】

① 依《總目》體例,當作"鞏有《隆平集》,已著錄"。

②《宋史》本傳未載其文集,《直齋書錄解題》卷十七所謂"本傳同之",謂《宋四朝國史‧曾鞏傳》也。其論《續稿》,亦但言趙汝礪校而刊之,不言有所芟落。《義門讀書記》引何喬新《書元豐類稿後》云趙汝礪與陳東"合《續稿》、《外集》校定而刪其偽者,因舊題定為四十卷,繕寫以傳"。不知何所本而云然?(余嘉錫:《四庫提要辨證》)

③ 既已失傳,又何能得其本校定重編,已自相矛盾。《明文海》卷二四八載嘉靖閒李璣《重刻曾南豐先生文集(粹)序》,略曰:"公集有《南豐類稿》五十卷,《續稿》四十卷,《外集》十卷。《類稿》刻久矣,《續稿》、《外集》,成化閒刻之於本邑。"又成化四年(1468)李紹作《重刊蘇文忠公全集序》,稱曾氏全集經趙汝礪編次,"已傳刻,至今盛行於世"。則《續稿》、《外集》並未亡於元季兵燹。(祝尚書:《四庫宋集提要糾誤》)

④《直齋書錄解題》明云"《年譜》,朱熹所輯也",元本及各本此集所載年譜、序二篇,其首均有"丹陽朱熹曰"五字。《朱子語類》卷一三九云:"先生舊喜南豐文,為作年譜。"(余嘉錫:《四庫提要辨證》)

⑤"清整",殿本作"清氂",誤。

龍學文集十六卷(浙江鮑士恭家藏本)

宋祖無擇撰。無擇字擇之,上蔡人。登進士第,歷官龍圖閣學士、知通進銀臺司。坐事謫忠正軍節度副使,移知信陽軍,卒。事迹具《宋史》本傳。無擇受經於孫復,而文章則傳自穆修。世傳《穆參軍集》,即所編次。著作頗富,南渡後僅存十之二三。紹熙三年其曾孫袁州軍事判官行始裒為十卷。取無擇知陝府日,歐陽修《餞行》詩中"右掖文章煥星斗"語,名之曰《煥斗集》。又采司馬光、梅堯臣等與無擇贈答之作,曰《名臣賢士詩文》,凡二卷。又輯無擇叔祖昷①、叔起居舍人知制誥士衡、弟福建路提刑無頗等傳記敕書,及其姪知普州德恭詩三首,曰《家集》,凡四卷。皆附之於後。見第十六卷行所作《龍學始末》中。即此本也。惟每卷標目,別題《洛陽九老祖龍學文集》。蓋無擇分司西京時,與文彥博等九人為真率會②,當時推為盛事。故行特舉之以為重。然諸家書目,緣是並稱《龍學文集》,而《煥斗集》之名遂隱矣。集中詩一百二十三首,文四十二首③。詩下閒註所作時地,頗為詳審。其中如《三教圓通堂》云:"龍學時知制誥。"《蔡州壺仙觀》云:"龍學四月八日遊。"《九老》詩云:"英宗即位,龍學充契丹國信使。"皆不類無擇自註。其《咏震山巖彭徵君釣臺》一首註中,有"紹興己未,雷轟石斷"之語,無擇尤不及見。殆行編次之時,以所聞補入歟？又《上安撫張擇端薦孫復、牛仲容書》註云④：
"初任齊州通判，居官十有一月，作此書。"案《宋史·無擇傳》但
紀其舉進士後歷知南康軍，而不言嘗判齊州，與註不符。蓋史偶
闕漏也。無擇為文峭屬勁折，當風氣初變之時，足與尹洙相上下。
雖流傳者少，而掇拾散亡，菁華猶未盡佚。至所附《家集》中如士
衡之《西齋話》，記載宋初故事，多他書所未及，亦可以備考據焉。

【彙訂】

①　"邑"當作"吕"。（筧文生、野村鯰子：《四庫提要北宋五
十家研究》）

②　"真率會"有司馬光而無文彥博，文彥博等所集乃"耆英
會"。《邵氏聞見錄》卷十："元豐五年，文潞公以太尉留守西都，
時富韓公以司徒致仕。潞公慕唐白樂天九老會，乃集洛中卿大
夫年德高者，為耆英會……獨司馬溫公年未七十……其後司馬
公與數公又為真率會。"《說郛》卷二十四下收入呂希哲《傳講雜
記》，云："溫公……請西京留臺閒局，許之……於是乃與楚政叔
通議、王安之朝議，耆老六七人，時相與會於城中之名園古
寺……命之曰真率會。文潞公時以太尉守洛，求欲附名於其間。
溫公不許，為其貴顯弗納也。"（同上）

③　"四十二首"當作"四十一首"，即卷七十首、卷八七首、卷
九四首、卷十二十首。（同上）

④　據集中卷七原文，"張擇端"當作"張雜端"，"雜"即侍御史知
雜事的略稱。（同上）

宛陵集六十卷附錄一卷（內府藏本）

宋梅堯臣撰。堯臣字聖俞，宣城人，官屯田都官員外郎。事

迹具《宋史》本傳。其詩初為謝景初所輯，僅十卷。歐陽修得其遺稿增併之，亦止十五卷。其增至五十九卷，又他文賦一卷者，未詳何人所編。陳振孫《書錄解題》謂即景初舊本，修為作序者，未詳考修序文也。《通考》載正集六十卷，又有外集十卷。此本為明姜奇芳所刊①，卷數與《通考》合。惟無外集，祇有補遺三篇，及贈答詩文、墓誌一卷，亦不知何人所附。陳振孫謂外集多與正集複出，或後人刪汰重複，故所錄者止此耶？宋初詩文，尚沿唐末五代之習。柳開、穆修欲變文體，王禹偁欲變詩體，皆力有未逮。歐陽修崛起為雄，力復古格。於時曾鞏、蘇洵、蘇軾、蘇轍、陳師道、黃庭堅等皆尚未顯。其佐修以變文體者，尹洙；佐修以變詩體者，則堯臣也。曾敏行《獨醒雜志》載："王曙知河南日，堯臣為縣主簿，袖所為詩文呈覽。曙謂其詩有晉、宋遺風，自杜子美没後二百餘年，不見此作。"然堯臣詩旨趣古淡，知之者希。陳善《捫蝨新話》記蘇舜欽稱："平生作詩，不幸被人比梅堯臣。"又記晏殊賞其"寒魚猶著底，白鷺已飛前"二句，堯臣以為非我之極致者，則其孤僻寡和可知。惟歐陽修深賞之。邵博《聞見後錄》乃載傳聞之説，謂修忌堯臣出己上，每商榷其詩，多故刪其最佳者，殊為誣謾。無論修萬不至此，即堯臣亦非不辨白黑者，豈得失不自知耶！陸游《渭南集》有《梅宛陵別集序》曰："蘇翰林多不可古人，惟次韻和淵明及先生二家詩而已。"案蘇軾《和陶詩》有傳本，和梅詩則未聞。然游非妄語者，必原有而今佚之。是堯臣之詩，蘇軾亦心折之矣。

【彙訂】

① 據明萬曆四年刻本此集，"姜奇芳"當作"姜奇方"。（笕文生、野村鯰子：《四庫提要北宋五十家研究》）

忠肅集二十卷（永樂大典本）

宋劉摯撰。摯字莘老，東光人，家於東平。登嘉祐四年甲科，神宗朝累遷禮部侍郎。哲宗即位，歷官門下侍郎、尚書右僕射，以觀文殿學士罷知鄆州。紹聖初，坐黨籍累貶鼎州團練副使，新州安置，卒。紹興中，追贈少師，諡忠肅。事迹具《宋史》本傳。其文集四十卷，見於《宋史·藝文志》，久無傳本。今從《永樂大典》各韻中裒輯編綴，共得文二百八十五首，詩四百四十三首。以原書卷目相較，尚可存十之六七。謹以類排纂，釐為二十卷，而仍以劉安世原序冠之於首。摯忠亮骨鯁，於邪正是非之介，辨之甚嚴。終以見慍群小，貶死荒裔。其為御史時，論率錢助役之害，至王安石設難相詰，而摯反覆條辨，侃侃不撓。今其疏並在集中。他若劾蔡確、章惇諸疏，見於《宋史》者，亦並存無闕。其所謂修嚴憲法，辨別淄澠者，言論風采，猶可想見。固不獨文詞暢達，能曲邑情事已也①。至集中有《訟韓琦定策功疏》，頗論王同老攘功冒賞之罪。而《道山清話》遂謂文彥博再入，摯於簾前言王同老劄子皆彥博教之，乞下史官改正，宣仁不從，彥博因力求退。今考此事，史所不載。而集中有《請彥博平章重事疏》，其推重之者甚至，尤足以證小說之誣。蓋當時黨論交訌，好惡是非，率難憑據。幸遺集具在，得以訂正其是非。於論世知人之學，亦不為無補矣。

【彙訂】

① "曲邑"，殿本作"曲盡"。

無為集十五卷（安徽巡撫採進本）

宋楊傑撰。傑字次公，無為軍人，因自號無為子。嘉祐四年進士，元豐中歷官禮部員外郎，出知潤州，除兩江提點刑獄，卒於官。原序稱“侍講楊先生”，蓋其帶職也。傑事迹具《宋史·文苑傳》。傑及與歐陽修、王安石、蘇軾游，故其詩雖興象未深，而亦頗有規格。其率易者近白居易，其偶為奇崛如《送李辟疆》之類者，或偶近盧全。其大致則仍元祐體也。又及與胡瑗游，故所學亦頗有根柢。官太常時，議典禮因革，多所討論。集中如《補正三禮圖》、《皇族服制圖》諸序，以及禘祫、明堂、樂律諸奏，皆有關於典制。但其文才地稍弱，邊幅微狹耳。集凡賦二卷，詩五卷，文八卷。紹興癸亥，知無為軍趙士彰所編。士彰序云：“删除蕪纇，取有補於教化者。若釋、道二家詩文則見諸《別集》。”今《別集》不傳。故張敦頤《六朝事迹》載其《雨花臺》詩一首，王象之《輿地紀勝》載其《淨居寺》詩一首，潛說友《咸淳臨安志》載其《西湖參寥山房》詩一首，《鐵網珊瑚》載其《佛日山別長老弼公》詩一首。凡為僧作者，今皆不見於集中也。然第五卷中有《寶山寺壁》一首，第七卷中有《題寶林院五松》一首、《東峯白雲院》一首、《野寺》一首，第十卷中有《圓同菴銘》一首、《圓寂菴銘》一首，未免自亂其例。又如銘五首入雜文，贊亦雜文，乃列詩中。詩以古體、律體分編，而《和謝判官宴南樓》一首，本拗體七言律，而誤入古詩。編次尤為無緒。至於《魏詔君贊》，“詔”字蓋避仁宗嫌名。而次卷仍稱“魏徵君草堂”，校讎亦未盡善。惟傑集自南渡以後湮沒不傳。士彰積兩歲之力，搜求編次，使得復傳至今。其表章之功，固亦不可盡沒耳。

　　王魏公集八卷（永樂大典本）

　　宋王安禮撰。安禮字和甫，臨川人，安石之弟也。登嘉祐六年進士第，歷官翰林學士、知開封府、尚書左丞，遷資政殿學士，知太原府。事迹具《宋史》本傳。安石兄弟三人[1]，惟安國數以正議見絀，其文集亦湮沒不傳。安禮位稍通顯，史稱其"以經濟自任，而闊略細謹"。故其生平，一以知湖、潤兩州與倡女共飯論罷，一以貪論罷。屢躓屢起，蓋亦跅弛於法度之外者。然其知制誥時，因彗星見，極言執政大臣不察上惠養元元之意，"用力殫於溝瘠，取利究於園夫"，其語皆以譏刺新法。則於大體尚能持正，固未可以一節概貶之矣。其集本二十卷，見於《宋史·藝文志》、陳振孫《書錄解題》者並同。明葉盛《菉竹堂書目》亦載有《王魏公集》六冊，是明初尚有傳本。厥後諸家書目皆不著錄。蓋自明中葉以後，已佚不存。今從《永樂大典》散見各韻者，裒輯彙編，釐為八卷[2]。其中內外制草，頗典重可觀。敍事之文，亦具有法度。至若沈季良、元絳諸誌銘，尤足補史傳之闕。以視安石，雖規模稍隘，而核其體格，固亦約略相似也。安禮封魏公，史所不載。惟田畫所撰《王和甫家傳》有云："累勳至上柱國，爵魏郡開國公，食邑三千戶，食實封五百戶。"蓋宋世每遇郊恩，輒賜群臣勳封。名號冗濫，故史不盡載。觀安禮所修《靈臺祕苑》，今著錄子部中者，書前有安禮署銜一條，題"上騎都尉劇縣開國男"，而本傳亦未之及。則其為史所略者，固已多矣。

【彙訂】

　　[1] 曾鞏《元豐類稿》卷四四《尚書都官員外郎王公墓誌銘》云："公諱益，字舜良，子男七人，曰安仁，曰安道，曰安石，曰安國，曰安世，曰安禮，曰安上。"則安石兄弟凡有七人。即安石貴顯之後，亦尚存其四。《宋史》卷三二七以安石、安國、安禮同卷，安上較不知名而已。（余嘉錫：《四庫提要辨證》）

②《四庫》本闕第七卷，實僅七卷。《豫章叢書》本有卷七雜著四十二篇。（楊安邦：《體質凝重之文——〈王魏公集〉述評》）

范太史集五十五卷（浙江汪啟淑家藏本）

宋范祖禹撰。祖禹有《唐鑑》，已著錄。其文集世有兩本。一本僅十八卷，乃明程敏政從祕閣借閱，因為摘錄刊行，非其完本。此本五十五卷，與《宋史·藝文志》卷目相符，蓋猶當時舊帙也。祖禹平生論諫，不下數十萬言。其在邇英，守經據正，號講官第一。史稱其"開陳治道，區別邪正，辨釋事宜，平易明白，洞見底蘊"。故本傳載所上疏至十五六篇[①]，而集中章奏尤多。類皆湛深經術，練達事務，深有裨於獻納。惟其中論合祭天地一事，祖禹謂分祭之禮，自漢以來不能舉行，又謂："一年再郊，此必不能，且夏至之日尤未易行。"[②]同時蘇軾等據《周禮》以分祭為是，而祖禹與顧臨堅持之。後卒從祖禹之議。蓋其君習於宴安，而議者遂為遷就之論，誠不免於賢者之過。然其大端亢直，持論切當，要自無媿於醇儒，固不以一瑕掩也。當時以賈誼、陸贄比之，良亦庶幾云。

【彙訂】

① 實僅摘錄十三篇。（筧文生、野村鯰子：《四庫提要北宋五十家研究》）

② "夏至之日"，據此集卷二十三《議合祭狀二》，當作"夏日之至"，《續資治通鑑長編》卷四七七、《國朝諸臣奏議》卷八五、《歷朝名臣奏議》卷二一所引亦同。

潞公集四十卷（兩淮鹽政採進本）

宋文彥博撰，彥博事迹具《宋史》本傳。是集凡賦、頌二卷，詩六卷，論一卷，表、啟一卷，序一卷，碑記、墓誌一卷，雜文一卷。自十四卷以後，則皆奏議、劄子之文。核其卷數，與陳振孫《書錄解題》同，惟尚闕《補遺》一卷。考葉夢得序稱：“兵興以來，世家大族多奔走遷徙，於是公之集藏於家者散亡無餘。其少子維申案，維申乃文及甫之字①。稍討求追輯，猶得二百八十六篇，以類編次為略集二十卷。”是葉氏所序者已非原本，陳氏所著錄者又非葉氏所序本。今所傳者，又較陳氏之本佚其一卷也。彥博不以詩名，而風格秀逸，情文相生。王士禎稱其“婉麗濃嫵，絕似西崑”。嘗掇其佳句，載之《池北偶談》。其文章不事雕飾，而議論通達，卓然經濟之言。奏劄下多註年月，亦可與正史相參考。葉夢得序稱其“未嘗有意於為文，而因事輒見，操筆立成。簡質重厚，經緯錯出。譬之賁鼓鏞鍾，音節疏緩，雜然並奏於堂上，不害與喈喈簫韶，舞百獸而諧八風也”。斯言允矣。

【彙訂】

①《宋史》卷三一三《文彥博傳》云“第六子及甫”，未言其字。《東都事略》卷六七《文彥博傳》云“及甫，字周翰”。則維申非及甫之字。《名臣碑傳琬琰之集》卷十三《文潞公彥博傳》末云：“子恭祖、貽慶、齊賢、保雍、居中、及甫、維申、宗道。”可知維申乃及甫之弟。（余嘉錫：《四庫提要辨證》）

擊壤集二十卷（河南巡撫採進本）

宋邵子撰。前有治平丙午自序，後有元祐辛卯邢恕序。晁公武《讀書志》云：“雍邃於《易》數，歌詩蓋其餘事，亦頗切理。”案自班固作《詠史》詩，始兆論宗；東方朔作《誡子》詩，始涉理路。沿及北宋，鄙唐人之不知道，於是以論理為本，以修詞為末，而詩格於是乎大變。此集其尤著者也。朱國楨《湧幢小品》曰："佛語衍為寒山詩，儒語衍為《擊壤集》。此聖人平易近人，覺世喚醒之妙用。"是亦一說。然北宋自嘉祐以前，厭五季佻薄之弊，事事反樸還淳。其人品率以光明豁達為宗，其文章亦以平實坦易為主。故一時作者，往往衍長慶餘風。王禹偁詩所謂"本與樂天為後進，敢期杜甫是前身"者是也。邵子之詩，其源亦出白居易。而晚年絕意世事，不復以文字為長。意所欲言，自抒胸臆，原脫然於詩法之外。毀之者務以聲律繩之，固所謂謬傷海鳥，橫斤山木①。譽之者以為風雅正傳，莊泉諸人轉相摹仿。如所謂"送我一壺陶靖節，還他兩首邵堯夫"者，亦為刻畫無鹽，唐突西子，失邵子之所以為詩矣。況邵子之詩，不過不苦吟以求工，亦非以工為厲禁。如邵伯溫《聞見前錄》所載《安樂窩》詩曰："半記不記夢覺後，似愁無愁情倦時。擁衾側臥未欲起，簾外落花撩亂飛。"此雖置之江西派中，有何不可？而明人乃惟以鄙俚相高，又烏知邵子哉！集為邵子所自編。而楊時《龜山語錄》所稱"須信畫前原有《易》②，自從刪後更無《詩》"一聯，集中乃無之。知其隨手散佚，不復收拾。真為寄意於詩，而非刻意於詩者矣。又案邵子抱道自高，蓋亦顏子陋巷之志。而黃冠者流以其先天之學出於華山道士陳摶，又恬淡自怡，迹似黃、老，遂以是集編入《道藏‧太元部》賤字、禮字二號中③，殊為誕妄。今併附辨於此，使異教無得牽附焉。

【彙訂】

①"斤"，底本作"斥"，據殿本改。《南齊書》卷五四《高逸傳》載宗測答府召云："何為謬傷海鳥，橫斤山木？"《南史》卷七五《隱逸上》亦載。（筧文生、野村鯰子：《四庫提要北宋五十家

研究》)

②　據《四部叢刊續編》所收宋刊本《龜山先生語錄》卷二，"須"當作"誰"。(同上)

③　"禮"，殿本作"體"，誤。《伊川擊壤集》收入《道藏‧太玄部》賤字、禮字二號中。

鄱陽集十二卷(兩淮馬裕家藏本)①

宋彭汝礪撰。汝礪字器資，饒州鄱陽人。治平二年舉進士第一，歷官權吏部尚書，出知江州。事迹具《宋史》本傳。《東都事略》載所著《易義》、《詩義》、奏議、詩文五十卷。《宋史‧藝文志》："《鄱陽集》四十卷。"今《易義》、《詩義》已不傳。此本乃其詩集，亦止十二卷②，非其完帙。又編次錯互，如古體中誤入律詩一首，律詩中誤入古體一首。《武岡驛》一首，有錄無書。《寄佛印》一首，前後兩見，頗多複混。殆其本集久佚，後人掇拾殘剩，復為此編，故其淆雜如此歟？史稱汝礪"詞命雅正，有古人風"，而詩筆亦諧婉可諷。明瞿佑《歸田詩話》嘗極推其情致纏綿③。王士禛《居易錄》亦引其梅花詩中"瀟湘此日堪腸斷，隨處幽香著莫人"之句，以證朱淑真詞、耶律楚材詩內"著莫"二字之所出。在北宋諸人之中，固亦褒然一作手矣。張舜民《畫墁錄》載汝礪於臨歿作偈，有"從今以後不打這鼓"之語。蓋其學實出於禪，故集中多與僧往還酬答之作。然汝礪立朝侃直，風節凜然，凡所論諫，皆關國是。其晚耽禪悅，蓋亦自行其所得。故不必以一格繩人，遽為汝礪病也。

【彙訂】

①　"十二卷"，殿本作"十三卷"，誤，參文淵閣庫書此集。

②“十二卷”，殿本作“十三卷”，誤。

③《歸田詩話》未載彭汝礪事，唯卷上“一日歸行”條引傅汝礪《憶內》詩，謂“真致雖不及，而悽惋過之”。此《憶內》詩見元代詩人傅若金（字汝礪，改字與礪）《傅與礪詩集》卷五，原題《過故妻墓》。（祝尚書：《〈四庫全書總目〉宋集提要辨誤二則》）

曲阜集四卷（浙江鮑士恭家藏本）

宋曾肇撰。肇字子開，南豐人。鞏、布之弟也。治平四年進士，官至中書舍人，龍圖閣學士。以元祐黨籍貶濮州團練副使，汀州安置。崇寧中，復朝散郎，歸潤州而卒。紹興初，追諡文昭。事迹具《宋史》本傳。《肇行狀》載所著《曲阜集》四十卷，《外集》十卷，《奏議》十二卷，《邇英進故事》一卷，《元祐外制集》十二卷，《庚辰外制集》三卷，《內制集》五卷，《尚書講義》八卷，《曾氏譜圖》一卷。楊時所作《神道碑》，《曲阜集》、《奏議》目次，並與《行狀》同。而《西掖集》十二卷，《內制》五十卷，《外制》三十卷，則與《行狀》稍異。明永樂十年，其裔孫刊行《奏議》，曾榮為序。有“茲特《曲阜集》中一卷，尚當為刻全文”之語。則明初原集尚存，其後乃漸就散佚，傳本遂絕。國朝康熙中，其裔孫儼等取所存《奏議》，益以詔制、碑表諸逸篇，掇拾編次，別為此集。前三卷皆詩文，後一卷則附錄也。肇立朝有守，屬黨論翻覆，以一身轉側其閒，往往齟齬不合。又嘗力諫其兄布宜引用善類，而布不從。所上奏議，如《乞復轉對》、《宣仁皇后受册》、《百官上壽》、《救韓維》、《繳王覿外任》諸篇，皆為史所稱述。今並在集中，可以考見大概。其制誥亦爾雅典則，得訓詞之體。雖深厚不及其兄鞏，而淵懿溫純，猶能不失家法。惜其全本已亡，掇拾多有未盡。如進

《元豐九域志》表為肇所撰，見於王應麟《玉海》，而集中亦無之。則其佳文之散失者，固不少矣。

周元公集九卷（編修朱筠家藏本）

宋周子撰。周子之學以主靜為宗。平生精粹，盡於《太極圖說》、《通書》之中。詞章非所留意，故當時未有文集。陳振孫《書錄解題》載有文集七卷者，後人之所編輯，非其舊也。故振孫稱是集“遺文才數篇為一卷，餘皆附錄”。則在宋代已勉強綴合，為數無多矣。此本亦不知何人所編。凡遺書、雜著二卷，圖譜二卷，其後五卷則皆諸儒議論及誌傳、祭文①。與宋本不甚相合，而大致亦不甚相遠。蓋後人病其篇目寂寥，又取所著二書編之集內，以取盈卷帙耳。明嘉靖間，漳浦王會曾為刊行。國朝康熙初，其裔孫沈珂又校正重鎸。先儒著述，學者所宗，固不以其太少而廢之。原本後附《遺芳集》五卷，乃沈珂輯其先世文章事迹，自為一編。與本集不相比附，今別入之“總集類”，不使相淆②。集中《愛蓮說》一篇，江昱《瀟湘聽雨錄》力攻其出於依託。然昱說亦別無顯證③。流傳已久，今仍並錄之焉。

【彙訂】

① 文淵閣《四庫》本此集實為八卷，首遺書、雜著一卷，次圖譜一卷，其後六卷則皆諸儒議論及誌傳、祭文。書前提要不誤。（筧文生、野村鮎子：《四庫提要北宋五十家研究》；劉小琴：《周敦頤文集版本考略》）

② 《總目》總集類未收《遺芳集》，而見於史部傳記類。《遺芳集》實為周與爵等輯，題周沈珂編之本乃剜改後重新刷印，說詳卷六〇《周氏遺芳集》條。（杜澤遜：《四庫存目標注》）

③“昱説”，殿本無。

南陽集三十卷附錄一卷（江蘇巡撫採進本）①

宋韓維撰。維字持國，潁昌人②。絳之弟也，以蔭入仕。英宗朝，累除知制誥。神宗即位，為翰林學士③。元祐初，拜門下侍郎，以太子少傅致仕。紹聖中，坐元祐黨籍謫均州安置。元符初，復官，卒。嘗封南陽郡公，故以名集。事迹具《宋史》本傳。陳振孫《書錄解題》作二十卷，稱後有其外孫沈晦跋，前有鮮于綽所撰《行狀》。此本凡詩十四卷，《內制》一卷，《外制》三卷，《王邸記室》二卷，奏議五卷，表章、雜文、碑志各一卷，手簡、歌詞共一卷，《附錄》一卷，較陳氏所載多十卷。疑陳氏譌“三十”為“二十”。鮮于綽所撰《行狀》，今與沈晦跋並列卷末，亦與陳氏所說不同。然目錄仍以《行狀》列卷首，則傳寫者誤移之也。其第十九卷、二十卷稱《王邸記室》，立名頗別。考邵伯溫《聞見前錄》稱“神宗開潁邸，韓琦擇宮僚④，用王陶、韓維、陳薦、孫國忠、孫思恭、邵亢”云云。蓋維於是時掌兩宮牋奏所作耳。其集刊版久佚，藏書家轉相繕錄，譌脫頗多。第三十卷與《附錄》一卷尤顛舛參差，幾不可讀。蓋沈晦作跋之時，已云“文字舛駁，不可是正”。今流傳又四五百載，其愈謬也固宜矣。謹考定其可知者，其原闕字句無可校補，則姑仍其舊焉。

【彙訂】

① “江蘇巡撫採進本”，殿本作“江西巡撫採進本”，誤。《四庫採進書目》“江蘇省第一次書目”著錄此書，未見於“江西省呈送書目”。（江慶柏：《殿本、浙本〈四庫全書總目〉著錄圖書進獻者主名異同考》）

②《宋史》卷三一五云："韓億，字宗魏，其先真定靈壽人，徙開封之雍丘……八子：綱、綜、絳、繹、維、縝、緯、緬。"韓維乃億之第五子，亦開封雍丘人，《直齋書錄解題》作潁昌人，誤。（丁丙：《善本書室藏書志》）

③葉夢得《石林燕語》卷三云："韓門下維，以賜出身，熙寧末，特除翰林學士。"王偁《東都事略》卷五八《韓維傳》："神宗即位，除龍圖閣直學士……（因諫不納）遂請郡，得知汝州。還修《英宗實錄》。"此後《事略》始敘"為翰林學士"，可知韓維為翰林學士，在熙寧末，非神宗即位之時。（楊武泉：《四庫全書總目辨誤》）

④"宮僚"，底本作"官僚"，據邵伯溫《聞見錄》卷三原文及殿本改。宮僚即太子屬官。

節孝集三十卷附錄一卷（兩淮馬裕家藏本）

宋徐積撰。積有《節孝語錄》，已著錄。積受業胡瑗之門，淵源篤實。其事母以純孝稱，立身亦堅苦卓絕，蓋古所謂獨行之士。然其文乃奇譎恣肆，不主故常。故陳振孫《書錄解題》引蘇軾之言，稱"其詩文怪而放，如玉川子"。今觀其集，往往縱逸自如，不可繩以格律。軾所論者誠然。然其文雖雅俗兼陳，利鈍互見，頗有似於盧仝。而大致醇正，依經立訓，不失為儒者之言，則非仝之所及也。惟其《復河說》一篇，欲求九河故道而穿之。不究地形，不明水勢，未免失於迂僻。史稱其"雙耳聵甚，畫地為字，乃始通語。終日面壁坐，不與人接，而四方事無不周知其詳"。殆不然歟？舊本首載《事實》一卷，後附《語錄》一卷。景定甲子，淮安州學教授翁蒙正合編刊行。明嘉靖閒，淮安兵備副使劉祐又因翁本重刊①。今《語錄》已別本孤行，不更復載。惟附錄其《事實》一卷，備考核焉。

【彙訂】

① 劉祐實據元皇慶刊本重修。（潘景鄭：《著硯樓書跋》）

文忠集一百五十三卷附錄五卷（江西巡撫採進本）

宋歐陽修撰。修有《詩本義》，已著錄。案《宋史‧藝文志》載修所著《文集》五十卷，《別集》二十卷，《六一集》七卷，《奏議》十八卷，《內外制集》十一卷，《從諫集》八卷。諸集之中，惟《居士集》為修晚年所自編，其餘皆出後人裒輯①。各自流傳，如衢州刻《奏議》，韶州刻《從諫集》，浙西刻《四六集》之類。又有廬陵本、京師舊本、綿州本、宣和吉本、蘇州本、閩本諸名，分合不一。陳振孫《書錄解題》謂修集"遍行海內，而無善本"，蓋以是也。此本為周必大所編定②。自《居士集》至《書簡集》，凡分十種。前有必大所作序。陳振孫以為："益公解相印歸，用諸本編校，刊之家塾。其子綸又以所得歐陽氏傳家本，歐陽棐所編次者，屬益公舊客曾三異校正，益完善無遺恨。"然必大原序又稱："郡人孫謙益、承直郎丁朝佐遍搜舊本，與鄉貢進士曾三異等互相編校，起紹熙辛亥，迄慶元庚辰③。"據此，則是書非三異獨校，亦非必大自輯，與振孫所言俱不合。檢書中舊存編校人姓名，有題"紹熙三年十月丁朝佐編次，孫謙益校正"者，有題"紹熙五年十月孫謙益、王伯芻校正"者，又有題"郡人羅泌校正"者，亦無曾三異之名。惟卷末考異中多有云"公家定本作某"者，似即周綸所得之歐陽氏本。疑此書編次義例，本出必大。特意存讓善，故序中不自居其名。而振孫所云綸得歐陽氏本付三異校正者，乃在朝佐等校定之後添入刊行④，故序亦未之及歟⑤？其書以諸本參校同異。見於所紀者曰《文纂》、曰薛齊誼《編年慶曆文粹》、曰《熙寧時文》、曰《文海》、曰《文藪》、曰京本《英辭類稿》、曰《緘啟新範》、曰《仕途必用》、曰《京師名賢簡啟》，皆廣為蒐討。一字一句，必加考覈。又有兩本重見而删其複出者，如《濮王典禮奏》之類。有他本所無而旁採附入者，如《詩解統序》之類。有別本所載而據理不取者，如錢鏐等傳之類。其鑒別亦最為詳允。觀樓鑰《攻媿集》有《濮議》跋，稱："廬陵所刊《文忠集》，列於一百二十卷以後，首尾俱同。"又"第四卷《劄子》註云：'是歲十月撰，不曾進呈。'"檢勘所云，即指此本。以鑰之博洽，而必引以為據，則其編訂精密，亦概可見矣。

【彙訂】

①《内外制集》十一卷，《奏議集》十八卷，《四六集》七卷，《集古錄跋尾》十卷等，既已見於吳充《行狀》，則其辭世時當已初步編定，後來卷數亦無大變動。（祝尚書：《宋人別集敘錄》）

② 據《四庫》本卷末無宋人題名與校勘記及《附錄》五卷内容，其底本非周必大慶元刻本，當是乾隆十二年歐陽安世本。（王嵐：《宋人文集編刻流傳叢考》）

③ 據周必大《周文忠公集》卷五二《歐陽文忠公集後序》原文，"庚辰"乃"丙辰"之誤。慶元無庚辰，二年（1196）為丙辰。（筧文生、野村鮎子：《四庫提要北宋五十家研究》）

④ 日本天理大學附屬圖書館藏南宋本《歐陽文忠公集》中《居士集》卷十四卷末丁朝佐校語有"朝佐考公家定本"的記述，可知"公家定本"非即歐陽氏傳家本。（東英壽：《南宋本〈歐陽文忠公集〉的成立過程及其特徵》）

⑤ 明天順刻本行款字數與周必大本悉符，似即從此本翻出

者。後附編定校正人姓名，於孫謙益、丁朝佐、王伯芻、羅泌諸人之外，有"紹熙四年郡人鄉貢進士曾三異"字無疑。則此本原有曾名，《四庫》本偶脫耳。（李希聖：《鴈影齋題跋》）

歐陽文粹二十卷（編修勵守謙家藏本）

宋陳亮編。亮有《三國紀年》，已著錄。是編有亮乾道癸巳後敘，謂錄公文凡一百三十篇。案修著作浩繁，亮所選不及十之一二，似不足盡其所長。然考周必大序謂："《居士集》經公決擇，篇目素定，而參校衆本，迥然不同。如《正統論》、《吉州學記》、《瀧岡阡表》皆是也。"今以此本校之，與必大之言正合。是書卷首有《原正統論》、《明正統論》、《正統論上》、《正統論下》四篇。《居士集》則但存《正統論》上、下二篇。其《正統論上》乃以《原正統論》"學者疑焉"以上十餘行竄入，而《論》內"其可疑之際有四，其不同之説有三"以下半篇多删易之。其《正統論下》復取《明正統論》"斯正統矣"以上數行竄入①，而《論》內"昔周厲王之亂"以下亦大半删易之。其他字句異同，不可枚舉。皆可以資參考，固不妨與原集並存也。

【彙訂】

① 底本"斯"下有"立"字，據此集卷一《明正統論》、《正統論下》原文及殿本删。

樂全集四十卷附錄一卷（編修汪如藻家藏本）

宋張方平撰。方平字安道，宋城人。舉茂材異等，為校書郎。歷官參知政事，卒贈司空。諡文定。事迹具《宋史》本傳。方平自號樂全居士，因以名集。蓋取《莊子》"樂全之謂得志"語，詳所作《樂全堂》詩中。其集見於《宋史·藝文志》者四十卷，與此本合。然方平在翰林時代言之文，如立太子，除种諤節度使、韓琦守司徒、呂公弼樞密使、李昭亮殿前副都指揮使諸制，見於《宋文鑑》者，此集皆無之。考王鞏作《方平行狀》，稱別有《玉堂集》二十卷，《東都事略》所載亦同。蓋制草別為一編，故集中不載耳。集凡詩四卷，頌一卷，《芻蕘論》十卷，雜論二卷[①]，對策一卷，論事九卷，表狀三卷[②]，書一卷，牋啟一卷，記序一卷，雜著一卷，祭文、碑志六卷。方平天資穎悟，於書一覽不忘。文思敏贍，下筆數千言立就。才氣本什伯於人，而其識又能灼見事理，剸斷明決。故集中論事諸文，無不豪爽暢達，洞如龜鑑。不獨史所載《平戎十策》、《論新法疏》為切中利弊。蘇軾作序，以孔融、諸葛亮比之。雖推挹之詞稍為溢量，然亦殆於近似矣。其集流傳甚少。此本首尾頗完善，"慎"字下皆註"今上御名"四字，蓋從孝宗時刊本鈔出。惟不載蘇軾原序，疑傳寫者偶遺之。今併為錄補冠於卷首，以存其舊焉。

【彙訂】

① "雜論二卷"，殿本作"牋啟一卷"，誤。此集《芻蕘論》後卷十六、十七為雜論。（笕文生、野村鮎子：《四庫提要北宋五十家研究》）

② 明文淵閣舊藏宋刻本，今存卷十七至三十四。"對策"當作"對詔策"，"表狀三卷"當作"表狀二卷，奏狀一卷"。（陳乃乾：《讀〈四庫全書總目〉條記》）

忠宣文集二十卷奏議二卷遺文一卷附錄一卷補編一卷（兩淮馬裕家藏本）

宋范純仁撰。純仁字堯夫，仲淹次子。皇祐元年進士，神宗時累擢天章閣待制,哲宗時貶永州安置。建中靖國初,召為光祿卿,分司南京。卒諡忠宣。事迹附見《宋史》仲淹傳。《文集》凡二十卷。前五卷為詩,後十二卷皆雜文,其末三卷為《國史本傳》及李之儀所撰《行狀》①,皆其姪孫之柔刊集時所附入也。前有嘉定五年樓鑰序,後有之柔及知永州沈坼、廖視、永州教授陳宗衛四跋。又《奏議》二卷,自治平元年為殿中侍御史至元祐八年再相,前後所奏封事凡七十三首。又《遺文》一卷,載純仁文七首,附以其弟純禮文二首、純粹文十九首②,乃其裔孫能潛據舊本重加删補。又《附錄》一卷,為諸賢論頌十三首。《補遺》一卷,載純仁尺牘一首,附以制詞、題跋等十二首,亦能潛所編訂。康熙丁亥其二十世孫時崇與仲淹集合刻行之。《書錄解題》載純仁《言行錄》二十卷。在宋世已佚。又有《彈事》五卷、《國論》五卷,今悉未見。蓋亦久不傳矣。

【彙訂】

① 文淵閣《四庫》本此集,文集共十八卷,其末一卷為《忠宣公國史本傳》,無李之儀所撰《行狀》。(袁芸:《〈文溯閣四庫全書提要〉別集類辨證》)

② 文淵閣本《遺文》收純仁文五篇,純粹文十八篇。(周錄祥:《〈四庫全書簡明目錄·集部〉訂誤》)

嘉祐集十六卷附錄二卷(兩淮馬裕家藏本)①

宋蘇洵撰。洵有《諡法》,已著錄。考曾鞏作《洵墓誌》,稱"有集二十卷",晁公武《讀書志》、陳振孫《書錄解題》俱作十五卷,蓋宋時已有二本②。是本為徐乾學家傳是樓所藏,卷末題"紹興十七年四月晦日婺州州學雕",紙墨頗為精好。又有康熙閒蘇州邵仁泓所刊，亦稱從宋本校正。然二本並十六卷，均與宋人所記不同。徐本名《嘉祐新集》，邵本則名《老泉先生集》。亦復互異，未喻其故。或當時二本之外，更有此一本歟？今世俗所行又有二本。一為明凌濛初所刊朱墨本，併為十三卷。一為國朝蔡士英所刊、任長慶所校本，凡十五卷，與晁氏、陳氏所載合。然較徐本闕《洪範圖論》一卷③，《史論》前少引一篇。又以《史論中》為《史論下》，而闕其《史論下》一篇。又闕《辨姦論》一篇、《題張仙畫像》一篇、《送吳侯職方赴闕序》一篇、《謝歐陽樞密啟》一篇、《謝相府啟》一篇、《香詩》一篇。朱彝尊《經義考》載洵《洪範圖論》一卷，註曰“未見”。疑所見洵集，當即此本。中閒闕漏如是，恐亦未必晁、陳著錄之舊也。今以徐本為主，以邵本互相參訂，正其譌脱。亦有此存而彼逸者，並為補入。又《附錄》二卷，為奏議郎充婺州學教授沈斐所輯。較邵本少國史本傳一篇，而多挽詞十餘首④，亦並錄以備考焉。

【彙訂】

①“兩淮馬裕家藏本”，殿本作“江蘇巡撫採進本”，誤。《四庫採進書目》中“兩淮商人馬裕家呈送書目”著錄此書。（江慶柏：《殿本、浙本〈四庫全書總目〉著錄圖書進獻者主名異同考》）

②曾鞏所作乃《蘇明允哀詞》，《蘇洵墓誌》乃歐陽修撰。所言“有文集二十卷”是一種概況的説法，或即如《宋史·藝文志》所載十五卷文集與五卷別集。並不存在一部二十卷本的蘇洵文集。《通志·藝文略》有《老蘇集》五卷，又《嘉祐集》三十卷，則其文集宋時已不止二本。（余嘉錫：《四庫提要辨證》；沈章明：《蘇洵文集編刻流傳獻疑》）

③“徐本”，殿本作“蔡本”，誤。

④ "較邵本少國史本傳一篇，而多挽詞十餘首"，當作"較邵本多國史本傳一篇，而少挽詞十餘首"。此本附錄國史本傳一篇，十五首挽詞。（筧文生、野村鯰子：《四庫提要北宋五十家研究》）

臨川集一百卷（內府藏本）

宋王安石撰。安石有《周禮新義》，已著錄。案《宋史·藝文志》載《王安石集》一百卷，陳振孫《書錄解題》亦同，晁公武《讀書志》則作一百三十卷。焦竑《國史經籍志》亦作一百卷，而別出《後集》八十卷①，並與史志參錯不合。今世所行本實止一百卷，乃紹興十年郡守桐廬詹大和校定重刻，而豫章黃次山為之序。次山謂集原有閩、浙二本②。殆刊版不一，著錄者各據所見，故卷數互異歟③？案蔡絛《西清詩話》載："安石嘗云：'李漢豈知韓退之，輯其文不擇美惡，有不可以示子孫者，況垂世乎？'以此語門弟子，意有在焉。而其文迄無善本。如'春殘密葉花枝少'云云，皆王元之詩；《金陵獨酌》、《寄劉原甫》，皆王君玉詩；'臨津灩灩花千樹'云云，皆王平甫詩。"陳善《捫蝨新話》所載亦大略相同。據二人所言，則安石詩文本出門弟子排比，非所自定。故當時已議其舛錯。而葉夢得《石林詩話》又稱："蔡天啟稱荊公嘗作詩，得'青山捫蝨坐，黃鳥挾書眠'，自謂不減杜詩。然不能舉全篇。薛肇明被旨編公集，遍求之，終莫之得。"肇明為薛昂字，是昂亦曾奉詔編定其集。顧蔡絛與昂同時，而並未言及。次山序中亦衹舉閩、浙本而不稱別有敕定之書，其殆為之而未成歟④？又考吳曾《能改齋漫錄》稱："荊公嘗題一絕句於夏畋扇。本集不載，見《湟川集》。"又稱："荊公嘗任鄞縣令，昔見一士人，收公親劄詩文一卷，有兩篇今世所刊文集無之。其一《馬上》，其一《書會別亭》。"云云。是當時遺篇逸句，未經搜輯者尚夥。其編訂之不審，有不僅如《西清詩話》所譏者。然此百卷之內，菁華具在。其波瀾法度，實足自傳不朽。朱子《楚辭後語》謂："安石致位宰相，流毒四海。而其言與生平行事、心術，略無毫髮肖。夫子所以有'於予改是'之嘆。"斯誠千古之定評矣。

【彙訂】

①《國史經籍志》卷五著錄《臨川集》一百卷，《後集》十八卷。（筧文生、野村鯰子：《四庫提要北宋五十家研究》）

②"閩浙"，殿本作"浙閩"。

③ 黃次山序不過謂安石之文閩、浙皆有刊版，而臨川獨無，故不得不重刊耳，未嘗言兩郡刊本卷數内容各異。（余嘉錫：《四庫提要辨證》）

④ 魏了翁《鶴山大全集》卷五一《臨川詩集序》云："國朝列局修書……臣下之文，尟得列焉。惟臨川王公遺文，獲與編定，薛肇明諸人，實董其事。然肇明諸人所編者，卒以靖康多難，散落不存。"元刊本《臨川集》有安石曾孫玨紹興辛未題記云："曾大父之文集，舊所刊行，率多舛誤。政和中，門下侍郎薛公、宣和中，先伯父大資，皆被旨編定。後罹兵火，是書不傳。"又吳澄幼清序云："宋政和間，官局編書，諸臣之文，獨《臨川集》得預其列。靖康之禍，官書散失，私集竟無完善之本。"則敕定之書已成，特因兵燹失傳耳。（余嘉錫：《四庫提要辨證》；胡玉縉：《四庫全書總目提要補正》）

王荆公詩註五十卷（江蘇巡撫採進本）

宋李壁撰。考《宋史》及諸刊本，"壁"或從"玉"作"璧"。然

壁為李燾第三子，其兄曰垕，曰塾，其弟曰壂，名皆從土①。則作
"璧"誤也。壁字季章，號鴈湖居士。初以蔭入官，後登進士。寧
宗朝累遷禮部尚書，參知政事兼同知樞密院事。謚文懿。事迹
具《宋史》本傳。是書乃其謫居臨川時所作。劉克莊《後村詩話》
嘗譏其註"歸腸一夜繞鍾山"句，引《韓詩》不引《吳志》；註"世論
妄以蟲疑冰"句，引《莊子》不引盧鴻一、唐彥謙語，指為疏漏。然
大致捃摭蒐採，具有根據，疑則闕之，非穿鑿附會者比。原本流
傳絕少，故近代藏書家俱不著錄。海鹽張宗松得元人槧本，始為
校刊。集中古、今體詩，以世行《臨川集》校之，增多七十二首。
其所佚者，附錄卷末。考葉紹翁《四朝聞見錄》稱"開禧初，韓平
原欲興兵，遣張嗣古覘敵。張還，大拂韓旨。復遣壁。壁還，與
張異詞，階是進政府"云云。是壁附和權姦，以致喪師辱國，實墮
其家聲。其人殊不足重，而牋釋之功，足裨後學，固與安石之詩
均不以人廢云。

【彙訂】

　　① 李壁為李燾第六子。周必大《文忠集》卷六六《敷文閣學
士李文簡公燾神道碑》載其子依次為謙、垕、垔、塾、㙻、壁、壂。
（笕文生、野村鮎子：《四庫提要北宋五十家研究》）

　　廣陵集三十卷拾遺一卷（兩淮鹽政採進本）

　　宋王令撰。令，元城人。幼隨其叔祖乙居廣陵，遂為廣陵
人。初字欽美，後王萃字之曰逢原①。少不檢，既而折節力學。
王安石以妻吳氏之妹妻之。年二十八，卒。遺腹一女，適吳師
禮，生子曰說。其集即說所編。凡詩賦十八卷、文十二卷，又《拾
遺》一卷，墓誌、事狀及交游、投贈、追思之作皆附焉。令才思奇

軼,所為詩磅礴奧衍,大率以韓愈為宗,而出入於盧仝、李賀、孟郊之閒。雖得年不永,未能鍛鍊以老其材,或不免縱橫太過,而視局促剽竊者流,則固偶偶乎遠矣。劉克莊《後村詩話》嘗稱其《暑旱苦熱》詩"骨力老蒼,識度高遠",又稱其《富公并門人相》、《答孫莘老》、《聞鴈》諸篇。明馮惟訥編《古詩紀》,以其《於忽操》三章誤收入古逸詩中,以為龐德公作。豈非其氣格遒上,幾與古人相亂,故惟訥不能辨歟!古文如《性説》等篇,亦自成一家之言。王安石於人少許可,而最重令。同時勝流如劉敞等並推服之,固非阿私所好矣。其集久無刊本,傳寫譌脱,幾不可讀。今於有可考校者,悉為釐正。其必不可通者,則姑仍舊本,庶不失闕疑之意焉。

【彙訂】

① 據此集附劉發《廣陵先生傳》,"欽美"乃"鍾美"之誤,"王萃"乃"黃萃"之誤。(笕文生、野村鯰子:《四庫提要北宋五十家研究》)

集　部　七

別　集　類　七

東坡全集一百十五卷（内府藏本）

宋蘇軾撰。軾有《易傳》，已著錄。案蘇轍作《軾墓誌》，稱軾所著有《東坡集》四十卷，《後集》二十卷，《奏議》十五卷，《内制》十卷，《外制》三卷，《和陶詩》四卷。晁公武《讀書志》、陳振孫《書錄解題》所載並同，而別增《應詔集》十卷，合為一編，即世所稱《東坡七集》者是也。《宋史·藝文志》則載前、後集七十卷，卷數與《墓誌》不合。而又別出《奏議補遺》三卷，《南征集》一卷①，《詞》一卷，《南省説書》一卷，《別集》四十六卷，《黄州集》二卷，《續集》二卷，《北歸集》六卷，《儋耳手澤》一卷，名目頗為叢碎。今考軾集在宋世原非一本。邵博《聞見後錄》稱京師印本《東坡集》，軾自校其中“香醪”字誤者②，不更見於他書。殆毁於靖康之亂。陳振孫所稱有杭本、蜀本，又有軾曾孫嶠所刊建安本，又有麻沙書坊《大全集》本，又有張某所刊吉州本。蜀本、建安本無《應詔集》③。麻沙本、吉州本兼載《志林》、《雜説》之類，不加考訂。而陳鵠《耆舊續聞》則稱：“姑胥居世英刊《東坡全集》，殊有序，又少舛謬，極可賞。”是當時以蘇州本為最善，而今亦無存。

葉盛《水東日記》又云："邵復孺家有細字小本《東坡大全文集》④，松江東日和尚所藏有大本《東坡集》⑤，又有小字大本《東坡集》。"盛所見皆宋代舊刻，而其錯互已如此。觀《捫蝨新話》稱"《葉嘉傳》乃其邑人陳元規作，和賀方回《青玉案》詞乃華亭姚晉作⑥。集中如《睡鄉》、《醉鄉記》，鄙俚淺近，決非坡作。今書肆往往增添改換，以求速售，而官不之禁"云云。則軾集風行海內，傳刻日多，而紊亂愈甚，固其所矣。然傳本雖夥，其體例大要有二。一為分集編訂者，乃因軾原本原目而後人稍增益之，即陳振孫所云杭本。當軾無恙之時，已行於世者。至明代江西刻本猶然，而重刻久絕⑦。其一為分類合編者，疑即始於居世英本。宋時所謂《大全集》者，類用此例⑧。迄明而傳刻尤多。有七十五卷者，號《東坡先生全集》，載文不載詩，漏略尤甚。有一百十四卷者，號《蘇文忠全集》，版稍工而編輯無法。此本乃國朝蔡士英所刊，蓋亦據舊刻重訂。世所通行，今故用以著錄。集首舊有《年譜》一卷，乃宋南海王宗稷所編。邵長蘅、查慎行補註軾詩，稱其於作詩歲月，編次多誤。以原本所有，今亦並存焉。

【彙訂】

① 明刻《重編東坡外集》序作《南行集》，《東坡全集》卷三四有此集自敍，《宋史·藝文志》誤作《南征集》。（劉尚榮：《東坡外集雜考》）

② 邵博《聞見後錄》卷十九："蘇仲虎言：有以澄心紙求東坡書者。令仲虎取京師印本《東坡集》，誦其中詩，即書之。至'邊城歲莫多風雪，強壓香醪與君別'，東坡閣筆怒目仲虎云：'汝便道香醪。'仲虎驚懼。久之，方覺印本誤以'春醪'為'香醪'也。"按"邊城歲莫多風雪，強壓香醪與君別"乃《送曾仲錫通判如京

師》詩中句。蘇軾於元祐八年十月至次年閏四月謫居定州，時與曾氏唱和。另有《次韻曾仲錫元日見寄》詩，可見曾離定州赴京師應在元祐八年末。此後至蘇軾去世前，不可能出現所謂"京師印本《東坡集》"。蘇仲虎即蘇符，他僅在紹聖四年去惠州探視和元符三年侍祖北歸兩段時間在蘇軾身邊。期間政治境遇、身體狀況亦不可能發生"有以澄心紙求東坡書"之事。（劉尚榮：《宋刊蘇軾全集考》）

③ 陳振孫《直齋書錄解題》卷十七明言："杭、蜀本同，但杭本無《應詔集》。"（余嘉錫：《四庫提要辨證》）

④ "邵復儒"，底本作"邵復孺"，據殿本改。《水東日記》卷二十原文作"邵復儒"，《松江志》載邵桂子之孫亨貞，字復儒。《天祿琳琅書目》摹《東坡集》卷八所鈐朱文"亨貞"、"邵氏復儒"二印。（劉尚榮：《宋刊蘇軾全集考》）

⑤《水東日記》卷二十原文作"松江啟東白和尚"，明何良俊《四友齋叢說》卷十六云其名善啟，字東白。（余嘉錫：《四庫提要辨證》）

⑥《捫蝨新話》卷六原文謂作和賀方回《青玉案》詞乃華亭姚晉道。（同上）

⑦ 杭本僅六集，蜀本益以《應詔集》，至明成化四年江西吉安府刻本增編《續集》十二卷，已與宋本不同。其後嘉靖十三年江西布政司復重刻焉。（同上）

⑧ 胡仔《苕溪漁隱叢話》後集卷二十八云："其後居世英家刊大字《東坡前後集》最為善本，世傳前集乃東坡手自編者……後集乃後人所編。"既分前、後集，當為分集合刊，非分類合編者。（同上）

東坡詩集註三十二卷（少詹事陸費墀家藏本）

舊本題宋王十朋撰。十朋有《會稽三賦》，已著錄。是集前
有趙夔序，稱分五十類。此本實止二十九類[①]，蓋有所合併。十
朋序題《百家註》。此本所引，數亦不足。則猶杜詩稱《千家註》，
韓、柳文稱《五百家註》也。其分類頗多顛舛。如《芙蓉城》詩入
"古蹟"，《虎兒》詩入"詠史"之類，不可殫數。不但以《畫魚歌》入
"書畫"為查慎行《東坡詩補註》所譏。其註為邵長蘅所掊擊者，
凡三十八條，至作《正譌》一卷，冠所校《施註》之首。考十朋《梅
溪前集》載序八篇，《後集》載序三篇[②]，獨無此序。又有《讀蘇
文》三則，亦無一字及蘇詩。《梅溪集》為其子聞詩、聞禮所編，十
朋著述搜輯無遺，不應獨漏此序[③]。又趙夔序稱"崇寧間，僕年
志於學。逮今三十年，一字一句，推究來歷，必欲見其用事之處。
頃者赴調京師，繼復守官累，與小坡叔黨游從至熟。叩其所未知
者，叔黨亦能為僕言之"云云。考《宋史》載軾知杭州，蘇過年十
九，其時在元祐五、六年間。又稱過沒時年五十二，則當在宣
和五、六年間。若從崇寧元年下推三十年，已為紹興元年，過
之沒七八年矣。夔安能見過而問之？則並夔序亦出依託[④]。
核書中體例，與杜詩《千家註》相同。殆必一時書肆所為，借十
朋之名以行耳[⑤]。然長蘅摘其體例三失，而云："中間援引詳
明，展卷瞭如者僅僅及半。"則疏陋者不過十之五，未可全廢。
其於《施註》所闕十二卷，亦云："參酌王註，徵引群書以補之。"
則未嘗不於此註取材。大抵創始者難工，繼事者易密。邵註
正王註之譌，查註又摘邵註之誤，今觀查註亦譌漏尚多。考證
之學，不可窮盡，難執一家以廢其餘。錄存是書，亦足資讀蘇
詩者之旁參也。

【彙訂】

① 文淵閣《四庫》本實分三十類，提要或以酬答、酬和為一類。（筧文生、野村鯰子：《四庫提要北宋五十家研究》）

②《後集》實有四篇序。（劉尚榮：《〈百家註分類東坡詩集〉考》）

③ 據諸家序，今本《梅溪集》僅有前、後集并奏議，並非"搜輯無遺"。如王十朋子聞禮跋明言："其間闕亡者異時為《別集》云。"（同上）

④ 宋人言"頃"，有"近"、"曩"二義。館臣認為蘇過（即小坡叔黨）卒於宣和五、六年間（按卒於宣和五年，見晁説之《景迂生集》卷二十《蘇叔黨墓誌銘》。王明清《揮塵後錄》卷八謂卒於"靖康中"，當誤）。而趙夔所謂"逮今三十年"，已至紹興元年以後，距蘇過之歿"七八年矣"，則蘇趙遊從為必無之事。其事既虛，則《序》必偽。館臣蓋以"頃"義為"最近"也。（楊武泉：《四庫全書總目辨誤》）

⑤《梅溪集》中明引暗引、和韻、評議蘇詩有二十五條之多，其中後集卷十四有《讀東坡詩》。卷十五《黃州》、《遊東坡十一絶》等詩，亦述及蘇軾行跡與作品。此集所列《註家姓氏》九十六家，見於《梅溪集》者達四十五家，多為十朋親友僚屬。（劉尚榮：《〈百家註分類東坡詩集〉考》；卿三祥：《〈東坡詩集註〉著者為王十朋考》）

施註蘇詩四十二卷東坡年譜一卷王註正譌一卷蘇詩續補遺二卷（內府藏本）

宋施元之註。元之字德初，吳興人。陸游作是書序，但稱其官曰司諫。其始末則無可考矣。其同註者為吳郡顧禧，游序所謂“助以顧君景繁之賅洽”也。元之子宿又為補綴，《書錄解題》所謂“其子宿從而推廣，且為《年譜》以傳於世”也。《吳興掌故》但言宿推廣為《年譜》，不言補註，與《書錄解題》不同。今考書中實有宿註，則《吳興掌故》為漏矣。嘉泰中，宿官餘姚，嘗以是書刊版①，緣是遭論罷②。故傳本頗稀。世所行者惟王十朋分類註本。康熙己卯③，宋犖官江蘇巡撫，始得殘本於藏書家。已佚其卷一、卷二、卷五、卷六、卷八、卷九、卷二十三、卷二十六、卷三十五、卷三十六、卷三十九、卷四十。犖屬武進邵長蘅補其闕卷。長蘅撰《王註正譌》一卷，又訂定王宗稷《年譜》一卷，冠於集首。其註則僅補八卷，以病未能卒業。更倩高郵李必恒續成三十五卷、三十六卷、三十九卷、四十卷。犖又摭拾遺詩為施氏所未收者，得四百餘首，別屬錢塘馮景註之，重為刊版。乾隆初，又詔內府刊為巾箱本。取攜既便，遂衣被彌宏。元之原本，註在各句之下。長蘅病其間隔，乃彙註於篇末。又於原註多所刊削，或失其舊。後查慎行作《蘇詩補註》，頗斥其非，亦如長蘅之詆王註。然數百年沈晦之笈，實由犖與長蘅復見於世，遂得以上邀乙夜之觀，且剞劂棗梨，壽諸不朽，其功亦何可盡没歟！

【彙訂】

　　① 據孫應時《餘姚縣義役記》及翁方綱《蘇詩補註》卷八附《湖州府志》，施宿任餘姚知縣在慶元初，嘉泰時任紹興通判，嘉定間以朝散大夫提舉淮東常平倉。周密《癸辛雜識》別集上云此書乃施宿任倉司時刻。（王水照：《評久佚重見的施宿〈東坡先生年譜〉》；筧文生、野村鯰子：《四庫提要北宋五十家研究》）

　　② 殿本“緣”上有“竟”字。

③ "己卯"，底本作"乙卯"，據此集卷首宋犖、邵長蘅序及殿本改。己卯為康熙三十八年（1699），乙卯為十四年（1675）。《清史稿》卷二七四宋犖本傳云："（康熙）三十一年，調江蘇巡撫……四十四年，擢吏部尚書。"（筧文生、野村鯰子：《四庫提要北宋五十家研究》）

補註東坡編年詩五十卷（通行本）

國朝查慎行撰。慎行有《周易玩辭集解》，已著錄。初，宋犖刻《施註蘇詩》，急遽成書，頗傷潦草。又舊本黴黯，字跡多難辨識。邵長蘅等憚於尋繹，往往臆改其文，或竟删除以滅跡，並存者亦失其真。慎行是編，凡長蘅等所竄亂者，並勘驗原書，一一釐正。又於施註所未及者，悉蒐採諸書以補之。其間編年錯亂及以他詩闌入者，悉考訂重編。凡為《正集》四十五卷，又補錄帖子詞、致語、口號一卷，遺詩補編二卷，他集互見詩二卷。別以《年譜》冠前，而以同時倡和散附各詩之後。雖卷帙浩博，不免牴牾。如蘇轍辛丑除日寄軾詩，軾得而和，必在壬寅，乃亦入之辛丑卷末，則編年有差。題李白寫真詩，前後文義相屬，本為一首，惠洪所説甚明，乃據《聲畫集》分為二首，則校讎為舛。《漁父詞》四首、《醉翁操》一首本皆詩餘，乃列之詩集，則體裁未明。倡和詩中所列曾鞏《上元遊祥符寺》詩、陳舜俞《送周開祖》詩、楊蟠《北固北高峯塔》詩①、張舜民《西征三絕句》，皆與軾渺不相關②，乃一概闌入。至於所補諸篇，如《怪石》詩指為遭憂時作，不知《朱子語類》謂二蘇居喪無詩文；《鼠鬚筆》詩，本軾子過作，而乃不信《宋文鑑》；《和錢穆父寄弟》詩，已見三十一卷，乃全篇複見；《元祐九年立春》詩即《戲李端叔》詩中四句，已見三十七卷，乃割裂再出;《雙井白龍》詩,《冷齋夜話》明言非東坡作,乃反云據以補入;甚至李白《山中日夕忽然有懷》詩,亦引為軾作,尤失於檢校。如斯之類,皆不免炫博貪多。其所補註,如《宋叔達家聽琵琶》詩"夢回猶識歸舟字"句,本用"筌篌朱字"事,見《太平廣記》,乃惟引"天際識歸舟"句,又誤謝朓為謝靈運;《黃精鹿》詩本畫黃精與鹿,乃引雷斆《炮炙論》黃精汁製鹿茸事,皆為舛誤。又如《紀夢》詩引李白"粲然啟玉齒"句,不知先見郭璞《游仙詩》;《游徑山》詩引《廣異記》"孤雲兩角"語,不知先見辛氏《三秦記》;《端午》詩引屈原飯筒事,云《初學記》引《齊諧記》,不知《續齊諧記》今本猶載此條,皆為未窮根柢③。其他譌漏之處,為近時馮應榴合註本所校補者,亦復不少。然考核地理,訂正年月,引據時事,元元本本,無不具有條理。非惟邵註新本所不及,即施註原本亦出其下。現行蘇詩之註,以此本居最。區區小失,固不足為之累矣。

【彙訂】

①"北固"二字衍。北高峯塔在杭州靈隱寺後,與京口北固山無關。此書卷十二亦作楊蟠《北高峯塔》詩。(筧文生、野村鮎子:《四庫提要北宋五十家研究》)

②"三絕句"乃"二絕句"之誤。《東坡志林》亦載其事,不得謂"渺不相關"。(同上)

③此書卷二三《端午游真如遲适遠從子由在酒局》詩注乃云《初學記》引《續齊諧記》。《總目》卷一四二《續齊諧記》條云"原書久佚,後人於《太平廣記》諸書內鈔合成編",豈非自相矛盾?(同上)

欒城集五十卷欒城後集二十四卷欒城三集十卷應詔集十二卷（內府藏本）

宋蘇轍撰。轍有《詩傳》，已著錄。案晁公武《讀書志》、陳振孫《書錄解題》載《欒城》諸集卷目，並與今本相同。惟《宋史‧藝文志》稱欒城集》八十四卷，《應詔集》十卷，《策論》十卷，《均陽雜著》一卷。焦竑《國史經籍志》則又於《欒城集》外別出《黃門集》七十卷。均與晁、陳二家所紀不合。今考《欒城集》及《後集》、《三集》共得八十四卷，《宋志》蓋統舉言之。《策論》當即《應詔集》，而誤以十二卷為十卷，又復出其目。惟《均陽雜著》未見其書，或後人掇拾遺文，別為編次，而今佚之歟？至竑所載《黃門集》，宋以來悉不著錄。疑即《欒城集》之別名，竑不知而重載之。《宋志》荒謬，焦《志》尤多舛駁，均不足據要[①]。當以晁、陳二氏見聞最近者為準也。其正集乃為尚書左丞時所輯[②]，皆元祐以前之作，後集則自元祐九年至崇寧四年所作，三集則自崇寧五年至政和元年所作[③]，《應詔集》則所集策論及應試諸作。轍之孫籀撰《欒城遺言》，於平日論文大旨敘錄甚詳，而亦頗及其篇目。如紀《辨才塔碑》[④]，則云見《欒城後集》；於《馬知節文集跋》、《生日‧漁家傲》詞諸篇之不在集中者，則並為全錄其文，以拾遺補闕。蓋集為轍所手定，與東坡諸集出自他人裒輯者不同。故自宋以來，原本相傳，未有妄為附益者[⑤]。特近時重刻其稀。此本為明代舊刊，尚少譌闕。陸游《老學菴筆記》稱轍在績溪贈同官詩有"歸報仇梅省文字，麥苗含穟欲蠶眠"句，譏均州刻本輒改作"仇香"之非[⑥]。今此仍作"仇梅"，則所據猶宋時善本矣。

【彙訂】

① 宋鄭樵《通志‧藝文略》著錄有《黃門集》七十卷。又，傅

增湘《藏園群書經眼錄》卷十三記有舊寫本《應詔集》十卷，或其源於宋代亦未可知。（祝尚書：《四庫宋集提要糾誤》）

　　②　據《續資治通鑑長編》卷四五五，"尚書左丞"當作"尚書右丞"。（李俊清：《〈欒城集〉考》）

　　③　據蘇轍《欒城後集引》："元祐六年，年五十有三……顧前後所作至多，不忍棄去，乃裒而集之，得五十卷，題曰《欒城集》。"正集中可考定寫作年代最晚者為《謝除尚書右丞表二首》、《生日謝表二首》（卷四十八），皆作於元祐六年二月。則正集當係元祐六年以前之作。據蘇轍《欒城後集引》："元祐六年……至崇寧五年，前後十五年，憂患侵異，所作寡矣。然亦班班可見，復類而編之，以為《欒城後集》，凡二十四卷。"《後集》中可考定寫作年代最晚者為《潁濱遺老傳》（卷十二至十三）、《九日獨酌三首》（卷四），皆作於崇寧五年九月，且《欒城三集》中寫作年代最早者為《丙戌（崇寧五年）十月二十三日大雪》（卷一）。《欒城第三集引》："崇寧四年，余年六十有八，編近所為文得二十四卷，目之《欒城後集》。"按，蘇轍生於仁宗寶元二年（1039），六十八歲當為崇寧五年。《後集》中詩《喜雨》至《泉城田舍》二十三首（卷四），文《祭范彝叟右丞文》（卷二十）、《歐陽文忠公神道碑》（卷二十三）等均作於崇寧五年。則《後集》所收為元祐六年六月（集中寫作年代最早者為《兄除翰林承旨乞外任劄子》（卷十六），作於元祐六年六月）至崇寧五年十月之作。《欒城第三集引》："又五年，當政和元年，復收拾遺橐，以類相從，謂之《欒城第三集》。……今益以老矣，餘日無幾，方其未死，將復有所為，故隨類輒空其後，以俟異日附益之云爾。"可知政和元年之後所作亦"附益之"，如《三集》中詩《上元》至《廣福僧智昕西歸》二十二首（卷三），文《壬辰年寫

真贊》、《管幼安畫贊》（卷五）、《墳院記》（卷十）皆作於政和二年。則《三集》所收為崇寧五年十月至政和二年九月之作。（同上）

④《後集》卷二四有《龍井辯才法師塔碑》。（筧文生、野村鮎子：《四庫提要北宋五十家研究》）

⑤據轍三世孫蘇詡《欒城集跋語》，宋時其集已有建安本、麻沙本、蜀本、家藏本等不同版本，《黃門集》蓋即其中一種。（曾棗莊、舒大剛等：《三蘇全書敘錄》；祝尚書：《四庫宋集提要糾誤》）

⑥“均州”，文淵閣本書前提要作“筠州”。宋代均州屬京西南路，治所在今湖北丹江口市。筠州屬江南西路，治所在今江西高安縣。《老學菴筆記》卷四原文作均州，然明蜀藩活字本《欒城第三集》卷末有蘇詡跋云“時淳熙己亥中元日曾孫朝奉大夫權知筠州軍州事詡謹書”，又有蘇森跋云“開禧丁卯上元日四世孫朝奉郎權知筠州軍州事蘇森謹書”，可證當作“筠州”。（江慶柏等整理：《四庫全書薈要總目提要》）

山谷內集三十卷外集十四卷別集二十卷詞一卷簡尺二卷年譜三卷（安徽巡撫採進本）①

宋黃庭堅撰。《年譜》二卷，庭堅孫㔾撰。庭堅事迹具《宋史·文苑傳》。㔾字子耕，從學於朱子。朱子於元祐諸人，詆二蘇而不詆庭堅，㔾之故也。葉夢得《避暑錄話》載黃元明之言曰：“魯直舊有詩千餘篇，中歲焚三之二。存者無幾，故名《焦尾集》。其後稍自喜，以為可傳，故復名《敝帚集》。晚歲復刊定，止三百八篇，而不克成。今傳於世者尚幾千篇。”云云。然庭堅所自定者皆已不存。其存者，一曰《內集》，庭堅之甥洪炎所編，即庭堅手定之《內篇》,所謂退聽堂本者也②。一曰《外集》,李彤所編,所謂邱濬藏本者也。一曰《別集》,即嚭所編,所謂內閣鈔出宋蜀人所獻本者也③。《內集》編於建炎二年,《別集》編於淳熙九年,《年譜》則編於慶元五年。蓋《外集》繼《內集》而編,《別集》繼內、外兩集而編,《年譜》繼《別集》而編。獨李彤之編《外集》未著年月。然考《外集》第十四卷《送鄧慎思歸長沙》詩,"慎"字空格,註云"今上御名",是《外集》亦編於孝宗時也。三集皆合詩文同編。後人註釋,則惟取其詩。任淵所註之《內集》,即洪炎所編之《內集》。史容所註之《外集》,則與李彤所編次第已多有不同。而李彤編《外集》之大意,猶稍見於史註第一卷《溪上吟》題下。惟史季溫所註之《別集》,則與嚭所編《別集》大有揩拄。此則原本與註本不可相無者矣。又《外集》第十一卷以下四卷①,詩凡四百有奇,皆庭堅晚年刪去,而李彤附載入者。此則任、史三註本皆未之有。庭堅之詩,得此而後全。又其中有與《年譜》相應者,嚭編《年譜》時皆一一分註某年某事之次。而今但據三集檢其目,則《年譜》有而本集無。故此四卷尤不可廢也。嚭之《年譜》,專為考證詩文集而作。故刻全集必當兼刻《年譜》。而近日刻本,或刪節《年譜》⑤,或刪併卷次,或移易分類,以就各體,或專刻一集,而不及其全。此本刻於明嘉靖中,前有蜀人徐岱序,尚為不失宋本之遺,非外閒他刻所及焉。

【彙訂】

①《年譜》實為三十卷,文淵閣本書前提要不誤。(沈治宏:《〈四庫全書總目〉集部著錄圖書失誤原因析》)

②《內集》即《豫章先生集》,又稱"正集"、"前集",有建炎二年(1128)洪炎序曰:"炎元祐戊辰、辛未(1091)歲兩試禮部,皆寓

舅氏魯直廡中。魯直出詩一編曰《退聽堂錄》，云：'余作詩至多，不足傳，所可傳者僅百餘篇而已。'……今斷自《退聽》而後，雜以他文，得一千三百四十有三首，為賦十，楚詞五……題跋一百一十八……凡詩斷自《退聽》始，《退聽》以前蓋不復取……他文雜前後十取八九，獨去其可疑與不合者，亦魯直之本意也。"可知《退聽堂錄》乃詩集，與《內集》迥異。（祝尚書：《四庫宋集提要糾誤》）

　　③明周季鳳序曰："初，與先兄南山先生求瓊山閣老丘公（濬），得《豫章集》三十有六卷，譌脫未慊也。最後因亡友潘南屏時用抄之內閣，有《正集》、《外集》、《別集》、《詞》、《簡》、《年譜》諸集，凡九十七卷，乃宋蜀人所獻者，或者其全而無遺也哉！"則《外集》、《別集》底本皆為抄內閣本。（同上）

　　④殿本"又"下有"觀"字。

　　⑤殿本"或"上有"則"字。

　　山谷內集註二十七卷外集註十七卷①（兩淮鹽政採進本）別集註二卷（編修翁方綱家藏本）

　　宋任淵、史容、史季溫所註黃庭堅詩也。任淵所註者《內集》，史容所註者《外集》，其《別集》則容之孫季溫所補，以成完書。《內集》一稱"正集"。其又稱"前集"者，蓋《內集》編次成書在《外集》之前，故註家相承，謂《內集》為"前集"耳。《外集》之詩起嘉祐六年辛丑，庭堅時年十七，而《內集》之詩起元豐元年戊午，庭堅時年三十四。故《外集》諸詩轉在《內集》之前。黃㽦所編《庭堅年譜》云："山谷以史事待罪陳留，偶自編《退聽堂詩》，初無意盡去少作。胡直孺少汲建炎初帥洪，并類山谷詩文為《豫章

集》。命汝陽朱敦孺、山房李彤編集，而洪炎玉父專其事。遂以
《退聽》為斷。"史容《外集》序亦云："山谷自言欲倣莊周分其詩文
為內、外篇。意固有在，非欲去此取彼也。"《譜》又云："洪氏舊編
以《古風》二篇為首，今任淵註本亦云東坡《報山谷書》推重此二
詩，故置諸篇首。"是任淵所註《內集》，即洪炎編次之本。史季溫
《外集》跋云："細考出處歲月，別行詮次，不復以舊集古、律詩為
拘。"則所謂《外集》者已非復原次。再考李彤《外集》跋云："彤聞
山谷自巴陵取道通城，入黃龍山，為清禪師遍閱《南昌集》。自有
去取，仍改定舊句。彤後得本，用以是正其言非予詩者五十餘
篇。彤亦嘗見於他人集中，輒以除去②。"又云"《前集》內《木之
彬彬》諸篇皆山谷晚年刪去"，其去取據此而已。然季溫跋稱其
大父為增註考訂，在嘉定戊辰後，又近十年。則上距庭堅之没，
已百有十年。而《外集》原本卷次，至是始經史容更定。則所謂
《外集》者，並非庭堅自删之本矣。然則是三集者，皆賴註本以傳
耳。趙與峕《賓退錄》嘗論淵註《送舅氏野夫之宣城》詩，不得"春
網琴高"出典。然註本之善不在字句之細瑣，而在於考核出處時
事。任註《內集》，史註《外集》，其大綱皆繫於目錄每條之下。使
讀者考其歲月，知其遭際，因以推求作詩之本旨。此斷非數百年
後以意編年者所能為，何可輕也！《外集》有嘉定元年晉陵錢文
子序，而《內集》鄱陽許尹序世傳鈔本皆佚之，惟劉壎《水雲邨泯
槀》載其大略，目錄亦多殘闕。此本獨有尹序全文。且三集目
錄，犁然皆具，可與註相表裏，是亦足為希覯矣。淵字子淵，蜀之
新津人。紹興元年乙丑，以文藝類試有司第一③，仕至潼川憲。
其稱天社者，新津山名也。容字公儀，號蓭室居士，青衣人，仕至
太中大夫。其孫季溫，字子威。舉進士，寶祐中官祕書少監。淵

又嘗撰《山谷精華錄》詩、賦、銘、贊六卷，雜文二卷。自序謂節其要而註之。然原本已佚，今所傳者出明人偽託。獨此註則昔人謂獨為其難者，與史氏二註本藝林寶傳，無異辭焉。

【彙訂】

① "十七卷"，殿本作"七卷"，誤，參文淵閣庫書。

② "以"，黃㽞《年譜》所引李彤跋文及殿本作"已"。

③ 紹興元年(1131)為辛亥，十五年(1145)為乙丑。紹興元年宋高宗逃至越州，未遑開科取士。陳振孫《直齋書錄題解》卷一八《詩菴集》條云："新津任淵子淵撰。紹興乙丑類試第一人……"馬端臨《文獻通考》卷二四〇亦曰："紹興乙丑類試第一人。"（張承鳳：《論任淵及其〈山谷內集註〉》）

後山集二十四卷（副都御史黃登賢家藏本）

宋陳師道撰。師道字履常，一字無己，彭城人。受業曾鞏之門，又學詩於黃庭堅。元祐初，以蘇軾薦，除棣州教授①。後召為祕書省正字。事迹具《宋史·文苑傳》②。是集為其門人彭城魏衍所編。前有衍記，稱"以甲、乙、丙槀合而校之。得詩四百六十五篇，分為六卷。文一百四十篇，分為十四卷。《詩話》、《談叢》則各自為集"云云。徐度《却掃編》稱師道"吟詩至苦，竄易至多。有不如意則棄槀。世所傳多偽，惟魏衍本為善"是也。此本為明馬暾所傳，而松江趙鴻烈所重刊。凡詩七百六十五篇，編八卷，文一百七十一篇③，編九卷，《談叢》編四卷，《詩話》、《理究》、《長短句》各一卷。又非衍之舊本。方回《瀛奎律髓》稱謝克家所傳有《後山外集》，或後人合併重編歟？其五言古詩出入郊、島之閒，意所孤詣，殆不可攀。而生硬之處，則未脫江西之習。七言古詩頗學韓愈，亦閒似黃庭堅，而頗傷謇直。篇什不多，自知非所長也。五言律詩佳處往往逼杜甫，而閒失之僻澀。七言律詩風骨磊落，而閒失之太快、太盡。五、七言絕句純為杜甫《遣興》之格，未合中聲。長短句亦自為別調，不甚當行。大抵詞不如詩，詩則絕句不如古詩，古詩不如律詩，律詩則七言不如五言。方回論詩，以杜甫為一祖，黃庭堅、陳與義及師道為三宗，推之未免太過。馮班諸人肆意詆排，王士禛至指為鈍根。要亦門戶之私，非篤論也。其古文在當日殊不擅名，然簡嚴密栗，實不在李翺、孫樵下。殆為歐、蘇、曾、王盛名所掩，故世不甚推。棄短取長，固不失為北宋巨手也。

【彙訂】

① 據魏衍《彭城陳先生集記》（高麗活字本《後山詩註》卷首）及宋刻《後山居士文集》後附謝克家序，“棣州”乃“徐州”之誤。赴棣州乃元符三年（1100）流謫時事。（筧文生、野村鯰子：《四庫提要北宋五十家研究》）

② 依《總目》體例，當作“師道有《後山談叢》，已著錄”。

③ “趙鴻烈”乃“趙駿烈”之誤，其雍正八年刊本收詩六百七十九首，文一百七十二篇。（王嵐：《宋人文集編刻流傳叢考》）

后山詩註十二卷（浙江巡撫採進本）

宋陳師道撰，任淵註。原本六卷，此本作十二卷，則淵作註時每卷釐為二也。淵生南、北宋間，去元祐諸人不遠，佚文遺蹟，往往而存。即同時所與周旋者，亦一一能知始末。故所註排比年月，鉤稽事實，多能得作者本意。然師道詩得自苦吟，運思幽僻，猝不易明。方回號曰知詩，而《瀛奎律髓》載其《九日寄秦觀》

詩①，猶誤解末二句，他可知矣。又魏衍作師道集《記》，稱其詩未嘗無謂而作。故其言外寄託，亦難以臆揣。如《送郭概四川提刑》詩之"功名何用多，莫為分外慮"；《送杜純陝西轉漕》詩之"誰能留渴須遠井"；《贈歐陽棐》詩之"歲歷四三仍此地，家餘五一見今朝"；《觀六一堂圖書》詩之"歷數況有歸，敢有貪天功"；《次韻蘇軾觀月聽琴》詩之"信有千丈清，不如一尺渾"；《次韻蘇軾勸酒與》詩之"五十三不同，夙紀鳴蟬賦"；《寄蘇軾》詩之"功名不朽聊通袖，海道無違具一舟"；《寄張耒》詩之"打鴨起鴛鴦"；《離潁》詩之"叢竹防供爨，池魚已割鮮"；《送劉主簿》詩之"二父風流皆可繼，排禪詆道不須同"；《送王元均》詩之"故國山河開始終"以及《宿深明閣》、《陳州門絕句》、《寄曹州晁大夫》等篇，非淵一一詳其本事，今據文讀之，有茫不知為何語者。即《鉅野》詩之"蒲港"對"蓮塘"，儷偶相配，似乎不誤，非淵親見其地，亦不知"港"字當為"巷"也②。其中如《寄蘇軾》詩之"遙知丹地開黃卷，解記清波沒白鷗"二語，蓋宋敏求校定杜詩，誤改"白鷗沒浩蕩"句，軾嘗論之，見《東坡志林》。故師道借以為諷。淵惟引其寄弟轍詩"萬里滄波沒兩鷗"句，則與上句"丹地黃卷"不相應矣。他如"兒生未知父"句，實用孔融詩；"情生一念中"句，實用陳鴻《長恨歌傳》；"度越周漢登虞唐"句，"虞唐"顛倒，實用韓愈詩；"孰知詩有驗"句③，以"熟"為"孰"，實用杜甫詩，而皆遺漏不註。《次韻春懷》詩"塵生鳥跡多"句，"鳥跡"當為"馬跡"之譌，而引晉簡文"牀塵鼠跡"附會之；《齋居》詩"青奴白牯靜相宜"句，"牯"字必誤，而引"白角簟"附會之；《謁龐籍墓》詩"叢篁侵道更須束"句，"束"字必誤①，而引《齊民要術》"束家種竹"附會之。至於以"謝客兒"為"客子"、以"龍"為"龍伯"，皆舛謬顯然，淵亦絕不糾正。是皆不免於微瑕。據淵自序，其編次先後亦如所註《山谷集》例，寓年譜於目錄。今考《和豫章公黃梅》二首註曰："此篇編次不倫，姑仍其舊。"又於"紹聖三年"下註曰："是歲春初，后山當罷潁學，而《離潁》等詩反在卷終，又有未離潁時所作。魏本如此，不欲深加改正。"而於《示三子》詩則註曰："此篇原在《晁張見過》詩後，今遷於此。"於《雪後黃樓寄負山居士》詩則註曰："此詩原在《秋懷》前，今遷於此。"於《再次韻蘇公示兩歐陽》五詩則註曰："以《東坡集》考之，原在《涉潁》詩後，今遷於此。"則亦有所竄定，非衍之舊⑤。又衍記稱師道卒於建中靖國元年，年四十九。此集託始於元豐六年，則師道年已三十一。不應三十歲前都無一詩⑥。觀《城南寓居》二首，列於元豐七年，而註曰"或云熙寧閒作"，則淵亦自疑之。《題趙士暕高軒過圖》一首，淵引《王立之詩話》，稱作此詩後數月閒遂卒。故其後更列送歐陽棐、晁端仁、王鞏三詩。今考《王立之詩話》，實作"數日無己卒，士暕贈以百縑"。校其所錄情事，作"數日"為是。則小誤亦所不免⑦。然援證古今，具有條理，其所得者實多。莊綽《雞肋編》嘗摭師道詩採用俚語者十八條，大致皆淵註所已及，可知其用意之密矣。固與所註《山谷集》均可並傳不朽也。

【彙訂】

①《瀛奎律髓》卷十六載陳後山《九日寄秦覯》詩，秦覯乃秦觀之弟。（筧文生、野村鮎子：《四庫提要北宋五十家研究》）

② 本集卷二《巨野》詩第二首云："蒲港侵衣綠，蓮塘亂眼紅。"註云："《宋莒公集》，梁山泊水無岸，行舟多穿菰蒲為道，州人謂之蒲巷。此'港'字恐當作'巷'。"《宋元憲集》卷十《坐舊州驛亭上作》自註與任淵註所引正同。則淵乃據宋庠集，非親見其

地。又《後山集》卷十《鉅野泊觸事》詩云：“蒲港牽絲直，平湖墜鏡清。”亦作港，蓋大道而有徑路者謂之巷，水中之港猶巷也，義本相通，不必便是誤字。（余嘉錫：《四庫提要辨證》）

③ “驗”，殿本作“識”，誤，參此集卷八《送張秀才》詩原文。

④ 卷二《次韻春懷》“欲作歸田計，無如二頃何。折腰方賴祿，拭面未傷和。日下烏聲樂，塵生鳥跡多。渡頭留小楫，乘興得相過。”此詩蓋作於罷太學博士之後，第五句用《左傳》烏烏之聲樂，以譏臺諫之多言，六句用《孟子》獸蹄鳥跡之道交於中國，以刺小人也，皆因所見之景以起興耳。若作“馬跡”，則膚泛無當，而比興之意全失矣。卷五《東山謁外大父墓》“土山宛轉屈蒼龍，下有盤盤蓋世翁。萬木刺天元自直，叢篁侵道更須東。百年富貴今誰見，一代功名託至公。少日抵頭期類我，暮年垂淚向西風。”乃言山中樹木皆干霄直上，元自不妨通行，但以叢篁侵路，欲往墓次，更須繞道向東耳。且以直木比龐籍，以叢篁比韓絳等小人當道，如蔓草之難除，使籍不能行其志，不得不避位以去也。（余嘉錫：《四庫提要辨證》）

⑤ 任淵自序云：“近時刊本，參錯繆誤。政和中，王雲子飛得後山門人魏衍親授本，編次有序，歲月可考，今悉據依，略加緒正。”然則魏衍原本本以歲月為序，淵即據之以次年譜，僅於《示三子》等數篇有所緒正，已註明於目錄之下，未嘗取其全書竄亂而更張之也。且“是歲春初，後山當罷潁學”云云，乃紹聖元年甲戌條下之注。卷三《再次韻蘇公示兩歐陽》、《次韻蘇公勸酒與詩》等五詩非盡關兩歐陽，不應混而稱之。任注所謂“原在《涉潁》詩後”者，獨指《次韻蘇公竹間亭絕句》一首，魏本在《次韻蘇公涉潁詩》後，《再次韻蘇公示兩歐陽》之前，而《再次韻蘇公示兩

《歐陽》等餘四首今本仍在《涉潁》詩後，未經任淵改編。又此注
"以《東坡集》考之"下原有"歲晚所作"一句，刪去則似此詩在《東
坡集》中元編於《涉潁》詩之後者，與任淵之意適得其反。（同上）

⑥《後山集》卷十四《答秦覯書》自言既見黃庭堅後嘗盡焚
其舊稿，可解集中無三十歲前詩之惑。（同上）

⑦《王立之詩話》已佚，阮閱《詩話總龜》卷一九所引作"數
日無己卒，士暕贈以十縑"。任淵定《題趙士暕高軒過圖》詩前一
首作於"建中靖國元年九月"，而後一首《送歐陽叔弼知蔡州》作
於是年十月（據《長編紀事本末》卷一二一），則以此詩作於九、十
月間，距陳師道之卒（十二月二十九日）正為數月，此注不誤。或
所見《王立之詩話》文字與阮閱所見有異。（李裕民：《四庫提要
訂誤》）

宛邱〔丘〕集七十六卷（浙江鮑士恭家藏本）

宋張耒撰。耒有《詩說》，已著錄。蘇軾嘗稱其文"汪洋沖
澹，有一唱三嘆之音"。晚歲詩務平淡效白居易，樂府效張籍。
故《瀛奎律髓》載楊萬里之言謂"肥仙詩自然"。肥仙，南宋人稱
耒之詞也。《文獻通考》作《柯山集》一百卷。兹集少二十四
卷①。查慎行註蘇軾詩云："嘗見耒詩二首，而今本無之。"考周
紫芝《太倉稊米集》有《書譙郡先生文集後》曰："余頃得《柯山集》
十卷於大梁羅仲共家②，已而又得《張龍閣集》三十卷於內相汪
彥章家，已而又得《張右史集》七十卷於浙西漕臺，而先生之制作
於是備矣。今又得《譙郡先生集》一百卷於四川轉運副使南陽井
公之子晦之。然後知先生之詩文為最多，當猶有網羅之所未盡
者。余將盡取數集，削其重複，一其有無，以歸於所謂一百卷，以

為先生之全書。"云云。然則耒之文集,在南宋已非一本。其多寡亦復相懸。此本卷數與紫芝所記四本皆不合,又不知何時何人摭拾殘剩所編,宜其闕佚者頗夥。然考胡應麟《筆叢》有曰:"張文潛《柯山集》一百卷,余所得卷僅十三。蓋鈔合類書以刻,非其舊也。余嘗於臨安僻巷中見鈔本書一十六帙,閱之乃文潛集,卷數正同。明旦訪之,則夜來鄰火延燒,此書倏煨燼矣。余大悵惋彌月。"云云。此本雖不及百卷之完備,然較應麟所云十三卷者,則多已不啻五六倍,亦足見耒著作之大略矣。

【彙訂】

① 文淵閣庫書作《柯山集》五十卷,書前提要不誤。(沈治宏:《〈四庫全書總目〉集部著錄圖書失誤原因析》)

② "羅仲共",底本作"羅仲洪",據《太倉稊米集》卷六七《書譙郡先生文集後》原文及殿本改。

淮海集四十卷後集六卷長短句三卷(副都御史黃登賢家藏本)

宋秦觀撰。觀事迹具《宋史·文苑傳》。觀與兩弟覿、覯皆知名,而觀集獨傳。本傳稱"文麗而思深"。《苕谿漁隱叢話》載蘇軾薦觀於王安石,安石答書,述葉致遠之言,以為"清新婉麗,有似鮑、謝"。敖陶孫《詩評》則謂其詩"如時女步春,終傷婉弱"。元好問《論詩絕句》因有"女郎詩"之譏。今觀其集,少年所作,神鋒太儁或有之,概以為靡曼之音,則詆之太甚。呂本中《童蒙訓》曰:"少游'雨砌墮危芳,風檐納飛絮'之類①,李公擇以為謝家兄弟不能過也。過嶺以後詩,高古嚴重,自成一家,與舊作不同。"斯公論矣。觀《雷州詩》八首,後人誤編之《東坡集》中,不能辨別。則安得概目以小石調乎?其古文在當時亦最有名。故陳善

《捫蝨新話》曰："吕居仁嘗言②，少游從東坡游，而其文字乃自學西漢。以余觀之，少游文格似正③，所進策論，頗若刻露，不甚含蓄。若比東坡，不覺望洋而嘆。然亦自成一家。"云云。亦定評也。《王直方詩話》稱觀作《贈參寥》詩末句曰："平康在何處，十里帶垂楊。"為孫覺所呵。後編《淮海集》，遂改云："經句滯酒伴，猶未獻《長楊》。"則此集為觀所自定。《文獻通考》"別集類"載《淮海集》三十卷，又"歌詞類"載《淮海集》一卷。《宋史》則作四十卷。今本卷數與《宋史》相同，而多《後集》六卷，《長短句》分為三卷，蓋嘉靖中高郵張綎以黃瓚本及監本重為編次云④。

【彙訂】

①"風櫺"，此集卷三《春日雜興十首》原文作"風軒"。宋人詩話如《苕谿漁隱叢話前集》卷五十、《詩人玉屑》卷十八引吕氏《童蒙訓》，亦作"風軒"。（江慶柏等整理：《四庫全書薈要總目提要》）

②《捫蝨新話》卷六原文作吕居休。（司馬朝軍：《四庫全書總目精華錄》）

③"似正"，殿本作"正似"，誤，參《捫蝨新話》卷六"秦少游文自成一家"條原文。

④ 今傳世宋刊本有乾道九年（1173）高郵軍學刊本及紹熙三年（1192）重修本，皆為《文集》四十卷《後集》六卷《長短句》三卷，與陳振孫《直齋書錄解題》著錄合。（徐培均：《淮海詞版本考》；祝尚書：《宋人別集敘錄》）

濟南集八卷（永樂大典本）

宋李廌撰。廌有《德隅齋畫品》，已著錄。《文獻通考》載廌

《濟南集》二十卷，而當時又名曰《月巖集》。周紫芝《太倉稊米集》有《書〈月巖集〉後》一篇①，稱滑臺劉德秀借本於妙香寮，始得見之。則南渡之初，已為罕覯。後遂散佚不傳，惟《蘇門六君子文粹》中載遺文一卷而已②。《永樂大典》修於明初，其時原集尚存，所收頗夥。採掇編輯，十尚得其四五，蓋亦僅而得存矣。廌才氣橫溢，其文章條暢曲折，辯而中理，大略與蘇軾相近。故軾稱其“筆墨瀾翻，有飛砂走石之勢”。李之儀稱其“如大川東注，晝夜不息，不至於海不止”。周紫芝亦云：“自非豪邁英傑之氣過人十倍，其發為文詞，何以痛快若是。”蓋其兀奡奔放，誠所謂不羈之才，馳驟於秦觀、張末之間，未遽步其後塵也。史又稱其善論古今治亂③，嘗上《忠諫書》、《忠厚論》，又《兵鑒》二萬言。今所存《兵法奇正》、《將才》、《將心》諸篇，蓋即所上《兵鑒》中之數首。其議論奇偉，尤多可取，固與局促轅下者異焉。案呂本中《紫微詩話》極稱廌《贈汝州太守》詩，而今不見此首。又其《祭蘇軾文》所云“皇天后土，鑒一生忠義之心；名山大川，還萬古英靈之氣”者，當時傳誦海內，而亦不見其全篇。則其詩文之湮沒者固已不少。其幸而未佚者，固尤足珍矣。

【彙訂】

①“太倉稊米集”，殿本作“太倉梯米集”，誤。此文載《太倉稊米集》卷六十六。

②“一卷”應作“五卷”，《蘇門六君子文粹》卷四五至四九皆為李廌文。（筧文生、野村鯰子：《四庫提要北宋五十家研究》）

③“善”，《宋史》卷四四四李廌本傳原文及殿本作“喜”。（同上）

参寥子集十二卷（兵部侍郎紀昀家藏本）

宋僧道潛撰。道潛，於潛人。蘇軾守杭州，卜智果精舍居之。《墨莊漫錄》載其本名曇潛，軾為改曰道潛。軾南遷，坐得罪，返初服。建中靖國初，詔復祝髮。崇寧末，歸老江湖。嘗賜號妙總大師。國朝吳之振《宋詩鈔》云："《參寥集》杭本多誤採他詩，未及與析。"今所傳者凡二本。一題"三學院法嗣廣宁訂，智果院法嗣海惠閱錄"。前有參寥子小影，即海惠所臨。首載陳師道《餞參寥禪師東歸序》，次載宋濂、黃諫、喬時敏、張睿卿四序。鈔寫頗工。一本題"法嗣法穎編"，卷帙俱同，而敘次迥異。未知孰為杭本。按集中詩有"同法穎韻"者，則法穎本授受有緒，當得其真。惟所載陳師道序，題曰《高僧參寥集序》，與序語頗相乖刺，豈傳寫者所妄改歟？《冷齋夜話》稱："參寥性褊，憎凡子如讎。"今觀其詩，如《湖上》二首之類，頗嫌語少含蓄，足為傲僻寡合之驗。然其落落不俗，亦由於此。吳可《藏海詩話》曰："參寥《細雨》云：'細憐池上見，清愛竹間聞。'荊公改'憐'作'宜'。又詩成'暮雨邊'①，秦少游曰：'雨中、雨旁皆不好，祇雨邊最妙。'"又云："'流水聲中弄扇行'，俞清老極愛之。此老詩風流醞藉，諸詩僧皆不及。韓子蒼云：'若看參寥詩，則惠洪詩不堪看也。'"云云。蓋當時極推重之。曹學佺《石倉歷代詩選》惟錄其《游鶴林寺》詩一首、《夏日龍井書事》詩一首，以當北宋一家。殆從他書採摭，未見此本歟？

【彙訂】

①《吳可《藏海詩話》原文為："又詩云'暮雨邊'。"此集卷二《次韻少游學士送龔深之往金陵見王荊公四首》之二末句云："碧蘚時魚暮雨邊"。可知"成"當作"云"。（韓立平：《《四庫全書總

目〉正誤二則》）

　　寶晉英光集八卷(浙江鮑士恭家藏本)

　　宋米芾撰。芾有《畫史》，已著錄。其集於南渡之後，業已散佚①。紹定壬辰，岳珂官潤州時，既葺芾祠，因摭其遺文為一編，併為之序。序中不言卷數，而稱"《山林集》舊一百卷②，今所薈稡附益，未十之一"，似即此本。然陳振孫《書錄解題》稱《寶晉集》十四卷，與此不同。又此本後有張丑跋，云得於吳寬家。中間詩文，或註從《英光堂帖》增入，或註從《群玉堂帖》增入，則必非岳珂原本。又有註從《戲鴻堂帖》增入者，則併非吳寬家本。考寶晉乃芾齋名，英光乃芾堂名。合二名以名一書，古無是例。得無初名《寶晉集》，後人以《英光堂帖》補之，改立此名歟③？芾以書畫名，而文章亦頗不俗。曾敏行《獨醒雜志》載其嘗以詩一卷投許沖元云："芾自會道，言語不襲古人。年三十，為長沙掾，盡焚燬以前所作。平生不錄一篇投王公貴人。遇知己索一二篇，則以往。元豐至金陵，識王介甫。過蘇州，識蘇子瞻。皆不執弟子禮①。"云云。其自負殊甚，殆猶顛態。然吳可《藏海詩話》引韓駒之言，謂芾詩"有惡無凡"。岳珂序引《思陵翰墨志》曰："芾之詩文，語無蹈襲，出風煙之上。覺其詞翰同有凌雲之氣。案此條今本《思陵翰墨志》不載。"敏行又記蘇軾嘗言："自海南歸，舟中聞諸子誦所作古賦，始恨知之之晚。"蓋其胸次既高，故吐言天拔。雖不規規繩墨，而氣韻自殊也。

【彙訂】

　　①《永樂大典》卷一四三八〇、卷一五一三八均引《寶晉山林集》，卷八四四二引《寶晉英光集》，則二集明初尚存。（李裕

民：《四庫提要訂誤》增訂本）

②"山林集"，殿本作"山村集"，誤，參岳珂序原文。（王宏生：《北宋書學文獻考論》）

③《寶晉英光集》乃岳珂以《寶晉山林集拾遺》為基礎輯補整理而成。（李裕民：《四庫提要訂誤》增訂本）

④"皆"，殿本作"比日"，誤，參《獨醒雜志》卷五原文。

石門文字禪三十卷（内府藏本）

宋僧惠洪撰。惠洪有《冷齋夜話》，已著錄。是集為其門人覺慈所編。釋氏收入《大藏》支那著述中。此本即《釋藏》所刊也。許顗《詩話》稱其著作"似文章巨工，仲殊、參寥輩皆不能及"。陳振孫《書錄解題》亦謂"其文俊偉，不類浮屠氏語"。方回《瀛奎律髓》則頗詆諆之。平心而論，惠洪之失在於求名過急，所作《冷齋夜話》，至於假託黃庭堅詩以高自標榜，故頗為當代所譏。又身本緇徒，而好為綺語。《能改齋漫錄》記其《上元宿岳麓寺》詩，至有"浪子和尚"之目。要其詩邊幅雖狹，而清新有致，出入於蘇、黃之間，時時近似。在元祐、熙寧諸人後，亦挺然有以自立，固未可盡排也。集中有《寂音自序》一篇，述其生平出處甚悉。而晁公武所謂"張商英聞其名，請住峽州天寧寺"者，獨不之及。殆其朱崖竄謫，釁肇於斯，故諱而不書耶？蓋其牽連鉤黨，與道潛之累於蘇軾同。而商英人品非軾比，惠洪人品亦非道潛之比。特以詞藻論之，則與《參寥子集》均足各名一家耳。

青山集三十卷（浙江巡撫採進本）續集七卷（編修朱筠家藏本）

宋郭祥正撰。祥正字功父，當塗人。熙寧中舉進士，官至汀州通判，攝守漳州。事迹具《宋史》本傳。晁公武《讀書志》、陳振孫《書錄解題》皆載祥正《青山集》三十卷①。王士禎《居易錄》曰：「郭祥正《青山集》，閩謝氏寫本六卷。古詩二卷、近體詩四卷，七言歌行僅二篇，或有闕文。」是士禎所見已為傳寫殘闕之本。此本三十卷，與陳、晁二家所載合②，猶完書矣。又《續集》七卷，晁氏、陳氏均不載，《宋史·藝文志》亦不著錄。前後無序跋，莫審誰所編次。然核其詩格，確出祥正，非後人所能依託。其中紀述，頗足與史傳相參考。如史稱祥正致仕後居於姑熟，不復干進。所居有醉吟菴。久之，起為通判汀州。後知端州，復棄去，家於當塗之青山以卒。今《續集》中有《浪士歌》一首，自序云：「郭子棄官合肥，歸姑熟，自號曰醉吟先生。居五年，或者謂其未老可仕，以事薦於上。上即召之，復序於朝，俾監閩汀郡。尋攝守漳南，上復召之。行至半道，閩使者狀其罪以聞，遂下吏。留於漳幾三年。又自號曰漳南浪士。」云云。集中留漳南詩甚多，則史所云知端州後復棄官者非也。又《漳南書事》云：「元豐五年秋七月十九日，猛風終夜發，拔木壞廬室。」《新昌吟寄穎叔待制》云：「元祐丙寅冬，新昌有狂寇名探，其姓岑，厥初善巫呪。」云云。按元豐五年至元祐元年丙寅，正合詩序所云留漳南三年之數。然則祥正被議下吏在元豐五年，而其得歸也在元祐元年。而岑探構亂之事，史未及詳，則亦漏書也。又《青山集》載《送蔣穎叔待制拜六路都領》詩云：「廊廟之材終大用，願敷和氣及巖幽。」自註云：「予已乞骸，將歸舊廬。」《再送穎叔》云：「雲閒驥尾終難附，梅子黃時公自歸。」自註云：「公屢有佳句，見約同歸。」復有《蒙詔許歸》絕句二首。其《次韻林辨之長官送別之什》云：「牢落名聲讒謗後，支離形影瘴氛餘。從來仕路誰為援，卻返家園數自如。"以此數詩合之《續集·浪士歌》之所自序，其再出一節，事迹始備，可以補本傳之闕。惟史稱祥正以上書諛頌安石，反為安石所擠，坐是偃蹇以終。而《續集》內有《熙寧口號五首》，末云"百姓命懸三尺法，千秋誰恤兩端情。近聞崇尚刑名學，陛下之心乃好生"云云，殊不似推薦安石者。《青山集》有《奠王荆公墳》三首云："大手曾將元鼎調，龍沈鶴去事寥寥。"又云："平昔偏蒙愛小詩，如今吟就復誰知。"云云③。又不似見排於安石者。其是非自相矛盾。蓋述知己之感，所以自明依附之因；刺新法之非，所以隱報擯斥之憾。小人褊躁，忽合忽離，往往如是。不必以前後異詞疑也④。其詩好用仙佛語，或偶傷拉雜。而才氣縱橫，吐言天拔。史稱其母夢李白而生。陸游《入蜀記》亦稱祥正"少時詩句俊逸，前輩或許為太白後身"，又稱青山太白祠以祥正侑食。蓋因其詩格相近，從而附會。然亦足見其文章驚邁，時似青蓮，故當時有此品目也。其人至不足道，而其集猶傳，厥有由歟？考《東坡集》有《郭祥正家醉畫竹石壁上，郭作詩為謝，且遺二古銅劍》一首，王十朋《東坡集註》又有祥正《觀東坡畫雪有感》詩二首。《青山集》俱失載，而《續集》亦無之，疑不免有所散佚。然較比謝氏之本，則完備多矣。

【彙訂】

① 晁公武《郡齋讀書志》未載《青山集》。（陳樂素：《宋史藝文志考證》）

② "陳晁"，殿本作"晁陳"。

③ "復誰知"，底本作"誰復知"，據此集卷二十八《奠謁王荆公墳》之三原文及殿本乙。

④《宋史·郭祥正傳》所記他與王安石彼此攻訐並不可信，

二人友誼始終如一。國家圖書館藏宋刻孤本《青山集》三十卷無"百姓命懸"云云一詩，而見於《豫章全書》所收《清江三孔集》中孔平仲《朝散集》。道光九年宋鉞等刊《青山集》三十卷《續集》五卷，四庫本《續集》卷一、卷二之詩，散見於宋本卷十三、十四卷，則七卷實只五卷。而各本《續集》五卷幾乎皆孔平仲所作，見於《清江三孔集·朝散集》。（孔凡禮：《郭祥正略考》；毛建軍：《郭祥正交游與聲名辯正》、《〈青山集〉版本及〈續集〉辨偽考》）

畫墁集八卷（永樂大典本）

宋張舜民撰。舜民有《畫墁錄》，已著錄。舜民為人忠厚質直，慷慨喜論事。葉夢得《巖下放言》稱其"尚氣節而不為名，北宋人物中殆難多數"。其初從高遵裕西征靈夏，無功而還。舜民作詩，有"靈州城下千枝柳[①]，總被官軍斲作薪"及"白骨似沙沙似雪，將軍休上望鄉臺"之句，為轉運判官李蔡所奏[②]，謫監郴州酒稅。其後起為臺官，浸至通顯，而議論雄邁，氣不少衰。崇寧初，又以謝表譏謗坐貶。晁公武稱："其文豪縱有理致，最刻意於詩。晚作樂府百餘篇。自序云：'年踰耳順，方敢言詩。百世之後，必有知音者。'"其自矜重如此。周紫芝《太倉稊米集》有《書舜民集後》一篇，稱世所歌東坡南遷詞"回首夕陽紅盡處，應是長安"二語，乃舜民過岳陽樓作。又舜民《題庾樓》詩有"萬里秋風吹鬢髮，百年人事倚闌干"之句，世或載之東坡集中。蓋由其筆意豪健，與蘇軾相近，故後人不能辨別，往往誤入軾集也。《文獻通考》載舜民《畫墁集》一百卷，《奏議》十卷。周紫芝謂："政和七、八年間，京師鬻書者忽印是集，售者至填塞衢巷。事喧，復禁如初。而南渡後，又有臨川雕本《浮休全集》。"蓋其著作在當日極為世重。而自明以來，久佚不傳，惟《永樂大典》尚閒載之③。計其篇什，雖不及什之一二，然零璣斷璧，倍覺可珍。謹蒐輯排比，釐為八卷，用存崖略。其《郴行錄》乃謫監酒稅時紀行之書，體例頗與歐陽修《于役志》相似，於山川古蹟，往往足資考證，今亦並附集末焉。

【彙訂】

① 此集卷四《西征回途中二絕》第一首作"靈州城下千株柳"。（筧文生、野村鯰子：《四庫提要北宋五十家研究》）

② "李蔡"，《苕谿漁隱叢話》前集卷五二"張芸叟"條、《詩人玉屑》卷十八均作"李察"。（同上）

③ 明焦竑《國史經籍志》尚著錄有《畫墁集》一百卷。（熊克：《古籍整理掇瑣》）

陶山集十四卷（永樂大典本）

宋陸佃撰。佃有《埤雅》，已著錄。此集據《書錄解題》本二十卷，歲久散佚。今以《永樂大典》所載，裒為十四卷①，蓋僅存十之七矣。佃本受學於王安石，故《埤雅》及《爾雅新義》案《爾雅新義》久佚，今散見《永樂大典》中，譌脫斷爛，殆不可讀。多宗《字說》。然新法之議，獨斷斷與安石爭，後竟入元祐黨籍。安石之没，佃在金陵，為文祭之，推崇頗過，然但敘師友淵源，而無一字及國政。元祐初，預修《神宗實錄》，亦頗為安石諱，數與史官辨爭，坐是外補。然徽宗初召還復用，佃乃欲參用元祐舊人，復與時宰齟齬而罷。蓋其初誤從安石遊，故牽於舊恩，文字之閒不能不有所假借。至於事關國計，則毅然不以私廢公，亦可謂剛直有守者矣。佃既以新法忤安石，不復問以政事，惟以經術任之。神宗命詳定郊廟禮文，佃實主其議。今集中所載諸篇是也。其他文字，勘以史傳所紀，亦皆相符。惟《元豐大裘議》，集稱佃為集賢校理，史乃稱同列皆侍從，佃獨以光祿丞居其閒。當為《宋史》之譌。又佃紹聖初落職知泰州，故到任謝表有“海陵善地，淮甸近州”語。史乃稱“知秦州”，亦為字誤。殆修《宋史》時其集已不甚顯歟？佃所著有《禮象》諸書，當時以知《禮》名。集中若《元豐大裘議》諸篇，大抵宗王而黜鄭。理有可通，不妨各伸其說。惟其中自出新意，穿鑿附會者，如以《特牲饋食禮》“饎爨在西壁，主婦視饎爨於西堂下”為在廟外，引《爾雅》“門側之堂謂之塾”，饎爨在廟門外之西堂下。今以《儀禮》考之，《燕禮》曰：“小臣師一人在東堂下。”《大射儀》曰：“賓之弓矢與中、籌、豐，皆止於東堂下。”“賓之矢，則以授矢人於西堂下。”《公食大夫禮》曰：“小臣東堂下。”《士喪禮》曰：“饌於東堂下。”《既夕禮》曰：“設棜於東堂下。”《少牢饋食禮》曰：“司宮泲豆、籩、勺、爵、觚、觶、几、洗於東堂下。”凡此諸條，俱未有以東、西堂為東、西塾之堂者。《士冠禮》曰：“具饌於西塾。”《聘禮》曰：“擯者退負東塾而立。”又曰：“擯者退負東塾。”又曰：“出門西面於東塾南。”《士喪禮》曰：“卜人及執燋者在塾西。”《士虞禮》曰：“匕俎在西塾之西。”《特牲饋食禮》曰：“筮人取俎於西塾。”凡此諸條，俱未有稱東、西塾為東、西堂者。又《士冠禮》曰“適東壁”，《士昏禮》曰“退適東壁”，亦無以為在廟門外者。佃之說殊為牽合。佃又謂北堂有北壁。考《大射儀》“工人士與梓人升下自北階”，註曰：“位在北堂下”。既有北階，明知其無北壁。佃弗及考詳，而輕訾賈疏，亦為未允。至謂“裼襲”之“襲”從“龍”，“龍衣為襲”，則又附和《字說》而為之，尤無足深詰矣。方回《瀛奎律髓》稱胡宿與佃詩格相似。宿詩傳者稍多，佃詩則不

概見。惟《詩林萬選》載其《送人之潤州》一首,《瀛奎律髓》載其
《贈別吳興太守中父學士》一首,《能改齋漫錄》載其《韓子華挽
詩》一聯而已。今考《永樂大典》所載,篇什頗夥。大抵與宿並以
七言近體見長,故回云然。厥後佃之孫游以詩鳴於南宋,與尤
袤、楊萬里、范成大並稱。雖得法於茶山曾幾,然亦喜作近體。
家學淵源,殆亦有所自來矣。

【彙訂】

① 文淵閣庫書為十六卷。(沈治宏:《〈四庫全書總目〉集部
著錄圖書失誤原因析》)

　　倚松老人集二卷(兩淮馬裕家藏本)①

宋饒節撰。節字德操,撫州人。嘗為曾布客。後與布書論
新法不合,乃祝髮為浮屠。更名如璧,挂錫靈隱。晚主襄陽之天
寧寺。嘗作偈云:"閒攜經卷倚松立,試問客從何處來?"遂號倚
松道人。集中詩大半為僧後所作②。呂本中《紫微詩話》稱其
"蕭散似潘邠老",陸游《老學菴筆記》亦稱為當時詩僧第一。《宋
史·藝文志》載《倚松集》十四卷。今止存鈔本二卷,末有"慶元
己未校官黃汝嘉重刊"一行,蓋猶沿宋刻之舊。又今所傳本與謝
薖、韓駒二集行款相同。卷首標目下俱別題"江西詩派"四字,與
他詩集不同。或即宋人所編《江西詩派集》一百三十七卷內之三
種,舊本殘闕,後人析出單行歟?

【彙訂】

① 文淵閣庫書書名作《倚松詩集》。(沈治宏:《〈四庫全書
總目〉集部著錄圖書失誤原因析》)

②《總目》卷一八九《古今禪藻集》條云:"所錄皆釋子之作,

而不必其有關於佛理，曰‘禪藻’者，猶曰‘僧詩’云爾……宋倚松老人饒節，後為僧，名如璧，陸游《老學菴筆記》稱為‘南渡詩僧之冠’，與葛天民卒返初服者亦不同，乃漏而不載。”即以其人為詩僧。則此條當作“釋如璧撰”，方不致自相抵牾。（李舜臣、歐陽江琳：《〈四庫全書總目〉中的詩僧別集批評》）

長興集十九卷（浙江巡撫採進本）①

宋沈括撰。括有《夢谿筆談》，已著錄。陳振孫《書錄解題》載括集四十一卷。南宋高布嘗合沈遘、沈遘二集刻於括蒼，題曰《吳興三沈集》。此本卷末題“從事郎處州司理參軍高布重校”一行，蓋即括蒼所刻本也。括博聞强記，一時罕有其匹。所作《筆談》，於天文、算數、音律、醫卜之術，皆能發明考證，洞悉源流。而在當時乃不甚以文章著。然學有根柢，所作亦宏贍淹雅，具有典則。其四六表啟，尤凝重不佻，有古作者之遺範②。惜流傳既久，篇帙脫佚，闕卷一至卷十二，又闕卷三十一，又闕卷三十三至四十一，共二十二卷。勘驗諸本，亦皆相同。知斷爛蠹蝕，已非一日。《宋文鑑》及《侯鯖錄》諸書載括詩什頗多，而集中乃無一首。又史稱括為河北西路察訪使，條上三十一事，皆報可。其他建白甚衆。而集中亦無“奏劄”一門。蓋皆在闕卷之中矣。又案三沈之中以括集列遘集之後，實則行輩括為長。《書錄解題》曰：“括於文通為叔，案文通，沈遘之字也。而年少於文通，世傳文通常稱括叔。今《四朝史》本傳以為從弟者非也。文通之父扶，扶之父同，括之父曰周，皆以進士起家，官皆至太常少卿。王荊公誌周與文通墓，及文通弟遘誌其伯父振之墓可考。”云云。其辨證甚明。元修《宋史》，仍以括為遘之從弟，殊為乖誤。今據陳氏之説，附正其失，用以見《宋史》疏舛，不足盡為典據焉。

【彙訂】

① 當著錄原有卷數四十一卷。（何槐昌：《〈四庫全書總目〉著錄校正選輯》）

②“範”，殿本無。

西塘集十卷（浙江鮑士恭家藏本）

宋鄭俠撰。俠字介夫，福清人。治平四年進士，神宗時調光州司法參軍，入京監安上門。以抗疏極論新法之害，發馬遞上《流民圖》，復劾吕惠卿姦狀，謫英州編管。徽宗初，除監潭州南岳廟而卒。事迹具《宋史》本傳①。其集本二十卷。明季重刊，葉向高更為删汰，存奏疏、雜文八卷，詩一卷，附本傳、謚議、祠記等為一卷，具見向高所作序中。蓋已刊除大半，非復宋本之舊。然如《景定建康志》載俠劾吕惠卿論西夏事及上《君子小人事業圖》諸疏，今俱不存。則向高之去取亦未為至當矣②。王士禎《居易錄》稱其“文似石介，而無其怒張叫呶之習。古詩在白居易、孟郊之閒”。今觀其集，良如所説，惜橫遭芟薙，舊帙遂亡，竟不得而全見之。是則前明隆、萬以來輕改古書之弊也。

【彙訂】

① 鄭俠卒於宣和元年，見《宋史》本傳及《宋元學案》卷九八“朝奉鄭一拂先生俠”條。時在徽宗末，不得視為“徽宗初”。又據宋周應合《景定建康志》卷四八《鄭俠傳》，監潭州南嶽廟之差，“未被敕”，家居近二十年而卒。（楊武泉：《四庫全書總目辨誤》）

②《君子小人事業圖疏》即十一月一日奏狀，已載集中，《諸

臣奏議》、《續資治通鑑長編》所收無出此集外者。則《論惠卿西邊用兵》一奏，恐嘉正(鄭俠之孫)輯集時已佚。(陸心源：《儀顧堂題跋》)

雲巢編十卷(浙江巡撫採進本)

宋沈遼撰。遼字叡達，錢塘人，遘之弟也。用兄任監壽州酒稅，熙寧初為審官西院主簿。久之，以太常寺奉禮郎攝華亭縣，坐事流永州。更徙池州，築室齊山，自號雲巢，遂不復起。事迹具《宋史》本傳。《遼墓誌》稱所著《雲巢編》二十卷。今此本乃宋高布載入《吳興三沈集》者，所存祇十卷。《文獻通考》所載卷數亦同。殆布校刊之時，已有所合併歟？又集中“海天寥寥禾黍秋”一首，此本題曰《初聞鶴唳》，而徐碩《至元嘉禾志》乃作《題干山圓智寺》；又《門箴》一首，《至元嘉禾志》作《華亭縣門箴》，且有跋語兩行。均與此乖互不合。或當時尚有別本，故所據互有異同也。遼文章豪放奇麗，無塵俗齷齪之氣，而尤長於歌詩。王安石嘗贈以“風流謝安石，瀟灑陶淵明”之句，而安石子雱亦云：“前日覽佳作，淵明知不如。”皆以柴桑格調為比，其傾倒可謂甚至。然遼詩實主於生峭，與陶詩蹊徑頗不相類。觀其生平，屢與黃庭堅酬和，而庭堅亦稱其“能轉古語為我家物”。知為豫章之別派，非彭澤之支流矣。

景迂生集二十卷(兩淮馬裕家藏本)

宋晁說之撰。說之有《儒言》，已著錄。說之博極群籍，尤長經術。著書數十種，靖康中兵燹不存。其孫子健訪輯遺文，編為一十二卷，又續廣為二十卷。前三卷為奏議，四卷至九卷為詩，十卷為《易元星紀譜》，十一卷為《易規》十一篇，又《堯典中氣中

星》①、《洪範小傳》各一篇,《詩序論》四篇,十二卷為《中庸傳》及
讀史數篇,十三卷即《儒言》,十四卷為雜著,十五卷為書,十六卷
為記,十七卷為序,十八卷為後記,十九、二十卷為傳、墓表、誌
銘、祭文。其中辨證經史,多極精當。《星紀譜》乃取司馬光《元
〔玄〕曆》、邵雍《元〔玄〕圖》而合譜之,以七十二候、六十四卦相配
而成。蓋《潛虛》之流也。陳振孫《書錄解題》曰:"劉跂斯立墓
誌,景迂所撰,見《學易集》後。"此集無之,計其佚者多矣。此本
當即陳氏所見,而譌誤頗甚。《洪範小傳》及十七卷序文內兼有
脫簡。又有別本,題曰《嵩山集》,所錄詩文均與此本相合,譌闕
之處亦同。蓋一書而兩名。今附著於此,不復別存其目云。

【彙訂】

① 此集卷十一《堯典中氣中星》下尚有《日法》一篇。(江慶
柏等整理:《四庫全書薈要總目提要》)

雞肋集七十卷(兩淮馬裕家藏本)

宋晁補之撰。補之字无咎,鉅野人。元豐閒舉進士,試開封
及禮部別院皆第一。元祐中除校書郎。紹聖末落職,監信州酒
稅。大觀中起知泗州,卒於官。後入元祐黨籍。事迹具《宋史·
文苑傳》。初,蘇軾通判杭州,補之年甫十七,隨父端友宰杭州之
新城。軾見所作《錢塘七述》,大為稱賞,由是知名。後與黃庭
堅、張耒、秦觀聲價相埒。耒嘗言:"補之自少為文,即能追步
屈①、宋、班、揚,下逮韓愈、柳宗元之作,促駕力鞭,務與之齊而
後已。"胡仔《苕谿漁隱叢話》亦稱:"余觀《雞肋集》,古樂府是其
所長,辭格俊逸可喜。"今觀其集,古文波瀾壯闊,與蘇氏父子相
馳驟。諸體詩俱風骨高騫,一往俊邁。並駕於張、秦之閒,亦未

知孰為先後，世傳"蘇門六君子"。《文粹》僅錄其文之體近程試者數十篇，《避暑漫鈔》僅稱其《芳儀曲》一篇，皆不足以盡補之也。此本為明崇禎乙亥蘇州顧凝遠依宋版重刊，前有元祐九年補之自序，後有紹興七年其弟謙之跋。序稱："哀而藏之，謂之《雞肋集》"。跋則稱："宣和以前，世莫敢傳。今所得者古賦、騷詞四十有三，古、律詩六百三十有三[②]，表啟、雜文六百九十有三。自捐館舍，迨今二十八年，始得編次為七十卷"云云。蓋其棄為元祐中補之自葺。雖有集名，尚非定本。後謙之乃哀合編次，續成此帙。故中有元祐以後所作，與補之原序年月多不相應云。

【彙訂】

①"追步"，《張耒集》卷六一《晁无咎墓誌銘》原文及殿本作"追考"。

②"六百三十有三"，底本作"六百三十有二"，據明崇禎乙亥吳郡顧氏詩瘦閣刊本此集晁謙之跋原文及殿本改。（筧文生、野村鯰子：《四庫提要北宋五十家研究》）

集　部　八

別　集　類　八

樂圃餘藁十卷附錄一卷（兩淮馬裕家藏本）

宋朱長文撰。長文有《吳郡圖經續記》，已著錄。長文著述甚富。所撰詩詞、賦辨、表章、雜説凡一百卷。以所居名樂圃，故名之曰《樂圃集》。南渡以後，盡燬於兵。其從孫知漢陽軍思哀集遺文，得詩百六十有三，記五，序六，啟七，墓誌五，雜文六，重爲編次，類爲十卷，又以墓銘、表傳爲《附錄》一卷，鋟木以傳[①]。以非《樂圃集》之全本，故名之曰“餘藁”。歲久版佚，藏書家遞相傳錄，惟寫本僅存。康熙壬辰，其裔孫岳壽即舊本重刊，復行於世。外附補遺詩一首、贊一首，則明嘉定陸嘉穎所掇拾增入也。藁中墓銘皆署其父公綽名，蓋長文少時代其父作。思從石刻錄出，亦可見當時搜討之勤矣。葉夢得《避暑錄話》曰：“元豐間淮浙士人以疾不仕，因以行義聞於鄉里者二人：楚州徐積仲車、蘇州朱長文伯原。”則長文在南、北宋間，與徐積齊名。然積之學問主精研事理，長文之學問主博考古今；積之文章多怪偉駭俗，長文之文章多平易近人。其所造則各有不同云。

【彙訂】

① "鋟木"，殿本作"鋟本"。

龍雲集三十二卷（浙江鮑士恭家藏本）

宋劉弇撰。弇字偉明，安福人。元豐二年進士，復中博學宏詞科。初知峨眉縣，改博士。元符改元，進《南郊大禮賦》，除祕書省正字，歷實錄院檢討。事迹具《宋史》本傳。是集名曰"龍雲"者，《書錄解題》謂："龍雲，安福鄉名，弇所居也。"其文不名一格，大都氣體宏整，詞致敷腴。周必大作是集序，謂其"醲經飫史，吞吐百氏，為足繼歐陽修之後而上接韓文"，則推許未免溢分①。《宋史》本傳稱其文"剗削瑕纇，卓詭不凡"，庶幾乎近其實矣。詩雖才地稍弱，要亦峭拔不俗，異於庸音之足曲也。其集初刊於浦城，僅二十五卷。紹興四年，其鄉人羅良弼搜求別本，益以彭德源、曾如晦等所編，又得《宏詞》、《時議》諸篇於郭明叔家。總六百三十一首，釐為三十二卷。後附誌銘及良弼跋。歲久版佚。明宏治中，劉璋復序而重刊。吳之振撰《宋詩鈔》，不及弇集。曹庭棟撰《宋詩存》，始補收之。蓋傳本較稀，故之振偶未見云。

【彙訂】

① 周必大《龍雲先生文集序》（《文忠集》卷五十五）不過謂："嘗與鄉人論公之文，如《南郊賦》氣格近先漢，已為泰陵簡擢，詩書序記，往往祖述韓、柳，間或似之，銘誌豐腴，規摹文忠，讀者可以自得。"（胡玉縉：《四庫全書總目提要補正》）

雲谿居士集三十卷（永樂大典本）①

宋華鎮撰。鎮字安仁，會稽人。元豐二年進士，官至朝奉大夫、知漳州軍事。鎮原集本一百卷，又有《揚子法言訓解》十卷，書記三卷,《會稽覽古詩》一百三篇,長短句一卷,《會稽錄》一卷,并附哀文一卷,通一百十七卷。紹興十三年,其子初成哀集刊刻,曾表進於朝。又鎮《上蔡樞密書》自云有所作《王制解》一編。而初成所為狀、跋則不載是書。蓋當時已散佚矣。其集諸家書目皆不著錄。寶慶《會稽續志》但稱鎮好學博古,嘗著《會稽覽古詩》一百三篇,不及其集。惟焦竑《經籍志》載《雲谿居士集》一百卷,而其他著作亦均未載。近錢塘厲鶚編《宋詩紀事》,僅從地志之中鈔得《會稽覽古詩》九首。知自明以來,是集無傳本也②。兹於《永樂大典》中掇輯詮次,釐為三十卷。雖未能頓還舊觀,然原刻卷數已得三之一矣。樓炤序其集曰:"精深典贍,遒麗逸發。"又曰:"介然自重,不輕以求人之知。其名之不昭也固宜。"然觀其學術,大抵以王安石為宗。且與蔡京、章惇輩贈答往來,干祈甚至。炤之所云,未必遽為公論。特幸不為京輩所汲引,故尚未麗名姦黨,身敗名裂耳。至其所為詩文,則才氣豐蔚,詞條暢達。雖不足與歐、曾、蘇、黃比絜長短,而在元豐、元祐之際,亦哀然自成一家。置其人品,取其文章可矣。

【彙訂】

① 文淵閣《四庫》本卷末有附錄。(司馬朝軍:《〈四庫全書總目〉研究》)

② 據其子華初成跋,《會稽覽古詩》先已有刊本,未收入文集。蓋《會稽覽古詩》明初已佚,故《永樂大典》未收,而其時文集尚傳世。(祝尚書:《宋人別集敍錄》)

演山集六十卷(編修汪如藻家藏本)

宋黃裳撰。裳字冕仲,南平人。元豐五年進士第一,累官禮部尚書。《宋史》列傳別有一黃裳，普城人，乾道五年進士，光宗時官至顯謨閣待制。名姓偶同，非一人也。其集見於陳振孫《書錄解題》者六十卷。今此本卷目相符，蓋猶宋時原本。《國史經籍志》作"黃裳《兼山集》四十卷"，書名、卷數俱不合，蓋焦竑傳錄之誤耳①。裳，《宋史》無傳，其行事不甚可考。《福建通志》稱："政和、宣和閒三舍法行，裳上書謂宜近不宜遠，宜少不宜老，宜富不宜貧，不如遵祖宗科舉之制。人以為確論。"要亦伉直有守之士。故其詩文俱骨力堅勁，不為委靡之音。同時莊念祖《述方外志》乃謂"裳為紫薇天官九真人之一。因誤校籍，墮人閒"云云，說殊誕妄。蓋以裳素喜道家元祕之書，又自稱紫元〔玄〕翁，往往愛作塵外語，故從而附會之耳。茲編為乾道初其季子玠哀輯，建昌軍教授廖挺訂其舛誤，刻於軍學。前有王說序，亦稱其"淵源《六經》，議論悉出於正"云。

【彙訂】

　　① 著《演山集》者乃南平黃裳，著《兼山集》者乃普城黃裳，兩集俱著錄於《直齋書錄解題》卷一八、《文獻通考》卷二一四與卷二三八、《國史經籍志》。（祝尚書：《四庫宋集提要糾誤》）

　　姑溪居士前集五十卷後集二十卷（編修汪如藻家藏本）

　　宋李之儀撰。之儀字端叔，《宋史》稱滄州無棣人。而吳芾作《前集》序，乃曰景城人。考《元豐九域志》，熙寧六年省景城入樂壽，則當為樂壽人①。史殆因滄州景城郡橫海軍節度治平九年嘗由清池徙治無棣，遂誤以景城即無棣也②。陳氏《書錄解題》據所題郡望，稱為趙郡人，益失之矣。之儀元豐中舉進士。元祐初為樞密院編修官，通判原州。元符中監內香藥庫。以嘗從蘇軾幕府，為御史石豫劾罷③。崇寧初提舉河東常平，坐草范純仁遺表過於鯁直，忤蔡京意，編管太平。是編《前集》五十卷，為乾道丁亥吳芾所輯，併為之序。姑溪居士，之儀南遷後自號，因以名其集也。《後集》二十卷，不知誰編。然《文獻通考》已著錄，則亦出宋人手矣。之儀在元祐、熙寧閒，文章與張末、秦觀相上下。王明清《揮麈後錄》稱其尺牘最工。然他作亦皆神鋒俊逸，往往具蘇軾之一體。蓋氣類漸染，與之化也。其詩名稍不及黃、陳。論者因蘇軾題其詩後有"暫借好詩消永夜，每逢佳處輒參禪"句，遂以為諷其過於僻澀。今觀集中諸詩，雖魄力雄厚不足敵軾，然大抵軒豁磊落，實無郊、島鉤棘艱苦之狀。註家所論，附會其詞，非軾本意矣。

【彙訂】

① 此集卷五〇《李氏歸葬記》："李氏世葬滄州無棣。自先祖出仕，從於楚州（今江蘇淮安），即卜以葬……之儀得罪，居太平州（今安徽當塗）……"同卷《妻胡氏文柔墓誌銘》、沈括《長興集》卷二九《長壽縣君田氏（之儀母）墓誌銘》所云皆同。則其祖籍確為滄州無棣，《宋史》所言不誤。（曾棗莊：《姑溪居士雜考》）

② 治平無九年（僅四年），檢《元豐九域志》卷二"滄州景城郡橫海軍節度"條，乃治平元年。（楊武泉：《四庫全書總目辨誤》）

③《宋史》本傳云"登第幾三十年，乃從蘇軾於定州幕府"。此集卷二五《與趙仲強兄弟手簡》亦同。蘇軾知定州在元祐八年（1093）九月，而據《雍正山東通志》卷一五《選舉志·制科·宋》、《光緒畿輔通志》卷三四《選舉·宋·進士》，李之儀為熙寧六年

(1073)進士。則本傳“三十年”應作“二十年”。（曾棗莊：《姑溪居士雜考》；龔延明、祖慧編撰：《宋登科記考》）

滿水集十六卷（永樂大典本）

宋李復撰。復字履中，先世家開封祥符。以其父官關右，遂為長安人。登元豐二年進士，歷官熙河轉運使，終於中大夫、集賢殿修撰。其事迹不見於《宋史》。洪邁《容齋隨筆》載其於蔡京、邢恕謀用戰車戰艦一事，上疏排詆，甚為切直，而恨史傳之不能詳盡。《朱子語錄》亦曰：“閩人李復按復非閩人，此句或傳寫之誤。及識橫渠先生。紹聖閒為西邊使者，博記能文。今信州有《滿水集》者，即其文也。其閒有《論孟子養氣》，謂‘動必由理，故仰不媿於天，俯不怍於人。無憂無懼，其氣豈不充乎！舍是則明有人非，幽有鬼責，自歉於中，氣為之喪矣。’此語雖疏，卻得其大旨。近世諸儒之論，多似過高，流於老、莊而不知，不若此說之為得也。”[1]今觀是集，如謂揚雄不知道、謂井田兵制不可遽言復古，皆確然中理。其他持論，亦皆醇正，不止朱子所稱一條。又久居兵閒，嫻習戎事，故所上奏議，大都侃侃建白，深中時弊，亦不止洪邁所稱二疏。至其考證今古，貫穿博洽，於《易》象、算術、五行、律呂之學無不剖晰精微，具有本末，尤非空談者所可及。在宋儒之中，可謂有體有用者矣。集本四十卷，乾道閒嘗刻於饒郡，即朱子所謂信州本也。後散佚無存，談宋文者多不能舉其名氏[2]。今從《永樂大典》裒輯編綴，釐為一十六卷，著之於錄。既以發潛德之幽光[3]，且以補史傳之闕略焉。

【彙訂】

①《朱子語類》並無此語，乃《晦菴集》卷七一《偶讀漫記》之

一條。(余嘉錫：《四庫提要辨證》)

　　② 明危素《説學齋集》卷十《滴水集序》云：“《滴水集》四十卷……(錢象祖)淳熙九年守信州，乃刻於公庫，以成先志。”《總目》謂刻於乾道間，誤。(同上)

　　③ “幽”，殿本無。

　　學易集八卷(永樂大典本)

　　宋劉跂撰。跂字斯立，東光人，家於東平。尚書右僕射摯之子也。《宋史》附見摯傳。稱其“能文章。遭黨事，為官拓落，家居避禍以壽終”，而不詳著其仕履。惟晁説之作《跂墓誌》，稱跂登元豐二年進士，初選亳州教授。元祐初除曹州州學教授，以雄州防禦推官知江州彭澤縣。其後改管城、蘄水，所至有政聲。復主管成都府永寧觀。政和末，以朝奉郎卒。所敘生平梗概，頗為詳悉。説之又稱跂晚作學易堂，鄉人稱為學易先生。其集名蓋取諸此也。紹聖初，摯以黨籍竄新州，卒於謫所。建中靖國初，跂伏闕籲冤，得復官昭雪，世稱其孝。呂本中《紫微詩話》稱①：“跂初登科，就亳州，見劉攽所稱引，皆所未知，於是始有意讀書。厥後與孫復、石介名相埒。”蓋其行誼學問，均不媿於古人。所作古文，類簡勁有法度。詩則多似陳師道體，雖時露生拗，要自落落無凡語。《江西宗派圖》中不列其名，殆以摯為朔黨，門户不同歟？然淳熙中呂祖謙奉詔修《文鑑》，多取跂作。其辨冤時《上執政啟》所云“晚歲離騷，魂竟招於異域；平生精爽，夢猶託於故人”者，呂本中《詩話》及王銍《四六話》亦俱極推其隸事之工。即以文章而論，亦北宋末年卓然一作者矣。其集原本二十卷，陳振孫《書錄解題》謂最初李相之得於跂甥蔡瞻明。紹興中，洪邁傳於長樂官舍。後施元之刻版行世②。《宣防宮賦》、《學易堂記》世尤傳誦。今元之舊刻久無傳本,惟《永樂大典》載跋詩文頗多,雖未免有所脫佚,而掇拾排次,尚可得什之六七。謹依類編訂,共錄為十有二卷。今恭承聖訓,於刊刻時削去青詞,以歸雅正。其《同天節道場疏》、《管城縣修獄道場疏》、《供給看經疏》、《北山塑像疏》、《靈泉修告疏》、《仁欽陞坐疏》、《請崇寧長老疏》以及為其父母舅氏修齋諸疏,皆蹟涉異端,與青詞相類,亦概為削除,重加編次,釐為八卷,用昭鑑古斥邪之訓,垂萬世立言之準焉。

【彙訂】

① "紫微詩話",殿本作"東萊詩話"。

② 此數句今存《直齋書錄解題》各本皆無,《文獻通考》卷二三七引亦無。(祝尚書:《宋人別集敘錄》)

道鄉集四十卷(兩淮馬裕家藏本)①

宋鄒浩撰。浩字志完,常州晉陵人。元豐五年進士,官終直龍圖閣。贈寶文閣學士,諡曰忠。事迹具《宋史》本傳。此集乃其子柄、梼所輯,凡詩十四卷,文二十六卷。李綱嘗為之序,此本失載。《東都事略》載浩集三十卷,疑此亦後人所分也。浩於元符二年以上疏諫立劉后編管新州,當時已焚燬其槁。徽宗初,蔡京重治浩罪,求其疏不得,仍偽作浩疏宣示之。今集中具載原疏,蓋自《徽宗實錄》浩傳中採出者。又集載疏共四首,而李燾《長編》內尚有元符元年論執政大臣不和一疏,不見集中。又論章惇凡四疏,集亦祇載其三。而高俅轉官一制乃存而不删。蓋編類之時,蒐採未備,去取亦未盡當也。柄等鏤版,宋末已燬。明成化間,其裔孫鄒量始得內閣鈔本。萬曆中,錢塘令鄒忠允亦浩之裔,乃再刊行之②。王士禎《居易錄》稱其古詩似白居易,律詩似劉夢得。又稱其"受學程門,而特嗜禪理,詩文多宗門語"。其《括蒼易傳》序"服膺荊舒之學,亦駁而不醇"。夫浩之大節,可謂不媿師門矣。語言文字,小小異同,未足為累,蓋所學在此不在彼也。以是吹求,是亦不揣其本矣。

【彙訂】

① 底本此條與文淵閣庫書次序不符。文淵閣庫書與殿本均置於"學易集八卷"條之前。

② 此書尚有正德七年裔孫翎重刻本。(胡玉縉:《四庫全書總目提要補正》)

游廌山集四卷(福建巡撫採進本)

宋游酢撰。酢字定夫,建陽人。元豐五年進士。建中靖國初,歷官監察御史。宣和初,終於知濠州。事迹具《宋史·道學傳》。楊時《龜山集》有《酢墓誌銘》①,稱所著有《中庸義》一卷,《易說》一卷,《詩二南義》一卷,《論語》、《孟子雜解》各一卷,《文集》十卷。《年譜》稱其"年二十九,錄明道先生語。年四十一,錄伊川先生語。年四十六,作《論孟雜解》、《中庸義》。年四十七,作《易說》、《詩二南義》",而不言文集,蓋本各為書也。此本首以《論語雜解》、《中庸義》、《孟子雜解》為一卷,次《易說》、《詩二南義》為一卷,次《師語》、《師訓》為一卷,次以文七篇、詩十三首,附以墓誌、年譜為一卷。又《中庸義》後有《拾遺》,《孟子雜解》僅八條,《詩二南義》僅二條。蓋後人掇拾重編,不但非其原本,且並非完書矣。《春日山行》詩中有"風詠舞雩正此日②,雪飄伊洛是何年"之句。自用"程門立雪"故實,似亦不類酢作。以其為宋儒遺書，別無他本，姑錄之以備一家焉。

【彙訂】

① 楊時《龜山集》卷三三《御史游公墓誌銘》云："除知舒州，移知濠州，不數月，會從官讁守，遂罷歸，寓歷陽，因家焉。宣和五年五月乙亥，以疾終於正寢，享年七十有一。"《宋史》本傳、《宋元學案》卷二六小傳，所載略同。則游酢實未終於濠州。且宣和紀年只七年，游氏卒於五年，亦不得曰"宣和初"。（楊武泉：《四庫全書總目辨誤》）

② 詩名當作《春日山行有感》，見集中卷四。（鍾彩鈞：《游酢的經學思想》）

西臺集二十卷（永樂大典本）

宋畢仲游撰。仲游字公叔，鄭州人。同平章事士安之曾孫，與兄仲衍同舉進士。歷任州縣。元祐初，召試學士院，除集賢校理，累遷吏部郎中。後入元祐黨籍，終於西京留司御史臺、提舉鴻慶宮。《宋史》附載入士安傳末，敘其事迹頗詳。厲鶚《宋詩紀事》以為士安子者，誤也。《東都事略》但稱仲游有集行世，不詳卷數。《宋史·藝文志》作五十卷，而晁公武《讀書志》則稱《西臺集》二十卷。所紀卷目，多寡互殊，傳本亦久絕於世。今從《永樂大典》各韻中搜輯排比，詩文諸體俱全。似已尠所遺闕，特未能足五十卷之數。然《宋志》荒謬，多不可憑，疑"五"字為傳寫之誤。謹仍依《讀書志》釐為二十卷，亦幾幾乎還其舊矣①。仲游少負雋名，其試館職時所與同策問者，乃黃庭堅、張耒、晁補之諸人，而蘇軾獨異所作，擢為第一。他日又舉以自代，且稱其"學貫經史，才通世務，文章精麗，議論有餘"，原狀具見東坡集中。今觀其著作,大都雄偉博辨,有珠泉萬斛之致②,於軾文軌轍最近。鍼芥之契,殆由於此。其閒如《正統》、《封建》、《郡縣》諸議,雖不免稍失之偏駁,而其他論事之作,類皆明白詳盡,切中情理,不為浮夸誕謾之談。蓋其學問既有根柢,所從游者如富弼、司馬光、歐陽修、范純仁、范純粹、劉摯輩,又皆一時名德。漸漬薰陶,故發為文章,具有典則。集中《上蘇學士書》稱其"知畏於口,未畏於文",深戒其以文字賈禍。又《上司馬溫公書》稱其"欲廢新法,而左右皆安石之徒,懼其禍之猶在"。其後悉如所慮。是其深識遠計,尤不可及,固非獨文辭之工矣。又《永樂大典》有畢仲衍《上編次官制卷目劄子》一道,亦題作《西臺集》。考《宋史》載仲衍為官制局檢討,文字千萬計,損益刪補,曲盡其當。或由仲衍無集,故附入仲游集中歟? 今亦並存以備考證。至開啟疏、樂詞諸篇,非文章之正體。今以原集所有,姑錄存之,而刊本則概從刪削焉。

【彙訂】

① 陳恬《畢仲游墓誌銘》(《永樂大典》卷二〇二〇五)曰:"公有集七十卷"。衢本《郡齋讀書志》卷一九著錄《西臺集》五十卷,《文獻通考》卷二三七引晁《志》同,《國史經籍志》卷七亦作五十卷,唯袁本《郡齋讀書志》作二十卷。(孫猛:《郡齋讀書志校正》;祝尚書:《四庫宋集提要糾誤》)

② "珠泉",殿本作"原泉"。

樂靜集三十卷(編修汪如藻家藏本)

宋李昭玘撰。昭玘字成季,《宋史》云濟南人。考昭玘籍本鉅野,殆嘗自署濟陰,而史遂誤濟南也。元祐中擢進士第,歷官提點永興、京西、京東刑獄。坐元符黨奪官。徽宗立,召為右司員外郎,遷太常少卿,出知滄州。崇寧初,編入黨籍。紹興初,追復直徽猷閣。事迹具《宋史》本傳。史稱昭玘坐廢以後,"居閒十五年。自號樂靜先生。寓意法書圖畫,貯以十囊,命曰《燕游十友》"。侯蒙為昭玘校試所舉士。"及蒙執政,感舊恩,使人致意。昭玘惟求祕閣法帖而已"。其孤介自守,不汲汲自進如是。故其胸度夷曠,發為文章,皆光明俊偉,無依阿淟涊之態,亦無嚚呼憤戾之氣。又早為蘇軾所知,耳擩目染,具有典型。北宋之末,翹然為一作者。當時與晁補之齊名,固不虛也。其集前後無序跋,不知何人所編。晁、陳二家書目及《宋史·藝文志》皆不著錄。葉盛《菉竹堂書目》有之,而無卷數。惟焦竑《國史經籍志》載三十卷①。此本凡詩四卷,《徐州十事》一卷,記一卷,傳、序一卷,雜文二卷,書二卷,表三卷,啟、狀七卷,疏一卷,青詞、疏文一卷,僧疏一卷,進卷二卷,試館職策一卷,碑、志、行狀三卷,與焦竑《志》合。蓋即竑所見之本也。

【彙訂】

　　①《名賢氏族言行類稿》卷三五云:"李邴字漢老,濟州任城人,樂靜先生昭玘,其伯父也。"可知李昭玘亦濟州任城人。陳振孫《直齋書錄解題》卷十七有《樂靜集》三十卷,《宋史·藝文志》有《李昭玘集》三十卷,非"皆不著錄"。(余嘉錫:《四庫提要辨證》)

　　北湖集五卷(永樂大典本)

　　宋吳則禮撰。則禮字子副,富川人。以父御史中復蔭入仕,官至直祕閣、知虢州。晚居豫章,自號北湖居士。其事迹略見陳振孫《書錄解題》，而不甚詳備。今考集中所與唱和者，若唐庚、韓駒、曾紆、陳師道諸人，皆一時名士。其《李長者像序》署銜，則嘗為軍器監主簿。又《續百憂集行》有"疇昔罪臣投荊州"之句，蓋中閒曾以事貶謫也。又《永樂大典》載有韓駒《北湖集》序，題"宣和壬寅"，而中稱"則禮卒於虢州之後一年，其子坰綴輯詩文"云云。則當終於宣和辛丑。楊萬里《誠齋詩話》乃稱尤袤賞其二絕句。其一有"華館相望總使星，長淮南北已休兵"句，乃似南宋時語[①]，豈萬里偶傳譌乎？駒序稱坰所編集為三十卷。《書錄解題》則作《北湖集》十卷，長短句一卷。世久無傳，未詳孰是。今從《永樂大典》各韻中裒輯編綴，尚得詩三百餘首、長短句二十餘首、雜文三十餘首。謹校正譌舛，釐為五卷。則禮詩格峭拔，力求推陳出新。雖閒涉於頹唐，而逸趣環生，正復不煩繩削。近體好為生拗，筆力縱橫，愈臻遒上。雜文雖寥寥數首，而法律嚴密，具有典型。觀所作《歐陽永叔集跋》、《曾子固大般若經鈔序》，知其於古文一脈具有淵源。宜其折矩周規，動符軌度，固非渡江以後，講學家支離冗漫之體所得而比並矣[②]。

【彙訂】

① "南宋"，殿本作"高宗"。

② "家"，據殿本補。

谿堂集十卷（永樂大典本）

宋謝逸撰。逸字無逸，臨川人。屢舉不第，然以詩文名一時。呂本中作《江西詩派》，列黃庭堅而下凡二十五人，逸與弟薖並與焉。本中嘗稱逸"才力富贍，不減康樂"。劉克莊作《江西詩派序》，則謂逸輕快有餘而欠工緻，頗以本中之言為失實。今觀其詩，雖稍近寒瘦，然風格雋拔，時露清新。上方黃、陳則不足，下比江湖詩派則渢渢乎雅音矣。且克莊序中又稱："宣、政閒有岐路可進身，韓子蒼諸人或自鬻其技至貴顯。二謝乃老死布衣，其高節為不可及。"而本中《東萊詩話》亦載汪華贈逸詩云："但得丹霞訪龐老，何須狗監薦相如。新年更勵於陵節，妻子同鉏五畝蔬。"則知當時兼以人品重之，不獨以其詩也。考江西派中有集者二十四人。逸所著文集二十卷、詩集五卷、補遺二卷、詩餘一卷，尤稱繁富。今自黃、陳、呂、晁諸家外，惟韓駒《陵陽集》及薖之《竹友集》猶有寫本[①]，逸集已久佚無傳。故王士禎跋《竹友集》，以未見逸集為歉。近時厲鶚撰《宋詩紀事》，搜羅極廣，所採逸詩亦止十餘首。今從《永樂大典》所載，裒集綴輯，尚得詩文數百篇。中閒如《冷齋夜話》所載"貪夫蟻旋磨，冷官魚上竿"句，又《豫章詩話》所引逸《蝴蜨》詩"狂隨柳絮有時見，舞入梨花何處尋"、"江天春暖晚風細，相逐賣花人過橋"等句，雖皆已失其全篇。然其存者，詩詞約什之七八，文亦約什之四五，已可略見其大概。謹訂正譌舛，釐為十卷。庶考江西詩派者，猶得以備一家焉。

【彙訂】

① 《竹友集》今存南宋紹興二十二年撫州州學初刻本。

竹友集十卷（編修汪如藻家藏本）

宋謝薖撰。薖字幼槃，臨川人。《宋史·藝文志》、陳振孫《書錄解題》載薖《竹友集》俱作十卷。而世所行本止四卷，又有詩無文。蓋流傳僅存，已多闕佚。此本乃明謝肇淛從內府鈔出，凡古詩四卷，律詩三卷，雜文三卷。與宋時卷數相合，蓋猶舊本。

卷末有紹興壬申撫州州學教授建康苗昌言題識，稱：“二謝文集合三卷①，邦之學士欲刊之而未能。朝議大夫趙士鵬來守是邦，始命勒其書於學宮，以稱邦人之美意。”詳其詞氣，蓋與謝逸《谿堂集》同時授梓，故呂本中原跋亦總二集而言之也②。本中稱薖詩似謝元〔玄〕暉，不免譽之太過。劉克莊《詩話》則謂薖視逸差苦思，而合元暉者亦少。王士禎《居易錄》又謂薖“在江西派中，亦清逸可喜。然涪翁沈雄剛健之氣，去之尚遠”。所評騭俱為不誣。士禎又極稱其《顏魯公祠堂》、《十八學士圖》諸長歌及“尋山紅葉半旬雨，過我黃花三徑秋”二句，“靡靡江蘺袛喚愁”一詩，持論亦屬允當。至所稱“按掌蕉葉展新綠，從臾榴花開晚紅”、“瘦藤拄下萬峯頂，老鶴來歸千歲巢”，則殊不盡薖所長。蓋一時興到之言，非篤論也。

【彙訂】

① 苗昌言題識稱二謝兄弟“有文集合三十卷”。（祝尚書：《四庫宋集提要糾誤》）

② 呂本中原跋曰：“本中以為無逸（謝逸字）詩似康樂，幼槃（謝薖字）似元暉，此平等之論也。紹興三年秋，自嶺外北還，去幼槃之沒十八年矣，始盡得幼槃書於其子長訥所。”則其評詩雖總二人而言之，而所讀實只《竹友集》。且此跋作於紹興三年（1133）九月二十日，呂氏卒於紹興十五年（1145），而據苗昌言題識，趙士鵬刻二集在紹興二十二年（1152）。（同上）

日涉園集十卷（永樂大典本）

宋李彭撰。彭字商老，南康軍建昌人。陳振孫《書錄解題》以為公擇之從孫，王明清《揮麈錄》謂李定仲求以不得預蘇舜欽賽神會興大獄，彭即其孫也，二說未知孰是①。《宋史》不為立傳，其行履亦不可考。趙彥衛《雲麓漫鈔》載：「呂居仁《江西詩派圖》錄自黃庭堅以下二十五人，彭名在第十五，居韓駒之亞。」則彭本文章之士，故事迹不見於史也。其集《書錄解題》作十卷，世久無傳。今檢《永樂大典》，所載彭詩頗多。鈔撮編次，共得七百二十餘首，諸體咸備。謹校定譌謬，仍釐為十卷，以還其舊。集中所與酬倡者，如蘇軾、張耒、劉羲仲等，皆一代勝流。故其詩具有軌度，無南宋人粗獷之態。呂居仁稱其「詩文富贍宏博，非後生容易可到」。劉克莊《後村詩話》亦稱其博覽強記，而獨惜其詩體拘狹少變化。今觀所作，克莊所論為近之。然邊幅未宏，而錘鍊精研，時多警策，頗見磨淬之功。在江西派中，與謝逸、洪朋諸人足相頡頏，終非江湖末派所能及也。

【彙訂】

①《揮麈錄》未提及李定，記其事者乃魏泰《東軒筆錄》及《臨漢隱居詩話》，稱為洪州人，未說其字仲求及彭即其孫。《宋史》卷三〇〇《李虛己傳》及王安石《臨川集》卷八二《太平州新學記》載李虛舟有子名定，字仲求，建安人。李彭之不得為二人之孫，即就籍貫言，已判然無疑。公擇為李常之字，《宋史》卷三四四有傳，南康建昌人。《山谷集》卷二九《跋東坡與李商老彭帖》載蘇軾《與李彭書》云：「知德叟有子不亡也。」可知彭為李德叟之子。又宋人劉清之《戒子通錄》卷六亦謂李秉彝（字德叟）乃李彭之父。又《淮海集》後集卷六李常《行狀》云：「仲兄布蚤卒，事其嫂張敬甚，撫其子秉彝如己子。」可知秉彝乃李常仲兄李布之子，則李彭為李常從孫之說當從。（楊武泉：《四庫全書總目辨誤》；李裕民：《四庫提要訂誤》增訂本；韋海英：《李彭考》）

灌園集二十卷（永樂大典本）

宋呂南公撰。南公字次儒，南城人。《宋史‧文苑傳》稱其
"於書無所不讀，於文不肯綴輯陳言。熙寧中，土方推崇馬融、王
肅、許慎之業，<small>按熙寧中科舉所用乃王安石《三經新義》及《字説》，非馬融、王
肅、許慎之學，此語殊為乖妄。《宋史》荒陋，此亦一端，謹附糾其謬於此。</small>剽掠
臨摹。南公度不能逐時好，一試禮闈不偶，退築室灌園，不復以
進取為意。元祐初，立十科薦士。中書舍人曾肇上疏，薦其不事
俗學，安貧守道，堪充師表。廷議欲命以官，未及而卒。"陳振孫
《書錄解題》稱："南公欲修《三國志》，名其齋曰袞斧。將成而南
公卒，書亦不傳。"惟其子郁編次遺文為三十卷。然刊版久佚，流
傳遂絕。僅存鈔本《呂次儒集》一卷，惟錄《麻姑山詩》二十四
首①、《福山詩》一首及《錢鄧州不燒紙鏹頌》、《義鷹志》、《龍母
墓》三篇。蓋後人從《宋文鑑》及《麻姑山志》鈔撮而成，十不存
一。今據《永樂大典》所載，裒輯薈萃，篇帙尚夥。謹依類排次，
釐為二十卷。雖不必盡符原數，視世所傳本則賅備多矣。南公
《與汪祕校論文書》自言："於《莊》、《列》、《六經》、百家、十八代史
因文見道，沈酣而演繹之。私心自許，謂文學之事雖使聖人復
生，不得廢吾所是。惟當勒成一書，俟之百世。"又曰："堯、舜以
來，揚、馬以前，與夫韓、柳之作，此某所謂文者。若乃場屋詭偽
劫剽、穿鑿猥冗之文，則某之所恥者。必若黃河、泰山，峻厚高
簡，渾灝奔注，與天地齊同，而日月不能老之者，此某之所以究
心。"今讀其集，雖所言不無過夸，然其覃精殫思，以力追秦、漢，
要亦毅然不惑於俗學者也。

【彙訂】

① "麻姑山詩"，殿本作"麻姑仙詩"，誤。此集卷二有《麻姑

山詩》二十四首。

慶湖遺老集九卷（兩江總督採進本）[1]

宋賀鑄撰。鑄字方回，衛州人。唐諫議大夫知章之後。元宗時，知章致政，詔賜鏡湖。據謝承《會稽先賢傳》，謂慶湖以王子慶忌得名，後譌為鏡。故鑄自號慶湖遺老。初以婚於宗女，授右班殿直。元祐中，李清臣奏換通直郎，通判泗州、太平州，卒。事迹載《宋史・文苑傳》。其詩自元祐己卯以前凡九卷，自製序文，是為《前集》。己卯以後者為《後集》[2]。合前、後集共二十卷[3]，同時程俱為之序。今《後集》已佚，惟《前集》僅存。鑄子櫄跋稱《後集》經兵火散失[4]，則南宋已無完本。故《書錄解題》所載卷數與今本同也。方回作《瀛奎律髓》，稱鑄每詩題下必詳註作詩年月，與其人之里居姓氏。今觀此本，與回所說相符。蓋猶舊刻之未經刪竄者矣[5]。鑄以填詞名家，世傳其《青玉案》詞"梅子黃時雨"句，有"賀梅子"之稱。然其詩亦工緻修潔，時有逸氣。格雖不高，而無宋人悍獷之習。《苕谿漁隱叢話》稱其以《望夫石》詩得名，《詩人玉屑》稱王安石賞其《定林寺》絕句。《王直方詩話》載鑄論詩之言曰[6]："平淡不涉於流俗，奇古不鄰於怪僻。題詠不窘於物義，敍事不病於聲律。比興深者通物理，用事工者如己出。格見於成篇，渾然不可鐫。氣出於言外，浩然不可屈。"按此段以叶韻成文[7]。觀其所作，雖不盡如其所論，要亦不甚媿其言也。陸游《老學菴筆記》曰："賀方回狀貌奇醜，俗謂之'賀鬼頭'。喜校書，朱黃未嘗去手。詩文皆高，不獨工長短句也。"今其文則不可睹矣。

【彙訂】

① 文淵閣《四庫》本附《拾遺》一卷《補遺》一卷附錄一卷。

（沈治宏：《〈四庫全書總目〉集部著錄圖書失誤原因析》）

②　元祐無己卯，當為元符己卯（1099）之誤。（祝尚書：《四庫宋集提要糾誤》）

③　"共"，殿本無。

④　陸游《老學菴筆記》："方回二子，曰房曰廙，從方從回，寓父字於二子名。"《總目》從"木"誤。（胡玉縉：《四庫全書總目提要補正》）

⑤　賀鑄自序曰："隨篇敍其歲月與所賦之地者，異時開卷，回想陳跡，喟然而嘆，莞爾而笑，猶足以起予狂也。"則加注宗旨，作者原已自道，何需遠引方回？（祝尚書：《四庫宋集提要糾誤》）

⑥　"鑄"，殿本作"回"，誤。《苕溪漁隱叢話》前集卷三七引《王直方詩話》，乃賀鑄事，非方回事。

⑦　《苕谿漁隱叢話》載"《王直方詩話》稱其《望夫石》詩，交游間無不愛之"，《叢話》並無案語。王安石賞其《定林寺》絕句，亦出《王直方詩話》，並非《詩人玉屑》案語。"平淡不涉於流俗"云云，乃賀鑄學詩於前輩得八句，亦不得徑以為鑄論詩之言。
（胡玉縉：《四庫全書總目提要補正》）

摘文堂集十五卷附錄一卷（永樂大典本）

宋慕容彥逢撰。彥逢字淑遇，宜興人。元祐三年進士，調銅陵主簿。復中詞科，遷淮南節度推官。崇寧元年除祕書省校書郎，歷官刑部尚書。卒諡文定①。《宋史》不為立傳，其生平行履僅見《永樂大典》所載《墓誌》中。《誌》稱所著文集二十卷，外制二十卷，內制十卷，奏議五卷，講解五卷，藏於家。合計之，當為六十卷。而《宋史·藝文志》載有《慕容彥逢集》三十卷，其目與

《誌》頗不合。今按彥逢孫綸原序,稱因兵火散失,綸搜訪所得,分為三十卷。命工鏤版,目以《摘文堂集》。則是集乃綸所重編,《宋史》據以著錄,故與《墓誌》互異也。彥逢才藻富贍,當紹聖初設宏詞科,實首中其選。後受知徽宗,列禁近官侍從者十有五年,一時典册,多出其手。今集中存者尚幾數百篇,其榮遇不為不至。而檢核所作,希睹讜言,惟多以獻媚貢諛,熒惑主聽。如以刑部獄空及天下奏案斷絕具劄稱賀,至三四上,殊可嗤鄙。又如《理會居養院》、《學校》諸劄子,亦皆希廟堂意旨所尚,曲加文飾[2]。呂祖謙輯《宋文鑑》,不錄彥逢一篇,其擯斥之意當由於此[3]。特因其没於政和七年,時事尚未潰裂,故不至附會童、蔡,以成其惡名耳。然其文章雅麗,制詞典重温厚,尤為得體。就文論文,固亦未可竟廢也。謹據《永樂大典》所載,分類裒輯,釐為詩二卷,雜文十三卷,而以謚議、墓誌銘別為一卷附之,庶讀者猶得以考見崖略焉。

【彙訂】

①"文定",殿本作"文安",皆誤。此集附錄載蔣瑎撰《慕容彥逢墓誌銘》曰:"既歿,家無餘貲。天子亦知之,故能賚賜特厚。及葬,狀公之行治,上太常。太常議曰:'《謚法》德美才修曰文,能善兄弟曰友,今其狀應法,乃謚曰文友。'公之節惠可以無媿矣。"(楊武泉:《四庫全書總目辨誤》)

②蔣瑎撰《墓誌銘》言其任左司諫,"章數十上,大抵以拾遺補闕,輔教化,慎命令為先。劾按權近,無所回撓。後言執政以某事當去,上亟為罷之,論議堅正,風望隱然"。集中卷十一載《賀刑部斷獄表》十二篇,其文多稱"臣等",顯出代擬。而所收《代宰臣以下賀獄空及大理寺斷絕表》僅一篇。至若《理會居養

院劄子》建言"使男女異處,不相雜擾",《理會學校劄子》建言"嚴立法禁,不惟整肅學政,亦以敦厚士風"。所論甚正,不得稱為希廟堂意旨所尚,曲加文飾。(昌彼得:《〈攟文堂集〉敘錄》)

③ 據《墓誌銘》與慕容綸原序可知慕容彥逢所著文集等初無刊本流傳,三十卷本刊於淳熙十四年(1187),距呂祖謙下世已六年。(楊洪升:《〈四庫全書總目〉補正六則》)

襄陵集十二卷(永樂大典本)

宋許翰撰。翰字崧老,拱州襄邑人。元祐三年進士,徽宗、欽宗時再為給事中,擢同知樞密院。以議論不合去。高宗即位,召為尚書右丞兼權門下侍郎。復乞宮祠以歸。事迹具《宋史》本傳。據蔡絛《鐵圍山叢談》所載,絛與翰蓋最相契。然史稱翰於宣和閒即奏記蔡京,為"百姓困弊,起為盜賊,天下有危亡之憂。願罷雲中之師,修邊保境"。時不能用。其後燕山之役,卒以召釁。論者謂其有曲突徙薪之謀。其諫种師道不當罷疏,至三四上,亦深得救時要領。至南渡後入踐政府,極論黃潛善姦邪,而力言李綱忠義可用,致為宵小齮齕去位。生平正直之節,終始不撓。今所上章奏,具在集中。其勁氣凜然,猶可想見。然則絛所記錄,亦如其《西清詩話》依附蘇、黃以求名耳,不足為翰累也。翰所著有《論語解》、《春秋傳》諸書,蓋頗究心於經術。故發為文章,具有源本。惟《論配享劄子》一通稱揚雄與孟子異世同功,請以配食孔子廟廷,位次孟子。其說頗為誣謬耳。陳振孫《書錄解題》稱《襄陵集》二十四卷。其本久佚。今據《永樂大典》所載,採輯編次,釐為十二卷。其奏疏為《永樂大典》所原闕者,則別據《歷代名臣奏議》

補入,庶直言讜論,猶得以考見其什一云。

東堂集十卷(永樂大典本)

宋毛滂撰。滂字澤民,衢州江山人。官至祠部員外郎,知秀州。陳振孫《書錄解題》載滂《東堂集》六卷,詩四卷,書簡一卷,樂府二卷。滂嘗知武康縣,縣有東堂,故以名其集也。初,元祐中,蘇軾守杭州,滂為法曹,秩滿去,已行抵富陽,軾聞有歌其《惜分飛》詞者,折簡追還,留連數月,由此知名①。然其後乃出蔡氏兄弟之門。蔡絛《鐵圍山叢談》載蔡京柄政時,滂上一詞甚偉麗,因驟得進用。王明清《揮塵後錄》又載滂為曾布所賞,擢置館閣。"布南遷,坐黨與得罪,流落久之。蔡卞鎮潤州,與滂俱臨川王氏壻,滂傾心事之。一日家集,觀池中鴛鴦,卞賦詩云:'莫學饑鷹飽便飛。'滂和呈云:'貪戀恩波未肯飛。'卞妻笑曰:'豈非適從曾相公池中飛過來者乎?'滂大慚"云云②。是其素行儇薄,反覆不常,至為婦人女子所譏,人品殊不足重③。即集中所載酬答之文,亦多涉請謁干祈,不免脂韋泄沓之態。故陳振孫謂其詩文視樂府頗不逮,蓋亦因其人而少之。然平情而論,其詩有風發泉涌之致,頗為豪放不羈。文亦大氣盤礴,汪洋恣肆,與李廌足以對壘。在北宋之末,要足以自成一家,固未可竟置之不議也。謹從《永樂大典》蒐採裒輯,釐為詩四卷,文六卷,仍還其十卷之舊。其書簡即附入文集,不復別編。至所作《東堂詞》,則毛晉已刊入《六十家詞》中,世多有其本。今亦別著於錄焉。

【彙訂】

① 毛滂與蘇軾為故人子,元豐間已謁後者於黃州。蘇集有《和毛滂法曹詩》可證。(夏承燾:《四庫全書詞籍提要校議》)

② 考《宋史·蔡卞傳》，卞知潤州在元祐間，時滂方為饒州法曹，而曾布紹聖三年方知樞密。《揮塵後錄》所云疑不可信。（同上）

③ 蘇軾紹聖元年貶竄外州後，毛滂仍與之交通，今《蘇東坡全集》存有此時期寄給毛氏的回信至少有三通。政和元年（1111）蘇軾已歿十數年，毛氏仍作有《題琳老所攜二蘇書帖》，顯非"素行儇薄，反復不常"之徒所為。（周少雄：《〈毛滂集〉前言》）

浮沚集八卷（永樂大典本）①

宋周行己撰。行己字恭叔，永嘉人。元祐六年進士，官至祕書省正字，出知樂清縣。陳振孫《書錄解題》稱其"為太學博士，以親老歸，教授其鄉。再入為館職，復出作縣。鄉人至今稱周博士"，蓋相沿稱其初授之官也。振孫載《浮沚先生集》十六卷《後集》三卷。《宋史·藝文志》載《周行己集》十九卷，正合前、後兩集之數，而又別出《周博士集》十卷，已相牴牾。萬曆《溫州府志》又稱行己集凡三十卷，更參錯不符。考振孫之祖母，即行己之第三女。振孫所記，當必不誤。《宋史》及《溫州志》均傳譌也②。行己早從伊川程子游，傳其緒論，實開永嘉學派之先。集中有《上宰相書》云："少慕存心養性之說，於周、孔、佛、老無所求，而未嘗有意於進取。"又有《上祭酒書》云："十五學屬文。十七補太學諸生，學科舉。又二年讀書益見道理，於是學古人之修德立行。"云云。觀所自敍，其生平學問梗概，可以略見。則發為文章，明白淳實，粹然為儒者之言，固有由也。且行己之學雖出程氏，而與曾鞏、黃庭堅、晁說之、秦觀、李之儀、左譽諸人皆相倡和。集中《寄魯直學士》一詩稱“當今文伯眉陽蘇，新詞的爍垂明珠”，於蘇軾亦極傾倒，絕不立洛、蜀門户之見。故耳擩目染，詩文亦皆嫻雅有法，尤講學家所難能矣。集久失傳。今從《永樂大典》所載搜羅排比，共得八卷。較之原編，十幾得五，尚足見其大凡也。

【彙訂】

① 底本此條與文淵閣庫書次序不符。文淵閣庫書與殿本均置於“東堂集十卷”條之前。

②《宋志》著錄佚名之《周博士集》與周行己之《浮沚先生集》無涉，“周博士”並非專稱，何“牴牾”之有？且宋人文集異本甚多，不得謂必是傳訛。（祝尚書：《宋人別集敍錄》；陳樂素：《宋史藝文志考證》）

劉給事集五卷（浙江鮑士恭家藏本）

宋劉安上撰。安上字元禮，永嘉人。紹聖四年進士丙科，由錢塘尉歷擢殿中侍御史。疏劾蔡京，不報，復與石公弼等廷論之。坐是浮沈外郡者十六年。晚知舒州，乞祠得提舉鴻慶宮。靖康元年致仕，建炎二年卒於家。據薛嘉言作《安上行狀》，稱其有詩五百首，制誥、雜文三十卷，篇帙頗富。然焦竑《國史經籍志》載劉安上集實止五卷，與此本相合。蓋兵燹之餘，後人掇拾而成，非其原本矣。《宋史·藝文志》作四卷，則當由刊本舛譌，以“五”為“四”耳。自明以來流傳甚尠。朱彝尊自潁州劉體仁家借鈔，僅得其半，後得福州林佶鈔本，始足成之。其詩醖釀未深，而格意在中、晚唐間，頗見風致。文筆亦修潔自好，無粗獷拉雜之習。蓋不惟風節足重，即文章亦不在元祐諸人後矣。

劉左史集四卷（浙江鮑士恭家藏本）

宋劉安節撰。安節字元承，永嘉人。元符三年進士。官至起居郎，擢太常少卿，出知饒州。遷知宣州，卒於官。是集不知何人所編。前有留元剛序，標題雖稱《劉左史集》，而其文始終以周孚、劉安上與安節並稱，謂之“三先生”[①]，又祇言其氣節，而無一字及文集。莫之詳也。其編次頗無法。首以奏議，次以表，次以疏狀是矣。而以《功德疏》入之疏狀，則為失倫。又次以應酬諸啟冠墓銘之前，又次以祭文、青詞冠經義、論策之前，則顛倒尤甚。終以《漁樵問對》，其名與世傳邵子書同。核其文，亦皆相合。考晁公武《讀書志》曰：“《漁樵問對》一卷，皇朝邵雍撰。按此為《讀書志》之原文，故仍其舊稱，謹附識於此。設為問答，以論陰陽化育之端，性命道德之奧。邵氏言其祖之書也。當考。”云云。則《漁樵問對》有謂出自邵子者，有謂邵子之祖者，均不云安節所撰。不知何人編入集中。然以《太極圖》歸鶴林寺僧壽涯，以《先天圖》歸華山道士陳摶，儒者皆斷斷爭之。以此書歸於安節，而儒者未嘗駁其非。或亦疑以傳疑歟？安節出伊川程子之門。其生平略見卷末附錄《上蔡語錄》三則及許景衡所作《祭文》、《墓誌》中。其文章亦明白質實，不失為儒者之言。經義尤明白條暢。蓋當時太學之程式，後來八比之權輿也。凡《周禮》十一篇、《論語》三篇、《孟子》二篇、《中庸》一篇。其《中庸》一篇介《孟子》二篇之中，蓋繕寫偶失其次。《周禮》第四篇前闕四行，以文義考之，其題當為《時見曰會》。其佚文三行，則不可復補矣。

【彙訂】

① 留元剛序所謂“太學博士周公”，乃指周行己，非周孚。

（孫詒讓：《溫州經籍志》）

　　竹隱畸士集二十卷（永樂大典本）

　　宋趙鼎臣撰。鼎臣字承之，衛城人[①]。自號葦谿翁。元祐間進士，紹聖中登宏詞科。宣和中，以右文殿修撰知鄧州[②]，召為太府卿。其集見於《宋史·藝文志》者四十卷。陳振孫《書錄解題》云："其孫綱立刊於復州。本百二十卷，刊至四十卷而代去，遂止。"是在當時版行者已非完本。劉克莊《後村詩話》又云："《竹隱集》十一卷，多其舊作，暮年詩無棗本。"所紀卷目多寡頗不合。疑克莊所稱十一卷者，乃專指其詩而言也。鼎臣，《宋史》無傳，其家世無可考。獨集中有繳進其父元祐末所上河議奏狀一首。今考《宋史·河渠志》，元祐、紹聖間，水官建議回河，獨轉運使趙偁不以為然，力主北流之議。疏凡數上，言皆切直。與鼎臣奏狀相合。是鼎臣即偁之子，淵源有自。其後嘗往來大名、真定間，與蘇軾、王安石諸人交好，相與酬和[③]。故所作具有門逕，能力追古人。劉克莊稱其詩，謂："材氣飄逸，記問精博。警句巧對，殆天造地設，略不戟人喉舌，費人心目。"推挹甚至[④]。今克莊所摘諸句，已多佚其全篇。而即所存諸詩觀之，工巧流麗，其才實未易及。克莊之言，故非溢美。至其雜文，刻意研練，古雅可觀，亦非儉陋者所能望其項背。惜原集久經失傳。謹就《永樂大典》各韻中蒐採彙輯，勒成二十卷。諸體具備，蔚然可觀。雖未能齊軌蘇、黃，然比於唐庚、晁補之諸人，則不啻驂之有靳矣。

【彙訂】

　　①《直齋書錄解題》卷一七《竹隱畸士集》條明作"右文殿修撰韋城趙鼎臣承之撰"，宋無衛城縣，有衛縣，屬衛州，而韋城縣

屬滑州。集中詩文一再自署"東郡趙某"，東郡係古稱，東晉時治在今河南滑縣東。（陳新：《〈四庫提要〉中的失誤》）

　　② 按汪藻《浮溪集·左朝散郎劉君墓誌》言，劉君"政和五年，上舍高第，授陳州教授。內艱，免喪，監尉氏稅，會徽猷閣待制趙公鼎臣鎮鄧，辟君司儀曹"。可證趙鼎臣政和五年後始出鎮鄧州。據程俱《詩送趙承之祕監鼎臣安撫鄧州三首》、趙鼎臣《二十日發都門二十三日次潁昌過故府張幾仲舊居》詩，可知趙鼎臣是在張近（字幾仲）府罷之後到京城史館任祕書監。據《宋史·職官志》："元祐元年，許內外官帶貼職，易集賢殿學士為修撰。政和六年，以集賢院無此名，其見任集賢院修撰並改為右文殿修撰，次於集英殿修撰，為貼職之高等。"所以趙鼎臣貼職右文殿修撰事在政和六年，即西元 1116 年。據吳廷燮《北宋經撫表》卷三"賈炎"條，賈炎於政和五年至政和六年任鄧州太守。則趙鼎臣出守鄧州是在政和六年，即賈炎離任之後。趙鼎臣於政和八年（1118）任度支員外郎，事見此集卷一七《故龍圖閣學士宣奉大夫中山府路安撫史兼馬步軍都總管兼知定州軍府事提舉本府學事兼管內勸農使開封縣開國子食邑六百戶贈特進資政殿學士韓公行狀》一文，結句："政和八年十月初一日朝請大夫行尚書度支員外郎趙某狀。"又據《北宋經撫表》，重和元年（1118），"《名臣言行續錄》：許份以父將恩補承務郎，崇寧初登甲科，除宗正少卿，同修國史。俄知鄧州，兼京西南路安撫。"宣和三年（1121），"《李忠定集》：許份知鄧州，政尚寬平，在州四年，改蔡州。"宣和四年（1122），"本傳：范致虛免喪，改河南府，復移鄧州。"至宣和五年（1123）。宣和六年（1124），"按勝仲《丹陽集·鄧州謝范左丞》：伐柯在前，隣輝不遠。《嘉泰吳興志》：葛勝仲宣和六年九月，自

湖州知鄧州"。由此可知，整個宣和年間，趙鼎臣都不可能出任鄧州太守。（岳振國：《趙鼎臣仕履通考——兼糾〈四庫全書總目提要〉及〈宋詩紀事〉中趙鼎臣鎮鄧時間之誤》）

③此集中無一篇詩文言及王安石，王安石詩文集亦無與趙鼎臣相唱和或言及趙鼎臣的作品。且趙鼎臣生於熙寧三年（1070），而王安石卒於元祐元年（1086），離世之時趙鼎臣不過十七歲。是時趙鼎臣也尚未登科，未入仕途。二人年齡、地位懸殊，所謂"交好，相與酬和"，有悖常理。蘇軾文集中亦未言及趙鼎臣。此集中則只存有兩篇趙鼎臣寫給蘇軾的啟文，即卷十《問候蘇內翰啟》和《上蘇內翰端明啟》，均表達對蘇軾極為崇敬、仰慕之情。至於二人相與酬唱，則尚無實據。反而是趙鼎臣與蘇軾之子蘇過情深義重，過從甚密。（岳振國：《〈四庫全書總目〉中關於趙鼎臣評價考辨》）

④《適園叢書》本《後村大全集》續集卷三《後村詩話》有"徐淵子《賀周益公致仕啟》"條，末云："淵子此作甚佳，然為詩名所掩"，其下一條云："淵子有《竹隱集》十一卷，多其舊作，暮年詩無棗本。此公曾見石湖、放翁、誠齋一輩人，又材氣飄逸，記問精博。警句巧對，殆天造地設，略不戟人喉舌，費人心目。人品在姜堯章諸人之上。"可知《總目》所引文字皆劉克莊為南宋人徐淵子（名似道）《竹隱集》而言，非趙鼎臣《竹隱畸士集》。（陳新：《〈四庫提要〉中的失誤》）

唐子西集二十四卷（浙江巡撫採進本）

宋唐庚撰。庚有《三國雜事》，已著錄。《讀書志》、《書錄解題》均載《唐子西集》二十卷，《宋史》庚本傳亦同。《文獻通考》則作十卷①。此本乃明崇禎庚辰福州徐㷉從何楷家鈔傳。國朝雍正乙巳，歸安汪亮采所校刊。凡詩十卷，文十二卷，文末綴以《三國雜事》二卷，共二十四卷。前有鄭總、呂榮義及庚弟庚三序，俱作於宣和四年。又庚子文若《書後》，作於紹興二十九年。總序但云太學諸生所錄，鬻書家所刊。榮義序亦言非完本。庚序則稱："比見京師刊行者，止載嶺外所述。因並取其少年時所作，隨卷附之。"與文若《書後》均不言其卷數。惟紹興二十一年鄭康佐序乃稱初於鵝城得文四十五首、詩賦一百八十五首，續得閩本文十二首、詩賦一百十有一首，又續得蜀本文一百四十二首、詩賦三百有十首②，屬教授王維則校讎，勒為二十二卷，刻版摹之。則此本實鄭氏所刊。晁、陳諸目所著錄者，殆即所謂閩本、蜀本，故卷數不同歟③？強行父作《唐子西文錄》序，稱《次韻冬日旅舍》及《留別》二詩，集者逸之。而二詩今在集中，信當時非一本矣。又汪亮采序稱其"論三國事，雖別為撰著，亦史所稱精密之一"。則《三國雜事》二卷為亮采所增入，故又與二十二卷之數不符也。《書錄解題》稱："其文長於議論，所著《名治》、《存舊》、《正友》、《議賞》諸論皆精確。"劉克莊《後村詩話》曰："子西諸文皆高，不獨詩也。其出稍晚，使及坡門，當不在秦、晁之下。"《文獻通考》引劉夷叔之言，亦謂其善學東坡。今考庚與蘇軾皆眉州人，又先後謫居惠州，宜於鄉前輩多所稱述。而集中詩文，自《聞東坡貶惠州》一首及《送王觀復序》"從蘇子於湘南"一句外，餘無一字及軾。而詩中深著微詞，序中亦頗示不滿。又《上蔡司空書》舉近代能文之士，但稱歐陽修、尹洙、王回而不及軾。又《讀巢元修傳》一篇，言蘇轍"靳惜名器太甚，良以是失士心"。似庚於軾、轍兄弟頗有所憾。殆負其才氣，欲起而角立爭雄，非肯步趙蘇氏者。二劉所言，未詳考也。其詩刻意鍛鍊，而不失氣格。劉夷叔稱其"工於屬對，緣此遂無古意"，按此語見《文獻通考》。胡仔《苕溪漁隱叢話》則稱其佳句不可勝舉，黃徹《䂬谿詩話》則稱其巧於用事。三家之評，各明一義，而均得其實。至於《白鷺》詩之"諸公有意除鉤黨，甲乙推求恐到君"，詞意淺露，而《鶴林玉露》稱之；《湖上》詩之"佳月明作哲，好風聖之清"，墮於惡趣，而《詩話類編》稱之，則舍所長而譽所短矣。集中有《別永叔》詩一篇。考歐陽修没於熙寧六年壬子。《宋史》稱庚謫惠州，遇赦北歸，卒於道，年五十一。據集中《黎氏權厝銘》，其北歸在政和丁酉[①]。上距熙寧壬子凡四十六年。是修卒之時，庚方五六歲，斷不相及[⑤]。或他人之作誤入，抑別有字永叔者[⑥]，如《瘧疾示聖俞》詩，乃其甥郭聖俞而非梅堯臣也。疑以傳疑，亦姑仍原本錄之焉。

【彙訂】

①《郡齋讀書志》著錄《唐子西集》實只十卷，衢、袁兩本皆同。《文獻通考·經籍考》（卷二三七）則作十五卷，疑衍一"五"字。（余嘉錫：《四庫提要辨證》）

② 鄭康佐序云："政和中先君寺丞赴官潮陽，道出鵝城，謁國博唐公……得唐公之文凡四十五首，詩賦一百八十五首……康佐承乏惠陽，暇日閱《寓公集》，蓋東坡先生與唐公謫居時著述也。唐公之文凡十有二首，詩賦一百十有一首，與先君所傳頗有重複。既而進士葛彭年以所藏閩本相示，文凡五十六首，詩賦二百八十七首……未幾，又得蜀本於歸善令張匪躬之家，文凡一百四十二首，詩賦三百有十首。"（陳乃乾：《讀〈四庫全書總目〉條記》）

③《郡齋讀書志》所著錄十卷本今無傳本，無法確斷。《直

齋書錄解題》所著錄二十卷本即南宋初年據紹興己卯三十卷本合編者，非出自所謂閩本、蜀本。（王嵐：《宋人文集編刻流傳叢考》）

④　政和七年（1117）為丁酉，而唐庚遇赦北歸在政和五年（1115），説詳卷八八《三國雜事》條訂誤。

⑤　唐庚卒於宣和二年（1120），熙寧五年（1072）壬子時年三歲，説詳卷一九七《唐子西文錄》條訂誤。

⑥　此集卷一七有《別句永叔》詩，則其人姓句，與歐陽修無關。（余嘉錫：《四庫提要辨證》）

洪龜父集二卷（永樂大典本）

宋洪朋撰。龜父，朋字也。南昌人，黃庭堅之甥。兩舉進士不第，年僅三十八而卒。故事迹不傳。然其詩則最為當代所推重。《豫章續志》載黃庭堅之言曰：“龜父筆力扛鼎，他日不患無文章垂世。”及其没也，同郡黃君著哀其詩百篇為集。庭堅在宜州，見其本，又稱為篇篇可傳。吕本中作《江西宗派圖》，所列凡二十五人。首陳師道，次潘大臨，次謝逸，次即及朋。《紫微詩話》又盛推其《寫韻軒》詩。《王直方詩話》亦稱其“一朝厭蝸角，萬里騎鵬背”句。劉克莊《後村詩話》復稱其《游梅仙觀》詩能以直節期乃弟，且稱“龜父警句，往往為前人所未道，惜不多見”云云。則朋雖終於布衣，其名在宋代且居三洪上矣。陳振孫《書錄解題》載有朋集一卷，久無傳本。故厲鶚作《宋詩紀事》，僅從《宋文鑑》、《聲畫集》諸書摭得遺詩數篇。即《江湖小集》所載，亦未為完備。今採掇《永樂大典》，分體排比，釐為上、下二卷。雖王直方、劉克莊所稱諸名句今悉不見全篇，未免尚有佚脱。然核黃氏所編僅一百首，今乃得一百七十八首；陳氏所載僅一卷，今乃溢為二卷。疑《永樂大典》所據之本，別經後人輟輯，續有所增。約略大凡，其所闕諒亦無幾矣。

跨鼇集三十卷（永樂大典本）

宋李新撰。晁公武《讀書志》曰："李新字元應，仙井人。早登進士第。劉涇嘗薦於蘇軾，命賦墨竹。口占一絕立就。元符末上書奪官，謫置遂州，流落終身。"今考集中《上李承旨書》稱"某叨冒元祐第"，《弔安康郡君詞序》稱"解褐通籍，在元祐庚午"，與公武"早登進士"之説合。《上皇帝萬言書》首稱"元符三年五月十一日興元府南鄭縣丞李新"云云，《上吳户部書》稱"庚辰之初"云云，元符紀元凡三年，止於庚辰，與公武"元符末上書"之説合。《謝循資啟》稱"妄投北闕之書，久作南冠之繫"，與公武"謫置"之説亦合。惟《馮隱士碑陰文》稱"崇寧二年跨鼇居士以言抵罪，羈於武信"，《遺愛碑記》亦稱"崇寧初，入遂寧境"，則其謫置在上書後三年。又《與馮德夫手簡》稱"歸來山谷幾半歲，時時掖老母登高，指煙雲明滅處，正前日羈管所"，則未嘗終於謫置。《再與瀘南安撫手簡》稱"祇役新疆，苟攝支邑"，《上鄭樞相書》稱"陸沈州縣三十許年，始以城役改官"，其他轉資到任諸謝啟，雖不能定在何時，而《更生閣記》稱"宣和癸卯八月，誤恩二郡"，復有《謝茂州到任啟》，正在是歲，則新斥廢以後，仍官至丞倅，亦未嘗流落終身。均與公武所記不合。豈宋人重內而輕外，不挂朝籍，即謂之流落耶？新受知蘇軾，初自附於元祐之局。故其所上書，詞極切直。然一經挫折，即頓改初心，作《三瑞堂記》以頌蔡京，《上王右丞書》以頌王安石，《上吳户部書》至自咎"前日所言,得疾迷罔,謂白為黑",其操守殊不足道。且所作《韓長孺論》,譏其馬邑之役,沮前日之議,敗今日之功,所以陰解滅遼之失也;作《武侯論》,謂其當結魏以圖存,所以陰解和金之辱也。無非趨附新局,以冀遷除。公武但記其上書得罪,而不詳其後事,亦未免考之未審也。惟其詩氣格開朗,無南渡後喞唧之音。其文序、記諸篇,忽排忽散,雖似不合格,而他作亦多俊邁可誦。在北宋末年,可以稱一作者,固不必定以其人廢之矣。集本五十卷。今散見《永樂大典》者,裒合編次,尚得三十卷。集中《更生閣記》述政和丁酉剿茂州叛羌旺烈事,所述宋兵怯弱之狀,殆可笑噱。核其地理,即今之金川土司。而諸書言蜀事者,未嘗舉是篇,則是集亦罕覯之笈矣。

忠愍集三卷(永樂大典本)

宋李若水撰。若水本名若冰,欽宗為改今名。字清卿,曲周人。靖康初,以上舍登第①,由太學博士歷官吏部侍郎。從欽宗如金營,以力爭廢立,不屈死。建炎初贈觀文殿學士,諡忠愍。事迹具《宋史》本傳。《書錄解題》載《李忠愍集》十二卷,蓋以其追諡名集。劉克莊《後村詩話》作《忠烈集》,當由傳寫之誤。《宋史·藝文志》作十卷。考《書錄解題》稱後二卷為附錄其死節時事②。《宋志》蓋但舉其詩文,其實一也。若水當金兵薄城之時,初亦頗主和議,於謀國之計未免少疏。而卒能奮身殉節,揩拄綱常,與斷舌常山後先爭烈。使敵人相顧嘆息,有"南朝惟李侍郎一人"之語。其末路足以自贖。史家以忠義稱之,原其心也。其詩具有風度而不失氣格,其文亦光明磊落,肖其為人。南宋時蜀中有鋟本劉子翬《屏山集》,有《題忠愍集》詩,詞極悲壯。今原集不傳。茲就《永樂大典》中所散見者，掇拾編次，釐為三卷，以建炎時誥詞三道附錄於後。其子淳跋是集云：「秫歸費守樞為先公作文序，能不沒其實。」今費序已佚③，惟淳跋僅存①，亦併附諸篇末。雖搜羅補綴，非復蜀本之舊。然唐儲光羲詩格古雅，其集亦哀然具存。徒以苟活賊庭，身污偽命，併其詩亦不甚重。至於張巡所作，僅《聞笛》及《守睢陽》兩篇，而編唐詩者無不採錄。豈非以忠孝者文章之本耶？今若水詩文尚得三卷，不止巡之兩篇。殘編斷簡，固皦然與日月爭光也。

【彙訂】

① 據《靖康忠愍曲周李公事迹》（見《三朝北盟會編》卷八一、八二），李若水乃政和八年賜同上舍出身。（李裕民：《四庫提要訂誤》增訂本）

② 輯本《直齋書錄解題》卷十七"李忠愍集"條云："後二卷為附錄。其死事時才三十五歲。"（祝尚書：《宋人別集敍錄》）

③ "佚"，殿本作"無"。

④ 據《三朝北盟會編》，應為其子浚、淳同跋，又費樞《忠愍文集》序尚存，見《三朝北盟會編》卷八二。（李裕民：《四庫提要訂誤》增訂本）

忠肅集三卷（浙江鮑士恭家藏本）

宋傅察撰。察字公晦，濟源人。晁公休為作《行狀》，言生於元祐四年。年十七舉進士，當在崇寧五年。周必大序作十八，則大觀元年登第也。初，察登第時，蔡京欲以女妻之。察固辭，後娶趙挺之女①。以外家恩例，為青州司法參軍，歷轉吏部員外郎。宣和七年，借宗正少卿，接伴金使。適金兵至韓城鎮，挾以行,不屈死。贈徽猷閣待制。事迹具《宋史·忠義傳》[②]。此本稱《忠肅公集》,則乾道中所贈諡,而其孫伯壽裒集遺文時所題也。周必大序稱"文務體要,詞約而理盡。詩尤溫純該貫,開作次韻,愈多而愈工"。史亦稱其文溫麗有體裁。今觀其詩,古體學韓不成,近體亦乏深致。文則皆表啟儷偶之詞,不出當時應酬之格。而請東封、頌西封,以及青詞、疏文、祝文,尤宣、政開道教盛行,隨俗所作。皆不足為典要。必大所云,蓋曲徇其孫之請,而史又沿必大之文。然察使不辱命,抗節隕身。人品可傳,則文章亦重。必大所序,在談藝為曲筆,以名教論之,雖謂之直道可矣。

【彙訂】

①　"後",底本作"復",據殿本改。

②　大觀元年無進士科,科在前一年即崇寧五年,(《文獻通考》卷三二《選舉考》)。《宋史》本傳亦謂"年十八登進士",又載宣和七年使金被害,"時年三十七"。由宣和七年上溯三十七年,正為元祐四年。由此生年下推至崇寧五年,正為十八歲。可知傅察確為崇寧五年進士。晁公休撰《行狀》作十七歲者,蓋以周歲記齡也。(楊武泉:《四庫全書總目辨誤》)

集　部　九

別　集　類　九

宗忠簡集八卷（浙江鮑士恭家藏本）

宋宗澤撰。澤事迹具《宋史》本傳。是編自一卷至六卷皆劄子、狀疏、詩文、雜體。七卷、八卷爲遺事、附錄，皆後人紀澤事實及誥敕、銘記之類也。澤孤忠耿耿，精貫三光。其奏劄規畫時勢，詳明懇切。當時狃於和議，不用其言，亦竟無收拾其文者。至寧宗嘉定間，四明樓昉乃綴輯散佚，以成是集。然陳振孫《書錄解題》竟不著錄，是宋末已不甚行。蓋理宗以後，天下趨朝廷風旨，道學日興。談心性者謂之真儒，講事功者謂之雜霸。人情所競，在彼而不在此。其沈晦不彰，固其所也。明崇禎間，熊人霖始據舊本重刻①。國朝義烏縣知縣王庭曾又重爲編定，增入諫止割地一疏，而以樓昉原序及明初方孝孺序弁於篇首②。考史稱澤力請高宗還汴，疏凡二十八上。本傳不盡錄其文。今集中所載僅十八篇，猶佚其十。則其散亡已多矣③。

【彙訂】

① “刻”，殿本作“刊”。

② 此集今存明正德六年刻五卷本、嘉靖三十年宗旦刻六卷

本(已編入諫止割地一疏)。(丁丙:《善本書室藏書志》)

　　③《宋史·宗澤傳》云:"澤前後請上還京二十餘奏。"此稱"二十八上",未知何據。此集卷一收《乞回鑾前後》計一十八疏,卷二收《聞車駕還闕賀表》二、《乞回鑾表》四,共二十四疏,非"僅存十八篇"。宗澤婿余嶧作《宗忠簡公傳》,儘量將宗澤表疏收入其內,凡佚者均予注明,請高宗還卞疏二十四篇全部收入,不見另有佚疏。樓昉序、方孝孺亦明言"二十有四"。則"猶佚其十"顯非事實。(李裕民:《四庫提要訂誤》;筧文生、野村鯰子:《四庫提要南宋五十家研究》)

　　龜山集四十二卷(浙江鮑士恭家藏本)

　　宋楊時撰。時事蹟具《宋史·道學傳》①。是集凡書、奏、表、劄、講義、經解、史論、啟、記、序、跋各一卷,語錄四卷,答問二卷,辨二卷,書七卷,雜著一卷,哀辭、祭文一卷,狀述一卷,誌銘八卷,詩五卷。時受蔡京之薦,雖朱子亦不能無疑。然葉夢得為蔡京門客,南渡後作《避暑錄話》、《石林詩話》諸書,尚祖護熙寧、紹聖之局。時於蔡京既敗以後,即力持公論。集中載上欽宗第七疏,詆京與王黼之亂政,而請罷王安石配享。則尚非始終黨附者比。又於靖康被兵之時,首以誠意進言,雖未免少迂。而其他排和議、爭三鎮、請一統帥②、罷奄寺守城,以及茶務、鹽法、轉般、糴買、坑冶、盜賊、邊防、軍制諸議,皆於時勢安危,言之鑿鑿。亦尚非空談性命,不達世變之論。蓋瑕瑜並見,通蔽互形。過譽過毀,皆講學家門戶之私,不足據也。時受學程子,傳之沙縣羅從彥,再傳為延平李侗,三傳而及朱子,開閩中道學之脈。其東林書院存於無錫,又為明季講授之宗。本不以文章見重,而篤實質朴，要不失為儒者之言。舊版散佚，明宏治壬戌，將樂知縣李熙重刊，併為十六卷。後常州東林書院刊本分為三十六卷，宜興刊本又併為三十五卷。萬曆辛卯，將樂知縣林熙春重刊，定為四十二卷。此本為順治庚寅時裔孫令聞所刊，其卷帙一仍熙春之舊云。

　　案時卒於高宗建炎四年③。其入南宋日淺，故舊皆繫之北宋末。然南宋一代之儒風，與一代之朝論，實皆傳時之緒餘。故今編錄南宋諸集，冠以宗澤，著其說不用而偏安之局遂成。次之以時，著其說一行而講學之風遂熾。觀於二集以考驗當年之時勢，可以見世變之大凡矣。

　　【彙訂】

　　① 依《總目》體例，當作“時有《二程粹言》，已著錄”。

　　② 據此集卷一《上欽宗皇帝書》其一首云“一乞立統帥”，可知“請一統帥”乃“請立統帥”之誤。（笕文生、野村鯰子：《四庫提要南宋五十家研究》）

　　③ 胡安國《龜山先生墓誌銘》、黄去疾《龜山先生文靖楊公年譜》均載楊時卒於紹興五年（1135），《直齋書錄解題》卷一八《龜山集》條作建炎四年（1130），《總目》襲其誤。（同上）

　　梁溪集一百八十卷附錄六卷（編修汪如藻家藏本）①

　　宋李綱撰。綱有《建炎時政記》，已著錄。是集首載宋少保觀文殿大學士陳俊卿序，謂綱少子秀之裒集其表章奏劄八十卷，而詩文不與焉。晁公武《讀書志》則作一百五十卷②，陳振孫《書錄解題》則作一百二十卷。蓋後人續以詩文合編，互有分併，已非復秀之之舊本。此本賦四卷，詩二十八卷，雜文一百三十八卷，而以《靖康傳信錄》三卷、《建炎進退志》四卷、《建炎時政記》三卷，俱編入集中，又以年譜、行狀之類六卷附焉。與晁、陳二家所錄均為不合，又非宋本之舊矣③。綱人品經濟，炳然史册，固不待言。即以其詩文而言，亦雄深雅健，磊落光明，非尋常文士所及。徒以喜談佛理，故南宋諸儒不肯稱之。然如顏真卿精忠勁節，與日月爭光，固不能以書西京《多寶塔碑》、作撫州《麻姑壇記》，遂減其文章之價也。集中有補宋璟《梅花賦》，自序謂璟《賦》已佚，擬而作之，其文甚明。元劉壎《隱居通議》所載璟《賦》二篇，皆屬偽本。明田藝蘅《留青日札》乃稱得元鮮于樞手書璟《賦》①，急錄傳之，樞之真蹟旋毀。核其文句，大抵點竄綱《賦》，十同七八，其為依託顯然。然亦見綱之賦格，置於唐人之中可以亂真矣。

【彙訂】

① 文淵閣《四庫》本實際附錄年譜一卷、行狀三卷，計四卷。

② 晁公武《郡齋讀書志》袁、衢二本俱無一百五十卷之文，僅趙希弁《附志》著錄作一百七十卷。（祝尚書：《四庫宋集提要糾誤》）

③ 嘉定二年（1209），李綱孫大有刊其大父奏議八十卷，作跋曰：“文集合政路帥府所紀，為篇百有七十，內（疑“而”之訛）以《傳信錄》、《時政記》、《進退志》附益。”所附三種共十卷，連正集正為一百八十卷。嘉定六年（1213），權知邵武軍姜注刊《梁谿文集》，軍學教授黃注跋略曰：“是集刊於秋之九月，成於冬之十二月。其為册三十有三，為卷一百八十。”趙氏《附志》所錄當即邵武刊本，而不計附錄十卷。（同上）

④ “田藝蘅”，底本作“田藝衡”，據殿本改。（笕文生、野村

鯰子：《四庫提要南宋五十家研究》）

初寮集八卷（永樂大典本）

宋王安中撰。安中字履道，中山曲陽人。登進士第，累擢尚書左丞，出知燕山府。除大名尹，兼北京留守司公事。靖康初安置象州。紹興初復左中大夫，卒。事迹具《宋史》本傳。安中以詞藻擅名，而行誼甚為紕繆。陳振孫《書錄解題》稱其少時嘗師事蘇軾於定武，未卒業而軾去。會晁說之為無極令，復往執弟子禮。說之勖以為學當慎初之旨，因築室，榜曰"初寮"。其聞見議論得於說之為多。及後貴顯，遂諱晁學，但稱"成州使君四丈"，無復先生之號。今考集中，多直呼說之為晁以道，與振孫言相合。其佻薄已可概見。曾敏行《獨醒雜志》稱："安中初學東坡書。崇、觀、宣、政間，頗更少習。南渡以來，復還其舊。"其隨時局為翻覆，亦為灼然。史稱其以作《瑞應表》受知徽宗。考蔡絛《鐵圍山叢談》，實由諂事梁師成以進。《幼老春秋》又稱其交結蔡攸，引入禁中。則奔競無恥，更為小人之尤。史又稱其附和童貫、王黼，贊成復燕之議。又身自請行，規措失當，招納叛亡，挑釁強鄰，禍貽宗社。則誤國之罪尤為深重。然其詩文豐潤凝重，頗不類其為人。四六諸作，尤為雅麗。史稱徽宗嘗宴睿謨殿，安中賦百韻詩紀事，令大書殿屏，仍以副本分賜侍臣。王明清《揮塵後錄》載其詩，周煇《清波雜志》又補載其序，皆盛相推挹。張邦基《墨莊漫錄》又載其《立春帖子》，稱以才華清麗。其人雖至不足道，而文章富贍，要有未可盡泯者。錄而傳之，亦不以人廢言之義也。其集見於本傳者七十六卷。晁公武《讀書志》止作十卷。趙希弁《附志》則作《前集》四十卷，《後集》十卷[①]，又內、外制二十六卷。與史傳目次相符。自明以來，久佚不見。今從《永樂大典》採掇裒次，尚得詩文數百篇。周必大序稱安中送其曾大父詩"不論與汝小一月，政自容君數百人"句，又楊萬里《誠齋詩話》稱安中《行余深少宰制》"仰惟前代，守文為難，相我受民，非賢不乂"句，又在象州思鄉作文，有"萬里邱壠，草木牛羊之踐履；百年鄉社，室家風雨之飄搖"等句，今俱不見於集中，是其散佚甚多②。然搜羅什一，猶可考見崖略。謹釐為八卷，而仍以李邴、周必大、周紫芝序三篇冠之卷首，以存其舊焉。

【彙訂】

①"後集十卷"，殿本脱，參袁本《郡齋讀書附志》"初寮先生前集四十卷後集十卷"條。

②"甚"，殿本作"尚"。

橫塘集二十卷（永樂大典本）

宋許景衡撰。景衡字少伊，溫州瑞安人。登元祐九年進士，宣和中召為監察御史，遷殿中侍御史。欽宗即位，以左正言召，累遷中書舍人。高宗朝至尚書右丞。罷為資政殿大學士，提舉洞霄宮。卒諡忠簡。事迹具《宋史》本傳。景衡雖源出洛學，而立身剛直，不與賈易諸人囂爭門戶①。其文章坦白光明，粹然一出於正。在徽宗時，即極言財力匱乏，請罷花石綱運，為王黼所中而去。及從高宗在揚州，又與黃潛善不協，借渡江之議，斥逐而死。雖阨於權倖，屢起屢躓，而終始不撓。今集中所存奏議，如論童貫誤國、辨宗澤無過、論王安石當自便②、乞寬恤東南諸剳子，皆誠意懇摯，剴切詳明。其他亦多關係國家大計。雖當時不能盡用其說，而史稱："既没之後，高宗每念其遇事敢言，追思不置。"亦足見其忠愛之忱,有以感乎於平素也。至其詩篇,乃吐言清拔,不露伉厲之氣,如"玉樽浮蟻一樣白,青眼與山相對橫"諸句,殊饒風調。胡仔《漁隱叢話》謂:"寇準詩含思淒婉,富於音情,殊不類其為人。"今景衡亦然。蓋詩本性情,義存比興,固不必定為濂洛風雅之派,而後謂之正人也。《宋史·藝文志》載《橫塘集》三十卷,《書錄解題》亦同。自明以來,傳本久絕。今從《永樂大典》中採掇衰綴③,以次排纂,釐為二十卷。《朱子語錄》嘗稱:"陳少陽事,其詳見許右丞《哀詞》中。"今已不睹是篇。則鉅製鴻裁,佚者不少,其幸而存者彌宜寶貴矣。

【彙訂】

① 據《建炎以來繫年要錄》卷十五,許景衡卒於建炎二年五月,年五十七,則當生於熙寧六年。而據《續資治通鑑長編》卷四百四,賈易之請逐蘇軾在元祐二年,景衡其時才十五歲。又據《續資治通鑑長編》卷四百六十三,賈易復劾軾在元祐六年,景衡亦僅十九歲。是否已受業程頤尚不可知,即令已遊其門,以區區年少書生,豈能遽與賈易同為門戶之爭哉?(余嘉錫:《四庫提要辨證》)

② "論王安石當自便",文淵閣本書前提要作"論王安中不當自便",當從。此集卷九有《論王安中自便劄子》,云:"臣伏睹近降指揮象州安置王安中,放令逐便。臣僚累有章疏,論列安中罪狀,若令自便,公論未允。至今未蒙施行。"

③ "綴",殿本作"緝"。

西渡集二卷補遺一卷(浙江鮑士恭家藏本)

宋洪炎撰。炎字玉父,南昌人。元祐末登進士,官至著作祕

書少監①。炎與兄朋、芻，弟羽，號曰四洪。皆黃庭堅之甥，受詩
法於庭堅。羽元符中以上書入黨籍，不幸早卒，篇章散佚。故呂
本中《江西宗派圖》中僅列芻、炎、朋三人。陳振孫《書錄解題》亦
云羽集不傳，惟載朋《清非集》一卷、芻《老圃集》一卷、炎《西渡
集》一卷。《宋史·藝文志》並同②。自明以來，《清非》、《老圃》
二集並佚，近乃從《永樂大典》復裒輯成帙。惟炎集僅存，而亦無
刊版。此本為浙江鮑氏知不足齋所藏，惟分上、下二卷，與陳氏
所載少異。然《老圃集》陳氏亦稱一卷，而今日掇拾殘賸，尚非一
卷所能容。則或《書錄解題》傳寫之譌，《宋志》因之，均未可知
也。炎詩酷似其舅。今全集巋然獨完，殊足寶貴。卷末所附朋
詩九首，芻詩二十四首③、記二篇，不知何人所輯。觀其所引之
書，如《宋元詩會》、《辟疆園宋文選》，皆康熙中人所集，則亦出近
時人手矣。二人詩集已別著錄，此為複贅，故刪之不錄焉④。

【彙訂】

　① 洪炎，紹聖元年（1094）進士。宣和中為著作郎、祕書少
監。宣和六年二月罷少監（《宋會要輯稿》職官六九之一四）。紹
興二年（1132）四月，復為祕書少監（《建炎以來繫年要錄》卷五
三、五九），三年（1133）正月，守中書舍人，二月兼校直學士院，四
月，以足疾罷為徽猷閣待制，提舉萬壽觀，十一月，卒於信州（《繫
年要錄》卷六二、六三、六四、七〇，《宋會要輯稿》儀制一一之一
〇），享年六十。（李裕民：《四庫提要訂誤》增訂本）

　② 陳振孫《直齋書錄解題》卷二十所載為洪朋《清虛集》一
卷、洪芻《老圃集》一卷、洪炎《西渡集》一卷。《宋史·藝文志》未
著錄《清虛集》、《老圃集》、《西渡集》。

　③ "二十四首"當作"二十三首"，《文溯閣提要》不誤。（羅

瑛、袁芸：《〈金毓黻手定本文溯閣四庫全書提要·別集類〉補正〈四庫全書總目〉舉例》）

　　④ 文淵閣《四庫》本此集仍附錄洪朋詩九首，洪芻詩二十三首、記二篇，並未"刪之不錄"。（修世平、張蘭俊：《〈景印文淵閣四庫全書〉譌例錄述》）

　　老圃集二卷（永樂大典本）

　　宋洪芻撰。芻字駒父，南昌人[①]。紹聖元年進士，靖康中官至諫議大夫。後謫沙門島以卒。劉克莊《後村詩話》曰："三洪與徐師川皆山谷之甥。龜父警句，往往前人所未道。然早卒，惜不多見。駒父詩尤工。"陸游《老學菴筆記》亦極稱其竄海島詩"煙波不隔還鄉夢，風月猶隨過海身"句[②]。蓋當時文士頗重之。然芻之竄也，《楓窗小牘》謂坐為金人括財太峻，頗稱其冤。今考王明清《玉照新志》所載，則芻實於根括金銀之時，入諸王邸中，以勢挾內人唱歌侍酒。得罪名教，殆不容誅，當時僅斥海濱，殊為佚罰。其人如是，其詩本不足重輕。特其學有師承，深得豫章之格。但以文論，固不媿酷似其舅之稱。錄六朝人集者存沈約、范雲，錄唐人集者存沈佺期、宋之問，就詩言詩，片長節取，亦古來著錄之通例也。《宋史·藝文志》載《老圃集》一卷[③]，久佚不傳。《宋詩紀事》僅從諸地志、類書中捃摭數篇，不及百分之一。惟《永樂大典》所載尚得一百七十首，殆當時全部收入歟？以篇帙稍多，謹釐為上、下二卷，以便循覽焉。

　　【彙訂】

　　① 洪芻乃建昌人，說詳卷一一五《香譜》條訂誤。

　　②《老學菴筆記》卷二引作"關山不隔還鄉夢，風月猶隨過

海身"。

　　③《宋史·藝文志》未著錄《老圃集》。（祝尚書:《四庫宋集提要糾誤》）

　　丹陽集二十四卷（永樂大典本）

　　宋葛勝仲撰。勝仲字魯卿,丹陽人①。紹聖四年進士,又試學官及詞科,俱第一。官至華文閣待制,知湖州。紹興元年乞祠歸。十四年卒,諡文康。事迹具《宋史·文苑傳》。據其壻章倧所作《行狀》,稱有文集八十卷,外集二十卷。初刊版於真州,兵燹殘闕。隆興甲寅,知州事宋曉修補之,自跋其後。淳熙丙午,知州事姚恪又為重鋟,中書舍人王信為之跋。自明以來,傳本遂絕。今據《永樂大典》所載,以類裒輯,得文十五卷、詩七卷、詩餘一卷,又附錄行狀、諡議為一卷,共成二十四卷。王信跋及章倧《行狀》並稱宣和北伐之時,勝仲貽書蔡京,力言其不可。然《宋史》本傳不載此事,集中亦無此書。又稱:"由兗州教授入為太學正,時上幸學,多獻頌者,勝仲獨獻賦。上命中書第其優劣,勝仲為首。"今集中亦無此賦。他如本傳所載論郭天信不當提舉議曆所、論僖祖廟增置殿室不必毀,其奏議並佚不存。又所稱官諭德時為《仁》、《孝》、《學》三論獻太子者,今惟存《孝論》、《學論》,而《仁論》竟無可考。則其散失者已多。然觀其四分之一,亦足以見其大凡矣。勝仲為太府少卿時,能拒盛章之援引;知汝州時,能拒李彥之括斂;知湖州時,能拒朱勔之求白雀、鸂鶒,其氣節甚偉。歷典諸州,皆有幹略。再知湖州,遭逢寇亂,復有全城之功。其宦績亦足以自傳,本不盡以文章重。即以文章論之,在南、北宋間,亦裒然一作者也。歐陽修嘗輯建隆至治平故事為《太常因革禮》一百篇，勝仲官太常卿時，復手續其書為三百卷，故於當代典制最嫺。官論德時，嘗纂歷代太子事迹為《承華詔嫟》，又考論諸史為《評古篇》，故於古今成敗最悉。崇寧三年居父喪，盡閱釋氏《大藏經》，故所著作，往往闡明佛理。惟青詞、功德疏、教坊致語之類，沿宋人陋例，一概濫載於集中，殊乖文體。流傳既久，姑仍其舊，付諸無譏之列可矣。

【彙訂】

① 勝仲乃江陰人，葛氏以葛洪著，望稱丹陽。據葛勝仲子葛立方《韻語陽秋》，葛氏世據江陰。（金武祥：《陶廬雜憶續詠》）

毘陵集十五卷（永樂大典本）

宋張守撰。守字全真，一字子固，常州晉陵人。崇寧元年進士①。高宗即位，召為監察御史。紹興中，歷官參知政事，兼權樞密院事，以資政殿大學士知建康府②。卒諡文靖。事迹具《宋史》本傳。所著《毘陵集》，見於陳振孫《書錄解題》者五十卷，其本久佚。故遺文世不概見，僅《前賢小集拾遺》中載其詩一首而已。今從《永樂大典》各韻中搜輯編綴，約尚存十之三四。謹校訂排次，釐為一十五卷。而以婁機等所作諡議文二篇附之於後。史稱守家貧好學，過目不忘。故所為文，具有體幹。而論列國家大事，是非利害，如指諸掌。卓有經世之才，尤非儒生泥古者所可及。本傳載其建白諸事，如論防淮渡江利害；論金人侵淮有四路，宜擇帥捍禦；論大臣宜以選將治兵為急，不急之務付之六曹；論幸蜀十害；論宰相非人；論敵退後措置二事。今其文具在集中。他如《論守禦事宜》、《乞以大河州軍為藩鎮》、《乞修德》諸劄子,史所不載者尚多。無不揣切時勢,動合機宜。其大旨在經營淮北以規復中原,而不欲為畫江自守之計。雖其時宋弱金強,未必盡能恢復。要其所言,不可謂非一時之正論也③。至其薦汪伯彥、秦檜,頗乏知人之明。則瑕瑜不掩,亦不必曲為之諱矣。

【彙訂】

① 崇寧元年未行貢舉,《宋史》本傳誤。據宋《咸淳毘陵志》卷十一"科目"條、清《康熙常州府志》卷十七《選舉志》,張守乃崇寧二年霍端友榜進士。(何忠禮:《〈宋史〉立傳人物登科年代證誤》;李裕民:《四庫提要訂誤》續)

② "大",殿本脱,參《宋史》卷三七五本傳。

③ 底本"可"下有"不"字,據文意及殿本刪。

浮溪集三十六卷(永樂大典本)①

宋汪藻撰。藻字彥章,饒州德興人。登崇寧二年進士,歷官顯謨閣學士②、左太中大夫,封新安郡侯。事迹具《宋史·文苑傳》。藻學問博贍,為南渡後詞臣冠冕。其集見於晁公武《讀書志》者僅十卷。陳振孫《書錄解題》始載有《浮溪集》六十卷。而趙希弁《讀書後志》又增《猥稾外集》一卷、《龍溪文集》六十卷,共一百二十一卷。《宋史·藝文志》並著於錄③。然趙汸跋羅願《小集》,謂:"《浮溪》之文,再更變故,失傳頗多。"則明初已非完帙,其後遂亡佚不存。後有胡堯臣者,別得《浮溪文粹》十五卷,刊行於世,而其原集終不復可見。今檢勘《永樂大典》所載,視《文粹》所收,不啻倍蓰。雖未必盡符原數,而什可得其六七。統觀所作,大抵以儷語為最工。其代言之文,如《隆祐太后手書》、《建炎德音》諸篇,皆明白洞達,曲當情事。詔令所被,無不淒憤激發，天下傳誦，以比陸贄。說者謂其著作得體，足以感動人心，實為詞令之極則。其他文亦多深醇雅健，追配古人。其詩則得於徐俯，俯得之其舅黃庭堅，見《獨醒雜志》。尤具有淵源。孫覿作《藻墓誌》，以大手筆推之，殆非溢美。惟楊萬里《誠齋詩話》紀藻與李綱不叶，其草綱罷相制詞，至比之驩兜、少正卯，頗為清議所譏。是又名節心術之事，與文章之工拙別為一論者矣。謹採掇編次，依類分排。其有《永樂大典》所失載者，即以《文粹》參校補正，考辨異同，釐為三十六卷。庶操觚之士尚得以考見其大略焉。

【彙訂】

① 文淵閣《四庫》本作三十二卷，其書前提要云："惟《明堂大禮畢奏告三清玉皇大天帝聖宜天尊大帝元天大聖、后表本》二篇、《明明堂神異露香表本》一篇、《明奏告潭州南岳司天昭聖真君等處表本》一篇、《明祈禱道場罷散表》一篇、《明功德疏表》一篇，非文章之正軌，謹稟承聖訓概從刪削焉。"可見《四庫》本僅刪去六篇，卷數不知為何卻減少了四卷。（施懿超：《宋四六論稿》）

② "學士"，底本作"大學士"，據孫覿《鴻慶居士集》卷三四《宋故顯謨閣學士左大中大夫汪公墓誌銘》、《建炎以來繫年要錄》卷一二三、《宋史》卷四四五本傳及殿本刪"大"字。（筧文生、野村鮎子：《四庫提要南宋五十家研究》）

③《宋史·藝文志》僅著錄《汪藻集》六十卷。（陳樂素：《宋史藝文志考證》）

浮溪文粹十五卷（江蘇巡撫採進本）

宋汪藻撰，明胡堯臣刊。其為何人所編錄，則原本不載，他

書亦未言及,不可得而復考矣①。所載僅詩文八十五篇,未能盡
窺全豹②。然如洪邁所稱《元祐太后手書》中"漢家之厄十世③,
宜光武之中興;獻公之子九人,惟重耳之尚在"數語,又《宋齊愈
責詞》中"義重於生,雖匹夫不可奪志;士失其守,或一言幾於喪
邦"數語,又《張邦昌責詞》中"雖天奪其衷,坐愚如此;然君異於
器,代匱可乎"數語,皆當時所謂四六名篇,膾炙人口者,今並在
其中。則採掇菁華,亦已略具,其去取尚有別裁。故所錄大半精
腴,頗足以資諷誦。昔歐陽修有《文忠全集》,而又有《歐陽文
粹》;黃庭堅有《山谷全集》,而又有《山谷精華錄》。談藝家俱兩
存不廢。今亦用其例,與新編《浮溪集》併著於錄,以備參訂焉。

【彙訂】

① 據明正德元年馬金廬江刊本《浮溪文粹》十五卷附錄一
卷卷末馬金《浮溪文粹後序》與明刻抄配本《浮溪遺集》十五卷附
錄一卷卷末汪瓊璣《浮溪遺集述事》,《浮溪文粹》乃明初趙汸選
編。(施懿超:《汪藻文集及其四六文存佚》)

② 文淵閣《四庫》本此集實載文六十五篇,詩二十四篇,詞
三篇,共九十二篇。(笕文生、野村鯰子:《四庫提要南宋五十家
研究》;袁芸:《〈文溯閣四庫全書提要〉別集類辨證》)

③ "中",殿本無。

莊簡集十八卷(永樂大典本)

宋李光撰。光有《周易詳說》,已著錄①。其集目載於《紹興
正論》者四十卷,載於《宋史·藝文志》者《前》、《後集》三十卷,載
於焦竑《國史經籍志》者二十六卷,錯互不合。錢溥《祕閣書目》、
葉盛《菉竹堂書目》俱載有《莊簡集》八冊,是明初尚存。其後散

佚,原目多寡俱無可考證②。今從《永樂大典》中掇採編次③,共詩四百二十五首、詞十三首、雜文二百六十五首,釐為十八卷。考王明清《揮塵餘話》,稱蔡京既敗,攻擊者不遺餘力,光獨無劾章,坐貶。《謝表》云:"當垂涕止彎弓之射,人以為狂,然臨危多下石之人,臣則不敢。"集中無此一篇。又趙甡之《遺史》載光在儋耳,嘗賦《東坡六無》詩。今止有《食無肉》、《居無屋》二詩,餘四題亦尋檢不獲,是佳篇之遺落者已多。然就其存於今者觀之,波瀾意度,亦約略可睹矣。考光本傳,光值國步阽危之時,忠憤激發,所措置悉有成緒。又以爭論和議為權相所排,垂老投荒,其節概凜然,宜不可犯。而其詩乃志諧音雅,婉麗多姿。大抵皆託興深長,不獨張淏《雲谷雜記》、趙與虤《娛書堂詩話》所舉《雙雁道中》一詩①、《藤州安置贈樞密使臣》一詩為清絕可愛。至所上奏議,如《論守禦大計》、《勸車駕親征》、《戒約煩苛》、《裁減營繕》諸劄子,尤剴切指陳,有裨國是。論梁師成、燕瑛等疏,疾惡如風,俱可想見其丰采。迨過嶺以後,與胡銓往還簡劄甚夥,乃皆醇實和平,絕無幽憂牢落之意,其所養抑又可知矣。名臣著述,幸而獲存,雖殘章賸句,固當以鴻寶視之也。

【彙訂】

①《總目》卷二著錄李光撰《讀易詳説》十卷。

②"俱",殿本作"遂"。

③"掇採",殿本作"採掇"。

④"雙雁道中一詩",底本作"雙雁一詩、道中一詩",據殿本改。《雲谷雜記》卷四曰:"李莊簡公光作詩,極清純可愛,予嘗見其《越州雙雁道中》一絕云……"《娛書堂詩話》卷上所載僅少一"極"字。則《雙雁》、《道中》實為一詩。《四庫》輯本《莊簡集》卷

六載《雙雁道中》，文字與《雲谷雜記》所引同，《兩宋名賢小集》卷一五八李光《椒亭小集》載此詩，詩題亦為《越州雙雁道中》。（祝尚書：《〈四庫全書總目〉宋集提要辨誤二則》）

忠正德文集十卷（永樂大典本）

宋趙鼎撰。鼎字元鎮，號得全居士，解州聞喜人。登崇寧五年進士第。累官尚書左僕射、同中書門下平章事，兼樞密使。卒贈太傅，追封豐國公，諡忠簡。事迹具《宋史》本傳。初，紹興五年，鼎監修神、哲二宗實錄成，高宗親書"忠正德文"四字賜之，因以名集。史稱其"為文渾然天成，凡軍國機事，多其視草。有奏疏、詩文二百餘篇"。《紹興正論》，陳振孫《書錄解題》皆作十卷，今久佚不傳。僅就《永樂大典》散見各條，案時事先後，分類裒綴，得奏議六十四篇、駢體十四篇、古今體詩二百七十四首、詩餘二十五首、筆錄七篇，又據《歷代名臣奏議》增補十二篇，仍釐為十卷。計所存者尚二百九十六篇，與《宋史》所稱"二百餘篇"不符。疑其集本三百餘篇，傳刻《宋史》者或偶誤"三"字為"二"字歟[①]？鼎南渡名臣，屹然重望。氣節學術，彪炳史書，本不以詞藻爭短長。而出其緒餘，無忝作者。蓋有物之言，有不待雕章繪句而工者。觀於是集，可以見一斑矣。

【彙訂】

①《宋史》卷三六〇趙鼎本傳云："有擬奏表疏、雜詩文二百餘篇，號《得全集》，行於世。"卷二百八《藝文志七》載："趙鼎《得全居士集》二卷，又《忠正德文集》十卷"。則《得全集》與《忠正德文集》不得混為一談。周必大《忠正德文集序》（文淵閣四庫本《周文忠集》卷五四）曰："凡擬詔百有十，雜著八，古律詩四百餘

首，奏疏表劄各二百餘篇，號《得全居士集》。”殆本傳採其文時誤作“有奏疏、詩文二百餘篇”，而非傳刻之誤。館臣所輯合計為三百九十六篇。（祝尚書：《宋人別集敍錄》；王學泰：《忠正德文集提要》）

東窻集十六卷（永樂大典本）

宋張擴撰。擴字彥實，一字子微，德興人。《宋史》不為立傳。《江西通志》載其崇寧中進士，授國子監簿。遷博士，調處州工曹，召為祕書省校書郎，尋充館職。南渡後，歷中書舍人。當有所據也。《宋志》載擴《東窻集》四十卷，又詩十卷。而陳振孫《書錄解題》不著於錄，則在宋末已不甚傳。故元、明以來談藝者罕相稱引。惟《永樂大典》尚多錄其詩文。其為中書舍人時所作制詞尤夥，大抵溫麗綿密，與汪藻可以聯驅。謹採掇編輯，釐為一十六卷。其為秦檜追贈祖父及万俟卨兼侍讀諸制，極詞諛頌，紕繆殊深。考王明清《揮麈餘話》稱擴為著作郎，其兄祕書少監楚材新婚，約觀梅西湖。擴賦詩有“折歸忍負金蕉葉①，笑插新臨玉鏡臺”之句。秦檜見之，大稱賞，曰：“旦夕當以文字官相處。”遷擢左史，再遷而掌外制。是擴本因檜得進，故假草制以貢媚，其為人殊不足道。然擴所交游，如朱翌、曾慥、呂本中、徐俯，皆一代勝流。切劘有助，故詞采清麗，斐然可觀，亦未可盡沒也。其中贈顧景繁詩，龔明之《中吳紀聞》僅載有五十六字。厲鶚《宋詩紀事》遂引作絕句二首。今檢閱舊文，乃知為七言古詩二篇，明之特節錄數語。鶚蓋未睹斯集，是以傳譌，亦足云罕覯之笈矣。

【彙訂】

①“金”，殿本作“新”，誤，參《揮麈餘話》卷二原文。

忠惠集十卷附錄一卷(永樂大典本)

宋翟汝文撰。汝文字公巽,潤州丹陽人。登進士第。事徽、欽兩朝,至顯謨閣學士,出知越州。高宗時,歷官參知政事,以忤直忤秦檜罷歸。事迹具《宋史》本傳及孫繁所作《誌銘》中①。"忠惠"者,其没後門人所私諡也。汝文好古淹博,深通篆籀。嘗從蘇軾、黃庭堅、曾鞏游②,故所為文章,尚有熙寧、元祐遺風。史稱其為中書舍人時,"外制典雅,一時稱之"。蓋當北宋之季,如汪藻、孫覿皆以四六著名,惟汝文能與之頡頑。周必大序覿《鴻慶集》,稱中多誤收汝文所作,亦足見其體格之相近矣。楊萬里《誠齋詩話》引汝文《左僕射制》中"古我先王,惟圖任舊人共政,咸有一德,克左右厥辟宅師"二句,以為用成語雅馴妥貼之式;又引《賀蔡攸除少師啟》中"朝廷無出其右,父子同升諸公"二句,以為截斷古語,補以一字而讀者不覺,為巧之至。今觀其文,大都根柢深厚,措詞雄健。所謂"無一字無來處"者,庶幾足以當之,非南宋表啟塗飾剽掇之比。其為作者所推,非徒然也。集乃其子耆年所編,見於《宋史·藝文志》者三十卷,明以來久不復傳。今從《永樂大典》各韻中掇拾排比,編為十卷,以存其梗概。又汝文罷執政後,嘗提舉洞霄宮,《宋史》失載其事。近朱彝尊撰《洞霄題名記》,僅以李彌遜《筠谿集》所作制詞為據,繫之紹興二年。且取靖康原職,題曰顯謨閣學士。今考孫繁《誌銘》,則汝文實在紹興七年冬以郊恩除資政殿學士,提舉洞霄宮。彝尊未見此文,故所記俱誤。今並以繁文附錄於末,亦足為考證之一助焉。

【彙訂】

① 據館臣所輯《永樂大典》本附錄載《題翟氏公巽埋銘》,文

中屢稱"孤子"，詳其文意，當係汝文子翟耆年所撰，其孫翟繁重刻。又據《埋銘》，耆年諸子無名"繁"者，唯長子名"畋"，疑"畋"傳寫而訛為"繁"。（祝尚書：《四庫宋集提要糾誤》、《忠惠集提要辨誤》）

②據《埋銘》，翟汝文生於熙寧九年（1076）九月。《京口耆舊傳》卷四翟汝文傳謂卒於紹興辛酉（1141），年六十六。上推亦為生於熙寧九年。曾鞏卒於元豐六年（1083），見《宋史》本傳。時翟汝文年方八歲。疑《總目》所據《埋銘》中"曾鞏"乃"曾肇"之訛，《忠惠集》中正載有汝文上肇之書啟多篇。（楊武泉：《四庫全書總目辨誤》；祝尚書：《四庫宋集提要糾誤》、《忠惠集提要辨誤》）

松隱文集三十九卷（浙江鮑士恭家藏本）

宋曹勛撰。勛有《北狩見聞錄》，已著錄。是集前載正統中大理寺正洪益中序，稱為勛十世孫參所藏。朱彝尊亦嘗從其家借鈔《迎鑾賦》七篇，謂勛之子姓，保有此卷半，千餘年勿失。後復得文集錄之。蓋止有家傳鈔本，從未鋟版也①。其中第十四卷已全佚。樓鑰《攻媿集》載有《〈松隱集〉序》，亦闕不載。又脫篇落句，不一而足。則亦蠹蝕斷爛之餘，轉相傳寫，幸而僅存矣。勛嘗從徽宗北狩，奉密詔南歸，後又奉使至金迎宣仁太后。故其詩文多可以考見時事，詞采亦雅贍可觀。惟《上呂頤浩書》欲結劉豫以圖金，則其計太疏。非惟於理不可，即於勢亦必不行矣。洪邁《夷堅志》謂勛父元寵，昔以《紅窗迥曲》著名。今觀集中諸詩，如《獨不見》、《楊花曲》之類，語多綺麗，時有小詞香豔之遺，似乎尚沿其家學。然如《乾道聖德頌》之類，亦未嘗不肅穆典重，

具有古音。蓋亦如《淮海》一集，諸體並具，不可全謂之詩如
詞也。

【彙訂】

①《文淵閣書目》卷九已著錄"曹忠靖《松隱文集》一部九
册，全"，《內閣書目》卷三、《菉竹堂書目》卷三亦有著錄。（何槐
昌：《〈四庫全書總目〉著錄校正選輯三》；祝尚書：《宋人別集敘
錄》）

石林居士建康集八卷（福建巡撫採進本）

宋葉夢得撰。夢得有《春秋傳》，已著錄。陳振孫《書錄解
題》載夢得《總集》一百卷，《審是集》八卷。今俱不傳。又載《建
康集》十卷，乃紹興八年再鎮建康時所著。此本八卷，與振孫所
記不合。然末有其孫輅題跋，亦云八卷。其或《書錄解題》屢經
傳寫，誤以八卷為十卷，抑或舊本殘闕，亡其二卷，後人追改輅跋
以偽稱完帙，則均不可考矣①。夢得為蔡京門客，章惇姻家。當
過江以後，公論大明，不敢復噓紹述之焰。而所著《詩話》尚尊熙
寧而抑元祐，往往於言外見之，方回《瀛奎律髓》於其《送嚴壻北
使》一詩論之頗詳。然夢得本晁氏之甥，猶及見張耒諸人，耳擩
目染，終有典型。故文章高雅，猶存北宋之遺風。南渡以後，與
陳與義可以肩隨，尤、楊、范、陸諸人皆莫能及。固未可以其紹聖
餘黨，遂掩其詞藻也。

【彙訂】

① 卷末其孫籍（非輅）跋稱此集為先子紹興八年鎮建康時
所撰。然葉夢得曾於紹興元年九月至二年閏四月、紹興八年六
月至十二年十二月兩鎮建康。集中《褒忠廟記》、《改葬楊忠襄公

祭文》、《建康掩骼記》等所記皆屬前鎮時事。卷一有《徐惇立罷吏部郎官出守天台待次卞山舊居因寄》詩。惇立為徐度之字,其罷支部員外郎、出守台州,在紹興十年(1140)三月(《建炎以來繫年要錄》卷一三四),隨即閑居吳興,隱居卞山之陽(徐度《却掃編》自序),十一年八月為權支部傳郎(《宋會要輯稿》禮四九之二八)。此詩當作於紹興十年返舊居之初。又卷二有《又明日復同惇立總領吳德素運使章思臺過天禧寺登雨花臺再用前韻》詩。詩內注"去歲辛酉",辛酉為紹興十一年,作詩時為紹興十二年。則此集並非紹興八年時一年之作。極有可能原為兩鎮建康合集之十卷本,後前集兩卷散失。(葉廷琯:《吹網錄》;李裕民:《四庫提要訂誤》)

簡齋集十六卷(浙江鮑士恭家藏本)

宋陳與義撰。與義字去非,洛陽人,簡齋其號也。登政和三年上舍甲科,紹興中官至參知政事。事迹具《宋史》本傳。是集第一卷為賦及雜文九篇,第十六卷為詩餘十八首,中十四卷皆古今體詩。方回《瀛奎律髓》稱《簡齋集》中無全首雪詩,惟以《金潭道中》一首有"後嶺雪槎枒"句,編入"雪"類。今考集中古體、絕句,並有雪詩,與回所言不合。蓋回所選錄惟五、七言近體,故但就近體言之,非後人有所竄入也[①]。與義之生,視元祐諸人稍晚,故呂本中《江西宗派圖》中不列其名。然靖康以後,北宋詩人凋零殆盡,惟與義為文章宿老[②],巋然獨存。其詩雖源出豫章,而天分絕高,工於變化。風格遒上,思力沈摯,能卓然自辟蹊徑。《瀛奎律髓》以杜甫為一祖,以黃庭堅、陳師道及與義為三宗,是固一家門户之論。然就江西派中言之,則庭堅之下,師道之上,實高置一席無媿也。初與義嘗作《墨梅》詩，見知於徽宗。其後又以"客子光陰詩卷裏，杏花消息雨聲中"句為高宗所賞，遂馴至執政。在南渡詩人之中，最為顯達。然皆非其傑構。至於湖南流落之餘，汴京板蕩以後，感時撫事，慷慨激越，寄託遙深③，乃往往突過古人。故劉克莊《後村詩話》謂其"造次不忘憂愛，以簡嚴掃繁縟，以雄渾代尖巧。第其品格，當在諸家之上"。其表姪張嶸為作《墓誌》云："公詩體物寓興，清邃超特，紆餘閎肆，高舉橫厲。"亦可謂善於形容。至以陶謝、韋柳擬之，則殊為不類，不及克莊所論為得其真矣。

【彙訂】

① 此集中亦有如卷十二七律《又用韻春雪》等近體雪詩。（筧文生、野村鮎子：《四庫提要南宋五十家研究》）

②"為"，殿本無。

③"寄託"，殿本作"寄迹"。

北山小集四十卷（浙江鮑士恭家藏本）

宋程俱撰。俱有《麟臺故事》，已著錄。是集凡詩十一卷，賦及雜文二十九卷。俱天性伉直，其在掖垣，多所糾正。如《高宗幸秀州賜對劄子》，極言賞罰施置之當合人心；《論武功大夫蘇易轉橫行劄子》，極言朝廷之當愛重官職。又徐俯與中人唱和，驟轉諫議大夫，俱亦繳還錄黃，頗著氣節。今諸劄俱在集中。其抗論不阿之狀，讀之猶可以想見①。至制誥諸作，尤所擅場，史稱其典雅閎奧，殆無媿色。詩則取逕韋、柳以上闚陶、謝，蕭散古澹，亦頗有自得之趣。其《九日》一首，毛奇齡選唐人七律，至誤以為高適之作，足知其音情之近古矣。其集傳世頗稀，此本乃石門吳之振得於泰興季振宜家。蓋猶從宋槧鈔存，故鮮所闕佚②。近時厲鶚作《宋詩紀事》，載俱古詩二首、律詩二首、聯句一首，皆稱採自《北山集》③。而其中《南園》一首，檢集本實作《章僕射山林》，與鶚所引已不相合。又《遊大滌》一首，採自《洞霄詩集》。而集本第三卷内有《同餘杭尉江仲嘉襃道人陳祖德良孫遊洞霄宮》一首，檢勘即鶚所引，而篇幅較長，幾過其半。鶚亦不及詳檢，反欲以補是集之遺，殊為疏舛。殆鶚據他書轉引，未見此本歟？

【彙訂】

① 程俱之作為頗有可議之處。如金兵南下時，棄秀州而遁（《建炎以來繫年要錄》卷三一、《宋史》卷四四五《程俱傳》）；在徽宗時，曾詔附蔡攸（《建炎以來繫年要錄》卷五一）。"頗著氣節"、"抗論不阿"云云，未免言過其實。（李裕民：《四庫提要訂誤》）

② 文淵閣《四庫》本此集與黃丕烈影宋鈔本相校，文字差異甚大。似非訛誤所致，應是根據不同的版本。（申屠青松：《〈宋詩鈔〉與宋詩文獻》）

③《宋詩紀事》卷四〇《北山集》條採錄古詩二首、律詩五首、聯句一首，"律詩二首"誤。（筧文生、野村鮎子：《四庫提要南宋五十家研究》）

樗溪居士集十二卷（永樂大典本）

宋劉才卲撰。案"卲"字從卩不從邑，他書或從邑者，傳寫誤也。才卲字美中，廬陵人，樗溪居士其自號也。大觀二年上舍釋褐，宣和二年又中宏詞科。累遷校書郎，以養親歸。家居十年，紹興初起為祕書丞，再掌制誥。官至工部侍郎，權吏部尚書，加顯謨閣直學士。事迹具《宋史》本傳。是集之名，亦見傳中，然《藝文志》乃闕而不載。據周必大序，原本蓋二十二卷。又自明以來①，傳本甚稀。厲鶚《宋詩紀事》從《詩話補遺》中錄其《夜度娘歌》一首，今檢勘原集，乃《相思曲》中之四句，誤作全詩。知舊本久亡，故無從而考正矣。謹就《永樂大典》所載，裒輯編次，釐為詩三卷、內外制四卷、雜文五卷。其閒如必大原序所舉《清江引》、《大堤曲》諸詩，皆不復存。然約略卷帙，似尚得十之六七。其詩源出蘇氏，故才氣頗為縱橫，其雜文亦多馴雅，而制誥諸作尤有體裁。其他所紀朝廷典故，與《宋史》往往異同。如《地理志》謂南渡有淮平無盱眙，而集中有《向子固知盱眙軍轉官制》。《職官志》載政和七年易觀察留後為承宣使，而集中《賜董先辭免新除承宣使恩命不允詔》有“頃因留務之職，易以使名”之語，知承宣使之名乃始於紹興不始於政和②。又如《選舉志》不載紹興二十六年戒諭科舉事；《張綱傳》不載綱參知政事；《陳康伯傳》不載其居館職之類，皆可據以訂譌補闕。惟所行秦檜《制詞》，語多溢量。至稱其“道義接丘③、軻之傳，勳名真伊、呂之佐”，尤為謬妄。史稱其“於權臣用事之時，能雍容遜避以保名節”，頗著微詞，其指此類歟？是則白璧之瑕矣。

【彙訂】

①“又”，殿本作“顧”。

②宋人言“頃”，有“近”、“曩”二義，此集中所用“頃”字不乏“曩”義者。且《宋會要輯稿》職官三八之七載：“宣和三年正月七日，詔兩浙制置使直睿思殿知入內內侍省事任，落階官為安德軍承宣使；劉延慶拜泰寧軍承宣使。”亦可證承宣使之名，非始於紹興。（楊武泉：《四庫全書總目辨誤》）

③“丘”，殿本作“邱”。

筠溪集二十四卷（編修汪如藻家藏本）

宋李彌遜撰。彌遜字似之，連江人，居於吳縣。大觀三年上舍第一。高宗朝試中書舍人，再任戶部侍郎。以爭和議忤秦檜，乞歸。事迹具《宋史》本傳。是集首有樓鑰序，稱其“歸隱西山十六年，不復有仕宦意①。詠詩自娛，筆力愈偉”。《朱子語錄》稱“李彌遜亦一好前輩”。又嘗跋其宿觀妙堂詩後，亦傾倒甚至。蓋其人其文，俱卓然足以自立者也。舊本原題《筠溪集》。筠溪者，其歸連江時所居之地，彌遜以自號，因以名集。集中有《〈筠溪圖〉跋》，敘其始末甚明。《宋史·藝文志》載彌遜集二十四卷，亦名曰《筠溪》，可以互證。此本題曰《竹溪集》，考諸家著錄，皆無此名，知為傳寫之誤②。今仍改題曰《筠溪集》，以復其舊焉。

【彙訂】

①據《筠溪集·附錄·李公家傳》及《宋史》卷三八二本傳，李彌遜紹興十年春奉祠歸隱西山，至二十三年卒，前後十四年，實足十三年。（方建新、潘淑瓊：《〈四庫總目提要〉補正拾遺》）

②《文淵閣書目》卷九著錄“李彌遜《竹溪文集》一部十一冊，全”。《菉竹堂書目》卷三亦作《竹溪文集》。（孔凡禮：《筠溪集提要》）

華陽集四十卷（兩江總督採進本）

宋張綱撰。綱字彥正，金壇人。大觀、政和閒試舍法，三中首選。初與蔡京、王黼不合，二人每擠抑之。及南渡後，登瑣闥，復與秦檜有隙，遂致仕。檜没，乃召用，終參知政事。事迹具《宋史》本傳。綱健於為文，每一落紙，都人輒傳播。遭建炎兵毀，什不存一。值檜柄國，懼為所忌，絕意著述。然嗣子堅搜輯散佚，尚得八百餘篇，至孫釜始刊版寘郡學。以其自號華陽老人，即以名集，洪邁為之序。凡文三十三卷、詩五卷、詞一卷，後附《行狀》一卷。詩文典雅麗則，講筵所進故事，因事納忠，亦皆剴切。至南宋之初，盡革紹述之弊，凡元祐諸臣之後，無不甄錄。轉相標牓，頗滋偽冒。綱乃復有劄子論黨籍推恩太濫，尤可謂卓然特立，毫無門户之見者矣。

忠穆集八卷（永樂大典本）

宋呂頤浩撰。頤浩字元直，其先樂陵人，徙齊州。中進士第，徽宗時歷官至河北都轉運使。高宗南渡，起知揚州。兩入政府，為同中書門下平章事[①]。後以少傅、醴泉觀使致仕。卒贈太師、秦國公，諡忠穆。事迹具《宋史》本傳。頤浩集凡十五卷，見於陳振孫《書錄解題》、《宋史·藝文志》者並同。舊本久佚，惟《永樂大典》頗散見其遺篇。裒而輯之，尚得文一百三十七首、詩詞五十八首。今重為排輯，勒成八卷。頤浩在相位時，顓肆自用，力排李綱、李光諸人。創立月椿錢，貽東南患，深為公論所不與。然宣和伐燕之役，頤浩隨轉運，奏燕山河北危急五事，請議長久之策，一時稱其切直。至建炎中苗傅、劉正彥為逆，頤浩與張浚倡義勤王，卒平內難。又少長西北兩邊，於軍旅頗為嫻習。其應詔上戰守諸策，載於徐夢莘《三朝北盟會編》者，大約皆謂和議之必不可成，而勸高宗為乘機進取之計。凡分兵策應機宜，條畫頗備。雖都督江淮，迄未建恢復之績，不能盡酬其所言。然較張浚之迂謬寡謀，媢嫉誤國，富平諸役流毒蒼生者，則固有閒矣。集中《上時政》一書，乃作於靖康初年，能預決金兵之必來，諄諄以遷避為説,亦復具有先見。而本傳獨未及此事,是亦足以補史闕也。《書錄解題》又稱集後三卷皆《燕魏雜記》,蓋頤浩在河北時所作。今祇存二十九條,於古蹟頗有典據。又其集在孝宗時嘗付兩浙漕司鋟版,詳見其子撝所作《謝表》中。今與頤浩《配享省劄》一通並附於末,以備稽核焉。

【彙訂】

① "為",據殿本補。

紫微集三十六卷(永樂大典本)

宋張嵲撰。嵲字巨山,襄陽人。宣和三年,上舍中第。紹興九年,除司勳員外郎。累遷敷文閣待制,知衢州。終於提舉江州太平興國宮。事迹具《宋史・文苑傳》。嵲為陳與義之表姪,少時嘗從受學,故劉克莊《後村詩話》謂其詩句法與簡齋相似,而於五言古詩尤極賞其語意高簡,意味深遠。又克莊所摘七言絕句,如"故園墳樹想青葱"諸篇,尤能以標格見長,而集中似此類者尚多。大抵絕句清和婉約,較勝與義。其他雖未能遽相方駕,而氣體高朗,頗足以自名一家。至古文典雅沈實,亦尚有北宋諸家矩矱。所上奏議,如《論和戰守》、《論攻取》等篇,史皆採入本傳,於當時事勢,尤條析詳明。惟《紹興復古》詩一章,貢諛秦檜,深玷生平。考《朱子語錄》有云:"金人敗盟,時秦檜大恐,顧朝士問計。張巨山微誦曰:'德無常師,主善為師;善無常主,協於克一。'檜因留與語,巨山為之畫策。檜喜,即命作奏稿。倉卒不仔細,起頭兩句以'德無常師'為伊尹告成湯,'陳力就列'為孔子之語。尋擢巨山為中書舍人。有無名子作詩嘲之云:'成湯為太甲,宣聖作周任。'"云云。是嵲本因附檜得進。陳振孫《書錄解題》亦載此事,且稱

"檜旋疑嶧貳己，未幾亦罷"。然則此詩之作，乃借以修好於檜者。故本傳謂詩進後，將復召用，殆由檜意解而然。特作史者不能得其情故耳①。今其代檜奏櫜雖已不存，而是詩尚傳，留供千秋之嗤點，亦足以昭炯戒矣。《宋史·藝文志》載《紫微集》三十卷。《書錄解題》則作《張巨山集》，亦三十卷。自明以來，久無傳本。今據《永樂大典》所錄，裒輯排比，諸體咸備，當已尠所闕遺。以其篇帙較富，析為三十六卷。仍依宋史，題作《紫微集》，復其舊目焉。

【彙訂】

① "故"，殿本無。

苕溪集五十五卷（浙江鮑士恭家藏本）

宋劉一止撰。一止字行簡，湖州歸安人。宣和三年進士。紹興初召試，除祕書省校書郎。歷給事中，以敷文閣直學士致仕。事迹具《宋史》本傳。案陳振孫《書錄解題》稱："一止居瑣闥僅百餘日，忤秦檜罷去，閒居十餘年。後檜死，復召，仍力辭不起。年八十二乃終。"蓋亦守正不阿之士。其没也，韓元吉為作《行狀》，稱其"文章推本經術，出入韓、柳，不效世俗纖巧刻琢。雖演迤宏博，而關鍵嚴備"。其為詩寓意高遠，自成一家。呂本中、陳與義讀之，曰："語不自人閒來也。"是其著作亦盛為當代所推矣。《行狀》及《宋史》本傳皆稱《非有齋類櫜》五十卷，《書錄解題》亦同。此本前有曝書亭印記，蓋朱彝尊家舊鈔。題曰《苕溪集》，不知何人所改。又詩文共五十三卷，末附行狀一卷，誥詞一卷，凡五十五卷，卷數亦非其舊。或後人掇拾遺篇，增附其後，因而更名歟？

東牟集十四卷（永樂大典本）

宋王洋撰。洋字元渤，山陽人。以省試第二名中宣和六年甲科。紹興初,累官起居舍人、知制誥,直徽猷閣,歷典三郡。其事迹不見於《宋史》。惟周必大所作集序,略紀其行履大概。《嘉定山陽志》中有洋小傳,亦皆采必大序中語,不能有所增益①。今考韓淲《澗泉日記》,稱“洋在信州城,居有荷花水木之趣,因號王南池。闢宴坐一室,號半僧寮。清貧,衣服宴甚②。善詩篇”云云。《江西通志》亦稱洋僑寓上饒,與曾幾相唱和。以二書所載與集序參考之,蓋亦南渡之清流也。集為其子昌祖所編。《宋史·藝文志》列其目為二十九卷,而必大原序實作三十卷,則《宋史》為誤。自明以來,世罕傳本。選錄宋詩者多未之及,獨《永樂大典》各韻中散見頗多。謹採掇編訂,得古、今體詩七百首,雜文三百五十餘首。其詩極意鏤刻,往往兀奡自喜,頗不為邊幅所拘。文章以溫雅見長,所撰內外制詞,尤有典則。蓋洋生當北宋之季,猶及睹前輩典型。故其所作,雖未能上追古人,而蟬蛻於流俗之中,則翛然遠矣。洪邁《容齋三筆》載洋《題餘干縣琵琶洲》詩云:“塞外風煙能記否,天涯淪落自心知。眼中風物參差是,祇欠江州司馬詩。”當時稱為佳句。而《永樂大典》內已佚不收。又《澗泉日記》極賞洋為李彭老所作《養源齋記》,檢《永樂大典》亦無此篇。則其他殘闕,當復不少矣。今姑就其尚存者分類排纂,析為十四卷,以著其概。其周必大序亦仍冠之於首焉。

【彙訂】

①《建炎以來繫年要錄》等載其仕履甚詳,未言曾官知制誥。(李裕民:《四庫提要訂誤》增訂本)

②“衣服”,殿本作“衣食”,誤,參《澗泉日記》卷中原文。

相山集三十卷（永樂大典本）

宋王之道撰。之道字彥猷，廬州人。宣和六年，與兄之義、弟之深同登進士第，調歷陽丞。南渡後，累官湖南轉運判官，以朝奉大夫致仕。後以其子藺官樞密使，追贈太師。《宋史》為藺立傳，而不及之道①，故其事迹不詳。惟尤袤所撰《神道碑》尚在《永樂大典》中，可以考見大略。之道嘗自號相山居士，其集即以為名。《宋史·藝文志》作二十五卷，《書錄解題》作二十六卷，《寶祐濡須志》及《濡須續志》俱作四十卷，尤袤《碑》文作三十卷，彼此乖互不合。今原集既亡，無可復證。然袤《碑》乃據其子家狀所書，似當得其實也。初，金兵南伐，廬州盜起，之道率鄉人據險共保，城賴以全，幹略頗有足稱。又其登第對策時，即極言燕、雲用兵之非，以切直抑置下列。及紹興和議初成，之道方通判滁州，移吏部侍郎魏矼、司諫曾統書，力陳辱國非便。尋又上疏論之，並以前書繳進。大忤秦檜意，謫監南雄鹽稅。坐是淪廢者二十年。今原疏雖佚不存，而所與矼、統二書具在集中。其所論九不可和之說，慷慨激烈，足與胡銓封事相匹，氣節尤不可及。其他論事諸劄子，亦多明白曉暢，可以見諸施行。韻語雖非所長，而抒寫性情，具有真朴之致。蓋有體有用之言，固不徒以文章工拙論矣。謹就《永樂大典》各韻中蒐輯編次，仍可得三十卷。疑明初纂修諸臣，重其為人，全部收入。故雖偶有脫遺，而仍去原數不遠歟？

【彙訂】

① 陸心源《宋史翼》卷一五《王之道傳》，據尤袤《王公神道碑》及李心傳《繫年要錄》，稱王之道為無為軍人。雍正《江南通志》卷一一九《選舉志》亦載宋宣和進士王之義、之道、之深，均為

“無為人”。據《宋史·地理志》，宋無為軍轄無為、巢、廬江三縣，不屬廬州。廬州治合肥，轄合肥等三縣，其中無無為。王之道子王蘭，《宋史》有傳，稱“廬江人”。可知王之道之里籍，實為無為軍廬江縣。（楊武泉：《四庫全書總目辨誤》）

三餘集四卷（永樂大典本）

案《三餘集》世無傳本，惟散見《永樂大典》中。然各韻所載，題為黃次岑者計七十餘篇。題為黃次山者計五篇，已自相牴牾。集中有《見山堂記》一首[①]，篇末自署“豫章黃次岑”，又別載謝鍔所撰《三餘集序》，則曰“流江黃季岑”，更互相舛迕。《宋史·藝文志》則作黃季岑《玉餘集》，焦竑《國史經籍志》則作黃次山《三餘集》。《前賢小集拾遺》載其詩一首，《歷代名臣奏議》載其文三篇，亦均作黃次山。近時厲鶚撰《宋詩紀事》，則云：“黃次山，字季岑。”輾轉異同，幾於不可究詰。惟《豐城縣志》載宋黃得禮字執中，元祐間進士，曾為柳州軍事參軍，與集中《先大夫述》一首符合。又載得禮長子名彥輔，字伯強，登政和進士；次子彥平，字季岑，號次山，登宣和進士，建炎初仕至吏部郎中，出提點湖南刑獄。載其世系名字、科第仕履，皆一一條晰。然則撰此集者乃黃彥平，所謂次岑、次山、季岑者，或傳寫譌異，或偶以字行耳。至其集名“三餘”，當取三國董遇三餘讀書之意。《宋史》作“玉餘”，亦字形相似而誤也。彥平在靖康初，坐與李綱善，貶官。南渡後數上劄子論事，多所建白。其《論賞罰》一疏，持論尤為平允。厥後劉光世、呂祉得失，卒為所料，如操券然。亦剛正有識之士矣。又張端義《貴耳集》曰：“馬子方作守令，幕下黃次山作啟，與廟堂不入意，因自作之。有云‘方冊九之年，買臣自知其將貴；當乙巳之歲，淵明已賦其《歸來》。固不敢自比於古人，欲以此折衷於夫子。'黃大服。"云云。是其虛心從善，異乎一長自足者，宜其文之工也。今據《永樂大典》所存，編為賦、詩二卷、雜文二卷。存其文併以存其人焉。

【彙訂】

①"集中有"，殿本作"其中"。

大隱集十卷（永樂大典本）

宋李正民撰。正民有《己酉航海記》，已著錄。正民《宋史》無傳，事迹始末不可考。惟據《航海記》所述，知其高宗時為中書舍人，嘗奉使通問隆祐太后而已。今以集中諸《表》考之，則在朝嘗為給事中，禮部、吏部侍郎，在外嘗知吉州、筠州、洪州、湖州、溫州、婺州、淮寧府。敭歷頗久，晚予宮祠以歸。又考徐夢莘《三朝北盟會編》，載："紹興十二年五月，金元帥來書云：'汴梁留守孟庾、陳州太守李正民及畢良史者，比審議使蕭毅等回，具言江南嘗詢訪此人，今並委沿邊官司，發遣前去。'六月，金人放東京留守孟庾、知陳州李正民還。"云云。是正民於知陳州時嘗為金人所獲，以和議成得還。集中《南歸》詩所云"淪身絕域久嗟孤，投老歸來鬢髮疏"者，蓋即其事。特孟庾以東京附金，歸後高宗棄不復用。而正民屢更任使，終始弗替。則其在金朝，當猶未至於失節，特史文闕略，不能得其詳耳。其集見於《宋史·藝文志》者三十卷，傳本久佚，惟《嘉興府志》載其《海月亭》詩一首。今據《永樂大典》所載，掇拾編次，釐為文六卷、詩四卷。中多中書制誥之作，溫潤流麗，頗近《浮溪》。其詩亦妍秀可誦，在南渡初猶不失為雅音焉。

集　部　十

別　集　類　十

龜溪集十二卷（兩淮鹽政採進本）

宋沈與求撰。與求字必先，德清人。政和五年進士，高宗時官至知樞密院事，卒諡忠敏。事迹具《宋史》本傳。是集為紹熙中其孫説所刊，前有觀文殿大學士李彥穎、湖州教授張叔椿二序①。史稱："與求歷御史三院，知無不言。前後幾四百奏，其言切直。"今所存僅十之三四，類多深中時弊。陳振孫《書錄解題》曰："與求嘗奏王安石之罪，大者在於取揚雄、馮道。當時學者惟知有安石。喪亂之際，甘心從偽，無仗節死義之風，實安石倡之。此論前未之及也。"云云。考熙寧以逮政和，王、蔡諸人以權勢奔走天下，誅鋤善類，引掖宵人。其夤緣以苟富貴者，本無廉恥之心，又安能望以名節之事！其偷生賣國，實積漸使然，不必盡由於推獎揚雄、表章馮道。與求此奏，亦事後推索之詞。然其説主持風教，振刷綱常，要不可不謂之偉論也。至其制誥諸篇，典雅春容，亦具有唐人軌度，又不徒以奏議見長矣。

【彙訂】

① 據李彥穎《沈忠敏公龜溪集序》、張叔椿《龜溪集後序》，

"孫説"乃"孫説"之誤,"湖州"乃"泉州"之誤。(祝尚書:《宋人別集敍錄》)

栟櫚集十六卷(福建巡撫採進本)

宋鄧肅撰。案王明清《揮麈後錄》稱:"宣和壬寅,艮岳成,徽宗御製記。李質、曹組各獻賦。獨太學生鄧肅上十詩,備述花石之事。其末句云:'但願君王安萬姓,圖中何日不春風。'詔屏逐之。靖康初,李伯紀啟其事,薦其才。召對,賜進士出身。後為右正言,著亮直之名於當日。肅字志宏,南劍人。有文集,號《栟櫚》,遺文三十卷,詩附集中。"云云。即其人也。今本僅詩一卷、詞一卷、文十四卷①,與三十卷之數不符。殆散佚不完,又經後人重編歟?當張邦昌之僭立也,肅聞行奔赴南京,其擢右正言即在是時,大節與杜甫略相似。其《靖康迎駕行》、《後迎駕行》等篇,亦頗近甫《奉先》諸作。在南、北宋閒,可謂篤勵名節之士。又唐、宋以來學者,皆尊揚雄,熙寧中遂至配享。而肅書揚雄事,獨指為叛臣,無可容於天地之閒。與沈與求疏論王安石過尊揚雄,未知孰為先後。然均在朱子《綱目》書"莽大夫"之前。考陸深《谿山餘話》,載肅與朱子父松相善,有醉留冠帶以質紙筆之戲。肅有《寄朱韋齋》詩,即道其事。然則《綱目》之斥揚雄,得無傳肅之説乎?其識如是,宜其立身有本末矣。

【彙訂】

① 文淵閣《四庫》本為二十五卷,詩十卷、樂府一卷、文十四卷。(沈治宏:《〈四庫全書總目〉集部著錄圖書失誤原因析》)

默成文集八卷(浙江汪啟淑家藏本)

宋潘良貴撰。良貴字義榮,一字子賤,號默成居士,婺州金華人。政和五年，以廷試第二人釋褐為辟雍博士，累遷提舉淮南東路常平。靖康元年召還，坐事除監信州沕口排岸。高宗即位，召為左司諫，歷除徽猷閣待制，提舉亳州明道宮。坐與李光通書，降三官。卒贈左朝奉大夫。事迹具《宋史》本傳。良貴學術醇正，侃直不阿。首論何𣏌等之不可為相，又與黃潛善、呂頤浩相忤，又面劾向子諲，屢坐屏斥，而所守不移。故朱子亦稱其剛毅近仁。其《論治體劄子》等篇，悱惻沈痛，足以感人，尤足以覘其節概。其集見於史者十五卷，久佚不傳。此本乃康熙中其裔孫所刊，僅文二十首、詩二十七首、詞一首，皆掇拾於散亡之餘，粗存梗概。然以集中除謝諸表，與本傳、《年譜》相較，亦多足資參訂。如《年譜》載良貴既至嚴州任，請祠，得主管亳州明道宮。轉祕書少監，遷起居郎，拜中書舍人。今集中有《辭免祕書少監申省狀》，可與《年譜》相證，而本傳不云轉祕書少監。又良貴知嚴州之後，凡再為中書舍人，集中有《謝中書舍人誥表》，又有《謝中書舍人表》可證，而本傳但云起為中書舍人，不著前後再命。皆可以補《宋史》之闕誤。惟是篇頁寥寥，而強分卷帙，未免有意求多。又一卷、二卷皆載本傳及《年譜》、誥敕等文，至三卷乃及其著作。雖用宋敏求編李白集之例，而喧奪太甚，究為編次無法。至潘時乃良佐之子，於良貴為猶子，而亦附其傳誌於末編，尤為不倫。今姑仍舊本錄之[①]，而附糾其叢脞如右。

【彙訂】

① 文淵閣《四庫》本實僅其著作四卷，前後所附內容皆已刪去。（沈治宏：《四庫全書總目》著錄圖書失誤的原因）

鄱陽集四卷（永樂大典本）

宋洪皓撰。皓有《松漠紀聞》，已著錄。此其詩集也。皓建炎中擢徽猷閣待制，假禮部尚書，爲大金通問使[1]，龔璹副之。後璹仕劉豫，皓獨不屈節。遂流遞冷山，居雪窖中。陳王固新案"固新"，《宋史》作"悟室"，今據《金國語解》改正。甚敬禮之，使教諸子八人。集中所稱彥清、彥亨、彥隆、彥深者，皆固新子也。皓所作詩，亦於此時爲多。及烏珠案"烏珠"，《宋史》作"兀朮"，今據《金國語解》改正。殺固新，遷皓雲中。至紹興十二年，始歸國。留金首尾凡十五年。後爲秦檜所嫉，安置英州，皓詩所謂"六十之年入瘴鄉"是也。居九年，始内徙。行至南雄州卒。其詩世無傳本。《傳》稱皓有文集五十卷，而《書錄解題》作十卷。考皓子适《盤洲集》中載有皓集跋語一篇，稱裒其在北方詩文爲十卷，刻之新安郡，則《宋史》誤矣。其集久不傳。今從《永樂大典》所載，裒輯編次，共爲四卷。凡其始奉使時，塗次所經，及遷居冷山，以及歸國後南竄之作，有年月可考者，悉以年月排比。或年月不可考而確知其爲奉使後作、歸國後作、南遷後作者，亦皆以類相從。其不知作於何時者，則別綴於後，而以适跋語附焉[2]。皓大節凜然，照映今古。雖不必以文章爲重，然其子适、邁、遵承藉家學，並掇詞科。著述紛紛[3]，蜚聲一代。淵源有自，皓實開之。迄今年代迢遙，篇章散佚。幸得遭逢聖世，搜羅遺逸，復光耀於蠹蝕之餘。斯亦忠義之氣不可泯沒，待昌期而自發其光者矣。

【彙訂】

① "問"，殿本作"聞"，誤，參《宋史》卷三七三本傳。

② 考洪适跋，所彙次付梓者僅"北方所作詩文數百篇"，《四

庫》本所輯"奉使後作、歸國後作、南遷後作"等均已超出此範圍。《永樂大典》所收洪皓別集有《鄱陽集》、《春秋紀詠》、《洪忠宣公詞》、《洪忠宣公集》等，而《洪忠宣公集》疑為全集，或即《宋史》本傳所載之五十卷本。（祝尚書：《四庫宋集提要糾誤》）

③"紛紛"，殿本作"紛綸"。

澹齋集十八卷（永樂大典本）

宋李流謙撰。流謙字無變，漢州德陽人。少以父良臣廕，補將仕郎，授成都府靈泉縣尉。秩滿調雅州教授①。會虞允文宣撫全蜀，置之幕下，多有贊畫。尋以薦，除諸王宮大小學教授。力匄補外，改奉議郎，通判潼州府事。其事迹不見於《宋史》，惟其兄益謙所作《行狀》尚具見其始末。所著文集，《宋志》亦不著錄。惟焦竑《國史經籍志》、黃虞稷《千頃堂書目》俱載有《澹齋集》八十一卷，是明世尚有傳本，今已湮没無聞。厲鶚撰《宋詩紀事》，僅從《成都文類》中搜得《梅林分韻》一首，其文亦與本集頗有異同。又以流謙為綿竹人，與《行狀》不合。知鶚未睹本集，故傳聞異詞也。流謙以文學知名。其父良臣，嘗出張浚門下，為所論薦。集中《分陝志》專為頌浚勳德而作，鋪張太甚，殊不免門户之私。其詩文邊幅稍狹，間傷淺俚，亦未能盡臻醇粹。然筆力峭勁，不屑屑以雕琢為工。視後來破碎薾弱之習，較為勝之。宋代遺集，大半散佚。若流謙者，固不妨存備一家矣。謹就《永樂大典》所載，鈔撮編次，釐為十八卷。其益謙《行狀》及其子廉渠刊集原跋，並附錄於末，以備考證焉。

【彙訂】

①"秩"，殿本作"職"。

韋齋集十二卷附玉瀾集一卷(內府藏本)①

宋朱松撰。松字喬年，別字韋齋，朱子之父也。政和八年，同上舍出身。官至吏部員外郎。以言事忤秦檜，出知饒州。未上請閒②，得主管台州崇道觀。滿秩再請，命下而卒。朱子作《行狀》③，稱有《韋齋集》十二卷，《外集》十卷。《外集》今已久佚。是集初刻於淳熙，再刻於至元，又刻於宏治，傳本亦稀。康熙庚寅，其裔孫昌辰又校錄重刊，是為今本。核其卷數，與《行狀》所言相合，蓋猶舊帙也。前有傅自得序，稱：「其詩高遠而幽潔，其文溫婉而典裁。至表奏書疏，又皆中理而切事情。」雖友朋推許之詞，然松早友李侗，晚折秦檜，其學識本殊於俗。故其發為文章，氣格高逸，翛然自異。即不藉朱子以為子，其集亦足以自傳。自得所云頗為近實，非後來門戶之私，以張栻而尊張浚者比也。後附朱槔《玉瀾集》一卷。槔字逢年，松之弟也。其集原別本自行，故《書錄解題》與松集各自著錄。明宏治丙辰①，任邱郎璠得其本於睢陽陳性之，因附刻松集之後。昌辰此刻亦仍之。後有尤袤跋，極稱其《春風》一篇、《即事》三首⑤。然槔詩實不及松，袤所稱亦未為盡允。姑附驥以行云爾。

【彙訂】

①　底本此條與文淵閣庫書次序不符。文淵閣庫書與殿本均置於「澹齋集十八卷」條之前。

②　「請閒」，殿本作「請間」，誤，參卷首朱熹撰《行狀》。

③　殿本「作」下有「松」字。

④　「丙辰」乃「癸亥」之誤。弘治刻本此集郎璠跋末署「弘治癸亥春二月既望任丘郎璠謹題」。（筧文生、野村鯰子：《四庫提要南宋五十家研究》）

⑤"即事",殿本作"盛事"。據《玉瀾集》中原作及卷末附尤袁跋、《行狀》,應為"感事"。

陵陽集四卷(浙江鮑士恭家藏本)

宋韓駒撰。駒字子蒼,蜀仙井監人。政和中召試,賜進士出身。累除中書舍人,權直學士院。南渡初,知江州①。事迹具《宋史·文苑傳》。駒學原出蘇氏②。呂本中作《江西宗派圖》③,列駒其中,駒頗不樂。然駒詩磨淬剪截,亦頗涉豫章之格。其不願寄黃氏門下④,亦猶陳師道之瓣香南豐,不忘所自耳,非必其宗旨之迥別也。陸游跋其《詩草》,謂:"反覆塗乙,又歷疏語所從來。詩成,既以與人⑤,久或累月,遠或千里,復追取更定,無毫髮憾乃止⑥。"亦可謂苦吟者矣。晁公武《讀書志》謂王黼嘗命駒題其家藏《太乙真人圖》,盛傳一時。今其詩具在集中,有"玉堂學士今劉向"之句,推許甚至。劉克莊謂"子蒼諸人,自鬻其技至貴顯",蓋指此類,其亦陸游《南園記》之比乎! 要其文章不可掩也。

【彙訂】

① 韓駒並未赴知江州任。弘治《撫州府志》卷二四:"起知江州,力辭,致其仕。"(韋海英:《韓駒行年考》)

②"原",殿本無。

③ 殿本"呂"上有"故"字。

④"黃氏",底本作"王氏",據殿本改。"黃氏"與上文之"豫章"皆指黃庭堅。(周錄祥:《〈四庫全書簡明目錄·集部〉訂誤》)

⑤"與",陸游《渭南文集》卷二七《跋陵陽先生詩草》原文及

殿本作“予”。

⑥“憾”，《跂陵陽先生詩草》原文及殿本作“恨”。

灊山集三卷（永樂大典本）

宋朱翌撰。翌有《猗覺寮雜記》，已著錄。其集目見於諸書者，《宋史・藝文志》作四十五卷，詩三卷。陳氏《書錄解題》作三卷，焦氏《經籍志》作二卷。而周必大《平園集》又云：“其子軏等類公遺槀凡四十四卷。”卷目彼此互異。蓋必大所言，即《宋志》之四十五卷，乃其文集，所云三卷者，則專指詩集。《經籍志》所載亦其詩集，而又譌“三卷”為“二卷”也。今文集已不可見，詩集亦無傳本。惟《永樂大典》所收，篇什尚多。謹裒而集之，釐為三卷，以還其原目。翌父載上，嘗從蘇軾、黃庭堅游。翌承其家學，而才力又頗富健。故所著作，有元祐遺風。集中五、七言古體皆極跌宕縱橫，近體亦偉麗伉健。喜以成語屬對，率妥帖自然。陳鵠《耆舊續聞》、劉克莊《後村詩話》、王應麟《困學紀聞》皆採其佳句，盛相推挹。蓋其筆力排奡，實足睥睨一時。與南渡後平易嘽緩之音，牽率潦倒之習，迥乎不同。周必大序以杜牧擬之，非溢美也。今陳鵠等所摘諸句，雖不能悉見全篇，然三卷之內，菁華具存，亦足窺豹一斑矣。

雲溪集十二卷（永樂大典本）

宋郭印撰。印詩數百篇，散見《永樂大典》各韻中，皆題曰《雲溪集》。而《宋史・藝文志》及諸家書目均未著錄。惟厲鶚《宋詩紀事》載印為成都人①，政和中進士，而亦不詳其官爵。所錄詩僅二首。一從《全蜀藝文志》摘出，為《遊大隋山》詩；一從《四川總志》摘出，則即集中《遊下巖寺》詩是也。今案集中有《雲

溪雜詠小序》，自題亦樂居士，且稱“性嗜水竹，經營二十載，始得
一畝之園”云云，則雲溪乃其別墅之名。又有《過銅梁縣》詩云：
“攝職臨茲邑，於今五十年。”又《仁壽縣山齋》詩云：“隨牒幾推
遷，銅章領巖邑。”又《次韻宋南伯》云：“衰遲來作邑，勞苦劇萬
狀。”則嘗累任縣令，晚始退居。又《贈劉元圭》詩有“今年歲八
十”之語，則其齒亦躋上壽。觀所作《養生歌》及讀《易》諸詩，蓋
有得於導引之術者。其交游最密為曾慥、計有功等，皆一時博雅
之士，則印亦勝流矣。特以其集久不傳②，故錄宋詩者遂罕能稱
述耳。今據《永樂大典》所載，分體編輯，釐為十二卷。其詩才地
稍弱，未能自出機杼，而清詞雋語，瓣香實在眉山。以視宋末嘈
雜之音，固為猶有典型矣。

【彙訂】

① 郭印字信可，四川雙流縣人。（陸心源：《儀顧堂題跋》）

② “其”，殿本無。

盧溪集五十卷（副都御史黃登賢家藏本）

宋王庭珪撰。庭珪字民瞻，廬陵人。政和八年進士第，調茶
陵丞。與上官不合，棄官隱居盧溪。胡銓謫嶺南時，庭珪以詩送
之，有“癡兒不了公家事，男子須為天下奇”語。後坐是流嶺
南①。孝宗時召對，賜國子監主簿。乾道六年，復除直敷文閣。
年九十三乃卒。卷首載胡銓、周必大等序文、題跋、誌狀，敘述始
末甚詳②。其生平著作頗富，有《六經》、《論語》講義，《易解》、
《語錄》及《滄海遺珠》等書，今皆散佚。惟此集猶傳，凡古、近體
詩二十五卷，雜文二十五卷。其脫稿不全者，亦附於卷末。讀
所作，矯然伉厲之氣，時流露於筆墨間。劉澄評其文“在廬陵可

繼歐陽修"。後楊萬里嘗從之遊,亦謂其詩"出自少陵、昌黎,大要主於雄剛渾大"。雖推挹之詞,未免涉於溢量,要亦得其近似矣。

【彙訂】

① "後坐是流嶺南",殿本作"坐流嶺南"。

② 此集卷首有胡銓、謝諤、楊萬里三人所作序文各一篇,並無周必大之文。正文後附錄有周必大等多人所作題跋誌狀多篇。文淵閣本書前提要云:"卷首載胡銓等序,後附錄周必大等誌狀題跋,敍述始末甚詳。"(馬劉鳳:《"四庫"訂誤十五則》)

屏山集二十卷(兩江總督採進本)

宋劉子翬撰。子翬字彥沖,崇安人,劉韐之季子。嘗通判興化軍。移疾歸里,築室屏山以終。此集乃其嗣子坪所編①,而朱子為之序②。序末署"門人朱某",蓋早年嘗以父命受業於子翬也。集中談理之文,辨析明快,曲折盡意,無南宋人語錄之習。論事之文,洞悉時勢,亦無迂闊之見。如《聖傳論》、《維民論》及《論時事劄子》諸篇,皆明體達用之作,非坐談三代,惟騖虛名者比。古詩風格高秀,不襲陳因。惟七言近體,宗派頗雜江西③。蓋子翬嘗與呂本中游,故格律時復似之也。王士禎《池北偶談》曰:屏山諸詩"往往多禪語④。如《牧牛頌》云:'直饒牧得渾純熟,痛處還應著一鞭。'《徑山寄道服》云:'聊將佛日三端布,為造青州一領衫。'又云:'此袍遍滿三千界,要與寒兒共解顏。'此類是也"。又述子翬之言曰:"吾少官莆田,以疾病,時接佛、老之徒。聞其所謂清淨寂滅者,而心悅之。比歸讀儒書,乃見吾道之大。"云云。是子翬之學初從禪入,當時原不自諱,故見於吟詠者如此云。

【彙訂】

①《天祿琳琅書目》卷六元版《屏山集》下引胡憲序，字作"玶"，又引朱熹跋亦作"玶"。又云："玶，《宋史》無傳，凌迪知《萬姓統譜》載玶字平父。"（劉遠遊：《〈四庫提要〉補正》）

② 朱熹所作乃跋，云："因書其後，以告後之君子。"（胡玉縉：《四庫全書總目提要補正》）

③"宗派頗雜江西"，殿本作"派雜江西"。

④"屏山諸詩"，殿本作"屏山集詩"。

北海集四十六卷附錄三卷（永樂大典本）

宋綦崇禮撰。崇禮字叔厚，高密人，後徙濰之北海。登重和元年上舍第①。高宗南渡，為起居郎。召試政事堂，拜中書舍人。歷官寶文閣學士，知紹興府。退居台州，卒，贈左朝議大夫。事迹具《宋史》本傳。《藝文志》、《書錄解題》俱載崇禮《北海集》六十卷，世久失傳。厲鶚《宋詩紀事》僅從《天台勝記》中得所作《石梁瀑布》詩一首，而其他概未之見。今檢《永樂大典》，載崇禮詩文頗多。中惟制誥最富，表啟之類次之，散體古文較少，而詩什尤寥寥無幾。蓋其平生以駢體擅長故也。集中閒有原註，稱崇禮為先祖。則當時所據，猶其家刻之舊本矣。史稱："崇禮妙齡秀發，聰明絕人。覃心辭章，極潤色論思之選……再入翰林凡五年，所撰詔命數百篇，文簡意明，不私美，不寄怨，深得代言之體。"今觀是集所載內外諸制，大約明白曉暢，切中事情，頗與《浮溪集》體格相近。如《呂頤浩開督府制詞》，則樓鑰賞其宏偉；《王仲嵒落職制詞》，則王應麟取其精切；《鄒浩追復待制制詞》，則

《宋史》採入本傳，以為能推朝廷所以褒恤遺直之意。其《草秦檜
罷政制》，則直著其惡，致檜再相後奏索其稿，幾蹈危禍。史所
云，蓋非溢美矣。陸游《老學菴筆記》稱：“崇禮《謝宮祠表》云：
‘雜宮錦於漁蓑，敢忘君賜；話玉堂於茅舍，更覺身榮。’時嘆其
工。又有一《表》云：‘欲挂衣冠，尚低回於末路；未先犬馬，儻邂
逅於初心。’尤佳。”云云。今集中乃無此二聯。知其傑製鴻篇，
尚多遺脫。然據今所得睹者，已足見詞藻之精麗，不必全璧也。
謹分體排訂，釐為三十六卷。又《兵籌類要》一書，乃其在翰苑時
所撰進，皆援據兵法，參以史事，各加論斷。雖紙上空談，未必遽
切實用，而採摭尚為博洽。今亦編為十卷，次之於後。其歷官除
授告詞及呂頤浩書啟、李邴《祭文》、秦檜《乞追取御筆詞頭劄
子》，原本皆載入集中，今並仍其舊。而益以《宋史》本傳、《氏族
言行錄》諸條，別為《附錄》三卷，繫諸集末，以備考核焉。

【彙訂】

　　① “元年”，殿本作“九年”，誤，參《宋史》三百七十八本傳。
重和年號僅二年。

　　鴻慶居士集四十二卷（兩淮馬裕家藏本）

　　宋孫覿撰。覿字仲益，晉陵人。徽宗末，蔡攸薦為侍御史。
靖康初，蔡氏勢敗，乃率御史極劾之。金人圍汴，李綱罷御營使，
太學生伏闕請留，覿復劾綱要君。又言諸生將再伏闕。朝廷以
其言不實，斥守和州。既而綱去國，復召覿為御史。專附和議，
進至翰林學士。汴都破後，覿受金人女樂，為欽宗草表上金主，
極意獻媚。建炎初，貶峽州①。再謫嶺外。黃潛善、汪伯彥復引
之，使掌誥命。後又以贓罪斥提舉鴻慶宮②，故其文稱《鴻慶居

士集》。孝宗時，洪邁修國史，謂靖康時人獨覷在，請詔下覷，使
書所見聞靖康時事上之。覷遂於所不快者，如李綱等，率加誣
辭。邁遽信之，載於《欽宗實錄》。其後朱子與人言及，每以為
恨，謂"小人不可使執筆"。故陳振孫《書錄解題》曰："覷生於元
豐辛酉，卒於乾道己丑，年八十九，可謂耆宿矣。而其生平出處，
則至不足道。"岳珂《桯史》亦曰③："孫仲益《鴻慶集》，大半誌銘，
蓋諛墓之常，不足詫。獨《武功大夫李公碑》，乃儼然一瑞耳，呶
稱其高風絕識，自以不獲見之為大恨，言必稱公，殊不為怍。"趙
與峕《賓退錄》復摘其作《莫开墓誌》①，極論屈體求金之是，倡言
復讎之非。又摘其作《韓忠武墓誌》，極詆岳飛；作《万俟卨墓
誌》，極表其殺飛一事為顛倒悖謬⑤。則覷之怙惡不悛，當時已
人人鄙之矣。然覷所為詩文頗工，尤長於四六，與汪藻、洪邁、周
必大聲價相埒。必大為作集序，稱其"名章儁句，晚而愈精"，亦
所謂"孔雀雖有毒，不能掩文章"也。流傳藝苑已數百年，今亦姑
錄存之，而具列其穢跡於右。一以節取其詞華，一以見立身一
敗，詬辱千秋，清詞麗句，轉有求其磨滅而不得者。亦足為文士
之炯戒焉。

【彙訂】

①《建炎以來繫年要錄》卷六作歸州。（陳曉蘭：《孫覷生平
事迹及其文集版本考》）

②《鴻慶居士集》四十二卷，所收詩文大致按年代先後排
列，表狀部分尤為嚴格。卷九收有《提舉南京鴻慶宮謝表》，置於
《龍圖閣學士再知平江府謝表》與《辭免除龍圖閣待制知臨安府
狀》之間，表中又有"乃貽聚斂之譏"、"卒從吏議，追褫官資"之
語，可知是在建炎三年再任平江府時因建明常平法奪職、罷去職

事之後所領宮祠,非以贓罪斥。(同上)

③“桯史”,殿本作“程史”,誤。岳珂撰《桯史》卷六“鴻慶銘墓”條云:“孫仲益覯《鴻慶集》,太半誌銘……蓋諛墓之常,不足詫。獨有《武功大夫李公碑》列其間,乃儼然一瑞耳,亟稱其高風絕識,自以不獲見之為大恨,言必稱公,殊不怍於宋用臣之論謚也。”

④“莫开”,殿本作“莫汧”。《賓退錄》卷十云:“莫儔靖康末所為,雖三尺童子亦恨不誅之。而孫仲益尚書誌其墓,顧謂‘靖康之變,臺諫爭請和戎,皆斥廢不用。而二三狂生抗首大言,乘險徼幸,試之一擲,卒至誤國。高宗狩維揚,移蹕臨安,國步阽危,至此極矣,而進取之士終以和戎為諱。此翰林莫公所以投閒置散,至於老死不用’。斯言也,不幾於欺天乎?”此集卷三十八有《宋故翰林學士莫公墓誌銘》,文曰:“靖康之變,金人擁騎數萬,長驅河朔,直侵宮闕。於時臺諫爭請和邊,以備倉卒不測之難,皆斥廢不用。而二三狂生抗首大言,乘險徼幸,起於小吏,驟擢將相。試之一擲,卒至誤國。二帝蒙塵,中原搶攘,億萬生靈不得寧處。太上皇狩維揚,移蹕臨安,國步阽危,至此極矣。而進取之士尚循紹述之利,終以和邊為諱。此翰林莫公所以投閒置散,致於老死不用,固其禮也。”《宋史》唐恪、李綱、范宗尹、呂好問諸傳皆以莫儔、吳开並舉,疑《總目》將二人誤合為“莫开”。

⑤“為”,殿本作“尤”。

内簡尺牘編註十卷(編修勵守謙家藏本)

宋孫覿撰。其門人李祖堯編,併為之註。覿所撰《鴻慶集》,自三十七卷至五十卷皆書帖。然參校此本,時有不同。如此本載《與信安郡王孟仁仲帖》二十二首,集本皆不載;集本四十六卷內有《與孟仁仲郡王帖》一首，復與此不符。又此本載《與葉左丞少蘊帖》一首，與集本第四十五卷所載《與葉少蘊資政帖》三首、四十六卷所載《與葉左丞帖》一首，亦復各別。蓋祖堯據手槀編之，故時有出入。至其註中，多取覿自著詩文以資考證。如第三卷《與周表卿侍郎》第五帖，註引覿集《謝吏部侍郎兼權直學士表》，集本乃無此篇；第七卷《與常守徐計議》第五帖，註引覿集《常州資聖禪院興造記》云：“清智大師普璿既至，始改號資聖。”集本三十一卷載此文，乃脫“清智大師”四字①。其他引證典故，亦皆切實。蓋祖堯親從覿游，較之任淵之註陳師道、黃庭堅詩，聞見更為有據。非後人註前代之書，摸索影響者所可同日語云。

【彙訂】

①《總目》同卷前一條即孫覿撰《鴻慶居士集》四十二卷，而所謂“自三十七卷至五十卷皆書帖”、“三十一卷載此文（《常州資聖禪院興造記》）”實為《孫尚書大全集》七十卷本。（余嘉錫：《四庫提要辨證》）

松菴集六卷（永樂大典本）

宋李處權撰。處權，《宋史》無傳。其集諸家亦不著錄。惟方回《瀛奎律髓》中錄所作《送二十兄還鎮江》詩一首。而註其後云：“處權字巽伯，洛陽人。邯鄲公淑之後。有《松菴集》。宣和間與陳叔易、朱希真以詩名。南渡後嘗領三衢。”云云。其履貫略可考證，而不言其距李淑為幾世。今其集傳本已絕，獨《永樂大典》中有之。且尋檢各韻，處權自序及其從弟處全原序、邵驥原跋，一一具在。所紀生平蹤跡，差為詳備，惟世系仍未明晰。今案《建康志》有《李處全小傳》，稱：“處全，淑之曾孫，本豐縣人，後遷溧陽。官至朝請大夫。"而王明清《揮塵餘話》亦稱："大理少卿李傳正為淑之孫，即處全之父。"據此，則處權實淑曾孫，而家於溧陽。《瀛奎律髓》所稱洛陽，當由刻本傳譌[1]，以"溧"為"洛"耳[2]。淑家富典籍，其《邯鄲圖書志》，晁公武每引以為據。又精研聲律，所作《詩苑類格》，今尚散見諸書中。處權承其世學，標新領異，別出以清雋之思，於詩道頗為深造。處全序稱其"齒益高，心益苦，句法益老，與少作不類"。是其覃思吟詠，老而彌工。雖原帙散佚，東京與南渡以後所作，互相糅雜，不復能以年歲辨析。而總其大概，五言清脫瀏亮，略似張耒，七言爽健伉浪，可擬陳與義。在當時實一作手。久經湮沒，幸而復存，亦論宋詩者所宜甄錄也。謹採掇排比，以體區別，釐為六卷。仍以原序跋分繫前後，俾將來有以考見焉。

【彙訂】

①"由"，底本作"有"，據殿本改。

②曾鞏《參政李公若谷》傳云："李若谷，字子淵，徐州人，少孤，遊洛下，因葬其考妣於緱氏，而占籍焉。"(《名臣碑傳琬琰集》下卷六)若谷為處權之高祖，由曾鞏文可知，李氏原為徐州豐縣人，自若谷始遷洛陽緱氏，至其子淑，孫壽明、復圭、德芻均家於洛，處全(處權之弟)亦自稱"予洛人也"(本書卷一《夢歸賦》)。北宋亡後，"奔竄潛伏，煙塵阻絕，身世相弔"(《夢歸賦》)，其家當於此時遷居溧陽。《瀛奎律髓》稱處權為洛陽人，乃指其高祖以來世居之地，"洛"字並非"溧"字之誤。(李裕民：《四庫提要訂誤》)

藏海居士集二卷(永樂大典本)

案《藏海居士集》散見《永樂大典》中，題宋吳可撰。可事迹

無考,亦不知何許人。考集中年月,當在宣和之末①。其詩有
"一官老京師"句,又有"挂冠養拙"之語,知其嘗官於汴京,復乞
閒以去。又有"往時家分寧,比年客臨汝"及"避寇湘江外,依劉
汝水旁"句,知其嘗居洪州,建炎以後,轉徙楚、豫之間。又可別
有《藏海詩話》一卷,亦載《永樂大典》中,多與韓駒論詩之語。中
有"童德敏《木筆》詩"一條。考《容齋三筆》載臨川童德敏湖州題
顏魯公祠堂詩一篇,其人與洪邁同時。則可乃北宋遺老,至乾
道、淳熙間尚在也②。集中所與酬答者,如王安中、趙令時、米友
仁諸人,亦多南、北宋間文士。元祐諸賢,風流未沫。故所存篇
什無多,而大致清警,與謝逸、謝薖兄弟氣格相近。特其集既不
傳,後之言宋詩者遂不能知其姓氏。厲鶚《宋詩紀事》搜羅至三
千八百餘家,亦未之及③。則其沈晦已久矣。今一一裒輯,析為
二卷,與《詩話》同著於錄,俾不致終就湮沒焉。

【彙訂】

①　吳可《藏海詩話》云:"少從榮天和學","幼年聞北方有詩
社。"又云:"元祐間,榮天和先生客金陵,僦居清化市,為學
館……諸公多為平仄之學,似乎北方詩社……"元祐時(1086—
1093),其年尚幼,以十歲,當生於元豐初(1080)左右。宣和末掛
冠約五十歲,作《詩話》時為元祐後六十餘年,約紹興二十年
(1250),時已七八十歲。(李裕民:《四庫提要訂誤》)

②　《藏海詩話》云:"凡看詩須是一篇立意,乃有歸宿處,如
童敏德《木筆花》詩主意在筆之類也。""童德敏"當為"童敏德"之
誤,"木筆詩"當作"木筆花詩"。《容齋三筆》卷十二"顏魯公祠堂
詩"條云:"嘗記李德遠舉似童敏德遊湖州題公祠堂長句曰……
童之詩,語意皆超拔,亦臨川人,而終身不仕,為可惜也。"童敏德

之詩是李德遠跟洪邁提起的，並非童與洪邁所説，不能以此斷定童與洪同時，更不可以此推論吳可至乾道、淳熙尚在。（同上）

③《宋詩紀事》卷四一錄吳可詩，且有小傳著其里貫仕履甚詳。（余嘉錫：《四庫提要辨證》）

豫章文集十七卷（浙江鮑士恭家藏本）[1]

宋羅從彥撰。從彥字仲素，沙縣人。以累舉恩授惠州博羅縣主簿。紹興初卒，淳祐間追諡文質。事迹具《宋史·道學傳》。是編為至正三年延平進士曹道振所編。以宋儒稱從彥為豫章先生，因以名集。道振原序稱：“郡人許源堂刻其遺集五卷。近得邑人吳紹宗橐，釐為一十三卷，《附錄》三卷，《外集》一卷，《年譜》一卷，凡一十八卷。”此本乃明代重刻，前有成化八年張泰序，後有嘉靖甲寅謝鸞跋。《遵堯錄》八卷，集二程及楊龜山語錄一卷，雜著二卷，詩一卷，《附錄》三卷，《外集》一卷。以《年譜》別置於前，不入卷數，故題為十七卷。然第一卷雖列《經解》之目，而其文久佚。有錄無書，實止十六卷而已。

【彙訂】

① 底本此條與文淵閣庫書次序不符。文淵閣庫書與殿本均置於“藏海居士集二卷”條之前。

和靖集八卷（江蘇巡撫採進本）[1]

宋尹焞撰。焞有《孟子解》，已著錄。然《孟子解》雖名見《書錄解題》，原書實已散佚，今所行者乃贋本，惟此集猶相傳舊笈。凡奏劄三卷，詩文三卷。其《壁帖》一卷，乃焞手書聖賢治氣養心之要，黏之屋壁以自警惕，後人錄之成帙。又《師説》一卷，則焞平日之緒論，而其門人王時敏所編也[2]。考《朱子語錄》，謂焞

“文字有關朝廷者，多門人代作”。今其孰為假手，孰為真筆，已不可復考，然指授點定，亦必燀所自為。《會昌一品集序》雖李商隱作，究以鄭亞改本為勝，正不必盡自己出也。詩不多作，然《自秦入蜀道中作》云：“南枝北枝春事休，啼鶯乳燕也含愁。朝來回首頻惆悵，身在秦川最盡頭。”亦殊有詩情。固未可概以“有韻語錄”目之矣。

【彙訂】

①“江蘇巡撫採進本”，底本作“江西巡撫採進本”，據殿本改。《四庫採進書目》“江蘇省第一次書目”、“江蘇採輯遺書目錄簡目”著錄此書，未見於“江西省呈送書目”。（江慶柏：《殿本、浙本〈四庫全書總目〉著錄圖書進獻者主名異同考》）

② 文淵閣《四庫》本此集為奏劄二卷，詩、雜文、書一卷，《壁帖》一卷，《師說》三卷，《年譜》一卷。

王著作集八卷（浙江鮑士恭家藏本）

宋王蘋撰。蘋字信伯，福清人①。《福建通志》稱：“紹興初，平江守孫祐以德行薦於朝，召對賜進士出身。除祕書省正字。累官左朝奉郎。”陳振孫《書錄解題》則作“以趙忠簡薦賜進士出身，官至著作佐郎。秦檜惡之，會其族子坐法，牽連文致奪官”。與《通志》所記不同。然此集以“著作”為名，則陳氏所言為是矣②。陳氏著錄作四卷，寶祐中其曾孫思文刊於吳學，盧鉞為序。此本為明宏治中蘋十一世孫觀所編③。一卷為《傳道支派圖》，二卷為劄子、雜文十餘篇，三卷以下為像贊、題跋及門人私志語錄之類。較陳氏所記，卷數遽增一倍，然遺文不過一卷，餘皆附錄，實則亡佚四分之三。蓋捃拾殘膌而成，已非舊本④。以其學出伊洛,而能不附秦檜,立身無媿於師門,故錄而存之,不以殘闕廢焉。

【彙訂】

① 此書卷五載其門人章憲撰《墓誌》云:"先生諱蘋,字信伯,世居福之福清,自其考徙平江。"則為蘇州人。同書同卷又載《國史傳》:"王蘋字信伯,世居福之福清,自其考始寓平江。"又載《吳郡志》云:"王蘋字信伯。父仲舉,福州福清人。蘋出繼伯父伯起後。伯起字聖時,居吳江震澤。"是知王蘋父祖為福清人,而至王蘋,已為蘇州即平江人。(楊武泉:《四庫全書總目辨誤》)

② 據章憲《王蘋墓誌》、《國史傳》(皆見《王著作集》卷五)及《建炎以來繫年要錄》卷八三紹興四年十二月己卯條,當以《福建通志》所言為是。(方建新、潘淑瓊:《〈四庫總目提要〉補正拾遺》)

③《四庫》本卷首正德九年(1514)徐源序云"世孫惟顥翻刻於梓",又有杜啟序,則實為正德翻弘治本。(祝尚書:《宋人別集敘錄》)

④ 據《四庫》本卷首弘治三年(1490)祝允明重刻序,八卷本為王觀重鋟,"像贊之屬"乃其新附,餘皆"因其舊"。吳學本有寶祐四年(1256)袁萬頃跋,稱其奏篇遺稿僅存十餘地("地"字疑誤),文不過數則,則宋本原止此數,並無脫逸。陳振孫所錄四卷本,恐亦為正文、附錄通編。(同上)

郴江百詠一卷(浙江巡撫採進本)

宋阮閱撰。閱字閎休,舒城人。趙希弁《讀書附志》稱其建炎初以中大夫知袁州。其事迹則未詳也。所撰有《松菊集》,今

佚不傳。此《郴江百詠》，則其宣和中知郴州時作也。其詩多入
論宗，蓋宋代風氣如是。而閎素留心吟詠，所作《詩話總龜》，遺
篇舊事，採摭頗詳。於茲事殊非草草，故尚罕陳因理障之語。如
《束山》詩云："藜杖芒鞵過水束，紅裙寂寞酒樽空。郡人見我應
相笑，不似山公與謝公。"又《乾明寺》詩云："直松曲棘都休道，庭
下山茶為甚紅。"往往自有思致。又如《愈泉》一首，所謂"古來詩
病知多少，試問從今療得無"，語雖著相，然自為其《詩話》一編而
作，是亦詩中有人，異乎"馬首之絡"者矣。此本出自屬鸚家，百
詠尚闕其八。考《郴州志》亦不載。吳之振選《宋詩鈔》及曹庭棟
選《宋詩存》，均未及收。存之亦可備一家。惟每題之下不註本
事，非對圖經而讀之，有茫不知為何語者。或傳寫佚之歟？《袁
州府志》載其《宣風道上》詩一首、《題春波亭》詩一首，鮑氏知不
足齋本錄於此集之末，以補《松菊集》之遺。今亦從鮑本，並錄存
之焉。

　　雙谿集十五卷（江蘇巡撫採進本）

　　宋蘇籀撰。籀有《欒城遺言》，已著錄。考蘇、黃二家並隸名
元祐黨籍。南渡以後，黃氏雖承藉先澤，頗見甄錄，而家學殆失
其傳。惟其孫礏，依附朱子之門，得以挂名於《語錄》。朱子於蘇
氏兄弟攻擊如讎，而於庭堅無貶詞，礏之故也。然礏之著作，惟
《宋史‧藝文志》載有《復齋漫槀》二卷。世無其本，《文獻通考》
已不著錄，宋人亦無稱述者。文章一道，殆非所長。惟籀以蘇轍
之孫、蘇遲之子，尚有此一集傳世，為能不墮其家風。獨是軾、轍
之為偉人，不僅以文章為重，其立身本末，俱不媿古賢。籀此集
中乃有上秦檜二書及庚申年擬上宰相書，皆極言和金之利，所以

歸美於檜者無所不至，不免迎合干進之心。又雜著中別有《進取》策一篇，復力言攻劉豫以圖金。前後議論，自相矛盾。蓋皆揣摩時好以進說。小人反覆，有媿於乃祖實多，轉不如黃營之无咎无譽矣。特其詩文雄快疏暢，以詞華而論，終為尚有典型，固亦未可遽廢焉。

少陽集十卷（編修朱筠家藏本）[①]

宋陳東撰。東有《靖炎兩朝見聞錄》，已著錄。其文集《宋志》不載。《書錄解題》亦不載。據戴埴《鼠璞》載："張浚奏胡珵筆削陳東書[②]，追勒編置。蓋以浚為黃潛善客，珵為李綱客，故借此去之。"云云。則東死以後，尚牽連興鈎黨之獄，宜無編輯其文者。元大德中，始有刻本《盡忠錄》，凡八卷，編次頗嫌錯雜。續刊於國朝康熙中者曰《少陽文集》，凡十卷，前五卷皆東遺文，後五卷則本傳、行狀及他書論贊也[③]。東以諸生憤切時事，摘發權姦，冒萬死以冀一悟，其氣節自不可及。然於時國步方危，而煽動十餘萬人，震驚庭陛，至於擊壞院鼓，臠割中使，跡類亂民，亦乖大體。南宋末太學之橫，至於驅逐宰輔，莫可裁制，其胚胎實兆於此。張浚所謂"欲以布衣持進退大臣之權，幾至召亂"者，其意雖出於私，其言亦未始不近理也。後應詔再出，卒以此為小人所構[④]，亦不可謂東等無以致之矣。第以志在匡時，言皆中理。所掊擊者皆人不敢觸之巨姦，所指陳者事後亦一一皆驗。是其事緣憂國，不出求名。故南宋以來儒者以忠義予之，而遺文亦至今傳述焉。蓋略跡而原其心也。

【彙訂】

① 文淵閣《四庫全書》所收為六卷。（修世平：《〈四庫全書

總目〉訂誤十七則》，圖）

②“陳東”，《鼠璞》卷上“陳東伏闕”條原文及殿本無“陳”字。

③據魏了翁《鶴山先生大全集》卷五四《陳少陽文集序》，知其文集南宋李大有已嘗為之付刊，名《盡忠錄》，其後又有孫正鳳重編之本。明正、嘉間，陳沂又輯“補錄”二卷共為十卷，標題《宋陳少陽先生盡忠錄》。明天啟五年賀懋忠刻本《宋陳少陽先生文集》十卷，正集五卷，附錄五卷。非清康熙本始稱《少陽文集》。（余嘉錫：《四庫提要辨證》；朱家濂：《讀〈四庫提要〉札記》；祝尚書：《宋人別集敍錄》）

④“此”，殿本脫。

歐陽修撰集七卷（編修汪如藻家藏本）

宋歐陽澈撰。澈字德明，崇仁人。建炎初徒步走行在，伏闕上書，請誅黃潛善、汪伯彥，與陳東俱論死。後高宗悔之，追贈祕閣修撰。事迹具《宋史·忠義傳》。紹興二十六年，吳沆次其詩為《飄然集》三卷，併為作序。至嘉定甲申，會稽胡衍又取其所上三書，並序而刻之，釐為六卷。元季版毀於兵。明永樂丙申，澈十世孫永康縣丞齊重刊之。金華唐光祖跋稱其書編為三卷，詩文事迹為四卷。當時陳東所同上之書，亦為掇拾，無所失墜，並取附為一卷，合為八卷。所稱“贊府士莊甫”，即齊字也。而永樂丁酉崇仁知縣王克義序乃稱齊錄前後奏議，次繼《飄然集》，分為六卷。與光祖跋不同。蓋詞有詳略，實即一本①。萬曆甲寅，澈二十世孫鉞再新其版，吳道南為序。此本即從鉞刻傳寫，而闕第八卷陳東之書。然東已有別集單行，可不必附錄於此。今亦仍從此本,定為七卷焉。

【彙訂】

① 明永樂刻本唐光祖跋内"詩文事迹為四卷"七字係後來剜補,則唐跋與王序之本實不相同。(王重民:《中國善本書提要》)

東溪集二卷附錄一卷(兩江總督採進本)

宋高登撰。登字彦先,號東谿,漳浦人。宣和間,為太學生。靖康之禍,與陳東伏闕上書,請誅蔡京、童貫等六賊而用李綱、种師道。會欽宗方擢吳敏、張邦昌為相,又將起用李邦彦。登又上書力爭。紹興二年,舉於禮部,以廷對過於切直,僅授富川簿。調古縣令。時胡舜陟帥靜江,欲為秦檜父立祠。登持不可,為舜陟誣構逮治。適舜陟敗,得減死謫容州。案《宋史》本傳載:"登卒後二十年,丞相梁克家及漳守何萬言諸朝,追復迪功郎。後十年,朱熹為守,復奏乞褒錄,贈承務郎。"今考朱子《奏狀》,謂"克家始援紹興赦書以請,有司拘文,廢格不行。近歲傅伯壽又奏如前狀,未奉進止。使登抱恨終身垂五十年,姓名猶在罪籍"云云。以此觀之,《宋史》為誤①。又案《書錄解題》"《東溪集》"條下,稱"迪功郎高登撰"。則知登之進贈,無承務郎之稱。而所謂迪功郎,非克家時追復蓋明甚矣。又《宋史》載登五上書不報。又因謀南歸②,"忽聞邦昌等各與遠郡,一時小人相繼罷斥,與所言偶合者十七八。登喜,復為書論吳敏未罷,不報"。據此,則五書之外當更有一書矣。今閲集中所載,則此事即五書中之第四書。書首所敘"方圖南下"諸語,甚為分明。此尤足證《宋史》之貿亂失實也。至如紹興八年《上皇帝書》,乃召赴都堂時與《時議》六篇先後同上者。據《宋史》作萬言疏，而集中寥寥五百餘字。玩其詞氣，頗有不相屬者。此則集本傳鈔所脱，非史之誤矣。登之遺集，《文獻通考》作二十卷，《書錄解題》及《宋史·藝文志》俱云十二卷。此本為明林希元所編，僅分上、下二卷。書疏論議辨説等作共二十篇、詩三十一首、贊五首、箴銘二十六首、詞十二首、啟二首。末有《附錄》一卷，則朱子褒錄《奏狀》、《祠堂記》兩篇及《言行錄》十條。史稱所上《時議》六篇，僅存其序，所上五書，已亡其一。又《言行錄》載"紹興元年上駐蹕臨安，公以十事投時相"者，集中亦無之。蓋已全非其舊。然亡佚者雖多，而讀其遺篇，尚想見忠義之概。即如《命子名字説》云："痛念王室陵遲，思扶持而一振之。左右匡拂，以守鴻業。此志未遂。命汝曰扶、曰持、曰振、曰拂，其勉效兩全之節。"蓋其忠君愛國之心，每飯不忘如此。朱子謂"能使人聞風興起"，良不虛云。

【彙訂】

① 高登之死，約在紹興二十年（1150）前後，梁克家為丞相在乾道八、九（1172、1173）年，見《宋史·宰輔表》，而朱熹《晦菴集》卷一九《奏乞褒錄高登狀》，據王懋竑《朱子年譜》卷四，乃在紹熙二年（1191）知漳州任內，距高登之死，將近五十年。故《乞褒錄高登狀》言："是使登抱恨没身垂五十年，而姓名猶在罪籍，未蒙昭洗。"可知朱熹為守，乃在後五十年而非十年。《宋史·高登傳》亦作"後五十年，朱熹為守，奏乞褒錄，贈承務郎"。（楊武泉：《四庫全書總目辨誤》）

② "又"，殿本作"後"。

集 部 十 一

別 集 類 十 一

岳武穆遺文一卷（浙江巡撫採進本）

宋岳飛撰。飛事迹具《宋史》本傳。陳振孫《書錄解題》載《岳武穆集》十卷，今已不傳①。此《遺文》一卷，乃明徐階所編。凡上書一篇、劄十六篇、奏二篇、狀二篇、表一篇、檄一篇、跋一篇、盟文一篇、題識三篇、詩四篇、詞二篇。其《辭鎮南軍承宣使》僅有第三奏，《辭開府》僅有第四劄，《辭男雲轉官》僅有第三劄，《辭男雲特轉恩命》僅有第四劄，《辭少保》僅有第三劄、第五劄，《乞敘立王次翁下》僅有第二劄，《乞解樞柄》僅有第三劄，《辭除兩鎮》僅有第二劄②。則其佚篇蓋不可殫數。史稱万俟卨白秦檜，簿錄飛家，取當時御札，藏之以滅蹟。則奏議文字同遭毀棄，固勢有所必然矣③。然宋高宗御書《聖賢像贊》，刻石太學，秦檜作記勒於後。明宣德中，宋訥乃磨而去之。飛之零章斷句，後人乃掇拾於蠹蝕灰燼之餘。是非之公，千古不泯，固不以篇什之多少論矣。階所編本附錄《岳廟集》後，前冠以後人詩文四卷，已為倒置。其中明人惡札，如提學僉事蔡克詩曰：“千古人來笑會之，會之卻恐笑今時。若教似我當鈞軸，未必相知岳少師。”尤為頂上之穢。今併芟除,而獨以飛遺文著錄集部,用示聖朝表章之義焉。

【彙訂】

①《金陀粹編》所收《鄂王家集》即《岳武穆集》十卷,完整無缺。(余嘉錫:《四庫提要辨證》)

②"第二劄",底本作"第三劄",據殿本改。文淵閣《四庫》本此集有《辭除兩鎮,乞在外宮觀第二劄子》,文淵閣本書前提要作"《辭除兩鎮》僅有第二劄"不誤。(袁芸:《〈文溯閣四庫全書提要〉別集類辨證》)

③"有",殿本無。所謂奏議佚篇,檢《鄂王家集》,往往具在。(余嘉錫:《四庫提要辨證》)

茶山集八卷(永樂大典本)

宋曾幾撰。幾字吉甫,贛縣人,徙居河南。以兄弼卹恩授將仕郎。試吏部優等,賜上舍出身,歷校書郎①。高宗朝歷官江西、浙西提刑。忤秦檜去位,僑寓上饒茶山寺,自號茶山居士,檜死,召為祕書少監,權禮部侍郎。提舉玉隆觀,致仕。卒謚文清。陸游為作《墓誌》云:"公治經學道之餘,發於文章。而詩尤工,以杜甫、黃庭堅為宗。"魏慶之《詩人玉屑》則云:"茶山之學出於韓子蒼。"其說小異。然韓駒雖蘇氏之徒,而名列江西詩派中,其格法實近於黃。殊塗同歸,實亦一而已矣。後幾之學傳於陸游,加以研練,面目略殊,遂為南渡之大宗②。《詩人玉屑》載趙庚夫題《茶山集》曰③:"清於月白初三夜,淡似湯烹第一泉。咄咄逼人門弟子,劍南已見一燈傳。"其句律淵源固灼然可考也。又游跋幾《奏議槀》曰:"紹興末,先生居會稽禹跡精舍。某自敕局歸,無三日不進見。見必聞憂國之言。先生時年過七十，聚族百口，未嘗以為憂，憂國而已。"據此，則幾之一飯不忘君，殆與杜甫之忠愛等。故發之文章，具有根柢，不當僅以詩人目之，求諸字句閒矣。《墓誌》稱有文集三十卷，《易釋象》五卷。《易釋象》已不傳。文集則《書錄解題》及《宋史·藝文志》均作十五卷。是當時已佚其半④。自明以來，并十五卷亦佚，僅僅散見各書，偶存一二。茲從《永樂大典》中搜採編輯，勒為八卷，凡得古、今體五百五十八首。雖不足盡幾之長，然較劉克莊《後村詩話》所記九百一十篇之數，所佚者不過三百五十二篇耳⑤。殘膏賸馥，要足沾丐無窮也。

【彙訂】

①"歷"，殿本作"授"。

②"之"，殿本無。

③殿本"詩"上有"又"字。

④ 陸游《曾文清公墓誌銘》稱"有文集三十卷"，《直齋書錄解題》卷二十"詩集類"、《文獻通考》卷二三五"詩集"、《宋史·藝文志七》皆著錄《曾文清公集》(《曾幾集》)十五卷。可知十五卷者為詩集，《宋志》沿襲而已。(祝尚書：《四庫宋集提要糾誤》)

⑤《文溯閣提要》分別作"古今體五百六十一首"、"所佚者不過三百四十九篇"。文淵閣《四庫》本此集實有古今體詩五百六十一首，則所佚當為三百四十九篇。(羅瑛、袁芸：《〈金毓黻手定本文溯閣四庫全書提要·別集類〉補正〈四庫全書總目〉舉例》)

雪溪集五卷(兩江總督採進本)

宋王銍撰。銍有《侍兒小名錄補遺》，已著錄。是編乃其詩集。陳振孫《書錄解題》、《宋史·藝文志》並作八卷。此本僅五卷。考《墨莊漫錄》載銍所作《王文孺曜菴》詩一首[1]，又《山村》詩一首。《越詠》載銍所作《雲門寺》詩一首。今皆不見於集中。知今世所傳，已佚其三卷，非完帙矣[2]。銍詩格近溫、李。王士禎《居易錄》詆其詩不甚工，而獨稱其附載廬山僧可和詩一篇，似非篤論。惟銍以博洽名，乃集中《白頭吟序》不引《西京雜記》，而引吳兢《樂府解題》，已迷其本。案《西京雜記》雖偽書，然在吳兢之前，即兢說所自出。又稱"《宋志》載文君詩"云云，不知《宋書·樂志》，《白頭吟》實作古詞，不作文君。此亦千慮之一失，信乎考證之難也。

【彙訂】

① 此集卷四有《舟行扶病訪王文孺曜菴且蒙和賜佳章次韻為別》詩，《墨莊漫錄》未載。

② 《四庫》底本為《雪溪詩》五卷，據今存王銍詩集及清初以來公私書目，此本已成為流傳有序的通行本，是否八卷本《雪溪集》的殘本，並無足夠的證據。（馮金牛：《〈四庫全書〉底本問題兩例》）

　　廬川歸來集十卷附錄一卷（永樂大典本）[1]

宋張元幹撰。元幹字仲宗，自號真隱山人，又曰廬川老隱。周必大跋其送胡銓詞，稱長樂張元幹。睢陽王浚明跋其《幽崮尊祖錄》，則稱永福張仲宗。皆宋人之詞，莫詳孰是也[2]。王明清《揮麈錄》記其以作詞送胡銓得罪除名[3]。考卷末其孫欽臣跋語，稱得《賀新郎》詞二首真蹟於銍之子，其說當信。然銍貶於紹興戊午，而集中《上張丞相》詩稱："罪放丙午末，歸來辛亥初。"又自跋《祭祖母劉氏文》後，稱："宣和元年八月，獲緣職事，道過墓下。"則徽宗時已仕宦，欽宗時已貶謫，但不知嘗為何官耳。元幹及識蘇軾，見所作《〈蘇黃門帖〉跋》④。又從陳瓘遊頗久，見所作《〈了翁文集〉序》。其結詩社同唱和者，則洪芻、洪炎、蘇堅、蘇庠、潘淳、呂本中、汪藻、向子諲，見所作《〈蘇養直詩帖〉跋》。而江端友、王銍諸人皆有贈答之作，劉安世、游酢、楊時、李綱、朱松諸人皆為題《幽岩尊祖錄》。故其學尊元祐而詆熙寧，詩文亦皆有淵源。其集今有鈔本，稱嘉定己卯其孫欽臣所錄。然跋稱："誦《上陳侍郎詩序》，知挂冠之年甫四十一。"鈔本無此篇。又曾季貍《艇齋詩話》載元幹《題瀟湘圖》詩，鈔本亦無此篇。考胡仔《苕谿漁隱叢話》稱嘗錄元幹之詩一卷，而元幹不自憶。則當時已不自收拾，疑欽臣所錄本有佚失。然近本但有五言律詩一卷、七言律詩一卷，而無古體及絕句，知非完書。又《跋米元暉瀑布軸》、《跋蘇養直絕句後》、《跋江天暮雨圖》、《跋江貫道古松絕句》，乃收之題跋類中。亦似後人所竄亂，非其原本。及考《永樂大典》所載，則所佚諸篇，犖然具在。今裒集成帙，與鈔本互相勘校，刪其重複，補其殘闕，定為十卷⑤。元幹詩格頗遒。雜文多禪家疏文、道家青詞，今從芟削。然其題跋諸篇則具有蘇⑥、黃遺意，蓋耳目漸染之故也。鈔本末有《幽岩尊祖錄》一卷，乃記其為祖母外家置祭田事，附以同時諸人題跋，中多元祐名臣之筆。亦仍其舊第併附錄焉。

【彙訂】

①"十卷"，殿本作"五卷"，誤，參文淵閣《四庫》本。據下文所云可知《附錄》一卷出自鈔本，非輯自《永樂大典》。（修世平：《文淵閣〈欽定四庫全書總目〉訂誤六則》；司馬朝軍：《〈四庫全

書總目〉研究》）

　　② 永福為福州屬縣，宋時福州沿唐人舊稱為長樂郡。據明萬曆十九年重修《永泰張氏宗譜》，元幹確為永福人。（曹濟平：《張元幹詞研究》）

　　③ 實載《揮塵後錄》卷十。（同上）

　　④ 此集卷九載此跋，云："蘇黃門頃自海康歸許下，安居云久。政和二年，晚生猶及識之。"同卷又載《亦樂居士集序》云："予晚生，雖不及見東坡、山谷。"蘇軾卒於建中靖國元年（1101），轍卒於政和二年（1112）十月三日，此前正居潁昌（即許）。徐度《卻掃篇》卷十云："蘇黃門子由，南遷既還，居許下，多杜門不通賓客。"蘇轍曾任門下侍郎，故稱蘇黃門。《揮塵錄後錄》卷五有"蘇黃門轍"條，蘇過《斜川集》卷三有《次韻叔父黃門己丑歲除二首》，卷六有《祭叔父黃門文》。又跋中提及黃門之"外孫文驤"，即蘇轍長婿文務光之子，《欒城三集》卷一有《次韻文氏外孫驤以其祖父與可學士書卷還謝惊學士》。（曹濟平：《蘇黃門非蘇軾》、《張元幹詞研究》；李裕民：《四庫提要訂誤》）

　　⑤ "十卷"，殿本作"五卷"，誤。

　　⑥ "然"，殿本無。

東萊詩集二十卷（兩淮馬裕家藏本）

宋呂本中撰。本中有《春秋集解》，已著錄。其詩法出於黃庭堅。嘗作《江西宗派圖》，列陳師道以下二十五人，而以己殿其末。其《紫微詩話》及《童蒙訓》論詩之語①，皆具有精詣。案今本《童蒙訓》不載論詩諸條，其文散見各書中，説見本條之下。敖陶孫《詩評》稱其詩如"散聖安禪，自能奇逸"，頗為近似。苕溪胡仔《漁隱叢話》

稱其“樹移午影重簾靜，門閉春風十日閒”，“往事高低半枕夢，故
人南北數行書”，“殘雨入簾收薄暑，破窗留月鏤微明”諸句，殊不
盡其所長。《朱子語錄》乃稱本中“論詩欲字字響，而暮年詩多
啞”。然朱子以詩為餘事，而本中以詩為專門，吟詠一道，所造自
有淺深，未必遂為定論也。此集有慶元二年陸游序、乾道二年曾
幾後序。《文獻通考》別載有集外詩二卷，此本無之，蓋已散
佚②。又陸游序稱，嗣孫祖平悉裒集他文為若干卷。今此本有
詩無文③。惟其《草趙鼎遷右僕射制詞》所云“合晉、楚之成，不
若尊王而賤伯；散牛、李之黨，未如明是而去非”之語，以秦檜惡
之，載於《日曆》，尚為世所傳誦。其他文則泯沒久矣。

【彙訂】

①　“之”，殿本無。

②　今存宋慶元五年黄汝嘉刻江西詩派本《東萊先生詩集》
二十卷（存卷十八至二十）《外集》三卷，《直齋書錄解題》卷二〇、
《文獻通考》卷二四五作“外集二卷”，皆誤。（莧文生、野村鯰子：
《四庫提要南宋五十家研究》）

③　陸游序云：“公所為詩已孤行於世，其嗣孫祖平又盡裒他
文若干卷，屬游為序。”則其序顯為文集而作。（吳焯：《繡谷亭
薰習錄》）

　　澹菴文集六卷（兩淮馬裕家藏本）

宋胡銓撰。銓字邦衡，廬陵人。建炎二年進士甲科，紹興五
年以薦除樞密院編修官。抗疏詆和議，謫吉陽軍。孝宗即位，特
召還擢用，歷官權中書舍人兼國子祭酒，權兵部侍郎，以資政殿
學士致仕。卒諡忠簡。事迹具《宋史》本傳。銓師蕭楚，明於《春

秋》。故集中嘉言讜論，多本《春秋》義例，於南渡大政多所補救。史但稱其高宗時請誅秦檜。今考集中《論撰賀金國啟》一篇，則於孝宗朝召還以後，更嘗請誅湯思退。又《孝宗本紀》："隆興元年三月，金以書來索四州，未報。八月，又齎書兩省。"今考集中《玉音問答》一篇，知答金人書孝宗已與銓定於五月三日，遲至八月未遣，必湯思退有以持之。當時情勢，可以考見。史文疏漏，賴此集尚存其崖略也。《本傳》稱銓集凡百卷。今所存者僅文五卷、詩一卷，蓋得之散佚之餘。然《書錄解題》載銓集七十八卷，《宋志》載銓集七十卷，則在當時已非百卷之舊矣①。羅大經《鶴林玉露》曰："胡澹菴十年貶海外，北歸，飲於湘潭胡氏園，題詩曰：'君恩許歸此一醉，旁有梨頰生微渦。'謂侍妓黎倩也。後朱文公見之，題詩曰：'十年浮海一身輕，歸見梨渦卻有情。世上無如人欲險，幾人到此誤平生。'"云云。今本不載此詩，殆後人因朱子此語，諱而刪之。然銓孤忠勁節，照映千秋，乃以偶遇歌筵，不能作陳烈踰牆之遁，遂坐以自誤平生，其操之為已蹙矣。平心而論，是固不足以為銓病也。

【彙訂】

①　精抄本《胡澹菴先生文集》三十二卷，首有慶元五年其門人楊萬里序，又見於《四部叢刊》本《誠齋集》卷八二，云此集初刻為七十卷。一百卷或其家藏稿本，未曾刊刻。（朱家濂：《讀〈四庫提要〉札記》；方健：《久佚海外〈永樂大典〉中的宋代文獻考釋》）

五峰集五卷（浙江鮑士恭家藏本）

宋胡宏撰。宏有《皇王大紀》，已著錄。案陳振孫《書錄解題》，其集凡有二本。一本五卷，一本不分卷。此本題其季子大時所編，門人張栻為之敘。凡詩一百六首為一卷，書七十八首為一卷，雜文四十四首為一卷，《皇王大紀論》八十餘條為一卷，經義三種為一卷，蓋即所謂五卷之本也。所上高宗封事，剴切詳盡，《宋史》已採入本傳。其《易外傳》皆以史證經，《論語指南》乃取黃祖舜、沈大廉二家之說折衷之，《釋〈疑孟〉》則辨司馬光《疑孟》之誤，議論俱極醇。又有與秦檜一書，自乞為岳麓書院山長。蓋檜與宏父安國交契最深，故力汲引之。宏能蕭然自遠，蟬蛻於權利之外，其書詞婉而意嚴。視其師楊時委曲以就蔡京者，可謂青出於藍而冰寒於水矣。

　　斐然集三十卷（兩江總督採進本）

　　宋胡寅撰。寅有《讀史管見》，已著錄。是集端平元年馮邦佐刻於蜀，樓鑰序之[①]。嘉定三年鄭肇之又刻於湘中，章潁序之[②]。《宋史》本傳作三十卷，與此本相合，蓋猶從宋槧繕錄也。寅父子兄弟皆篤信程氏之學，寅尤以氣節著。其晚謫新州，乃右正言章復劾其不持生母服。寅上書於檜自辯，其文今載第十七卷中。大意謂遺棄之子不同於出繼之子，恩義既絕，不更以本生論之。然母子天屬，即不幸遭人倫之變，義無絕理。設有遺棄之子殺其本生父母者，使寅司讞，能以凡人論乎？章復之劾，雖出於迎合秦檜，假公以濟其私，而所持之事則不可謂之無理。寅存此書於集中，所謂欲蓋彌彰也。至於秦檜之罪，罄竹難書，而集中上秦檜第一書，第規其不當好佛，其細已甚。又寅作《崇正辨》三卷，闢佛不遺餘力。資善堂崇奉佛像，寅至形之繳奏，載此集十五卷。而三十卷末乃有《慈雲長老開堂疏》、《嚴州報恩開堂疏》、《光孝長老請疏》、《光孝抄題疏》、《龍山長老開堂疏》、《龍山長老請疏》六篇，尤未免自亂其例。然靖康元年金人議立張邦昌，寅方爲司門員外郎，與張浚、趙鼎均不肯署議狀。邦昌立，遂棄官逃。建炎三年，爲起居郎。時詔議移蹕之所，上萬言書力爭，其文今載第十卷中。紹興四年，爲中書舍人。時議遣使往雲中，又抗疏力諫，其文今亦載第十卷中。並明白剴切。樓鑰序所謂“引誼以劘上，往往有敵以上所難堪者”③，殆非虛語。又上言：“近年書命多出詞臣好惡之私，使人主命德討罪之詞，未免玩人喪德之失。”乞命詞臣以飾情相悦、含怒相訾爲戒。故集中十二卷至十四卷所載内外諸制，並秉正不阿。史稱所撰諸制詞多誥誡語，亦不誣。至寅之進用，本以張浚。後論兵與浚相左，遂乞郡以去。其父安國，與秦檜爲契交，檜當國日，眷眷欲相援引。寅兄弟三人並力拒不入其黨。寅更忤之，至流竄。其立身亦具有始末者，其文亦何可廢也。

【彙訂】

① 今傳本此集有端平元年（1234）魏了翁序，無樓鑰序。樓氏卒於嘉定六年（1213），見《宋史》本傳，其《攻媿集》中亦無《斐然集》序，而魏了翁《鶴山先生大全集》卷十五有《斐然集》序。（容肇祖：《〈崇正辯　斐然集〉點校説明》；楊武泉：《四庫全書總目辨誤》）

② 此書卷首有魏了翁序，末署“端平元年”，中云：“敍州馮侯邦佐已刊之，求一言冠篇。”可知端平元年（1234）乃魏了翁所序，晚於嘉定三年（1210）二十四年。據《宋史・樓鑰傳》，樓鑰卒於嘉定六年。章穎序云：“三山鄭君肇之，持節湖湘，得是文於致堂之猶子大時，遂取而刊之。夫致堂之爲是文也，豈知後世有楊

子雲哉?"可知鄭肇之於嘉定三年刻書為首刻。(楊武泉:《四庫全書總目辨誤》)

③"上",殿本作"下"。今存各本魏了翁序原文及文淵閣本書前提要此句作"往往有敵己以下所難堪者"。

鄧紳伯集二卷(永樂大典本)

案《鄧紳伯集》散見《永樂大典》中,裒集排纂,尚得二卷。然原本不著其名,亦不著時代,諸家目錄皆不載其書。惟集中有《遊羅正仲罄沼》分韻詩,題曰"深得'一'字",又有《諸人集貧樂軒賞花》分韻詩,題曰"深得'把'字",則其名當為鄧深。考《永樂大典》"鄧"字韻下引《古羅志》曰:"宋鄧深字資道。試中教官,入為太府丞。輪對論京西湖南北戶及士大夫風俗,高宗嘉納,提舉廣西市舶①。以親老求便郡,知衡州。茶陵、安仁溪峒之盜望風帖息。擢潼川。潼鹽酒虛額②,久為民害,請於朝,蠲川引四十七萬。守令貪虐,劾奏之。虞允文貽書云③:'不畏彊禦,思濟斯民,挺然之操,未見近比。'後以朝散大夫終於家。愛居東湖之勝,建閣曰明秀。有文集十卷。"凌迪知《萬姓通譜》亦載:"鄧深,湘陰人。紹興中進士。"餘與《古羅志》同。是編中《鄉人禱雨有應》、《寓烏石》及《詠醴泉》、《題巖石山石鼓》、《贈別饒司理》、《別長沙驛》、《渡玉虛洞》諸作,其地皆近衡州,《探禹穴》、《溯峽》、《三遊洞》、《峽江》、《灧澦堆》諸作,其地皆近潼川,與深宦遊所歷,一一相符,則此集為鄧深所撰審矣。惟"紳伯"之字與《古羅志》所載不同,殆有兩字歟? 黃虞稷《千頃堂書目》載有元《鄧大隱居士詩集》。此集中《答杜友》詩有"小軒名大隱"句④,又有《自賦大隱》一律,與之相合。然核其詩句標題,實宋人而非元人。或大隱即深別號,《大隱居士詩集》即此集之別名,虞稷等輾轉傳寫,誤宋為元,亦未可知也。

【彙訂】

①"提舉廣西市舶"乃"提舉廣東市舶"之誤,宋代廣西不設市舶司,深提舉廣東市舶在紹興二十九年(《廣東通志》卷二六《職官志》"提舉市舶"條)。(李裕民:《四庫提要訂誤》增訂本)

②"潼",殿本作"漕",誤。參《萬姓統譜》卷一百九"鄧深"條。

③"云",殿本作"曰"。

④《答杜友》乃《答社友》之誤,此集卷上有《分韻答社友》詩,首句即"小軒名大隱"。文淵閣《四庫》本書前提要不誤。

北山集三十卷(浙江鮑士恭家藏本)

宋鄭剛中撰。剛中有《周易窺餘》,已著錄。是集一名《腹笑編》,凡初集十二卷、中集八卷、後集十卷。初集起宣和辛丑,至紹興乙卯,中集起紹興乙卯,至甲子。皆剛中所自編。後集起紹興戊辰,至甲戌,為乾道癸巳其子良嗣所編。始末具見剛中自序及良嗣跋中。此本題初集、二集、三集,而相連編為三十卷。蓋康熙乙亥其里人曹定遠重刻所改,非其舊也①。史稱剛中由秦檜以進,故於和議不敢有違。及充陝西分畫地界使,又棄和尚原與金。後為宣撫使時,始以專擅忤秦檜意,至竄謫以死。今集中所載《諫和議》四疏及《議和不屈》一疏,大旨雖不以議和為非②,而深以屈節求和為不可。又有《救曾開》一疏、《救胡銓》一疏,與史皆不合。徐夢莘《三朝北盟會編》於當時章奏事迹蒐括無遺,獨不及此七疏。曾敏行《獨醒雜志》雖記剛中與李誼等六人共救胡銓事，然但云"入對便坐"③，亦不云有疏。或者良嗣恥其父依附秦檜，偽撰以欺世歟？諸疏之後多良嗣附記之語，若斤斤辨白心迹者。是必於公議有歉，故多方回護，如恐不及。李綱、胡銓諸集亦何待如是曉曉哉！剛中《封州自序》詩有曰："我昔貧時冬少袴，四壁亦無惟有柱。自從腳踏官職場，暖及奴胥妻子飫。線引鍼入敢忘鍼，入室古云當見妒。"是始終不忘秦檜，剛中且自道之矣，亦烏可掩也。至其詩文則出於南、北宋間，猶及見前輩典型。方回作是集跋，稱其文簡古，詩峭健，在封州詩尤佳。其品題則頗不謬云。

【彙訂】

①《直齋書錄解題》別集類已著錄作三十卷。（陳樂素：《宋史藝文志考證》）

②"議和"，殿本作"和議"。

③"便"，殿本作"使"，誤，參《獨醒雜志》卷八原文。

浮山集十卷（永樂大典本）①

宋仲并撰。并字彌性，江都人。《宋史·藝文志》載并《浮山集》十六卷，而不為立傳。其事迹遂無可考。惟周必大《平園集》有所作并集序，稱并"以紹興壬子擢進士第。甲寅以丞相朱勝非等論薦，改京秩，尋補外去。後三年丁巳，復以張浚薦，召至闕。為秦檜所阻，改倅京口。自是閒退者二十年。孝宗即位，擢光祿丞，出知蘄州"②。所紀歷官本末頗詳。然考集中《謝宰相啟》有"黌序初除"語，則嘗為教官。又《〈原弊錄〉序》自稱"監臨猥局"，則嘗為監場官。又多與平江、淮西、南安、建康、湖州諸守臣代作表啟，則嘗歷佐諸郡。而必大序俱未之及，殆以其無關出處略之也。必大又稱并力排王氏之説，惟孔、孟是師。其初任京秩時，王居正所草制詞，亦有"學知是非邪正"之褒。而陳振孫《書錄解題》乃稱其官湖倅時，為籍中妓作生朝青詞，坐是謫官。與其素行不相類，頗不可解。考集中《陳情啟》有"旁觀下石，仇家謗傷"之語，意其即指是事歟③？又集中有《回孟郡王姻禮書》，郡王，隆裕太后之姪孟忠厚也。《宋史·外戚傳》稱忠厚與秦檜為僚壻，而檜實陰忌之。又稱檜當國，親姻攀援以進，忠厚獨與之忤。王明清《揮塵錄》稱吳械為忠厚草表，因忤秦檜，謫判泉州。然則并之見惡於檜，殆以孟氏姻黨之故，故竟以微罪坐廢也。其古文頗高簡有法度，四六能以散行為排偶，尤得歐、蘇之遺，詩亦清雋拔俗。王應麟《困學紀聞》嘗引所作《詠韋執誼不看嶺南圖》詩"政恐崖州如有北，卻應未肯受讒夫"二句，以為誅姦諛之蕭斧。然其詞淺露，殊不盡并之所長。應麟蓋偶拈及之，以為并詩止此，則非矣。據周必大序，其集乃并外孫南安太守孟猷所編。舊本久佚。今據《永樂大典》所載，排次訂正，輯成十卷。

【彙訂】

① 底本此條與文淵閣庫書次序不符。文淵閣庫書與殿本均置於"北山集三十卷"條之前。

②《建炎以來繫年要錄》卷八〇載仲并於紹興四年九月壬申（二十六日）以薦得召對，特改左承奉郎，仍舊教官。而此月庚午（二十四日），朱勝非已罷相，此後亦未再任丞相。同書卷一五五載紹興十六年十二月壬戌，"左奉議郎仲并特降二官，坐前通判湖州與倡女通濫，為言者所劾、有司鞫實故也。"可知仲并在紹興十六年前嘗通判湖州，是年至孝宗即位僅十六年。（李裕民：《四庫提要訂誤》）

③ 上句見卷八《上宰相啟》，下句見同卷《問訊左史兼中書舍人啟》，本不同篇，且不同時。（余嘉錫：《四庫提要辨證》）

横浦集二十卷（江蘇巡撫採進本）①

宋張九成撰。九成有《孟子傳》，已著錄。是集乃其門人郎昱所編。凡賦詩四卷、雜文十六卷。九成少師楊時，於程門為再傳弟子。後從僧宗杲問道，其學乃全入於禪。朱子作《雜學辨》，所駁正者凡四家，九成實居其一，見於《語錄》者掊擊尤力。比其沒也，猶謂：「可惜將了許多鶻兀道理到地下去。」蓋身後猶憾之不置。《宋史》本傳亦稱其早與學佛者遊，故議論多偏。然其立身自有本末。其廷試對策，極陳恢復大計，規戒高宗安於和議之非，又指陳時弊，言皆痛切。於閹宦干政，尤反覆申明。其在當時，可稱讜論。劉安世喜言禪，蘇軾喜言禪，李綱亦喜言禪，言禪不可以立訓，要不以是掩其大節也。陸游《老學菴筆記》謂九成對策有「桂子飄香」語，李易安作「露花倒影柳三變，桂子飄香張九成」之句以嘲之。更掎摭瑣屑，不足為九成病矣。至洪邁《容齋隨筆》記洪皓沒後，道出南安，九成往祭。其文但稱年月官爵而無詞，情旨倍覺哀愴，以為前人未有此格。然九成乃一時避禍，不敢措詞，非有意立異。且其體本孔子《季札墓碑》而小變化之，亦非九成所獨創，其文字之工實不在此，亦不足為九成稱也。原本附刻《心傳》、《日新》二錄，本皆各自為書。今以已存目於子部，故並從刪削，不更複出焉。

【彙訂】

① 「江蘇巡撫採進本」，殿本作「浙江巡撫採進本」，誤。《四庫採進書目》中「江蘇省第一次書目」、「江蘇採輯遺書目錄簡目」

著錄此書。（江慶柏：《殿本、浙本〈四庫全書總目〉著錄圖書進獻者主名異同考》）

　　湖山集十卷（永樂大典本）

　　宋吳芾撰。芾字明可，自號湖山居士，台州仙居人。紹興二年進士，官至禮部侍郎，歷知數郡，以龍圖閣直學士致仕。事迹具《宋史》本傳。芾為祕書正字時，以不附秦檜劾罷。後金師臨江，芾建言有進無退，請高宗駐蹕建康，以繫中原之望。其領郡亦多惠政。蓋非徒以文藝擅長者。然其詩才甚富，往往瀾翻泉涌，出奇無窮。雖間或失之流易，要異乎粗率頹唐。如《輓元帥宗澤》諸篇，尤排奡縱橫，自成一格。據集中自述，芾生甲申歲，當崇寧三年。建炎初尚未及三十，而筆力已挺健如此。其後退閒者十有餘年，年幾八十，乃漸趨平淡。和陶諸詩，當作於其時，亦殊見閒適清曠之致。集中有《寄朱元晦》一詩曰：“夫子於此道，妙處固已臻。尚欲傳後學，使聞所不聞。顧我景慕久，願見亦良勤。”是其末年亦頗欲附託於講學。然其詩吐屬高雅，究非有韻語錄之比也。《周必大集》有芾《湖山集》序，稱集二十五卷，長短句三卷，別集一卷，奏議八卷。而《宋史·藝文志》則稱《湖山集》四十三卷，又別集一卷，《和陶詩》三卷，附錄三卷，《當塗小集》八卷。本傳又稱表奏五卷，詩文三十卷。所載卷目，殊牴牾不合。原本亡佚，無從核定。今據《永樂大典》散見各韻者，採輯編訂，釐為十卷。以《和陶詩》併入，而仍取必大原序冠之。史稱芾為文豪健俊整，是其雜著亦必可觀。惜《永樂大典》中已經闕佚，僅得表一首、序一首。附之末卷，以略存其概云。

文定集二十四卷（永樂大典本）

宋汪應辰撰。應辰字聖錫，信州玉山人，初名洋。紹興五年登進士第一，高宗為改此名。初授鎮東軍僉判，後官至敷文閣學士、四川制置使，知成都府。應辰少從喻樗、張九成、呂本中、胡安國諸人遊，又與呂祖謙、張栻相善。於朱子為從表叔，朱子嘗往來商榷，故《孝經刊誤》援應辰之言以為據。應辰授敷文閣待制，亦舉朱子以自代，契分特深。其學問具有淵源。又官祕書省正字時，以上書忤秦檜，困頓州郡者凡十七年。史稱其直言無隱，於吳芾、王十朋、陳良翰諸人中最為骨鯁。其立身亦具有本末。《宋史·藝文志》載其集五十卷[①]。明初已罕流傳。宏治中，程敏政於内閣得其本。以卷帙繁重，不能盡錄。乃摘鈔其要，編為廷試策一卷、奏議二卷、内制一卷、雜文八卷。嘉靖間，其鄉人夏浚刻之，又附以遺事、志傳等文凡二卷[②]。今世所行，皆從程本傳錄，不見完帙者已二三百年。今考《永樂大典》所載，為程本不載者幾十之四五。蓋姚廣孝等所據之本，即敏政所見之内閣本。而敏政取便鈔錄，所採太狹，故鉅製鴻篇，多所挂漏。謹以浙江所購程本與《永樂大典》互相比較，除其重複，增所未備，勒為二十四卷。較五十卷之舊，業已得其大半。計其精華，亦約略具於是矣。

【彙訂】

①《宋史·藝文志》僅著錄汪氏《翰林詞章》五卷，未錄文集。（祝尚書：《四庫宋集提要糾誤》）

② 嘉靖刻本附錄為一卷。（李裕民：《四庫提要訂誤》）

繡雲文集四卷（編修汪如藻家藏本）

宋馮時行撰。時行字當可，壁山人[①]。紹興乙卯、丙辰間為丹稜令②，罷歸後出守蓬、黎州，終於提點成都刑獄公事。嘗居縣北縉雲山授徒，因以為號。《宋志》載其文集本五十五卷③。歲久散佚。明嘉靖中，重慶推官李璽始訪得舊鈔殘本，編為四卷授梓。此本即從璽所刻傳寫者也。時行，《宋史》無傳。《四川通志》稱其與曾開、朱松等共斥和議，忤秦檜坐貶。今讀其詩文，忠義之氣隱然可見，《志》所載當不誣。惟《志》以為嘉熙間狀元及第，考《集》中明云宣和初應進士舉，又有《建炎庚戌中秋與同官相期月下》詩及《紹興六年十月六日》詩，斷不得為嘉熙間人。《宋狀元錄》亦無其名，《志》殆流傳之誤也。

【彙訂】

①"璧山"，殿本作"璧山"。清乾隆《四川通志》卷八《人物·重慶府》有馮時行，璧山人。璧山又稱璧山。

②《建炎以來繫年要錄》卷九六載馮時行紹興五年乙卯（1135）十二月時為江原縣丞，卷一〇六載六年丙辰（1136）十月，制置大使席益薦嘗任知縣十三人政績，內有左宣教郎馮時行。卷一二〇載紹興八年戊午（1138），時為奉議郎、知丹稜縣。（李裕民：《四庫提要訂誤》）

③《宋史·藝文志》著錄《縉雲文集》四十三卷。（陳樂素：《宋史藝文志考證》；方建新、潘淑瓊：《〈四庫總目提要〉補正拾遺》）

嵩山居士集五十四卷（江蘇巡撫採進本）

宋晁公遡撰。公遡字子西，鉅野人，公武之弟。《宋史》無傳，其仕履無考。今案集中《上周通判書》題左迪功郎、知梁山軍梁山縣尉，又程氏《經史閣記》稱嘗為涪州軍事判官，又《與費行

之小簡》稱紹興三十年内任施州通判。又《眉州到任謝表》及《謝
執政啟》,則嘗知眉州。又《答史梁山啟》稱:"猥從支郡,遽按祥
刑。"而集首師瑑序亦稱其為部使者,則又嘗擢官提刑,而不詳其
地。又《眉州州學藏書記》題乾道年月,而《丙戌元夕》詩有"刺史
敢云樂"句。丙戌為乾道二年,是時正在眉州。此集刻於乾道四
年,蓋皆眉州以前所作[1]。師瑑序又稱公遡《抱經堂橐》以甲乙
分第,汗牛充棟,此特管中之豹。則其選輯之本也。晁氏自迥以
來,家傳文學,幾於人人有集。南渡後,則公武兄弟最為知名[2]。
公武《郡齋讀書志》世稱該博,而所著《昭德文集》已不可見。惟
公遡此集僅存。王士禎《居易錄》謂其詩在无咎、叔用之下。蓋
其體格稍卑,無復前人筆力,固由一時風會使然。而揮灑自如,
亦尚能不受羈束。至其文章,勁氣直達,頗有崟崎歷落之致。以
視《景迂》、《雞肋》諸集,猶為不失典型焉。

【彙訂】

　　① 公遡罷眉州任在乾道二年十月前,集中有乾道二年至四
年擔任部使者期間的大量詩文。(曾棗莊:《客遊三十年,不出
夔與巴——晁公遡及其〈嵩山集〉》)

　　② "為",殿本無。

　　默堂集二十二卷(浙江鮑士恭家藏本)

　　宋陳淵撰。淵字知默,一字幾叟,沙縣人[1]。楊萬里序稱為
瓘之猶子,而集乃自稱瓘之姪孫,疑萬里筆誤也。紹興七年詔舉
直言敢諫之士,以胡安國薦,除御史,官至宗正少卿。嘗榜所居
之室曰默堂。其門人沈度編次詩文,因以名集。凡文十二卷、詩
十卷。淵為楊時弟子,傳程氏之學。故《上殿劄子》首闢王安石。

又如詆秦檜,糾莫將、鄭億年,論宰執不職,皆侃侃不阿。其他議論時政,亦多切實。為詩不甚雕琢,然時露真趣,異乎宋儒之以詩談理者。惟與翁子靜論陶淵明,以不知義責之,未免講學諸人好為高論之錮習。又力崇洛學,而於陳瓘之事佛獨津津推獎。亦未免牽於私情,不為至公耳。《宋史·藝文志》載淵集二十六卷,詞三卷。此本止二十二卷,未知為傳寫脫佚,或《宋史》字誤②。又別本十二卷,題曰《存誠齋集》。蓋淵嘗以《存誠齋銘》示學者,故後人以名其集。有文無詩,第一卷末較此本少啟三篇,第九卷末較此本少書二篇,字亦多所譌闕。未若此本之完善也。

【彙訂】

① 依《總目》體例,當補"事迹具《宋史》本傳"。《宋史》卷三七六有陳淵傳。(李裕民:《四庫提要訂誤》)

② 沈度序稱"釐為二十二卷",《直齋書錄解題》、《文獻通考》均作二十二卷。顯係《宋史》字誤。(同上)

知稼翁集二卷(兩淮鹽政採進本)

宋黃公度撰。公度字師憲,莆田人。紹興八年進士第一,歷官考功員外郎。《書錄解題》載公度集十一卷①。卷端洪邁序稱公度"既没,其嗣子知邵州沃收拾手澤,彙次為十有一卷"。卷末載有沃跋,亦稱:"故笥所存,塗乙之餘,纔十一卷。"均與陳氏所載合。又《書錄解題》詞曲部別有公度《知稼翁詞》一卷,合之當為十二卷。此本為天啟乙丑其裔孫崇翰所刊。稱嘉靖丙午得於陝西謁選人,乃前朝祕府之本,尚有御印。然併詞集合為一編,僅一百三十四頁,分為上、下二卷,似不足十二卷之數,豈尚有佚遺歟②？公度早掇巍科，而卒時年僅四十八。仕宦不達，故《宋史》無傳。《肇慶府志》稱其"為祕書省正字時，坐貽書臺官言時政，罷為主管台州崇道觀。《過分水嶺題詩》有'誰知不作多時別，依舊相逢滄海中'之句。時趙鼎方謫潮陽，說者謂此詩指鼎而言，遂觸秦檜之怒，令通判肇慶府"云云。殆亦端愨之士，不附時局，故言者得借趙鼎中之歟！其詩文皆平易淺顯，在南宋之初，未能凌躒諸家。然詞氣恬靜而軒爽，無一切澳涊齷齪之態，是則所養為之矣。公度別有《漢書鐫誤》，今已佚。此本從他本掇拾二段，併佚詞一首附之卷末，今亦并錄之焉。

【彙訂】

①　文淵閣《四庫》本書前提要謂載十一卷者為《文獻通考》，然《直齋書錄解題》、《文獻通考》皆僅著錄其詞集。（祝尚書：《四庫宋集提要糾誤》）

②《四庫採進書目》著錄江蘇採進蔣曾瑩家抄本、浙江採進鮑士恭家藏刻本《知稼翁集》均為十二卷本。傅增湘曾用影宋寫本十二卷與二卷本相校，"文字次第均同，附錄亦同"。（黃愛平：《四庫全書纂修研究》；王學泰：《知稼翁集提要》）

唯室集四卷附錄一卷（永樂大典本）

宋陳長方撰。長方有《步里客談》，已著錄。是集詩文散入《永樂大典》各韻下。據胡百能《行狀》，原本凡十四卷。又唐璩原序稱其家所刊凡二百篇。今掇拾殘闕，僅得文五十五首、詩三十九首，勒為四卷。而以他人所作銘、狀、記、序附錄於後，以備稽考①。雖較原書篇數祇及其半，而菁華具在，亦可以觀其大凡矣。長方父忒，與游酢、楊時、鄒浩、陳瓘等游，故長方之學以程氏為宗。《朱子語錄》於同時學者多舉其字，惟於長方則稱曰"唯室先生"，蓋頗引以為重也。馮時可《雨航雜錄》謂宋儒論人，喜核而務深，長方亦不免於是。然如謂劉先主滅劉璋取蜀，為行不義，殺不辜，故不能有天下；謂張九齡與李林甫同輔政，不能發其姦而去之，以致天寶之亂。雖核以事勢，均未必盡然，要其理則不為不正。至於紹興六年應詔劄子，諄諄以嚴師律、備長江、講漕運為急②。又因朝廷罷趙鼎任張浚，作《里醫》一篇，以為："國家起錮疾，必固元氣。補當持重，攻當相機。"蓋其意不主於和，亦不主於遽戰。富平、淮西、符離三敗，躁妄僨事，若預睹之，固與迂闊者異矣。雖佚簡殘篇，僅存什一，要勝於虛談高論，徒供覆瓿者也。

【彙訂】

①"文五十五首"，《文溯閣提要》作"文五十二首"。文淵閣本此集為論八、劄子一、表二、啟九、序五、傳一、記二、書二、題跋四、雜文三、贊七、銘二、祭文三、墓誌三，凡五十二首。（羅瑛、袁芸：《〈金毓黻手定本文溯閣四庫全書提要·別集類〉補正〈四庫全書總目〉舉例》）

②"講"，殿本作"謀"。文淵閣《四庫》本此集僅卷一載劄子一篇：《上殿劄子》，題註"案《宋史》紹興七年，以久旱詔中外臣庶實封言事。長方時為蕪湖尉，此劄子當是應詔所上也。"（周錄祥：《〈四庫全書簡明目錄·集部〉訂誤》）

漢濱集十六卷（永樂大典本）

宋王之望撰。之望字瞻叔，襄陽穀城人，後寓台州。登紹興八年進士第，累遷太府少卿。孝宗即位，除戶部侍郎、充川陝宣諭使，洊擢至參知政事。勞師江淮，為言者論罷。乾道元年起為福建安撫使。加資政殿大學士，移知溫州，卒。事迹具《宋史》本傳。錢溥《祕閣書目》載有之望《漢濱集》，而佚其册數①，焦竑《經籍志》作六十卷。然趙希弁、陳振孫兩家俱未著錄，則宋代已罕傳本②。後遂散佚不存。今從《永樂大典》中採撮裒綴，所存什之三四而已。之望當秦檜柄國時，落落不合，人咸稱其有守③。其歷官亦頗著政績。惟在隆興時力主和議，與湯思退相表裏，專以割地啖敵為得計，而極沮張浚恢復之謀。考宋南渡之初，自當以北取中原為務。然惟岳、韓諸將可冀圖功，張浚很愎迂疏，但急於立功以固位，實非可倚以恢復之人。一敗於富平，而喪師三十萬，再衄於淮西，而叛逃者七萬，三挫於符離，而喪師又十三萬。僨轅誤國，其驗昭然。講學家以張栻之故，回護其父，殊未免顛倒是非。之望之沮浚，不可不謂之知人。至其論和戰之策④，以為：“南北之形已成，未易相兼。惟當移攻戰之力以自守，然後隨機制變。”又以為：“金人制勝之謀，舉無遺策。加以器械之利，形勢之便，雖漢、唐全盛之時，猶未能輕此敵，而況於今日！”其斟酌時勢以立言，與史浩意頗相近，亦不可謂之不知時務。特其朋比小人，附和權倖，與浩之出於老成忠藎者不同。又湯思退所主者乃六國賂秦之計，與浩之主於持重俟釁者亦復迥異。故當時重為人所抨擊，而《宋史》亦極不滿之，誅其心也。至其詩文，則皆疏暢明達，猶有北宋遺矩。諸劄子亦多足以考見時事，與正史相參，未可遽廢。謹釐為十六卷，著之於錄。庶其人其文是非得失，各不相掩焉。

【彙訂】

①《文淵閣書目》卷九著錄“王之望《漢濱文集》一部十三册，全”，《內閣書目》卷三曰：“《漢濱先生文集》十三册，全”，則錢

溥並未佚其冊數。(祝尚書:《宋人別集敍錄》)

②陳振孫《直齋書錄解題》卷一八著錄:"漢濱集六十卷,參政襄陽王之望瞻叔撰。周益公(必大)為集序(見《周文忠集》卷五三)。"《文獻通考》卷二三九同。(同上)

③《永樂大典》卷一四一三一引《王漢濱先生集·賀秦相子登第啟》云:"恭維某官,盛德格天,陰功蓋代。躋斯民於仁壽,可謂無前;育天下之英材,固應有後。遂使含飴之愛,爭先入轂之雄。襲成風之羽毛,奪老龍之頭角。《中庸》繼統,與子思而皆然;《江漢》陳篇,看召公之是似。某遠聞盛事,喜倍常倫。三葉貂蟬,方仰傳家之慶;一巢燕雀,尤傾賀廈之誠。"秦相子即秦檜之子秦熺,於紹興十二年中進士第一名,秦檜以營私過於明顯,辭為第二名(《建炎以來繫年要錄》卷一四五)。此事上距秦檜害死岳飛僅三個多月,而王之望盛稱其"盛德格天,陰功蓋代","躋斯民於仁壽,可謂無前",甚至以周代功臣召公作比,獻媚取寵,不遺餘力。(李裕民:《四庫提要訂誤》)

④"和戰",底本作"和議",據殿本改。(盧弼:《四庫湖北先正遺書札記》)

香溪集二十二卷(安徽巡撫採進本)

宋范浚撰。浚字茂名,蘭溪人①。紹興中舉賢良方正,以秦檜柄政,辭不赴。然浚雖不仕,實非無意於當世者。其《書曹參傳後》則隱戒熙寧之變法,其《補翟方進傳》則深媿靖康之事讎,其《讀周禮》一篇亦為王安石發。而《進策》五卷,於當時世務尤言之鑿鑿,非迂儒不達時變者也。其《詩論》戒穿鑿,似為鄭樵而言;《易論》鄙象數,亦似為陳摶而設,於經術頗為有功。《春秋論》欲廢三《傳》，則猶祖孫復之餘習，頗為乖迂。然盧全所註，儒者罕傳。浚論尚載其數條，亦足資異聞。其辯孟母無三遷事、黃帝無阪泉事、周穆王無西至崐崙事，雖頗失之固，然皆於理無害。其詩凡三卷。近體流易，猶守元祐舊格，不涉江西宗派。古體頗適，亦非語錄為詩之比，有足稱焉。集為其門人高栴所編，其姪端臣刊之。前有紹興三十一年陳巖肖序。後有元吳師道跋，稱朱子取其《心箴》註《孟子》，而其集金履祥時已不傳。後從應氏得其前七卷，又從其族孫俊家得殘本，佚前五卷，合之遂為完書。跋又稱端臣《蒙齋集》未及刊，先刊其與浚唱酬諸詩附見焉。此本無端臣詩，蓋又佚矣。

【彙訂】

① 康熙《金華府志》卷一六《人物·范浚傳》云："字茂明。"《宋元學案》卷四五《范浚小傳》、光緒《蘭溪縣志》卷五同傳，所載均同。《書·皋陶謨》："日宣三德，夙夜浚明有家。"《釋文》："浚，息俊反。馬（融）云：大也。""大"即"茂"，可見范浚名、字之取義。文淵閣本此集書前提要作"字茂明"不誤。（楊武泉：《四庫全書總目辨誤》；筧文生、野村鮎子：《四庫提要南宋五十家研究》）

鄭忠肅奏議遺集二卷（江蘇巡撫採進本）

宋鄭興裔撰。興裔字光錫，初名興宗。顯肅皇后外家三世孫。由成忠郎歷官江東路鈐轄，遷均州防御使、保靜軍節度使，召領內祠，武泰軍節度使①，贈太尉，諡忠肅。是集所錄多奏疏、表狀，其記、序、辨、跋諸雜著則閒附數篇。其中如《請起居重華宮》及《論淮西荒政》諸疏，詞意剴摯。他如《蠲縉錢》、《禁改鈔》、

《論折帛錢》諸奏，所列紹興間一切弊政，皆《宋史·食貨志》及《文獻通考》所未載，亦足補史志之闕。又紀《淳化閣帖》之摹搨傳寫，與黃伯思互有異同；辯瓊花之復榮，較周必大《玉蕊辨證》更為詳贍，亦考據者所不廢矣。《書錄解題》及《宋史·藝文志》皆不著錄。蓋其裔孫所裒輯，出於南宋之後。錄之亦足徵宋代故實之一二焉。

案此編雖以奏議為名，實則裒輯雜文，共為一集。故錄之別集類中。

【彙訂】

① "武泰"，底本作"武康"，據殿本改。鄭興裔，《宋史》卷四六五有傳，云："告老，授武泰軍節度使。"

雲莊集五卷（永樂大典本）

宋曾協撰。協字同季，南豐人。《宋史》無傳，志乘亦不載其名。據傅伯壽所作集序，知為曾肇之孫，曾繯之子。而所敘仕履但曰官零陵太守，不及其詳。且宋無零陵郡，亦無太守之名，殊非實事①。今以集中詩文考之，知紹興中舉進士不第，以世賞得官。初為長興丞，遷嵊縣丞。繼為鎮江通判，遷臨安通判。乾道癸巳，權知永州事以卒。伯壽所云，蓋以古地名與古官名假借用之，文人換字之陋習耳。伯壽又稱慶元庚申，協沒已二十八年。其子直敷文閣，福建轉運副使炎輯其文為二十通。考劉禹錫作《柳宗元集》序，稱一卷為一通，則原集蓋二十卷。今傳於世者，惟《詠芭蕉》一詩，僅見陳景沂《全芳備祖》中②，他不概見，則其亡已久矣。今捃拾《永樂大典》所載，以類編次，尚得五卷。又得傅伯壽序一篇，亦併錄入。序稱其古詩多效選體。然合諸作觀之,大抵源出蘇軾、陳與義。故《同沈正卿作仇池石詩》用軾韻,《陳晞顏過零陵贈詩》亦用與義韻③,而絕不及於他家。知其唱和講求在二家舊格也。雜文頗雅飭有法。《賓對》一賦為集中巨篇,語特偉麗。而大旨以安享太平為渾穆之王風,以恢復中原為戰爭之霸術。夸大其詞,以文偏安之陋。曲學阿世,持論殊乖。姑以文采錄之,從《昭明文選》不廢《劇秦美新》之例。讀其文者,分別觀之可矣。

【彙訂】

① "實事",殿本作"事實"。

② "僅",殿本無。

③ "陳晞顏",底本作"陳晞賢",據殿本改。此集卷二有《陳晞顏董漕湖南過零陵用簡齋韻見贈次韻謝之又賦一篇述懷》)。

竹軒雜著六卷(永樂大典本)

宋林季仲撰。季仲字懿成,永嘉人。登進士第,歷官太常少卿,知婺州。自號蘆山老人,嘗僑居暨陽。集中又自稱"濟南林某"者,蓋其祖貫也。《宋史》不為立傳,其行事不可概見。惟陳振孫《書錄解題》稱"季仲以趙鼎薦入朝,奏疏沮和議得罪。仲熊、叔豹、季狸其弟也,皆知名"云云。今案集中《與趙僕射書》有"相公過聽,引而置諸朝。鹿鹿三年,蔑有報稱"之語,與趙鼎薦引之說合,惟沮和議一疏,已不見於集中。其得罪貶謫之事,遂略而弗顯。集中又有《祭德和弟》、《察院弟》諸文①,據所云同祖所出兄弟八人者,知其兄弟甚多,而仲熊、叔豹之名亦已不可復考②。然《宋史·趙鼎傳》稱鼎之再相,嘗奏言:"今清議所與如劉大本、胡寅、呂本中、常同、林季仲之流,陛下能用之乎?"是季仲在紹興中，實負清流重望。故集中劄子雖所存無幾，而多力持正論，深切時弊之言。其趙鼎南遷以後，所與簡牘數篇，無不反覆慰藉，詞意諄摯。交道之篤，尤可概見。又《庚谿詩話》稱季仲頗喜為詩，語佳而意新。今觀所作，雖邊幅稍狹，已近江湖一派③。而筆力挺拔，其清儁亦可喜也。集本十五卷，世久失傳④，論宋代人物者或不能知其姓氏。今從《永樂大典》中搜輯編綴，釐為詩一卷、文四卷，用存其概。且為略考本末，附著於此，俾不至無聞於後焉。

【彙訂】

①“察院”，底本作“察和”，據殿本改。此集卷六有《祭察院弟文》。

②《南宋館閣錄》卷七載林叔豹字德惠，沈晦榜（宣和六年）同進士出身。（余嘉錫：《四庫提要辨證》）

③“近”，殿本作“逗”。

④“失”，殿本作“無”。

拙齋文集二十卷（浙江鮑士恭家藏本）

宋林之奇撰。之奇有《尚書全解》，已著錄。是集凡《記問》二卷，蓋即本傳所謂《道山記問》者①，詩一卷、雜文十七卷。末附呂祖謙《祭文》及李梄所為《哀詞》、姚同所為《行實》。以之奇自號曰拙齋，因以名集。之奇之學得於呂本中。其《記問》內稱“少蓬”及“呂紫微”者，皆謂本中。其後呂祖謙又受學於之奇，祖謙祭之奇文云：“昔我伯父西垣公，躬受中原文獻之傳，載而之南。先生與二李伯仲實來定師生之分。”二李謂李葵之子李梄、李樗，西垣公者亦謂本中也。案祖謙之祖彌中為本中之弟，本中乃其從祖。而祖謙稱伯父者，蓋用《左傳》"昔我皇祖伯父昆吾"語，然亦太僻矣。謹附訂於此②。呂氏之學頗雜佛理，故之奇持論亦在儒、釋之間。呂氏雖談經義，而不薄文章。故之奇註釋《尚書》，究心訓詁。而此集所載諸篇，皆明白暢達，不事鉤棘，亦無語錄粗鄙之氣。其詩尤具有高韻，如《江月圖》、《早春偶題》諸篇，置之蘇、黃集中，不甚可辨也。

【彙訂】

① 文淵閣本此集卷一、二題作"記聞"，書前提要不誤。（周錄祥：《〈四庫全書簡明目錄·集部〉訂誤》）

② "昔我皇祖伯父昆吾"云云，見於《左傳》昭公十二年，乃楚靈王詢右尹子革。皇祖指上古遠祖，伯父亦就遠祖而言，非謂靈王之伯父也。此與呂祖謙自言其父祖親屬，情況大異。檢《東萊集》卷八《祭林宗丞文》（宗丞指林之奇，之奇官至宗正丞），乃是"昔我伯祖西垣公……"稱西垣公（呂本中）為伯祖，非伯父也。（楊武泉：《四庫全書總目辨誤》）

于湖集四十卷（浙江巡撫採進本）

宋張孝祥撰。孝祥字安國①，歷陽烏江人。紹興二十四年進士第一，孝宗朝累遷中書舍人、直學士院，領建康留守。尋以荊南、湖北路安撫使請祠②，進顯謨閣直學士致仕。事迹具《宋史》本傳。《書錄解題》載《于湖集》四十卷，此本卷數相合。前有其門人謝堯仁及其弟華文閣直學士孝伯序。堯仁序稱孝祥每作詩文，輒問門人視東坡何如。而堯仁謂其《水車》詩活脫似東坡，然較蘇氏《畫佛入滅》、《次韻水官》、《韓幹畫馬》等數篇，尚有一二分劣。又謂："以先生筆勢③，讀書不十年，吞東坡有餘矣。"今觀集中諸作,大抵規摹蘇詩,頗具一體,而根柢稍薄,時露竭蹶之狀。堯仁所謂"讀書不十年"者,隱寓微詞,實定論也。然其縱橫兀傲,亦自不凡。故《桯史》載王阮之語,稱其"平日氣吐虹霓①",陳振孫亦稱其"天才超逸"云。

【彙訂】

①"安國",殿本作"國安",誤倒,參《宋史》卷三八九本傳。

②《宋史》卷三八九本傳作"知荊南、荊湖北路安撫使"。(筧文生、野村鮎子:《四庫提要南宋五十家研究》)

③"筆勢",謝堯仁序原文作"來勢"。(江慶柏等整理:《四庫全書薈要總目提要》)

④《桯史》卷一《王義豐詩》條原文作"先生氣吞虹蜺,今獨少卑之,何也?"(筧文生、野村鮎子:《四庫提要南宋五十家研究》)

太倉稊米集七十卷(編修朱筠家藏本)

宋周紫芝撰。紫芝字少隱,宣城人。紹興中登第,歷官樞密院編修官,出知興國軍。自號竹坡居士。是集樂府詩四十三卷、文二十七卷①。前載唐文若、陳天麟及紫芝自序。集中《悶題》一首註云②:"壬戌歲始得官,時年六十一。"是紫芝通籍館閣,業已暮年,可以無所干乞。而集中有《時宰生日樂府》四首,又《時宰生日樂府》三首,又《時宰生日樂府》七首,又《時宰生日詩》三十絕句,又《時宰生日五言古詩》六首,皆為秦檜而作。《秦少保生日七言古詩》二首,《秦觀文生日》七言排律三十韻,皆為秦熺而作。又《大宋中興頌》一篇亦歸美於檜,稱為元臣良弼,與張嵲《紹興復古頌》用意相類。殊為老而無恥,貽玷汗青。集中嘗引蘇軾之言,謂:"古今語未有無對者,琴家謂琴聲能娛俗耳者為設客曲。頃時有作《送太守》詩者,曰:'此供官詩,不足觀。'於是'設客曲'乃始有對。因戲作俳體詩曰:'設客元無琴裏曲,供官尚有選中詩。'"云云。是數篇者,殆所謂"供官詩"歟?然其詩在南宋之初,特為傑出,無豫章生硬之弊,亦無江湖末派酸餡之習。方回作是集跋,述紫芝之言曰:"作詩先嚴格律③,然後及句法,得此語於張文潛、李端叔。"觀於是論,及證以紫芝《詩話》所徵引,知其學問淵源,實出元祐。故於張末《柯山》、《龍閣》④、《右史》、《譙郡先生》諸集汲汲搜羅,如恐不及。葉夢得《石林詩話》所謂"寇國寶詩自蘇、黃門庭中來,故自不同"者也。略其人品,取其詞采可矣。

【彙訂】

① 文淵閣《四庫》本實為詩四十卷、文三十卷。(王嵐:《宋人文集編刻流傳叢考》)

② 殿本"註"上有"下"字。

③ "嚴",殿本作"言",誤。據書前陳天麟序原文,方回跋實為轉引。(筧文生、野村鯰子:《四庫提要南宋五十家研究》)

④ "龍閣",底本作"龍門",據殿本改。此集卷六七《書譙郡先生文集後》:"余頃得《柯山集》十卷於大梁羅仲共家,已而又得《張龍閣集》三十卷於內相汪彥章家,已而又得《張右史集》七十卷於浙西漕臺,先生之制作於是備矣。今又得《譙郡先生集》一百卷於四川轉運副使南陽井公之子晦之,然後知先生之詩文為最多,當猶有網羅之所未盡者。"(同上)

集 部 十 二

別 集 類 十 二

夾漈遺稾三卷（編修汪如藻家藏本）

宋鄭樵撰。樵有《爾雅註》，已著錄。樵銳於著述，嘗上書自陳，稱所作已成者凡四十一種，未成者八種。當時頗以博洽著，而未嘗以文章名。其集自陳振孫《書錄解題》以下亦皆不著錄。此本前後無序跋，不知何人所編。上卷古、近體詩五十六首。中卷記一篇、論一篇、書二篇。下卷書三篇。其詩不甚修飾，而蕭散無俗韻。其文混漾恣肆，多類唐李觀、孫樵、劉蛻，在宋人為別調。其《獻皇帝書》，自譽甚至。《上宰相書》、《上方禮部書》，益放言縱論，排斥古人。秦、漢來著述之家，無一書能當其意。至投宇文樞密、江給事二書，置學問而夸抱負，益傲睨萬狀，不可一世。其量殊嫌淺狹①。然南、北宋閒記誦之富，考證之勤，實未有過於樵者，其高自位置，亦非盡無因也。觀於是集，其學問之始末，夫亦可以概見矣。

【彙訂】

① 投宇文樞密、江給事二書實作於早年，時宋室初南渡，所以夸大抱負而求見用。編《遺稾》者將二書置於末卷，反像埋頭

著述之後又改言事功。謂之"置學問而夸抱負",失於不考時代。
(顧頡剛:《鄭樵著述考》)

鄮峯真隱漫錄五十卷(浙江范懋柱家天一閣藏本)

宋史浩撰。浩有《尚書講義》,已著錄。其集見於陳振孫《書
錄解題》、《宋史·藝文志》者皆五十卷。此本卷數並合,而目錄
別為三卷。首題門人周鑄編,則猶宋時刊行舊式也。浩事孝宗
於潛邸,隆興、淳熙中兩為宰揆,没後至配享廟庭。其推轂善類,
寬厚不爭,亦頗為世所稱許。當孝宗任張浚,銳意用兵,浩獨以
為不然,遂以論劾罷去。元代史臣作浩傳贊,亦頗詆其不能贊襄
恢復之謀。今考集中如《論山東未可用兵》、《論歸正人》、《論未
可北伐》、《回奏條具弊事》諸劄子,皆極言李顯忠、邵宏淵之輕脱
寡謀,不宜輕舉。而欲練士卒,積資糧,以蓄力於十年之後。既
而淮西奔潰,其言竟驗,不可為非老成謀國之見。雖厥後再秉國
政,亦未能收富強之效,以自踐其言。而量力知難,其初說固有
未可深議者。至本傳稱浩因專對,請於普安、恩平二王内擇立一
人為皇子,高宗呕稱為有用之才。而集中《論對有司不能推廣恩
意劄子》下註云:"見知高宗,祇因此劄子①。"事當在請定繼嗣之
先②,而本傳顧未之及。集為門弟子編排,所言當必有據。是亦
足與史相參考也。集凡詩五卷、雜文三十九卷、詞曲四卷。末二
卷為《童丱須知》,分三十章。所言皆治家修身之道,而諧以韻
語,乃錄之家塾以訓子孫者。自署辛丑,為淳熙八年。蓋其罷官
以少傅侍經筵時所著云。

【彙訂】

① "子",此書卷七《論對劄子》註及殿本無。

② 殿本“事”上有“此”字。

燕堂詩稾一卷（浙江鮑士恭家藏本）

宋趙公豫撰。公豫字仲謙，常熟人。紹興中由進士知真州，官至寶謨閣待制。是集卷首有《傳》一篇，不著撰人名氏，稱公豫本宗室子，南渡後徙居常熟。然考《宋史·宗室表》，諸王系中無以“公”字聯名者①，不知其出何派也。《傳》又稱公豫所著《燕堂類稾》原本十六卷，詔誥表策多為時傳誦。其詩因屬對不甚工切，泉州守蔣雝選錄全部，澄汰太甚，僅存若干首。是公豫止優於文，而詩則非所擅長。故雖鈔本僅存，而選錄宋詩者亦未經採摭。今讀其詩，雖吐屬未工，而直寫胸臆，要自落落不凡。《傳》又稱公豫居官廉正，常言“吾求為良吏，不求為健吏”。去任之日，挈壺漿攀轅者甚眾。是其政績不媿於古之循吏，當因人以重其詩。使魯恭、卓茂有遺集以傳於後，雖聲律未嫻，談藝者敢毅然斥去乎！存此一集，以風厲官方。較之揆藻摛華，其有補於世道為多也。

【彙訂】

① 趙廷美六世孫皆以“公”聯名。（李裕民：《四庫提要訂誤》）

海陵集二十三卷外集一卷（編修汪如藻家藏本）①

宋周麟之撰。麟之字茂振，海陵人。紹興十五年進士，中宏詞科。任起居舍人，歷擢兵部侍郎、直學士院、給事中、知制誥、翰林學士，官至同知樞密院事。《宋史·藝文志》載麟之《海陵集》二十三卷，與此本合。前有淳熙癸卯周必大序，亦稱其子準裒遺稾得二十三卷，蓋猶舊帙。序稱其久官於朝，故其詩文因事而作者少，集中內外制詞殆居其半。今觀其集，非惟贈答唱和寥寥無幾，即奏議、奏劄亦多不關軍國大計。蓋其珥筆禁庭，坐躋通顯，與王珪約略相似。而文章嫻雅，亦猶有北宋館閣之餘風，非南渡諸家日趨新巧者比，未可以專工儷偶輕也。別有《外集》一卷，其中使金諸詩稱紹興己卯。考徐夢莘《三朝北盟會編》載紹興二十九年周麟之為告哀使，蓋以韋太后事而行。時金國方謀南伐，詩中《造海船》一章，亦知其欲由膠州浮海，水陸並進。而所載《中原民謠》十章，乃盛陳符讖。以《燕京小》為康王坐之兆，以《迎送亭》為迎宋之兆，以《金瀾酒》為金闌之兆②，以《歸德府》為復舊之兆，以沃州為天水之兆，皆附會牽合。亦何異呂紳棄通州而遁，乃表言夜夢赤幟朱甲為中興之瑞乎！《二老堂詩話》又載麟之使金，金主愛之，享以牛魚。密糝其首以歸獻，時有"魚頭公"之嘲。則當時必有所取悅於金主者③。而其詩夸宋詆金，與事實絕不相應。又前後《凱歌》三十首，虛張虞允文瓜洲采石僥倖之功，殊為過實。詞句亦多鄙俚，不類麟之他詩。考諸《宋志》，亦無《外集》之目。殆其子讞而削橐，後人又掇拾附存歟？以原本所有，姑仍其舊錄之，而附訂其謬如右④。

【彙訂】

① 底本此條與文淵閣庫書次序不符。文淵閣庫書與殿本均置於"燕堂詩橐一卷"條之前。

② "金闌"，底本作"金爛"，據殿本改。民國《海陵叢刻》本周麟之《海陵集·外集》收《中原民謠》，第三首為《金瀾酒》，其小序云："客曰：'不然。子弗聞夫白蛇斷而秦亡，當塗高而魏昌，國之興亡實繫焉。金瀾者，金運其將闌乎？'"其詩云："或言此酒名金瀾，金數欲盡天意闌。"

③ 殿本"所"上有"以"字。

④ 文淵閣《四庫》本此集無《外集》一卷。（沈治宏：《〈四庫全書總目〉集部著錄圖書失誤原因析》）

竹洲集二十卷附棣華雜著一卷（安徽巡撫採進本）①

宋吳儆撰②。儆字益恭，初名俏，避秀邸諱改名，休寧人。紹興二十七年第進士，歷朝散郎、廣南西路安撫使，主管台州崇道觀。卒諡文肅。其集《宋史・藝文志》、《書錄解題》、《文獻通考》皆不著錄。集首有端平乙未敷文閣學士程珌序，稱其文"峭直而紆餘，嚴潔而平澹，質而非俚，華而不雕"。今觀其詩文，皆意境劌削，於陳師道為近，雖深厚不逮而模範略同，蓋以元祐諸人為法者。其《上蔣樞密書》論戰、和、守之俱非，《與汪楚材書》論伊川之徒，皆有卓識。其《芻言》中豪民、點吏一條，與論邕州以互市劫制化外一條，亦具有吏才。非但以文章重也。

【彙訂】

① "棣華雜著"，殿本作"棣華雜筆"，誤。

② 據明弘治六年吳儆十世孫吳雷亨刻本此集卷前程敏政《重刻〈竹洲集〉序》，《棣華雜著》乃其兄吳俯所撰。其中《見蔣樞丐祠書》末有"俯伏待命"云云亦可證。（沈治宏：《〈四庫全書總目〉集部著錄圖書失誤原因析》；段曉春：《廣東省中山圖書館善本書志一》）

高峯文集十二卷（兩淮馬裕家藏本）

宋廖剛撰。剛字用中，順昌人。紹興中為御史中丞，出提舉明道宮，致仕。高峯其號也。事迹具《宋史》本傳。考《朱子語類》論龜山門人，謂剛為助和議。今觀其集，若《漳州被召上殿》、

《乞約束邊將》諸劄,其說誠然。然《宋史》本傳載金人敗盟,剛乃有責鄭億年"以百口保金人"之語,又欲起舊相有德望者。以是為檜所惡,致斥奉祠。而集中《與秦相公書》亦以和議為失。前後如出兩人,豈至是乃悟其謬歟?《宋史》以剛為楊時弟子,道學一脈。愛屋及烏,使與張九成、胡銓同傳,固為不倫,然視怙過不悛者,則有閒矣。其他奏議指陳當時利弊,頗有可採。《答陳幾叟書》論知制誥之失,尤為切當。至其《乞設親軍劄子》,舍大慮小,所見殊陋。又諫止高宗節序拜欽宗事,於君臣兄弟之義,亦皆未協。本傳乃獨採之,去取未免失倫。亦足證《宋史》之疏謬,其是非不盡可據矣。其集久無刻本,傳寫多誤,脫字或至數行。無從校補,今亦姑從舊本錄之焉①。

【彙訂】

①《宋史·藝文志》著錄《高峯集》十七卷,今以福建省圖書館藏明鈔本為最古,凡十七卷,四庫十二卷本即其前十二卷。(祝尚書:《宋集孤本罕見本六種考》)

鄂州小集六卷附錄二卷(兩淮馬裕家藏本)

宋羅願撰。願有《爾雅翼》,已著錄。淳熙甲辰,願由知南劍州改鄂州。乙巳,卒於官①。州佐劉清之為刊其遺槀,名《鄂州小集》,止六卷。史稱十卷,與原集不合。蓋《宋史》多譌,不足為據②。此本卷數雖符,然編次無法。又以《新安志》中小序二篇入之,疑經後人掇拾而成,亦非其舊也。願父汝楫,助秦檜以害岳飛,犯天下之公怒。而願學問該博,文章高雅,乃卓然有以自立,不為父惡之所掩。其《淳安社壇記》,朱子亦謂不如③。其《爾雅翼》後有方回跋曰:"回聞之先君子,南渡後文章有先秦、西漢風，惟羅鄂州一人。甫七歲，能為《青草賦》以壽其先尚書。少長，落筆萬言。既冠，乃數月不妄下一語。其精思如此。"又曰："《小集》僅文十之一，劉公清之子澄所刊。晦翁謂其文有經緯，嘗欲附名集後。"又謂"羅端良止此可惜"。蓋年止四十餘，使老壽，進未艾也。鄭玉作是集序亦曰"其《陶令祠堂記》、《張烈女廟碑》，詞嚴理暢。至於論成湯之慚德，則所以著千古聖賢之心，明萬世綱常之正"云云。朱子當南宋初，方回當南宋末，其推重如出一轍。知一代作者，於願無異詞矣。今所傳者雖未必淳熙之原本，實皆願之遺文，要足貴也。後二卷附願兄頌、願弟頵、姪似臣之文①。末又有明人《月山錄》一卷，冗雜鄙陋。蓋願之疏族，因刊是集而竄入之，冀附驥以傳，殊為疣贅。今存頌、頵、似臣之文，而所謂《月山錄》者，則竟從刪汰焉。

【彙訂】

①　據此集卷首曹涇撰《鄂州太守存齋先生羅公傳》，羅願卒於淳熙十一年甲辰。(余嘉錫：《疑年錄稽疑》)

②　《宋史·藝文志》載"羅願《小集》五卷"，《宋史》本傳謂"有《小集》七卷"。(祝尚書：《四庫宋集提要糾誤》)

③　"亦"，殿本作"自"。

④　文淵閣《四庫》本此集附錄卷一為頌、頵、似臣之文，卷二為《鄂州太守存齋羅公願傳》。(周錄祥：《〈四庫全書簡明目錄·集部〉訂誤》)

艾軒集九卷附錄一卷（江蘇巡撫採進本）

宋林光朝撰。光朝字謙之，莆田人。登隆興元年進士，歷官國子祭酒，兼太子左諭德。除中書舍人，兼侍講。以集英殿修撰知婺州,卒。事迹具《宋史·儒林傳》。光朝為鄭俠之壻,又從陸子正游。學問氣節,俱有自來。長朱子十六歲,朱子兄事之。其為舍人日,繳還謝廓然詞頭一事,尤為當世所稱。平生不喜著書。既没後,其族孫同叔哀其遺文為十卷,陳宓序之[①]。後其外孫方之泰搜求遺逸,輯為二十卷,刻於鄱陽,劉克莊序之[②]。至明代,宋刊已佚,僅存鈔本[③]。正德辛巳,光朝鄉人鄭岳擇其尤者九卷,附以《遺事》一卷,題曰《艾軒文選》,是為今本。所謂十卷、二十卷者,今皆不可見。王士禎《居易錄》稱:"嘗從黄虞稷借觀其全集,憾未鈔錄。"未審即此本否也。然即此本觀之,亦可見其一斑矣。舊本閒有評語,蓋明林俊所附入,皆無發明,故今悉删汰焉。

【彙訂】

① 據陳宓序,同叔刊本在光朝卒後五十年(約1228)。而前十餘年李幼傑《莆陽比事》已述及其五種行世書目:《林光朝文集》三十卷、《易解》、《論語中庸解》、《詩書語錄》、《莊子解》。(楊玉峰:《艾軒著述流傳考略》)

② 二十卷本初刊於莆田,劉克莊序。後湯伯紀復刊於鄱陽,並請林希逸撰序誌記,時約理宗淳祐十年(1250)。(同上)

③《文淵閣書目》、《内閣書目》、《菉竹堂書目》、《萬卷堂書目》、《徐氏家藏書目》、《絳雲樓書目》著錄有《艾軒先生文集》、《林艾軒文集》、《艾軒三先生文集》,則十卷、二十卷本及《三先生集》本之宋槧,至明代蓋皆傳世。(祝尚書:《宋人別集敍錄》)

晦菴集一百卷續集五卷別集七卷(内府藏本)

宋朱子撰。《書錄解題》載《晦菴集》一百卷、《紫陽年譜》三卷，不云其集誰所編，亦不載《續集》。明成化癸卯莆田黃仲昭跋稱"晦菴朱先生文集一百卷，閩、浙舊皆有刻本。浙本洪武初取置南雍，不知輯於何人。今閩藩所存本，則先生季子在所編也。又有《續集》若干卷、別集若干卷，亦併刻之"云云。是正集百卷，編於在手。然朱玉《朱子文集大全類編》稱在所編實八十八卷，合《續集》、《別集》乃成百卷。是正集百卷又不出在手矣①。《別集》之首有咸淳元年建安書院黃鏞序曰："先生之文，《正集》、《續集》，潛齋、實齋二公已鏤版書院。建通守余君師魯，好古博雅，搜訪先生遺文又得十卷，以為《別集》。其標目則一仿乎前，而每篇之下必書其所從得。"是《別集》之編，出余師魯手。惟《續集》不得主名，朱玉亦云無考②。觀鏞所序在度宗之初，則其成集亦在理宗之世也。此本為康熙戊辰蔡方炳、臧眉錫所刊③，眉錫序之。而方炳《書後》題曰《朱子大全集》，不知其名之所始。考黃仲昭跋及嘉靖壬辰潘潢跋，尚皆稱《晦菴先生集》。而方炳跋乃稱："朱子故有《大全文集》，歲月浸久，版已磨滅。"則其名殆起明中葉以後乎④？惟是潢跋稱《文集》百卷、《續集》五卷、《別集》七卷，與今本合⑤。而與潢共事之蘇信所作前序，乃稱百有二十卷，已自相矛盾。方炳手校此書，其跋又稱原集百卷、《續集》十卷、《別集》十一卷，其數尤不相符，莫明其故。疑信序本作百有十二卷，重刻者偶倒其文，而方炳跋則繕寫筆誤，失於校正也⑥。方炳跋又稱校是書時不敢妄有更定，悉依原本。即續、別二集亦未依類附入，頗得古人刊書謹嚴詳慎之意。今通編為一百一十二卷，仍分標《晦菴集》、《續集》、《別集》之目，不相淆亂，以存其舊焉。

【彙訂】

① "正集"，殿本無。

② 據明嘉靖十一年刻本《晦菴先生朱文公續集》卷首王遂宋淳祐五年序,《續集》乃遂所刻。實齋即王遂號。(筧文生、野村鮎子:《四庫提要南宋五十家研究》)

③ "刊",殿本作"刻"。

④ 今存宋刊《晦菴先生文集》前集十二卷、後集十八卷,《天祿琳琅後目》卷七著錄道:"書中標'晦菴先生文集',而前集目錄之首標'晦菴朱先生大全文集',是'大全'之名不始於蔡方炳之刻也。"(丁丙:《善本書室藏書志》)

⑤ 明嘉靖本潘潢跋云:"《文公文集》百卷,又《續集》十卷、《別集》十有一卷。"不作五卷、七卷。(胡玉縉:《四庫全書總目提要補正》)

⑥ 蔡方炳刻百十二卷本,係將原百二十一卷本之《續集》十一卷、《別集》十卷(潘潢原跋云《續集》十卷、《別集》十一卷,誤)改編為五卷、七卷,又改潘跋卷數,非"偶倒其文,失於校正"。(筧文生、野村鮎子:《四庫提要南宋五十家研究》)

梁谿遺稿一卷(兩淮馬裕家藏本)①

宋尤袤撰。袤有《遂初堂書目》,已著錄。《宋史》袤本傳載所著《遂初小稿》六十卷、內外制三十卷。陳振孫《書錄解題》載《梁谿集》五十卷。今並久佚。國朝康熙中,翰林院侍講長洲尤侗自以為袤之後人,因裒輯遺詩,編為此本,蓋百分僅存其一矣。厲鶚作《宋詩紀事》,即據此本為主,而別摭《三朝北盟會編》所載《淮民謠》一首、《茅山志》所載《庚子歲除前一日游茅山》一首、《荊谿外紀》所載《游張公洞》一首、《揚州府志》所載《重登斗野亭》一首、《郁氏書畫題跋記》所載《題米元暉瀟湘圖》二首、《後村詩話》所載逸句四聯②。而"去年江南荒"兩聯,即《淮民謠》中之語,前後複出。良由瑣碎捃拾,故失於檢校。知其散亡已甚,不可復收拾也。方回嘗作袁詩跋,稱:"中興以來,言詩必曰尤、楊、范、陸。誠齋時出奇峭,放翁善為悲壯。公與石湖,冠冕佩玉,端莊婉雅③。"則袁在當時,本與楊萬里、陸游、范成大並駕齊驅④。今三家之集皆有完本,而袁集獨湮没不存。蓋文章傳不傳,亦有幸不幸焉。然即今所存諸詩觀之,殘章斷簡,尚足與三家抗行。以少見珍,彌增寶惜,又烏可以殘賸棄歟!

【彙訂】

① 底本此條與文淵閣庫書次序不符。文淵閣庫書與殿本均置於"雪山集十六卷"之後。文淵閣庫書作二卷,卷一詩,卷二文。(笕文生、野村鮎子:《四庫提要南宋五十家研究》)

② 尤侗輯本(四庫底本)已收《茅山志》所載《庚子歲除前一日游茅山》一首、《荊谿外紀》所載《游張公洞》一首。(吳洪澤:《尤袁著述考辨》)

③ "端莊",殿本作"度騷"。方回《桐江集》四卷本卷四(八卷本卷三)《跋遂初尤先生尚書詩》原文作"度騷媲雅"。

④ "駕",殿本作"驚"。

文忠集二百卷(浙江鮑士恭家藏本)

宋周必大撰。必大有《玉堂雜記》,已著錄。是集即史所稱《平園集》者是也。開禧中,其子綸所手訂。以其家嘗刻《六一集》,故編次一遵其凡例,為《省齋文稾》四十卷、《平園續稾》四十卷、《省齋別稾》十卷、《詞科舊稾》三卷、《掖垣類稾》七卷、《玉堂類稾》二十卷、《政府應制稾》一卷、《歷官表奏》十二卷、《奏議》十二卷、《奉詔錄》七卷、《承明集》十卷、《辛巳親征錄》一卷、《龍飛錄》一卷、《歸廬陵日記》一卷、《閒居錄》一卷、《泛舟游山錄》三卷、《乾道庚寅奏事錄》一卷、《壬辰南歸錄》一卷、《思陵錄》一卷、《玉堂雜記》三卷、《二老堂詩話》二卷、《二老堂雜誌》五卷、《唐昌玉蕊辨證》一卷、近體樂府一卷、書稾三卷、劄子十一卷、小簡一卷。其年譜一卷，亦綸所編。又以祭文、行狀、諡誥、神道碑等別為《附錄》四卷終焉①。陳振孫謂初刻時以《奉詔錄》、《親征錄》、《龍飛錄》、《思陵錄》十一卷所言多及時事，託言未刊。鄭子敬守吉時，募工人印得之，世始獲見完書。今雕本久佚，止存鈔帙②。而《玉堂雜記》、《二老堂詩話》等編③，世亦多有別本單行者，已各著於錄。兹集所載，則依原書編次之例。仍為錄入，以存其舊第焉。

【彙訂】

①"附錄四卷"，《文溯閣提要》作"附錄五卷"。文淵閣《四庫》本此集《附錄》前四卷分別為祭文、行狀、諡誥、神道碑，卷五為忠文耆德之碑。（羅瑛、袁芸：《〈文溯閣四庫全書提要〉補正〈四庫全書總目〉舉隅——以集部別集類為例》）

②此集今存宋刻殘本六十九卷。（祝尚書：《宋人別集敘錄》）

③"二老堂詩話"，底本作"二老堂雜誌"，據殿本改。《總目》卷一九五著錄《二老堂詩話》一卷。

雪山集十六卷（永樂大典本）

宋王質撰。質有《詩總聞》，已著錄。其集久佚不傳，僅散見《永樂大典》中。史稱其嘗著論五十篇，言歷代君臣治亂，謂之

《樸論》。今止存漢高帝、文帝，五代梁末帝、周世宗四篇。質自序《西征叢記》云："自丁亥至庚寅，得詩一百三十有九、詞五十有一、記十、序六、銘二。"又於淳熙二年作《退文》，有六悔、六變。《永樂大典》所載乃總題曰《雪山集》，不可辨識。又《宋史·藝文志》稱《王景文集》四十卷，而別出《雪山集》三卷①。陳振孫《書錄解題》亦作三卷，焦竑《經籍志》、朱彝尊《經義考》則俱云四十卷②。考王阮原序，稱其家以遺稿見屬，乃為蒐羅刪次，釐為四十卷。名曰《雪山》，本其舊也。然則質初有小集三卷，自題《雪山》之名。迨阮刪定遺稿，編為全集，而其名如故。故三卷之本與四十卷之本諸書互見也。張端義《貴耳集》載其《何處難忘酒》詩四首，稱所撰有《雪齋集》，則又刊本流傳譌"山"為"齋"矣。今蒐羅排次，共得一十六卷。其詩文有歲月可稽者，各加考證附於題下。雖殘闕之餘，十存四五。其生平出處與文章宗旨，尚可以見其梗概焉。《宋史》本傳頗以氣節推質。而周密《齊東野語》載張說為承旨時，"朝士多趨之，惟質與沈瀛相戒勿詣說。已而質潛往說所，甫入客位，瀛已先在。物議喧傳，久之，皆不安而去。"與史殊相乖刺。考史稱"虞允文以質鯁亮不回，薦為右正言。時中貴人用事，多畏憚質，陰沮之"云云。則質非附勢求進者，殆張說等懼其彈劾，反造此謗。史所謂陰沮之者，正指其事，密不察而誤載也。觀其初受張浚之知，又以湯思退薦為太學正，而集中《論和戰守疏》排擊二人，皆無怨詞。此豈放利偷合者所能為歟？史又稱質博通經史，善屬文，與九江王阮齊名。阮序是集，亦稱："聽其論古，如讀酈道元《水經注》。名山支川，貫串周帀，無有閒斷。"自明以來，阮《義豐集》尚傳，而質集湮沒不彰，談藝家亦罕能稱道。今仰蒙睿鑒，取其《論和戰守疏》及《上宋孝宗疏》諸篇，詞旨剴切,當於事理,特命校正剟厥,以發幽光,洵為千載之一遇。至集中青詞一體,本非文章之正軌,謹欽遵諭旨,於繕錄之本姑仍其舊,於刊刻之本則概予芟除。又如《會慶節功德疏》、《福地緣化疏》③、《真如修御書閣疏》、《天申節開啟疏》、《滿散疏》、《水陸修齋懺經》諸疏及《化緣修造榜文》諸篇,亦皆語涉異教,刊本并為削去,以示別裁焉④。

【彙訂】

①《宋史·藝文志》著錄《王景文集》四十卷,在北宋人蘇元老、劉安上之間。《宋詩紀事補正》有王景,江西廬陵人,嘉祐三年解試。王質雖字景文,但為南宋人。《王景文集》四十卷或係王景之文集。(陳樂素:《宋史藝文志考證》)

②《經義考》不著錄別集,惟卷一百零六有王質《詩總聞》條。而《曝書亭集》卷三十四《雪山王氏質〈詩總聞〉序》言及“有集四十卷”。(張宗友:《〈四庫全書總目〉誤引〈經義考〉訂正》)

③“緣化”,底本作“化緣”,據殿本改。清李文藻校抄本此集卷八有《福地緣化疏》。

④ 據此,似所列諸篇在諸閣本《四庫全書》中應當保留,而在聚珍版本中才刪去。然文淵閣《四庫》本中並無這些文字。(史廣超:《〈永樂大典〉輯佚研究》)

方舟集二十四卷(永樂大典本)

宋李石撰。石有《方舟易學》,已著錄。《宋史》不為石立傳,其集亦不見於《藝文志》。惟《書錄解題》載《方舟集》五十卷,《後集》二十卷。自明以來,絕無傳本。今從《永樂大典》採掇編次,猶可得十之六七。考鄧椿《畫繼》稱其“出主石室,案此指由太學博士馳為成都學官時。就學者如雲。閩越之士，萬里而來，刻石題諸生名幾千人。蜀學之盛，古今鮮儷。"李心傳《建炎以來朝野雜記》稱："石在太學時，適右學生芝草，學官稱賀，石獨以為兵兆。由是坐斥。趙雄其鄉人，驟貴，石不與通書。及石罷官，值雄秉政，遂不復起。"是石亦學問氣節之士。《資州志》又稱其"好學能屬文，少從蘇符尚書游"。而集中亦有為蘇嶠所作《〈蘇文忠集〉御序跋》。知其文字淵源出於蘇氏，故所作以閎肆見長。雖間失之於險僻①，而大致自為古雅。諸體詩縱橫跌宕，亦與眉山門徑為近也。謹以類排比，編為詩五卷、詞一卷、文十二卷。又浙江採進遺書中有石所撰《易十例略》、《互體例》、《象統》、《左氏卦例》、《詩如例》、《左氏君子例》、《聖語例》、《詩補遺》諸篇，皆題門人劉伯龍編，而帙首一行乃標曰《方舟先生集》。勘驗《永樂大典》所錄經說諸篇與浙江本無異，而其前冠以《方舟集》字亦與浙江本同。蓋本附入集中，後全集散亡，僅存此經說。今仍別為六卷，附之於後，以還其舊焉。

【彙訂】

① "於"，底本作"之"，据殿本改。

網山集八卷（浙江鮑士恭家藏本）

宋林亦之撰。亦之字學可，號月漁，福清人。林光朝之弟子也。光朝講學於紅泉，及卒，學者請亦之繼其席。趙汝愚帥閩，嘗薦於朝，未及用而卒。景定間贈迪功郎。原集刊於紹定辛卯①。劉克莊序稱："嘗謂艾軒高處逼《檀弓》、《穀梁》，平處猶與韓並驅。至於網山論著，句句字字，足以明周公之志，得少陵之髓。其律詩高妙者，絕類唐人。疑老師當避其鋒。他文稱是。"

云云。其推之可謂至矣。今觀此本，詩僅二卷，而輓詩居一卷。文凡六卷，而祭文居二卷，祝文、聘書居一卷，青詞、募疏之類不軌於正者，又居一卷，殊不類克莊之所稱。其編次尤為猥雜。疑原集散佚，無識者掇拾叢殘，重編此本，故遺其菁華而存其糟粕也②。宋人撰著，傳者日稀。既未睹其全帙，姑以此本著錄，備插架之一種云爾。

【彙訂】

①"原集刊於紹定辛卯"當係據林希逸《鬳山集序》，序稱作者"生高宗丙辰（紹興六年，1136），終孝宗乙巳"，又謂"今上辛卯後，先生之剩百有三年"。紹定四年辛卯為1231年，而紹興六年至嘉熙二年（1238）方為百有三年。序又曰："希逸甲申客壽陽……今十有五年。"嘉定十七年甲申（1224）至嘉熙二年正為十五年。疑"辛卯後"乃"嘉熙二年"之誤。（祝尚書：《宋人別集敘錄》）

②明《內閣書目》卷三著錄《三先生文集》時，將此集誤書為《樂軒集》，曰："凡十六卷，闕八卷。"傳世之八卷本當即源於明內閣之殘闕宋本，蓋詩歌部分已佚，僅餘輓詩、青詞之類，而經後人重編卷次，遂泯殘闕之跡。（同上）

東萊集四十卷（兩淮馬裕家藏本）

宋呂祖謙撰。祖謙有《古周易》，已著錄。其生平詩文，皆祖謙歿後，其弟祖儉及從子喬年先後刊補遺稾，釐為文集十五卷。又以家範、尺牘之類為別集十六卷，程文之類為外集五卷，年譜、遺事則為附錄三卷，又附錄《拾遺》一卷。即今所傳之本也。祖謙雖與朱子為友，而朱子嘗病其學太雜。其文詞閎肆辨博，凌厲無前,朱子亦病其不能守約。又嘗謂:"伯恭是寬厚底人,不知如何做得文字卻似輕儇底人。如省試義大段闊裝,館職策亦說得漫,不分曉,後面全無緊要。"又謂伯恭《祭南軒文》"都就小狹處說來"。其文散見於黃螢、滕璘所記《饒錄》。後托克托修《宋史》,遂列祖謙於《儒林傳》中,微示分別。然朱子所云,特以防華藻溺心之弊,持論不得不嚴耳。祖謙於《詩》、《書》、《春秋》皆多究古義,於十七史皆有《詳節》。故詞多根柢,不涉游談。所撰《文章關鍵》,於體格源流,具有心解。故諸體雖豪邁駿發,而不失作者典型,亦無語錄為文之習。在南宋諸儒之中,可謂銜華佩實,又何必吹求過甚,轉為空疏者所藉口哉! 又按《朱子語類》稱:"伯恭文集中如《答項平甫書》,是傅夢泉子淵者;如《罵曹立之書》,是陸子靜者。其他偽作,想又多在。"云云。是祖儉等編集之時,失於別擇,未免收入贗作。然無從辨別,今亦不得而刪汰之矣。

止齋文集五十一卷附錄一卷(浙江巡撫採進本)[①]

宋陳傅良撰。傅良有《春秋後傳》,已著錄。此集為其門人曹叔遠所編,前後各有叔遠序一篇。所取斷自乾道丁亥,訖於嘉泰癸亥。凡乾道以前之少作盡削不存,其去取特為精審。末為《附錄》一卷,為樓鑰所作《神道碑》、蔡幼學所作《墓誌》、葉適所作《行狀》[②]。而又有雜文八篇綴於其後[③],不知誰所續入。據宏治乙丑王瓚序,稱澤州張璜欲掇拾遺逸,以為外集,其璜重刊所附入歟[④]? 自周行己傳程子之學,永嘉遂自為一派,而傅良及葉適尤其巨擘。本傳稱:"永嘉鄭伯熊、薛季宣皆以學行聞。伯熊於古人經制治法,討論尤精。傅良皆師事之,而得季宣之學為多。及入太學，與廣漢張栻、東萊呂祖謙友善。祖謙為言本朝文獻相承，而主敬、集義之功得於栻為多。"然傅良之學，終以通知成敗，諳練掌故為長，不專於坐談心性。故本傳又稱："傅良為學，自三代、秦、漢以下，靡不研究。一事一物，必稽於實而後已。"蓋記其實也。當寧宗即位之初，朱子以趙汝愚薦內召。既汝愚與韓侂胄忤，內批與朱子在外宮觀。傅良為中書舍人，持不肯下，其於朱子亦不薄。然葉紹翁《四朝聞見錄》稱："考亭先生晚註《毛詩》，盡去序文，以'彤管'為淫奔之具，以'城闕'為偷期之所。止齋陳氏得其說而病之，謂以千七百年女史之彤管與三代之學校，以為淫奔之具、偷期之所，竊有所未安。獨藏其說，不與考亭先生辨。考亭微知其然，嘗移書求其《詩》說。止齋答以'公近與陸子靜互辨無極，又與陳同甫爭論王霸矣。且某未嘗註《詩》，所以說《詩》者，不過與門人為舉子講義，今皆毀棄之矣'。蓋不欲滋朱之辨也。"云云。則傅良雖與講學者游，而不涉植黨之私，曲相附和，亦不涉爭名之見，顯立異同。在宋儒之中，可稱篤實。故集中多切於實用之文，而密栗堅峭，自然高雅，亦無南渡末流冗沓腐濫之氣。蓋有本之言，固迥不同矣。

【彙訂】

① 文淵閣庫書作五十二卷附錄一卷。（筧文生、野村鯰子：《四庫提要南宋五十家研究》）

② 應為蔡幼學作《行狀》、葉適作《墓誌銘》。（孫詒讓：《溫州經籍志》）

③ "八篇"乃"九篇"之誤。（筧文生、野村鯰子：《四庫提要南宋五十家研究》）

④ 元至正庚子（1360）重刻本此集已收錄諸雜文，非明弘治

間張鎔重刊所附入。（瞿鏞：《鐵琴銅劍樓藏書目錄》）

格齋四六一卷（浙江鮑士恭家藏本）

宋王子俊撰。子俊字材臣，吉水人。安丙帥蜀，嘗辟為制置使屬官。其始末則未詳也。所著有《史論》、《師友緒言》、《三松類槁》諸書，俱已不傳。此編原本題曰《格齋三松集》，疑即《類槁》中之一種，散佚僅存者。朱彝尊《曝書亭集》有是書跋，稱："鈔得宋本《格齋四六》，計一百二首。"今檢勘其數，與所跋相同，當即彝尊所見之本。楊萬里嘗謂其"《史論》有遷、固之風，古文有韓、柳之則，詩有蘇、黃之味。至於四六，踵六一、東坡之步武，超然絕塵，自汪彥章、孫仲益諸公而下不論。"其推之甚至。今其他文已湮沒不傳，無由證所評之確否。但就此一卷而論，其典雅流麗，亦復斐然可觀。故朱彝尊亦謂其"由中而發，漸近自然，無組織之迹"。必謂勝於汪藻、孫覿，固友朋標榜之詞。要之，駸駕二人，亦足步其後塵矣。

梅溪集五十四卷（兵部侍郎紀昀家藏本）

宋王十朋撰。十朋有《會稽三賦》，已著錄。是集為正統五年溫州教授何濤所校，知府劉謙刻之，黃淮為序。凡奏議五卷，而冠以廷試策。前集二十卷，後集二十九卷，而附以汪應辰所作《墓誌》。後有紹熙壬子其子宣教郎聞禮跋，稱文集合前後並奏議五十四卷，與此本合。而《文獻通考》作《梅溪集》三十二卷，《續集》五卷，并載劉珙之序。今無此序，卷數更多寡不符。應辰《墓誌》則稱《梅溪前》、《後集》五十卷，與此本亦不相應。疑珙所序者初槁，應辰所志者晚年續增之槁，而此本則十朋沒後其子聞詩、聞禮所編次之定槁也[①]。觀應辰稱《尚書》、《春秋》、《論語》、

《孟子》講義皆未成書，而此本後集第二十七卷中載《春秋》、《論語》講義數條。則為蒐輯續入明矣。十朋立朝剛直，為當代偉人。應辰稱其"於文專尚理致，不為浮虛靡麗之詞。其論事章疏，意之所至，展發傾盡，無所回隱，尤條鬯明白"。珙稱其詩"渾厚質直，懇惻條暢，如其為人"。今觀全集，淳淳穆穆，有元祐之遺風。二人所言，良非溢美。曹安《讕言長語》僅稱其祭漢昭烈帝、諸葛亮、杜甫文各數語，未足以盡十朋也。

【彙訂】

　　① 文淵閣《四庫》本有朱熹代劉珙序，作於王十朋"歿幾十年"後，而《墓誌》作於去世當年，豈能以卷數多寡定其所記是否初稿。三十二卷本或即後集。（孫詒讓：《溫州經籍志》；祝尚書：《宋人別集敘錄》）

　　香山集十六卷（永樂大典本）

　　宋喻良能撰。良能字叔奇，義烏人。登紹興二十七年進士，補廣德尉，遷國子監主簿。復以國子監博士召，兼工部郎中。除太常寺丞，兼舊職，出知處州。尋以朝請大夫致仕。《宋史》不為立傳，惟《金華先民傳》載其仕履頗詳。其兄良倚、弟良弼，亦俱以古文詞有聲於時，集中所稱伯壽兄、季直弟者是也。良能所著《忠義傳》二十卷、《諸經講議》五卷、《家帚編》十五卷，俱久佚不存。其集《義烏志》作三十四卷，焦竑《國史經籍志》作十七卷，世亦無傳。獨《永樂大典》中所錄古、今體詩尚多。核其格律，大都抒寫如志，不屑屑為締章繪句之詞。楊萬里《朝天集》有《送喻叔奇知處州》詩云："括蒼山水名天下，工部風煙入筆端。"頗相推許。而良能集內亦多與萬里酬唱之作。故其詩格約略相近，特不及萬里之博大耳。又陳亮《龍川集·題喻季直文編》一篇云："喻叔奇於人煦煦有恩意,能使人別去三日,念之輒不釋。其為文精深簡雅,讀之愈久而意若新。"是良能之文,亦有可自成一家者。惜其詩僅存,而文已湮没不傳矣①。今從《永樂大典》採掇衰次,而以《南宋名賢小集》所載參校補入,釐為十六卷,庶猶得考見其大略。其集稱"香山"者,案集中《次韻李大著春日雜詩》中有"清夢到香山"句,自註曰"余所居山名",蓋以地名其集云。

【彙訂】

① 文淵閣《四庫》本此集卷一有賦三首,辭一首。(周錄祥:《〈四庫全書簡明目錄·集部〉訂誤》)

宮教集十二卷(永樂大典本)

宋崔敦禮撰。敦禮有《芻言》,已著錄。焦竑《國史經籍志》載有敦禮集二十卷。其本久佚,他家書目亦罕著於錄。故厲鶚《宋詩紀事》不及敦禮之名。惟《永樂大典》載有敦禮《宮教集》,其詩文篇帙尚富。大抵格律平正,詞氣暢達。雖不能領新標異①,而周規折矩,尺寸不踰。前輩典型,茲猶未墜,未可等諸自鄶無譏。謹採掇編次,釐為十有二卷。第五卷內有《進重刪定呂祖謙所編〈文鑑〉劄子》一篇,稱"刪去增添,別寫進呈"云云。考李心傳《朝野雜記》謂:"呂祖謙《文鑑》既成,近臣密啟其失當,乃命直院崔大雅更定。增損去留,凡數十篇。"大雅者,其弟敦詩字也。《朱子語類》嘗論祖謙編錄《文鑑》事,亦有"崔敦詩刪定奏議"之語。是此劄當出敦詩,不出敦禮,似乎《永樂大典》偶爾誤題。然或敦詩刊定進呈,敦禮代為草奏,亦未可定。今既別無顯證,姑仍其舊錄之,而附著其舛互如右。

【彙訂】

① "領新標異"，殿本作"標新領異"。

蒙隱集二卷（永樂大典本）①

宋陳棣撰。棣始末諸書不載，惟凌迪知《萬姓統譜》載陳汝錫字師予，紹聖四年進士，官至浙東安撫使。子棣字鄂父，以父任，官至通判潭州。今考集中《知軍劉公挽詞》第三首，自註稱"紹興初，先子帥越"，與汝錫時代官階皆符，當即其人。惟《譜》稱通判潭州，而集中《食枸杞菊》詩自序稱"僕官桐川"，又有"我今作掾嘗苦饑"句，稍為不合。或初仕為桐川掾，後終潭州歟？集中有甲子除夕詩，甲子為紹興十四年，則猶高宗時人也。《栝蒼彙紀》載："汝錫嘗有'閒愁莫浪遣，留為痛飲資'句，為黃庭堅所賞。"則其家學淵源，亦從元祐而來。棣詩乃於南渡之初，已先導宋季江湖之派。蓋其足迹游歷不過數郡，無名山大川以豁蕩心胸。所與唱和者不過同官丞簿數人，相與怨老嗟卑，又鮮耆宿碩儒以開拓學識。其詩邊幅稍狹，比興稍淺，固勢使之然。然統各體而觀之，雖乏鴻篇，實殊偽體。大都平易近情，不失風旨。較以生硬晦澀為奇偉，以鄙俚蕪雜為真切者，其品固有閒矣。宋代遺篇，日傳日少。錄而存之，俾談藝家見所未見，亦稽古者所不廢也。自明以來，選宋詩者皆未及。厲鶚作《宋詩紀事》，亦不載其姓名。則原集之佚已久。其卷帙多少，不可復考。詩惟一篇，題甲子，其年月先後亦不可知。謹從《永樂大典》所載，按體區分，釐為上、下二卷，以略存梗概焉。

【彙訂】

① 此條底本與文淵閣庫書次序不符。文淵閣庫書與殿本

均置於"宮教集十二卷"條之前。

　　倪石陵書一卷（江蘇巡撫採進本）

　　宋倪樸撰。樸字文卿，浦江人。居於石陵村，因以為號。嘗應進士舉。紹興末為萬言書，擬上高宗而不果。鄭伯熊、陳亮皆極稱之。後為里人所搆，徙置筠州，以赦得還。吳師道、宋濂皆為作傳。師道稱其"究悉用兵攻守險要，尤精地理，著《輿地會元志》四十卷"。今不傳。傳者僅此集。前載吳、宋二《傳》，次《擬上高宗書》，又書劄八篇、書唐史諸傳七篇、辨一篇。大抵皆古健有法。惟其《觀音院鐘刻辨》，論吳越所以改元者，乃因梁滅於唐，不肯反面事仇，奉正朔於唐，為錢氏立國之大節。夫錢鏐，固唐遺民也。當朱溫僭逆之時，羅隱之言，凜然大義。乃不以篡唐之梁為仇，而反以滅梁之唐為仇，是非顛倒，莫甚於是。樸因汴京喪亂，務伸復讎之義，遂併此事而附會之，可謂斯言之玷。鄭楷、杜極二跋乃特稱是篇，其愼甚矣。卷末又有吳萊一序，乃為謝翱輯樸雜著而作者。獨不舉此篇，其識固在二人上也。翱所輯久無傳本，其序蓋自《淵穎集》錄出。此本則明嘉靖丙戌麻城毛鳳韶所輯。其不曰"集"而曰"書"者，鳳韶自序謂以《上高宗書》為主，舉所重云。

　　樂軒集八卷（兩淮馬裕家藏本）

　　宋陳藻撰。藻字元潔，福清人。林亦之之弟子，樂軒其自號也。是集為其門人林希逸所編。劉克莊序希逸《竹谿詩集》稱："乾、淳閒，艾軒林光朝始好深湛之思，加鍛鍊之功，有經歲累月繕一章未就者。盡生平所作，不數卷。能以約敵繁，密勝疏，精搉麤。一傳而為網山林亦之，再傳而為樂軒陳藻。"又稱"艾軒

歿,門人散,或更名他師。獨綱山、樂軒篤守舊聞,窮死不悔"云
云。今觀集中所載諸體詩,頗涉麤率,而真樸之處實能自抒性
情。古文亦主於鍛鍊字句,不為奔放閎肆之作,與《艾軒集》體格
相近。雖其蹊逕太僻,不免寒瘦之譏,然在南宋諸家中,實亦自
成一派也。

定菴類稿四卷(永樂大典本)

宋衛博撰。博,《宋史》無傳。其集諸家亦未著錄,惟散見
《永樂大典》中。考《宋中興百官題名記》載乾道四年正月,衛博
為樞密院編修官,四月致仕。知其終於是職。然平生事迹,已不
可考。惟其中《送楊舒州》詩有"我昔懷軍書,西行盡淮泗"語,知
其嘗參戎幕耳。所作凡表劄、牋啟、序記、書疏之類,無所不備,
而什九皆為他人屬草者。特原本多直標題目,不署明"代"字,故
往往不可辨別①。今以《宋史》參證,如《辭免職名表》有"更化之
初,叨居政地"及"長沙資殿"等語,則當為代黃祖舜作;《辭免御
營使江淮都督表》有"戎輅親征"及"太上起臣於戎馬飲江之際,
陛下眷臣於飛龍御極之初"等語,則當為代楊存中作。又所上諸
啟中,如魏參政為魏杞,葉參政為葉容〔顒〕②,洪參政為洪遵③,
周參政為周葵,蔣樞密為蔣芾,皆一時名臣。又有奉使汴京、真
定府燕、賓館賜宴諸表,似嘗從人使金者。而集中《送薛左司序》
則稱:"諫大夫王公將出疆,求幕下士,監丞陶公以某進。會疾作
不果。"考之於史,使金者乃王之望,旋即召還。則博實未北行,
諸表殆預擬而未及用者。蓋博本以表奏四六擅長,故每為當時
顯貴者所羅致。而觀其所作,亦大都工穩流麗,有汪藻、孫覿之
餘風,非應酬牽率者可比。惜其流傳不廣,幾致亡佚。謹鈔撮薈

萃,釐為四卷。存其梗概,俾不致終就湮没焉。

【彙訂】

① 此書所收本非自作,乃為類編書,故《宋史·藝文志》入總集類。(陳樂素:《宋史藝文志考證》)

② "葉容",當作"葉顒",底本乃避嘉慶諱改。殿本作"顒"。葉顒,《宋史》卷三八四有傳。

③ 考《宋史·洪遵傳》及《洪适傳》,洪遵並未官參政,官參政(後升丞相)者,乃其兄洪适。洪适於乾道元年八月除參政,在此前後,周葵、葉顒、魏杞,亦先後除參政,蔣芾除簽書樞密院事,均見《宋史·宰輔表》。可知"洪遵"乃"洪适"之誤。(楊武泉:《四庫全書總目辨誤》)

澹軒集八卷(永樂大典本)

宋李呂撰。呂字濱老,一字東老,邵武軍光澤人。其行事不見於史傳。惟周必大《平園續稾》第三十五卷內有所作呂墓誌一篇,稱其"端莊自重,記誦過人。年四十,即棄科舉。至七十七而卒"。又稱其"學務躬行,深惡口耳之習。讀《易》六十四卦,皆為義說。尤留意《資治通鑑》,論著數百篇"。蓋亦恬退力學之士矣。朱子嘗為其父作《墓誌》,今集中尚有《上晦菴干墓誌書》。又呂立社倉,朱子為作記,嘆其負經事綜物之才,老而不遇。呂歿後,其子文子以集求序,朱子語人曰:"李丈之文,可謂有補於世教。"未及為序而疾革。見於文子所作跋語中。今觀其詩文,雖多近樸直,少波瀾迴復之趣,不能成家。然明白坦易,往往有關於勸戒,不失為儒者之言。朱子所稱,實出公論,不盡以其子游於門下之故也。焦竑《國史經籍志》載《澹軒集》十五卷,與周必大《墓誌》相符①。然世無傳本。惟散見於《永樂大典》中。謹採掇裒綴，釐為詩三卷、詩餘一卷、雜文四卷。周必大《墓誌》一首亦附之卷末，以備考核焉。

【彙訂】

① 周必大《澹軒李君墓誌銘》（載《文忠集》卷七十五）未云有集。（孔凡禮：《澹軒集提要》）

攻媿集一百一十二卷（兩淮鹽政採進本）

宋樓鑰撰。鑰有《范文正年譜》，已著錄。其集載於諸家書目者，或作百卷，或作八十五卷，而世所傳鈔本有僅存四十二卷者。蓋流傳既久，多所佚脫。此本原作一百二十卷，與《宋史·藝文志》及陳振孫《書錄解題》所載相同，猶為舊帙。惟中闕第七十七卷，據原目為《宣王內修政事》、《光武大度同高祖》二賦，《玉厄為壽》、《宅道炳星緯》二詩，《用人》、《安民》、《治兵》三策。又闕第七十八卷，據原目為御試進士舉人、召試館職閣職、省試、別試、解試、上舍州學諸試所擬策問十五篇。又闕第七十九卷，據原目為宴會、慶賀致語十五篇，上梁文四篇，勸農文二篇。其第七十三卷據原目闕《跋王伯奮所藏〈文苑英華〉》、《跋清閟居士臨〈修禊序〉》二篇①。第七十四卷據原目闕《跋劉元城、江諫議、任諫議、鄒道鄉、陳了齋五人帖》一篇②。而第五十六卷中《揚州平山堂記》亦闕其後半。諸家所藏刻本、鈔本並同，今俱無從校補。至第四十八卷、第八十卷、第八十一卷、第八十二卷有青詞、朱表、齋文、疏文之類③，凡一百六十七篇，均非文章之正軌。謹稟承聖訓，概從刪削，重編為一百一十二卷。用聚珍版摹印，以廣其傳。鑰居官持正有守，而學問賅博，文章淹雅，尤多為世所傳述。本傳稱其"代言坦明,得制誥體"。葉紹翁《四朝聞見錄》載:"鑰草光宗内禪制詞,有'雖喪紀自行於宮中,而禮文難示於天下'二語,為海内所稱。"此言其工於内外制也。本傳又稱:"鑰試南宫,以犯諱請旨冠末等。投贄諸公,胡銓稱為翰林才。"今集中《謝省闈主文啟》一首,即是時所作。此言其工於啟劄也。王應麟《困學紀聞》取其"門前莫約頻來客,坐上同觀未見書"二句,載入"評詩類"中。此言其工於聲偶也。而袁桷《延祐四明志》稱其"於中原師友傳授,悉窮淵奥,經訓小學,精據可傳信"。尤能盡鑰之實。蓋宋自南渡而後,士大夫多求勝於空言,而不甚究心於實學。鑰獨綜貫今古,折衷考較。凡所論辨,悉能洞澈源流。可謂有本之文,不同浮議。王士禎《居易錄》稱其"行盡松杉三十里,看來樓閣幾由句","一百五日麥秋冷,二十四番花信風","水真綠淨不可唾,魚若空行無所依"諸句,而病是集多叢冗。謂表狀、内外制之類,删去半部亦可。然貪多務博,即《誠齋》、《劍南》、《平園》諸集亦然。蓋一時之風氣,不必以是為鑰病也。至於題跋諸篇,尤多元元本本,證據分明,不止於《居易錄》所稱《三笑圖贊》、《吳彩鸞〈玉篇鈔〉》、《唐昭宗賜憘實敕書》三篇①。毛晉輯《津逮祕書》,摘錄宋人題跋共為一集,而獨不及鑰。其偶未見此本歟?

【彙訂】

① "清閟居士",殿本作"清祕居士",誤。清閟居士為薛紹彭,《蘭亭續考》卷一載樓鑰《跋清閟居士本〈蘭亭序〉》。

② "人",殿本作"諫"。

③ 據朱墨合校舊鈔本此集目錄,卷七九有《溫州勸農文 乾道八年》、《溫州勸農文 乾道九年》、《台州勸農文 淳熙七年》三篇

勸農文。"第七十三卷"乃"第七十一卷"之誤,"第七十四卷"乃
"第七十二卷"之誤,"第五十六卷"乃"第五十三卷"之誤。卷三
八至卷四五所載內制中亦散見青詞等。(覓文生、野村鯰子:
《四庫提要南宋五十家研究》)

④　文淵閣《四庫》本此集卷七六《跋汪季路所藏書帖》首則
為《唐僖宗賜愭實敕書》,《居易錄》卷十一作《唐昭宗賜愭實敕
書》,誤。(同上)

尊白堂集六卷(永樂大典本)

宋虞儔撰。儔字壽老,寧國人。隆興初,入太學,舉進士。
累官兵部侍郎,奉祠卒。其行事不見於《宋史》,而志乘所載頗
詳。始為績溪令,即以治行被薦,遷監察御史。搏擊權貴,朝廷
肅然。為浙東提刑,徙知湖州,值歲祲,推行荒政,所全活甚眾。
蓋亦不徒以文學見長者。集中有《使北回上殿劄子》,是又嘗銜
命使金。考《金史·交聘表》:"泰和元年三月乙亥,宋使刑部尚
書虞儔、泉州觀察使張仲舒等來報謝。"即其事也。儔慕白居易
之為人,以"尊白"名堂,并以名集。其《讀白樂天詩》云:"大節更
思公出處,寥寥千載是吾師。"生平志趣,可以想見。故所作韻
語,類皆明白顯暢,不事藻飾。其真樸之處,頗近居易,而麤率流
易之處,亦頗近居易。蓋心摹手追,與之俱化,長與短均似之也。
然如《除日獄空》、《春蠶行》及《勸農》、《禱雨》、《喜雨》諸篇,剴切
慈祥,詞意懇到,足以驗其心勞撫字,固不當僅求之吟詠閒矣。
集中古文僅存制誥、劄子二體,已不免多所散佚。而辭命溫雅,
議論詳明,於當時廢弛積弊,言之尤切,其意亦頗有可取者。據
陳貴誼原序,集本二十四卷。今從《永樂大典》中採掇裒次,釐為

詩四卷、文二卷。錄而存之，亦所謂布帛菽粟之文，雖常而不可厭者歟？

東塘集二十卷（永樂大典本）

宋袁說友撰。說友字起巖，建安人，流寓湖州。登隆興元年進士第，嘉泰中，官至同知樞密院參知政事。說友學問淹博，留心典籍。官四川安撫使時，嘗命屬官程遇孫等八人輯蜀中詩文，自西漢迄於淳熙，為《成都文類》五十卷，深有表章文獻之功。其集則《書錄解題》、《宋史·藝文志》皆不載。故厲鶚《宋詩紀事》僅從楊慎《全蜀藝文志》采其《巫山十二峯》詩一首，從郁逢慶《書畫題跋記》採其《題米敷文瀟湘圖》詩一首，而不言其有集。則非惟詩文散佚，並其集名亦湮没不傳矣[①]。今據《永樂大典》所載，蒐羅排纂，得詩七卷、文十三卷。又家傳一篇，不知誰作，後半文已殘闕，而前半所敘仕履頗詳。亦並存之，以備考證。集中題跋諸篇，於司馬光、韓琦、歐陽修、蘇舜欽、蘇軾、黃庭堅、蔡襄、米芾諸人皆慨想流連，服膺甚至。而《跋默堂帖》一篇，於王安石新學之失辨之尤詳。知其學問淵源，實沿元祐之餘派。故其論事之文，曲折暢達，究悉物情，具有歐、蘇之體。其詩與楊萬里倡和頗多。五言近體，謹嚴而微傷局促，七言近體，警快而稍嫌率易。至於五、七言古體，則格調清新，意境開拓，置之《石湖》、《劍南》集中，淄澠未易辨別矣。說友敭歷中外凡三十年，其政績雖不盡見於後，然章奏敷陳，多切時病，今集中尚見大凡。其《論守淮宜用武臣》一疏[②]，謂文臣不諳兵事，不宜以邊務委之。切中當時坐談債事之弊，非講學家所肯言。又《蜀將當慮其變》一疏，引崔寧、劉闢、王建、孟知祥為戒。說友歿後，卒有開禧吳曦之變，若先事而預睹之，其識慮亦不可及。魏了翁《鶴山集》有《祭袁參政文》，以耆臣宿弼相推，惋悼頗深，當非無故。《宋史》不為立傳，殊不可解。今收拾於散佚之餘，剩簡殘篇，尚能成帙，俾其人其文併藉以傳。則是集之存，其足補史氏之闕者，又不僅在詞翰間也。

【彙訂】

① "集"，殿本無。

② 疏名實題為《論淮守當任武臣》，載卷八。

義豐集一卷（編修勵守謙家藏本）

宋王阮撰。阮字南卿，德安人，王韶之曾孫。隆興元年進士，仕至撫州守，召入奏。韓侂胄欲見之，卒不往。怒，使奉祠。歸廬山以終。阮少謁朱子於考亭。朱子知南康時，阮又從遊。故集中有唱酬之作。阮之歸也，朱子惜之，謂其才氣術略過人，而流落不偶①。集首有淳祐癸卯吳愈序，謂："其文無一字無來處。論邊事則晁、賈其倫，為記銘則韓、柳其亞。"今其文集未見，所存僅詩一卷。蓋傳錄者以全集之序弁詩之首也。劉克莊嘗跋其詩，謂高處逼陵陽、茶山②。陵陽者韓駒，茶山者曾幾也。岳珂《桯史》稱阮學於張紫微，載其《萬杉寺唱和》絕句及《重過萬杉寺》絕句。紫微者張孝祥也。曾詩祖述黃庭堅，張詩則摹擬蘇軾，韓詩則出入於蘇、黃。今觀阮詩，於兩派之間各得一體。克莊及珂所述，固皆為近實矣。珂又記阮所作詩號《義豐集》，刻於江沜，校官馮椅為之序。是阮詩本有單行之本，不知何以佚去椅序，易以愈序也③。

【彙訂】

① 依《總目》體例，當補"事迹具《宋史》本傳"。（余嘉錫：

《四庫提要辨證》）

　　② 劉克莊評王阮詩語見於《王南卿集序》,非跋也,且論文之處多於論詩。(同上)

　　③ 黃丕烈《百宋一廛賦》注:"殘宋王阮《義豐文集》……後有淳佑癸卯吳愈敍……惟《桯史》以為阮所作號《義豐集》,刻江洋,校官馮椅為之序者,有詩無文,絕非此本也。"(祝尚書:《宋集孤本罕見本六種考》)

　　涉齋集十八卷(永樂大典本)①

　　案《涉齋集》,《永樂大典》原題許綸撰。案集中《王晦叔惠聽雨圖詩序》,自稱永嘉人,字深父。而諸書不載其人。考《宋史·許及之傳》云:"及之字深甫,溫州永嘉人。隆興元年進士,累官至知樞密院事。"與自序"永嘉人"合。《藝文志》載《許及之文集》三十卷、《涉齋課稾》九卷,與今本"涉齋"之名合。焦竑《經籍志》載許右府《涉齋集》三十卷。宋人稱樞密為右府,與及之本傳官知樞密院又合。則此集當為及之所撰。又《宋史·寧宗本紀》:"紹熙四年六月,遣許及之賀金主生辰。"②《金史·交聘表》亦同。今集中使金之詩,一一具在。本傳稱及之嘗為宗正簿,今集中亦有《題玉牒所壁閒》詩。則此集出於及之,尤證佐鑿然。《永樂大典》所題,不知何據。或及之初名綸,史偶未載更名事歟③?此集世無傳本。今摭拾殘賸,編為十八卷。觀其《讀王文公詩》絕句曰:"文章與世為師範,經術於時起世讎。少讀公詩頭已白,祇應無奈句風流。"知其瓣香在王安石。安石之文平挹歐、蘇,而詩在北宋諸家之中,其名稍亞。然早年鍛鍊鎔鑄,工力至深。《瀛奎律髓》引司馬光之言,稱其晚年諸作"華妙精深",殆非虛譽①。是集雖下筆稍易，未能青出於藍，而氣體高亮，要自琅琅盈耳。較宋末江湖詩派刻畫瑣屑者，過之遠矣。

【彙訂】

① 底本此條與文淵閣庫書次序不符。文淵閣庫書與殿本均置於“義豐集一卷”條之前。

② 紹熙乃宋光宗年號，寧宗即位在紹熙五年七月，故《宋史》載許及之出使事在《光宗紀》。（莊劍：《〈四庫全書總目提要〉訂誤二則》）

③《永樂大典》輯本此集卷二有《綸子效靖節止酒體賦筠齋余亦和而勉之》詩，則許綸為許及之子，或即此集之編集者。（陳新：《宋許及之涉齋集何以誤署許綸》）

④《瀛奎律髓》卷十三載：“《漫叟詩話》謂：荆公定林後詩律精深華妙。”胡仔《苕谿漁隱叢話》前集卷三三、《詩人玉屑》卷十七皆引作《漫叟詩話》，其作者不詳。司馬光號迂叟，其《溫公續詩話》並無“華妙精深”諸語。（韓立平：《〈四庫全書總目〉正誤二則》）

蠹齋鉛刀編三十二卷（編修汪如藻家藏本）

宋周孚撰。孚字通道，濟南人，寓家丹徒。乾道二年進士，官真州教授。集首有京口陳琪序，稱遺文共三十卷，《儀真縣志》並同。而鄺延解百襴跋語又稱三十二卷，與今集本相合。蓋琪序專指詩文而言，末二卷為《非〈詩辨妄〉》。原自別本單行，百襴取以附入，故通為三十二卷耳。又《宋詩紀事》稱孚卒後，辛棄疾刊其集。今考集中多與棄疾贈答之作，然絕無刊集之文。世所傳本，實淳熙己亥歲百襴為鋟版以傳，跋語可證。疑《宋詩紀事》

有誤也①。孚七歲通《春秋》。為詩初學陳師道，進而學黃庭堅，俱能得其遺矩。詩中分註，自甲戌歲始，距其卒於淳熙初，凡二十餘年。蓋皆其中年之作②，學問日進，故大抵詞旨清拔，無纖仄卑俗之病。文章不事雕繢，而波瀾意度，往往近於自然。至鄭樵作《詩辨妄》，決裂古訓，橫生臆解，實汩亂經義之渠魁。南渡諸儒，多為所惑。而孚陳四十二事以攻之，根據詳明，辨證精確，尤為有功於詩教。今樵書未見傳本，案《經義考》載樵此書，註曰"未見"。而孚書巋然獨存。豈非神物呵護，以延風雅一脈哉！是尤可為寶貴者矣。

【彙訂】

①《咸淳鎮江志》載辛棄疾為周孚刊《蠹齋集》三十卷於長沙，又有集曰《鉛刀編》，鄉人之從遊者為板行於世。則其集自有兩本，《宋詩紀事》不誤。（余嘉錫：《四庫提要辨證》）

②周孚生於紹興五年，卒於淳熙四年，甲戌乃紹興二十四年，孚年才弱冠，而可謂之中年乎？甲戌以前之作，蓋不存稿。（同上）

集 部 十 三

別 集 類 十 三

乾道稿一卷淳熙稿二十卷章泉稿五卷（永樂大典本）

宋趙蕃撰。蕃字昌父，號章泉，先世鄭州人。建炎初，其曾祖賜官於信州，因家焉。蕃以賜致仕恩補官，後終於直祕閣。蕃始受學劉清之。年至五十，乃問學於朱子。《朱子文集》與蕃尺牘凡六首。蕃與朱子往還詩及他作之稱述朱子者，二十餘首。朱子《答徐斯遠書》有云：“昌父志操文詞，皆非流輩所及。且欲其刊落枝葉，就日用間深察義理之本然，庶幾有所據依以造實地，不但為騷人墨客而已。”所以援引之者甚力。然蕃本詞人，晚乃講學，其究也仍以詩傳，與澗泉韓淲有“二泉先生”之稱。淲集久佚，今從《永樂大典》裒輯，已別著錄。蕃集世亦無傳，而《永樂大典》所收頗富。并為採掇編次，依舊本標題，釐為《乾道稿》一卷、《淳熙稿》二十卷、《章泉稿》五卷，共二十六卷。而以蕃本傳及劉宰所作《墓表》附錄於後。初，蕃為太和簿時，受知於楊萬里。萬里贈詩有云：“西昌主簿如禪僧，日餐秋菊嚼春冰。”又云：“勸渠未要思舊隱，且與西昌作好春。”又贊其寫真云：“貌恭氣和，無月下推敲之勢；神清骨聳，非山頭瘦苦之容。一笑詩成，萬象春風。”劉克莊跋亦云：“近歲詩人，惟趙章泉五言有陶、阮意。”《詩人玉屑》載蕃論詩一則，以陳后山《寄外舅》詩為全篇之似杜者。後戴式之《思家》用陳韻，又全篇之似陳者。觀其持論，其詩學淵源亦可概見矣。又張端義《貴耳集》稱：“蕃與周必大同里①。必大當軸，所任但一酒官，五十年不調。案，“五十年”疑當為“十五年”之譌。壽九十餘，公朝尊老，以祕閣正郎聘之，不至。”②則蕃之恬淡自守，人品本高，宜其詩之無俗韻也。

【彙訂】

① 周必大為廬陵人，與信州（今江西上饒市）人不能稱“同里”，《貴耳集》以周之祖父原籍鄭州（見《宋史·周必大傳》），與趙之曾祖同為鄭州人，以此視周必大與趙蕃“同里”，不亦疏乎？（楊武泉：《四庫全書總目辨誤》）

② 據《宋元學案》卷五九《趙蕃小傳》，蕃少從劉清之學。清之為衡州守在淳熙年間，下至紹定年間趙蕃卒，當踰五十年，故為酒官“五十年不調”，指為酒官後，不再任官，非一直任酒官五十年也。“五十”非“十五”之譌。又宋劉宰《漫塘集》卷三二《章泉先生墓表》云：“又閱月而先生逝矣，實紹定某年某月某日，壽八十有七……命所居曰難齋，則視昔賢啟手而戰戰兢兢，年踰九十而求箴儆於國，無異心也。”趙蕃享年八十七，《墓表》所言甚明，並非“壽九十餘”。所謂“年踰九十而求箴儆於國”，乃借《國語·楚語上》“昔衛武公年數九十有五矣，猶箴儆於國”之故事，以讚趙蕃命所居曰難齋之用心。（同上）

雙溪集二十七卷（兩淮馬裕家藏本）

宋王炎撰。炎字晦叔，婺源人。乾道五年進士，官至軍器少

監。與淳熙中觀文殿大學士王炎名姓偶同，非一人也。所著有
《讀易筆記》、《尚書小傳》、《禮記》《論語》《孝經》《老子解》、《春秋衍
義》、《象數稽疑》、《禹貢辨》、《考工記、鄉飲酒儀》①、《諸經考疑》、
《編年通紀》、《紀年提要》、《天對解》、《韓柳辨證》、《傷寒論》，總題
曰《雙溪類稾》，今已無傳。惟詩文集僅存。世所行者凡二本。一
本為康熙中其族孫祺等所刊，凡十二卷②。一即此本，乃明萬曆丙
申尚寶司丞王鏻得沈一貫家舊本為校正開雕者也③。凡賦、樂府
一卷，詩、詞九卷，文十七卷。炎初與朱子相契。朱子集中和炎
《寄弟》詩有"祇今心事同千里，靜對簞瓢獨喟然"之句。炎亦多與
朱子往還之作，其交誼頗篤。及朱子為待制，侍經筵，寧宗方諒
闇，擇日開講。炎貽書朱子，論其非禮，而朱子集中無答書。蓋是
時韓侂胄、趙汝愚釁隙方開，汝愚援道學諸人以自助。語詳《齊東野
語》。侂胄之黨，眈眈側目。朱子急欲寧宗親近士大夫，故不拘喪
禮，汲汲以講學為先，實一時權宜之計。迨一經攻駁，難以置詞，
遂付之於不論。豈非所持者正，雖朱子亦不能與之爭歟？其詩
文博雅精深，亦具有根柢。程敏政輯《新安文獻志》，所採最多。
其所未採諸篇，議論醇正，引據典確者，尚不可悉數。蓋學有本
原，則詞無鄙誕。較以語錄為詩文者，固有蹈空、徵實之別矣。

【彙訂】

①"儀"，殿本作"義"，誤，參《新安文獻志》卷六十九載胡升
《王大監炎傳》。

② 據康熙五十七年刻本卷末王廷瑜《康熙重刊雙溪集後
序》，乃廷瑜偕族人王德洪等重刊。（祝尚書：《宋人別集敍錄》）

③ 今存明嘉靖癸巳十二年裔孫懋元刊《雙溪文集》十七卷。
（朱家濂：《讀〈四庫提要〉札記》）

止堂集二十卷（永樂大典本）

宋彭龜年撰。龜年字子壽，清江人。乾道五年進士，歷官煥
章閣待制，知江陵府。遷湖北安撫使，坐事落職。尋復官，以寶
謨閣待制致仕。卒諡忠肅。事迹具《宋史》本傳。龜年官右史
時，面折廷諍，劘切人主，有古直臣之風。集中所存奏疏、劄子尚
五十五篇，敷陳明確，多關於國家大計。其論光宗不朝重華宮，
疏凡三四上。至於伏地叩額，血漬甃甓，光宗亦為之感動。又嘗
事寧宗於藩邸，有舊學之恩。即位後數進讜言，拳拳懇到。因風
雷示變，極陳小人之竊權。及朱子以論韓侂胄被絀，龜年又上疏
請與同斥。今諸疏並在集中，其嚴氣正性，凜然猶可想見。史稱
其學識正大，議論簡直，善惡是非，辨析甚嚴。故生平雖不以文
章名，而懇惻之忱與剛勁之氣，浩然直達，語不求工而自工。固
非礱捝為文者所得絜其長短也。《宋史・藝文志》載其集四十七
卷，世久失傳。今從《永樂大典》所載，益以《歷代名臣奏議》所
錄，共得文二百二十三首、詩二百二十首。依類編次，釐為二十
卷①。雖得諸殘闕之餘，而其一生建白，史所未盡載者，已略具
於是。傳龜年之文，益足傳龜年之人矣。

【彙訂】

① 文淵閣、文溯閣、文瀾閣《四庫》本均作十八卷。文淵閣
本書前提要云：“至若《視語》諸篇，本非文章正軌，今刊本概從刪
削焉。”經過刪削，卷數也減少二卷。（司馬朝軍：《〈四庫全書總
目〉研究》）

緣督集二十卷（永樂大典本）

宋曾丰撰。丰字幼度，樂安人。乾道五年進士，官至知德慶

府事。真德秀幼嘗受學於丰，及執政，奏取其集入崇文四部。當
時嘗版行於世。歲久不傳。元元統閒，丰五世孫德安購其遺集，
得四十卷，翰林學士虞集為之敘。謂其"氣剛而義嚴，辭直而理
勝，有得於《易》之奇、《詩》之菀"。其文今見《道園學古錄》中。
然當時欲授梓不果①。至明嘉靖閒，詹事講始選錄十有二卷，刻
於宣城②。卷末有萬鎬後序，稱"摘其尤者存之"。今觀所分諸
體，如"五言排律"類中惟有排律一二首，餘皆五言古詩；"七言排
律"類中皆七言古詩，無一首為律。是古、今體且不能辨，其去取
乖謬，大概可知。蓋事講從羅洪先游，日以討論心學為事，文章
一道，非所深研。遂使丰之菁華，反因此選而散佚，殊堪惋惜。
惟《永樂大典》編自明初，尚見丰之原集。其所收錄，較刊本多至
數倍。今據以增補，乃裒然幾還舊觀。佚而復存，亦云幸矣。丰
仕跡不顯，頗以著述自負。集中如《六經論》之類，根柢深邃，得
馬、鄭諸儒所未發。其他詩文，雖閒有好奇之癖，要皆有物之言，
非膚淺者所可企及。亦南宋一作者也。丰晚年築室，自號曰摶
齋。故是編一名《摶齋集》，見於《宋史·藝文志》。今從虞集所
序，仍以"緣督"為名。集序稱凡四十卷，而《宋志》乃作十四卷，
蓋刊刻傳寫，誤倒其文③。今原目不可復睹，謹據所存各體，以
類區分，共釐為二十卷。

【彙訂】

①此本曾付梓，至清代仍有傳抄本。陸心源《原本緣督集
跋》云："《摶齋先生緣督集》四十卷，題曰'盧陵曾丰幼度'，舊鈔
本，前有虞集序……至元初，五世孫德安重刊之，虞集為之序，即
此本也。"（祝尚書：《宋集孤本罕見本六種考》）

②《總目》卷一七四《別本緣督集》條曰："宋曾丰撰……萬

曆癸未,詹事講為選而刻之。"今國家圖書館、浙江博物館皆著錄有萬曆癸未本。(同上)

③ 曾德安得遺集在《宋史》已成之後,修史時未必非只得十四卷。(陳樂素:《宋史藝文志考證》)

象山集二十八卷外集四卷附語錄四卷(大理寺卿陸錫熊家藏本)

宋陸九淵撰。九淵字子靜,金谿人。乾道八年進士。紹熙初,官至奉議郎,知荊門軍,卒於官。事迹具《宋史》本傳。據《九淵年譜》,集為其子持之所編,其門人袁燮刊於江西提舉倉司者,凡三十二卷。《宋史·藝文志》、《文獻通考》並作《象山集》二十八卷《外集》四卷。總而計之,與燮所刊本卷數相符。獨《年譜》稱持之所編《外集》為六卷,殆傳寫譌"四"為"六"歟? 此本前有燮序,又有楊簡序[①]。燮序作於嘉定五年,簡序作於開禧元年,在燮序前七年,而列於燮後。蓋刊版之時,以新序弁首,故翻刻者仍之。又有嘉定庚辰吳杰跋,稱是集為建安陳氏所刊。而《年譜》未載此本,豈持之偶未見歟[②]? 前十七卷為書,十八卷為表奏,十九卷為記,二十卷為序贈,二十一卷至二十四卷為雜著,二十五卷為詩,二十六卷為祭文,二十七卷、二十八卷為墓誌、墓碣、墓表。《外集》四卷皆程試之文。末為謚議、行狀,則吳杰所續入也。其《語錄》四卷,本於集外別行。正德辛巳,撫州守李茂元重刻是集,乃並附集末,以成《陸氏全書》。其說與集中論學諸書互相發明。合而觀之,益足勘證。今亦仍附於末,不別著錄焉。

【彙訂】

① 楊簡序云:"先生冢嗣持之,字伯微,集先生遺言為

二十八卷，又外集六卷，命簡爲之序。"知袁燮刊本爲外集
六卷，非四卷。（筧文生、野村鯰子：《四庫提要南宋五十家
研究》）

② 定年譜爲陸持之所撰，未知何據。（同上）

慈湖遺書十八卷續集二卷（編修汪如藻家藏本）

宋楊簡撰。簡有《慈湖易傳》，已著錄。金谿之學，以簡爲
大宗。所爲文章，大抵敷暢其師説。其講學純入於禪，先儒論
之詳矣。其論治務最急者五事，次急者八事。大抵欲罷科舉
以復鄉舉里選，限民田以復井田，皆迂闊不達時勢。然簡歷官
治績，乃多有可紀，又非膠固鮮通者。蓋簡本明練政體，亦知
三代之制至後世必不可行。又逆知雖持是説以告世[①]，世亦必
不肯用，不慮其試之而不驗。故姑爲高論，以自表其異於俗學
霸術而已。及其莅官臨事，利弊可驗而知者，則固隨地制宜，
不敢操是術以治之，故又未嘗無實效也。《宋史》本傳載簡所
著有《甲稾》、《乙稾》、《冠記》、《昏記》、《喪禮家記》、《祭記》、
《釋菜禮記》、《石魚家記》及《己易》、《啟蔽》諸書，其目甚多。
陳振孫《書錄解題》則稱簡《遺書》止三卷。此本自六卷以前爲
雜文及詩，七卷至十六卷爲《家記》，皆雜錄論經史治道之説，
如語錄之體。十七卷紀先訓，十八卷乃錢時《行狀》及真德秀
跋。又編雜文一卷及《孔子閒居解》一卷於後，謂之《續集》。
與振孫所記卷數多寡不合。而集中《家記》內各條，又有別標
曰"見《遺書》"者。疑先有《遺書》三卷，初本別行。後又裒輯
諸編，共成此集，仍總以《遺書》名之。猶之王質《雪山集》有三
卷之本、有四十卷之本歟[②]？

【彙訂】

①“是説”，殿本作“吾説”。

②“王質《雪山集》有四十卷之本”之説恐誤，詳卷一五九《雪山集》條訂誤。

絜齋集二十四卷（永樂大典本）①

宋袁燮撰。燮有《絜齋家塾書鈔》，已著録。乾道、紹熙之間，陸九淵以心學倡一世。燮初與同里沈焕、楊簡、舒璘同師事之，均號金谿高弟，猶程門之稱游、楊、吕、謝也。簡與璘各有全集流傳於後。焕之著述，久已不存，今亦無從蒐輯。惟燮《絜齋集》二十六卷，後集十三卷，見於《書録解題》者明初尚有其本。故《永樂大典》採掇頗多。厥後遂罕相傳録，漸就散亡。即祖述象山之派者，亦不能舉其篇目矣②。今據《永樂大典》所載，裒集編次，得文二百四十八首、詩一百七十六首③。大抵淳樸質直，不事雕繪，而真氣流溢，頗近自然。其剖析義理，敷陳利病，凡議論為語録所未採，事迹為史傳所未詳者，亦多足證焉④。固不徒以文章貴也。惟《永樂大典》於前、後二集不各為標識，今遂無可辨别。謹以類排纂，并為一集，勒成二十四卷，而以燮子甫所作序一篇附之。用存其舊云。

【彙訂】

①袁燮號潔齋，宋、明書目皆著録作《潔齋集》。（祝尚書：《宋人别集敘録》）

②“矣”，殿本無。

③《文溯閣提要》作“得文二百三十九首、詩一百七十七首”，文淵閣本此集有奏疏二十八首、奏狀二十首、策問十八首、

論十四首、雜著九首、序跋五十一首、記三十二首、行狀十二首、墓表四首、誌銘三十七首、廟碑一首、祭文十三首,是文凡二百三十九首;古體詩五十七首、近體詩一百二十首,是詩凡一百七十七首。(羅瑛、袁芸:《〈金毓黻手定本文溯閣四庫全書提要·別集類〉補正〈四庫全書總目〉舉例》)

④ "證",殿本作"徵"。

舒文靖集二卷(浙江汪啟淑家藏本)

宋舒璘撰。璘字元質,一字元賓,奉化人。舉乾道八年進士。初授徽州教授,擢知平陽縣,終宜州通判。淳祐中,追諡文靖。事迹具《宋史·儒林傳》[①]。璘棲遲州縣,終身未一挂朝籍。故集中無章奏之文,其經略遂不可考見。本傳亦但稱其教授新安,作《詩禮講解》,家傳人習,自是其學浸盛。然觀集中《與陳倉劄子》,論常平義倉茶鹽保長之法,深切時弊,皆其教授新安時所作。則璘亦非短於經世者也。本傳稱璘釋褐之後,"兩除郡教授,不就",未著其所除者何郡。今觀璘自作其父壙銘,篇末有曰:"子璘,迪功郎,信州州學教授。"則是所稱兩郡之一,而本傳失之者。又本傳稱璘為徽州學官,"司業汪逵首欲薦璘。或謂舉員已足,逵曰:'吾職當舉教官,舍斯人將誰先?'卒剡薦之。"今集中有《申謝傅漕及張守、陳倉三人薦舉劄子》,又有《謝李提舉書》,乃獨不及逵。其《與樓大防書》云:"前張守所惠薦章,蒙示回簡,方知所自。"《與王大卿書》亦云:"荷禮書尤丈、漕使傅丈、倉使陳丈惠然相舉,皆出提獎之賜。"亦均不及逵。與本傳亦復互異。《道學》、《儒林》兩傳,為修《宋史》者所最留意。而參考斯集,已舛漏如是,是亦足證托克托等之疏謬矣。

【彙訂】

①《宋史·儒林傳》中，並無舒璘傳。《儒林傳》亦不涉舒璘事迹。舒《傳》在《宋史》卷四一〇，附《沈煥傳》後。（楊武泉：《四庫全書總目辨誤》）

雲莊集十二卷（浙江巡撫採進本）①

宋劉爚撰。爚有《四書問目》，已著錄。爚與弟炳均游朱子之門，故嘗上疏乞開僞學之禁，為《宋史》本傳所採。然其《上史彌遠書》，論用人聽言之道，及《宋史》載其《奏便民五事》、《論貢舉五弊》諸疏，尤為有用之言。今《書》載集中，而《五事》、《五弊疏》集無其文。則所闕佚不少矣。是集為祁承㸁澹生堂鈔本。前有嘉定間李埴序②，又附真德秀《碑文》，乃明天順間其十世孫梗所編。又別一本為其十世孫檍所重刻，較梗所編少文數首，亦不載德秀《碑文》③。檍序稱朱子晚年以《書》屬蔡沈，以《禮》屬爚。又稱爚精力在《王朝禮編》，而雜著之文略見於此。案朱子以《儀禮》喪、祭二門屬黃榦，未嘗屬爚。《宋史》爚本傳既不載此語，而《王朝禮編》亦未見其書，不知何所據而云然。殆與世傳《四書問目》同一在疑似之閒歟？

【彙訂】

① 底本此條與文淵閣庫書次序不符。文淵閣庫書與殿本均置於"舒文靖集二卷"條之前。文淵閣庫書為二十卷。（沈治宏：《〈四庫全書總目〉集部著錄圖書失誤原因析》）

②"嘉定間"，殿本無。

③ 劉爚文集未見宋至明初書目著錄，明正統十九卷本、天順十二卷本、澹生堂二十卷抄本、《四庫》二十卷本《雲莊集》之內

容全係仿照真德秀《西山集》偽造而成。《四庫》本所收三百二十多篇除《重遷建陽縣學記》一篇外，其餘皆互見於《西山集》。劉爚卒於寧宗嘉定九年二月，而集中大量篇章涉及嘉定九年後事。如《論用人聽言之道》言及理宗端平元年事，上距劉爚去世已二十年，史彌遠也死去一年了。《奏便民五事》真德秀所作神道碑文未言有此奏，《歷代名臣奏議》等亦未摘錄。唯度正《性善堂稿》卷六有《條奏便民五事》。《論貢舉五弊》見於《宋會要輯稿》，乃三位貢舉官合奏，且以曾從龍為首。李埴序所署官職顯誤，內容亦係托名偽撰。（梁庚堯：《劉爚〈雲莊集〉的版本及其真偽》；蔡東洲：《雲莊集提要辨證》）

定齋集二十卷（永樂大典本）

宋蔡戡撰。戡字定夫，其先興化軍仙遊人。端明殿學士襄之四世孫也。祖紳，紹興中官左中大夫，始寓常州武進縣①。戡幼承門蔭，補溧陽尉。後中乾道丙戌進士甲科，官至寶謨閣直學士。《宋史》不為立傳，故其行事不概見。凌迪知《萬姓統譜》載："戡持節五羊，代輸敷銀，民甚便之。為湖南憲，有定亂功。為京兆尹，歲澇糴艱，亟請發廩，民賴以濟。"其敍述頗詳。然案集中諸表啟，則又嘗任京西運判、廣東運判、湖北總領、廣西經略、淮西總領等官。其《乞致仕劄子》及《效白樂天自詠詩》中，亦頗見其概。而迪知均未之及。蓋其集久佚不傳，故迪知莫能考也。集本四十卷，乃紹定三年其季子戶部郎官總領四川財賦麃所刊，眉山李埴為序。見於陳振孫《書錄解題》②。今據《永樂大典》所載者，蒐採彙集。並集《歷代名臣奏議》得所未載者二十篇，互相訂正，釐為二十卷。較諸原目，十殆得其五矣。埴序稱戡"鯁挺不阿，屢更繁劇，宣力四方，無不殫盡，迄以全節始終”。今觀集中所上奏劄，條列明確，類皆侃直忠亮，為經世有用之言。其論邊事，專以嚴備自守為主，而不汲汲於和戰紛爭。遠慮深謀，亦非好事偷安者所可幾及。方之同時名臣，實龔茂良之流亞。惜史不備載其生平，幾至湮沒。今幸遺集復彰，尚得以考見大略。謹旁採紀傳，於人名事實有可稽核者，悉為參互證明，庶以補《宋史》之闕漏焉。

【彙訂】

① 此集卷一四《大父行狀》稱其名伸，官至左中大夫，卒於毘陵（即武進）。伸與兄佃、仙，入太學，俱有聲，時號三蔡。可知其人名伸，不名紳。《總目》卷一九八《友古詞》條亦作蔡伸。（楊武泉：《四庫全書總目辨誤》）

②《直齋書錄解題》卷十八著錄《定齋集》四十卷，“寶謨閣直學士蔡戡定夫撰。君謨四世孫，丙戌甲科”。僅此而已。（許瀚：《讀四庫全書提要志疑》）

九華集二十五卷附錄一卷（永樂大典本）

宋員興宗撰。興宗有《采石戰勝錄》，已著錄。其集見於焦竑《國史經籍志》者本五十卷，乃寶慶三年其孫榮祖所編。興宗弟夢協、井研李心傳俱為之序。明以來久佚不存。今檢勘《永樂大典》所錄，摭拾詮次，釐為詩六卷、雜文十五卷，又《論語解》、《老子解略》、《西陲筆略》併《紹興采石大戰始末》各一卷。而原集所載同時祭文可以互證興宗始末者，則別為一卷附之於後①。集中多與張栻、陸九淵往復書簡②，蓋亦講學之家。然所上奏議，大抵毅然抗論，指陳時弊，多引繩批根之言。李心傳序謂：

"歸附既留而垂遣,贄御因逐而旋召,均輸久廢而驟復。此三事皆朝廷所必行,而興宗矢筆盡言,斥逐不悔。"則其經濟氣節,均有實事,非徒侈空談者矣。又洪适撰《隸釋》時,嘗咨以漢碑數字,興宗為之考核源委,具見精博。今答書一通,具在集中。學問淹雅,亦未易及。雖其文力追韓、柳,不無錘鍊過甚之弊。然骨力峭勁,要無南渡以後冗長蕪蔓之習,亦一作者也。

【彙訂】

① 實際詩編為四卷,雜文編為十七卷,附錄不分卷。(祝尚書:《宋人別集敍錄》)

② 文淵閣本此集僅卷十三收《答張南軒書》一篇,不得謂多往復書簡。亦未載與陸九淵書,惟卷十三有《答太學學錄梭山陸子壽書》,陸子壽即陸九淵兄陸九齡,《宋史》卷四三四(儒林四)有傳。(周錄祥:《〈四庫全書簡明目錄·集部〉訂誤》)

野處類稾二卷(編修汪如藻家藏本)

宋洪邁撰。邁有《容齋隨筆》,已著錄①。《宋史·藝文志》載邁《野處猥稾》一百四卷,《瓊野錄》三卷。而陳振孫《書錄解題》祇載有此集二卷,且云"前集未見"②。則當時傳播已稀。觀馬端臨《經籍考》以"別集"、"詩集"分類,而收此稾於"別集"中,不知其為詩集。則亦未見其本,而循名誤載者矣③。惟《內閣書目》有《野處內外集》九冊,不著卷數。當即《猥稾》之殘本,今亦未見有傳錄者。世所行邁集,獨有此本而已。集前有邁自序,稱:"甲戌之春,家居臥病,作詩若干首,以自當緩憂之一物。遂取曩時所存而未棄者,錄為二卷。"甲戌為高宗紹興二十四年,蓋邁退居鄱陽時所作。而集中《謁普照塔》詩,又有庚戌紀年,當在建炎三年。相去已二十四五歲，僅得詩八十餘首。又《容齋三筆》紀紹興十九年在福建貢院與葉晦叔所作詩，正在甲戌之前，而集中並未載。疑本就篋笥所貯，偶然裒輯，故所錄闕略如此。然其生平韻語，惟藉此以考見大概。則零珪斷璧，未嘗不足珍惜也①。

【彙訂】

①　依《總目》體例，當作“邁有《史記法語》，已著錄”。

②　《直齋書錄解題》卷十八《野處類稾》條曰：“其全集未見。”（李裕民：《四庫提要訂誤》）

③　《文獻通考·經籍考》著錄者，自是文集，今已失傳。（陳乃乾：《讀〈四庫全書總目〉條記》）

④　此本卷上各詩見朱松《韋齋集》卷一，卷下各詩見《韋齋集》卷二，集外詩則襲取《宋詩記事》，當是乾隆中葉書估作偽。（陸心源：《野處類稾書後》）

盤洲集八十卷（浙江巡撫採進本）①

宋洪适撰。适有《隸釋》，已著錄。許及之撰《适行狀》，稱：“有文集一百卷，藏於家。”周必大撰《适神道碑》，則稱其“論著為四方傳誦，有《盤洲集》八十卷”，與《行狀》互異。考陳振孫《書錄解題》、張萱《重編內閣書目》俱作八十卷。則及之所稱其家藏之舊稾，必大所稱乃其行世之刊本，其書流傳頗尟。王士禎《居易錄》謂朱彝尊所藏《盤洲集》，僅有其詩。則藏書家已罕睹全帙。此本為毛氏汲古閣所藏，猶從宋刻影寫。惟末卷拾遺劄子第三篇，蠹損特甚。其餘雖字句間有脫落，而卷帙完好，亦古本之僅存者矣。适以詞科起家，工於儷偶。其弟邁嘗舉所草《張浚免相

制》、《王大寶致仕制》、《浙東謝表》、《生日詩詞謝啟》諸聯，載於
《容齋三筆》。然考适自撰《小傳》，自其少時擬《復得河南賀表》，
即有“齊人歸鄆讙之田，宣王復文武之境”句，為作者所稱。其內
外諸制，亦皆長於潤色，藻思綺句，層見疊出，不但如邁之所舉
也。至於記序志傳之文，亦尚存元祐之法度，尤南宋之錚錚者
矣。所作《隸釋》、《隸續》，於史傳舛異考核特精。今觀此集，如
《跋唐瑾傳》、《跋丹州刺史碑》、《跋皇甫誕碑》諸篇，皆能援據舊
刻，訂《北史》、《唐書》之謬。蓋金石之學最所留意，即隋、唐碑志
亦多能辨證異聞。又《宋史》本傳稱其父皓“謫英州，适往來嶺南
省侍者九載。檜死皓還。服闋，起知荊門州軍”。今以集中自撰
《小傳》及《皓行述》考之，則皓安置英州，居九年始復朝請郎，徙
袁州。至南雄州卒。後一日秦檜亦死，非檜死而皓始還。足訂
《宋史》之誤。其他表啟、疏狀諸篇，亦多足與《宋史》參稽，是又
不僅取其文詞之工矣。

【彙訂】

① 文淵閣庫書尚有附錄一卷。（筧文生、野村鮎子：《四庫
提要南宋五十家研究》）

應齋雜著六卷（永樂大典本）

宋趙善括撰。善括，《宋史》無傳。惟《宗室表》載此名為太
宗第四子商王元份六代孫。考集中有《趙運幹墓誌銘》，稱：“同
姓兄可大，藝祖七世孫。”與《宗室表》世次相合，蓋即其人。然表
亦不詳其爵里。今案集中《迓黃樞密知隆興府啟》有“一廛為氓，
應修桑梓之敬”語，則籍隸隆興。《祭漢陽趙守文》有“仙源同盟，
鴈塔俱第”語，則嘗登進士。《得常熟宰謝政府啟》有“奮身科第，

千載之遇”語,則釋褐為常熟令。《平江罷倅青詞》有“字邑罔功,叨陞郡佐”語,《賀趙樞密啟》有“贅員別駕,叨祿京畿”語,又有《長沙倅署磬沼》詩,則由縣令倅三郡。《與湖北張安撫啟》有“叨把一麾,深慚共理”語,又有《鄂州上殿三劄子》,則由郡倅知鄂州。《謝宰執啟》有“方懷溝壑之虞,遽增幕府之數”語,《謝湖南帥啟》有“四十年低徊州縣,三萬里奔走塵埃”語,則任滿閒居,復充幕職。又有《次計幕諸友韻》詩、《謝岳漕啟》,則終於岳州漕帥佐也[①]。是集《宋志》不載,其原本卷帙不可考。今以《永樂大典》所載,裒為六卷。宋人奏議,多浮文妨要,動至萬言,往往晦蝕其本意。善括所上諸劄,率簡潔切當,得論事之要。如論紛更之弊,糾賞罰之失,皆深中時弊。而永樂中修《歷代名臣奏議》,乃不載其一字,未明何故。詩詞多與洪邁、章甫唱和,而與辛棄疾酬贈尤多。其詞氣駿邁,亦復相似。觀其《金陵有感》詩有“謝安王導亦可罪,至今遂使南北分”句,其不滿於湖山歌舞、文恬武嬉,意趣蓋與棄疾等,固宜其相契也。

【彙訂】

① 楊萬里《誠齋集》卷八四《應齋雜著序》云:“(予)過豫章,始識之。至其家,見門巷蕭然,槐柳蔚然……嘗知鄂州,終官朝請大夫。”則善括籍於豫章,非終於岳州漕帥佐。(徐鵬、劉遠遊:《四庫提要補正》)

芸菴類稾六卷(永樂大典本)

宋李洪撰。洪姓名不著於史,諸家書目亦未載有是集。惟《永樂大典》頗散見其文。又別出陳貴謙原序一篇,稱洪為李正民之子。又稱為藤州使君,知洪官止知藤州。集中又有《扈從朝德壽宮》、《景靈宮》詩①，則嘗為京朝官。有在溫州題其父手澤詩，稱"嗣子守官於此"，則曾知溫州。其他則不可復考矣。正民本揚州人，南渡後僑寓海鹽。故洪集中如《烏龍井廟迎送神詞》之類，皆在海鹽所作。而《卜居飛英坊》一首乃云："束書辭都門，整棹還苕川。"則洪後又移居湖州。乃兩郡紀流寓者俱不及其父子，則由遺集散佚，徵文獻者弗及也。洪所作詩，雖骨幹未堅，而神思清超，時露警秀。七言律詩尤為工穩，足以嗣響正民。陳貴謙序稱原本二十卷，而今所掇拾，僅得詩詞三百九十餘首、文三十首，視原集祇十之三四。謹據所存者釐為五卷，而以雜文一卷附之。略具梗概，俾不致終就泯沒焉。

【彙訂】

　　① 文淵閣本此集卷二有《十一月十九日瑞雪應時百寮入賀僕以病告翌日從駕朝德壽宮馬上口占》，而無扈從朝景靈宮之詩。

　　浪語集三十五卷（兩淮馬裕家藏本）

　　宋薛季宣撰。季宣有《書古文訓》，已著錄。季宣少師事袁溉，傳河南程氏之學。晚復與朱子、呂祖謙等相往來，多所商榷。然朱子喜談心性，而季宣則兼重事功，所見微異。其後陳傅良、葉適等遞相祖述，而永嘉之學遂別為一派。蓋周行己開其源，而季宣導其流也。其歷官所至，調輯兵民，興除利弊，皆灼有成績。在講學之家，可稱有體有用者矣。平生著書甚夥，有《古文周易》、《古詩說》①、《書古文訓》、《春秋經解》、《春秋指要》、《論語直解》小學諸書。自《書古文訓》以外，今多亡佚。其《中庸》、《大學解》及《考正握奇經》，則今尚載於集中。蓋季宣學問最為淹雅，自《六經》、諸史、天官、地理、兵農、樂律、鄉遂、司馬之法，以至於隱書、小說、名物、象數之細，靡不搜採研貫。故其持論明晰，考古詳核，不必依傍儒先餘緒，而立說精確，卓然自成一家。於詩則頗工七言，極踔屬縱橫之致。惜其年止四十，得壽不永。又覃思考證，不甚專心於詞翰，故遺槁止此。然即所存者觀之，其精深閎肆，已足陵跨餘子矣。其集乃寶慶二年其姪孫知府州事旦所編次刊行②。旦所作後序尚存，而自明以來，刻本遂絕。藏書家輾轉傳鈔，譌脫頗甚。謹重為校正，而卷帙則悉仍其舊焉。

【彙訂】

①《古詩說》乃《反古詩說》之誤。（孫詒讓：《溫州經籍志》）

② 此集為季宣從姪孫師旦所編，據《水心集》卷二十二，師旦乃季宣伯父弼曾孫。（同上）

石湖詩集三十四卷（江蘇巡撫採進本）

宋范成大撰。成大有《吳郡志》，已著錄①。案陳振孫《書錄解題》成大有集一百三十六卷。《宋史·藝文志》亦載《石湖大全集》一百三十六卷，與陳氏著錄同。而又有《石湖別集》二十九卷，又有《石湖居士文集》亡其卷數。此本為長洲顧嗣立等所訂，乃於全集之中獨摘其詩別行，而附以賦一卷。前有楊萬里、陸游二序。然萬里所序者乃其全集，不專序詩②。游所序者乃其《西征小集》，亦非序全詩。以名人之筆，嗣立等姑取以弁首耳。據萬里序，集乃成大所自編。考十一卷末有自註云："以下十五首③，三十年前所作。續得殘槁，附此卷末。"其餘諸詩，亦皆註"以下某處作"。是亦手訂之明證矣。詩不分體，亦不分立名目，

惟編年為次。然送洪邁使金詩凡四首④，其兩首在第八卷，列於
《邁使還入境以詩迓之》之前；其兩首乃在第十卷，列於《何溥挽
詞》之後。邁未嘗再使金，則送別之詩，不應前後兩見。又《南徐
道中》詩下註曰："以下赴金陵漕試作。"則是當在第二卷之首，不
應孤贅第一卷之末。或後人亦有所竄亂割併歟⑤？成大在南宋
中葉，與尤袤、楊萬里、陸游齊名。袤集久佚，今所傳者僅尤侗所
輯之一卷，篇什寥寥，未足定其優劣。今以楊、陸二集相較，其才
調之健不及萬里，而亦無萬里之麤豪；氣象之闊不及游，而亦無
游之窠臼。初年吟詠，實沿溯中唐以下。觀第三卷《夜宴曲》下
註曰："以下二首效李賀。"《樂神曲》下註曰："以下四首效王建。"
已明明言之。其他如《西江有單鵠行》、《河豚嘆》，則雜長慶之
體。《嘲里人新婚》詩、《春晚》三首、《隆師四圖》諸作，則全為晚
唐五代之音。其門徑皆可覆案。自官新安掾以後，骨力乃以漸
而遒，蓋追溯蘇、黃遺法，而約以婉峭。自為一家，伯仲於楊、陸
之間，固亦宜也。

【彙訂】

① 依《總目》體例，當作"成大有《驂鸞錄》，已著錄"。

② 瞿鏞《鐵琴銅劍樓藏書目錄》有舊抄本《石湖居士文集》
三十四卷，云："陳振孫《直齋書錄解題》載《石湖集》一百三十六
卷，今僅存《詩集》一種，曰《文集》者，猶仍舊本也。有楊萬里序，
男莘跋。舊為吳文定藏書，板心有'叢書堂'三字。其全集嘗刻
於嘉泰間，卷末有'奉議郎樞密院編修官兼實錄院檢討官兼資善
堂小學教授龔頤正校正'一行。"（胡玉縉：《四庫全書總目提要
補正》）

③ 此集卷十一《偶書》題下注"以下十五首"云云，實僅十二

首。(筧文生、野村鮎子：《四庫提要南宋五十家研究》）

④ "送"，底本作"宋"，據殿本改。

⑤ 卷十《送洪内翰使虜二首》乃為送洪邁大哥洪适所作。（王德毅：《四庫總目范石湖詩集提要書後》）

誠齋集一百三十三卷（編修汪如藻家藏本）①

宋楊萬里撰。萬里有《誠齋易傳》，已著錄。此集則嘉定元年其子長孺所編也。萬里立朝多大節。若乞留張栻、力爭吕頤浩等配享及裁變應詔諸奏②，今具載集中，丰采猶可想見。然其生平乃特以詩擅名，有《江湖集》七卷、《荆溪集》五卷、《西歸集》二卷、《南海集》四卷、《朝天集》六卷、《江西道院集》二卷、《朝天續集》四卷、《江東集》五卷、《退休集》七卷，今併在集中。方回《瀛奎律髓》稱其"一官一集，每集必變一格"。雖沿江西詩派之末流，不免有頹唐麤俚之處，而才思健拔，包孕富有③，自為南宋一作手，非後來四靈、江湖諸派可得而並稱。周必大嘗跋其詩曰："誠齋大篇短章，七步而成，一字不改。皆掃千軍，倒三峽，穿天心，出月脅之語。至於狀物姿態，寫人情意，則鋪敍纖悉，曲盡其妙。筆端有口，句中有眼。"云云。是亦細大不捐，雅俗並陳之一證也。南宋詩集傳於今者，惟萬里及陸游最富。游晚年隳節，為韓侂胄作《南園記》，得除從官。萬里寄詩規之，有"不應李杜翻鯨海，更羨夔龍集鳳池"句。羅大經《鶴林玉露》嘗記其事。以詩品論，萬里不及游之鍛鍊工細；以人品論，則萬里倜乎遠矣④。其集卷帙繁重⑤，久無刻版，故傳寫往往譌脱。考岳珂《桯史》記《朝天續集·韓信廟》詩"淮陰未必減文成"句，麻沙刻本譌"文成"為"宣成"。則當時已多誤本⑥。今核正其可考者，凡疑不能明者則姑闕焉。

【彙訂】

①“一百三十三卷”，殿本作“一百三十二卷”，誤，參文淵閣庫書。（筧文生、野村鯰子：《四庫提要南宋五十家研究》）

②“力爭呂頤浩等配饗”應改爲“力爭張浚高廟配饗”，始合事實。（于北山：《楊萬里年譜》）

③“富有”，殿本作“宏富”。

④陸游晚年應召出山乃爲修史。羅大經所記楊萬里此詩乃紹熙五年（1194）夏日之作，事在陸游作《南園記》前七年。“不應李杜”二句乃回憶二人同在史館時互相推許之詞。（白敦仁：《關於陸游的所謂“晚節”問題下》）

⑤“繁重”，殿本作“重大”。

⑥此集在楊長孺編定時已存在人名譌誤、文本重出、編排混舛等問題，非僅因傳寫、誤刻致訛。（蕭東海：《〈誠齋集〉勘誤三題》）

劍南詩槀八十五卷（内府藏本）

宋陸游撰。游有《入蜀記》，已著錄。是集末有嘉定十三年游子朝請大夫知江州軍事子虡跋，稱游“西泝僰道，樂其風土，有終焉之志，宿留殆十載。戊戌春正月，孝宗念其久外，趣召東下。然心未嘗一日忘蜀也。是以題其平生所爲詩卷曰《劍南詩槀》，蓋不獨謂蜀道所賦詩也”。又稱：“戊申、己酉後詩，游自大蓬謝事歸山陰故廬，命子虡編次爲四十卷，復題其籤曰《劍南詩續槀》。自此至捐館舍，通前槀爲詩八十五卷。子虡假守九江，刊之郡齋，遂名曰《劍南詩槀》。”案“遂”字文義未順，疑當作“通名曰《劍南詩槀》"。云云。則此本游子虡之所編①。至跋稱游在新定時所編前槀，"於舊詩多所去取，所遺詩尚七卷，不敢復雜之卷首，別其名曰《遺槀》"者，案，《後村詩話》作"別集七卷"，蓋偶筆誤。今則不可見矣。卷首又有淳熙十四年游門人鄭師尹序，稱其詩"為眉山蘇林所收拾，而師尹編次之"，與子虡跋不同。蓋師尹所編，先別有一本。子虡存其舊序，冠於全集也②。游詩法傳自曾幾，而所作《呂居仁集序》又稱源出居仁。二人皆江西派也。然游詩清新刻露而出以圓潤，實能自闢一宗，不襲黃、陳之舊格。劉克莊號為工詩，而《後村詩話》載游詩，僅摘其對偶之工，已為皮相。後人選其詩者，又略其感激豪宕、沈鬱深婉之作，惟取其流連光景、可以剽竊移掇者，轉相販鬻。放翁詩派遂為論者口實。夫游之才情繁富，觸手成吟，利鈍互陳，誠所不免。故朱彝尊《曝書亭集》有是集跋，摘其自相蹈襲者至一百四十餘聯③。是陳因窠臼，游且不能自免，何況後來。然其託興深微，遣詞雅雋者，全集之內，指不勝屈。安可以選者之誤，併集矢於作者哉！今錄其全集，庶幾知劍南一派自有其真，非淺學者所可藉口焉。

【彙訂】

①"游"，殿本作"猶"。

② 鄭師尹所編《劍南詩槀》二十卷實即包含在八十五卷本中之"前槀"。（祝尚書：《宋人別集敘錄》）

③《曝書亭集》卷五二《書劍南集後》實舉四十餘聯。（筧文生、野村鮎子：《四庫提要南宋五十家研究》）

　渭南文集五十卷逸槀二卷（內府藏本）

　宋陸游撰。游晚封渭南伯，故以名集。陳振孫《書錄解題》

作三十卷。此本為毛氏汲古閣以無錫華氏活字版本重刊。凡表
牋二卷，劄子二卷，奏狀一卷，啟七卷，書一卷，序二卷，碑一卷，
記五卷，雜文十卷，墓誌、墓表、壙記、塔銘九卷，祭文、哀辭二卷，
《天彭牡丹譜》《致語》共為一卷①，《入蜀記》六卷，詞二卷，共五
十卷②。與陳氏所載不同。疑"三"字、"五"字筆畫相近而譌刻
也。末有嘉定三年游子承事郎知建康府溧陽縣主管勸農事子遹
跋，稱："先太史未病時，故已編輯。凡命名及次第之旨，皆出遺
意，今不敢紊。"又述游之言曰："《劍南》乃詩家事，不可施於文，
故別名《渭南》。如《入蜀記》《牡丹譜》、樂府詞本當別行，而異
時或至失散③。宜用廬陵所刊歐陽公集例，附於集後。"云云。
則此集雖子遹所刊，實游所自定也。游以詩名一代，而文不甚
著。集中諸作，邊幅頗狹。然元祐黨家，世承文獻，遣詞命意，尚
有北宋典型。故根柢不必其深厚，而修潔有餘；波瀾不必其壯
闊，而尺寸不失。士龍清省，庶乎近之。較南渡末流以鄙俚為真
切，以庸沓為詳盡者，有雲泥之別矣。游《劍南詩稿》有《文章》詩
曰："文章本天成，妙手偶得之。粹然無瑕疵，豈復須人為。君看
古彝器，巧拙兩無施。漢最近先秦，固已殊淳漓。"其文固未能及
是，其旨趣則可以概見也。《逸稿》二卷，為毛晉所補輯。史稱游
晚年再出，為韓侂冑撰《南園》《閱古泉記》，見譏清議。今集中
凡與侂冑啟，皆諱其姓，但稱曰"丞相"，亦不載此二《記》。惟葉
紹翁《四朝聞見錄》有其全文。晉為收入《逸稿》，蓋非游之本志。
然足見媿詞曲筆，雖自刊除，而流傳記載，有求其泯沒而不得者。
是亦足以為戒矣④。

【彙訂】

① "天彭牡丹譜致語共為一卷"，殿本作"天彭牡丹譜一卷

致語一卷"，誤。此集卷四十二為《天彭牡丹譜》、《致語》。

　　②所列合計為五十一卷。祭文、哀辭實僅一卷，即卷四十一。（筧文生、野村鮎子：《四庫提要南宋五十家研究》）

　　③"失散"，陸適跋原文及殿本作"散失"。

　　④《渭南文集》乃其幼子適作宰溧陽時所刻，時在嘉定十三年十一月。而其長子虞知江州已請致仕，於同年十二月所刻《劍南詩稿》中並未刪除《韓太傅生日》詩。《南園記》、《閱古泉記》當係適擅自刪去，"非游之本志"。（白敦仁：《關於陸游的所謂"晚節"問題下》）

　　放翁詩選前集十卷後集八卷附別集一卷（兵部侍郎紀昀家藏本）

　　宋羅椅、劉辰翁所選陸游詩也。《前集》椅所選，元大德辛丑其孫慤始刻之，前有慤自序①。《後集》辰翁所選，前後無序跋。椅閒有圈點而無評論，辰翁則句下及篇末頗有附批，大致與所評杜甫、王維、李賀諸集相似。明人刻辰翁評書九種，是編不在其中，蓋偶未見此本。詳其詞意，確為須溪門徑，非偽託也。末有明人重刻舊跋，蠹蝕斷爛，幾不可讀，並作者姓名亦莫辨。其可辨者，惟稱"宏治某年，得於餘杭學究家，屬其同年餘杭知縣冉孝隆校刻之"耳。又稱"《放翁集》鈔本尚存，然聞而未嘗見。獨羅澗谷、劉須溪所選在。勝國時，書肆嘗合而梓行，以故轉相鈔錄，迄今漸出。而印本則見亦罕矣"云云。據其所言，則兩人本各自為選。其《前集》、《後集》之目，蓋元時坊賈所追題矣。跋又有"複者去之"之語。故兩集所錄，無一首重見。末附為《別集》一卷，不題編纂名氏，其詩皆見《瀛奎律髓》中②。以跋中取方虛谷句推之,知即作跋者所緝,以補二集之遺。其中《睡起至園中》一首,已見《前集》五卷中,蓋偶誤也。《劍南詩集》汲古閣刻本,今已盛行於世。然此選去取頗不苟,又宋人舊本,故以陳亮《歐陽文粹》之例與本集並存之。椅字子遠,號澗谷,廬陵人。寶祐四年進士。以秉義郎為江陵教官,改潭州③。復知贛州信豐縣,遷提轄榷貨。德祐初,遭論罷。周密《齊東野語》記其當道學盛時,依託求進,道學勢衰之後,遂棄去不相聞問,深不滿之。明偶桓《乾坤清氣集》皆錄元人之詩,而有《謝幼輿折齒歌》一首④,蓋元初尚存。辰翁自有集,始末詳見本條下。

【彙訂】

① 羅慤自序云:"善和書卷存者僅十一於千百",可知前此尚有"善和刻本",羅慤於大德辛丑再刻。(畢寶魁:《放翁詩選提要》)

② "瀛",底本作"瀛",據殿本改。

③ "潭州",底本作"漳州",據宋陳起《江湖後集》卷九、清厲鶚《宋詩紀事》卷六十七羅椅小傳及殿本改。

④ "謝",殿本作"其"。晉謝鯤字幼輿,《晉書》本傳載:"鄰家高氏女有美色,鯤嘗挑之,女投梭,折其兩齒。時人為之語曰:'任達不已,幼輿折齒。'"《乾坤清氣集》卷八有羅澗谷《幼輿折齒歌》。(筧文生、野村鯰子:《四庫提要南宋五十家研究》)

金陵百詠一卷(浙江鮑士恭家藏本)

宋曾極撰。極字景建,臨川布衣。晚以《江湖集》事得罪,謫道州卒。所著《舂陵小雅》,今已不傳。此乃其詠建康故蹟之作。皆七言絕句,凡一百首。詞旨悲壯,有磊落不羈之氣。羅椅嘗謝其惠《百詠》，書云："不知景建是何肺腑，能辦此等惱人語於千載下。"今觀其詩，如《天門山》云："高屋建瓴無計取，二梁剛把當瓴函。"《新亭》云："江右於今成樂土[①]，新亭垂淚亦無人。"大抵皆以南渡君臣畫江自守，無志中原而作。其寓意頗為深遠。《豫章人物志》載："極游金陵，題行宮龍屏，忤時相史彌遠，以是獲譴。"是編有《古龍屏風》一首云："乘雲遊霧過江東，繪事當年笑葉公。可恨橫空千丈勢，翦裁今入小屏風。"與《人物志》所紀相合。蓋其憤激之詞。雖不無過於徑直，而淋漓感慨，與劉過《龍洲集》中詩句氣格往往相同，固不徒以模山範水為工者也。劉壎《隱居通議》摘其"可惜當年殺嚴續，無人為益決囚燈"二語，謂："續始終全美，未嘗被殺，不免誤用故事。"考《資治通鑑》，載陳覺使周還，矯世宗詔，命李景殺嚴續。景表請於周，明續無罪。覺詐始露，而續得免。是續實未被殺，壎所駁良是。究其致謬之由，蓋以姚寬《西溪叢語》有"鍾謨奉使歸唐，以陳覺矯周帝之命斬嚴續事，言於唐主"云云，所言不具首尾，壎遂以為實有是事。又"決囚燈"事以中主誤為後主，亦為乖舛。是則考證之偶疏，固不必為之諱矣。

【彙訂】

　　① 此詩原文作"江左於今成樂土"，新亭既在金陵，古屬江左，不得云江右。（韓立平：《〈四庫全書總目〉正誤》）

　　頤菴居士集二卷（江蘇巡撫採進本）

　　宋劉應時撰。應時字良佐，四明人。是集前有陸游、楊萬里二序。游序稱其詩為范致能所賞。又摘其句如"頗識造物意，長容吾輩閒"，"日晏猶便睡，犬鳴知有人"，"世事不復問，舊書時一

看”，“一夜催花雨，數家臨水村”，“青山空解供望眼，濁酒不能澆
別愁”，“覓句忍饑貧亦樂，鈔書得味老何傷”，以為卓然自得，雖
前輩以詩得名者亦無以加。萬里序以王安石擬之。安石詩雖鎔
鍊有痕，不及蘇、黃諸人吐言天拔，而根柢深厚，氣象自殊，究非
應時之所及，許之未免太過。所摘之句，如“睡魔正與詩魔戰，窗
外一聲婆餅焦”之類，頗涉粗獷；“獨與梅花共過冬，清月又移疏
影去”之類，又頗近詩餘，亦不逮游序所舉之工。蓋二人各舉其
派之近己者稱之也。然應時詩雖格力稍薄，不能與游等並駕，而
往來於諸人之間，耳擩目染，終有典型。較宋末江湖諸人，固居
然雅音矣。

水心集二十九卷（編修朱筠家藏本）

宋葉適撰。適有《習學記言》，已著錄。其文集之目見於陳
振孫《書錄解題》、趙希弁《讀書附志》者，皆二十八卷。又有《拾
遺》一卷，《別集》十六卷，則獨載於《書錄解題》。且稱：“淮東本
無《拾遺》，編次亦不同。《別集》前九卷為制集進卷。後六卷號
‘外稾’，皆論時事。末卷號‘後總’[①]，專論買田贍兵。”《讀書附
志》則但紀其集為門人趙汝讜序刻，而不詳其體例[②]。此本為明
正統中處州推官黎諒所編。前有《自識》，稱：“少讀適《策場標
準》，慕其文。至括郡訪求八年，得劄狀、奏議等八百餘篇。因裒
輯彙次，合為一編。”蓋已非宋本之舊。惟趙汝讜原序尚存。然
汝讜實用編年之法，諒不加深考，以意排纂，遂至盡失其原次。
其間如《財總論》、《田計》諸篇[③]，多論時事，當即《別集》佚篇[④]，
不在原集二十八卷之內，諒亦不能辨別也。適文章雄贍，才氣奔
逸，在南渡卓然為一大宗。其碑版之作，簡質厚重，尤可追配作

者。適嘗自言："譬如人家觴客,雖或金銀器照座,然不免出於假借。惟自家羅列者,即僅甖缶瓦杯,然都是自家物色。"其命意如此,故能脫化町畦,獨運杼軸。韓愈所謂"文必己出"者,殆於無忝。吳子良《荊谿林下偶談》稱:"水心作《汪勃墓誌》有云:'佐佑執政,共持國論。'執政乃秦檜同時者。汪之孫綱不樂,請改。水心答書不從。會水心卒,趙蹈中方刊文集未就,門下有受汪囑者,竟為除去'佐佑執政'四字。"今考集中汪勃誌文,已改為"居紀綱地,共持國論",則子良所紀為足信。而適作文之不苟,亦可以概見矣。

【彙訂】

①"制集"乃"制科"之誤。"後總",底本作"總集",據殿本改。《直齋書錄解題》卷十八"水心集二十八卷拾遺一卷別集十六卷"條原文作:"《別集》前九卷為制科進卷……末卷號'後總'。"(孫詒讓:《溫州經籍志》)

②《郡齋讀書附志》"水心先生文集二十八卷"條原文作:"門人趙汝讜序而刻之。"此集卷首原序亦署"門人大梁趙汝讜序"。(同上)

③《田計》乃《財計》之誤。此集卷四收《財總論一》、《財總論二》、《財計上》、《財計下》(以下原闕)。(筧文生、野村鮎子:《四庫提要南宋五十家研究》)

④《別集》十六卷今存,有《永嘉叢書》本等。(祝尚書:《宋人別集敍錄》)

南湖集十卷(永樂大典本)

宋張鎡撰。鎡有《仕學規範》,已著錄。葉紹翁《四朝聞見錄》稱:“寧宗誅韓侂胄,鎡預其謀。史彌遠以韓大臣近戚,未有以處。鎡曰:‘殺之足矣。’史曰:‘真將種也。’因心忌之。及侂胄既誅,鎡齎伐自言,史謂不當居功,諷言者貶鎡於雪。後以旨放還。”周密《齊東野語》、《癸辛雜識》又稱:“鎡本善侂胄。被誅前一日,為其愛妾生日。鎡猶攜庖夜宴,故侂胄不疑。及賞不滿意,復欲以故智去史。事泄,謫象臺而卒。”據二書所云,是鎡本以機數立功名,有忍鷙之才,而心術未為純正。密作《武林舊事》又稱鎡卜築南湖,名其軒曰桂隱。園池聲伎服玩之麗,甲於天下。園中亭榭堂宇,名目數十。且排纂一歲中游適之目,為賞心樂事。是其席祖父富貴之餘,湖山歌舞,極意奢華,亦未免過於豪縱。然其詩學則頗為精深。趙與虤《娛書堂詩話》稱其“游意風雅,與誠齋、放翁唱和詩多佳句”,載其《晚晴》絕句二首、《題六合寺》五言律詩一首。楊萬里《誠齋詩話》謂其“寫物之工,絕似晚唐”。又有《寄張功甫姜堯章》詩云:“尤、蕭、范、陸四詩翁,此後誰當第一功。新拜南湖為上將,更差白石作先鋒。”其意直躋諸姜夔之右矣。其集久佚不傳。楊士奇《文淵閣書目》雖載有張約齋《南湖集》一部,五冊,藏弆家亦皆未見①。今檢《永樂大典》各韻中,收入鎡詩尚多。評其格律,大都清新獨造,於蕭散之中時見雋永之趣。以視嘈雜者流,可謂翛然自遠。詩固有不似其人者,鎡之謂歟。鎡又工長短句,有《玉照堂詞》。選本多見採錄,而原本亦久散佚。謹裒集編次,以類相從,釐為詩九卷、詞一卷,用存其略。《永樂大典》所載,多題曰《湖南集》。以諸書參考,知為傳寫之誤,今亦並從改正焉。

【彙訂】

①《菉竹堂書目》卷四亦載有《南湖集》五冊。(祝尚書:《宋

人別集敍錄》》

南澗甲乙槀二十二卷（永樂大典本）

宋韓元吉撰。元吉有《桐陰舊話》，已著錄。案陳振孫《書錄解題》稱為"門下侍郎韓維元孫"，《江西通志》則以為韓維之子。考《宋史》維本傳，稱卒於元符元年。而集中《南劍道中》詩註，稱其生於戊戌，至甲子年二十七。戊戌為徽宗重和元年，上距元符元年戊寅凡二十年，安得為維之子？集中又有《高祖宮師文編序》，稱"紹聖中公謫均州"，又稱"建中靖國以來，追復原官"，與維事迹，一一相符，知《江西通志》為誤，當以陳氏為是矣。陳氏又稱其"初與從兄元龍皆試詞科不利，後官至吏部尚書"，而不詳其事迹。今據其《赴信幕》詩，知初為幕僚。據其《送連必達序》，知嘗為南劍州主簿。據其《淩風亭題名》，知嘗知建安縣。據其謝表狀劄，知在外嘗為江東轉運判官，兩知婺州，又知建寧府。在內嘗權中書舍人，守大理寺少卿，為龍圖閣學士，為待制，為吏部侍郎。中閒一使金國，兩提舉太平興國宮。及為吏部尚書，又晉封潁川郡公[①]。而歸老於南澗，因自號南澗翁，併以名集。南澗者，一在建安城南，為鄭氏別業，見本集詩序。一在廣信溪南，見《書錄解題》。詳其《南澗新居成建醮青詞》，似乎非建安之南澗，當以廣信為是也。元吉本文獻世家，據其跋尹焞手迹，自稱門人，則距程子僅再傳。又與朱子最善，嘗舉以自代，其狀今載集中。故其學問淵源，頗為醇正。其他以詩文倡和者，如葉夢得、張浚、曾幾、曾丰、陳巖肖、龔頤正、章甫、陳亮、陸游、趙蕃諸人，皆當代勝流。故文章矩矱，亦具有師承。其壻呂祖謙，為世名儒，其子名滮字仲止者，亦清苦自持，以詩名於宋季，蓋有由矣。《朱子語類》云："无咎詩做著者儘和平，有中原之舊，無南方啁哳之音。"誠定評也。集本七十卷，又自編其詞為《焦尾集》一卷，《文獻通考》並著錄。歲久散佚。今從《永樂大典》所載，總裒為詩七卷、詞一卷、文十四卷②。統觀全集，詩體文格，均有歐、蘇之遺，不在南宋諸人下。而湮没不傳，殆不可解。然沈晦數百年，忽出於世，炳然發翰墨之光。豈非精神光采，終有不可磨滅者，故靈物擭訶，得以復顯於今歟！

【彙訂】

① 據此集卷十二《上信守周侍郎書》，韓元吉嘗為信州知州周葵幕僚，時在紹興二十六年。又據同卷《上處守施察院書》，此前紹興十二年已為處州麗水縣小吏。據卷十六《雙蓮堂記》、卷二十二《左奉議郎知太平州蕪湖縣丞趙君墓表》、卷一《趙任卿蕪湖丞》詩，紹興十七年又任處州龍泉縣主簿，非"初為幕僚"。卷十四《送連必達序》："予……方為簿於劍川。"劍川為龍泉舊稱，元吉未曾任南劍州主簿，且宋制州無主簿。卷八有《謝提舉太平興國宮表》、《再任興國宮謝表》、《三任興國宮謝表》，則嘗三次提舉太平興國宮，且在官吏部尚書，又復知婺州，遭劾放罷之後。（童向飛：《韓元吉仕歷系年考辨兼補〈宋史翼·韓元吉列傳〉》）

② 《文溯閣提要》作"總裒為詩賦六卷詞一卷文十五卷"。文淵閣本此集卷一至卷六為詩賦，卷七為詞，卷八至卷二二為文。（羅瑛、袁芸：《〈文溯閣四庫全書提要〉補正〈四庫全書總目〉舉隅——以集部別集類為例》）

自鳴集六卷（永樂大典本）

宋章甫撰。考宋有二章甫。一字端叔，浦城人。熙寧三年進士，官至都官郎中。著有《孟子解義》十四卷。楊時為作《墓誌》，其文今載《龜山集》中。一字冠之，鄱陽人，徙居真州，自號易足居士。即撰此集者也。甫行事不概見。惟張端義《貴耳集》有云："張冠之名甫，有文集十卷。少從于湖交游，案，于湖乃張孝祥之別號。豪放飄蕩，不受拘羈。淳熙間，淮有三士，舒之張用晦，和之張進卿，真之張冠之也。"據其所述，可略見其為人。其以"章"為"張"，蓋刊本字譌耳。又陸游《入蜀記》稱："乾道六年八月二十八日，同章冠之秀才甫登石鏡亭，訪黃鶴樓故址。"則甫蓋舉秀才矣。其集不見於《宋史·藝文志》。《文淵閣書目》雖有其名，而傳本久絕。其得見於世者，惟《名賢小集拾遺》所載《湖上吟》一首、《詩家鼎臠》所載《寄荊南故人》一首而已。今檢《永樂大典》，所收《自鳴集》詩句頗多。其格律雖稍近江湖一派，而骨力蒼秀，亦具有研鍛之功。觀其《別陸游》詩，有"人生相知貴知心，道同何必問升沈"之句；《謝韓元吉寄茶》詩，有"別公宛陵今五春，渴心何啻生埃塵"之句；《次韻呂祖謙見寄》詩，有"山林舊約都茫茫，憶君著書看屋梁"之句。是其所與酬贈者，皆一時俊傑之士。故耳擩目染，尚能脫化町畦，自成杼軸，頗為不墜雅音。謹裒次釐訂，析為六卷。至《雜說》三篇，以禪家機鋒論道德仁義之旨，援儒入墨，是殆不得志於時者之肆志放言。然其害理已甚，今故附其說於集末。而特加糾正，以著其失焉。

客亭類稾十五卷（永樂大典本）

宋楊冠卿撰。冠卿字夢錫，江陵人。《宋史》不為立傳。陳振孫《書錄解題》載有此集[①]，而亦不詳冠卿之始末，故事蹟無可考見。今以集中詩文參互考之。劉季岑《手帖》云："紹興初假守

南徐，楊君季洪為理掾②。後三十年，見其子夢錫。"則冠卿為季
洪之子。其《紀夢詩序》云："戊戌年四十。"戊戌為淳熙五年，上
推四十年，則冠卿當生於紹興八年己未③。其《與傅漕》詩有"鄉
書憶昔獻賢能，姓氏曾叨天府登"句，則嘗舉進士。其《上執政
啟》云："奉命領州，奪符而歸。"又有《祭廣東主管衙土地文》，則
嘗出知廣州，以事罷職。而姜夔《贈冠卿》詩有"長安城中擇幽
棲，靜退不願時人知"句，則解官以後，又嘗僑寓臨安者也。其集
世頗罕傳。惟浙江採進書中有舊刊《客亭類稿》，為巾箱小字本。
檢勘尚係原刻，分《四六編》、《雜著編》、《古律編》，皆所作詩文。
《惠答客亭書啟編》則同時名人酬贈之作。不標卷數，前後亦無
序跋。而《永樂大典》各韻內所收冠卿之文，尚有表牋、詩餘各數
十首，皆刊本所未收。疑當時本各自為編，流傳既久，遂有闕
脫。今據《永樂大典》所載，以刊本參校，搜緝補綴，諸體始全。謹仿
原編名目，釐為十四卷，而仍以《書啟》一卷附之①。冠卿才華清
雋，四六尤流麗渾雅。張端義《貴耳集》載其掾九江戎司時，"趙
溫叔罷相帥荊南，道由九江，守帥合宴。冠卿作致語云：'相公倦
臺鼎，喜看繡袞之東歸；潯陽無管弦，且聽琵琶之舊曲。'溫叔再
三稱道。"知其以是體擅長矣。又京鏜、何異、李結諸帖，極稱其
"集杜"之工。而稿中乃無一篇，豈當時別本單行，而今佚之耶？

【彙訂】

①《直齋書錄解題》未著錄此集。（方建新、潘淑瓊：《〈四庫
總目提要〉補正拾遺》）

②　宋巾箱本此集有《諸老先生惠答客亭書啟編》（《四庫》本
無），其中有劉岑（字季高）寫給楊冠卿的短札，作"劉季岑"誤。
（辛更儒：《楊冠卿生平及其〈客亭類稿〉考》）

　　③ 淳熙五年（1178）上推四十年當為紹興九年（1139）。
（方建新、潘淑瓊：《〈四庫總目提要〉補正後遺》）

　　④ 文淵閣、文溯閣本均作十四卷。《書啟》一卷顯係浙江採
進巾箱小字本，而非輯自《永樂大典》。（司馬朝軍：《〈四庫全書
總目〉研究》）

集　部　十　四

別　集　類　十　四

石屏集六卷（浙江鮑士恭家藏本）①

宋戴復古撰。復古字式之，天台人。嘗登陸游之門，以詩鳴江湖間。所居有石屏山，因以為號，遂以名集。卷首載其父敏詩十首。蓋復古幼孤，勉承家學，因搜訪其先人遺橐，以冠己集。昔黄庭堅《山谷集》後附刻其父《伐檀集》②，王楙《野客叢書》後附刻其父《野老紀聞》。復古以父詩為數無多，不成卷帙，特升弁於簡端。例雖小變，理乃較協矣。復古詩筆俊爽，極為作者所推。姚鏞跋其詩，稱其“天然不費斧鑿處，大似高三十五輩。晚唐諸子，當讓一面”。方回跋其詩，亦稱其“清健輕快，自成一家”。雖皆不免稍過其實，要其精思研刻，實自能獨闢町畦。瞿佑《歸田詩話》載復古嘗見夕照映山，得句云“夕陽山外山”，自以為奇，欲以“塵世夢中夢”對之，而不愜意。後行邨中，春雨方霽，行潦縱橫，得“春水渡傍渡”句以對，上下始稱③。其苦心搜索，即此可見一端。至集中《嚴子陵釣臺》詩所謂“平生誤識劉文叔④，惹起虛名滿世間”者，趙與虤《娛書堂詩話》極賞其新意可喜。而羅大經《鶴林玉露》又深以其議論為不然。蓋意取翻新，轉致失之輕佻，在集中殊非上乘⑤。與鷈所云，固未足為定評矣。

【彙訂】

①《四庫》本各卷卷首及版心均題作《石屏詩集》。

②“伐檀集”，殿本作“伐檀詩”，誤。《總目》卷一五二《伐檀集》條云：“其集自宋以來即刻附《山谷集》末。”

③《江湖小集》卷八十戴復古《石屏續集》及《兩宋名賢小集》卷二百七十五《石屏續集·三》載《世事》詩，其全題為“三山宗院趙用父問近詩，因舉‘今古一憑欄’、‘夕陽山外山’兩句，未得對。用父以‘名利兩轉轂’對上句，劉叔安以‘塵世夢中夢’對下句，遂足成篇。和者頗多，僕終未愜意。都下會李好謙、王深道、范鳴道相與談詩，僕舉此話。鳴道以‘春水渡傍渡’為對，當時未覺此語為奇。江東夏潦無行路，逐處打渡而行，深山界上一渡復一渡，時夕陽在山，分明寫出此一聯詩景，恨不得與鳴道共賞之。”則“塵世夢中夢”、“春水渡傍渡”兩句均非戴復古所對。（周錄祥：《〈四庫全書簡明目錄·集部〉訂誤》）

④“所謂”，殿本作“所作”。

⑤“在”，殿本無。

蓮峯集十卷（永樂大典本）

宋史堯弼撰。堯弼字唐英，眉州人。其仕履不見於史傳。焦竑《國史經籍志》載堯弼《蓮峯集》三十卷，而世閒亦無傳本。故錄宋詩者多不能舉其姓名。惟《永樂大典》載有是集原序二篇。其一作於乾道丙戌，自署曰省齋，不知何人。其一為任清全序，作於嘉定癸酉。稱堯弼“童卯即迥出不凡，少以古樂府、《洪

範》等論往見張浚。浚謂其大類東坡,留館於潭。與張栻遊,每
開以正大之學。歲丁丑,偕其弟堯文登第"云云,而亦不言其所
終。考周密《浩然齋雅談》云:"李燾十八歲為眉州解魁。時第二
人史堯弼,方十四歲,人疑其文未工。赴鹿鳴宴猶著粉紅袴,太
守命分韻賦詩①,堯弼得'建'字,援筆立成云:'四歲尚少房元
〔玄〕齡,七步未饒曹子建。'後為張魏公客,不幸早世。"云云。其
所記與任清全序相合。又《江湖續集》載張煒《題蓮峯集》詩一
首,亦有句云:"一梗江湖客,三朝忠義家。"以諸書參互考證,蓋
堯弼登第後未授官而卒也。堯弼天姿卓絕,其詩縱橫排宕,擺脱
恒蹊。其論策諸篇明白曉暢,瀾翻不窮,亦有不可羈勒之氣。大
抵有其鄉蘇氏之遺風。惟其夏綠霜凋,故不能如李燾之著書傳
後。然就其文章而論,要亦不失為才士。任清全序乃因集中有
論學之作,遂以張栻少年自得,為堯弼磨礲浸灌之功,欲援而入
於道學。則門户標榜之習,轉不足以見堯弼矣。其文在宋已多
散落,是集乃其從孫師道所重刻,今亦不可復晰。謹從《永樂大
典》中掇拾裒輯,釐為十卷,著之於錄。俾懷才齎志之士,無聲塵
翳如之慨焉。

【彙訂】

① "太守",殿本脱,參《浩然齋雅談》卷中原文。

江湖長翁文集四十卷(山東巡撫採進本)

宋陳造撰。造字唐卿,高郵人。淳熙二年進士,官至淮南西
路安撫司參議。遭宋不競,事多齟齬,自以為無補於世,置江湖
乃宜,遂號江湖長翁。既不竟其用,故無所表見。而《宋史》亦不
為立傳。惟元申屠駉為作《墓誌》,稱其"於誨誘則良師,於撫字

則循吏。身篤操修，道兼體用”。雖金石之文，稱述例多溢量，亦未必純構虛詞也。集中《罪言》一篇，蓋仿杜牧而作，不免紙上談兵，徒為豪語。其文則恢奇排奡，要亦陳亮、劉過之流。其他劄子諸篇，多剴切敷陳，當於事理。記、序各體，錘字鍊詞，稍傷真氣，而皆謹嚴有法，不失規程①。在南宋諸作者中，亦鐵中錚錚者矣。至《易説》一卷，始於“无妄”，終“於比”，凡十五篇，疑其未完之書。中多以史證經，與楊萬里《誠齋易説》、李光《讀易詳説》相類。殆為時事而發，託之詁經歟？其集久無刻本。明崇禎中，李之藻以淮南自秦觀而後，惟造有名於時，始與觀集同刻之於高郵云②。

【彙訂】

①“不失規程”，殿本無。

② 李之藻序末署“萬曆戊午”，則“崇禎”當為“萬曆”之誤。（王重民：《中國善本書提要》）

燭湖集二十卷附編二卷（永樂大典本）

宋孫應時撰。應時字季和，自號燭湖居士，餘姚人。登淳熙乙未進士。初尉黃巖，遷海陵丞。再遷遂安令，改知常熟縣。以倉粟流欠貶秩，移判邵武軍。未上而卒。考楊簡作應時壙志及張淏《會稽續志》，均稱其紹熙初嘗應蜀帥邱〔丘〕崈辟，預料吳曦逆謀，白崈以別將領其軍。後曦以叛誅，其言果驗。時應時已歿，三省奏官其子祖開。蓋亦智略之士。又史彌遠受業於應時，集中與彌遠諸書，皆深相規戒。迨彌遠柄國，獨超然自遠，無所假借，甘淪一倅而終。其人品尤不可及矣①。《宋史·藝文志》載《燭湖集》十卷。據應時詩中自序，蓋嘗應劉克莊之求，手編其

橐為五十卷②。集末有其姪祖祐跋,稱涑水司馬述先以十卷付
梓。後附以《問思錄》五十條、《通鑑摘義》三十條,總名之曰《經
史説》。又附雪齋父子倡和詩,及雪齋行狀、墓銘,楊簡所撰壙
記,《會稽續志》小傳,子祖開補官省劄等篇。是十卷為祖祐所
編,非其舊本也。年遠散佚,久無傳本。故厲鶚作《宋詩紀事》,
僅於《吳禮部詩話》、王應麟《困學紀聞》、黃宗羲《姚江逸詩》内採
掇數篇,寥寥不備。兹從《永樂大典》所載,排纂成編。惟《經史
説》殘闕特甚,僅存一篇。其餘則約略篇數,殆已十得八九。以
卷帙繁重,分二十卷。仍附編其父介及其兄應求、應符詩,並錄
應時父子誌傳行狀、子祖開補官省劄諸篇,為上、下二卷。應求
字伯起,嘗登鄉薦。應符字伯潛,所著有《歷代帝王纂要》二卷、
《初學須知》五卷,載於陳振孫《書錄解題》。今並未見云。

【彙訂】

① 據《燭湖集》末附楊簡《孫燭湖壙志》,孫應時卒於開禧二
年二月,年五十三。吳曦被誅在開禧三年二月,韓侂冑被殺在當
年十一月,此前史彌遠僅一禮部侍郎,不能稱"柄國"。韓被殺
後,史始當政擅權,而孫已作古。(楊武泉:《四庫全書總目
辨誤》)

② 所稱孫應時詩見《燭湖集》卷一九,題曰《閩憲克莊以故
舊託文公五世孫明仲遠徵鄙文老退遺棄散逸荷伯宗用昭止善浩
淵子勛至善及余表姪孫陳誼予兄子豐仲弟之壻貫熙用昭之從子
大年等十餘人寒冬連旬日夜錄之得五十卷亦已勞矣賦此為謝》。
按劉克莊生於淳熙十四年(1187),當孫應時卒時(開禧二年,
1206)年僅二十,尚未入仕,而官至"閩憲"在淳祐八年(1248)。
此詩或為偽作,或"閩憲克莊"另有其人。(祝尚書:《四庫宋集

提要糾誤》；楊武泉：《四庫全書總目辨誤》）

　　昌谷集二十二卷（永樂大典本）

　　宋曹彥約撰。彥約有《經幄管見》，已著錄。是編稱《昌谷集》者，考集中有《與劉後溪書》，謂世為都昌村落人，後遷於城下昌谷巷，則其所居地名也。彥約初游朱子之門。其後歷任州郡，卻敵平寇，獨卓有實用。故《宋史》本傳稱其可以建立事功。及入侍講筵，亦能彈心啟沃。其《經幄管見》一書，敷陳祖訓，規箴時政，尚歷歷可稽。文集乃湮沒不顯，《宋史·藝文志》皆不著錄[1]。惟焦竑《國史經籍志》有《昌谷小集》二十卷，錢溥《祕閣書目》亦有《曹文簡公集》十五册。然亦久無傳本。厲鶚《宋詩紀事》搜羅繁富，絕不及其姓名，則無徵久矣。今考《永樂大典》載彥約詩文頗多。核其篇目，如本傳所稱為利路轉運判官時所作《病夫議》，為兵部侍郎時所上《薦李心傳劄子》，俱不載其中。知已未免於佚闕。然其餘諸作，世所不傳者，為數尚夥。謹類次排纂，釐為二十二卷。其閒奏議，大都通達政體，可見施行。所論兵事利害，尤確鑿有識，不同摭拾游談。其應詔、陳言二封事，乃慶元、寶慶閒先後所上。於當日苟且玩愒之弊，反覆致意，切中窾要，亦可徵其鯁直之概。惟儷詞韻語，稍傷質樸。然不事修飾而自能詞達理明，要非學有原本者不能也。

【彙訂】

①"皆"，殿本作"亦"。

　　省齋集十卷（永樂大典本）[1]

　　宋廖行之撰。行之字天民，其先延平人，五季時徙於衡州。登淳熙甲辰進士，嘗官岳州巴陵尉，以親老丐養而歸。注授寧鄉主簿,未赴。據田奇所作《行狀》,稱其生平內行修飭,留心經濟,入仕亦多著循績。然名位不昌,故姓字不著於史傳。其所著作,諸家亦罕著錄。是集乃其子謙所刊,原本十卷。今從《永樂大典》中採掇裒輯,篇帙頗夥,似當日全部收入。謹排次審訂,仍析為十卷,以還其舊。其原跋十七通,行狀、墓銘等三首,仍附於後,以備考核。其文章大抵屏除藻繪,務以質樸為宗,或不免近於樸僿。故戴溪作序,不甚稱之。然其詞意篤實,切近事理,亦足以想見其為人。至其四六之作,則較他文為流麗。潛敷敬跋稱其表啟多互見周必大集中。蓋以必大亦有省齋之名,故相淆混。今檢勘必大全集,實無一篇與此相複。當由後人知其誤載,從而刊除矣②。

【彙訂】

① 文淵、文瀾、文溯閣《四庫》本均有附錄二卷。(司馬朝軍:《〈四庫全書總目〉研究》)

② 跋中云"敷總角於侍旁聞省齋名",則作跋者名當為潛敷。跋又謂其四六文有偽題《周益公表啟》之本,此乃坊刻,而周必大全集乃家刻,與坊本絕無關係。"後人知其誤載,從而刊除"云云純係無稽之談。(祝尚書:《宋人別集敘錄》)

南軒集四十四卷(浙江鮑士恭家藏本)

宋張栻撰。栻字敬夫,廣漢人。丞相浚之子,以蔭補官。孝宗時歷左司員外郎,除祕閣修撰,終於荊湖北路安撫使。事迹具《宋史·道學傳》①。栻歿之後,其弟杓裒其故槀四巨編,屬朱子論定。朱子又訪得四方學者所傳數十篇,益以平日往還書疏,編次繕寫。未及蕆事,而已有刻其別本流傳者。朱子以所刻之本多早年未定之論，而末年談經論事、發明道要之語反多所佚遺。乃取前所蒐輯，參互相校，斷以栻晚歲之學②，定為四十四卷。併詳述所以改編之故，弁於書首。即今所傳淳熙甲辰本也。栻與朱子交最善，集中與朱子書凡七十有三首，又有《答問》四篇。其閒論辨斷斷，不少假借。如第二劄則致疑於辭受之閒；第三劄辨墓祭、中元祭；第四劄辨《太極圖說註》；第五、六、七劄辨《中庸註》；第八劄辨《游酢祠記》；第十劄規朱子言語少和平；第十一劄論社倉之弊，責以偏袒王安石；第十五劄辨胡氏所傳《二程集》不必追改，戒以平心易氣；第二十一劄辨論仁之說有流弊；第四十四劄論山中諸詩，語未和平；第四十九劄論《易說》未安，是從來許多意思未能放下；第五十四劄規以信陰陽家言，擇葬地③。與胡季隨第五劄又論朱子所編《名臣言行錄》未精細。朱子並錄之集中，不以為忤。又栻學問淵源，本出胡宏。而與朱子第二十八劄謂胡寅《讀史管見》“病敗不可言，其中有好處，亦無完篇”，又第五十三劄謂胡安國《春秋傳》“其閒多有合商量處”④。朱子亦並錄之集中，不以為嫌。足以見醇儒心術，光明洞達，無一毫黨同伐異之私。後人執門户之見，一字一句，無不回護，殊失朱子之本意。至朱子作《張浚墓誌》，本據栻所作《行狀》，故多溢美，《語錄》載之甚明⑤。而編定是集，乃削去《浚行狀》不載，亦足見不以朋友之私害是非之公矣。論張浚者，往往遺議於朱子，蓋未核是集也。劉昌詩《蘆浦筆記》駁栻《堯廟歌》，指堯廟在桂林，失於附會。其歌今在集中，蓋取其尊崇帝德而略其事實。昌詩又錄栻《愨齋銘》，稱栻奉其父命為其弟杓作，本集不載。檢之良然。然栻集即杓所輯，不應反漏。考高斯得《恥堂存稾》有《南軒永州諸詩跋》曰：“劉禹錫編柳子厚集，斷至永州以後，少作不錄一篇。南軒先生永州所題三亭、陸山諸詩,時方二十餘歲,興寄已落落穆穆如此。然求之集中,則咸無焉。豈編次者以柳集之法裁之乎?"然則栻集外詩文皆朱子删其少作,非偶佚矣。

【彙訂】

①《總目》卷三有張栻撰《南軒易說》,其仕履應移至該條。此條當改作"栻有《南軒易說》,已著錄"。(周曉聰:《〈四庫全書總目〉與考據學》)

②"學",殿本作"意"。

③"第四十九劄"乃"第五十劄"之誤,"第五十四劄"乃"第五十五劄"之誤。(筧文生、野村鯰子:《四庫提要南宋五十家研究》)

④"第五十三劄"乃"第五十四劄"之誤。(同上)

⑤ 朱熹《朱文公集》卷九五收《少師保信軍節度使魏國公致仕贈太保張公行狀》,非墓誌。《朱子語類》卷一三一本朝五《中興至今日人物上》載:"如某向來《張魏公行狀》,亦只憑欽夫(栻)寫來事實做將去。"(同上)

勉齋集四十卷(編修勵守謙家藏本)

宋黃榦撰。榦字直卿,號勉齋,閩縣人。少受業於朱子,朱子以女妻之。寧宗朝,補將仕郎,歷知漢陽軍、安慶府,以主管亳州明道宮致仕。卒謚文肅。事迹具《宋史·道學傳》。是集講義經說三卷,雜文三十六卷,詩一卷,雜文凡守郡公移案牘之辭皆在焉。據其卷目,與《宋史·藝文志》相合,蓋猶原本也①。昔朱子作竹林精舍成,嘗遺榦書,有"他時便可請直卿代即講席"之語。榦亦能堅守師說,始終不貳。然林栗與朱子論《易》不合,至構釁攻擊，朱門弟子有欲火栗之書者。榦祭栗文獨能不没其所長，可謂絕無門户之見。又史稱榦在安慶府築城，部署有方，民不勞而事集。及金兵大至，淮東、西震恐，獨安慶按堵如故。又在制置李珏幕中，力以軍政不修，邊備廢弛為言，珏不能用。厥後光、黄繼失，卒如其言。尤非朱學末流空談心性者可比。亦足見洛、閩設教之初，尚具有實際，不徒以峨冠博帶刻畫聖賢矣。其文章大致質直，不事雕飾。雖筆力未為挺拔，而氣體醇實，要不失為儒者之言焉。

【彙訂】

①《宋史·藝文志》未著録《勉齋集》，而有《黄榦文集》十卷。黄震《黄氏日抄》卷九一《跋勉齋集》云："某淳祐丙午春得《勉齋文集》於山陰施侯德懋衡陽本也。後二十七年來撫州，推官李君龍全衡陽人，復以其本見遺，則字之磨滅不存者已十二三。因思翻刊於江西倉司，而丙午所得本留故山。欲借別本證磨滅不存字，閩郡咸無之。方以書不復全為憂，未幾，臨汝書堂江君克明招臨江董君雲章偕來。其家收勉齋文最備，謂初得衡陽本十卷，次得嚴谿趙氏所刊本二十四卷，次得雙峯饒氏録本《書問》一卷，次得徽菴程氏録本《書問》一卷，次得北山何氏録本《答問》十卷，近又得三山黄氏友進刊本四十卷，凡衡陽、嚴谿、雙峯、徽菴本皆在焉，而又多三之一，獨無《答問》。某因館致董君，盡求其書，屬榦辦常平司公事趙君必趯相與裒類為《勉齋大全集》。董君云：'衡陽本最初刊，有妨時，有不盡刊，故為最略。嚴谿所刊雖略增，其板已毀於火。三山所刊，分類多未嘗聞，亦頗散失，此集真成大全矣。'並記其説如此。勉齋嘗宰臨川，倉司既祠晦翁，並祠勉齋。《勉齋祠堂》記峨峯黄氏所作，能發明晦翁、勉齋相傳之正，並刻附

卷末。咸淳九年二月。"可知衡陽十卷本為宋人所傳原本,而非四十卷三山本。(劉遠遊:《四庫提要補正》)

北溪大全集五十卷外集一卷(編修汪如藻家藏本)

宋陳淳撰。淳有《北溪字義》,已著錄。其生平不以文章名,故其詩其文皆如語錄。然淳於朱門弟子之中,最為篤實。故發為文章,亦多質樸真摯,無所修飾。元王環翁序以為"讀其文者,當如布帛菽粟,可以濟乎人之饑寒①。苟律以古文律度,聯篇累牘,風形露狀,能切日用乎否"云云。是雖矯枉過直之詞,要之儒家實有此一派,不能廢也。又淳以朱子終身與陸九淵如水火,故生平大旨在於力申儒、釋之辨,以鍼砭金谿一派之失。集中如《道學體統》等四篇,《似道》、《似學》二辨,皆在嚴陵時所作。反覆詰辨,務闡明鵝湖會講之緒論。亦可謂堅守師傳,不失尺寸者矣。集為其子榘所編。末有《外集》一卷,載奠祭文、誌銘、敍述五篇,亦榘所輯附。淳祐戊辰郡倅薛季良為鋟版龍谿書院②,歲久散佚。元至元乙亥、明宏治庚戌又兩經翻刻。今所傳者,蓋猶宏治本云。

【彙訂】

① "乎",殿本作"平",誤,參王環翁序原文。

② 宋淳祐紀年無戊辰。檢庫本《北溪大全集》原序(元後至元元年王環翁作),乃是"淳祐戊申,郡倅薛公季良鋟梓龍江書院,歲久佚壞"。戊申即淳祐八年(1284)。(楊武泉:《四庫全書總目辨誤》)

山房集九卷(永樂大典本)

宋周南撰。南字南仲,吳郡人。淳熙庚戌登甲科①,官至祕書省正字。再以薦入詞館，皆不久罷去。遂以殿廷所授文林郎終焉。《藝文志》有周南《山房集》五卷。陳振孫《書錄解題》則稱《周氏山房集》二十卷，後集二十卷。卷目多寡迥異。今檢《永樂大典》所載，有題《山房集》者，亦有題《山房後稾》者，與陳氏著錄之本合。知《宋志》五卷之目乃傳寫脫譌，不足據也。惟計《永樂大典》所錄，篇帙無幾，當由删薙太甚，故佚去者多。今但就其存於今者，各依原目，釐為《前集》八卷，《後稾》一卷，以略存其舊。南長於四六，以俊逸流麗見稱。制誥諸篇，尤得訓詞之體。其初入館也，葉適實薦之。考吳子良《荊谿林下偶談》有云："開禧用兵，韓侂冑欲以葉適直學士院草詔，適謝不能。既而衛涇被命草詔云：'百年為墟，誰任諸人之責；一日縱敵，遂貽數世之憂。'涇見適，舉似誤'為墟'為'成墟'。他日周南至，適告以涇文字近頗長進，然'成墟'字可疑。南愕然曰：'本為墟字，何改也？'適方知南實代作，因薦其宜為文字官。遂召試館職。"蓋即其事。案此四語，今在南所作《秦檜降爵易諡敕》中。則當時已載入己集，足徵其不能割愛。而《敕》內別有"兵於五材，誰能去之；臣無二心，天之制也"數語，亦極為王應麟所激賞。是其織組之工，膾炙人口，尤可以概見矣。集中又有諸書題跋二十餘則，與《館閣續書目》體例相近，疑亦在館校勘時所作。又雜記數十條，多述宋代故事，閒或直錄古書之文，無所論斷。疑本別有説部附於集內，而為《永樂大典》所割裂。今無可參證，姑仍其原文錄之云[②]。

【彙訂】

① 淳熙十六年己酉二月，宋孝宗傳位於其子光宗。當年十一月庚午，詔改明年為紹熙元年，見《宋史·光宗紀》。庚戌即紹熙元年，不得仍稱"淳熙"。葉適《水心集》卷二〇《周君南仲墓誌

銘》:"紹熙元年進士。"《南宋館閣續錄》卷九周南名下註:"紹熙
元年余復榜進士及第。"《宋史》本傳、《宋元學案》卷五五小傳,亦
均稱紹熙元年進士。同治《蘇州府志》卷七八《周南傳》載,"紹熙
元年對策……考官得其文驚嘆,擬奏第一",但因光宗不欲,"乃
格置乙科之首"。則"登甲科"亦不確。(楊武泉:《四庫全書總
目辨誤》)

② "云",殿本作"焉"。

橘山四六二十卷(浙江鮑士恭家藏本)

宋李廷忠撰。廷忠字居厚,橘山其號也,於潛人。淳熙八年
進士,歷無為教官、旌德知縣,終於夔州通判。《宋史》無傳。厲
鶚作《宋詩紀事》,載所著有《洞霄詩集》,今亦不傳①。惟是編尚
存,明萬曆中丹陽孫雲翼為之箋註。雲翼自序稱"所藏原係鈔
本,甲申應貢之京師,偶攜是帙,遂取翻閱,隨手箋釋。後隨牒炎
徼,左僻多暇,爰取訂正,稍加銓次"云云。蓋向無刊版,自雲翼
箋釋後始授梓行世也。廷忠名位不顯,故集中啟劄為多,大抵候
問酬謝之作。而第十四卷內乃皆賀正、賀至箋表,中有"乘軺護
漕"等語,與廷忠仕履不合,必非其所自為②。案洪邁《容齋四
筆》稱:"宋時所在州郡,相承以表奏書啟委教授,因而餉以錢
酒。"則此必廷忠為教官時代州守及憲臣所作。特原本未及註
明,遂不可辨耳。北宋四六,大都以典重淵雅為宗。南渡末流,
漸流纖弱。廷忠生當淳熙、紹熙之間,正風會將變之時,故所作
體格稍卑。往往好博務新③,轉傷繁冗。然織組尚為工穩,其佳
處要不可掩,固當存之以備一家。至雲翼箋註,尤多蕪雜,未足
以資考核。以其裒綴頗勤,故姑仍舊本錄之,不復刊削焉。

【彙訂】

①《洞霄詩集》十四卷,宋末元初道士孟宗寶輯編,鮑廷博收入《知不足齋叢書》,至今猶存。(方建新、潘淑瓊:《〈四庫總目提要〉補正拾遺》)

② 據《宋會要輯稿》職官七五之七載,李廷忠官至知夔州,又曾為轉運使,"乘軺護漕等語"正與其仕履相合。(同上)

③ "務新",殿本作"矜新"。

後樂集二十卷(永樂大典本)

宋衛涇撰。涇字清叔,華亭人,徙居崑山。登淳熙十一年進士第一。王楙《野客叢書》所謂"潮至夷亭出狀元。甲辰,衛涇果魁天下"者也。累官參知政事,封秦國公。卒諡文節。其事迹不具於《宋史》。惟《南宋翰苑題名記》載涇以開禧二年七月官中書舍人,兼修玉牒官,直學士院。十月,除吏部侍郎兼侍讀。三年十月,除禮部尚書。十一月,除御史中丞。《宋史·宰輔表》載開禧三年十一月丙戌,涇自中奉大夫試御史中丞,除端明殿學士,簽書樞密院事。丁亥,兼權參知政事。十二月壬戌,涇與雷孝友同除參知政事。嘉定元年六月乙亥,罷為資政殿學士,知潭州。而集中謝表自潭州以後又嘗一知福州,再知隆興府。其歷官歲月,尚可考見。涇初號拙齋居士,改號西園居士。後築堂成,取范仲淹《岳陽樓記》中語題之曰後樂堂。遂以自號,並名其集。原本凡七十卷,乃其子樵所編,嘗刻之於永州。歲久亡佚。明楊樞《淞故述》僅著其名,而其本已不可見。今從《永樂大典》中裒輯編次,釐為二十卷。衛氏在宋世,以文學知名。涇諸父膚敏,紹興間為禮部侍郎,立朝頗著風采。涇弟湜,亦湛深經術,所著

《禮記集説》,已別著錄。涇所作大都和平温雅,具有體裁。歸有
光《震川集》稱其文章議論,有裨當世。當韓侂胄用事時,隱居十
年。於所居石浦闢西園,堅卧不出。其進退之際,蓋能以禮自守
者。今即集中諸奏疏考之,其《應詔論北伐劄子》謂兩國相敵,持
重者安,輕動者危,應兵常勝,首事常沮。力詆侂胄開釁之非,詞
意極為切直。其劾易袚、朱質、林行諸狀,亦能抵觸姦佞,侃侃不
阿。他所論列,並中窾要。在當時可稱正人。特其執政未久,
《宋史》又佚而不傳,其大節幾就湮没。幸而遺文復顯,猶得據以
見其仕履之大略。故著之於錄,補史文所未及焉。

　　竹齋詩集三卷附錄一卷①（兩淮馬裕家藏本）②

　　宋裘萬頃撰。萬頃字元量,新建人。淳熙十四年進士,歷官
大理寺司直。請外任,添差江西撫幹。楊簡誌其墓,以“默識”稱
之。陳宏〔弘〕緒《寒夜錄》稱:“萬頃在當時,與胡桐原、萬澹菴、
徐竹堂往來倡和,號為四傑。今三人俱已湮没,惟萬頃集存。”劉
克莊《後村集》有《裘元量司直詩跋》,稱其“標致高勝,有顏氏之
臞、龔生之潔”,又稱“其猶子南昌理掾應材攜竹齋遺墨古律詩三
首,其季元齡又手錄四十二首。其言若近而遠,若淡而深。近而
淡者可能,遠而深者不可能。為人自貴重,恥表襮,惟詩亦然。
世知竹齋者多,而見其詩者絕少。理掾盍鋟諸梓,與同志共之”
云云。則元量之詩,克莊時尚無專集。此本為康熙己丑其裔孫
錦縣知縣奏所刊。凡詩三卷,末一卷附錄誥敕誌銘,不知何人所
編。近時工部尚書裘曰修又重刊之。曰修亦萬頃裔也。其詩雖
風骨未高,而清婉有餘,不染江湖之濫派。趙與虤《娛書堂詩話》
嘗稱其《歸興》一篇。又稱其初官樂平印曹,與洪邁詩篇往來,邁

最推其"雲歸青嶂雨初歇，花卧碧苔春已休"之句云。

【彙訂】

①"竹齋詩集三卷附錄一卷"，殿本作"竹齋詩集四卷"，誤，參文淵閣庫書。

② 底本此條與文淵閣庫書次序不符。文淵閣庫書與殿本均置於"後樂集二十卷"條之前。

華亭百詠一卷（浙江鮑士恭家藏本）

宋許尚撰。尚自號和光老人，華亭人。其始末無考。是編作於淳熙閒，取華亭古蹟，每一事為一絕句，題下各為註。然百篇之中，無註者凡二十九，而其中多有非註不明者。以例推之，當日不容不註，殆傳寫佚脫歟？弔古之詩，大抵不出今昔之感，自唐許渾諸人已不能拔出窠臼。至於一地之景，衍成百首，則數首以後，語意略同，亦固其所。厲鶚作《宋詩紀事》，僅錄其《陸機茸》、《三女岡》、《征北將軍墓》、《顧亭林》、《白龍洞》、《俞塘》、《普照寺》、《陸瑁養魚池》、《唳鶴灘》、《湖光亭》十首，亦以其罕逢新警故也。然格意雖多複衍，而措詞修潔，尚不失為雅音。所註雖簡略，而其時在今五六百年之前，舊蹟猶未全湮。方隅之所在，名目之所由，亦尚足備志乘之參考。在詩家則無異於眾人，在輿記之中，則視後來支離附會者勝之多矣。

梅山續藁十七卷（浙江鮑士恭家藏本）

宋姜特立撰。特立字邦傑，麗水人。父綬，靖康中殉難。南渡後蔭補承信郎。孝宗召為太子春坊，累官浙東馬步軍副總管、慶遠軍節度使。事迹具《宋史·佞幸傳》。陳振孫《書錄解題》載《梅山藁》六卷《續藁》十五卷，列之"詩集類"中，則兩集皆有詩無

文。此本出休寧汪森家，附以雜文及詩餘共為十七卷，不知何人
所增輯。森序稱其流傳絕少，故繕寫以傳。則亦罕覿之本。其
《正藁》六卷，藏書家皆不著錄，意其散佚已久矣。特立在當時，
恃光宗藩邸之舊，頗攬權勢，屢為廷臣所糾，其人殊不足道。陳
振孫稱其"本一士人，塗轍一異，儼然蟄御之態"，蓋惜之也。然
論其詩格，則意境特為超曠，往往自然流露，不事雕琢。同時韓
元吉、陸游皆愛之，亦有由矣。其《上梁文引》自述其生平最悉，
有云"百首之清詩夜上，九重之丹詔晨頒"。今考此集所載，皆官
春坊以後之作。而所云"百首"者，集中不載，或在所佚之數歟？

信天巢遺藁一卷附林湖遺藁一卷江村遺藁一卷疏寮小集一
卷（浙江巡撫採進本）

宋高翥撰。翥字九萬，號菊磵，餘姚人。孝宗時游士也。有
《菊磵集》二十卷，久佚不存。至國朝康熙二十六年，其裔孫士奇
於徐乾學家宋槧書中采得遺詩一百九首，益以家藏二十二首①，
又於他集中得十三首，續得朱彝尊宋刻《江湖集》所載四十七首。
刪除重複，共得詩一百八十九首刻之，題曰《信天巢遺藁》。信天
巢者，翥所以名其居也。然卷前元貞元年姚燧序本稱曰《菊磵
集》，不知何以改名也②。後附《林湖遺藁》一卷，為翥姪鵬飛字
南仲者所撰。又附《江村遺藁》一卷，則翥父選、叔邁之詩。選、
邁皆紹興閒登第。選官武當軍節推，邁官縣尉。此卷之中，又附
質齋、遁翁二人之詩，則高氏譜中所載。僅存其號，即士奇亦莫
能舉其名矣。最後附高似孫《疏寮小集》一卷，似孫即撰《緯略》
者。《文獻通考》載《疏寮集》三卷。此所刻甚少，尚有他選所有
而此刻無之者。是集在宋頗著稱，陳振孫《書錄解題》謂其作文

怪澀，詩猶可觀，劉克莊《後村詩話》謂其詩能參誠齋活句。不知此刻何以採輯轉不完備③。然士奇後序中初未言及附刻《疏寮集》，疑為士奇後人所加，更不暇博採歟？

　　【彙訂】

　　① 據高士奇序，其家藏舊板《菊礀集》存三十二首。（羅振常：《善本書所見錄》）

　　② 文淵閣庫書書名即作《菊礀集》。（沈治宏：《〈四庫全書總目〉集部著錄圖書失誤原因析》）

　　③ "何以採輯轉不完備"，殿本作"所載何以轉不完備"。

集 部 十 五

別 集 類 十 五

性善堂稾十五卷（永樂大典本）

宋度正撰。正有《周子年譜》，已著錄。《宋史》正本傳載正有《性善堂集》，而不著卷數。趙希弁《讀書附志》始列其目，凡十五卷。曹彥約為之序，自明以來，世久失傳。今從《永樂大典》中採撮裒次，以類排纂，仍析為十五卷，以還其舊。正游於朱子之門，文章質實，大都原本經濟，不為流連光景之語。其條奏便民諸疏，不下萬餘言，指陳利弊，明晰剴切。亦可謂留心世務，不徒為性命空談。詩品雖不甚高，而詞意暢達，頗與朱子格律相近。觀其《書〈易學啟蒙〉後》、《書晦菴所釋〈西銘〉後》、《跋申請釋奠禮》諸篇，悉於師說篤信不疑，宜其一步一趨矣。魏了翁《朱子語類》序稱：“輔漢卿授以所集《朱子語類》文字，度周卿從予乞本，刊諸青衣。因屬其以學者之病著於篇端。”云云。是正又嘗梓行《語類》，且為之序。而集中無此文。又史稱正官太常時，“適太廟災，為二說以獻。其一用朱子之議，其一則因宋朝廟制而參以朱子之說。”本傳中具載其略，集中亦無此文。蓋刪汰編纂之餘，固不免有所闕佚也。

漫塘文集三十六卷（浙江鮑士恭家藏本）

宋劉宰撰。宰字平國，金壇人。紹熙元年進士，仕至浙東倉司幹官。屬北伐釁起，遂退居漫塘，閱三十年。屢薦不起，以直顯謨閣主管玉局觀卒於家。朝廷嘉其節，賜諡文清。事迹具《宋史》本傳。宰著作甚富。淳祐初，王遂哀其遺槁，十僅得四五。為編訂作序，名曰《前集》。理宗收入祕閣，世遂無傳。明正德間，大學士靳貴從內閣鈔出，因授王臬鋟梓，釐為三十六卷，即此本也①。宰秉性恬淡，平生無他嗜好，惟書靡所不讀。所為文章，淳古質直，不事藻飾，而自然暢達。其《漫塘》一賦，尤為世所傳誦。又頗事講學。當為真州司法時，方禁仕者讀周、程氏書，宰堅不肯署狀。亦多從朱子門人游。本傳稱所著別有《語錄》十卷，今已久佚。其議論遂不可復考。然觀此一集，其宗旨已大略見矣。《語錄》即不存可也。

【彙訂】

① 據王臬序，正德十六年辛巳（1521）因經費不足，未及盡刻，至嘉靖八年己丑（1529）方才續刻告竣。（祝尚書：《宋人別集敍錄》）

克齋集十七卷（湖北巡撫採進本）

宋陳文蔚撰。文蔚字才卿①，上饒人。嘗舉進士。端平二年，都省言其所作《尚書類編》有益治道，詔補迪功郎。今《尚書類編》已佚，其文集亦無傳本。故《書錄解題》、《宋史·藝文志》俱未著錄。明初，其郡人張時雨及其裔孫良鑑始掇拾成編，即此本也②。文蔚始因同里余大雅以師事朱子，見於所撰《余正叔墓碣》。集中與朱子往復書甚多，皆以工夫精進相規切。而《祭朱先生文》有云："丁巳之冬，戊午之春，招之使來，授業諸孫。因獲終歲，侍教諄諄。"則又嘗館於朱子家。當理宗時③，朱子之學大行，故所著之書得聞於朝廷，朝廷亦遂命以官也。然文蔚實亦篤信謹守，傳其師說。所記朱子之語，皆戊申以後所聞，見於《池錄》第四，已編入《朱子語類》中，此復具載於本集。蓋一從其所言之人，一從其所記之人，義可互存，不為假借。其詩雖頗拙俚，不及朱子遠甚。其文則皆明白淳實，有朱子之遺。講義九條，剖析義利之辨，亦為諄切，均不媿儒者之言。與後來依門傍戶者，固迴殊矣。

【彙訂】

① "文"，殿本脫。

② 據文淵閣《四庫》本是書卷端崇禎癸未吳郡侯峒曾序，稱"張生時泰始刻之於鄉，千里致書乞余為序"。則《四庫》底本乃明季張時泰刻本，非明初刻本。（何槐昌：《〈四庫全書總目〉著錄校正選輯》）

③ 殿本"時"上有"之"字。

芳蘭軒集一卷（浙江鮑士恭家藏本）

宋徐照撰。照字道暉，一字靈暉，永嘉人。與徐璣、翁卷、趙師秀號曰永嘉四靈。照即四靈之首也。嘗自號曰山民，故其集又曰《山民集》。趙師秀《清苑齋集》有《哀山民》詩，可以為證。陳振孫《書錄解題》獨稱照自號天民，未知何據。當屬傳刻之譌也①。葉適作《照墓誌》，稱："其詩數百，琢思尤奇。皆橫絕歘起，冰懸雪跨，使讀者變踔懰慄②，肯首吟嘆，不能自已。然無異語，皆人所知也，人不能道耳。"所以推獎之者甚至。而吳子良

《荊谿林下偶談》則謂適“雖不沒其所長,而亦終不滿之。故其跋劉潛夫詩卷,又有‘進乎古人而不已,何必四靈’之語。後人不知,以為水心宗晚唐者③,誤也。”蓋四靈之詩,雖鏤心鉥腎,刻意雕琢,而取逕太狹,終不免破碎尖酸之病。照在諸家中尤為清瘦。如其《寄翁靈舒》詩中“樓高望見船”句,方回以為“眼前事,道著便新”。又《冬日書事》詩中“梅遲思閏月,楓遠誤春花”,方回亦以為“‘思’字、‘誤’字,當是推敲不一乃得之”。是皆集中所稱佳句。要其清雋者在此,其卑靡者亦即在此。風會升降之際,固有不能自知者矣。照集原本三卷。此本祇一卷,不知何人所併。又從《瀛奎律髓》得詩六首,《東甌詩集》得詩二首,《東甌續集》得詩一首,併為補遺,附之於後焉。

【彙訂】

① 輯本《直齋書錄解題》卷二十《徐照集》條正作“山民”,《文獻通考·經籍考》誤作“天民”。(李裕民:《四庫提要訂誤》)

② “踔”,殿本作“掉”,誤,參葉適《水心集》卷十七《徐道暉墓誌銘》原文。

③ “宗”,殿本作“崇”。《荊谿林下偶談》卷四“四靈詩”條原文作“崇尚”。

二薇亭集一卷(浙江鮑士恭家藏本)

宋徐璣撰。璣字文淵,一字致中,號靈淵,《趙師秀集》作靈困,“困”字即古“淵”字,蓋偶以別體書之。永嘉四靈之二也。《宋元詩會》載璣官建安主簿,龍游丞,武當、長泰令。嘉定七年卒,年五十九①。而陳振孫《書錄解題》則曰:“四人者惟師秀嘗登科改官。”意謂三人皆未嘗出仕。曹學佺亦謂二徐皆隱居不仕。今觀此卷中，璣有《監造御茶》五言古詩，蓋為主簿時作。其《贈趙師秀》詩有“遊宦歸來幾度春”之句，七言絕句又有《移官南浦》一首。則陳振孫所言偶然失考②，學佺又誤因之也。《書錄解題》載璣集一卷，與此本相符。其名《二薇亭集》，則《通考》未載，或亦偶遺也。集後有補遺三首，從《瀛奎律髓》、《東甌詩集》、《東甌續集》中鈔出。厲鶚《宋詩紀事》載璣又有《泉山集》，今未之見。或《東甌詩集》所載為《泉山集》中詩歟？

【彙訂】

① 據葉適《水心文集》卷二一《徐文淵墓誌》，徐璣所任乃龍谿丞，卒年五十三。（李裕民：《四庫提要訂誤》）

②《直齋書錄解題》卷二十原文作“四人者惟師秀嘗登科，改官亦不顯”。“改官”非“為官”，乃改秩也。陳振孫所言不誤。（朱則傑：《永嘉四靈叢考》）

西巖集一卷（浙江鮑士恭家藏本）

宋翁卷撰。卷字續古，一字靈舒。永嘉四靈之三也。嘗登淳祐癸卯鄉薦①，終於布衣。葉適序其詩，稱為“自吐性情，靡所依傍”。劉克莊《後村集》亦有贈卷詩云：“非止擅唐風，尤於選體工。有時千載事，祇在一聯中。”張端義《貴耳集》曰：“翁卷，四靈也。有《曉對》詩云：‘梅花分地落，井氣隔簾生。’《瀑布》詩云：‘千年流不盡，六月地長寒。’《春日》云：‘一階春草碧，幾片落花輕。’《游寺》云：‘分石同僧坐，看松見鶴來。’《吾廬》云：‘移花連舊土，買石帶新苔。’”其所取者，大抵尖新刻畫之詞。蓋一時風氣所趨，四靈如出一手也。卷別有《葦碧軒集》，今未見其本。厲鶚《宋詩紀事》載卷詩四首，皆註出《葦碧軒集》。以校此集，惟

《寄遠》一首不載，餘皆相同。可知二集之詩，實互相出入。至張端義所舉五聯，鶚但列之逸句中，不能得其全篇②。是又在《葦碧軒集》之外。殆當時所刊原非一本，尚不止此二集歟？

【彙訂】

① 永嘉詩人薛師石（卒於理宗紹定元年，1228）有《喜翁卷歸》詩：「一翁尚淒涼，六秩困行役。」（載《瓜廬詩》）可知翁卷生年約在 1169 年，至淳祐癸卯（1243）已七十五歲高齡。且江湖詩人張戈有《送翁十赴舉》詩（《秋江煙草》），詩集附有嘉定戊寅（1218）丁焴序，則此前翁卷已通過鄉試。（陳曉蘭：《翁卷生平及其詩集考述》）

②《瀑布》詩實為徐照所作，《芳蘭軒集》卷上載全篇。《宋詩紀事》於徐照條下已引此詩，又在翁卷條下誤引《貴耳集》之逸句。（李裕民：《四庫提要訂誤》）

清苑齋集一卷（浙江鮑士恭家藏本）

宋趙師秀撰。師秀字紫芝，號靈秀，永嘉人。太祖八世孫。紹熙元年進士，浮沈州縣，終於高安推官。永嘉四靈之四也。其詩亦學晚唐。然大抵多得於武功一派，專以鍊句為工，而句法又以鍊字為要。如《詩人玉屑》載師秀《冷泉夜坐》詩「樓鐘晴更響，池水夜知深」一聯，後改「更」字為「聽」字，改「知」字為「觀」字；《病起》詩「朝客偶知承送藥，野僧相保為持經」一聯，後改「承」字為「親」字，「為」字為「密」字。可以知其門徑矣。又《梅磵詩話》：「杜小山問句法於師秀。答曰：『但能飽喫梅花數斗，胸次玲瓏，自能作詩。』」云云。故其詩主於野逸清瘦，以矯江西之失，而開、寶遺風則不復沿溯也。陳振孫《書錄解題》載師秀集二卷，《別本

天樂堂集》一卷,今皆未見。此本僅一卷,而題曰《清苑齋集》,未
審為即《天樂堂集》之別名否。趙與虤《娛書堂詩話》載《送謝耘
游淮》詩二句,又《東甌續集》載師秀詩五首,《瀛奎律髓》載師秀
詩四首,今並附錄集末,題曰《拾遺》①。似乎別有《天樂堂集》。
而《詩人玉屑》所論《冷泉夜坐》及《病起》二首稱曰《天樂》者,今
皆載此集中,似乎又即《天樂堂集》。今未能盡睹其全,莫之詳
也。厲鶚《宋詩紀事》稱師秀有《清苑齋集》,有《天樂堂集》,分為
二種。而所錄皆此集之詩,則鶚亦未見《天樂堂集》矣。古書散
佚,闕所不知可也。

【彙訂】

　　① 文淵閣《四庫》本此集從《東甌續集》補錄六首,即《秋日
遊棲霞菴》、《一真姑》、《秋夜偶成》、《夜宿江浦開元八改官寄
此》、《贈寫竹上人歸湘》和《潤陂山》。從《瀛奎律髓》補錄三首,
即《寄新吳友人》、《十里》及《秋日偶書》。文淵閣本書前提要分
別作“六首”、“三首”不誤。(袁芸:《〈文淵閣四庫全書提要〉別
集類辨證》)

　　瓜廬詩一卷(編修勵守謙家藏本)

　　宋薛師石撰。師石字景石,永嘉人。隱居不仕,築屋會昌湖
西,題曰瓜廬。趙師秀詩“野水多於地,春山半是雲”之句,即為
瓜廬作也。是集卷末有王綽所作《墓誌》,述其始末甚詳。卷首
有趙汝回序,稱其“每與四靈聚吟,獨主古淡。融狹為廣,夷鏤為
素,神悟意到,自然清空”。今觀其詩,語多本色,不似四靈以尖
新字句為工。所謂“夷鏤為素”者,殆於近之。至於邊幅太窄,興
象太近,則與四靈同一門徑。所謂“融狹為廣”者,殊未見其然。

蓋才地視四人稍弱，而耕釣優游，以詩自適，意思蕭散，不似四靈之一字一句刻意苦吟。故所就大同而小異也。荆山劉植跋稱其多肥遯之詞，斯言諒矣。

洺水集三十卷（江蘇巡撫採進本）①

宋程珌撰。珌字懷古，休寧人。以先世居洺州，因自號洺水遺民。紹熙四年進士，理宗朝累官禮部尚書、翰林學士、知制誥。歷端明殿學士，致仕。事迹具《宋史》本傳。珌立朝以經濟自任，詩詞皆不甚擅長。俞文豹《吹劍錄》稱其省試"紅藥當階翻"詩"黃麻方草罷，紅藥正花翻"一聯，亦未為佳句。至於論備邊、蠲稅諸疏，則拳拳於國計民瘼，詳明剴切，利病井然，蓋所長在此不在彼也。其跋洪邁《萬首絕句》，以為不當進之於朝，與張栻詆呂祖謙撰《文鑑》大意相類，未免操之已蹙。至於跋張載《西銘》，論其欲復井田為不可，則深明今古之宜，破除門戶之見，其識迥在講學諸儒上矣。集本六十卷，載於《書錄解題》②。此本乃崇禎乙巳其裔孫至遠所刻③，僅三十卷。原序稱歲久散佚，舊闕其半云④。

【彙訂】

①"江蘇巡撫採進本"，底本作"江西巡撫採進本"，據殿本改。《四庫採進書目》中"江蘇省第一次書目"、"江蘇採輯遺書目錄簡目"著錄此書，未見於"江西省呈送書目"。（江慶柏：《殿本、浙本〈四庫全書總目〉著錄圖書進獻者主名異同考》）

②《直齋書錄解題》未著錄《洺水集》。（祝尚書：《宋人別集敍錄》）

③崇禎無乙巳，當係己巳（崇禎二年）之誤。（同上）

④據明嘉靖三十五年刻本此集裔孫元晌序，改六十卷為二

十六卷，乃以二十六人分刊之故，内容僅"閒有殘缺失次"，遠非"闕其半"。（崔富章：《四庫提要補正》）

龍川文集三十卷（浙江巡撫採進本）

宋陳亮撰。亮有《三國紀年》，已著錄。亮與朱子友善，故搆陷唐仲友於朱子，朱子不疑。然才氣雄毅，有志事功，持論乃與朱子相左。羅大經《鶴林玉露》記朱子告亮之言曰："凡真正大英雄，須是戰戰兢兢從薄冰上履過去。"蓋戒其氣之銳也。岳珂《桯史》又記呂祖謙歿，亮為文祭之，有"孝弟忠信，常不足以趨天下之變；而材術辨智，常不足以定天下之經"語。朱子見之，大不契，遺書婺人，詆為怪論。亮聞之，亦不樂。他日上孝宗書曰："今世之儒士，自謂得正心誠意之學者，皆風痺不知痛癢之人也。"蓋以微諷晦翁，晦翁亦不訝也云云。足見其負氣傲睨，雖以朱子之盛名，天下莫不攀附，亦未嘗委曲附和矣。今觀集中所載，大抵議論之文為多。其才辨縱橫不可控勒，似天下無足當其意者。使其得志，未必不如趙括、馬謖狂躁僨轅。但就其文而論，則所謂"開拓萬古之心胸，推倒一時之豪傑"者，殆非盡妄。與朱子各行其志，而始終愛重其人，知當時必有取也。《宋名臣言行錄》謂其在孝宗朝六達帝廷，上書論大計。今集中獨有上孝宗四書及《中興論》。考《宋史》所載亦同。又《言行錄》謂垂拱殿成，進賦以頌德，又進《郊祀慶成賦》。今集中均不載。葉適序謂亮集凡四十卷，今是集僅存三十卷，蓋流傳既久，已多佚闕，非復當時之舊帙。以世所行者祇有此本，故仍其卷目著之於錄焉。

龍洲集十四卷附錄二卷（浙江鮑士恭家藏本）

宋劉過撰。過字改之，廬陵人[①]。當宋光宗、寧宗時，以詩遊謁江湖。韓侂胄嘗欲官之使金國,而輕率漏言,卒以窮死。蓋亦陳亮之流,而跅弛更甚者也[②]。當其叩閽上書,請光宗過宮,頗得抗直聲。然其時在廷諸臣已交章論奏,非廊廟不言,待於草野言之者,何必屋上架屋,為此曉曉,特巧於博名耳。又屢陳恢復大計,謂中原可不戰而取,更不過附合時局,大言以幸功名。北伐之役,後竟何如耶? 楊維楨弔其墓詩云:“讀君舊日伏闕疏,喚起開禧無限愁。”文人標榜之詞,非篤論也。其詩文亦多粗豪抗厲,不甚協於雅音。特以跌宕縱橫,才氣坌溢,要非齷齪者所及,故今猶傳焉。集凡十四卷,後附宋以來諸人所題詩文二卷,合十六卷。岳珂《桯史》記過始末頗詳,稱其“開禧乙丑過京口,相與摭奇弔古,多見於詩。其《多景樓》一篇,廣漢章以初升為之大書[③]。詞翰俱卓犖可喜,屬為刻樓上,會兵起不果”云云。今集中詩以此篇為冠,蓋由於此。然伏闕一疏,今竟不載於集中,其尚有佚篇歟? 至蔣子正《山房隨筆》載其辛棄疾席上賦羊腰腎羹絕句及為張栻作張浚挽詩,以集中不載為遺珠之憾。核以岳珂《桯史》,蓋小說之附會,非脫漏也。語詳《龍洲詞》條下。

【彙訂】

① 雍正《江西通志》卷七六《劉過傳》,據《吉州人文紀略》,謂過為泰和人。《龍洲集》末附“閩風劉佖”《跋》,稱“予友劉改之”。《跋》末云:“改之名過,太(泰)和人也。”可知劉過里籍在泰和。惟劉過常舉廬陵,如《龍洲集》卷一四《與許從道書》,即稱“廬陵劉過再拜”,乃因泰和隸吉州,吉州又稱廬陵郡,泛舉郡名以示地望,非指籍貫。吉州所轄廬陵縣,實非劉過里籍所在。(楊武泉:《四庫全書總目辨誤》)

② “跅弛”,殿本作“弛跅”。

③　岳珂《桯史》卷二"劉改之時次"條提到的廣漢人章以初，其名為"升之"，非單名"升"。《南宋館閣續錄》卷九章升之名下注："字以初，漢州綿竹人，紹熙四年陳亮榜進士出身。"《桯史》所言即此人。（楊武泉：《四庫全書總目辨誤》）

鶴山全集一百九卷（浙江鮑士恭家藏本）

宋魏了翁撰。了翁有《周易要義》，已著錄。南宋之衰，學派變為門户，詩派變為江湖。了翁容與其間，獨以窮經學古自為一家。所著作詩文極富，本各自為集。此本乃後人裒合諸本，共次為一編。其三十五卷下題《渠陽集》，三十七卷下題《朝京集》，九十卷下題《自菴類槀》，則猶仍其舊名，刊削未盡者也。史稱了翁年十五時，為《韓愈論》，抑揚頓挫，已有作者之風。其天姿本自絕異。故自中年以後，覃思經術，造詣益深。所作醇正有法，而紆徐宕折，出乎自然。絶不染江湖遊士叫囂狂誕之風①，亦不染講學諸儒空疏拘腐之病。在南宋中葉，可謂翛然於流俗外矣。其集原本一百卷，見於焦竑《經籍志》。前有淳熙己酉宛陵吳淵序②。凡詩十二卷，牋表、制誥、奏議等十八卷，書牘七卷，記九卷，序、銘、字説、跋等十六卷，啟三卷，誌狀二十一卷，祭文、輓詩三卷，策問一卷，長短句三卷，雜文四卷，又制舉文三卷，《周禮折衷》四卷《拾遺》一卷，《師友雅言》二卷，共成一百一十卷。此十卷皆註有"新增"字，蓋書坊刊版所續入。然了翁尚有《古今考》一卷，又不入此集，蓋偶遺也。元、明閒集版湮廢。嘉靖辛亥，四川兵備副使高翀等始重刻於邛州③。而校訂草率，與目多不相應，或書中有此文，而目反佚之。疑有所竄改，已非其舊。又目凡一百十卷，而吳鳳後序稱一百七卷，蓋重訂時失於檢勘。又

《周禮折衷》併為三卷,以《師友雅言》併為一卷,又闕《拾遺》一卷,故實止此數。然世閒僅存此本,流傳甚少①。今重加校定,仍其所闕,析其所併,定為一百九卷⑤。而原目之參錯不合者,則削而不錄焉。

【彙訂】

①“江湖”,殿本作“挾卷”。

②《鶴山集》卷七一《榮州司戶何君普墓誌銘》載,己年二十二“叨第”,則當生於淳熙五年。既出自述,自當為確。己酉為淳熙十六年,其時魏了翁才十二歲,焉有《集》行世而吳淵為之序?淳熙顯為淳祐之誤,己酉,淳祐九年也。(楊武泉:《四庫全書總目辨誤》)

③嘉靖辛亥(1551)之前,無錫知縣暢華已於嘉靖二年(1523)令安氏館以銅活字印行此集。(祝尚書:《宋人別集敍錄》)

④“少”,殿本作“尟”。

⑤《總目》所列“詩十二卷”至“《師友雅言》二卷”,合計僅一百七卷。文淵閣《四庫》本一百九卷,卷十三乃表牋,非牋表。卷三十八至卷五十為記,共十三卷,非九卷。序、銘、字說、跋乃卷五十一至卷六十五,共十五卷,非十六卷。南宋開慶元年(1259)成都府路提點刑獄公事某某刻《重校鶴山先生大全文集》一百十卷於成都,國家圖書館藏一部(有缺卷缺葉),則所增十卷非書坊刊版所續入。(祝尚書:《宋人別集敍錄》)

西山文集五十五卷(福建巡撫採進本)①

宋真德秀撰。德秀有《四書集編》,已著錄②。考《宋史》本傳,德秀有《西山甲乙槀》、《對越甲乙集》、《經筵講義》、《端平廟議》、《翰林詞草四六》、《獻忠集》、《江東救荒錄》、《清源雜志》、《星沙集志》諸書。此本為明萬曆中福建巡撫金學曾所刊,國朝浦城縣知縣王允〔胤〕元又補葺之。所載詩賦而外,惟《對越甲乙槀》、《經筵講義》、《翰林詞草》三種自分卷帙。其餘序、記等作但以類次,不別分名目。或即本傳所謂《西山甲乙槀》者,未可知也。他如《端平廟議》諸書,俱不編入,疑其闕佚尚多。然馬端臨《通考》所載亦作五十六卷,則此本所少僅一卷。殆宋時刊本即未嘗以諸書編入耶? 德秀生朱子之鄉,故力崇朱子之緒論。其編《文章正宗》,持論嚴刻,於古人不貸尺寸。而集中諸作吹噓釋、老之焰者,不一而足,有不止韓愈《羅池廟碑》為劉昫所譏、與大顛諸書為朱子所擿者。白璧微瑕,固不必持門戶之見,曲為隱諱。然其他著作,要不失為儒者之言,亦不必竟以一眚掩也。

【彙訂】

① 文淵閣《四庫》本卷五一《疏語下》闕,實存五十四卷。(祝尚書:《宋人別集敘錄》)

② "四書集編",殿本作"四書集義",誤。《總目》卷三五著錄真德秀撰《四書集編》二十六卷。

方泉集四卷(編修汪如藻家藏本)

宋周文璞撰。文璞字晉仙,號方泉,又號野齋,又號山楹,陽轂人①。諸書不詳其仕履,蓋亦江湖派中人也。是集凡賦一卷,詩三卷。張端義《貴耳集》極稱其《灌口二郎歌》、《聽歐陽琴行》、《金銅塔歌》②,以為不減賀、白。案賀、白謂李賀、李白也。語殊杜撰,謹附訂於此。然文璞古體長篇,微病頹唐,不出當時門徑。較諸東坡、山谷，已相去不知幾許。端義擬以青蓮、長吉，未免不倫。至於古體短章、近體小詩，如端義所稱《題鍾山》一絕、《晨起》一絕，固可肩隨於《白石》、《澗泉》諸集之閒，宜其迭相唱和也。端義所稱《灌口二郎歌》，集無此題。惟四卷之首有《瞿塘神君歌》，觀其詞意，殆即所謂《灌口二郎歌》者。或文璞以名不雅馴，後改此題歟？

【彙訂】

① 此集卷三《呈鞏睡翁》詩有"家本汶陽縣，累世事耕蠶"句，其子周弼《端平詩雋》卷首李萐序亦稱為汶陽人。（李裕民：《四庫提要訂誤》）

② "金銅塔歌"，底本作"金塗塔歌"，據殿本改。此集卷二有《堯章全銅佛塔歌》，《貴耳集》卷下亦作《金銅塔歌》。

東山詩選二卷（永樂大典本）

案《東山詩選》散見《永樂大典》中，皆題葛元承撰，而不著時代爵里。今考集中《早發》詩云："天台今日去，步步紫雲鄉。"又《新昌道中》詩云："明朝行幾里，應近赤城西。"則當為天台人矣。謝鐸《赤城續志》載有葛紹體字元承，家於黃巖。嘗師事永嘉葉適，得其指授。趙希弁《讀書附志》亦載有葛紹體《東山詩文選》十卷。則此集即紹體所撰，舊本偶題其字耳。惟《讀書附志》稱《詩文選》，而《永樂大典》所載乃有詩無文。或文不足錄，為編纂者所刪歟？希弁又稱："家大西應繇為之序，葉夢鼎跋其後，及行狀、墓誌原附集中。"今並佚不存，其事迹則無可考見矣。葉適《水心集》有贈紹體詩云："數年之留能浩浩，一日之別還草草。念子身名兩未遂，令我衰病無一好。"又云："不愁好龍龍不下，祗愁愛玉酬石價。"殆亦潦倒場屋之士。集中有與趙師秀、翁卷酬贈之作,故其詩頗近四靈。蓋永嘉一派以四靈為宗主,當時風氣如是也。厲鶚撰《宋詩紀事》,獨不載紹體之名①,知集佚已久。今據《永樂大典》所錄,分體釐訂,編為二卷,以存其概。紹體所著又有《四書述》,見於朱彝尊《經義考》,註曰"已佚"。然有此一集,已足以傳紹體矣。

【彙訂】

①"獨",殿本無。

白石詩集一卷附詩說一卷(編修汪如藻家藏本)①

宋姜夔撰。夔有《絳帖平》,已著錄。羅大經《鶴林玉露》稱夔學詩於蕭斗。而卷首有夔自序二篇。其一篇稱:"三薰三沐,師黃太史氏。居數年,一語噤不敢吐。始大悟學即病,不若無所學者之為得。"其一篇稱:"作詩求與古人合②,不如求與古人異,求與古人異,不如不求與古人合而不能不合,不求與古人異而不能不異。"其學蓋以精思獨造為宗。故序中又述千巖、誠齋、石湖咸以為與己合而己不欲與合③,其自命亦不凡矣。今觀其詩,運思精密而風格高秀,誠有拔於宋人之外者。傲視諸家,有以也。《宋史·藝文志》載夔《白石叢槀》十卷,陳振孫《書錄解題》載《白石道人集》三卷。今止一卷,殆非完本。考《武林舊事》載夔詩四首,《咸淳臨安志》載夔詩三首④,《研北雜志》亦載夔詩一首,皆此本所無。知在所佚諸卷之內矣⑤。夔又有《詩說》一卷,僅二十七則,不能自成卷帙,舊附刻詞集之首。然既有詩集,則附之詞集為不倫,今移附此集之末,俾從其類⑥。觀其所論,亦可以見夔於斯事所得深也。

【彙訂】

① 文淵閣《四庫》本為《白石道人詩集》二卷，附《集外詩》、《諸賢酬贈詩》。（筧文生、野村鮎子：《四庫提要南宋五十家研究》）

② 據自序原文，"作詩"乃"作者"之誤。（同上）

③ 千巖老人乃宋人蕭德藻，非元人蕭斛。（夏承燾：《白石詩文雜著版本考》）

④ "武林舊事"，殿本作"武陵舊事"，誤。宋周密《武林舊事》卷一載姜夔詩二首，卷二載六首（其中二首見於集中），故集中所無者六首。《咸淳臨安志》卷二九載一首，卷三三二首（見於集中），卷七八四首，故集中所無者五首。（筧文生、野村鮎子：《四庫提要南宋五十家研究》）

⑤ 清代所傳一卷本出自《江湖集》，《江湖集》所收類皆選本，顯非陳振孫所錄三卷本之殘帙。（祝尚書：《宋人別集敘錄》）

⑥ 文淵閣《四庫》本無《詩說》一卷。傳世諸本《白石道人詩說》均為三十則。（蔡鎮楚：《白石道人詩說提要》）

野谷詩稾六卷（兩淮馬裕家藏本）

宋趙汝鐩撰。汝鐩字明翁，袁州人。其稱開封者，汝鐩為太宗八世孫，追溯祖系，不忘本源，猶唐代諸李皆稱隴西成紀也。登嘉泰二年進士，授館職。嘉定中分司鎮江管榷。王士禎《池北偶談》載黃虞稷嘗鈔宋人小集二十八家。士禎手鈔姜夔、周弼、鄧林三家，餘摘錄佳句者十九家，以汝鐩為首，所錄凡五言二十聯、七言一聯。稱其"五言律時有佳句，七言俚俗，歌行漫無音節頓挫"。而謂劉克莊序推其跌宕真剸蛟縛虎手，又許以建安、黃初，皆失之妄。又評釋斯植《采芝集》曰："此君及趙汝鐩五言，皆多佳句而無遠神。"其論良允。然自唐以來，兼擅諸體者，不過數家，餘皆互有短長。孟浩然、韋應物以五言籠罩千古，而七言則皆不工，無論姚合以下。至於晚唐、五季，以迄九僧、四靈，刻意苦吟，不過求工於五字。蓋江湖一派，門徑如斯，不能兼責以他體。一花一石，時饒佳致，如汝鐩之流，固亦談藝者所不廢也。

平齋文集三十二卷（編修汪如藻家藏本）

宋洪咨夔撰。咨夔有《春秋傳》，已著錄①。是集經筵進講及制誥之文居多，詩歌、雜著僅十之三②。咨夔官御史時③，忠言讜論，力陳時弊，略見於《宋史》本傳。而集中不錄其奏疏，或避人焚草之意歟？考史稱咨夔為嘉定二年進士，而厲鶚《宋詩紀事》據《咸淳臨安志》謂嘉定無二年榜，因斷為元年。今考集中《題陶崇詩卷》云："某與宗山同壬戌進士。"案嘉定以戊辰改元，其二年為己巳。若壬戌則實嘉泰二年，史特誤"泰"為"定"。鶚未詳考，而以咨夔為嘉定元年進士，非也。又謝枋得《疊山集》末附錄贈行諸詩，有洪平齋七律一首。核其時代，與咨夔殊不相及。《宋詩紀事》別出"洪平齋"一條，不以入咨夔條下。是則考之為審矣。

【彙訂】

①《總目》卷二七著錄洪咨夔撰《春秋說》三十卷。（筧文生、野村鮎子：《四庫提要南宋五十家研究》）

②《四庫全書》本有文無詩。日本內閣文庫藏宋刊本三十二卷，卷二至卷八共收詩一千餘首。（王學泰：《中國古典詩歌

要籍叢談》)

③"咨夔",殿本作"其"。

蒙齋集十八卷(永樂大典本)

宋袁甫撰。甫字廣微,鄞縣人。禮部侍郎燮之子。舉嘉定七年進士第一,歷官吏部侍郎,兼國子祭酒,權兵部尚書。贈少傅,謚正肅。事蹟具《宋史》本傳①。焦竑《國史經籍志》載甫《蒙齋集》四十卷。明以來傳本甚稀。近時李鄴嗣等輯《甬上耆舊詩》,蒐羅頗廣,而亦未見甫集,僅從他書摭拾編次。則其佚固已久矣。今取《永樂大典》所載者,以類排比,釐為一十八卷②。甫承其家學,具有淵源。歷官所至,惟汲汲以興利除害為事③。凡有奏請,鑿然可見諸施行。其在徽州所上便民諸條,迄今利賴,不同紙上空談。至於遇朝廷大事,侃侃直陳,尤為切中窾要。如史嵩之議約蒙古伐金,甫力持不可。且言嵩之輕脫難信,幾罹危禍。又力斥史彌遠之專政,而勸理宗以獨攬乾綱,更為人所難言。今諸疏雖不盡傳,而所存劄子尚多。要皆剴切權貴,抗論不阿,可稱忠鯁之士。其他詩文,類多明白曉暢,切近事理,亦不屑為藻繢之詞。獨其遺編湮沒幾數百年。今幸逢蒐羅放佚之時,其祖文所著《甕牖閒評》,其父燮所著《家塾書鈔》、《毛詩講義》及《絜齋集》,並於《永樂大典》中裒輯刊布。且得邀宸章褒詠,光耀藝林。茲甫斯集,又得排次成帙,復顯於蠹蝕之餘。既仰見聖天子表章遺籍,闡發幽光,為千古藝林之至幸,併見袁氏父子祖孫,積學三世,凡所著作,雖沈晦有年,而卒之不能磨滅,待昌運而重彰,亦足勵窮經稽古之儒,各勉為其可傳也。

【彙訂】

①《總目》卷三五《蒙齋中庸講義》條已載袁甫仕履，依《總目》體例，此條當作"甫有《蒙齋中庸講義》，已著錄"。

② 文淵閣庫書作二十卷。（史廣超：《〈永樂大典〉輯佚研究》）

③"惟"，殿本無。

康範詩集一卷附錄三卷（安徽巡撫採進本）①

宋汪晫撰。晫所編《曾子》，已著錄。是集題曰"康範"者，真德秀參知政事時，屬績溪令李遇求晫言行之實，將薦於朝，會德秀卒，未果。後晫亦卒，遇私諡之曰"康範"，因以名集也。末有晫三世孫夢斗跋語，稱"其詩詞共七十首②。其餘雜著，亦嘗編輯得二十篇，並《靜觀常語》三十餘卷，亡於兵火。惟詩詞草本僅存"云云。蓋掇拾於殘燼之餘，已非其完帙，故所存僅此集。後又有《康範續錄》，載夢斗進晫所編《曾子》、《子思子全書》表及襃贈通直郎指揮二篇。又有《康範實錄》，載行狀、銘誄之類，蓋仿李翱文集所作《皇考實錄》之例。案自六朝以後，實錄已為國史之尊名，臣庶不應僭擬，已駁正於《李翱集》條下，茲不具論。又有《附錄外集》，載諸名賢與其先世酬唱題贈之作，皆後人所續輯也。是集及夢斗《北遊集》，舊本合題曰《西園遺槀》。西園蓋其先世監簿琛別業，蘇轍有《題汪文通豁然亭》詩，即在其地。今以二人相距三世，本各為一集，故仍分著於錄。而附存其改題之總名於此焉。

【彙訂】

①"安徽巡撫採進本"，殿本作"江蘇巡撫採進本"。《四庫採進書目》未著錄此書。（江慶柏：《殿本、浙本〈四庫全書總目〉

著錄圖書進獻者主名異同考》）

　　② 文淵閣《四庫》本此集實載詩五十一首,詞十二首。（周
錄祥:《〈四庫全書簡明目錄·集部〉訂誤》）

　　清獻集二十卷（編修汪如藻家藏本）

　　宋杜範撰。範字成己,黃巖人。嘉定元年進士,淳祐中,官
至右丞相,清獻其謚也。事蹟具《宋史》本傳①。史載範所著古
律詩五卷,今此本四卷;又雜文六卷,今此本亦四卷;又奏槀十
卷,今此本十卷,又多書劄一卷;又外制三卷、進故事五卷、經筵
講義三卷,今此本俱不載,而有行狀、本傳、祠記等一卷,列於卷
首,共為二十卷。蓋後人重輯之本,非其舊矣。範有公輔才,正
色立朝,議論鯁切。其為御史時,累劾李鳴復等行賄交結之罪,
鳴復卒以去位。其守寧國還朝時,又極陳內憂外患之交迫,而勸
理宗以屏聲色、遠邪佞,言多切摯。及其為相,前後所上五事及
十二事,無不深中時弊。雖在位未久而没,不能大有所匡正,然
奏疏之見於集者,大都惻惻懇到,足以徵其忠愛之忱矣。

　　【彙訂】

　　①《宋史》本傳作“字成之”。《宋元學案》卷六六《杜範小
傳》,亦作“字成之”。萬曆《黃巖縣志》卷五《人物志·儒林·杜
範傳》云:“字成之,一字儀夫,號立齋,杜曲人……淳祐甲辰,拜
右丞相……未幾暴卒,帝震悼,賜謚清獻。”可知杜範字成之。
（楊武泉:《四庫全書總目辨誤》）

　　鶴林集四十卷（永樂大典本）

　　宋吳泳撰。泳字叔永,潼川人。嘉定元年進士①,理宗朝歷
官起居舍人,兼直學士院,權刑部尚書。終寶章閣學士,知泉州。

事蹟具《宋史》本傳。史稱所著有《鶴林集》，而不詳卷數，《藝文志》亦不著錄。惟《永樂大典》各韻中頗散見其詩文。謹裒輯編次，釐爲四十卷。放佚之餘，篇什尚夥，亦可見其著作之富矣。泳當南宋末造，正權姦在位，國勢日蹙之時，獨能正色昌言，力折史彌遠之鋒，無所回屈。可謂古之遺直。至當時邊防廢弛，泳於山川阨塞，籌畫瞭如，慷慨敷陳，悉中窾要②。本傳所載諸疏，簡略未詳。今以本集考之，如紹定二年上西陲八議，五年疏四失三憂及保蜀三策。端平二年言元兵先通川路，後會江南，不可不固上流。三年乞預儲蜀帥，又陳壞蜀四證及救蜀五策③。大抵於四川形勢言之最晰。良由南宋以蜀爲後戶，於形勢最爲衝要。泳又蜀人，深知地利。故所言切中竅會，非揣摩臆斷者比，實可以補史所未備。其他章疏表奏，明辨駿發，亦頗有眉山蘇氏之風。在西蜀文字中①，繼魏了翁《鶴山集》後，固無多讓也。

【彙訂】

①“元年”，殿本作“二年”，誤。宋寧宗嘉定二年（1209）未行貢舉。此集卷三五《黃虎墓誌銘》云黃虎爲嘉定戊辰（1208）進士，又云自己與他是“同年生”。《南宋館閣續錄》卷八載吳泳“字叔永，潼川府中江人。嘉定元年鄭自誠榜同進士出身”。清光緒《潼川府志》卷一五《選舉志》亦載吳泳爲該年進士。《宋史》卷四二三本傳誤作“二年”。（何忠禮：《〈宋史〉立傳人物登科年代證誤》）

②“竅要”，殿本作“其要”。

③“又”，底本作“及”，據殿本改。

④“文字”，殿本作“文士”。

東澗集十四卷（永樂大典本）

宋許應龍撰。應龍字恭甫，閩縣人。嘉定元年進士第，調汀州教授。累遷國子司業祭酒，權直舍人、學士二院。官至端明殿學士、簽書樞密院事，提舉洞霄宮。事蹟具《宋史》本傳。其集則不見於《藝文志》，原書卷目已不可考。明錢溥編次《祕閣書目》，亦不載其名。則明初已散佚矣①。惟《永樂大典》頗散見其詩文。鈔撮排綴，各體粗備，而制誥一類尤繁。蓋應龍在理宗時，歷掌內外制。嘗以日昃拜命，夜半宣鎖，不二鼓而草三麻，人服其敏。史稱鄭清之、喬行簡罷相制皆應龍所草，帝極稱其善。今二制並在集中，典雅嚴重，實能得代言之體。其他亦多深厚簡切。而於當時宰執將帥、侍從諸臣姓名官爵、遷轉拜罷，紀傳所未詳者，猶可藉以徵信，於考史尤為有裨。又應龍於經濟幹略，深所究心。其知潮州，屬劇盜逼境，隨機扞禦，諸寇悉平。治潮政績，與李宗勉治臺齊名。及為兵部尚書，值喬行簡行秤提楮幣之法，民間不便。應龍奏罷之。今其劄子亦具存集內。大抵疏通暢達，切中事情，務為有用之言，非篆刻為文者可比。雖其格力稍弱，然舂容和雅，能不失先正典型。在南宋館閣之中，亦可稱一作手矣。謹以類裒次，釐為十有四卷。著之於錄，俾不致泯沒於後焉。

【彙訂】

①《文淵閣書目》卷九、《菉竹堂書目》卷三皆著錄《東澗文集》，則明初尚存。（祝尚書：《宋人別集敘錄》）

方是間居士小稿二卷（兩淮鹽政採進本）

宋劉學箕撰。學箕字習之，崇安人。劉韜之曾孫，劉子翬之

孫,劉瑋之子也。閒居不仕,自號種春子。家饒池館,有堂曰方
是閒,故又號方是閒居士。是編上卷古、今體詩一百七十一首,
下卷賦及雜文二十七首、長短調三十八首。前有嘉定閒建陽劉
淮、東里趙蕃、開封趙必愿三序,末有學箕自記及其門人游彬等
跋。初已鋟版,因兵亂散失。元至正辛丑,其裔孫名張者復重刊
之①。此編蓋從刻本影鈔者也。劉淮序稱其"筆力豪放,詩摩香
山之壘,詞拍稼軒之肩"。今觀集中諸詞,魄力雖少遜辛棄疾,然
如其和棄疾《金縷詞》韻述懷一首,悲壯激烈,忠孝之氣,奕奕紙
上,不媿為輅之子孫。雖置之稼軒集中,殆不能辨。淮所論者不
誣。至其詩雖大體出白居易,而氣味頗薄。歌行則往往放筆縱
橫,時露奇崛,或傷於稍快稍麤,與居易又別一格。淮以為抗衡
居易,則似尚未能矣。

【彙訂】

①"刊",殿本作"刻"。

翠微南征錄十一卷（編修汪如藻家藏本）

宋華岳撰。岳字子西,貴池人。為武學生。開禧元年上書
請誅韓侂胄、蘇師旦,下大理寺鞫治,編管建寧。侂胄誅,放還。
登嘉定武科第一①,為殿前司官。又謀去丞相史彌遠,事覺,下
臨安獄,杖死。其集名"南征"者,皆其竄建寧時所作②。"翠微"
則其別號也。此本卷首有新城王士禎題語,曰:"宋華岳集十一
卷,名《翠微南征錄》。第一卷開禧元年上皇帝書,請誅韓侂胄、
蘇師旦,語最抗直。餘詩十卷,率麤豪使氣。上侂胄詩云:'十廟
英靈儼如在,漫於宗社作穿窬。'及誅侂胄,函首請和,又有詩云:
'反漢須知為晁錯,成秦恐不在於期。'皆不肯附和浮議,蓋陳東

一流人。如岳詩，不以工拙論可也。”其持議頗允。士禎又引《吳
興掌故》云：“‘《翠微集》，華廉字仲清著。’不知何據。”案岳名著
史册，此集亦著錄《藝文志》，昭灼無疑③。華廉所著《翠微集》，
當別自一人一書，與岳集不得相混。士禎乃錄以存疑，則失於裁
斷矣。

【彙訂】

①《宋會要輯稿》選舉八之二五：“（嘉定十年四月二十二
日）試武舉進士，得正奏名朱嗣宗以下四十五人。嗣宗補秉義
郎，華岳、朱同宗補保義郎，並賜武舉及第，餘悉武舉出身，補承
節郎。”據此，華岳乃嘉定十年武科第二。（方建新、潘淑瓊：
《〈四庫總目提要〉補正拾遺》）

② 華岳在建寧尚著有《翠微北征錄》十二卷。《南征錄》記
述作者開禧元年（1205）上書諫北伐被貶南下之事，故名。《北征
錄》則欲證明作者所言不虛，有望北還。（蘭書臣、吳子勇：《華
岳和他的〈翠微北征錄〉》）

③《宋史·藝文志》未載此集，倪燦《宋史藝文志補》始著
錄。（胡玉縉：《四庫全書總目提要補正》）

浣川集十卷（永樂大典本）

宋戴栩撰。栩字文子，朱彝尊《經義考》引王纘説作字立子，
未知孰是也。永嘉人。登嘉定元年進士，為太學博士，遷祕書
郎。出知臨江軍，不赴。後復起為湖南安撫司參議官。焦竑《國
史經籍志》載所著《浣川集》十八卷。按栩有絕句云：“近來萬境
心如洗，笑改斜川作浣川。”蓋其罷官後所自號，因以名集也。外
閒久無傳本。今從《永樂大典》採掇編次，釐為十卷。栩與徐照、

徐璣、翁卷、趙紫芝等同里，故其詩派去四靈爲近。然其命詞琢句，多以鏤刻爲工，與四靈之專主清瘦者，氣格稍殊。蓋同源異流，各得其性之所近。至其文章法度，則本爲葉適之弟子，一一守其師傳。故研鍊生新，與《水心集》尤爲酷似。中如論聖學、論邊備諸劄子，亦復敷陳剴切，在永嘉末派，可云尚有典型。惟是史彌遠柄國之時，栩獻詩諛頌，不一而足。而胡知柔以爭濟王事忤彌遠，謫赴象臺，栩又賦詩贈行，深致惋惜。前後若出兩轍。昔韓愈上京兆尹李實書，深相推挹，及作《順宗實錄》，乃具列其罪。文人前後異論，雖往往而然。然不應一時之内，翻覆至於如是，豈非内託於權倖，外又附於清流歟？其人殊不足道，以詞采取之可矣。《經義考》載栩所著有《五經説》，註曰“已佚”。今考其説，惟謂《周禮》特周公大約之書，當時未必盡行，其立論頗爲有識。至於謂《詩》壞於衛宏之序，《春秋》誤於《公羊》之傳，《易》由於三聖繫、爻、彖、象之互入，《書》失於孔壁序傳簡編之相亂，大抵南宋諸人輕詆漢儒之餘唾，雖不存可也。

　　漁墅類稾八卷（永樂大典本）

　　宋陳元晉撰。元晉，《宋史》無傳。惟《江西通志》載其字明父，崇仁人。登嘉定四年進士，初授雩都尉，遷知福州、融州，累官邕管安撫使。嘗建漁墅書院，因以名集。然考趙汸《東山存稾》有《虞集行狀》，稱集之祖解組過臨川，寓公陳元晉之夫人爲其女弟，因迎以歸。則元晉亦蜀人，僑居崇仁。《通志》尚考之未詳也。焦竑《經籍志》載有元晉《漁墅類稾》十卷，諸家悉不著錄。今檢《永樂大典》中，尚存雜文八十餘首，各體詩一百一十餘首。謹以類編輯，釐爲八卷。《江西志》稱元晉嗜學好義，爲德於鄉人者甚多。歷官所至,俱著政績。今觀集中,如《乞差甲首科劄子》①,則極論當時賦役之弊。《上曾知院書》,則力陳上流防江之策。且謂:“天下非事功難立之為憂,而人心不睦之可畏。”又謂:“邊遽戒警,則號召郡國不教之卒,坐糜粟於長江以南,謂之警報。及日遠則散遣解弛,又復置之度外。自開國以來,同一痼病。”其於南宋廢弛聚訟之象,指陳痛切,可謂深中膏肓。又《上魏了翁啟》有云:“善類之勢不振,付之乍佞乍賢;正論之脈僅存,聽其自鳴自息。以奔趨為捷徑,以軟熟為圓機。習成脂韋,病入骨髓。”皆憤世嫉俗之言。則知其生平必伉直不諧於時者。讀其遺文,猶可以見其人也。

【彙訂】

① 此書卷一有《乞差甲首催科劄子》。

滄洲塵缶編十四卷(永樂大典本)①

宋程公許撰。公許字季與,一字希穎,敘州宣化人。舉嘉定四年進士,歷官權刑部尚書、寶章閣學士、知隆興府。事蹟具《宋史》本傳。公許沖澹自守,而在朝讜直敢言,不避權倖。屢為群小齮齕,不安其位而去。當代推其風節,初不以文采見長。然所作才氣磅礴,風發泉涌,往往下筆不能自休。本傳稱所著有《塵缶文集》、《內外制》、《奏議》、《奉常擬諡》、《掖垣繳奏》、《金華講義》②、《進故事》行世,今皆散佚不傳。惟《永樂大典》載有公許詩文,題曰《滄洲塵缶編》,又有公許自序一篇,末署“淳祐改元辛丑”。蓋公許為祕書少監時所自編也。按公許當日所論列,如應詔言事乞留杜範、乞還言官、言蜀事十條、請蠲和糴、乞罷龔基先、論徐元傑事諸疏,《宋史》皆撮其大綱,著於本傳。其全文必更剴切詳明，而詳檢《永樂大典》，均未之載。殆以內外制、奏議諸編當時皆別本單行，今惟文集僅存，故其他遂不復見。至古、今體詩，據自序本以一官爲一集。而其目爲《永樂大典》所割裂，原第已無可考。雜文亦僅有序記、策問等寥寥數篇，尤非完帙。今姑就所存者裒輯掇拾，分類編次，釐爲十四卷。大抵直抒胸臆，暢所欲言。雖不以煅鍊爲工，而詞旨昌明，議論切實，終爲有道之言。其格在雕章繪句上也。

【彙訂】

① 底本此條與文淵閣庫書次序不符。文淵閣庫書與殿本均置於“安晚堂詩集七卷”條之後。

② 據《宋史》卷四一五本傳，“金華講義”乃“金革講義”之誤。

安晚堂詩集七卷（編修汪如藻家藏本）

宋鄭清之撰。清之初名燮，字文叔，後改今名，字德源，安晚其別號也，鄞縣人。嘉定四年進士，寶慶初以定策功，累官太傅左丞相。卒諡忠定。事蹟具《宋史》本傳[①]。所撰《安晚集》本六十卷，宋時刊於臨安。此本所存僅第六卷至第十二卷，但有詩而無文，較原目僅十之一。考王士禛《蠶尾集》有《安晚集》跋，亦稱僅古、今體詩第六卷至第十二卷，則康熙中已無完本矣。士禛但謂其詩多禪語，而不言其工拙。今觀所作，大都直抒性情，於白居易爲近。其詠梅、詠雪七言歌行二十首，亦頗有可觀。且清之爲相，擢用正人，時有“小元祐”之號。在南宋中葉，猶屬良臣。不但其詩爲足重，固不容以殘闕廢也。厲鶚《宋詩紀事》從《臨安》、《四明》兩志採得《淨明院》及《題雪竇妙高峯》詩二首，爲此本所未載。零篇斷簡，幸留百一，今亦併附入焉②。

【彙訂】

① 劉克莊《後村大全集》卷一七〇《丞相忠定鄭公行狀》云：
"嘉泰二年入太學，〔嘉〕定八年升上舍，十年進士及第。"周密《齊
東野語》卷八"鄭安晚前識"條云："鄭丞相清之，在太學十五
年……赴丁丑省試……已而中選。"丁丑即嘉定十年。由嘉泰二
年至嘉定十年，正合"在太學十五年"之數。《南宋館閣續錄》卷
九鄭清之名下注："嘉定十年吳潛榜進士。"康熙《鄞縣志》卷二
三、雍正《寧波府志》卷二〇之《鄭清之傳》所載登第年代，亦均與
《館閣續錄》同。《宋史》本傳作"嘉泰二年入太學，十年登進士
第"，嘉泰僅四年，史傳蓋承劉後村所撰《行狀》，而於"十年"前，
漏書"嘉定"年號也。《宋元學案》卷七三《鄭清之小傳》，又承史
傳之誤，謂"登嘉泰進士第"，而不知"嘉泰"為"嘉定"之誤也。
（楊武泉：《四庫全書總目辨誤》）

② 文淵閣《四庫》本此集未附入《淨明院》、《題雪竇妙高峯》
二詩。

集 部 十 六

別 集 類 十 六

四六標準四十卷（內府藏本）

宋李劉撰。明孫雲翼箋釋。劉字公甫，崇仁人。嘉定七年進士，歷官寶章閣待制。雲翼有《橘山四六箋註》，已著錄。劉平生無他事可述，惟以儷語為專門。所著《類槀》[①]、《續類槀》、《梅亭四六》，今皆未見。此本乃其門人羅逢吉所編。以劉初年館何異家，及在湖南、蜀中所作彙為一集。題曰“標準”，蓋門弟子尊師之詞也。凡分七十一目[②]，共一千九十六首。自六代以來，箋啟即多駢偶。然其時文體皆然，非以是別為一格也。至宋而歲時通候、仕宦遷除、吉凶慶弔，無一事不用啟，無一人不用啟。其啟必以四六，遂於四六之內別有專門。南渡之始，古法猶存。孫覿、汪藻諸人，名篇不乏。迨劉晚出，惟以流麗穩貼為宗，無復前人之典重。沿波不返，遂變為類書之外編、公牘之副本，而冗濫極矣。然劉之所作，頗為隸事親切，措詞明暢。在彼法之中，猶為寸有所長。故舊本流傳，至今猶在。錄而存之，見文章之中有此一體為別派，別派之中有此一人為名家，亦足以觀風會之升降也。至雲翼之註，蕪雜特甚，然亦有足備考證者。舊本所載，亦姑附存焉。

【彙訂】

① 殿本"著"下有"有"字。

② 文淵閣《四庫》本此集目錄所列為六十五目。

篔窗集十卷（永樂大典本）

宋陳耆卿撰。耆卿有《赤城志》，已著錄。考吳子良《荆溪林下偶談》云："葉適汲引後進，以文字之傳未有所屬。晚得耆卿，即傾倒付屬之。時士論猶未厭，適舉東坡《太息》一篇為證，謂他日終當論定。其後纔十數年，世上文字日益衰落，而耆卿卓然為學者所宗。"又云："耆卿四六理趣深而光焰長，以文人之筆藻立儒者之典型，合歐、蘇、王為一家，適深嘆賞之。"校以適所作耆卿集序①，稱許甚至，知子良所言為不誣。謝鐸《赤城新志》亦稱其文"疆場甚寬，而步武甚的"。惟車若水為耆卿弟子，所著《腳氣集》則曰："予登篔窗先生門，方踰弱冠。荆溪吳明輔案，明輔即吳子良字先從篔窗，已登科，相與作為新樣古文。每一篇出，交相詡佞，以為文章有格。歸呈先祖，乃不悦。私意謂先祖八十有餘，必是老拙，曉不得文字。顧首顧尾，有閒有架，且造語俊爽，皆與老拙不合也。既而先祖與篔窗皆即世，吾始思《六經》不如此，韓文不如此，歐、蘇不如此，始知其非。"云云。其持論獨異。今觀其集，雖當南渡後文體衰弱之餘，未能盡除積習，然其縱橫馳驟，而一歸之於法度，實有灝氣行乎其閒，非嘽緩之音所可比。宜其與適代興矣。《讀書附志》載所著《篔窗初集》三十卷，《續集》三十八卷。《宋史·藝文志》、馬端臨《經籍考》已不著錄，世亦久無傳本。今從《永樂大典》中採掇薈萃，共得文一百三十一篇，詩三十八篇，詞四篇。中如《林下偶談》所稱《代謝希孟上錢相啟》、《游仲鴻諡議》之類，均已亡闕。蓋所存僅十之一二矣。謹釐正譌舛，錄為十卷，俾不終就湮没。其葉適、吳子良序跋及耆卿自序，仍錄置前後，庶有以考見其大略焉。

【彙訂】

①“校”，殿本作“核”。

友林乙稿一卷（浙江巡撫採進本）

宋史彌寧撰。彌寧字安卿，鄞縣人。丞相浩之從子也。嘉定中，以國子舍生莅春坊事，帶閤門宣贊舍人，知邵陽。《宋史》無傳，其集亦不見於《藝文志》。此本猶宋時舊刊，楷法頗為工緻。凡錄詩一百七十首，前有原序一篇，自稱其名曰域①。大略謂浩帥閩時，以庠序諸生最沐稱賞。後四十年，得見彌寧於湘南，因掇拾友林詩稾，命工鋟之。而序末舊闕一翻，失去題署年月，不知其姓為誰。以詞意推之，蓋作於彌寧知邵陽時也。集中近體詩居多。其《詩禪》一首云：“詩家活法類禪機，悟處工夫誰得知。尋著這些關捩子，國風雅頌不難追。”觀其持論，似亦以妙悟為宗，與嚴羽之説相近。然命意遣詞，務取鮮新，乃往往傷於纖仄，無所謂鏡花水月之意。則所謂妙悟者，特一韻之奇②、一字之巧而已。特其點綴映媚，時亦清警，沙中金屑，要不可謂之非寶。固亦不妨錄其一長云爾。

【彙訂】

①宋嘉定刻本實收詩一百八十一首，域跋作“百七十首”，字係補寫。（張元濟：《寶禮堂宋本書錄》）

②“特”，殿本作“僅”。

方壺存稿八卷（編修汪如藻家藏本）

宋汪莘撰。莘字叔耕，休寧人。嘉定閒，以布衣上封事。不用，退而築室柳溪之上，圃以方渠，自號方壺居士。與朱子頗相善。然集首《辭晦菴朱侍講書》，反覆以調和兩宮責望朱子，至稱：“建明稍緩，非特不能為天下學道者之地，亦不能為後世學道者之地。”其言剴切耿直，相規以善，非依草附木，苟邀獎借者比。朱子答書今佚不傳[1]，而集中別有與莘兩書[2]。其一書頗以好論說、喜文章為戒，亦深以道義相切劘，或病其前書太直歟？是編第一卷為書、辨、序、說、頌，第二為賦、歌行，第三卷至第七卷為古、今體詩，第八卷為詩餘。附錄李以申所撰《傳》及交游往來書[3]。前有程珌、孫嶸叟、王應麟三序，後有宇文十朋、史唐卿、劉次皋、汪循四跋。考所附徐誼書稱“移牒州縣，使書吏錄其著述”，劉次皋跋又稱莘出示詩稿三編，則莘本有自編之集。宇文十朋跋稱曰《柳塘集》，蓋其初名也。汪循跋乃稱：“先生著述多不存，存者此耳，故謂之《存稿》。喬孫燦、尚和、孝海輯而傳之。”則此本為燦等所重編，非其舊矣。觀孫嶸叟序作於咸淳辛未，已稱所上三疏不可見，則循跋所謂“著述多不存”者信也。集中諸文皆排宕有奇氣。詩源出李白，而天姿高秀不及之，故往往落盧全蹊徑。雖非中聲，要亦不俗。詩餘前有自序，稱所愛者蘇軾、朱希真、辛棄疾三人，謂之詞家三變。故所作稍近粗豪。其中《水調歌頭》二首，至以《持志》、《存心》為題。則自有詩餘，從無此例。苟欲講學，何不竟作語錄乎！

【彙訂】

① “今佚不傳”，殿本作“今集中不載”。

② “集中別有”，殿本作“別載有”。

③ 文淵閣庫書作四卷,卷一書、序、辨、説、歌行,卷二、三古今體詩,卷四詩餘,書前提要不誤。(沈治宏:《〈四庫全書總目〉集部著錄圖書失誤原因析》)

鐵菴集三十七卷(浙江鮑士恭家藏本)①

宋方大琮撰。大琮字德潤,號壺山,莆田人。開禧元年省試第三人。除右正言,疏論天下大勢,復言理亂安危之要。遷起居舍人兼實錄院檢討官,奉祠去職。尋改集英殿修撰,知廣州,調知隆興。卒諡忠惠。《宋史》無傳,其事迹略見《福建通志》中。今按周密《齊東野語》稱:"閩漕方大琮與王朧軒友善。"而集中亦有"將鄉漕之命"語,則嘗官福建轉運使。又集首原題宋寶章閣直學士,則不終於集英修撰。蓋《通志》所紀歷官猶未備也。《宋季三朝政要》載:"理宗端平三年,大琮為右正言,上疏極論濟王之冤。侍御史蔣峴劾其鼓扇異端,與王逸、劉克莊同日去國。"②蓋亦謇諤敢言之士。故其奏疏多能疏通暢達,切中時弊,經義亦頗有可觀。雖文格稍涉平衍,而要非游談無根也。原集久佚,此本乃其族孫良永、良節等蒐輯編成。蓋散亡之餘,已非全帙矣。

【彙訂】

① 文淵閣《四庫》本為三十五卷,明正德八年方良永等刻本為四十五卷。或四庫底本有脱佚,非另有三十五卷本。(何槐昌:《〈四庫全書總目〉著錄校正選輯》)

② 《學津討源》本與《守山閣》本《宋季三朝政要》卷一皆只於嘉熙元年書蔣峴、史黨劾方大琮、王逸、劉克莊鼓扇異論,同日去國。而其端平三年條下並無大琮為右正言上疏論濟王冤事。(余嘉錫:《四庫提要辨證》)

壺山四六一卷（浙江鮑士恭家藏本）

不著撰人名氏。考南宋文士號壺山者有四。其一為宋自遜，字謙父。方回《瀛奎律髓》所謂謁賈似道獲楮幣二十萬以造華居者也。其一為徐師仁，字存聖。所著有《壺山集》七十卷，見於《續文獻通考》中①。其一為黃士毅，字子洪。自莆徙吳，不忘故鄉，因號壺山。從學朱子，嘗編類其語錄以行世者。其一則方大琮也。四人之中，師仁事蹟已無考②。自遜為江湖遊客，未嘗仕宦。士毅則藉承師蔭，列名道學，亦非顯官。惟大琮曾任閩漕，而此集第一首即《除福建漕謝喬平章啟》。其中所云"竟坐非宜言之誅，當伏不可赦之罪"者，亦與大琮疏論濟王被斥事蹟相符，似當為大琮所作③。第今所傳大琮《鐵菴集》，為其族孫良永等所編，取入四六啟劄六十四首④，多不與此相同。而此本所收八十餘首，其數轉浮於本集。良永等既加搜輯，不應疏脫如是，其偶未見此本耶？以其屬對親切，工於剪裁，當南宋駢體之中，尚為佳手。疑以傳疑，姑附錄於《鐵菴集》後，以備參考云爾。

【彙訂】

①"中"，殿本無。

②《莆陽比事》卷二載汪藻撰《徐師仁墓誌》，《莆陽文獻列傳》卷十三亦載其生平事迹。（董運來：《〈四庫全書總目〉補正十則》，情）

③ 書中所記不但與方大琮仕履相符，且有多篇又見於宋人編《翰苑新書續集》，署方壺山、方鐵菴、鐵菴，即大琮也。（楊世文：《宋刻本〈四家四六〉考》）

④"取入"，殿本作"收入"。

默齋遺稿二卷（浙江鮑士恭家藏本）

宋游九言撰。九言字誠之，建陽人。由古田尉知光化縣，充荊鄂宣武參謀官[①]。端平中，特贈直龍圖閣。諡文靖。其集《宋史・藝文志》不著錄。此本為浙江鮑氏知不足齋所藏，凡詩一卷，文一卷。厲鶚《宋詩紀事》錄九言詩四首，其前二首即採之此集。然所載《金陵野外廢寺》一首云：“池塘淡日兼葭冷，籬落西風橘柚黃。”此本“淡日”作“淡月”，“橘柚黃”作“橘柚香”；《聽鄭三彈雙韻子歌》一首云：“眼前猶聽舊歌詞。”此本作“眼中猶有漢威儀”，均字句小異。蓋傳寫者不一本也。其餘《美人倚樓圖》一首、《溪上》一首，則均為集中所不載，鶚從《詩家鼎臠》錄入。而此本之末，鮑氏又從劉大彬《茅山志》補錄詞三首，從曹學佺《宋詩選》及《檇李詩繫》諸書補錄詩六首。疑此本亦由掇拾而成，故搜採有所未及歟？其詩格不甚高，而時有晚唐遺韻，不涉於生硬杈枒。其《義靈廟迎享送神曲序》，記台州司戶滕膋拒方臘之亂甚詳，亦足以補史之闕也。

【彙訂】

① 嘉靖《建陽縣志》卷一二《游九言傳》云：“開禧初，為淮西安撫機宜，尋知光化軍，充荊鄂宣撫參謀官。”《宋元學案》卷七一《游九言小傳》，參《閩書》云：“初筮古田尉，如監文思院，調全椒令。開禧初，為淮西安撫機宜。尋知光化軍，充荊鄂宣撫參謀官。”據《宋史・地理志》，光化軍置於宋初乾德二年，轄一縣。熙寧五年曾廢軍為縣，隸襄州。元祐初復為軍，仍轄乾德縣。軍與州同級，游九言之世，光化為軍，不為縣。又，唐代有宣武軍，置於汴州（即開封），宋代無此軍。參謀官隸於宣撫、安撫等使，游九言為“荊鄂宣撫參謀官”。（楊武泉：《四庫全書總目辨誤》）

履齋遺集四卷（浙江鮑士恭家藏本）

宋吳潛撰。潛字毅夫，宣州寧國人。嘉定十年進士第一，官至參知政事、右丞相，兼樞密使。進左丞相，封許國公。後謫化州團練使，安置循州卒。事蹟具《宋史》本傳。是集為明末宣城梅鼎祚所編。凡詩一卷，詩餘一卷，雜文二卷。蓋裒輯而成，非其原本。如詩餘中有《和呂居仁侍郎》一首，居仁即呂本中字，呂好問之子也。為江西派中舊人，在南、北宋之間。寶祐四年，潛論鄂渚被兵事，稱年將七十。則其生當在孝宗之末，何由見本中而和之？則捃拾殘賸，不免濫入他人之作[1]。本傳載潛紹定四年有論京城大火疏，又有豫畜人材疏[2]，端平元年有陳九事疏，為江西轉運副使時有奏造斗斛等十五事疏，知太平州時有論急救襄陽疏、請分路取士疏，知鎮江府時有言邊儲防禦十五事疏，為浙西制置使時有申論防拓江海疏[3]，為吏部尚書時有乞遴選近族疏，為左丞相時有令朝臣各陳所見疏、論鄂州被兵疏、劾丁大全等疏，今皆不見集中。則其散佚者尚多[4]。又如《題金陵烏衣園·滿江紅》詞：“天一笑，滿園羅綺，滿城簫笛”句，乃用杜甫“每逢天一笑，復似物皆春”語。甫則用《神異經》玉女投壺，天為之笑事，本非僻書，而鼎祚乃註“天，疑作添”。則其校讎亦多妄改。然潛原集既佚，則收拾放佚，以存梗概，鼎祚亦不為無功矣。潛詩頗平衍，兼多拙句。求如《送何錫汝》五言律詩之通體渾成者，殆不多見。其詩餘則激昂、悽動兼而有之[5]，在南宋不失為佳手。雜文雖所存不多，其中如與史彌遠諸書，論辨明晰，猶想見嶽嶽不撓之概。是固不但其人品足重矣。

【彙訂】

① 集中有《和呂居仁侍郎東萊先生韻》一首，又有《京口鳳

鳳池和張蘆川春水連天韻》一首，皆和古人之作，如東坡和陶之類。（陸心源：《儀顧堂題跋》）

②“豫”，底本作“務”，據《宋史》卷四百十八本傳及殿本改。（崔富章：《文瀾閣〈四庫全書總目〉殘卷之文獻價值》）

③“防拓”，底本作“防禦”，據《宋史》本傳及殿本改。

④ 明朱述之嘗從溧水吳氏後裔傳錄《許國公奏議》四卷，凡六十三篇，《宋史》本傳所載疏二十篇，皆收入其中。（陳乃乾：《讀〈四庫全書總目〉條記》）

⑤“悽動”，底本作“悽勁”，據殿本改。“悽勁”指風雪寒冷猛烈，而“悽動”意為悽涼感動。如《總目》卷一四四《觚賸》條曰：“琇本好為儷偶之詞，故敍述是編，幽豔悽動，有唐人小說之遺。”卷一六五《秋堂集》條曰：“而黍離麥秀，寓痛至深，騷屑哀音，特為悽動，亦可與謝翱諸人並傳不朽。”（周錄祥：《〈四庫全書簡明目錄·集部〉訂誤》）

臞軒集十六卷（永樂大典本）

宋王邁撰。邁字實之，興化軍仙遊人。嘉定十年進士，調南外睦宗院教授。召試學士院，改通判漳州。應詔直言，為臺官所劾，削二秩。淳祐中，知邵武軍，予祠。卒贈司農少卿。事蹟具《宋史》本傳。然考周密《癸辛雜識》有載邁為正字時事，而本傳不言其為此官。則史文亦有所闕略也①。邁所著文集，《宋史·藝文志》不著錄。惟明錢溥《祕閣書目》載有《臞軒集》七冊，王圻《續文獻通考》亦有《臞軒集》二十卷。是明代尚有傳本。今世所存祇《臞軒四六》一卷，皆啟劄駢偶之作。蓋即從集中鈔出別行，偶然獨存者也。今以《永樂大典》所載，兼採他書所引附益之，共得文一百七十一首,詩四百四十三首,詩餘五首,釐為一十六卷。計其篇目,約略得十之七八矣。邁少負才名,而史尤稱其練達世務,蓋非徒以詞藻見長者。考其初以殿試第四人出佐長沙幕,劉克莊作詩送之,有"策好人爭誦,名高士責全"之句,見於《後村集》中。是當對策時已有伉直之目。厥後歷官所上封事,類多區別邪正、剖析時弊之言。如諫喬行簡再相及禋祀雷雨應詔諸篇,敷陳皆極剴切。其於濟王竑事,反覆規勸,更見拳拳忠愛之心。《癸辛雜識》稱邁因輪對追論史彌遠擅權,詞氣過戇,帝以"狂生"目之。邁後歸里,遂自稱"敕賜狂生"[②]。其事為本傳所未載,亦足以見其氣節。全集中諸疏並存,尚可考見一二。集中詩文亦多昌明俊偉,類其為人。讀者因其言而論其行,固不徒取其文辭之工矣。

【彙訂】

①《宋史》卷四二三王邁本傳雖未載邁為正字時事,但卷四二四《徐鹿卿傳》提及"會右史方大琮、編修劉克莊、正字王邁以言事黜,鹿卿贈以詩,言者並劾之"。劉克莊《後村先生大全集》卷一五二《臞軒王少卿墓誌銘》、《南宋館閣續錄》卷九均載其事,《鶴林集》卷七則載吳泳起草的授王邁祕書省正字制。(方建新、潘淑瓊:《〈四庫總目提要〉補正拾遺》)

② 此事實載於《齊東野語》卷四"潘庭堅王實之"條。(韓立平:《四庫全書總目正誤》)

東野農歌集五卷(浙江巡撫採進本)

宋戴昺撰。昺字景明,東野其自號也,天台人。石屏居士復古之從孫。嘉定十二年登進士第[①],授贛州法曹參軍。其自序有"效官秋浦"之語,則寶祐中又嘗為池州幕僚。不知其終於何職也。其詩世有二本。一為兩淮所進，題曰《戴東野詩》，祇一卷，卷首又題曰："《石屏詩集》附錄。"蓋本綴復古詩後以行者。一為浙江所進，分為五卷。其編次稍有條理，而詩視兩淮本較少數篇。今以浙江本為主，據兩淮本增入詩十一首，又據《宋詩鈔》增入詩三首②，凡百有餘篇。考卷內有寶祐改元癸丑修禊日昺自跋曰："抖擻破囊，凡百篇錄之。"則昺所自編不過此數，可以稱足本矣③。昺少工吟詠，為復古所稱，有"不學晚唐體，曾聞大雅音"之句。今觀所作五言，如"眼明千樹底，春入數花中"，"秋牀梧葉雨，曉袂竹林風"，"清池涵竹色，老樹蝕藤陰"，"草潤蛩聲滑，松涼鶴夢清"，七言如"野水倒涵天影動，海雲平壓雁行低"，"颭柳輕風寒忽暖，催花小雨濕還晴"。格雖不高，而皆清婉可諷，亦頗具石屏家法也。

【彙訂】

① 此書卷首有"廬陵楊萬里"序，謂戴昺"石屏之從孫，嘉定己卯登第，授贛州法參軍"。己卯即嘉定十二年。然廬陵楊萬里卒於開禧二年，見《宋史》本傳。十三年後始為嘉定十二年，此序之為偽托顯然。檢《文獻通考》卷三二《選舉考》可知嘉定十二年無進士科。民國《台州府志》卷一一六《戴復古傳》附《從孫昺傳》，不言成進士，惟謂"嘉定十二年發解於州"。附《考異》云："《宋詩鈔》言戴昺嘉定己卯登第，案《赤城志》，嘉定十三年劉渭榜無戴昺。《太平舊志》作嘉定十二年發解，是舉而未第也。《宋詩鈔》誤，今不從。"（所謂《太平舊志》，指康熙《太平縣志》。太平縣，辛亥革命後改稱溫嶺縣）據此可知"登進士第"應改為"發解"。（楊武泉：《四庫全書總目辨誤》）

② "三"，殿本作"二"，誤。此集卷五末三首為《歸途過麻姑

山》、《五松山太白祠堂》、《歸途過銅官山》，與《宋詩鈔》卷九十七戴昺《農歌集鈔》末三首同，當即據後者增入者。

③ 戴昺自序曰："余效官秋浦……率於五七言寄之……抖擻破囊，凡百篇。"則此"百篇"當皆作於效官池州（秋浦）期間。然《四庫》本所收有作於他地者，如卷五《夜過鑑湖》等，恐非其自編之足本。（祝尚書：《宋人別集敍錄》）

敝帚藁略八卷（永樂大典本）

宋包恢撰。恢字宏父，建昌人。嘉定十三年進士，歷官刑部尚書、簽書樞密院事，封南城縣侯。以資政殿學士致仕。卒贈少保，諡文肅。《宋史》本傳稱恢諸父皆從朱子學，少時即聞心性之旨。"歷官所至，破豪猾，去姦民，治蠱獄，課盆鹽"。然於《賈似道傳》又稱似道行公田法時，"恢知平江，督買民田，至以肉刑從事"。兩傳皆出托克托手，乃賢姦迥異。蓋《宋史》於道學諸人，例多褒美①，雖有惡蹟，亦諱之不書。而似道傳中則偶忘刊削此事，故有是矛盾也。恢平生不以文名，史傳亦絕不及其著作。惟元劉壎《隱居通議》有云："恢以學文為時師表。平生為人作豐碑巨刻，每下筆輒汪洋放肆，根據義理，娓娓不窮。蓋其學力深厚，不可涯涘。"云云。獨推重之甚至。今觀所作，大都疏通暢達，沛然有餘。其奏劄諸篇，亦剴切詳明，得敷奏之體。雖附合權姦，不免負其所學，置其人而論其文，固亦不失為儒者之言矣。《隱居通議》又稱恢"平生最疑《周禮》，以為非聖哲之書。遂著書剖其非，號曰《周禮六官辨》。景定壬戌，恢與劉克莊同侍緝熙殿，克莊奏之。有詔宣取，歐聖弼為作進表。雖所辨未當，而表則極佳"云云。此事本傳失載，而《六官辨》亦不在集中。意其有別本單行，故未經收入歟？集為恢所自編，《宋史・藝文志》、馬氏《經籍考》皆未著錄。世亦別無傳本，原目已不可考。今從《永樂大典》採掇編輯，共得文七十餘首，詩八十餘首，釐為八卷，而以恢《自識》及門人鄭无妄《書後》附於末簡，尚略見是集之始末也。

【彙訂】

① "多"，殿本作"皆"。

清正存稾六卷附錄一卷（浙江鮑士恭家藏本）

宋徐鹿卿撰。鹿卿字德夫，號泉谷，豐城人。嘉定十六年進士，官至禮部侍郎，以華文閣待制致仕。卒諡清正。事蹟具《宋史》本傳。其所著有《泉谷文集》、奏議、講議、《鹽楮議政稾》、《歷官對越集》諸書，今俱散佚。此本乃明萬曆中其十二世孫鑑巡按福建，於家乘中蒐輯刊行者也。鹿卿博通經史，居官廉約清峻，多惠政。凡所建白，皆忠悃激發，不少隱諱。今觀是集，如都城火，則上封事言惑嬖寵、溺燕私、用小人三事；遷國子監主簿入對，則陳洗凡陋、昭勸懲等六事；為太府少卿入對，則言定國本、正紀綱、立規模諸事。大抵真摯懇切，深中當時積弊。劉克莊以董子之醇、賈生之通許之，雖標榜之詞，不無稍過。要其純忠亮節，無媿古人，固非矯激以取名者所得而比擬矣。

寒松閣集三卷（山東巡撫採進本）

宋詹初撰。初字以元，休寧人。始為縣尉，以薦入太學為學錄。嘗上《乞辨邪正疏》，忤韓侂胄，罷歸。所居曰流塘里，故其詩文名《流塘集》。《宋史・藝文志》不載，諸家書目亦不著錄。據其子陽跋，稱舊有二十一卷，後燬於火。陽於族人處乞得殘本，歸而藏之。又有其十六世孫景鳳、十七世孫璧二跋，稱嘉靖戊午，景鳳等始鋟於木。因其讀書之處，改名曰《寒松閣集》①。分為三卷。首卷《翼學》十篇，述學問大旨。又《序經》二篇，《序論語》上、下篇，義如《易·序卦》之例。次卷為《目錄》五十五條②，分上、下二篇。三卷為古、今體詩四十九首，又附以往來書簡。末有宋饒魯、李士英及明嘉靖閒田怡等跋③。據璧跋，是集之刻共四十一版。此本版數相符，蓋從刻本影鈔也。核其立言大旨，如與詹體仁論道，體仁摘其《詠水》詩"野人見清不見水，卻道無水亦無清"之句，深以為疑。蓋不免稍涉於禪。至《翼學·大道章》所言器理有無之旨，《目錄》第一條所言知止④、運用二段工夫之説，則又皆力闢釋、老。觀其《目錄》載"或問：'尊德性，道問學，朱子本來自全。陸子前面，祇尊德性一邊，因朱子方走道問學。'曰：'此非學者所可輕議。'"則所學實介於朱、陸之閒，似明代調停之説。其書晚出，真偽蓋不可知。然景鳳作《詹氏小辨》，其言駁雜恣肆，殊無忌憚，而此集議論頗醇謹，殊不類景鳳所為。疑以傳疑，姑以其言有可取而錄之。其所自來，存而不論可矣。厲鶚《宋詩紀事》所錄初詩，即據此本，蓋亦未敢確指其贗。惟其字曰"以元"，鶚書乃作"子元"，與原跋不合。名字世系，其子孫所述未必誤⑤，鶚書蓋傳刻之譌也。

【彙訂】

　　① 嘉靖戊午本詹景鳳等跋明言"族舊有刻"，因"再鐫之"，題作《宋國錄流塘詹先生集》。（祝尚書：《宋人別集敍錄》）

　　② 文淵閣《四庫》本此集卷二為《日錄》。（周錄祥：《〈四庫全書簡明目錄·集部〉訂誤》）

　　③ "田怡"，殿本作"田恬"，皆誤。文淵閣本此集卷末《學錄詹先生集後語》署"嘉靖庚申歲孟春望後學宛陵周怡"，《明史》卷

二零九有《周怡傳》，或即此人。（同上）

　　④ "日錄"，底本作"目錄"，下同，據殿本改。

　　⑤ "未必誤"，殿本作"必不誤"。

　　滄浪集二卷（兩淮鹽政採進本）

　　宋嚴羽撰。羽字儀卿，一字丹邱〔丘〕，邵武人，自號滄浪逋客。與嚴仁、嚴參齊名，世號"三嚴"①。今仁與參詩集無傳，惟羽集在。其《滄浪詩話》有曰："論詩如論禪。漢、魏、晉與盛唐之詩則第一義也，大曆以還之詩則小乘禪也，晚唐之詩則聲聞、辟支果也。盛唐諸人惟在興趣，羚羊挂角，無迹可求。故其妙處透徹玲瓏，不可湊泊。如空中之音，相中之色，水中之月，鏡中之象，言有盡而意無窮。近代諸公，乃作奇特解會。以才學為詩，以議論為詩，夫豈不工？終非古人之詩也。"云云。其平生大旨，具在於是。考《困學紀聞》載唐戴叔倫語，謂："詩家之景，如藍田日暖，良玉生煙，可望而不可即。"司空圖《詩品》有"不著一字，盡得風流"語，其《與李秀才書》又有"梅止於酸，鹽止於鹹，而味在酸鹹之外"語②，蓋推闡叔倫之意。羽之持論又源於圖。特圖列二十四品，不名一格，羽則專主於妙遠。故其所自為詩，獨任性靈，掃除美刺，清音獨遠，切響遂稀。五言如"一徑入松雪，數峯生暮寒"，七言如"空林木落長疑雨，別浦風多欲上潮"，"洞庭旅雁春歸盡，瓜步寒潮夜落遲"，皆志在天寶以前，而格實不能超大曆之上。由其持"詩有別才，不關於學。詩有別趣，不關於理"之說，故止能摹王、孟之餘響，不能追李、杜之巨觀也。李東陽《懷麓堂詩話》曰："嚴滄浪所論超離塵俗，真若有所自得。反覆譬說，未嘗有失。顧其所自為作，徒得唐人體面，而亦少超拔警策之處。予嘗謂識得十分，祇做得八九分。其一二分乃拘於才力，其滄浪之謂乎。"云云。是猶徒知其病，未中其所以病矣。其《詩話》一卷，舊本別行。此本為明正德中淮陽胡仲器所編[3]，置之詩集之前，作第一卷[4]。意在標明宗旨，殊乖體例。今惟以詩二卷著錄"別集類"。其《詩話》別入"詩文評類"，以還其舊焉[5]。

【彙訂】

① 明末何若士重編本《滄浪詩集》四卷，載徐𤊹序云"時稱九嚴"，則不止"三嚴"。（胡玉縉：《四庫全書總目提要補正》）

② 本集、《文苑英華》、《唐文粹》所錄此文酸、咸二物，皆作"醶"、"醎"，蘇軾《書黃子思詩集後》引作梅、鹽，後人多從之。（陳尚君、張金耀主撰：《四庫提要精讀》）

③ 胡仲器當為胡重器，名璉。《明史》卷一九二附《張璨有傳》。（瞿冕良：《版刻質疑》）

④ 據明懷悅編集本詩法彙編《詩家一指》及楊成本詩法彙編《詩法》"嚴滄浪詩體"條前編者題記，元末曾有《嚴滄浪先生詩法》的單刻本，然未標《滄浪詩話》之名。今存元刻本《滄浪嚴先生吟卷》三卷，卷一即詩辨、詩體、詩法、詩評、詩證五篇，列在詩作之前，亦未冠以《滄浪詩話》之名。正德丙子（十一年，1516）胡瓊序刊本始命名為《嚴滄浪詩話》。（張健：《〈滄浪詩話〉非嚴羽所編——〈滄浪詩話〉成書問題考辨》）

⑤《四庫》本別集類所收《滄浪集》仍為三卷，首卷即《詩話》，並未刪去。（沈治宏：《〈四庫全書總目〉集部著錄圖書失誤原因析》）

泠然齋集八卷（永樂大典本）

宋蘇泂撰。泂字召叟，山陰人。右僕射頌之四世孫。《宋史》頌傳不詳列其後裔，故泂始末無可考①。陳振孫《書錄解題》有泂《泠然齋集》二十卷②，亦久亡佚。惟宋無名氏《詩家鼎臠》中尚存其二詩而已。今從《永樂大典》所載採輯排比，共得詩八百五十餘篇，釐為八卷。即詩中所自紀參互考之，知泂少時即從其祖遊宦入蜀③，長而落拓走四方，曾再入建康幕府④。其《書懷》詩有云：「昨蒙宗公置牙齒，事下丞相當審核。駑才不堪駕十乘，爝火或可繼殘夕。」則嘗以薦得官⑤，而終偃蹇不遇以老。生平所與往來唱和者，如辛棄疾、劉過、王柟、潘檉、趙師秀、周文璞、姜夔、葛天民等，皆一時知名士。集中又有《送陸游赴修史之命》詩云：「弟子重先生⑥，丱角以至斯。文章起嬰慕，德行隨蕭規。」是泂本從學於游，詩法流傳，淵源有自。故其所作皆能鑴刻淬鍊，自出清新，在江湖詩派之中可謂卓然特出。其《金陵雜詠》多至二百首，尤為出奇無窮。周文璞為作跋，以劉禹錫、杜牧、王安石比之。雖稱許不免過情，要其才力富贍，實亦一時之秀也。惜其原集久湮，錄宋詩者至不能舉其姓名。其挽姜夔一詩，元陸友仁《硯北雜志》引之，以為蘇石所作。近時厲鶚作《宋詩紀事》，遂分蘇泂、蘇石為兩人。今考是詩猶在泂集中。殆必原書題作蘇召叟，傳寫者脫去「叟」字，又誤「召」為「石」，遂致輾轉沿譌，莫能是正。倘非集本復出，竟無由訂定其紕繆。則晦而復著，亦可云泂之至幸矣。

【彙訂】

① 蘇頌墓誌銘為曾肇撰，見《曲阜集》。蘇泂祖父蘇師德墓誌銘為韓元吉撰，見《南澗甲乙集》。二集與《泠然齋集》皆收入《四庫全書》集部，不可謂其家世始末無可考。（黃盛璋：《蘇泂

及其詩詞發覆》）

②《直齋書錄解題》卷二十詩集類著錄："《泠然齋集》十二卷,山陰蘇泂召叟撰。"(同上)

③ 據韓元吉撰蘇師德墓誌銘,師德一生未嘗入蜀。其致仕之年泂方三歲,卒時泂不過八歲。而泂入蜀已是壯年。(同上)

④ 蘇泂入建康幕明確可知者只有一次,即嘉定三年至五年黃度知建康府期間。"再入建康幕"於史實無據。(同上)

⑤《書懷》詩僅言蒙宗公薦舉,丞相尚在審核,事成否尚未可知。(同上)

⑥ 據詩意"重"字當作"事","重"字係誤抄。(同上)

可齋雜稾三十四卷續稾八卷續稾後十二卷(浙江鮑士恭家藏本)

宋李曾伯撰。曾伯字長孺,覃懷人。丞相邦彥之孫。南渡後流寓嘉興。邦彥庸材具位,時有"浪子"之稱。而曾伯則能以事功顯。由著作郎兩分漕節,七開大閫,通知兵事,所至皆有實績。後官至觀文殿學士,為南渡以後名臣。集中多奏疏、表狀之文,大抵深明時勢,究悉物情,多可以見諸施用。惟詩詞才氣縱橫,頗不入格。要亦戛戛異人,不屑拾慧牙後。其《雜稾》編於淳祐壬子,《續稾》編於寶祐甲寅,《續稾後》不著年月,不知編於何時。皆有曾伯自序。其子杓嘗彙三稾刻之荊州,湖北倉使劉籤又刻之武陵。咸淳庚午,書肆又為小本刊行,其序即杓所作。蓋其人其文並為當時所重,故流傳之廣如是也。然三稾皆各自為編,《至元嘉禾志》始稱為《可齋類稾》。蓋後人合而名之,殊非宋刻之舊。今仍標三集之本名,從其朔焉。

後村集五十卷（編修汪如藻家藏本）

宋劉克莊撰。克莊字潛夫，莆田人。以蔭入仕，官至龍圖閣直學士。謚文定。克莊初受業真德秀，而晚節不終。年八十，乃失身於賈似道。王士禎《蠶尾集》有是集跋，稱其論揚雄作《劇秦美新》及作《元后誄》，蔡邕代作《群臣上表》，又論阮籍晚作《勸進表》，皆詞嚴義正。然其《賀賈相啟》、《賀賈太師復相啟》、《再賀平章啟》，"諛詞諂語，連章累牘，蹈雄、邕之覆轍而不自覺"。今檢是集，士禎所舉諸聯，其指摘一一不謬。較陸游《南園》二記猶存規戒之旨者，抑又甚焉。則其從事講學，特假借以為名高耳。不必以德秀之故，遂從而為之詞也。其詩派近楊萬里，大抵詞病質俚，意傷淺露。故方回作《瀛奎律髓》，極不滿之。王士禎《池北偶談》亦論其詩與四六皆好用本朝故事，與王義山《稼村集》同譏。然其清新獨到之處，要亦未可盡廢①。《瀛奎律髓》載其《十老》詩，最為俗格。今《南岳第二稾》惟存三首，而佚其七②。則此集亦嘗經刪定，非苟存矣③。文體雅潔，較勝其詩。題跋諸篇，尤為獨擅。蓋南宋末年，江湖一派盛行，詩則汩於時趨，文則未失舊格也。坊本所刻詩十六卷，詩話、詩餘各二卷④，毛晉《津逮祕書》又刻其題跋二卷⑤，而他作並闕。此為傳鈔足本，前有淳祐九年林希逸序，較坊刻多文集三十卷，詩話亦較多後集二卷，蓋猶從舊刻繕錄云。

【彙訂】

① "亦"，殿本無。

② 文淵閣《四庫》本此集卷二為《南岳第一稾》，收有《老妓》、《老將》、《老馬》三首。卷三為《南岳第二稾》。

③ 洪天錫撰《後村墓誌》，稱"前、後、續、別四集二百卷，流

布海內”,是《後村集》宋時刊行已有前、後、續、別四集二百卷,此本當為四集之一,以不收淳祐庚戌以後詩證之,其為前集無疑。《老妓》、《老將》、《老馬》三詩,乃淳祐庚戌以前作,故刊入前集,其餘七詩今見《(後村先生)大全集》二十二卷,乃庚戌以後作,當在後集中,非有所刪擇也。(陸心源:《儀顧堂續跋》)

④ “二卷”,殿本作“一卷”,誤。五十卷《前集》本中前二十卷乃詩十六卷,詩話、詩餘各二卷,嘗析出單行,今存宋刻元修本。(祝尚書:《宋人別集敘錄》)

⑤ “題跋二卷”乃“題跋四卷”之誤。《津逮祕書》第十三集收入《後村題跋》四卷。(筧文生、野村鯰子:《四庫提要南宋五十家研究》)

澗泉集二十卷(永樂大典本)

宋韓淲撰。淲有《澗泉日記》,已著錄。此其詩集也。淲詩稍不逮其父,而淵源家學,故非徒作。同時趙蕃號章泉,有詩名,與淲並稱曰“二泉”。李龏《端平詩雋序》所謂“章、澗二泉先生”,方回詩所謂“上饒有二泉”者,即指蕃與淲也。然其集世罕傳本,《文獻通考》、《宋史·藝文志》皆不著錄。方回《瀛奎律髓》絕推重之,有“世言韓澗泉名下固無虛士”之語。尤稱其“人家寒食常晴日,野老春遊近午天”之句。而所錄淲作,亦屬寥寥。又戴復古挽淲詩有“三篇遺槁在,當並史書傳”句。復古自註稱:“淲臨終作三詩。”近厲鶚輯《宋詩紀事》,採摭極博,乃僅載《所以商山人》、《所以桃源人》二首,而《所以鹿門人》一首佚焉。則淲之詩文湮沒已久。今檢《永樂大典》所載,凡得詩二千四百餘首,詞七十九首①,編為二十卷。又得制詞一首，銘二首，亦併附焉。而《所以鹿門人》一編終不可見^②，知所佚者尚多。然較諸書所載僅得殘章斷句者，已可謂富有矣。觀淲所撰《澗泉日記》，於文章所得頗深。又制行清高，恬於榮利，一意以吟詠為事，平生精力，具在於斯。故雖殘闕之餘，所存仍如是之夥也。

【彙訂】

①《永樂大典》本收其詞九十八首。（饒宗頤：《詞集考》）

②“編”，殿本作“篇”。

矩山存稿五卷（衍聖公孔昭煥家藏本）

宋徐經孫撰。經孫字仲立，初名子柔，豐城人。寶慶二年進士，授瀏陽主簿。歷官刑部侍郎、太子詹事，拜翰林學士，知制誥。以忤賈似道罷歸，閒居十年。卒贈金紫光祿大夫，謚文惠。事迹具《宋史》本傳。經孫家在洪、撫之間，有山方正，因號曰矩山，並以名集。前後無序跋，惟附錄劉克莊贈其先人文集序一篇，殆傳寫佚脫歟^①？經孫以伉直自許，立朝大節，多有可稱。熊朋來銘其墓有云：“是在烏臺而不畏權貴者，是在鸞臺而不畏近侍者。”其丰裁嚴正，可以想見。文章則非所注意，故往往直抒胸臆，不復以研鍊為長。然其理明辭達，亦殊有汪洋浩瀚之致。至於奏疏諸篇，或指陳時弊，或彈劾權姦，皆敷陳剴切，辭旨凜然，尤想見正笏垂紳氣象。雖謂之“獨得雄直氣，發為古文章”可也。惟詩筆俚淺，實非所長。其留於今日，蓋以其人而傳之，為全集琬琰之藉可矣。

【彙訂】

① 此書明萬曆中與其父鹿卿《清正存稿》合刻。劉克莊所

作即《清正存稿》序。(陳乃乾:《讀〈四庫全書總目〉條記》)

　　雪牕集二卷附錄一卷(兩淮鹽政採進本)

　　宋孫夢觀撰。夢觀字守叔,號雪牕,慈谿人。寶慶二年進士,官至吏部侍郎。後求外補,以集英殿修撰知建寧府。事蹟具《宋史》本傳。是編乃明嘉靖閒其裔孫應奎所校刊。有劉教後序云:"集凡二卷,曰奏議,曰故事。"其誌、贊、誄文為《附錄》一卷。故事者,徵引古書於前,而附列議論於後,更番進御,因事納規。同時李曾伯集亦嘗載之。蓋當時體製如是也。其奏議自嘉熙庚子以迄寶祐丙辰,正宋政極壞之時。所言皆切直激昂,洞達時務。如謂理宗能容直言而不能用,又謂士大夫有寬厚之虛名,非國之福,尤切中宋末之弊。視當時迂腐儒生,高談三代,衣冠而拯焚溺者,固不可同日而語矣。

集 部 十 七

別 集 類 十 七

庸齋集六卷（永樂大典本）

宋趙汝騰撰。汝騰字茂實，庸齋其自號也。太宗七世孫[①]，居於福州。登寶慶二年進士，歷官端明殿學士，提舉佑神觀，兼翰林學士承旨。事迹具《宋史》本傳。其集《宋史·藝文志》及諸家書目皆不著錄。厲鶚《宋詩紀事》載宋宗室共七十五人，亦無汝騰之名。惟《永樂大典》各韻中間收入汝騰之文，有題《趙庸齋集》者，有題《庸齋蓬萊閣紫霞洲集》者，又有題《庸齋瑣闥集》者。而舊序已佚，其卷目次第，不可復考。謹蒐羅殘闕，釐次成編，析為六卷。篇帙無多，可無煩名目，統題作《庸齋集》，以歸於一。汝騰生朱子之鄉，故沿溯餘波，頗能講學。然史稱其守正不撓，其為禮部尚書兼給事中時，上疏極論姦諛興利之臣戕損國脈，而規切理宗之私惠群小。今集中壬子六月《內引第一》、《第二劄》即其全文，反覆詳明，深中時弊。又集中《內外制序》自稱嘗以草制忤史嵩之去國，又稱時有無罪被謫，如王三俊、李伯玉之類，皆留黃不書，上疏申救，施行遂為之格。是其氣節嶽嶽，真不媿朱子之徒，非假借門牆者可比。惟周密《癸辛雜識》稱[②]：“汝騰為從官，力薦三衢徐霖為著作郎，至比之范文正公。而霖舉止顛怪，妄自尊大。霖之無忌憚，皆汝騰縱其狂。至目汝騰為大宗師，己為小宗師，遞相汲引。霖既被逐，汝騰亦不自安，遂求補外。"云云。案集中與徐徑坂唱和最多，徑坂即霖之字。其《贈詹生謁徑坂》詩云："瞻彼徑坂，今之泗水。"又《贊徑坂使君柯山講席之盛》詩云："立天地心鳴道鐸，開生靈眼識師儒。"其推挹之詞，殊為誕謾無狀，知周密所紀為不誣。是則宋季士大夫崇尚道學，矯激沽名之流弊。觀於是集，良足為千古炯鑒也。

【彙訂】

① 據《宋史·宗室世系表第十八》，汝騰為太宗八世孫。（楊武泉：《四庫全書總目辨誤》）

② 殿本"惟"下有"考"字。

文溪存稾二十卷（兩江總督採進本）①

宋李昴英撰。昴英字俊明，番禺人。寶慶三年廷對第三②。淳祐初，官至龍圖閣待制，吏部侍郎，致仕。卒諡忠簡。文溪其退居之地也。張端義《貴耳集》載："昴英初任臨汀推官，陳孝嚴激軍變，盡出家資撫定之。曾冶鳳帥廣，激曾忠之變，崔菊坡臨城借用經略使印撫諭③。李繼城入賊，曉以禍福，五羊城郭得全。賊至肇慶就捕。朝廷錄功名之首，除榮王府教授。力辭不供職，但云素無學問，難以移氣習。士論韙之。"云云。則昴英蓋具幹濟之才，而又能介然自守者。其後劾史嵩之、趙與籌，直聲動天下，有自來也。是集為元至元間其門人李春叟所輯，凡奏稾、雜文一百二十二篇，詩、詞一百二十五首④。明成化中重刻，陳獻章為之序。其文質實簡勁，如其為人。詩閒有粗俗之語，不

離宋格,而骨力遒健,亦非靡靡之音。蓋言者心聲,其剛直之氣
有自然不掩者矣。

【彙訂】

① 底本此條與文淵閣庫書次序不符。文淵閣庫書與殿本
均置於"庸齋集六卷"之前。

②《南宋館閣續錄》卷八李昴英名下註:"寶慶二年王會龍
榜進士及第。"張宗橚《詞林紀事》卷一二《李昴〔昴〕英小傳》云:
"字俊明,番禺人,寶慶丙戌廷對第三。"丙戌即寶慶二年。《文溪
存稿》卷一四有《送連推黃端簡赴班》詩,序云:"端簡,山谷之後。
其兄端亮,余丙戌同年也。"可知以寶慶二年登第為確。(楊武
泉:《四庫全書總目辨誤》)

③ 諸本《貴耳集》均作"曾治鳳帥廣,激曾忠之變,崔菊坡臨
城借用經略司印撫諭"。(楊芷華點校:《文溪存稿》)

④ 奏稿、雜文實為一百十八篇,詩、詞一百八十九首,贊銘
十一篇。(同上)

彝齋文編四卷(永樂大典本)

宋趙孟堅撰。孟堅字子固,自號彝齋,太祖十一世孫。其先
以安定郡王從高宗南渡,家於嘉禾之廣陳鎮,而孟堅自作《告墓
文》中又作廣成。蓋俗語相沿,初無定字。《至元嘉禾志》載:"廣
陳鎮在海鹽縣東北九十里。"則孟堅當為海鹽人。其或作嘉興
者,誤也。孟堅以宗室子登寶慶三年進士①。好學工書,喜藏名
跡,時人比之米芾。至今遺墨流傳,人人能知其姓字。惟其生平
本末,則諸書所紀往往不同。如周密《齊東野語》謂其"終提轄左
帑,身後有嚴陵之命",是孟堅歿於宋世。而姚桐壽《樂郊私語》

謂"孟堅入元，不樂仕進，隱居避客。從弟孟頫來訪，坐定，問弁山、笠澤佳否。孟頫云佳。孟堅曰：'弟奈山、澤佳何？'既退，使人濯其坐具"云云，則又似元初尚存者。二說錯互殊甚。今案孟堅《甲辰歲朝把筆》詩有"四十五番見除夕"之句，以干支逆數之，當生於慶元己未，距宋亡時凡七十八年。孟頫仕元尚在其後，孟堅必不能及見。又考朱存理《鐵網珊瑚》載孟堅《梅竹譜》卷有咸淳丁卯葉隆禮跋，稱："子固晚年工梅竹，步驟逃禪。予自江右歸，將與之是正，而子固死矣。"跋出隆禮手蹟，其言可信。是孟堅之卒於丁卯以前，更為確鑿，亦足證桐壽之說為誕妄矣。至其歷官次第，他書不載。而見於詩文自述者，如為湖州掾入轉運司幕，知諸暨縣，以御史言罷歸，皆歷歷可考，獨不言其嘗為朝官。《宋詩紀事》乃謂其景定初遷翰林學士，又不知何所據也。其集《宋史·藝文志》不著錄。惟見於明《祕閣書目》者四册[2]，世久失傳。今從《永樂大典》摭拾補綴，釐為四卷。大都清遠絕俗，類其為人。剩璧零珪，風流未泯，亦足與書畫並傳不朽云。

【彙訂】

① 此集卷四《從伯故麗水丞趙公墓銘》曰："孟琥以紹定五年月日奉襄事乞銘於余，以丙戌進士同登，有是請也。"丙戌為寶慶二年，《宋史·理宗本紀》亦載唯二年有登科之舉。（李裕民：《四庫提要訂誤》）

②《千頃堂書目》卷二十九著錄"趙孟堅《彝齋文編》四卷"。

張氏拙軒集六卷（永樂大典本）

宋張侃撰。侃字直夫，其事迹不見於史乘。據集中自稱邗城，又稱淮海，則當為揚州人。而自《寶祐維揚志》以下，記廣陵

人物者，皆未嘗舉其姓名。獨錢溥《祕閣書目》載有《張拙軒初
槁》四册，焦竑《國史經籍志》則有張侃《拙軒槁》四卷，而《宋藝文
志》、《書錄解題》俱無之。宋人《江湖》前、後諸集及近時選錄宋
詩者，亦多未之及。則其湮晦於世，蓋已久矣。今《永樂大典》各
韻内尚頗載其詩文，或題《拙軒集》，或題《拙軒初槁》。勘驗標
目，與錢溥、焦竑所記並合，當即其書。惟其人無可考見。今即
集中《謝樓監丞為其父作行實》一書，反覆參核，知侃即開禧中知
樞密院張巖之子也。案《宋史》，巖以參知政事進筦樞密，督視江
淮軍馬。書中稱其父“訏謨兩社，出董戎師”，歷官既已相符。又
巖附和韓侂胄，用兵敗衄，御史劾其朋姦誤國，奪官。而書中謂
其父“惟主於和，以靖國家。或者不之察，極力詆毁”云云。其言
皆為父辨白，益足與巖事相證。史又稱巖家本大梁，徙揚州。紹
興末，渡江居湖州。考集中《歸來》詩有“結亭苕水旁”句，《〈江淮
錄〉跋》中亦有“吾家近西塞”語。知其卜宅吳興，尤為確據。至
其生平宦跡，雖不盡詳，以其詩文考之，則嘗監常州奔牛鎮酒税，
遷為上虞丞，尚略見大概也。巖以諂媚權姦，致位通顯，為世詬
病。而侃獨志趣蕭散，浮沈末僚。所與游者，如趙師秀、周文璞
輩，皆吟詠自適，恬靜不爭之士。故所作格律[1]，亦多清雋圓
轉[2]，時有閒澹之致。雖未能開闢門徑，自成一家，而其集久佚
僅存，實為世所未睹。謹排訂編次，釐為六卷，俾言宋詩者猶得
以知其名氏焉。

【彙訂】

①“格律”，殿本無。

②“圓轉”，殿本作“圓穩”。

靈巖集十卷（永樂大典本）①

宋唐士恥撰。士恥爵里始末，諸書不載。案《金華志》有靈巖山，山有靈巖寺，為梁劉孝標故宅。其集以靈巖為名，與山相合。集中有《兩溪》詩，據《志》即金華之瀫溪也。則士恥當為金華人。集中又有《府判何公行狀》一首，府判名松，字伯固，即金華何基之大父。士恥之母為松女弟，士恥又為松壻，亦世籍金華之徵矣。考金華諸唐，自堯封首登紹興二年進士，累官龍圖閣朝散大夫。子饒州教授仲溫、樂平主簿仲義及知台州仲友，並紹興中進士。仲友復中宏詞科。仲友三子，名士俊、士特、士濟，亦與何為姻婭，見朱子《案仲友第三狀》。集中《通吉守史彌忠啟》云：“大父朝蹟之累年，嘗在王國履簪之列；先世符麾之昔日，又聯金昆轡鞹之遊。”上聯似指堯封為朝散時言，下聯似指仲友知台州時言。案其世系，殆堯封之諸孫，仲友之猶子。特其或為仲溫之子，或為仲義之子，則不可得而詳耳。其官階可考者，集中有《謝許南丞薦舉啟》云：“僅以門調玷於士流。”《又啟》云：“曩緣苊蔭，常領簿書。”《通羅守啟》云：“牽絲邑屬，讞獄掾曹。”又有《交代張司理》一啟，其他簡牘率云：“冒縮理曹，典司五聽。”知士恥以門敘入仕，薦充改秩，嘗任丞倅問刑之官。其宦迹可考者，曰吉州，曰臨江，曰建昌，曰萬安，知歷官皆在江右諸郡。其文字紀年可考者，上自嘉定，下至淳祐，知為寧宗、理宗時人。其他則集無明文，莫得而稽矣。集中制、誥等作，絕無除授姓名。即表、檄、箴、銘、贊、頌諸篇，亦皆擬作。其題自義、軒以至漢、唐，閒取北宋八朝與南渡初年時事。考高宗立詞科，凡十二題：制、詔、誥、表、露布、檄、箴、銘、記、贊、頌、序。內雜出六題，分為三場。每場體製，一古一今。士恥所作，蓋即備詞科之用也。仲友曾著《詞科雜錄》，其亦家學擩染，世擅其長歟？集久失傳，非惟史不著錄，即志乘亦不登其姓名，故談藝諸家，率不之及。今從《永樂大典》內採輯，次為十卷，并其代人之作以類附焉。循誦其文，洽聞殫見，古澤斑然。非南宋末流操臆見、騁空談者所能望其涯涘，未可以其名不著而忽之也。

【彙訂】

① 文淵閣《四庫》本作八卷，書前提要不誤。（方健：《久佚海外〈永樂大典〉中的宋代文獻考釋》）

玉楮集八卷（浙江鮑士恭家藏本）①

宋岳珂撰。珂有《九經三傳沿革例》，已著錄。此集凡詩三百八十五首②。其編年起理宗嘉熙戊戌，迄於庚子。珂《桯史》稱“紹熙壬子年十歲”，則是集其五十八歲所編。名曰“玉楮”，蓋取《列子》“刻玉為楮葉，三年而成”之意也。考珂於紹定癸巳元夕京口觀燈，因作詩及祐陵事。韓正倫疑其借端諷己，遂搆怨陷以他罪。會事白得釋，至戊戌復召用。故首篇有“五年坐奇謗”之語，他詩亦屢及。此詩止錄此三年者，其意實原於此。《自敘》云：“木以不材壽，雁以不鳴棄；犧尊以青黃喪，大瓠以浮游取。”蓋有慨乎其言之也。雖時傷淺露，少詩人一唱三嘆之致，而軒爽磊落，氣格亦有可觀。王士禎《居易錄》稱是集流傳絕少，安邱張貞得高唐王家舊鈔本，乃錄而傳之。蓋亦罕覯之笈矣。

【彙訂】

① 底本此條與文淵閣庫書次序不符。文淵閣庫書與殿本均置於“靈巖集十卷”之前。

② 書前自序作三百五十八首。（胡玉縉：《四庫全書總目提

《要補正》）

楳埜集十二卷（永樂大典本）

宋徐元杰撰。元杰字仁伯，信州上饒人。紹定五年進士第一，累官國子祭酒，權中書舍人，拜工部侍郎，諡忠愍。事迹具《宋史》本傳。元杰侃直敢言，不避權勢。當史嵩之起復，元杰攻之甚力，卒寢成命。後元杰以暴疾卒，人皆以為嵩之毒之，臺諫及太學生徒俱為上疏訟冤，詔置獄追勘，迄不能白。本傳頗載其事，而周密《癸辛雜識》所記尤詳。是集舊有趙汝騰序，亦極言元杰死狀不明為可悲，且云憸壬任折獄之責，蓋指侍御史鄭寀而言。然據《癸辛雜識》，寀實首為元杰訟冤，特未能詰正是獄，而汝騰遽以姦回詆之。蓋當日朝端水火，入主出奴，沸羹蜩螗，迄無定論。即此一事，而宋之綱維不立，亦概可見矣。其集不載於《宋史·藝文志》。觀其子直諒跋語，乃景定二年直諒知興化州時所刊。本二十五卷，世久失傳。今從《永樂大典》中採輯編次，釐為雜文十一卷、詩詞一卷。雖僅存十之五六①，而本傳所列奏議，條目具存，尚可得其大概。其中如《戊戌輪對劄子》，則為校書郎時所上，《甲辰上殿劄子》，則為左司郎官時所上。其論濟王之宜置後，驕奢之宜戒抑，敵國外患之宜以宗社為心，皆惓惓納忠，辭旨懇到。其《白左揆論時事》數書，乃為杜範所延而作，亦多關繫國家大計，言無不盡。雖夙從陳文蔚、真德秀游，或不免過泥古義，稍涉拘迂，然不可謂之不軌於正也。周密《浩然齋雅談》記元杰母張氏能詩，有"不知簾外溶溶月，上到梅花第幾枝"之句，而元杰詩乃頗朴僿。蓋真氏《文章正宗》持論如是，元杰亦篤守其師說云。

【彙訂】

①“雖”，殿本無。

恥堂存稿八卷（永樂大典本）

宋高斯得撰。斯得字不妄，邛州蒲江人。紹定二年進士，李心傳辟為史館檢閱，遷祕閣校勘。歷官端明殿學士①，簽書樞密院事兼參知政事。為留夢炎所構，罷官予祠。宋亡，隱居苕雪閒而卒。事迹具《宋史》本傳。斯得父稼，端平閒知沔州，與元兵戰歿。斯得能以忠孝世其家，其立朝謇諤盡言，惟以培養國脈，搏擊姦邪為志。本傳載所論奏凡十餘事，多當時切要。今集中僅存奏疏十篇，與本傳相較，已不能無所遺脫。然於宋末廢弛欺蔽之象，痛切敷陳，皆凜然足以為戒。至其生平遭遇，始沮於史嵩之，中阨於賈似道，晚擠於留夢炎。雖登政府，不得大行其志。憫時憂國之念，一概託之於詩。雖其抒寫胸臆，閒傷率易，押韻亦時有出入，而感懷書事，要自有白氏諷諭之遺。如《西湖競渡》、《三麗人行》諸首，俱拾《姦臣傳》之所遺；《雷異》、《雞禍》諸篇，亦可增《五行志》之所未備。徵宋末故事者，是亦足稱詩史矣。案本傳載斯得所著有《恥堂文集》②，明葉盛《菉竹堂書目》亦有《恥堂集》七冊，而皆不言卷數，其後遂亡佚不傳。厲鶚撰《宋詩紀事》，亦無斯得之名。今從《永樂大典》各韻中掇拾排次，釐為文五卷、詩三卷，用存其概，而仍以元龔璛原序冠之於前。

【彙訂】

①“殿”，底本作“閣”，據《宋史》卷四〇九高斯得本傳及殿本改。（崔富章：《文瀾閣〈四庫全書總目〉殘卷之文獻價值》）

②“案”，殿本無。

秋崖集四十卷(浙江鮑士恭家藏本)

宋方岳撰。岳字巨山,號秋崖,歙縣人。紹定五年進士[①],淳祐中,為趙葵參議官。移知南康軍,以忤舟卒忤荆帥賈似道。後知袁州,又忤丁大全,被劾罷歸。其集世有二本:一為《秋崖新藁》,凡三十一卷,乃從宋寶祐五年刻本影鈔;一為《秋崖小藁》,凡文四十五卷、詩三十八卷,乃明嘉靖中其裔孫方謙所刊。今以兩本參校,嘉靖本所載較備。然寶祐本所有而嘉靖本所無者,詩文亦尚各數十首。又有別行之本,題曰《秋崖小簡》,較之本集多書劄六首。謹刪除重複,以類合編,併成一集,勒為四十卷。岳才鋒凌厲,洪焱祖作《秋崖先生傳》,謂其"詩文四六不用古律,以意為之,語或天出"。可謂兼盡其得失。要其名言雋句,絡繹奔赴,以駢體為尤工,可與劉克莊相為伯仲[②]。集中有在淮南與趙葵書,舉葵馭軍之失,辭甚切直,亦不失為忠告。至葵兄范為帥失律,致襄陽不守,所係不輕,而其罪亦非小[③]。岳以居葵幕府之故,乃作書曲為寬解。載之集中,則未免有媿詞矣。

【彙訂】

① 程敏政《新安文獻志》卷首《先賢事略上》云:"方秋崖岳,字巨山,祁門人,紹定五年進士甲科第七人。"同書卷七九洪焱祖《方吏部岳傳》云:"方吏部岳,字巨山,祁門人。"又卷一三《休寧縣修學記》末署"嘉熙五年祁門方岳記"(按,嘉熙無五年,字有誤)。《弘治徽州府志》卷七《方岳傳》、雍正《江南通志》卷一四七《徽州府·人物·方岳傳》,亦均謂方岳為祁門人。上引《方吏部岳傳》後,程敏政附注引方回(虛谷)《跋方秋崖壬戌書》云:"秋崖方先生岳,字巨山,徽州祁門人,與回之先,同姓異縣。"方回為歙縣人,見《總目》卷一一八《續古今考》提要。方回稱"異縣",可知

方岳非歙縣人。(楊武泉:《四庫全書總目辨誤》)

②"為",殿本無。

③"其",殿本無。

芸隱橫舟稿一卷芸隱倦遊稿一卷(編修汪如藻家藏本)

宋施樞撰。樞字知言,芸隱其號也,丹徒人。嘉熙時,嘗為浙東轉運司幕屬,又嘗為越州府僚。《橫舟稿》首有嘉熙庚子自序一首,《倦游稿》前有丙申自序一首。考其紀年,《倦遊稿》當成於《橫舟稿》前,而原本以《橫舟稿》為首。厲鶚《宋詩紀事》亦祇載有《橫舟稿》,而不及《倦游稿》。蓋以《橫舟稿》篇什較多,故以為主,而《倦遊稿》特從附載之例也①。宋人編《江湖小集》,已收入其詩。此乃其別行之本②。集中有《漕闈揭曉後述懷》一首③,蓋當時曾舉進士而未第。其自序稱:"萍泛不羈,每多感賦,至市橋見月之句,若有悟解。"今考集中《見月》詩云:"樓臺疊翠繞清溪,淺澹雲邊月一眉。行到市聲相接處,傍橋燈火未多時。"亦屬尋常賦詠,未見有超詣之處,不知何以矜詡若是。至其他登臨酬贈之作,雖乏氣格,而神韻尚為清婉。在江湖詩派中,固猶為庸中佼佼矣。

【彙訂】

① 文淵閣《四庫》本《橫舟稿》凡詩七十七篇,《倦遊稿》凡詩一百首。(周錄祥、胡露:《〈四庫全書總目〉訂誤二十五則》)

②"其",殿本無。

③ 底本"集"上有"別"字,據殿本刪。

蒙川遺稿四卷(浙江鮑士恭家藏本)

宋劉黻撰。黻字聲伯,號質翁,樂清人。淳祐初,以試入太學①，伏闕上書攻丁大全，送南安軍安置。大全敗後，召還廷試，又以對策忤賈似道，復為所抑。後由昭慶軍節度掌書記除學官，擢御史，累官至吏部尚書。遭母喪解官，遂不復起。會宋亡，二王航海，黻追從入廣，至羅浮而卒，諡忠肅。所著有《諫坡奏牘》、《薇垣制槀》、《經幃納獻》諸書，航海時挾以自隨，遂散落不存。此詩文殘槀四卷，乃其弟應奎所哀集也②。黻危言勁氣，屢觸權姦，當國家版蕩之時③，瑣尾流離，抱節以死，忠義已足不朽。其詩亦淳古淡泊。雖限於風會，格律未純，而人品既高，神思自別。下視方回諸人，如鳳凰之翔千仞矣。惟傳鈔既久，文多譌脫，更無別本可校，為足惜耳。卷首有應奎序，作於元大德中。又有鄭滁孫《朝陽閣記》一篇。閣為黻山中讀書之地，黻没後，舊宅盡毀④，惟是閣尚存，故應奎屬滁孫為之記云。

【彙訂】

①《宋史・劉黻傳》："年三十四，以淳祐十年試入太學。"乾隆《溫州府志》卷二〇《人物・忠臣・劉黻傳》、光緒《樂清縣志》卷八《人物・劉黻傳》，所載均同。淳祐紀年僅十二年，淳祐十年應為淳祐末或淳祐中。（楊武泉：《四庫全書總目辨誤》）

②"所哀集也"，殿本作"哀集"。劉應奎所輯為十卷本。（胡玉縉：《四庫全書總目提要補正》）

③"國家"，殿本作"宋室"。

④"舊宅盡毀"，殿本無。

雪磯叢槀五卷（兩淮馬裕家藏本）

宋樂雷發撰。雷發字聲遠，寧遠人。累舉不第。寶祐元年，其門人姚勉登科，上疏請以讓雷發。理宗詔親試，對選舉八事，賜特科第一人。然竟不仕以終。居於雪磯,自號雪磯先生①,因以名其詩橐②。雷發人品頗高,而集中有《謁易袚山齋》詩,乃結契於蘇師旦之黨,殊不可解。然考袚與師旦牽連同敗,在韓侂冑敗之前。而詩稱:"淳熙人物到嘉熙,見説山齋亦白髭",則在袚竄謫之後二十餘年,非有勢焰之可附。殆以袚究心經學,且前輩舊人,故略其瑕垢而交之,固不足以累雷發也。其詩舊列《江湖集》中,而風骨頗遒,調亦瀏亮,實無猥雜粗俚之弊,視江湖一派迥殊。如《寄姚雪篷》、《寄許介之》、《送丁少卿》、《讀〈繫年錄〉》諸篇,尚有杜牧、許渾遺意。即《秋日村落》絕句"一路稻花誰是主,紅蜻蜓伴綠螳螂"之類,雖涉纖仄,亦無俗韻也③。

【彙訂】

① "自號雪磯先生",殿本作"以為號"。

② "橐",殿本無。

③ 殿本"亦"上有"要"字。

北磵集十卷(浙江鮑士恭家藏本)

宋釋居簡撰。居簡字敬叟,潼川王氏子。嘉熙中敕住淨慈光孝寺。因寓北磵日久,故以名集。其集詩、文各為一編,此則皆其所作雜文也。張誠子序稱①:"讀其文,與宗密未知伯仲;誦其詩,合參寥、覺範為一人,不能當也。"宗密即圭峯禪師,裴休為書傳法碑者。其文集《唐志》不著錄,今亦未見傳本,無從較其工拙。第以宋代釋子而論,則九僧以下,大抵有詩而無文。其集中兼有詩文者,惟契嵩與惠洪最著。契嵩《鐔津集》好力與儒者爭是非,其文博而辨;惠洪《石門文字禪》多宣佛理,兼抒文談,其文輕而秀。居簡此集不摭拾宗門語錄,而格意清拔,自無蔬筍之氣。位置於二人之間②,亦未遽為蜂腰矣。

【彙訂】

① 張誠子名自明,依《總目》體例,當稱名而非舉其號。(胡玉縉:《四庫全書總目提要補正》)

② "之",殿本無。

西塍集一卷(編修汪如藻家藏本)

宋宋伯仁撰。伯仁字器之,湖州人。嘉熙中為鹽運司屬官。多與高九萬、孫季蕃唱和,亦江湖派中人也。是編卷首題《雪巖吟草》,下註《西塍集》。又《寓西馬塍》詩題下註云:"嘉熙丁酉五月二十一日,寓京遭熱,僑居西馬塍。"其曰"西塍",蓋由於是。是《雪巖吟草》乃全集之總名,《西塍》特集中之一種。厲鶚《宋詩紀事》稱伯仁有《雪巖集》、《馬塍稾》,分為二編,已誤。又以"西塍"為"馬塍",益舛其實矣①。其詩有流麗之處,亦有淺率之處,大致不出四靈餘派。自序稱:"隨口應聲,高下精粗,狂無節制,低昂疾徐,因勢而出。雖欲強之而不可。"足知其稱意揮灑,本乏研練之功。然點綴映媚,時亦小小有致,蓋思清而才弱者也。陳起《江湖集》中已列其目,此其單行之本。今亦別著於錄焉。

【彙訂】

①《西塍集》中又分三稿:《嘉熙戊戌家馬塍稿》、《嘉熙戊戌夏復遊海陵稿》、《嘉熙戊戌、己亥馬塍稿》。(祝尚書:《宋人別集敍錄》)

梅屋集五卷(編修汪如藻家藏本)

宋許棐撰。棐字忱夫,海鹽人①。嘉熙中居於秦溪,自號曰梅屋,因以名集。首為《梅屋詩稾》一卷,次《融春小綴》一卷,次為《第三稾》一卷，次為《第四稾》一卷，次為《雜著》一卷。蓋《梅屋詩稾》其初集，《融春小綴》其二集，故以下稱《第三稾》、《第四稾》。厲鶚《宋詩紀事》但稱其有《梅屋詩稾》、《融春小綴》，殊考之未備②。觀其"趁得山閒筍蕨春"一首，本在《梅屋稾》中，題曰《山閒》。而鶚錄此詩，改其題曰《筍蕨羹》，註曰："出《山家清供》。"知未細檢其集矣。棐生當詩教極弊之時，沾染於江湖末派，大抵以趙紫芝等為矩矱。雜著中《跋四靈詩選》曰："斯五百篇，出自天成，歸於神識，多而不濫。玉之純，香之妙者歟？後世學者愛重之是也。"以高翥等為羽翼，《招高菊磵》詩所謂"自改舊詩時未穩，獨斟新酒不成歡"是也；以書賈陳起為聲氣之聯絡，《贈陳宗之》詩所謂"六月長安熱似焚，廛中清趣總輸君"，又《謝陳宗之疊寄書籍》詩所謂"君有新刊須寄我，我逢佳處必思君"是也；以劉克莊為領袖，《讀南岳新稾》詩所謂"細把劉郎詩讀後，鶯花雖好不須看"是也。厥後以《江湖小集》中《秋雨梧桐》一聯，卒搆詩禍。起坐黥配，克莊亦坐彈免官。而流波推蕩，唱和相仍。終南宋之世，不出此派。然其詠歌閒適，模寫山林，時亦有新語可觀。錄而存之，亦足以觀詩道之變也。

【彙訂】

①　依《總目》體例，當作"棐有《樵談》，已著錄"。

②　文淵閣《四庫》本此集亦非完帙，尚缺《梅屋詩餘》一卷。其卷五《梅屋雜著》實即汲古閣本此集《融春小綴》之《梅屋雜著》。《融春小綴》自識明言"並綴數文"。（祝尚書：《宋人別集敘錄》）

潛山集十二卷（永樂大典本）①

宋釋文珦撰。文珦，於潛人。其生平遊歷，略見於所作《舊

遊一百十韻》詩中。大抵出家於杭州，遊於湖州，因而遊浙東至
閩，由金華、嚴陵返越。又至毘陵、陽羨、金陵、淮甸而止，後仍歸
杭州。遘讒下獄，久之得免，遂遯蹟以終。集中有"又看景定新
頒朔，百歲還驚五十過"句，知其生於宋寧宗嘉定三年辛未②，宋
亡時年六十六。又《杭州薦福寺記》題"至元乙酉二月"，《遣興》
詩稱"七十七歲潛山翁"，則至元丁亥尚存。其行事則不少概見。
惟《咸淳臨安志》載咸淳三年九月二十四日，賈似道至小麥嶺旌
德顯慶寺遊山，題名中列衲子四人，文珦與焉。疑亦託跡朱門
者。然集中《過似道葛嶺舊居》詩，極詞詆斥，若有餘憤。而
《紀事》一詩，作於似道初貶時，其序言似道"位亢志驕，陰謀篡
逆，言泄於夏金吾，金吾欲誅之，懼而宵遁"云云。雖與《宋史》
所載夏貴請死守淮南，似道奔還揚州之事不甚相符，而抉摘隱
惡，至加以曹瞞代漢之罪，非似道之黨可知。且集中獨吟之作
十之九，倡和之作不及十之一。所與倡和者，又不過褚師秀、
周密、周璞、仇遠數人，皆一時高人文士，亦足徵非干謁之流。
或似道重其名衲，遊山邂逅，偶挈同遊，遂題名賓從之末，亦未
可定也。其詩多山林閒適之作，比興未深。而即事諷諭，義存
勸戒，持論率能中理。觀其《哀集詩藁》一篇有云："吾學本經
論，由之契無為。書生習未忘，有時或吟詩。興到即有言，長
短信所施。盡忘工與拙，往往不修詞。惟覺意頗真，亦復無邪
思。"其宗旨品格，可以具見矣。厲鶚《宋詩紀事》所錄釋子凡
二百四十人，顧嗣立《元百家詩選》所錄釋子集凡十五家，皆無
其名。《禪藻》一集，蒐羅頗富，亦不登其一字。則是集之佚，
其來已久。今從《永樂大典》裒輯，得詩尚近九百首。宋、元以
前僧詩之工且富者，莫或過之矣。

【彙訂】

① 底本此條與文淵閣庫書次序不符。文淵閣庫書與殿本均置於"魯齋集二十卷"之後。

② 由景定元年元旦(據"新頒朔")上溯五十年,即文珦生年,是年為嘉定四年辛未。(楊武泉:《四庫全書總目辨誤》)

孝詩一卷(江蘇巡撫採進本)

宋林同撰。同字子真,號空齋,福清人。與弟合俱有隱操。後元兵至福州,抗節死。案《宋史·忠義傳》稱林空齋,失其名,已為失考。又誤以空齋為同之子,分一人為二,併云空齋舉進士,歷知縣。考是書前有淳祐庚戌劉克莊序,謂同兄弟俱未脫褐,又曰:"年未四十,慨然罷舉。"①是同固未嘗舉進士也。又宋人劉麟瑞《昭忠逸詠》稱"林處士同",是同固未嘗任知縣也。且麟瑞詩內有"血書矮壁存吾節,氣貫長虹任汝烹"句,又與史之"齧指血書壁,自誓不屈"諸語相合。然則死節者為同,而非同之子也,《宋史》誤矣。又《福建通志·人物傳》稱:"林同字子真,公遇子。元兵至,不屈死。"《隱逸傳》又稱"林全字子貞,與弟合并有隱操。至元中,郡府上其行誼,詔徵不就。合字子常"云云,其說又異。然同、合之俱為公遇子,已見原序。同字子真,合字子常,已見《鬳齋集》,俱確鑿可信。《通志》既以死難之林同為公遇子,則隱逸之林全不得又曰"弟合,字子常"也。且改"同"為"全",改"子真"為"子貞",並屬點畫音聲之變,明出傳寫譌謬,分為二人。至曹溶《學海類編》亦載《孝詩》一卷,題"長樂林同季野著"。名同而地與字俱異,又不知其何所據矣。今並詳為考正,庶不失其實。林希逸《鬳齋續集》中與其兄弟贈答詩文甚多,又有同《壬申酬倡集》跋，今皆散佚。惟此集猶傳，皆摭古今孝事。每一事為五言絶句一首，亦閒有兩事合詠一首者。凡"聖人之孝"十首，"賢者之孝"二百四十首，"仙佛之孝"十首，"異域之孝"十首，"物類之孝"十首②。其閒如唐李迥秀之類，本為倿幸；寒山子煮爺煮孃之類，亦愛無差等之談，不免於駁雜。然大旨主於敦飭人倫，感發天性，未可以其詞旨陳腐棄之。況其人始以孝著，終以忠聞。雖零篇斷什，猶當珍惜，是固不僅以文章論矣。

【彙訂】

①《四庫》本此集劉克莊序無此句。（祝尚書：《宋人別集敍錄》）

② 文淵閣《四庫》本"仙佛之孝"後尚有"婦女之孝"二十首。（周錄祥：《〈四庫全書簡明目錄·集部〉訂誤》）

字溪集十一卷附錄一卷（永樂大典本）

宋陽枋撰。枋字宗驥，初名昌朝，巴川人。居字溪小龍潭之上，因以自號。端平元年冠鄉選。淳祐四年以蜀難免入對，賜同進士出身。閫帥交辟，於昌州監酒稅，於大寧為理掾，於紹慶為學官。晚以子炎卯貴，加朝奉大夫，致仕。年八十一卒。其行履不見於史傳。惟《文淵閣書目》載有陽《字溪集》之名，而不著卷數。黃虞稷《千頃堂書目》則稱其集為十二卷，久無傳本。今檢勘《永樂大典》所載，裒而集之，附以其子所作年譜、行狀，仍析為十二卷，適符原目之數。雖已經割裂，未必無所殘闕，然所佚似亦無多矣。枋嘗從朱子門人度正、晏淵游，故集中與人往復書簡，大都講學之語。所言皆明白篤實①，不涉元虛。其《易象圖說》一篇，多參以卦氣納甲之法，乃不盡與朱子《本義》合。案李性傳《〈朱子語錄〉序》稱："諸書答問之際，多所異同，而《易》為甚。"晏淵所錄一編，與《本義》異者十之三四。枋殆述晏淵之所授，故持論不同歟？又有《與稅與權論啟蒙小傳》一篇，乃暮年所作，尤見其孳孳力學，至老不衰。於紫陽學派之中，猶不離其宗旨云②。

【彙訂】

①"所言"，殿本作"所謂"。

②"宗旨云"，殿本作"宗者矣"。

勿齋集二卷（編修汪如藻家藏本）

宋楊至質撰。至質字休文，號勿齋，閤皁山道士。淳祐中，敕賜高士，右街鑒儀，主管教門公事。是集皆四六書啟，多與一時當事酬答之作。其《兼領旌德觀都監謝京尹趙節齋啟》云："觀以道名，境隨人重。知章有學，始專鑑曲之煙霞；清老能詩，故奉金陵之香火。倘酒甕飯囊之輩，徒齋鐘粥鼓之羞。"云云。蓋亦以文學自負，不屑等於黃冠者流。第二卷中大抵代人之作。當由嫻於詞翰，故士大夫假手者多也。宋末啟劄之文，多喜配合經史成語，湊泊生硬，又喜參文句，往往冗長萎弱，唐以前舊格蕩然。至質所作，雖邊幅少狹，而對偶工緻，吐屬雅潔，猶有樊南《甲乙集》之遺，正未可以方外輕之矣。

巽齋文集二十七卷（大學士程景伊家藏本）

宋歐陽守道撰。守道字公權，初名巽，字迂父，吉州人。淳祐元年進士，授雩都主簿①，調贛州司戶，入為祕書正字。累遷祕書郎，罷歸。咸淳三年，以少傅呂文德薦，添差通判建昌軍，遷著作佐郎，兼崇政殿說書，兼權都官郎中。終於著作郎。事蹟具

《宋史》本傳。是編分甲、乙、丙、丁、戊五集②。中如《復劉學士書》，辨李習之以守其中為慎獨，非《中庸》本旨。《答丁教授書》，辨劉景雲"中心為忠，如心為恕"之説，本之王安石《字説》，非六書本義。凡此之類，持論咸有根柢，非苟立異同③。史稱守道"少孤貧，無師，自力於學。年未三十，翕然以德行為鄉郡儒宗"。蓋崛起特立，不由依託門户而來④，故所見皆出自得也。史又稱："江萬里作白鷺洲書院，首致守道，為諸生講説。湖南轉運副使吳子良又聘為岳麓書院山長。"後萬里為國子祭酒，復薦守道充史館檢閲。萬里殉節忠臣，子良得葉適之傳，其《林下偶談》妙解文章肯綮。觀於所主，可以知其氣類。《吉州人文紀略》又稱文天祥、劉辰翁皆守道門人，即守道益可知矣。然則讀是集者，又烏可與諸家語録等類齊觀乎？

【彙訂】

①"雩都"，殿本作"雩郡"，誤，參《宋史》卷四一一本傳。

②《四庫》本所據為大學士程景伊家藏本，此本未分集，只分卷，疑採入時删去甲集等字。殘本《永樂大典》等所引詩、墓誌、祭文等項全缺，可證此本當係節本或殘本。疑原書當分甲、乙、丙、丁、戊、己、庚、辛、壬、癸十集。（李裕民：《四庫提要訂誤》）

③"苟"，殿本作"故"。

④"依託"，殿本作"依人"。

雪坡文集五十卷（江蘇巡撫採進本）①

宋姚勉撰。勉字述之，一字成一，高安人。寶祐元年以詞賦擢第②，廷對萬言策第一。除校書郎，兼太子舍人。《宋史》無傳，是集《藝文志》亦失載。此本為其從子龍起所編，凡奏對賤策七卷,講義二卷,賦一卷,詩十一卷,雜文二十九卷。勉受業於樂雷發,詩法頗有淵源,雖微涉粗豪,然落落有氣。文亦頗嫻雅可觀③,無宋末語錄之俚語④。外閒傳本頗稀,譌闕特甚。今以《永樂大典》所載,各為校補。其《永樂大典》不載者,則仍其舊。集首有文及翁序,稱其“磊落有奇節,官僅校黃本,書備青宮案”。又有方逢辰序,亦稱為瑞之奇士。觀其所上封事奏劄以及廷對諸篇,論時政之謬,辨宰相之姦,皆侃侃不阿。惟二十二卷載《賀丞相賈秋壑》一啟,題下註“庚申五月十六日”。考《宋史》理宗開慶元年十二月,賈似道奏鄂州圍解。景定元年正月,詔獎賈似道功。四月,詔赴闕。庚申即景定元年,啟蓋作於是時。與其攻丁大全封事若出兩手,殊為白璧微瑕⑤。然啟末多進規之語,猶有曲終奏雅之意。固視劉克莊、王柏之諛頌,差有閒矣。

【彙訂】

①“江蘇巡撫採進本”,底本作“浙江巡撫採進本”,據殿本改。《四庫採進書目》中“江蘇省第一次書目”、“江蘇採輯遺書目錄簡目”著錄此書,未見於“浙江省呈送書目”。(江慶柏:《殿本、浙本〈四庫全書總目〉著錄圖書進獻者主名異同考》)

②“寶祐元年以詞賦擢第”,殿本作“寶祐八年以詞賦擢等”,誤。《宋史》卷四三《理宗本紀三》載寶祐元年五月己亥“賜禮部進士姚勉以下及第出身有差”。《南宋館閣續錄》卷九《官聯三》亦載姚勉寶祐元年進士及第。《總目》本卷《雪磯叢稿》條云:“宋樂雷發撰……寶祐元年,其門人姚勉登科,上疏請以讓雷發。”

③“頗”,殿本作“多”。

④“語”,殿本作“詞”。

⑤ 是時鄂圍初解，賈相之惡未彰，同官循例致賀，並非私布腹心，極其失不過如寇萊公之於丁謂、司馬文正之於蔡京，不足為雪坡病也。（胡思敬：《雪坡舍人集跋》）

文山集二十一卷（兩淮馬裕家藏本）

宋文天祥撰。天祥事迹具《宋史》本傳。天祥平生大節，照耀今古。而著作亦極雄贍，如長江大河，浩瀚無際。其廷試對策及上理宗諸書，持論剴直，尤不媿肝膽如鐵石之目。故長谷真逸《農田餘話》曰：“宋南渡後，文體破碎，詩體卑弱。惟范石湖、陸放翁為平正。至晦菴諸子，始欲一變時習，模仿古作，故有‘神頭鬼面’之論。時人漸染既久，莫之或改。及文天祥留意杜詩，所作頓去當時之凡陋，觀《指南前》、《後錄》可見。不獨忠義貫於一時，亦斯文閒氣之發見也。生平有《文山隨筆》數十大册，常以自隨，遭難後盡失之。元貞、大德閒，其鄉人搜訪，編為《前集》三十二卷、《後集》七卷，世稱道體堂刻本。”考天祥有《文山道體堂觀大水記》，稱“自文山門入，過障東橋，為道體堂”云云。則是堂本其里中名勝，而鄉人以為刊版之地者也。書中原跋九條，並詳載本事，頗可以資考證。明初其本散佚①，尹鳳岐從內閣得之，重加編次為詩文十七卷②。起寶祐乙卯，迄咸淳甲戌，皆通籍後及贛州以前之作。江西副使陳价、廬陵處士張祥先後刻之，附以《指南前錄》一卷、《後錄》二卷，則自德祐丙子天祥奉使入元營，閒道浮海，誓師閩、粵，羈留燕邸，患難中手自編定者。《吟嘯集》則當時書肆所刊行，與《指南錄》頗相複出。《紀年錄》一卷，亦天祥在獄時所自述，後人復集衆說以益之③。惟《集杜詩》以世久單行，未經收入④，今各著於錄。至原本所載序、記、碑、銘之類，乃其家子孫所綴録，冗雜頗甚，今並從删削焉。

【彙訂】

① 明焦竑《國史經籍志》卷五、清初黄虞稷《千頃堂書目》卷二九、錢謙益《絳雲樓書目》卷三仍有著録。（欒貴明：《文天祥、謝翱詩拾遺》；鄧碧清：《〈文山集〉版本考》）

② 據景泰六年（1455）韓雍、陳价江西刻本諸序，乃陳价編次，尹鳳岐僅從内閣録出。（鄧碧清：《〈文山集〉版本考》）

③ “後人”，底本作“後又”，據殿本改。（崔富章：《〈四庫全書總目〉版本考辨》）

④ 陳价刻本第四、五卷即《集杜詩》。（鄧碧清：《〈文山集〉版本考》）

文信公集杜詩四卷（編修汪如藻家藏本）

一名《文山詩史》，宋文天祥撰。蓋被執赴燕後，於獄中所作。前有自序，題“歲上章執徐，月祝犁單閼，日上章協洽”。案上章執徐爲庚辰歲，當元世祖至元十七年，乃其赴燕之次年。祝犁單閼當爲己卯之月，上章協洽爲庚未之日，於干支紀次不合。考是年正月癸卯朔，二月内當有三庚日、二未日，必傳寫者有所錯互。至以歲陽歲名紀日，本於《吳國山碑》中“日惟重光大淵獻”語。而併以紀月，則獨見於此序。又序後有跋，稱“壬午元日”，則天祥授命之歲也。詩凡二百篇，皆五言二韻，專集杜句而成。每篇之首，悉有標目次第，而題下敘次時事，於國家淪喪之由，生平閱歷之境，及忠臣義士之周旋患難者，一一詳誌其實。顛末粲然，不媿“詩史”之目。吳之振《宋詩選》徒以“裁割巧合”評之，其所見抑亦末矣。劉定之序稱原書“序跋中有闕文，指元之君臣、宋之叛逆，闕而不書，今皆補之為白字"。又題"姓某履善甫"者，即《指南集》中所謂"越蠡改陶朱"之意。案今本序跋並無闕字，蓋即定之所補。而"履善甫"上已署天祥之名，則不知何人增入[1]。又定之稱分為四卷，而今本止一卷，殊失原第。今仍析為四卷，以存其舊焉[2]。

【彙訂】

① 明本《集杜句詩》四卷《詠文丞相詩》一卷，首載永新劉定之序……次自序，末題姓某履善甫序……每章首小序，遇元之君臣、宋之叛逆，別作陰文白字，均與定之序合。《總目》著錄本謂"序跋並無闕字"云云，蓋經後人刪併竄亂，已失其真。（楊紹和：《楹書隅錄》）

② 文淵閣庫書作《文信國集杜詩》一卷。（沈治宏：《〈四庫全書總目〉集部著錄圖書失誤原因析》）

疊山集五卷（編修汪如藻家藏本）

宋謝枋得撰。枋得事蹟具《宋史》本傳[1]。所著《易》、《詩》、《書》三傳及《四書解》、雜著詩文原本六十四卷，歲久散佚。明嘉靖中，揭陽林光祖為廣信府知府，始以黃溥所校刊行世，僅分上、下二卷[2]。萬曆中，御史吳某所輯《疊山集》，又刻之上饒。編次錯迕，未為精審。此本乃本朝康熙中弋陽知縣譚瑄所重訂[3]，視舊本較為詳備。枋得忠孝大節，炳著史冊。《却聘》一書，流傳不朽，雖鄉塾童孺，皆能誦而習之。而其他文章，亦博大昌明，具有法度，不媿有本之言。觀所輯《文章軌範》，多所闡發，可以知其非苟作矣。惟原本有《蔡氏宗譜》一首，末署至元二十五年[1]。其詞氣不類枋得，確為偽託。又有《賀上帝生辰表》、《許旌陽飛升日賀表》,此類凡十餘篇,皆似道流青詞,非枋得所宜有,亦決非枋得所肯作。其為贗本誤收,亦無疑義⑤。今並加刊削,不使其亂真焉。

【彙訂】

① 依《總目》體例,當作"枋得有《批點檀弓》,已著錄"。

② 明刊本十六卷題里生潭石黃溥編,有景泰五年(1454)廬陵劉儁克彥序。成化二十一年(1485)有王皋翻刻本,又有嘉靖四年通州刻本,嘉靖十六年(1537)黃齊賢再重刊於弋陽。其後方為嘉靖三十四年(1555)林光祖刻二卷本。(瞿鏞:《鐵琴銅劍樓藏書目錄》;祝尚書:《宋人別集敍錄》)

③ "本朝",殿本作"國朝"。清康熙六十年謝氏蘊德堂刻本《謝疊山公文集》有呂文櫻重刻序,末署"知弋陽縣事",可知"譚瑄"乃"呂文櫻"之誤。據《弋陽縣志》卷七《秩官》,譚瑄為呂文櫻七任前的弋陽知縣。(筧文生、野村鯰子:《四庫提要南宋五十家研究》)

④ 清康熙六十年謝氏蘊德堂刻本《謝疊山公文集》卷二《蔡氏宗譜序》末署"至元十五年戊寅十一月既望廣信後學謝枋得謹序"。(同上)

⑤ 明景泰刻本此集卷十三已收錄《賀玄天上帝生辰表》(兩篇)、《許旌陽飛升日賀表》。(同上)

本堂集九十四卷(浙江汪啟淑家藏本)

宋陳著撰。著字子微,號本堂,鄞縣人。寶祐四年進士,官著作郎,出知嘉興府。忤賈似道,改臨安通判。是集凡詩三十四卷、詞五卷、雜文五十五卷。據其原目,尚有講義二卷。此本有錄無書，蓋傳寫佚之矣。宋代著作獲存於今者，自周必大、樓鑰、朱子、陸游、楊萬里外，卷帙浩博，無如斯集。惟其詩多沿《擊壤集》派，文亦頗雜語錄之體，不及周、樓、陸、楊之淹雅；又獎借二氏，往往過當，尤不及朱子之純粹。然宋自元祐以後，講學家已以説理之文自闢門徑。南渡後輾轉相沿，遂別為一格，不能竟廢。且真德秀作《文章正宗》，甄別最嚴；胡寅作《崇正辨》，攻駁尤力。而德秀《西山集》、寅《斐然集》為二氏操觚者不一而足，亦未可獨為著咎。披沙簡金，時有可採。宋人舊帙，固不妨存備一家也。

汶陽端平詩雋四卷（浙江鮑士恭家藏本）

宋周弼撰。弼字伯弜，汶陽人。所選《三體唐詩》，黃虞稷《千頃堂書目》載之，乃稱為"新建人，洪武閒以明經官訓導"。考是編前有寶祐丁巳菏澤李龏序，稱"與弼同庚生，同寓里，相與論詩三十餘年，嘗手刊《端平集》十二卷行於世"。又稱弼"十七八時即博聞強記，侍乃翁晉仙，已好吟詠。長而四十年閒宦游吳、楚、江、漢"。又稱弼"名振江湖，人皆爭先求市。但卷帙中有晚學未能曉者，多恐有不行之弊。兹摘其坦然者，兼集外所得者二百餘首，目曰《端平詩雋》。俾續芸陳君書塾，入梓流行"。而末有"伯弜平生心不下人，今隔九原，閱予此選，必不以予為謬"云云。然則寶祐丁巳以前，弼卒久矣。安得明初為學官？且與龏同里，亦不得為新建人。虞稷所云誤也。此本有"臨安府棚北大街陳解元書籍鋪印行"字①，蓋猶自宋本錄出。其詩風格未高，不出宋末江湖一派。而時時出入晚唐，尚無當時粗獷之習。一邱一壑，亦頗有小小佳致也。

【彙訂】

①“大”，殿本脱。（丁丙：《善本書室藏書志》）

膚齋續集三十卷（江蘇巡撫採進本）

宋林希逸撰。希逸有《考工記解》，已著錄。《宋史·藝文志》載希逸有《膚齋前集》六十卷①，久佚不存。惟此《續集》謂之《竹溪十一稾》者，尚有傳本，即此三十卷也。凡詩五卷，雜著一卷，少作三卷，記二卷，序一卷，跋一卷，四六三卷，省題詩二卷，輓詩一卷，祭文一卷，墓誌二卷，行狀二卷，學記四卷②。其門人福清林式之所編，共十三類。而謂之《十一稾》，不詳其故，或十中存一之意歟③？劉克莊嘗謂：“乾、淳閒林光朝始好深沈之思，為文極鍛鍊。一傳為林亦之，再傳為陳藻，三傳為希逸。比其師，槁乾中見華滋，蕭散中見嚴密，窘狹中見紆徐，所以推許之者甚至。”今觀其集，多應酬頌美之作。且以道學名一世，而上賈似道啟乃極口稱譽，至以趙普、文彥博比之，殆與楊時之從蔡京同一白璧之瑕。集末載學記，解《太元經》者居其半。其詩亦多宗門語。王士禎《居易錄》所記，良不為誣。然南宋遺集，流傳日少。其詩文雖不盡如劉克莊所稱，而尚不失前人軌度。其學記中所論學問、文藝之事，亦時有可取。節取一長，固亦無不可耳。前有咸淳庚午林同序，稱“戊辰九月上擢膚齋長仙蓬，侍緝熙。明年春再入禁林。長詞翰，趙行之詔，聯翩而下。行有日，至是而《續集》之入梓者為卷三十”云云。則是集成於希逸內召時也。

【彙訂】

①《宋史·藝文志》未著錄《膚齋前集》。（祝尚書：《四庫宋集提要糾誤》）

② 此所列各類卷數總計僅二十八卷。實際四六應為二卷，學記應爲六卷，又少計啟一卷。（李裕民：《四庫提要訂誤》）

③ 宋末作家，或一官一集，或一年一集，集又稱"藁"，又有以多"藁"合編為全集。所謂"十一藁續集"，據林同序，當是以林希逸十一個小集（即"藁"）合編為《前集》、《續集》。（祝尚書：《四庫宋集提要糾誤》）

魯齋集二十卷（山東巡撫採進本）

宋王柏撰。柏有《書疑》，已著錄。柏好妄逞私臆，竄亂古經。《詩》三百篇，重為删定。《書》之《周誥》、《殷盤》，皆昌言排擊，無所忌憚，殊不可以為訓。其詩文雖亦豪邁雄肆，然大旨乃一軌於理。《宋史·儒林傳》稱其"少慕諸葛亮之為人，自號長嘯。年踰三十，始知家學之原。案柏之祖師愈，受業於楊時，其父瀚亦及朱子、呂祖謙之門，故史文云然。與其友汪開之著《論語通旨》，至'居處恭，執事敬'，惕然嘆曰'長嘯非聖門持敬之道'，亟更以魯齋"。蓋其天資卓犖，本一桀驁不馴之才。後雖折節學問，以鎔鍊其氣質，而好高務異之意，仍時時不能自遏。故當其挺而橫決，至於敢攻孔子手定之經。其詩文雖刻意收斂，務使比附於理，而强就繩尺，時露有心牽綴之跡，終不似濂溪諸儒深醇和粹，自然合道也。特其勇於淬礪，檢束客氣，使縱橫者一出於正，為足取耳。集中第一卷有《壽秋壑》詩，極稱其援鄂之功，諛頌備至，是亦白璧之瑕。然核檢諸書，均不載其有依附權門之事，不知何以有此作。據正統八年楊溥序，此集乃其六世孫四川按察司僉事迪所自編，又不知何以載之集中，略無所諱，均不可解。疑以傳疑，存而不論可矣。

集 部 十 八

別 集 類 十 八

須溪集十卷（永樂大典本）

宋劉辰翁撰[1]。辰翁字會孟，廬陵人。須溪其所居地名也。少補太學生。景定壬戌，廷試入丙第。以親老，請濂溪書院山長。江萬里、陳宜中薦居史館，除太學博士，皆固辭。宋亡，遂不復出。辰翁當賈似道當國，對策極言濟邸無後可慟，忠良殘害可傷，風節不競可憾。幾為似道所中，以是得鯁直名。文章亦見重於世。其門生王夢應作祭文，至稱韓、歐後惟先生卓然秦、漢巨筆[2]。然辰翁論詩評文，往往意取尖新，太傷佻巧。其所批點，如《杜甫集》、《世說新語》及《班馬異同》諸書，今尚有傳本。大率破碎纖仄[3]，無裨來學。即其所作詩文，亦專以奇怪磊落為宗，務在艱澀其詞，甚或至於不可句讀，尤不免軼於繩墨之外。特蹊徑本自蒙莊[4]，故惝怳迷離，亦閒有意趣，不盡墮牛鬼蛇神。且於宗邦淪覆之後[5]，眷懷麥秀，寄託遙深，忠愛之忱，往往形諸筆墨。其志亦多有可取者，固不必概以體格繩之矣。《須溪集》明人見者甚罕，即諸書亦多不載其卷數。韓敬選訂晚宋諸家之文，嘗以不得辰翁全集為恨。聞蘭溪胡應麟遺書中有其名，往求之，卒弗能獲，蓋其散失已久。世所傳者惟《須溪記鈔》及《須溪四景詩》二種⑥，篇什寥寥。今檢《永樂大典》所錄，記序雜著詩餘尚多。謹採輯哀次，釐為十卷。其《天下同文集》及《記鈔》所載，而不見於《永樂大典》者，亦別為鈔補，用以存其概⑦。至《四景詩》則原屬單行之本，今仍各著於錄，故不復採入云。

【彙訂】

①　依《總目》體例，當補"辰翁有《班馬異同評》，已著錄"。

②　《天下同文集》卷三七載王夢應《哭須溪墓》："嗚呼，盧陵自六一公以正學繼孟、韓起千載，小歐陽忠孝義理鳴穆陵、紹陵間，天下學者再變。先生奮兩公後，卓然秦、漢巨筆，凌屬千萬年。"可知"兩公"乃指歐陽修、歐陽守道，非指韓愈、歐陽修。（筧文生、野村鯰子：《四庫提要南宋五十家研究》）

③　"大率"，底本作"太率"，據殿本改。（崔富章：《〈四庫全書總目〉版本考辨》）

④　殿本"特"下有"其"字。

⑤　殿本"且"下有"其"字。

⑥　除此二種，其著作尚有《劉須溪先生集略》四卷傳世，有清康熙二十一年刻本。（萬萍點校：《須溪集》）

⑦　"用"，殿本無。

須溪四景詩集四卷（編修汪如藻家藏本）

宋劉辰翁撰。考晉、宋以前無以古人詩句為題者。沈約始有《江蘺生幽渚詩》，以陸機《塘上行》句為題，是齊、梁以後例也①。沿及唐、宋科舉，始專以古句命題。其程試之作，唐莫詳於《文苑英華》，宋莫詳於《萬寶詩山》。大抵以刻畫為工，轉相倣仿。辰翁生於宋末，故是集各以四時寫景之句命題。春景凡六十三題，詩七十二首；夏景凡三十二題，詩三十五首；秋景凡四十題，詩四十四首；冬景十六題，詩如題數。所作皆氣韻生動，無堆排塗飾之習，在程試詩中，最為高格。末附《東桂堂賦》一篇，為劉端伯教子讀書而作。此集殆亦授劉之子，備科舉之用者歟？

【彙訂】

① 以古人詩句為題，並非始於沈約。劉宋時何偃《冉冉孤生竹》一首，載於《樂府詩集》卷七三，此詩題為《古詩十九首》第八首之首句。《文心雕龍·明詩》指明第八首為傅毅作。是何偃詩以傅毅詩句為題也。鮑照《結客少年場行》，載於《文選》卷二八。李善注：“曹植《結客篇》曰：‘結客少年場，報怨濟北邙。’”是鮑照詩以曹植詩句為題也。陸機《門有車馬客行》，載於《樂府詩集》卷四〇，郭茂倩引《樂府解題》曰：“曹植等《門有車馬客行》，皆言問訊其客，或得故舊鄉里，或駕自京師，備敘市朝遷謝，親友凋喪之意也。”是陸機詩以曹植等詩句為題也。而曹植等詩著“行”字，當亦承前人詩句。他如傅玄《鴻鴈生塞北行》、陳琳《飲馬長城窟行》，類皆如此。以古人詩句為題，起於魏晉，非始於沈約而為齊梁以後之例也。（楊武泉：《四庫全書總目辨誤》）

葦航漫遊稾四卷（永樂大典本）

宋胡仲弓撰。仲弓字希聖，清源人。其生平不少概見。惟集中《一第》詩有“衣冠新進士，湖海舊詩人”之句，知嘗登第。《夜夢蒙仲作二象笏》詩有“嗟余初筮令”之句，知嘗宰縣。《將之官越上留別諸友》詩有“一官如許冷，況復是清貧。槐市風何古，蘭亭本卻真”之句，知官在會稽。《老母適至時已見黜》詩有“千里迎阿嬰,相見翻不樂。微祿期奉親,親至祿已奪"之句,知不久罷歸。《雪中雜興》詩有"不被功名縛,江湖得散行"之句,知被斥以後,浪跡以終,故以"葦航漫遊"名槀。其行事則不可考矣。仲弓詩名不甚著,惟陳起《江湖後集》錄所作頗夥。然校以《永樂大典》分列於各韻下者,起所選之外,遺佚尚多。今蒐採裒輯,編為四卷,雖未必盡睹其全,視起所編,則已增益者多矣①。南宋末年,詩格日下。四靈一派,摭晚唐清巧之思;江湖一派,多五季衰颯之氣。故仲弓是編及其兄仲參所作《竹莊小集》,均不出山林枯槁之調。如七言律中《旱湖》一首,當凶祲流離之時,絕無惻隱,乃云"但使孤山梅不死,其餘風物弗關情"②,尤宋季游士矯語高蹈之陋習。然吟詠既繁,性情各見,洪纖俱響,正變兼陳。苟非淫慝之音,即不在放斥之列,詩家有此一格,固不妨使之並存,亦錄唐詩者不遺周曇《詠史》之例也。《永樂大典》所載,別有《漫遊集》一書。核其體例,蓋採宋、元兩代之作彙為總集。當時校讎未密,朱書標目,往往與此集混淆。今並考校姓名,刪除譌異,不使與此集相亂,庶幾不失其真焉。

【彙訂】

①"已",殿本無。

②"弗",底本作"不",據殿本改。

蘭皋集三卷(浙江鮑士恭家藏本)①

宋吳錫疇撰。錫疇字元倫,休寧人,廣南西路安撫使儆之從孫,處士垕之子也。錫疇四歲而孤,刻志於學,慕徐稚、茅容之為人。咸淳間,南康守葉閶聘主白鹿洞書院,辭不肯赴。蓋篤實潛修之士,不欲以聚徒講學,囂競浮名也。性喜藝蘭,自號曰蘭皋子,因以名集,殆亦寓無人自芳之意。其人品心術,可謂超然流俗之外矣。集所存詩不多,然皆晚年所自删定,簡汰頗嚴。其《題林逋墓》詩"清風千載梅花共,説著梅花定説君"句,為吕午所賞;《春日》詩"燕未成家寒食雨,人如中酒落花風"句,又為方岳所賞,並見於方岳跋中。然集中佳句,似此者尚頗不乏,岳偶舉其一二耳。蓋其刻意清新,雖不免偶涉纖巧,而視宋季潦倒率易之作,則尚能生面别開。以繼《竹洲集》後,亦云不媿其家學矣。

【彙訂】

① 此書實為二卷。（祝尚書:《宋人别集敘録》）

雲泉詩一卷（編修汪如藻家藏本）

宋薛嵎撰。嵎字仲止,一字賓日,永嘉人。寶祐四年進士,官長溪簿。宋承五代之後,其詩數變,一變而西崑,再變而元祐,三變而江西。江西一派,由北宋以逮南宋,其行最久。久而弊生,於是永嘉一派以晚唐體矯之,而四靈出焉。然四靈名為晚唐,其所宗實止姚合一家,所謂"武功體"者是也。其法以新切為宗,而寫景細瑣,邊幅太狹,遂為宋末"江湖"之濫觴。葉適以鄉曲之故,初力推之,久而亦覺其偏,始稍異論。吴子良《林下偶談》述之頗悉。嵎之所作,皆出入四靈之間,不免局於門户。然尚永嘉之初派,非永嘉之末派。録之亦足備一格也。

嘉禾百詠一卷（浙江鮑士恭家藏本）

宋張堯同撰。堯同,秀水人,仕履未詳。詩中所詠會景亭為潘師旦所築,趙老園為趙衰歸隱之處。核其時代,蓋寧宗以後人也①。宋世文人學士,歌詠其土風之勝者,往往以夸多鬥靡為工。如阮閲《郴江百詠》、許尚《華亭百詠》、曾極《金陵百詠》,皆以百首為率。故堯同所詠嘉興山川古蹟，亦以百篇概之。徐碩《至元嘉禾志》，已與陸蒙老所賦《嘉禾八詠》同採入"題詠門"內。後來作郡志者，亦頗散見其閒，而掇拾均未全備。此乃其初出單行之本，每首之後皆有附考，不知何人所作②。末有跋語，亦不載姓名年月。其詞雖不甚工，而自吳越以來嘉興典故，頗可得其梗概。近時朱彝尊作《鴛鴦湖棹歌》一百首，蓋即踵前例而稍變其面目者。雖彝尊詩情溫麗，遠勝堯同，而堯同採掇名目，臚敘大凡，其於地志考據，要亦不為無助矣。

【彙訂】

① 趙衮，北宋人，字希甫，元祐二年（1087）時知廣安軍（《續資治通鑑長編》卷三九六），十一月，罷官（《宋會要輯稿》選舉二八之二〇），後退隱嘉禾，不可據此推定作者為南宋寧宗以後人。關於潘師旦，《宋會要輯稿》後記二之一七云："淳熙十年（1183）十二月二十二日，潘師尹、潘師旦並特與轉遙郡刺史。"據此，可推測堯同此書當作於孝宗末年或以後。（李裕民：《四庫提要訂誤》）

② 文淵閣《四庫》本此集有十四首無附考，一首下注"附考未詳"。（周錄祥：《〈四庫全書簡明目錄·集部〉訂誤》）

柳塘外集四卷（浙江鮑士恭家藏本）

宋釋道璨撰。道璨字無文，姓陶氏，南昌人。咸淳閒，嘗主饒州薦福寺①。所著別有語錄，故此以"外集"為名。釋氏以佛典為內學，以儒書為外學也。其詩邊幅頗狹，未能脫蔬筍之氣。而短章絕句，能善用其短者②，亦時有清致。如《題水墨草蟲》、《陳了翁祠》、《和恕齋》、《濂溪書院》諸作，未嘗不楚楚可觀。沙中金

屑,固亦不容捐棄矣。雜文中《送一侍者序》一首,乃為日本僧
作。考《宋史‧外國傳》所載,自太宗時奝然入朝後,屢有倭僧奉
貢。迄南渡不復見,僅紀其國舟飄至內境數事。至嘉泰三年以
後,遂絕不復書。此序作於淳祐戊申,稱其去國六年,一日東歸,
計其來日,當在淳祐三年。殆求法東來,非充貢使,故史不得而
載之,非漏略也。集凡詩一卷,銘記一卷,序文、疏書一卷,塔銘、
墓誌、壙誌、祭文一卷③。宋以來諸家書目皆未著錄。國朝康熙
甲寅,釋大雷始訪得舊本,釋元宏、燈岱因為校正鋟版。書雖晚
出,而核其格意,確為宋末江湖之體,不緣贗造。考吳師道《禮部
詩話》,已載其《題蘇堂竹》一首,則宋代實有其人。疑當時名不
甚著,僅彼教自相傳錄,故閱數百年始見於世云。

【彙訂】

①　二卷本此集載江都張師孔序云:"寶慶間,師住薦福,又
住開先,五年返薦福,所著有銘贊記序雜文若干篇。"(丁丙:《善
本書室藏書志》)

②　"能",殿本無。

③　今存道璨撰宋刊本《無文印》二十卷,卷十二以下鈔配。
卷一、二詩,卷三記,卷四行狀,卷五墓誌、塔銘,卷六銘,卷七道
號序,卷八序,卷九序、字說,卷十題跋,卷十一四六,卷十二、十
三祭文,卷十四雜著,卷十五至二十書劄。(祝尚書:《宋集孤本
罕見本六種考》)

碧梧玩芳集二十四卷(永樂大典本)

宋馬廷鸞撰。廷鸞字翔仲,樂平人,淳祐七年進士,歷官右
丞相,兼樞密使。事蹟具《宋史》本傳。史稱其罷相歸後,又十七

年而卒。考廷鸞之罷在度宗咸淳八年壬申，其歿當在元世祖至元二十六年己丑。今集中《老學道院記》稱"著雍困敦之歲，余年六十有七"，則作是文時，去其病歿已不遠，似集為其子端臨所編矣。其曰"碧梧玩芳"者，廷鸞家有碧梧精舍，晚年又自號玩芳病叟，因以為名也。自明以來，外閒絕無傳本。惟《永樂大典》所收，頗存梗概。大抵駢體最工。理宗末年，又居兩制，朝廷大著作多出其手。其他詩文亦皆典贍秀潤，盎然有卷軸之味。端臨承藉世業，撰為《文獻通考》，至今為藝林寶重，即廷鸞所學可知也。其集《宋史》不著錄，原編卷數已不可考。謹以今所存者裒輯排比，分為二十三卷。廷鸞又嘗倣呂祖謙《大事記》之例，作《讀史旬編》，以十年為一旬，起帝堯元載甲辰，迄周顯德七年庚申，為三十八帙。今全書雖佚，而《緒論》尚散見《永樂大典》中，併裒為一卷，附於文後，共為二十四卷。《宋史》稱廷鸞所著又有《六經集傳》、《語孟會編》、《楚辭補記》、《洙泗裔編》、《讀莊筆記》諸書，今並不傳。又稱其召試館職時，即以強君德、重相權、收直臣、防近習為對。為將作少監時，論貢舉三事，又言宜蠲除被災州縣租賦。為起居舍人時，言太史當謹書災異，又言："翕受敷施，以壯人才之精神；虛心容納，以植人言之骨幹。念邦本而以公滅私，嚴邊備而思患預防。"同知樞密院時，言："培命脈，植根本，崇寬大，行忠厚。"又言："恢大度以優容，虛聖心而延佇，推內恕以假借，忍難行而聽納，則情無不達，理無不盡。"云云。其文今皆不見於集中。或奏疏別為一編，故此集皆不見收歟？

　　四明文獻集五卷（浙江鮑士恭家藏本）

　　宋王應麟撰。應麟有《周易鄭氏註》，已著錄。所著《深寧集》，本一百卷。然《宋志》已不著錄，焦竑《國史經籍志》亦不載其名，則散佚久矣。此本乃明鄞縣鄭真、陳朝輔所輯《四明文獻》之一種。故一人之作，冒總集之名也①。通一百七十餘篇，制誥居十之七。蓋捃拾殘剩，已非其舊矣②。應麟以詞科起家，其《玉海》、《詞學指南》諸書，剩馥殘膏，尚多所沾溉。故所自作，無不典雅溫麗，有承平館閣之遺。且所載事迹，多足與史傳相證。如《宋史》應麟本傳謂度宗即位，應麟草百官表，循舊制請聽政四表，已上。一夕入臨，宰臣諭旨增撰三表。則此七表者，先進前四表，次進後三表也。考之是集，則第一表至第二表乃景定五年十月上，第三表至第七表乃十一月上，與《本傳》互異。又《宋史·度宗本紀》載賈似道罷都督、予祠在德祐元年二月，徙居婺州，又徙建寧，俱在七月③。而由揚州責歸紹興，實在是年五月四日，見於是集《責賈似道歸里制》，亦足以補《本紀》之闕。則雖零章斷簡，固不以殘闕棄矣。

【彙訂】

①　鄭真所輯各家詩文凡六十卷，除應麟一集外其他皆佚，陳朝輔跋亦為此一種所作。（祝尚書：《宋人別集敍錄》）

②　"已非其舊"，底本作"非其真"，據殿本改。（崔富章：《文瀾閣〈四庫全書總目〉殘卷之文獻價值》）

③　"度宗本紀"乃"瀛國公本紀"之誤，德祐為宋恭帝（即瀛國公）年號。（江慶柏等整理：《四庫全書薈要總目提要》）

覆瓿集六卷（編修汪如藻家藏本）

宋趙必𤩽撰。必𤩽字玉淵，自號秋曉，太宗十世孫，居於東莞。咸淳元年，與父崇訓同登進士。初任高要尉，攝四會令，再任南康丞。文天祥開府惠州，辟攝惠州軍事判官。入元後，隱居溫塘村。是集詩二卷，長短句一卷，雜文二卷，附錄一卷。必瑑治邑有惠政，屬宗邦淪喪，慷慨從軍，其志可取。滄桑以後，肥遯終身，其節亦不可及。詩文篇帙無多，在宋末諸家中未為穎脫。然體格清勁，不屑為靡靡之音。如"一雨鳴蛙亂深夜，數聲啼鳥怨斜陽"諸句，固未嘗不綽有情韻也。

閬風集十二卷（永樂大典本）

宋舒岳祥撰。岳祥字舜侯，寧海人。寶祐四年進士，官奉化尉，終承直郎。宋亡不仕，教授鄉里以終。《兩浙名賢錄》載所著有《史述》、《漢砭》、《補史》、《家錄》、《蓀墅槀》、《避地槀》、《篆畦槀》、《蝶軒槀》、《梧竹里槀》、《三史纂言》、《談槀》、《槀續》、《槀殘》、《槀傳》、《槀肆》、《昔遊錄》、《深衣圖說》，凡二百二十卷，今多散佚。焦竑《國史經籍志》載岳祥《閬風集》二十卷，世亦無傳。檢《永樂大典》中所載岳祥詩文，閒題《篆畦》、《蝶軒》、《蓀墅》諸集名，而題為《閬風集》者居十之八九。似當時諸槀，本分帙編次，而《閬風集》乃其總名。今原書卷第已為《永樂大典》所亂，無可辨別。謹依類衰輯，釐為詩九卷，雜文三卷，仍其總名，以《閬風集》名之。又集中有《百一老詩序》，蓋即所賦《老漁》、《老獵》之類，似原本亦別為一集。然所闕已多，不成卷帙，故亦不復分析焉。岳祥少時，以文見吳子良，子良即稱其異秉靈識如漢終、賈。晚逢鼎革，遯跡終身，乃益覃思於著作。其詩文類皆稱臆而談，不事雕繢。集中有《詩訣》一首云："欲自柳州參靖節，將邀束野適盧仝。"又云："平原駿馬開黃霧，下水輕舟遇快風。"其宗旨所在，可以想見矣。

北遊集一卷(安徽巡撫採進本)①

宋汪夢斗撰。夢斗號杏山,績溪人。景定間以明經發解,江東漕試。授承節郎,江東司制幹官②。咸淳初,遷史館編校,與葉李等議,上書劾丞相賈似道。李等坐罪,夢斗亦遁歸。宋亡後,尚書謝昌言薦夢斗於元世祖,特召赴京。卒不受官,放還。是集乃其北遊紀行之作。中有《見謝尚書》詩云:"正須自愛不貲身。"蓋不特律己甚嚴,即其以道義規昌言,亦可謂婉而嚴矣。惟是《上故相留公》詩,註謂:"公入朝不屈,稱前正奉大夫。"考夢炎以德祐二年降元,特為世祖所鄙,又曾勸殺文天祥,安得有入朝不屈之事? 夢斗集中又有《南園歌》,為吳潛竄循州而作。詩末附數語云:"履翁再相,力言姦邪誤國數事,理皇竟不能平。會似道以江上肅清之報,徑達禁中,上遂罷潛相。明日乃以似道奏付外。"考《宋史》,似道江上肅清之奏在理宗景定元年三月乙酉之前,吳潛之罷在是年四月己酉。若如夢斗言,是於己酉之明日始以似道奏付外,則上距四月乙酉前將及一月。是時朝野方以荊、鄂為奇功,乃捷書到禁中,一月始布於外,與情勢尤有未合。或其後人掇拾遺槀,不免以贋本竄入,未及致詳耶③? 又《杏山摭槀》數條,乃後人所集夢斗講學之語,原附集末,今亦仍之焉。

【彙訂】

①《四庫》本為一卷內分上、下二卷。(沈治宏:《〈四庫全書總目〉集部著錄圖書失誤原因析》)

②"官",殿本無。

③ 其不合僅時日稍差,或後來追記失誤,似不可因以斷為贋本。(祝尚書:《宋人別集敍錄》)

秋堂集三卷（編修汪如藻家藏本）

宋柴望撰。望有《丙丁龜鑑》，已著錄。其詩有《道州臺衣集》、《詠史詩》、《西涼鼓吹》諸編[①]，俱佚不存。此本乃後人雜裒而成。詩末尚有《〈道州臺衣集〉序》。其《夢傅說》以下十一絕，疑即《詠史詩》中之作也。望以淳祐丙午上《丙丁龜鑑》得名。然應詔上書，但當指陳人事，論朝政之是非。乃牽引讖緯，以值歲干支推衍禍福，穿鑿附會，迂誕支離。其心雖出於忠誠，其言則涉於妖妄。乃出獄歸里，士大夫至祖道涌金門外，賦詩感慨，傾動一時。王應麟《困學紀聞》尚載其表中之語，以為佳話。宋末士氣之浮囂，於是為極。已別存其目，糾正於本條之下。至其人，則宋亡以後，遁跡深山，至元十七年乃卒。翛然高節，追步東籬。其詩雖格近晚唐，未為高邁。而黍離麥秀，寓痛至深，騷屑哀音，特為悽動，亦可與謝翱諸人並傳不朽。故殘章斷簡，猶能流播至今也。

【彙訂】

① 據柴望《涼州鼓吹》自序，乃其"詩餘稿"，非詩集。（祝尚書：《宋人別集敍錄》）

蛟峯文集八卷外集四卷（江蘇蔣曾瑩家藏本）

宋方逢辰撰。逢辰初名夢魁，字君錫，淳安人。登淳祐十年進士第一，理宗改賜今名。官至吏部侍郎，以母憂歸。德祐初，徵拜禮部尚書。會父疾，未赴。宋亡，元世祖詔御史中丞崔彧起之於家，以疾堅辭不出。至正閒修《宋史》，有司不得其事狀，故不為立傳。惟黃溍集中有所作《逢辰墓表》，尚略見其始末[①]。明邵經邦作《宏簡錄》，始為補傳。然亦據溍所述，不能有所增益也。是集乃其五世從孫蒙城知縣淵等所輯。正集八卷，前七卷為逢辰詩文，末一卷附以其弟逢振所作。逢振字君玉，景定中登進士，官至太府寺簿，亦國亡之後抗節不仕者也。外集四卷，則其七世從孫玉山知縣中所續輯，凡逢辰歷官誥敕及酬贈詩文皆在焉。逢辰當丁大全、賈似道柄國之時，皆能力抗其鋒，持正不屈。其提點川東刑獄及為江西轉運副使，政績亦俱有可觀。惜其遺篇散佚，所錄奏劄惟寶祐三年請除內豎一疏尚存。餘若論雷變、論邊備、論吳潛去位、賈似道匿敗諸劄子，皆平生建白之最著者。《墓表》略見大概，而悉不載於集中。其所掇拾，大抵案牘簡劄之文為多，而策問一首至並考官評語載之。蓋散佚之餘，區區搜輯而成，故不免識小而遺其大矣。

【彙訂】

①　黃溍所作《墓表》，載於《文獻集》卷一〇下，亦附載於《蛟峯外集》，其文均稱《阡表》。《蛟峯外集》又附載文及翁《故侍讀尚書方公墓誌銘》，其文遠較黃氏《阡表》為詳。文稱方逢辰"生於嘉定辛巳……卒於至元辛卯"。文及翁為宋末進士，於景定五年八月，以秘書郎除著作佐郎，咸淳元年四月為著作郎，見《南宋館閣續錄》卷八，其人與方逢辰同時。而黃溍撰《阡表》，在方死後五十八年，文稱與逢辰曾孫道壑，同在史館，"因得公言行之詳，乃摭其大要而次序之"，此必曾見文及翁所撰之《墓誌銘》，否則不能摭取也。（楊武泉：《四庫全書總目辨誤》）

秋聲集六卷（永樂大典本）

宋衛宗武撰。宗武字淇父，自號九山，華亭人。淳祐間歷官尚書郎，出知常州。罷歸閒居三十餘載，以詩文自娛。據至元甲午張之翰所作集序,稱"九山墓宿草已六白",則宗武實卒於至元二十六年己丑,在宋亡後十年[①]。故焦竑《國史經籍志》載《秋聲集》八卷,列入元人。然宗武實未仕元,仍當從陶潛書晉例也。集久失傳,今從《永樂大典》中採輯編次,得詩詞四卷,序記、誌銘一卷,雜著一卷,以略存其概。華亭衛氏,自禮部侍郎膚敏後,資政殿學士涇、直寶謨閣湜,兄弟相繼,以學術著。宗武世系雖無考,而張之翰序稱為"喬木世臣後",則當為涇、湜之裔。文采風流,不失故家遺範,有自來矣。其詩文根柢差薄,骨格亦未堅緻。蓋末造風會之所趨,其事與國運相隨,非作者所能自主。至於《詠荀彧》一詩,稱其徒抱忠貞,遺恨千古,其學識亦有所未逮。然核其全集,大都氣韻沖澹,有蕭然自得之趣。蓋胸襟既別,神致自殊,品究在"江湖"諸集上。且眷懷故國,匿跡窮居,其志節深有足取,而《宋遺民錄》諸書乃竟脫漏其姓名。錄存是集,以發潛德之光,亦足見聖朝表章幽隱,砥礪風教之義也。

【彙訂】

① 據至元三十一年甲午(1294)張之翰序:"始余為行臺御史,道松江,會九山衛公洎其子謙,才一杯而別。後十年,來牧是郡,訪九山墓,宿草已六白矣。謙出公《秋聲集》求序,許而未作。又旬歲,屬者暇愈少請愈力……"可知至元二十一年時"九山墓宿草已六白",其卒年當為至元十五年(1278),而至元十六年陸秀夫抱幼帝投海,宋始亡。(陳新:《〈四庫提要〉失誤兩例》)

牟氏陵陽集二十四卷(浙江鮑士恭家藏本)

宋牟巘撰。巘字獻之,湖州人。父子才,理宗朝官端明殿學士、禮部尚書,以剛直著名。巘亦登進士第,官至大理少卿[①]。

入元不仕，閉户三十六年。故其集中《九日》五言詩序，論陶潛於王宏〔弘〕中路具酒食事及《題淵明圖》諸文，意皆自寓。又嘗謂"世喜稱淵明入宋書甲子無年號，黄豫章亦曰'甲子不數義熙前'。然今陶集詩本無書年號者，淵明恥事劉裕，大節較然，此未須深論"云云。故巘文中多書至元年號，意本此也。是集凡詩六卷、雜文十八卷，前有至順二年程端學序。王士禎《居易録》稱其詩有"坡、谷門風，雜文皆典實詳雅"。今觀所作，知士禎之論不誣。牟氏本蜀之井研人，世居陵山之陽，至子才始著籍湖州。其以"陵陽"名集，蓋不忘本。以韓駒詩先有是名，故此集冠以"牟氏"，用相别焉。

【彙訂】

① 顧嗣立《元詩選初集》卷八牟巘小傳："宋端明學士子才之子，擢進士第，官至大理少卿。"此即《總目》所本。按，同治《湖州府志》卷七四《牟巘傳》，無登第之文。同書卷一〇《選舉表》進士欄不載牟巘。牟氏本蜀之井研人，至子才始著籍湖州。光緒《井研縣志》卷三《選舉表》，載巘父子才、巘子應龍祖孫二人於進士表，但不載牟巘。同書卷三一《鄉賢·牟巘傳》，亦不言登第。虞集《道園學古録》卷一五《牟伯成（按即牟應龍）墓碑》、黄溍《文獻集》卷六《隆山牟先生（按即牟應龍）文集序》，均提到牟巘，而不言其登第。考《宋元學案》卷八〇《牟巘小傳》"以父蔭累歷浙東提刑、大理少卿"之文，知牟巘以父蔭入仕，未成進士。（楊武泉：《四庫全書總目辨誤》）

湖山類稾五卷水雲集一卷（浙江巡撫採進本）

宋汪元量撰。元量字大有，號水雲，錢塘人。度宗時以善琴供奉掖庭。宋亡，隨三宮入燕。久之為黃冠南歸，往來匡廬、彭蠡閒。元陳泰《所安遺集》中尚有《送錢塘琴士汪水雲詩》。泰，延祐二年進士，則元量亦云老壽矣。其詩多慷慨悲歌，有故宮離黍之感。於宋末諸事，皆可據以徵信。故李鶴田《〈湖山類稾〉跋》稱[①]："其記亡國之戚，去國之苦，閒關愁嘆之狀，備見於詩。微而顯，隱而彰，哀而不怨。開元、天寶之事記於草堂，後人以詩史目之。水雲之詩亦宋亡之詩史。"云云，其品題頗當。惟集中《醉歌》一篇，記宋亡之事曰："亂點連聲殺六更，熒熒庭燎待天明。侍臣已寫投降表，臣妾僉名謝道清。"以本朝太后，直斥其名，殊為非體[②]。《春秋》責備賢者，於元量不能無譏。然元量以一供奉琴士，不預士大夫之列，而眷懷故主，終始不渝。宋季公卿，實視之有媿，其節概亦不可及。筆墨之閒，偶然失檢，視無禮於君者，其事固殊。是又當取其大端，恕其一眚者矣。黃虞稷《千頃堂書目》載《湖山類稾》十三卷，《水雲詞》三卷。久失流傳。此本為劉辰翁所選，祇五卷。前脫四翻，閒存評語。近時鮑廷博因復採《宋遺民錄》，補入辰翁元序，合《水雲集》刻之。以二本參互校訂，詩多重複，今亦姑仍原本焉。

【彙訂】

① 此跋末稱吉人鶴田李珏元輝，依《總目》體例當作"李珏《〈湖山類稾〉跋》"。（胡玉縉：《四庫全書總目提要補正》）

② 上一首云"太后傳宣許降國"，而此首直斥其名，極為得體。蓋傳宣時猶為太后，而降表簽名則直書姓名，非復太后矣。（陳乃乾：《讀〈四庫全書總目〉條記》）

　　晞髮集十卷晞髮遺集二卷遺集補一卷附天地閒集一卷西臺
慟哭記註一卷冬青引註一卷（兩淮馬裕家藏本）

　　宋謝翶撰。翶字皋羽，一字皋父，長溪人，後徙浦城。咸淳
中，試進士不第。文天祥開府延平，署爲諮議參軍。天祥兵敗，
避地浙東。後以元貞元年卒於杭州。事蹟具《宋史》本傳。南宋
之末，文體卑弱。獨翶詩文桀驁有奇氣，而節概亦卓然可觀①。
據方鳳作《翶行狀》，稱翶遺槀凡手鈔詩六卷，雜文五卷，《唐補
傳》一卷，《南史贊》一卷，《楚詞芳草圖譜》一卷，《宋鐃歌鼓吹
曲》、《騎吹曲》各一卷，《睦州山水人物古蹟記》一卷，《浦陽先民
傳》一卷，《東坡夜雨句圖》一卷。其《唐補傳》以下如編入集中，
當共二十八卷，如別本各行，則詩文當止十一卷。然世無傳本，
莫知其審。明宏治閒，儲巏所刻，已與鳳所記不合。萬曆中有歙
縣張氏重刻本②，益以降乩之作，尤爲穢雜。此本爲平湖陸大業
以家藏鈔本刊行，云“向從舊刻錄出。卷第已亂，大業以意釐定
之，校他本差爲完善”，然亦非其舊也。末附《天地閒集》一卷，皆
翶所錄宋末故臣遺老之詩，凡文天祥、家鉉翁、文及翁、謝枋得、
鄭協、柴望、徐直方、何新之、王仲素、謝鑰、陸鼇、何天定、王曼
之、范協、吳子文、韓竹坡、林熙十七人，而詩僅二十首。考宋濂
作翶傳，稱“《天地閒集》五卷”，則此非完書。意原本已佚，後人
摭他書所云見《天地閒集》者，得此二十首，姑存其概耳。又元張
丁註《西臺慟哭記》併諸家跋語爲一卷③，又註《冬青引》及諸家
考證唐珏、林景熙事爲一卷，大業皆附刻集末。今亦並錄存之，
庶與集中諸作可以互相考證焉。

　　【彙訂】
　　①“觀”，殿本作“傳”。

②“刻”，殿本作“刊”。

③“元”，殿本無。

潛齋文集十一卷附鐵牛翁遺稿一卷（浙江鮑士恭家藏本）

宋何夢桂撰。夢桂字巖叟，別號潛齋，淳安人。咸淳元年進士，官至大理寺卿。引疾去，築室小西源。元至元中，屢召不起，終於家。此集凡遺詩三卷，詞及試策一卷，雜文七卷。詩頗學白居易體，殊不擅長。王士禎《池北偶談》以“酸腐庸下”詆之，則似乎已甚。文則頗援引證佐，有博辨自喜之意。明成化中，其八世孫淳訪得舊印本於同邑汪廷貴家，校正刊行。後其遠孫之論等又為重刊。考元盛如梓《庶齋老學叢談》載夢桂《送留夢炎》一詩曰：“昆明灰劫化塵緇，夢覺功名黍一炊。鍾子未甘南操改，庾公空作北朝悲。歸來眠裏吳山在①，別後心期浙水知。白髮門生羞未死，青衫留得裹遺屍。”蓋夢桂為夢炎所取士，故是詩有王炎午生祭文天祥意。而是集不載，則其散佚亦多矣。末附《鐵牛翁遺稿》一卷。鐵牛翁名景福，字介之，夢桂族孫。元時不仕。存詩四十餘首，賦一首。詩頗奇偉，氣格在夢桂上云。

【彙訂】

①“眠裏”，《庶齋老學叢談》卷中作“眼裏”，《潛山集》卷二、《說郛》卷二九、五五、《宋詩紀事》卷七五俱作“眼底”。（韓立平：《〈四庫全書總目〉正誤》）

梅巖文集十卷（兩江總督採進本）

宋胡次焱撰。次焱字濟鼎，號梅巖，晚號餘學。其始祖本唐宗室。五代時育於胡氏，因冒姓胡。婺源人。咸淳四年進士，官貴池縣尉。德祐元年，元兵至貴池，元帥張林以城降。次焱奉母

遯歸,教授鄉里以終。集中有《媒嬖問答》詩,所謂"井底水不波,
山頭石不遷。什襲藏破鏡,他年會黃泉"者,所以自寓其志也。
其詩文本未編集,故藏書家多不著錄。此本乃明嘉靖中其族孫
璉蒐輯而成,璉甥潘滋校刊之,並為之序。凡賦、詩、雜文八卷,
冠以《雪梅賦》,蓋著其素心。九卷以下皆附錄同時贈答往來之
作。目錄所載,往往與集中詩文不相應,則編次之疏也。次焱在
宋、元作者之中,尚未能自闢門户,而其人有陶潛栗里之風,故是
集至今猶傳。集中有《〈贅箋唐詩絕句〉序》,稱:"疊翁註章、澗二
泉先生選唐絕句,次焱復為贅箋",疊翁者,謝枋得,章泉者,趙
蕃,澗泉者,韓淲也。其書不傳,無由驗其工拙[①]。然亦足見次
焱研心詩學,非苟作者矣。

【彙訂】

①《贅箋唐詩絕句》今存明正德三年刊本。(孫琴安:《唐詩
選本提要》)

四如集五卷(兩淮馬裕家藏本)

宋黃仲元撰。仲元有《四如講稿》,已著錄。是集前有咸淳
甲戌余謙一序,所作《夢筆記》附焉。又有至治三年傅定保序,似
猶原本。然考宋濂《潛溪集》中有仲元集序,稱其門人詹清子類
次《六經四書講義》為六卷,其子梓又分記、序、墓銘、字訓為五
卷,其曾孫至又裒其遺文為十卷,而請濂序之。是仲元原集實合
講義、雜文共為二十一卷。今講義已別本單行,不入集內。此本
止文四卷、附錄一卷,與其子所輯之五卷既不相合,而其曾孫所
續輯之十卷亦不在其內。是散佚之餘,重為掇拾成帙,非其舊
矣[①]。集內諸文,皆有註釋,不著名氏,疑或即其子之所作歟[②]?

仲元在宋末講學諸家,特為篤實,其出處亦均合道義。故其文章不事馳騁,而自有端厚樸直之氣,知近裏之言與囂爭門户者固有殊也。

【彙訂】

① 文四卷加附錄一卷正合五卷之數,裒為十卷者或又去附錄而合文集、講義。《總目》所錄當為嘉靖二十一年五卷刊本,此書元、明屢經刻板,其裔孫題跋從未言有散佚,更無"重輯"之説。《四部叢刊三編》影印嘉靖本有"泰定改元"牌記,當是依元刻樣式翻雕,又錄有洪武本宋濂序,亦可證其源流有緒。(王次澄:《〈四庫全書總目提要〉正補二十五則》;祝尚書:《宋人別集敘錄》)

② 湖南袁氏玄冰室藏《福建莆陽黄國薄四如先生文稿》四卷《附錄》一卷《六經四書講義》六卷為明嘉靖二十六年丁未四如先生九代孫文炳所刊藍印本。其《六經四書講義》末有文炳後識曰:"吾父承德郎主事木齋翁翻錄註釋四如公記序銘説百餘篇。"(王次澄:《〈四庫全書總目提要〉正補二十五則》)

林霽山集五卷(浙江巡撫採進本)

宋林景熙撰。景熙一作景曦,字德陽,溫州平陽人。咸淳七年,太學釋褐。官禮部架閣,轉從政郎。宋亡不仕。會札木揚喇勒智原作楊璉真伽,今改正。發宋諸陵,以遺骨建鎮南塔。景熙以計易真骨葬之。其忠義感動百世。然諸書或以其事歸唐珏。今考此集,載《夢中作》四詩,與諸書所載珏作同。珏他詩不概見,而此四詩詞格實與景熙他詩相類。且"雙匣親傳竺國經"句,與景熙葬高、孝兩陵之説合,與珏同葬諸陵之説不合①。考集中有

《和唐玉潛》一詩，玉潛即珏之字。則二人本屬舊友，或當時景熙
與珏共謀此舉。其事祕密，傳聞異詞，遂譌以為珏作也。所著有
《白石橐》十卷，皆其雜文。又有《白石樵唱》六卷，皆諸體詩。元
統甲戌，崑山章祖程為其詩集箋註，傳本僅存。其文集遂就散
佚。此本乃明天順癸未其鄉人監察御史呂洪所編，以章祖程所
註詩集併為三卷。增以《元音》所錄《讀文山集》詩一篇，又捃摭
遺文，得記十四篇、傳一篇[2]、説二篇[3]、文一篇、序十三篇、墓誌
六篇、銘一篇，釐為二卷。嘉靖戊子，遼藩光澤王得江陵毛秀校
本重刊，附以秀《辨證》一篇。於《白石樵唱》題卷一、卷二、卷三，
《白石橐》題卷四、卷五。書名各別，而卷數相屬。驟閲之，似《白
石橐》佚其前三卷者，殊不了了。國朝康熙癸酉，歙縣汪士鋐等
重刊，乃總題曰《林霽山集》，較有體例。今用以繕錄焉[4]。

【彙訂】

①　"同"，殿本作"全"。

②　文淵閣《四庫》本此集卷四《白石稿一》所收記十四篇與
傳一篇（《湯婆傳》）之間尚有《賓月堂賦》一篇。

③　"説二篇"，底本作"説一篇"，據殿本改。《湯婆傳》後為
《犇説》、《蟁説》。

④　汪士鋐等重刊本題為《霽山先生詩文集》。（顧永新：《林
景熙集版本考》）

勿軒集八卷（福建巡撫採進本）

宋熊禾撰。禾初名鈇，字去非，號勿軒，又號退齋，建陽人。
咸淳十年進士[1]，授寧武州司户參軍[2]。宋亡不仕，教授鄉里以
終。近時儀封張伯行嘗刊是集，多所刊削，殊失其真。是書凡

《易學圖傳》二卷、《春秋通義》一卷、《四書標題》一卷、詩文三卷、補遺一卷。蓋明天順中舊刻,猶為完帙③。惟前有元許衡序,稱其晚年"修《三禮通解》,將脫槁,竟以疾卒。平生著述,獨《四書標題》、《易經講義》、《詩選正宗》、《小學句解》傳於世。嗣孫澍,家藏遺槁,存十一於千百。族孫孟秉類次成帙,釐為八卷。傳諸二世孫斌,授梓以傳,求予序之"云云,末署至元十七年。考至元為世祖年號,而禾卒於仁宗皇慶元年。自至元訖皇慶,相距三十餘年,何以先稱其疾卒?年月錯繆,依託顯然。蓋其後人偽撰此文,借名炫俗。不知禾亦通儒,固不必以衡重也。今刪除此序,庶不以偽亂真焉①。

【彙訂】

　　① 俞德鄰《佩韋齋文集》有熊禾序,稱"余亦癸酉進士",癸酉為咸淳九年。(胡玉縉:《四庫全書總目提要補正》)

　　② 古代並無"寧武"州名。《宋元學案》卷六四《熊禾小傳》及雍正《福建通志》卷四七《熊禾傳》,均為"汀州司戶參軍"。然《寰宇通志》卷四八《建寧府·人物·熊禾》條、《嘉靖建陽縣志》卷一二《熊禾傳》,均作"寧武州司戶參軍"。汀洲古無寧武州之稱,當因州轄五縣中,有寧化、武平二縣,為《熊禾傳》者不察,誤以此二縣首字為州名。自《寰宇通志》後,沿誤已久。(楊武泉:《四庫全書總目辨誤》)

　　③《四庫》文淵、文瀾兩閣本卷一為跋銘,卷二、三為記,卷四為文疏,卷五為啟劄,卷六為經籍,卷七、八為詩,與明成化二年熊斌刊本同。内容亦同成化本。(祝尚書:《宋人別集敍錄》;何槐昌:《〈四庫全書總目〉著錄之謬及原因》)

　　④ 此序内容與成化本吳高序同,當為後代書賈將吳序移至

天順本前，又改署許衡，以充元槧。（祝尚書：《宋人別集敍錄》）

古梅吟槀六卷（編修汪如藻家藏本）

宋吳龍翰撰。龍翰字式賢，歙縣人。咸淳中，貢於鄉。以薦授編校國史院實錄院文字。至元丙子，鄉校請充教授，尋棄去。家有老梅，因以“古梅”為號。嘗為之賦，併以名集。其《見劉後村》詩有云“詩瓢行腳半天下，多謝先生棒喝功”。又卷末附《方秋崖和百韻》詩，龍翰書其後，自稱門人，且言“以詩正法眼授記於僕”。是其淵源授受，猶及見前輩典型。故其詩清新有致，足耐咀吟。在宋末諸家，尚為近雅。程元鳳序許其“句老意新”，亦不誣也。集中有《內丹詩》、《外丹詩》。又《拜李謫仙墓》云：“經營紫河車，破費十載功。金鼎馴烏兔，炎炎丹光紅。”又《樓居狂吟》云：“偃月鑪深紫氣浮，紅鉛黑汞六丹頭。”是龍翰蓋講求神仙鑪火之術者，殆亦俞琬〔琰〕之流亞歟[1]？然詩則工於琬多矣。

【彙訂】

[1]“琬”，當作“琰”，底本乃避嘉慶諱改。殿本作“琰”。下同。

佩韋齋文集十六卷（湖北巡撫採進本）

宋俞德鄰撰。德鄰有《佩韋齋輯聞》，已著錄。是集原本二十卷，凡詩七卷，雜文九卷，末即《輯聞》四卷。然考集首有皇慶壬子熊禾序，稱其平生詩文多不留槀。其子庸哀集僅得詩文五百二十二首，釐為一十六卷。則集與《輯聞》本各為卷帙，此本為後人所附綴。今仍分著於錄，從其初也[1]。禾序又稱“紫陽方侯亦以文名，嘗序公集，載其遺事如作傳然，且以能保晚節而心服之”云云。紫陽方侯即歙人方回，宋末為睦州守，以州降元，元擢為總管者也。此本佚去此序,殆後人以德鄰高節,不減陶潛,不欲以回序污之,故黜而刊削歟? 德鄰詩恬澹夷猶,自然深遠,在宋末諸人之中,特為高雅。文亦簡潔有清氣,體格皆在方回《桐江集》上[2]。蓋文章一道,關乎學術性情。詩品、文品之高下,往往多隨其人品。此集亦其一徵矣[3]。

【彙訂】

① 文淵閣庫書作二十卷,末四卷即《佩韋齋輯聞》。(沈治宏:《〈四庫全書總目〉集部著錄圖書失誤原因析》)

② "桐江集",底本作"桐溪集",據殿本改。方回《桐江集》今存。(周錄祥:《〈四庫全書簡明目錄·集部〉訂誤》)

③ "此集亦其一徵矣",殿本作"此亦一徵矣"。

廬山集五卷英溪集一卷(永樂大典本)

宋董嗣杲撰。嗣杲履貫未詳。考集中《元宵懷鄉》詩有"清河坊里燈宵月,負卻東風已兩年"句。又《抵北新橋》詩有"歸逢鄉井心纔穩"句。案《咸淳臨安志》,清河坊在臨安府左一北廂,北新橋在餘杭門外,則嗣杲殆杭州人歟? 以詩中自志歲月出處考之,《廬山集》乃其於宋理宗景定二三年閒榷茶九江、富池時所作。《英溪集》則為武康令時所作,中有《甲戌大水》詩。案《宋史·五行志》,有咸淳十年八月安吉、武康大水事,正與相合。時瀛國公已即位,距宋亡僅二年。而嗣杲亦遂於是年任滿代去。其卒歲雖不可考,而兩集之中,無一仕元之顯證,則仍當繫之宋人。《西湖志》載有道士董嗣杲,蓋即其人。國亡後隱於黃冠矣。其集為諸家書目所未載,獨明焦竑《國史經籍志》有嗣杲《廬山集》,而闕著其卷數。今據《永樂大典》所錄,有題《廬山集》者,又有題《英溪集》者,是嗣㮣本有二集。但其名不顯,集亦久絶流傳。今觀集中多與葛秋巖唱和詩,秋巖即葛慶龍,為宋末高尚之士,見於鎦績《霏雪録》,則嗣㮣亦必勝流。又有《題周伯弜手澤詩》,推挹甚至,則其詩亦《江湖集》派。然吐屬新穎,無鄙俚瑣碎之態,固非江湖游士所及也。謹甄次裒輯,依仿原目,分為《廬山集》五卷、《英溪集》一卷,著之於録。庶論宋、元閒詩人者猶得有所稽考。至若富池客中諸作,應編入《廬山集》者,《永樂大典》或標《英溪集》,當由繕寫之誤。今並詳悉考正,俾各從其類焉。

　　西湖百詠二卷(浙江鮑士恭家藏本)

　　宋董嗣㮣撰,附明陳贄和韻。據《西湖志》,嗣㮣宋季入道孤山四聖觀,改名思學,字無益。此集當作於是時①。贄字維成,餘姚人,徙於錢塘。洪武閒,以薦授杭州學訓導,後官至太常寺卿②。其和嗣㮣此集,亦當在居錢塘時。《西湖志》稱嗣㮣原唱及贄所和皆九十六首,天順癸未,始以二家所作合刻,南康知府陳敏政為之序。又載嘉靖丁酉,周藩南陵王雲樓子重刻。其序亦稱“董倡居前,陳和居後,仍各九十六首,共一百九十二首。謂之‘百詠’者,蓋亦極言之耳”云云。此本上卷四十九題,下卷五十一題,實各足百詠之數,與《西湖志》所記不符。鮑廷博跋疑周藩翻雕之時,其底本偶有脫頁,未及深考,遂以為原闕四首。田汝成修《西湖志》時,又僅見周藩之序,遂據以筆之於書,以《志》中僅載周藩序,不載陳敏政序為證,理或然歟?其詩皆七言律體,每題之下,各註其始末甚悉,頗有宋末軼聞為諸書所未載者。嗣㮣詩格頗工整。贄所和才力稍弱,亦足肩隨,皆迥在許尚《華亭百詠》之上也。

【彙訂】

① 董嗣杲入元後不仕,入孤山四聖觀為道士,改名思學,字無益。而此書改定於宋咸淳十年(1274)武康令解職時,自序稱:"薄宦於雲,公事簡,輒是正完。"(顧志興:《南宋臨安典籍文化》)

② 天順癸未陳敏政《百詠唱和詩序》稱"太常少卿會稽陳維城先生",嘉靖丁酉周王《重刻序》亦稱"會稽陳太常少卿",皆不作餘姚人。(胡玉縉:《四庫全書總目提要補正》)

則堂集六卷(永樂大典本)

宋家鉉翁撰①。鉉翁喜談《春秋》,尤喜談《易》。其《河間假館》詩曰:"擬從諸君豫乞石一方,他年埋之冢前三四尺。上書宋使姓某其名某,下書人是西州之西老縫掖。平生著書苦不多,可傳者見之《春秋》與《周易》。"然《春秋詳說》至今尚有刊本,已別著錄。其說《易》之書與其文集二十卷,則已全佚。惟《永樂大典》收其詩文尚夥。謹裒合排比,以類相從,釐為文四卷,詩、詞二卷②。核其所作,大半皆在河間。而明神宗時樊深撰《河間府志》,已不能採錄,則其佚在萬曆前矣。鉉翁隸籍眉山,與蘇軾為里人。故集中如《文品堂記》、《養志堂記》、《志堂說》、《篤信齋說》、《跋太白賞月圖》、《和歸去來辭》諸篇及《豌豆菜》詩,自註閒或稱述軾事迹。廣漢張栻亦其鄉人,故《敬室記》首亦概然於南軒之學漸昧其傳。然其學問淵源,則實出金谿。觀集中《心齋說》、《主靜箴》諸篇,可以概見。故其持論浸淫於佛氏,其說《易》亦惟以先天太極研思於虛杳之中。而《尊教堂記》一篇,至援陸九淵之言以"三教歸一"立説,尤為乖舛。顧其立言大旨,皆歸於敦厚風俗,崇奬名教。隨事推闡,無非以禮義為訓。原未嘗混漾恣肆,如明代姚江之末流。其詞意真朴,文不掩質,亦異乎南宋末年纖詭繁碎之格,尚為多有可取耳。且迹厥生平,上雖不及文天祥,而下比留夢炎輩則爝然其不侔③。零篇斷簡,以其人重之可也。

【彙訂】

① 依《總目》體例,當補"鉉翁有《春秋詳説》,已著錄"。

② 應為文四卷,詩二卷。(羅瑛、袁芸:《略談〈文溯閣提要〉之誤——以集部別集類為例》)

③ "其",殿本無。

富山遺稾十卷(浙江鮑士恭家藏本)

宋方夔撰。夔一名一夔,字時佐,淳安人。生於宋季,嘗從何夢桂游。屢舉不第,退居富山之麓,扁其堂曰綠猗,自號知非子。嘗著《漢論》十卷、《富山懶稾》三十卷。後刊版散佚,其裔孫世德等復裒集其詩,輯為是編。夔學有原本,國亡後遁跡以終,人品亦極高潔。商輅嘗稱其詩"紆徐渾厚,弗事雕琢,可見其沖雅之操"。周瑄亦稱其"發之聲律,不為體裁音節之所拘"。蓋夔遇興揮毫,頗乏研鍊,故輅等云然。要其情致纏綿,機趣活潑,自有不衫不履之致。五言一體,氣勢蒼莽,尤勝於七言。較其師何夢桂《潛齋集》詩,實青出於藍。淳安方氏,自北宋以來,如殿中丞仲謀、通判元修、右文殿修撰闇、太僕少卿聞等,皆留心於詩。今其集雖已亡佚,而流風餘韻,沾漑後人,其擩染固有自矣。

真山民集一卷（浙江巡撫採進本）

宋真山民撰。山民始末不可考。宋末竄跡隱淪，以所至好題詠，因傳於世。或自呼山民，因以稱之。或云李生喬嘗嘆其不媿乃祖文忠西山。考真德秀號曰西山，諡曰文忠，以是疑其姓真。或云本名桂芳，括蒼人，宋末嘗登進士。要之亡國遺民，鴻冥物外，自成採薇之志，本不求見知於世，世亦無從而知之。姓名里籍，疑皆好事者以意為之，未必遂確①。今從舊本題曰《真山民集》，姑仍世之所稱而已。其集《宋藝文志》不著錄。明焦竑《經籍志》搜宋人詩集頗備，亦未載其名。《江湖小集》始收之，而亦多未備。此本出浙江鮑氏知不足齋，較他本為完善。然皆近體，無古詩。《元詩體要》中錄其《陳雲岫愛騎驢》七言古詩一首，此本無之。或詩本兩卷，而佚其古體一卷。或宋末江湖諸人皆不留意古體，山民亦染其風氣，均未可知。然就其存者論之，黍離麥秀，抱痛至深，而無一語懟及新朝。則非惟其節至高，其安命知天，識量亦不可及。視謝靈運輩既襲康樂之封，而猶稱“韓亡子房奮，秦帝魯連恥”者，相去不啻萬萬矣。詩格出於晚唐，長短皆復相似。五言如“鬢禿難瞞老，心寬不貯愁”，“煙碧柳生色，燒青草返魂”，“風竹有聲畫，石泉無操琴”，“棠醉風扶起，柳眠鶯喚醒”，“地皆宜避暑，人自要趨炎”，“飛花遊蕩子，古木老成人”，“新葬冢無數，後來人更多”；七言如“欲談世事佛無語，不管客愁禽自啼”，“懶看世情晨睡去，怕傷時事暮吟休”，“商嶺定無屠狗客，雲臺寧有釣魚人”，“囊空儘可償詩債，腳倦猶能入醉鄉”，“雕鏤花柳春無迹，沐浴山川雨有恩”②，“炭為驟寒偏索價，酒因不飲懶論交”之類，皆不出晚唐纖佻麤獷之習。至於五言之“鳥聲山路靜，花影寺門深”，“風蟬聲不定，水鳥影同飛”，“與鷗分渚泊,邀月共船眠","牕月燈昏見,巖泉雨歇聞","水清明白鷺,花落失青苔","曳杖雲同出,開簾山自來","寒塘倒山影,空谷答樵歌";七言之"泉石定非騎馬路,功名不上釣魚船","水禽與我共明月,蘆葉同誰吟晚風","隔浦人家漁火外,滿江秋思笛聲中","小窗半夜青燈雨,幽樹一庭黃葉秋","澗暗祇聞泉滴瀝,山青剩見路分明","幾畝桑麻春社後,數家雞犬夕陽中",則頗得晚唐佳處矣。一邱一壑,足資延賞,要亦宋末之翹楚也。

【彙訂】

① "遂",殿本作"遽"。

② "恩",殿本作"思",誤。此集諸本皆作"恩"。

百正集三卷(永樂大典本)

宋連文鳳撰。文鳳字百正,號應山,三山人,仕履未詳。集中《暮秋雜興》詩有"仕籍姓名除"句,則德祐以前亦嘗從宦①。又《庚子立春》詩有"又逢庚子歲,老景對韶華"句,庚子為大德四年,則成宗之時猶在,入元已二十四年矣。至元丙戌,浦江吳渭邀謝翱、方鳳等舉月泉吟社,以《春日田園雜興》為題,徵詩四方,得二千七百三十五卷。入選者二百八十卷,刊版者六十卷,以羅公福為第一名。據題下所註,公福即文鳳之寓名也。王士禎《池北偶談》則謂《月泉吟社詩》"清新尖刻,別自一家。而謝翱等品題未允,因重為移置,改文鳳為第二十一名"。然元初東南詩社,作者如林,推文鳳為第一,物無異詞,當必有說,似未可以一字一句遽易前人之甲乙。今觀所作,大抵清切流麗,自抒性靈②,無宋末江湖諸人纖瑣齷齪之習。雖上不及尤、楊、范、陸,下不及范、揭、虞、楊,而位置於諸人之間,亦未遽為白

茅之藉。則當時首屈一指，亦有由矣。《文淵閣書目》載連百
正《丙子槀》一部，一册。久無傳本。《永樂大典》所載，但題曰
《連百正集》，當即其本。今裒輯排比，編爲三卷。又賦三首、
序二首、記二首、説一首、傳一首，亦散見《永樂大典》中。文格
雅潔，亦不失前民矩矱。其《冰壺先生傳》一首，雖以文爲戲，
然《毛穎》、《羅文》諸傳載之韓、蘇集中，古有是例。今並附綴
卷末，以存其梗概焉。

【彙訂】

① 殿本“則”下有“宋”字。

② 連氏詩作遣詞凡近，造句舒暢，極少使用麗藻繁典，其詩
風實是“流利”，而非“流麗”。（王次澄：《宋遺民詩歌與江湖詩
風——以連文鳳及方鳳詩作爲例》）

　月洞吟一卷（浙江鮑士恭家藏本）

宋王鎡撰。鎡字介翁，括蒼人，嘗官縣尉。宋亡之後，棄印
綬歸隱湖山，扁所居爲“月洞”，因以名其所著之詩。此本爲嘉靖
壬子其族孫端茂所刊，詩僅七十餘首①，前有端茂序。又有嘉靖
辛丑湯顯祖序②，摘舉集中佳句，併稱其七言絶句有閒逸之趣。
今觀其詩，七言律詩格力稍弱，不及七言絶句。其七言絶句，如
“春風無力晴絲軟，絆住楊花不肯飛”，“繡簾不隔荼蘼月，香影無
人自入樓”，“涼風敲落梧桐葉，片片飛來盡是秋”，又多近於小
詞，不爲高調。惟五言律詩如“蟬聲秋岸樹，鴈影夕陽樓”，“馬嘶
經戰地，雕認打圍山”，“櫓聲荷葉浦，螢火豆花田”，“斜陽曬魚
網，疏竹露人家”，“晴雪添崖瀑，春雲雜曉煙”，皆綽有九僧之意。
蓋宋末詩人有江湖一派，有晚唐一派，鎡蓋沿晚唐派者，故往往

有佳句而乏高韻，亦絶無一篇作古體。然較之江湖末流寒酸纖瑣，則固勝之矣。

【彙訂】

① "詩僅"，殿本作"僅詩"。

② 王養端字茂成，非名端茂。湯顯祖生於嘉靖二十九年庚戌（1550），二十年辛丑（1541）尚未出世，當係萬曆二十九年辛丑（1601）所作。（祝尚書：《宋人別集敍錄》）

伯牙琴一卷（浙江巡撫採進本）

宋鄧牧撰。牧字牧心，錢塘人。宋亡不仕。至元己亥入洞霄，止於超然館，沈介石爲營白鹿山房居之。後無疾而逝①。牧與謝翺、周密等友善，二人皆抗節遯迹者。嘗爲翺作傳，爲密作《〈蠟屐集〉序》，而《翺傳》敍交情尤篤。翺之臨卒，適牧出遊，翺作詩有"謝豹花開桑葉齊，戴勝芊生藥草肥，九鎖山人歸不歸"之句。九鎖山人，牧別號也。其志趣可想見矣。密放浪山水，著《癸辛雜識》諸書，每述宋亡之由，多追咎韓、賈，有《黍離》詩人"彼何人哉"之感。翺《西臺慟哭記》諸作，多慷慨悲憤，發變徵之音。牧則惟《寓屋壁記》、《逆旅壁記》二篇稍露繁華消歇之感，餘無一詞言及興亡②。而實侘傺幽憂，不能自釋，故發而爲世外放曠之談，古初荒遠之論，宗旨多涉於二氏。其《君道》一篇，竟類許行"並耕"之說；《吏道》一篇，亦類《老子》"剖斗折衡"之旨。蓋以宋君臣湖山遊宴，紀綱叢脞，以致於亡，故有激而言之，不覺其詞之過也。是集爲牧所自編，皆滔滔清辨，而不失修潔，非晚宋諸人所及。前有自序，後有自跋，以知音難遇，故以《伯牙琴》爲名。跋稱詩文六十餘篇。此本惟文二十四篇，併序跋爲二十六，蓋佚其詩一卷也。末又附《沖天觀記》、《超然館記》、《清真道院碑記》三篇，題曰《補遺》。而《清真道院碑記》末有"大德四年庚子錢塘鄧牧記，集賢直學士趙孟頫書"字。知後人從石刻鈔入，非集所本有。自跋稱"平生為文不止此"，是一證矣。

【彙訂】

① 依《總目》體例，當作"牧有《洞霄圖志》，已著錄"。

② 書中《清真道院碑記》曰"百年榮華，與化俱盡"，《代旌德觀祭先賢文》曰："谷陵變遷，屋委蔓草，碑沈斷煙。"《代問道書》、《超然館記》、《永慶院記》等亦有類似之詞。（張宏生：《宋詩：融通與開拓》）

存雅堂遺稾五卷（浙江鮑士恭家藏本）

宋方鳳撰。鳳字韶卿，一字景山，浦江人。試太學，舉禮部不第。後以特恩授容州文學。宋亡，遁歸，隱於仙華山。同里義烏令吳渭闢家塾敬事之。疾革，命子樗題其旌曰"容州"，示不忘宋也①。其門人柳貫輯其遺詩三百八十篇，釐為九卷，屬永嘉尹趙敬叔刻置縣齋，黃溍為之序。及宋濂作鳳傳，又稱《存雅堂稾》三千餘篇②。蓋據其未刻者而言，故與溍序篇數多寡不合。其後寖以散逸，遂并版本亦亡。國朝順治甲午，其里人張燧乃博蒐諸書，掇拾殘剩，彙為此編。凡詩七十三首，文十二首，《金華洞天行紀》一篇，附以鳳子樗、梓詩十六首，文五首。鳳志節可稱，所作文章，亦骯髒磊落，不屑為庸腐之語。龔開嘗評其詩，以為"由本論之，在人倫不在人事。等而上之，在天地，不在古今"。蓋鳳澤畔行吟，往往眷念宗邦，不忘忠愛。開亦以遺民終老，故揚詡未免過情。然幽憂悲思，纏綿悱惻，雖亡國之音，固猶不失風人之義也。原本尚有《物異考》一卷,《月泉吟社詩》二卷,《外篇》詩文二卷。今案《物異考》出自唐、宋遺書,寥寥數則,無資考證③。《月泉吟社詩》已有別本自行。至《外篇》所輯他人贈答之作,並《謝翱傳》、《吳萊碑》而錄之,尤為泛濫,今並從刪削焉。

【彙訂】

① 依《總目》體例,當作"鳳有《野服考》,已著錄"。

② "存雅堂橐",殿本作"存雅藏橐",誤,參宋濂《浦陽人物記》卷下《文學篇》方鳳條原文。

③ 《總目》卷一三一著錄《物異考》一卷,明方鳳(字時鳴,號改亭,崑山人)撰。國家圖書館藏《改亭續橐》十卷,内收《物異考》一文,又明叢書堂鈔本《物異考》有跋語云"改亭方公茲考"。《寶顏堂祕笈》本題"崑山方鳳改亭著"。張燧輯《存雅堂遺橐》誤將此文收入。(方勇:《〈物異考〉為明崑山方鳳所著》)

吾汶橐十卷(浙江鮑士恭家藏本)

宋王炎午撰。炎午初名應梅,字鼎翁,後改今名①。安成人。宋末為太學生。咸淳閒,文天祥募兵勤王,炎午杖策謁之,留入幕府②。旋以母老辭歸③。天祥被執北上,炎午為文生祭之,勵以必死,尤世所稱。入元後終身不出。因所居汶源里名其橐曰《吾汶》,以示不仕異代之義。其橐凡文九卷,附錄一卷,揭傒斯、歐陽元〔玄〕皆為之序。然傳本頗稀,明宣德中始行於世。正德中,其裔孫偉乃刻之南京。後版散佚。萬曆中,其裔孫伯洪重刊,乃摘鈔為二卷。僅錄文二十八首、詞二首,又自以雜文數篇綴於末。去取失當,殊不足觀。此本從舊刻錄出,猶完帙之僅存者也。炎午大節不虧,而文章不甚著名。其集晚出,或後人有所竄入，珠礫混雜，亦未可知。然要當以人重，不當僅求之詞藻間。王士禎《居易錄》至以為里社餅肆中慶弔卷軸之語，又摭其于姚參政、貫學士書，并其人而醜詆之，則未免責備太甚矣。

【彙訂】

① 此集卷十有李時勉《王炎午忠孝傳》："先生姓王氏，改名炎午，原諱鼎翁，別號梅邊，學者稱梅邊先生。"（筧文生、野村鯰子：《四庫提要南宋五十家研究》）

② "入"，殿本作"直"。

③ 考《宋史·文天祥傳》，咸淳十年以前，天祥未設軍旅，"德祐初，江上報急，詔天下勤王，天祥捧詔涕泣"，始招募"豪傑"，"舉義兵"。雍正《江西通志》卷七六《王炎午傳》云："宋亡，天祥募兵勤王，鼎翁謁軍門。"宋亡於德祐。可知《總目》"咸淳間"乃"德祐初"之誤。（楊武泉：《四庫全書總目辨誤》）

在軒集一卷（浙江鮑士恭家藏本）

宋黃公紹撰。公紹字直翁，昭武人①。宋咸淳元年進士②。集中《樵川新驛記》稱"至元二十有三年"，是歲丙戌，上距德祐乙亥已十年矣。《記》中自稱曰民，蓋入元未仕也。公紹嘗取胡安國"心要在腔子裏"語，名所居曰"在軒"，因以名集。然所載僅文三十九篇、詩餘二十八首。其文三十九篇之中為儒言者六篇，而為佛氏疏榜之語者乃三十三篇。殆原本散逸，後人掇拾遺槀，以僧徒重其筆墨，藏弆為榮，故所收特多歟？考厲鶚《宋詩紀事》蒐採最博，而求公紹一詩不可得，僅以《西湖棹歌》十首介於詩詞之間者當之。知鶚所見亦此本，別無全集矣。公紹嘗作《古今韻會》，有名於世。然原本久已散佚，今所傳者乃熊忠《舉要》，已非復公紹之原本。真出公紹手者，惟此一卷耳。宋人遺集，不傳者多。公紹在當時為耆宿，雖殘編猶可寶也。《書在軒銘後》一篇，"記詞曰"以下，乃其友吳昇之文。意當時手蹟，必併載於末，故其文意相屬。亦仍併錄之，存其舊焉。

【彙訂】

① 三國孫吳置昭武縣，晉避司馬昭之諱改為邵武，除五代晉短時復用昭武之名外，後世皆因之。則稱昭武不確。（楊蔭沖：《〈古今韻會〉作者黃公紹生平考略》）

② "宋"，殿本作"登"。

紫巖詩選三卷（編修汪如藻家藏本）

宋于石撰。石字介翁，蘭谿人。宋亡不仕。因所居自號紫巖。晚徙城中，更號兩谿。《浙江通志》載入《文苑傳》中，又載入《隱逸傳》中。蓋二者均所不媿，不可偏舉，故兩見也。集有丁丑、己卯紀年，乃臨安初破之後。又有丁亥、戊子歲作，乃至元二十四五年。皆其中年以後之詩。每卷題"門人吳師道選"。僅古今體詩二百首，殆意求精汰，故少作皆不錄歟？其古詩感時傷事者多哀厲之音，而或失之太盡；游覽閒適者有清迥之致，而或失之稍薄。如《鄰叟言》、《母子別》、《路傍女》諸篇，欲摹少陵而不免入於元、白；《山中晚步》諸篇，欲擬襄陽而不免入於錢、郎。皆取法乎上，僅得其中。然在《江湖集》盛行以後，則"啾啾百鳥群，忽見孤鳳凰"矣。律詩不及古詩，特大勢尚為清整。至如《題淨居寺》之"雪墮枯枝龍解甲，藤纏怪石虎生鬚"，《題棲真院》之"禪家也辦吟邊料，不種開花祇種梅"，頗不脫宋季俗格，是則風氣之移人也。

九華詩集一卷(浙江鮑士恭家藏本)

宋陳巖撰。巖字清隱，青陽人。咸淳末屢舉進士不第，入元遂隱居不仕。築室於所居高陽河，日嘯歌其内。出則遍遊九華之勝，至一處則作一詩紀之，名《九華詩集》。前有至大戊申同里方時發序，稱："以山之東西繪為圖本，繡入於梓，與遠方朋友共之。詩人陳清隱吟詠有舊版，兵毀不全。此二百一十篇乃掇拾於散佚之餘者。捐帑重梓，俾詩與山相照耀於無窮。"是時發本刻《九華山圖》，而以巖詩附於後。今圖佚而詩集獨存，篇數與時發序合，蓋猶原本①。巖以大德三年己亥卒，而時發序作於戊申，則巖殁後之十年也②。其詩皆七言絕句，凡詠名勝者二百七首，詠物產者三首。九華山自唐以李白得名，詩家多有題詠。而取泉石洞壑之勝，遍加品目，實莫備於是編。其詩亦俱瀟灑出塵，絕去畦逕，有高人逸士風格，不僅足供山志採擇而已。集後附釋希坦詩十一首，乃後人從《池州府志》錄入。中有可與巖詩互證者，亦並仍其舊存之焉。

【彙訂】

①　文淵閣本此集實載詩二百一十二首，《雪岸》、《天柱峯》兩題下各有二首。(周錄祥：《〈四庫全書簡明目錄·集部〉訂誤》)

②　"十年"，《文溯閣提要》作"九年"。大德三年己亥為西元1299年，而戊申(元至大元年)為西元1308年，當為"九年"。(羅瑛、袁芸：《〈金毓黻手定本文溯閣四庫全書提要·別集類〉補正〈四庫全書總目〉舉例》)

寧極齋稾一卷附慎獨叟遺稾一卷(編修汪如藻家藏本)

宋陳深撰。深所著有《讀易編》、《讀詩編》、《讀春秋編》，今惟《讀春秋編》有刻本，已別著錄。其《易》、《詩》二編未見傳本。
其詩則僅存此本而已。卷首有顧嗣立名字二印，蓋即《元百家詩
選》之所據。卷末有題識曰："陳清全先生詩槀藏於荻溪王寧遠
氏，泰昌改元八月十日，張丑敬觀。"丑以賞鑒書畫稱，而不以收
藏圖籍著。詳其語意，殆從真蹟錄出歟？後附詩一卷，別題曰
《寧極齋遺槀》。考《元詩選》，深詩之後附刻其子植詩五首，核之
皆在此卷中。嗣立稱其"《遺槀》若干首出於祝希哲手鈔，併錄鄭
元祐所作《墓銘》於後"，必當日親見墨蹟，故有是言。但《元詩
選》題曰"慎獨叟陳植"，而此本乃題《寧極齋遺槀》，似乎深之外
集，殊為淆混。今仍題曰《慎獨叟遺槀》，以相區別。深父子詩，
並春容閒雅，不失古風。然核其體裁，如出一手。且深詩中多酬
應仕宦之作，與鄭元祐所作《植墓誌》稱其文行學術，結知於士
林，時方承平，巨室大家將私淑其子弟，必厚幣延致者，大概相
符，而與深之閉戶著書者頗不相合。疑或皆為植詩而傳寫譌異，
誤以為深歟？然如《挽褚伯秀》詩，又似乎其時植年尚少，未必即
能作詩。別無顯證，姑存疑焉可矣。

仁山集六卷（浙江巡撫採進本）

宋金履祥撰。履祥有《尚書表註》，已著錄。履祥受學於王
柏，柏受學於何基，基受學於黃榦，號為得朱子之傳。其詩乃彷
彿《擊壤集》，不及朱子遠甚。王士禎《居易錄》極稱其《箕子操》
一篇，然亦不工。夫邵子以詩為寄，非以詩立制。履祥乃執為定
法，選《濂洛風雅》一編，欲挽千古詩人歸此一轍。所謂"華之學
王，皆在形骸之外，去之愈遠"[①]。所作均不入格，固其所矣。至
其雜文，如《百里千乘說》、《深衣小傳》、《中國山水總說》、《次農

説》諸篇,則具有根柢。其餘亦醇潔有法,不失為儒者之言。蓋履祥於經史之學研究頗深,故其言有物,終與空談性命者異也。

【彙訂】

①"華之學王",乃"王之學華"之誤。《世説新語·德行》:"王朗每以識度推華歆。歆蠟日嘗集子姪燕飲,王亦學之。有人向張華説此事,張曰:'王之學華,皆是形骸之外,去之所以更遠。'"

自堂存稿四卷(永樂大典本)①

宋陳杰撰。厲鶚《宋詩紀事》載,杰字壽夫,分寧人②,淳祐十年進士,制置司屬官,有《自堂存稿》。然鶚僅錄其《題梅壇毛慶甫雲悦樓》詩一首,云"出《梅仙事實》"。則尚未見其集,故所載爵里亦不能具其始末。今從《永樂大典》裒輯遺篇,尚得四卷。以其詩語考之,四言古詩中《春日江永》諸篇自註曰"端平以來",是當理宗之初已能吟詠,其年當在二十左右。下距帝㬎德祐乙亥凡四十二年,則宋亡時已近六旬。《閒觿記》之末署延祐二年七月。是歲乙卯,上距宋亡又四十年,則杰年已在百歲外,不應如是之壽考,時代似不相及。又《閒觿記》末稱"使其子樵書而刻之",元鹿皮子陳樵實婺州東陽人,里籍亦不相符。是記殆陳樵之父所作,《永樂大典》誤題杰名歟③?然觀集中《重過西湖感事》諸篇,則為宋之遺老,入元尚在,固可無疑也。集中有《和大閫芍藥宴》詩,作於淮南。又有《宣檄隨府》詩,稱"溯楚三千里,離淮第一程",則先官淮幕,後官楚幕,與厲鶚所載"制置司屬官"語合。又有《與節束歸和同幕送行》詩稱"宜黜而陞愧在中",又有《請代》詩稱"郡小凋殘最",又有《乙丑元旦壽昌拜表》詩,則後亦守郡，非竟終於幕僚。屬鶡所載，尚為未盡矣。其詩雖源出江西，而風姿峭蒨，頗參以石湖、劍南格調。視宋末江湖一派氣含蔬筍者夐然有殊，在黃茅白葦之中，不可不謂之翹楚。據其《戊辰重過弋陽石橋》詩註，蓋與謝枋得相善。又《讀邸報》諸作，排斥姦諛，語皆忠憤。而《和郭應酉》詩自稱"扶憊效死。客自杭來，談江上師潰及京師非才誤國，極為不平"云云，併附錄郭詩而註曰："郭後赴厓山。"其志節亦可想見，則不徒詩之足傳也。

【彙訂】

① 此條底本與文淵閣庫書次序不符。文淵閣庫書與殿本均置於"仁山集六卷"之前。

② 道光《豐城縣志》載陳傑字熹父，幹陂人。《江西通志·選舉表》、《南昌府志·文苑傳》均載陳傑為豐城人。宋元明活字參雜本此集卷一第二行題"賜進士豐城玕谿陳傑壽甫撰"。（胡思敬：《自堂存稿跋》；葉德輝：《郋園讀書志》）

③ 集中《閒觴記》前為《閒觴賦》，而陳樵《鹿皮子集》亦載此賦，可知二文皆出自陳樵。（葉啟勳：《自堂存稿提要》）

附錄

心泉學詩稿六卷（永樂大典本）

宋蒲壽宬撰。壽宬之名不見於史[①]，其集亦不載於《藝文志》。惟明《文淵閣書目》載有《蒲心泉詩》一部，一冊。檢《永樂大典》各韻內所錄頗多，題名皆作壽宬，而凌迪知《萬姓統譜》則作壽崴，黃仲昭《八閩通志》又作壽晟，互有同異。今案《永樂大典》，卷卷皆作"宬"字，當非偶誤。其作"晟"、"崴"字者，殆傳寫譌也。壽宬家本泉州，其官履不槩見。惟《萬姓統譜》稱其於咸淳七年知蒲州。案蒲州非南宋地，而集中有《梅陽壬申劝農偶成書呈同官》詩[②]。壬申為咸淳八年，梅陽即梅州，今為廣東嘉應州地，是壽宬實知梅州。《萬姓統譜》又載其在官儉約，於民一毫無所取，建曾井，汲水二瓶置座右，人頌曰"曾氏井泉千古冽，蒲侯心事一般清"。是壽宬在當日為循吏。《八閩通志》則稱："宋季益、廣二王航海至泉州，守臣蒲壽庚距城不納，皆出其兄壽宬陰謀。壽宬佯著黄冠野服，入法石山下自稱處士，而密令壽庚納款於元。既而壽庚以歸附功授官平章，富貴冠一時，壽宬亦居甲第。一日，二書生踵門獻詩，有'水聲禽語皆時事，莫道山翁總不知'之句。壽宬惶汗失措，追之不復見。"云云。則壽宬又一狡黠之叛人。稗官小説，記載多岐，《宋》、《元》二史，皆無明文，其孰偽孰真，無從考證。今觀其詩，頗有沖澹閒遠之致，在宋、元之際猶屬雅音。裒録存之，釐為六卷，亦足以備一家。若其人則疑以傳疑，姑附諸南宋之末焉。

【彙訂】

①《元史·世祖本紀》至元十三年二月條曰"伯顏遣不伯、周青招泉州蒲壽庚、壽晟兄弟"，不得謂其名不見於史。（余嘉錫：《四庫提要辨證》）

②"劝"，底本作"勸"，據文淵閣《四庫》本此集卷一原文改。

集 部 十 九

別 集 類 十 九

拙軒集六卷（永樂大典本）

金王寂撰。寂字元老，薊州玉田人。登天德二年進士[①]，歷官中都路轉運使，諡文蕭。《金史》不為立傳。元好問《中州集》載其詩入《乙集》中，而仕履亦僅見梗概。今以寂詩文所著年月事蹟參互考證，知寂自登第後，於世宗大定二年為太原祁縣令。十五年，嘗奉使往白霤治獄。十七年，以父艱歸。明年起復真定少尹，兼河北西路兵馬副都總管。遷通州刺史兼知軍事，又遷中都副留守。二十六年冬，由戶部郎出守蔡州。二十九年，被命提點遼東路刑獄。章宗明昌初召還，終於轉運使之職。而集中《謝帶笏表》有“世宗饗國，臣得與諫員”語，則又嘗為諫官。又有“群言交構，擠臣不測之淵”語，而《丁未肆眚》詩有“萬里湘纍得自新”句。丁未為大定二十七年。《世宗本紀》載是年三月辛亥，以皇長孫受冊肆赦，並與集合。是寂之刺蔡州，當以人言去國。而集中情事不具其顛末，莫能詳也。《中州集》稱寂著有《拙軒集》、《北遷錄》諸書。今《北遷錄》已失傳。而好問所選寂詩僅七首，及附見《姚孝錫傳》後一首，其他亦久佚不見。惟《永樂大典》所載寂詩文尚多,雖如好問所摘《留別郭熙民》詩諸聯及蔣一葵《長安客話》所紀《盧植墓》詩逸句,皆未見全篇,亦不能盡免於脫闕。而各體具存,可以得其什七矣。寂詩境清刻鑱露,有戛戛獨造之風。古文亦博大疏暢,在大定、明昌間,卓然不媿為作者。金朝一代文士見於《中州集》者不下百數十家,今惟趙秉文、王若虛二集尚有傳本,餘多湮没無存。獨寂是編幸於沈薶晦蝕之餘復顯於世,而文章體格亦足與《滹南》、《滏水》相為抗行。謹次第衰綴,釐為六卷。俾讀者攬其崖略,猶得以考見金源文獻之遺,是亦可為寶貴矣。

【彙訂】

①《中州集》卷二作天德三年進士。考集中賦高晦之詩敘云:“天德辛未,家君守官白霫,僕是歲登上第。”辛未即天德三年(1151)。(李裕民:《四庫提要訂誤》)

滏水集二十卷(兩淮馬裕家藏本)

金趙秉文撰。秉文字周臣,自號閒閒道人,滏陽人。大定二十五年進士,歷官翰林侍讀學士,拜禮部尚書。事蹟具《金史》本傳。元好問《中州集》稱其自幼至老,未嘗一日廢書。著《易叢說》十卷,《中庸說》一卷,《揚子發微》一卷,《太元〔玄〕贊》六卷,《文中子類說》一卷,《南華略釋》一卷,《列子補註》一卷,刪集《論語》、《孟子說》各十卷①、《資暇錄》十五卷,今皆未見,惟此集存。史稱所著詩文三十卷。此本乃二十卷,與史互異。然篇目完具,不似有所佚脫。考《中州集》稱秉文所著文章號《滏水集》者,前後三十卷。又劉祁《歸潛志》曰:“趙閒閒本喜佛學,然方之屏山,_{案屏山,李之純之號也。}顧畏士論,又欲得扶教傳古之名。晚年自擇

其文,凡主張佛、老二家者皆削去,號《滏水集》。首以《中》、
《和》、《誠》諸説冠之,以擬退之《原道》。其為二家所作文及其葛
藤詩句,另作一編,號《閒閒外集》,以與少林寺長老英粹使刊之。
故二集皆行於世。"則《滏水集》本二十卷,別有十卷為《外集》。
本傳合而計之,故為三十卷也。《歸潛志》又曰:"李屏山教後學
為文,欲自成一家。趙閒閒教後進為詩文,則曰:'文章不可拘一
體,有時奇古,有時平淡何拘。'李嘗與余論趙文曰:'才甚高,氣
象甚雄,然不免有失支墮節處。蓋學東坡而不成者。又趙詩多
犯古人語,一篇或有數句②,此亦文章病。'"又曰:"趙於詩最細,
於文頗疏,止論氣象;李於文甚細,論關鍵賓主抑揚,於詩頗疏,
止論詞氣才巧。故余於趙則取其作詩法,於李則取其為文法。"
云云。今觀是集,祁之論可謂公矣。

【彙訂】

① 據元好問《閒閒公墓銘》,《太玄贊》當作《太玄箋贊》,"刪
集《論語》、《孟子説》"當作"刪集《論語》、《孟子解》"。

② "篇",殿本作"節",誤,參劉祁《歸潛志》卷八原文。

滹南遺老集四十五卷(兩淮鹽政採進本)

金王若虛撰。若虛字從之,自號慵夫,藁城人。登承安二年
經義進士,歷官左司諫,轉延州刺史,入為翰林直學士。金亡後,
微服歸里,自稱滹南遺老。越十年,與劉祁東游,卒於泰山。事
蹟具《金史·文藝傳》①。史稱若虛有《慵夫集》、《滹南遺老集》,
均曰若干卷,不詳其數。黃虞稷《千頃堂書目》載《滹南遺老集》
四十五卷,與王鶚序合。《慵夫集》虞稷雖著錄,而卷數則闕。考
大德三年王復翁序,稱以《中州集》所載詩二十首附卷末,則《慵

夫集》元時已佚，惟此集存耳。此本凡《五經辨惑》二卷，《論語辨惑》五卷，《孟子辨惑》一卷，《史記辨惑》十一卷，《諸史辨惑》二卷，《新唐書辨》三卷，《君事實辨》二卷，《臣事實辨》三卷，《議論辨惑》一卷，《著述辨惑》一卷，《雜辨》一卷，《謬誤雜辨》一卷，《文辨》四卷，《詩話》三卷，雜文及詩五卷，與四十五卷之數合。然第三卷惟《〈論語辨惑〉序》一篇、《總論》一篇，僅三頁有奇，與他卷多寡懸殊。疑傳寫佚此一卷，後人割第四卷首三頁改其標題，以足原數也。蘇天爵作《安熙行狀》，云：「國初有傳朱氏《四書集註》至北方者，滹南王公雅以辨博自負，為說非之。」今考《論語》、《孟子辨惑》乃雜引先儒異同之說，斷以己意，其開疑朱子者有之，而從朱子者亦不少，實非專為辨駁朱子而作。天爵所云，不知何據。觀其稱陳天祥宗若虛之說，撰《四書辨疑》，因熙斥之，遂焚其稾。今天祥之書具存，無焚稾事，則天爵是說，特欲虛張其師表章朱子之功耳，均非實錄也。其《五經辨惑》頗詰難鄭學，於《周禮》、《禮記》及《春秋三傳》亦時有所疑。然所攻者皆漢儒附會之詞，亦頗樹偉觀。其自稱不深於《易》，即於《易》不置一詞。所論實止四經，則亦非強所不知者矣。《史記辨惑》、《諸史辨惑》、《新唐書辨》皆考證史文，揢擊司馬遷、宋祁似未免過甚，或乃毛舉細故，亦失之煩瑣。然所摘遷之自相牴牾與祁之過於雕斲，中其病者亦十之七八。《雜辨》、《君事實辨》、《臣事實辨》皆所作史評，《議論辨惑》、《著述辨惑》皆品題先儒之是非。其開多持平之論，頗足破宋人之拘攣。《雜辨》二卷於訓詁亦多訂正。《文辨》宗蘇軾，而於韓愈開有指摘，《詩話》尊杜甫，而於黃庭堅多所訾議。蓋若虛詩文不尚劖削鍛鍊之格，故其論如是也。統觀全集，偏駁之處誠有，然金、元之開學有根柢者，實無人出若虛右。吳澄稱其"博學卓識，見之所到，不苟同於衆"，亦可謂不虛美矣。

【彙訂】

①《金史·文藝下·王若虛傳》云："金亡，微服北歸鎮陽，與渾源劉郁東游泰山……因垂足坐大石上，良久，瞑目而逝，年七十。"則與東游者，乃劉郁，非劉祁。王惲《秋澗集》卷五八《渾源劉氏世德碑銘并序》云："（劉從益）二子祁、郁。祁字京叔……郁字文季，亦名士。"（楊武泉：《四庫全書總目辨誤》）

莊靖集十卷（兩淮馬裕家藏本）

金李俊民撰。俊民字用章，澤州人。承安五年，以經義舉進士第一，應奉翰林文字。未幾，棄官教授。南遷後，隱於嵩山，自號鶴鳴道人。元世祖以安車召見，仍乞還山。卒，賜諡莊靖先生①。集凡詩七卷、文三卷，澤州守段正卿嘗為刊行，長平李仲紳等為之序。明正德閒，郡人李瀚重付諸梓。今版已久佚，祇存寫本而已②。俊民抗志遯荒，於出處之際能潔其身。集中於入元後祇書甲子，隱然自比陶潛③。故所作詩類多幽憂激烈之音，繫念宗邦，寄懷深遠，不徒以清新奇崛為工。文格沖澹和平，具有高致，亦復似其為人。雖博大不及元好問，抑亦其亞矣。詩末閒有註語，序不言何人所加，無可考證。今仍舊本錄之，而註者姓名則姑闕焉。

【彙訂】

① 依《總目》體例，當補"事蹟具《元史》本傳"。李俊民卒時八十五歲，而陸增祥《八瓊室金石文字補正》卷一二六有《新建五祖堂記》，"莊靖先生李俊民撰"，末題"歲次乙卯十二月十二日

記"。乙卯乃元憲宗五年,俊民年甫八十,已有莊靖之號,則非死後方有此謚也。(余嘉錫:《四庫提要辨證》)

② 明正德李瀚刊本今存。(邱居里:《元人文集的整理與總結——〈全元文〉編纂特點與得失》)

③ 李俊民雖未仕元,但應元世祖召見,參密謀,陳符命,是直元代之謀士,豈得謂"於出處之際能潔其身"? 蒙古自中統以前,從未建立年號,惟以十二禽紀年,文士著書,只得但書甲子。且俊民文中稱"大朝某年"者凡三見。(余嘉錫:《四庫提要辨證》)

遺山集四十卷附錄一卷(江蘇巡撫採進本)

金元好問撰。好問字裕之,秀容人①。登興定五年進士②,歷内鄉令。天興中除左司都事,轉行尚書省左司員外郎。金亡不仕。事蹟具《金史·文藝傳》。是集凡詩十四卷、文二十六卷,為明儲巏家藏本。宏治戊午,沁州李瀚為刊版以行。前有李冶、徐世隆二序,末有王鶚、杜仁傑二跋。集末《附錄》一卷,則儲巏所裒輯也③。好問才雄學贍,金、元之際,屹然為文章大宗。所撰《中州集》,意在以詩存史,去取尚不盡精。至所自作,則興象深邃,風格遒上,無宋南渡末江湖諸人之習,亦無江西流派生拗齟齬獷之失。至古文繩尺嚴密,衆體悉備,而碑版誌銘諸作尤為具有法度。晚年嘗以史筆自任,構野史亭,採金源君臣遺言往行,裒輯紀錄至百餘萬言。今《壬辰雜編》諸書雖已無傳①,而元人纂修《金史》多本所著,故於"三史"中獨稱完善,亦可知其著述之有裨實用矣。

【彙訂】

① "秀容",底本作"華容",據殿本改。《金史》卷一二六《文

藝下》載："元德明，系出拓拔魏，太原秀容人……子好問，最知名。好問字裕之。"

②"興定"，殿本作"興寶"，誤，參《金史·文藝傳》。

③ 弘治戊午李翰所刊止詩集二十卷，其自序云："奉命巡按河南，取家藏詩集，屬汝州高士達刻行之。"不言儲罐所藏，亦無《附錄》一卷。又重刻至元段成式一序，段序只稱得詩凡千二百八十首，不及遺文，是元刊有詩無文明矣。《總目》所據應為李翰得儲罐藏本後再刊之本。（潘景鄭：《著硯樓書跋》）

④《壬辰雜編》乾隆間尚未失傳，説詳卷一二六《續古今考》條訂誤。

湛然居士集十四卷（兵部侍郎紀昀家藏本）

元耶律楚材撰。楚材字晉卿，遼東丹王八世孫，金尚書右丞履之子。從太祖平定四方，太宗時官至中書令。至順元年，追封廣寧王，諡文正。事蹟具《元史》本傳。"耶律"或作"移刺"，蓋譯語之譌。焦竑《經籍志》以為兩人，非也。是集所載詩為多，惟第八卷、第十三卷、十四卷，稍以書序、碑記錯雜其中，編次殊無體例，疑傳寫者亂之。史稱其旁通天文、地理、術數及二氏、醫卜之説，宜其多有發揮。而文止於斯，不敵詩之三四，意者尚有佚遺歟？然十四卷之數與諸家著錄皆符，或經國之暇，惟以吟詠寄意，未嘗留意於文筆也。王士禎《池北偶談》摘錄其《贈李郡王筆》、《寄平陽潤老》、《和陳秀玉韻》、《贈富察元帥》、《河中遊西園》、《壬午元旦》諸詩，以為頗有風味，而稱其集多禪悦之説。考僧行秀所作集序，稱楚材"年二十七，受顯訣於萬松，盡棄宿學"。其耽玩佛經，蓋亦出於素習。平水王鄰則曰："按元裕之《中州集》載右相文獻公詩[1]，又稱趙閒閒為吾道主盟，李屏山為中州豪傑，知晉卿學問淵源有自來矣。故旁通詣極，而要以儒者為歸。"云云。今觀其詩，語皆本色，惟意所如，不以研鍊為工。雖時時出入內典，而大旨必歸於風教。鄰之所云，殆為能得其真矣。

【彙訂】

① 王鄰序無"按元裕之《中州集》"語，乃見於行秀《〈湛然居士集〉序》。（胡玉縉：《四庫全書總目提要補正》）

藏春集六卷（浙江鮑士恭家藏本）

元劉秉忠撰。秉忠有《玉尺經》，已著錄。秉忠博覽好學，尤邃於《易》，凡天文、地理、律曆、三式、六壬、遁甲之屬，無不精通。故術數家言多託之以行世，往往不可盡信。至其所著文集，見於本傳者十卷。今此本祇六卷[1]，乃明處州知府馬偉所刊。前五卷為各體詩，末一卷為附錄誥敕、誌文、行狀，而不及所著雜文。故秉忠所上《萬言書》及其他奏疏見於本傳者概闕焉。蓋文已佚而僅存其詩，故卷目多寡與本傳不合也[2]。秉忠起自緇流，身參佐命，與明道衍事頗同。然道衍首構逆謀，獲罪名教，而秉忠則從容啟沃，以典章禮樂為先務，卒開一代治平，其人品相去懸絕。故所作大都平正通達，無噍殺之音。史稱："其詩蕭散閒澹，類其為人。"雖推之稍過，然如小詩中"鳴鳩喚住西山雨，桑葉如雲麥始華"之類，亦未嘗不時露風致也。

【彙訂】

① "本"，殿本無。

②《元史》本傳云"有文集十卷"，《千頃堂書目》卷二九則著

錄"劉秉忠《藏春詩集》六卷（商挺編），又文集十卷詩集二十二卷"。馬偉刊本即商挺所編，與本傳所載文集十卷顯非一書。（查洪德：《藏春集提要》）

淮陽集一卷附錄詩餘一卷（浙江鮑士恭家藏本）

元張宏〔弘〕範撰。宏範字仲疇，易州定興人，汝南忠武王柔之第九子也。官至鎮國上將軍、蒙古漢軍都元帥。將兵入閩、廣，滅宋於厓山。師還而卒，累贈太師、淮陽王，謚憲武。事蹟具《元史》本傳①。其遺詩一百二十篇、詞三十餘篇，燕山王氏嘗刻之敬義堂，廬陵鄧光薦為之序。光薦即宋禮部侍郎，宏範南征時被獲不屈，因命其子珪事以為師者也。後其曾孫監察御史旭重刊。明正德中，公安知縣周鉞又重刊之②。此本即從鉞刻傳錄，蓋猶舊帙。宏範嘗從學於郝經，頗留心儒術。其詩皆五、七言近體，雖頗沿南宋末派，然大抵爽朗可誦。其中如"中酒未醒過似病，搜詩不得勝如愁"，置之《江湖集》中不辨也。以元勳世胄，宣力疆場，用餘力從事於吟詠，亦無媿於曹景宗之賦"競"、"病"矣。

【彙訂】

①《元史》本傳云："贈銀青光祿大夫平章政事，謚武烈。至大四年……改謚忠武。延祐元年……謚獻武。"虞集《道園學古錄》卷一四《淮陽縣武王廟堂之碑》云；"獻武之薨也，贈銀青光祿大夫平章政事，謚武烈……改謚忠武。皇慶元年，獻武之子珪，以中書平章政事相仁宗皇帝，於是忠武進封汝南王，改賜今謚獻武，進封淮陽王。"屠寄《蒙兀兒史記》卷九五《張弘範傳》、柯紹忞《新元史》卷一三九《張柔傳》附子弘範傳，亦均謂初謚武烈，至大四年改謚忠武，延祐元年又改謚獻武。畢沅《續通鑑》元世祖至

元十七年條，亦謂“後追封淮陽郡王，謚獻武”。從無謚“憲武”之説。（楊武泉：《四庫全書總目辨誤》）

②“周鉞”乃“周越”之誤。（莫伯驥：《五十萬卷樓藏書目錄初編》）

陵川集三十九卷附錄一卷（編修汪如藻家藏本）[①]

元郝經撰。經有《續後漢書》，已著錄。其生平大節，炳耀古今，而學問文章，亦具有根柢。如《太極》、《先天》諸圖説，《辨微論》數十篇及論學諸書，皆深切著明，洞見閫奧。《周易》、《春秋》諸傳，於經術尤深。故其文雅健雄深，無宋末膚廓之習，其詩亦神思深秀，天骨挺拔。與其師元好問可以鴈行，不但以忠義著也。延祐五年，經門人集賢大學士郭貫請，以是集與所作《續後漢書》官爲刊版，付待制趙穆、編修官浦道源等詳定，得旨允行。卷首所載江西中書省劄付諸文，蓋即其事。後官版散佚。明正德己卯[②]，沁水李淑淵重刊於鄂州，陳鳳梧序之。康熙乙酉，武進陶自悦守澤州，得李本於州民武氏家，欲鋟木未果，僅爲製序弁其首。乾隆戊午，鳳臺王鏐始校刊之。而摭諸書之有涉於經者，別爲《附錄》一卷，綴之於末。其志傳、行狀、官誥、劄咨及元、明人原序，皆仍舊刻冠於首。今所行者皆鏐此本云。

【彙訂】

① 文淵閣《四庫》本無附錄。（沈治宏：《〈四庫全書總目〉集部著錄圖書失誤原因析》）

②“正德己卯”乃“正德丁卯”之誤。此集卷首陳鳳梧序署“正德二年歲在丁卯春正月吉”。（江慶柏等整理：《四庫全書薈要總目提要》）

歸田類槀二十四卷（永樂大典本）

　　元張養浩撰。養浩有《三事忠告》，已著錄。是編乃其詩文也①。養浩嘗自序其集，稱"退休田野，錄所得詩文樂府九百餘首，岐為四十卷，名曰《歸田類槀》"。富珠哩翀序案富珠哩翀原作字术鲁翀,今改正。作三十八卷②，卷數已異。《文淵閣書目》載養浩《雲莊傳家集》一册、《雲莊集》三册。焦竑《國史經籍志》則作《張養浩文忠集》十八卷，書名、卷數更均與養浩自序不符。黃虞稷《千頃堂書目》雖載《歸田類槀》之名，而亦無卷數。考吳師道序云："公《雲莊集》四十卷，已刻於龍興學宮。臨川危太朴掇其有關於治教大體者，為此編，而屬予以序。"云云。則龍興所刻者，即養浩手編之《類槀》，而改其名曰《雲莊集》，亦即《文淵閣書目》之三册；危素所刪定者，即《經籍志》之《張文忠集》十八卷。而所謂《傳家集》一册者，當由後人掇拾，乃外集、補遺之類也。然蘇天爵輯《元文類》，僅錄養浩文二篇，故明葉盛《水東日記》頗以天爵失載《諫燈山疏》為譏③。疑元末已尠流播。近時王士禎偶得養浩《王友開墓誌》，嘆其奇詭，載之《皇華紀聞》，則亦未見其全集。惟明季有刻本二十七卷，尚存於世，既多漏略，編次亦失倫類。今據以為本，而別採《永樂大典》所載，刪其重複，補其遺闕，得雜文八十八首、賦三首、詩四百六十三首，共為五百八十四首④，釐為二十四卷。較之九百原數，已及其大半，亦足見其崖略矣⑤。又集中有《〈和陶詩〉序》，自謂"年五十二，退居無事，日讀陶詩，擬其題以發己意，得詩若干篇"云云。今集中乃無一篇，殆別為一編，未以入集，故《永樂大典》不收歟？養浩為元代名臣，不以詞翰工拙為重輕。然讀其集，如陳時政諸疏，風采凜然。而《哀流民操》、《長安孝子賈海詩》諸篇，又忠厚悱惻，藹乎仁人之言。即以文論，亦未嘗不卓然可傳矣。

【彙訂】

① 此二十四卷中已包括《三事忠告》兩卷，否則當為二十二卷。（楊訥、李曉明：《文津閣〈四庫全書〉金元別集類錄異》）

② 元至正刊《張文忠公集》二十八卷本今存，有富珠哩翀序，"作三十八卷"誤。（陸心源：《皕宋樓藏書志》）

③《水東日記》卷二五載："蘇天爵為右司都事時所類元詩文，名曰《國朝文類》。"然未言及張養浩《諫燈山疏》。

④ "雜文八十八首、賦三首、詩四百六十三首"，合計應為五百五十四首。

⑤ 據《總目》所言，《四庫》本乃以明刻本二十七卷為底本，又據《永樂大典》所載增補而成，不得謂"《永樂大典》本"。

白雲集三卷（浙江鮑士恭家藏本）

元釋英撰。釋英字存實，錢塘人，唐詩人屬元之後也。早喜為詩，歷遊閩海、江淮、燕汴閒。一日登徑山，聞鐘聲，忽有所悟，遂去為浮屠，蓋亦倚松老人饒節之流也。顧嗣立選《元百家詩》，收入此集。其目錄題曰"存實"，蓋舉其字。卷端標名則曰"白雲上人英"，蓋以"英"為一字名也。考梁有僧祐、僧肇，皆連"僧"字為名，安知其不以"釋英"為名，取義於"釋家之英"乎①？雖牟巘、趙孟頫、胡長孺②、林昉、趙孟若諸序皆稱曰"英上人"，此猶道林稱"林公"，慧遠稱"遠公"耳，不足證其非二名也。集中《夜坐讀珣禪師〈潛山集〉》詩，有"遠想人如玉，何時叩竹房"句。文珣與賈似道同時，則釋英當亦宋末人。但其為僧在宋時、元時，則無文可考。觀趙孟頫序，蓋亦厭棄世事，遁入空門，與遺民之有託而逃者,其事不同。詩中多閒適之作,而罕睹興亡之感,是一證矣。其才地稍弱,未脫宋末江湖之派。而世情既淡,神思自清,固非如高九萬輩口山水而心勢利者所可同日語也。其贈趙孟若七言律詩,亦見張羽《靜居集》中。然附載趙孟若和詩③,而卷端又有孟若序。則二人倡和,於事理為近,張集蓋偶爾誤收④。集末跋語亦牟巘作,而題曰《跋厲白雲詩》。核跋中詞意,猶其未為僧時所作,已稱"白雲"。然則併顧嗣立"白雲上人"之稱,亦以意為之者與?

【彙訂】

① 英字實存,不字存實。趙孟頫序云:"《白雲詩集》者,實存英上人所為詩也……上人名英,實存其自號云。"則其名實只一字,非取義於"釋家之英"。(余嘉錫:《四庫提要辨證》)

②"胡長孺",殿本作"胡長儒",誤,參書前胡序。

③"趙",殿本無。

④《四庫》本《靜居集》四卷本無《奉贈趙似之架閣》一詩,而見於弘治四年(1491)六卷本《靜居集》卷五。而此六卷本誤收《白雲集》中詩一四七首,其中三首為附錄中他人與釋英唱和之作(《白雲集》現存最早刊本為日本應安七年,即 1374 年四卷本,共收釋英詩一四七首),不得謂"偶爾誤收"。(楊鑄:《明初詩人張羽〈靜居集〉版本考辨》)

稼村類稾三十卷(兩淮鹽政採進本)

元王義山撰。義山字元高,豐城人。宋景定中進士,知新喻縣,歷永州戶曹。入元,官提舉江西學事。原刻題曰宋人,非其實也。是集乃其子惟肖所編。以義山退老東湖之上,扁讀書之室曰稼村,因以為名。凡各體詩三卷、雜文二十七卷。詩文皆沿宋季單弱之習,絕少警策。故王士禎《居易錄》以為蕪淺無足取,且詆為最下最傳。然觀義山在湖南時,湘潭縣豪因爭田不遂,獻之學。義山引《春秋》"齊人來歸汶陽之田"斷其非,頗合經義。故集中說經之作,亦往往自出新意。如解《周禮》師氏職中大夫、保氏職下大夫,而謂鄭註稱周公、召公兼攝之非;又解"古者^①,天子冕服備十二章",而謂鄭註"九章"、"五章"之非。皆頗有根據,不同剿襲。至表、啟諸作,亦頗織組自然,實與劉克莊《後村集》蹊逕相近。雖榛楛之勿翦^②,亦蒙茸於集翠。概加排斥,則又太過之論矣。

【彙訂】

①"者",殿本脫。此書卷十一《周禮冕服之辯》條云:"古者,天子備十二章之服"。

②"榛楛",底本作"榛楉",據殿本改。

桐江續集三十七卷(浙江孫仰曾家藏本)

元方回撰。回有《續古今考》,已著錄。所撰有《虛谷集》,今未見。此《桐江續集》皆其元時罷官後作。集中有自序,稱二十卷,而《千頃堂書目》作五十卷。今觀集中四卷末題"從事郎寧國路儒學教授同舍生曹祐編次",五卷末題"男方存心、正心刊行",六卷末題"初授徽州路儒學教授馮夢龞^①、林一桂等刊",九卷末題"表姪劉秉懿謹編刊行",十卷末題"甥姪汪庭芝謹編",二十五卷末題"古杭徐芝石宅滄浪山房刊行",二十七卷末題"學生徐編次"而佚其名。則後人所增益,非其舊也。此本猶元時舊刻,有"玉蘭堂"印,又有季滄葦藏書印。蓋文徵明所藏,復歸泰興季振宜者。詩集闕一卷、二卷、三卷、二十一卷、二十三卷、二十四卷、二十六卷、三十二卷、三十四卷、三十六卷、三十九卷、四十卷、四十一卷，僅存二十九卷。文集惟第一卷目次可辨，餘皆初刊槀本，“卷”字下但有墨臺，不知首尾，以數計之，約存八卷。中閒頗有闕頁，無別本可校，今亦仍之②。觀吳之振重刊《瀛奎律髓》，疑書首一序非回所作。今集中載此文在《送王俊甫序》後、《劉子敬吟卷序》前，知之振未見此集，則亦希覯之本，不以殘闕廢矣。回人品卑污，見於周密《癸辛雜識》者，殆無人理③。然觀其集中諸文，學問議論，一尊朱子，崇正闢邪，不遺餘力，居然醇儒之言。就文言文，要不可謂其悖於理也。其詩專主江西，平生宗旨悉見所編《瀛奎律髓》中。雖不免以粗率生硬為老境，而當其合作，實出宋末諸家上，更不能以其人廢矣。

【彙訂】

①“馮夢龜”，底本作“馮蒙龜”，據今存清乾隆四十八卷抄本《桐江續集》及殿本改。（詹杭倫：《方回著述考》）

② 文淵閣《四庫》本徑行釐成三十六卷，殘闕篇目多已刪削，原書舊式蕩然無存。（同上）

③ 周密《癸辛雜識》別集卷上“方回”條謂：“其處鄉專以騙脅為事，鄉曲無不被其害者，怨之切齒。遂一向寓杭之三橋旅樓而不敢歸老。”據《桐江續集》卷二十二《七十翁吟》、《送男存心如燕》詩，因其長女嫁不得其所，與親家程淳祖、門生黃斯覺結怨，備受其謗議，或即寓杭不歸的原因之一。又云“時年登古希之歲，適牟獻之與之同庚，其子成文與乃翁為慶，且徵友朋之詩，仇仁近有句云：‘姓名不入六臣傳，容貌堪傳九老碑。’且作方句云：‘老尚留樊素，貧休比范丹。’（方嘗有句云：‘今年

窮似范丹')於是方大怒褒牟而貶己,遂摭六臣之語以此比今
上為朱溫,必欲告官殺之。諸友皆為謝過,不從,仇遂謀之北
客侯正卿。正卿訪之,徐扣曰:‘聞仇仁近得罪於虛谷,何邪?’
方曰:‘此子無禮,遂比今上為朱溫,即當告官殺之。’侯曰:‘仇
亦止言六臣,未嘗云比上於朱溫也。今比上為朱溫者,執事
也,告之官,則執事反得大罪矣。’方色變,侯遂索其詩之元本,
手碎之乃已。”然此集中與仇遠唱和之作達六十餘首之多,七
十二歲時有《送仇仁近持山村圖求屋賞》詩,七十八歲時尚有
《送仇仁近溧陽州教序》。仇遠《金淵集》有《懷方嚴州》五首,
“桐江詩萬首,端可及龜堂”,推崇其詩可與陸游媲美,足見二
人友情始終未渝。又云:“回為庶官時,嘗賦《梅花百詠》以誚
賈相,遂得朝除。及賈之貶,方……慮禍及己,遂反鋒上十可
斬之疏,以掩其跡,時賈已死矣……以此遂得知嚴州。”據元陳
櫟《答吳仲文問》(《定宇集》卷七)、洪炎祖《方總管傳》(《新安
文獻志》卷九十五上),方回登第後屢遭賈黨誣劾迫害。上十
可斬之疏在德祐元年三月十四日,五月十九日再次上書,而賈
似道死於九月十九日。又云:“未幾北軍至,回倡言死封疆之
說甚壯。及北軍至,忽不知其所在,人皆以為必踐初言死矣,
遍尋訪之不獲,乃迎降於三十里外,鞾帽氈裘跨馬而還,有自
得之色,郡人無不唾之,遂得總管之命。遍括富室金銀數十萬
兩,皆入私槖……在嚴日虐斂投拜之銀數十萬兩,專資無藝之
用。及其後則鬻於人,各有定價,市井小人求詩序者,酬以五
錢,必欲得錢入懷,然後漫為數語。市井之人見其語草草,不
樂,遂以序還索錢,幾至揮拳,此貪也。”方回降元在臨安已下
半月之後,為保全郡民,但晚年仍常感到内心有媿。又洪炎祖

《方總管傳》記：“在郡（嚴州）七年，無絲髮為利意，至賣寓屋，猶不足以償逋。”《桐江集》卷五《與畢觀竹書》亦記在子存心入燕臨行之際，向親朋好友求助盤費，《桐江續集》卷五《示長兒存心》詩自況無錢營葬穴。若真曾“遍括富室金銀數十萬兩”，何至如此？《桐江集》中數十篇詩序題跋，皆非“草草漫語”之作，當時陳櫟、楊公遠、黃溍等均以得其題贈為榮。（詹杭倫：《周密〈癸辛雜識〉“方回”條考辨》）

野趣有聲畫二卷（浙江鮑士恭家藏本）

元楊公遠撰。公遠字叔明，歙縣人。是集前有咸淳中吳龍翰序，稱一卷，而此本二卷。然至元乙酉方回跋在上卷末，所載《回溪道中》一詩乃在下卷中。使原為二卷，則此跋不應介在其間；使集中原載此詩，則回又必不更錄其全文。知原集止一卷，而下卷為後人所續輯，故又有《丙戌初度》詩在作跋後一年也。其詩不出宋末江湖之格，蓋一時風尚使然，一邱一壑，亦有佳致。以久無刊本，故選宋、元詩者多遺之。明嘉靖丙申，汪元錫始得本於其族子瀚，乃復傳鈔。集中有至元乙酉《生朝》詩，稱“六十平頭慳兩歲”，則是年五十八。以長曆推之，當生於理宗紹定元年，宋亡時年四十九。入元未仕，當從周密之例，稱南渡遺民。然集中《春雪》詩題下註“己卯正月初三作”。是時正張世傑、陸秀夫等蹈海捐生之歲，而其詩有“向曉披衣更擁衾，更無一事惱胸襟”，則是以宋之存亡付諸度外，與前朝故老惓惓舊國者迥殊。且入元以後，干謁當路，頌揚德政之詩，不一而足。其未出仕，當由梯進無媒，固不能與密之終身隱遁者同日語矣。今繫之元人，從其志也。

月屋漫稾一卷（兩淮鹽政採進本）

元黃庚撰。庚字星甫，天台人。厲鶚以其生於宋末，入元未仕，遂收入宋詩。然宋亡時庚尚幼，觀其集首自序，乃泰定丁卯所作。時元統一海內已五十七年，不得仍係之宋①。今仍題作元人，從《浙江通志·文苑傳》例也。庚嘗客山陰王英孫家，試越中詩社《枕易》題，庚為第一，考官乃李侍郎。今評語與原詩並在集中，案張觀光《屏巖小稾》亦有此事，未詳孰是，姑兩存之②。蓋甚為當時所推重。其詩沿江湖末派，體格不免稍卑，而觸處延賞，亦時逢警語。如五言之"斜陽明晚浦，落葉瘦秋山"，"柳色獨青眼，梅花同素心"，"鳴榔丹葉聚，撒網浪花圓"諸句，七言之"鐘帶夕陽來遠寺，碑和春雨臥平蕪"，"細柳雨中垂綠重，殘花風裏亂紅輕"，"清夜夢分千里月，故鄉人各一方天"，"風月滿懷詩可寫，雪霜侵鬢鏡先知"諸句，類皆風致婉約，猶具晚唐之一體。王士禎《居易錄》謂《月屋漫稾》一卷皆庸下無足取，未免詆之太甚矣。

【彙訂】

① 宋亡（1279）至泰定丁卯（1327）非五十七年。（章鈺：《錢遵王讀書敏求記校證》）

② 文淵閣《四庫全書》所收《月屋漫稾》與《屏巖小稾》從頭到尾一模一樣。集中詩作涉及任仁發、王脩竹、林景熙等，與張觀光年資相當。署名黃庚的元詩別集另有《月屋樵吟》四卷，與《月屋漫稾》的內容亦絕大部分相同。然宋理宗紹定二年己丑（1229），釋紹嵩所編《江湖紀行集句詩》有黃庚詩二句，則此黃庚絕非《月屋樵吟》或《月屋漫稾》的作者。泰定丁卯（1327）自序應係偽撰，書名亦係偽題，作者為虛擬。（楊鐮：《元詩文獻辨偽》）

剡源集三十卷（兩淮鹽政採進本）

元戴表元撰。表元字帥初，一字曾伯，慶元奉化人。宋咸淳中，登進士乙科。除建康教授，遷臨安，又遷行户部掌故、國子主簿，皆以兵亂不就。元大德中，以薦除信州教授。調婺州，移疾歸。再以修撰博士薦，不起，終於家。事蹟具《元史・儒學傳》。表元所著《剡源集》，明初上於史館，宋濂曾序而刻之。凡二十八卷，其版久佚。此本乃嘉靖閒四明周儀得其舊目，廣為蒐輯，釐為三十卷，表元後裔洵復梓行之。王士禎《居易錄》稱海寧刻《剡源集》四卷[①]，乃黄宗羲所選錄，非完書也。表元少從王應麟、舒岳祥游，學問淵源，具有授受。顧嗣立《元詩選》小傳稱：“宋季文章氣萎薾而詞敝骸，帥初慨然以振起斯文為己任。其學博而肆，其文清深雅潔，化朽腐為神奇。閒事摹畫，而隅角不露。尤自祕重，不妄許與。至元、大德閒，東南之士以文章大家名重一時，帥初一人而已。”又引宋濂之言曰：“濂嘗學文於黄文獻公。公於宋季詞章之士樂道之而不已者，惟剡源戴先生為然。”云云。於元人之中，推之獨至。今觀其詩文，信嗣立所論不誣也。

【彙訂】

①“剡源集”，殿本作“剡原集”，誤，參《居易錄》卷一原文。

剩語二卷（永樂大典本）

案是集散見《永樂大典》中，或題曰《艾性夫剩語》，或題曰《艾性夫孤山晚稾》，而不著性夫為名為字，亦不載時代。今考《江西通志》稱“撫州三艾”，“叔可字無可，憲可字元德，性字天謂，皆工於詩。性閶門教授，執經者盈門，著有《孤山詩集》”。與《永樂大典》所題《孤山晚稾》相合。吴澄《支言集》有《高夔妻艾氏墓誌》,稱為咸淳貢生性夫之女,習見其家儒教①,屢以勖其夫云云,與《永樂大典》所題艾性夫合。疑《江西通志》本作性夫,字天謂,傳刻脫一"夫"字也②。考集中有謝枋得輓詩一首,則性夫元初尚存。又曹安《讕言長語》稱"於成化五年,之元江署學。一家多藏書,内一詩集乃江浙道提舉艾性夫作,貫酸齋作序"云云。宋無江浙道提舉,蓋其晚年已仕元矣。性夫雖講學之家③,而其詩氣韻清拔,以妍雅為宗,絕不似宋末有韻之語錄。五、七言古體,筆力排蕩,尤為擅長。曹安稱其七言律太辣,五七言絕、歌行語多關世教④,併稱其《銅雀硯》、《撲滿吟》、《臨邛道士招魂歌》三首,所論頗為得實。謹採掇排次,釐為二卷,用存其概。至原書本分集編次,其卷目已不可見。而《永樂大典》内題作《剩語》者較多,今故用以標名,不復更為分析云⑤。

【彙訂】

①"儒教",殿本作"儒效"。

②艾性夫字天謂,號孤山,臨川人,有《孤山詩集》,見曹安《讕言長語》、陳衍《元詩紀事》,清雍正《江西通志》卷八十《人物·撫州府》"艾叔可"條亦云"著有《孤山詩集》",《永樂大典》作"孤山"誤。又據陸心源《宋詩紀事補遺》引《艾氏家乘》,艾性夫兄可叔字無可,可翁字元憲,《江西通志》皆誤。(劉遠遊:《四庫提要補正》)

③"雖",殿本無。

④《讕言長語》原文作"予於成化五年之沅江("元江"誤)學署。一夷人家多藏書,蓋洪武迄今不遺。内一詩乃浙江道("江浙道"誤)提舉臨川艾性夫作,貫酸齋作敍,予手鈔之。歌行語多關世教……"無"七言律太辣"之語,"多關世教"亦無涉"五、七

言絕"。

⑤ "云",殿本作"焉"。

養蒙集十卷（兩江總督採進本）

元張伯淳撰。伯淳字師道,嘉興崇德人。宋末舉童子科。至元二十三年,以薦除杭州路教授。大德中,官至翰林侍講學士。虞集序其集,述其生平甚悉,以漢賈誼比之。鄧文原序亦擬以陸贄。然所稱論事數十條者,今皆不載於集中,蓋召對面陳,未具疏也。文原又稱其為文"恥尚鉤棘,而舂容紆餘,鏗乎如金石之交奏,然不喜以藻翰自名"。歿後無成橐。其子河東宣慰副使采、長孫武康縣尹炯訪求遺逸,釐為十卷。今觀其文,源出韓愈,多謹嚴峭健,得立言之體。文原以"舂容紆徐"稱之,不甚相似。其詩則鄙拙殊甚,古體尤劣。王士禎《居易錄》深詆其膚淺,顧嗣立《元詩選》亦稱其"古詩少合作。集中有《題鮮于伯機所藏黃庭經》一首,語較古健,乃趙孟頫作誤入",又稱其"近體率皆酬應之作"。其言皆允。惟嗣立所摘佳句九聯,則多所未安。如《出郊》詩云:"瘦筇支彳亍,狹路寫之无。"此何等語,而顧以為佳乎?皇甫湜、李翱諸集皆不載詩,不害其為湜與翱,正不必曲為回護也。其集刊版久佚,輾轉傳鈔,殘闕頗甚。此本凡文六卷、詩三卷、詞一卷,乃錢塘厲鶚鈔自繡谷吳氏者。鶚頗為校正,然脫簡終弗能補。考顧嗣立《元詩選》中闕字與此本並同,則嗣立所見亦即此本矣。

牆東類稾二十卷（永樂大典本）

元陸文圭撰。文圭字子方,江陰人。幼而穎悟,博通經史及天文、地理、律象、醫藥、算數之學。宋咸淳初,以《春秋》中鄉選。

延祐設科，再中鄉舉。以老疾不應徵召，卒於家。事蹟具《元史·儒學傳》。文圭當南宋之末，年已二十餘。入元後五十餘年，至泰定、天曆間，尚應聘設教於容山。至順末猶為陳敬叔作《安定祠記》。又數年，至順帝至正初始卒①，最為老壽。惟史不載其登仕版。而集中《吳縣學田記》有"至元辛卯，余領吳縣學事"語，似亦曾為教官。然辛卯為世祖至元二十八年，文圭祇三十餘，而《記》中乃有"余愚且老"句，與文圭情事不合。或此《記》本代人作，而失於標註歟？史稱文圭之文"融會經傳，縱橫變化，莫測其涯涘，東南學者皆宗師之"。今核所作，史言不謬。史又稱其邃於地理，考核甚詳。今檢集中惟存辨《毛穎傳》"中山"一條，餘悉不載，殆散佚不可考矣。是集本二十卷，世久無傳。今從《永樂大典》中蒐採遺佚，共得文三百餘篇、詩詞六百餘篇，仍依原目釐為二十卷。雖割裂之餘，重為輯綴，亡失者已多，而據所存者觀之，固元初一作者也。

【彙訂】

　　① 據《元史》卷一九〇《儒學傳》、《新元史》卷二三七《文苑傳》，陸文圭卒於至元六年（1340），次年方為至正元年。（饒宗頤：《詞集考》）

青山集八卷（永樂大典本）

　　元趙文撰。文字儀可，一字惟恭，號青山，廬陵人。宋景定、咸淳間嘗冒宋姓，三貢於鄉。後始復本姓，入學為上舍。宋亡入閩，依文天祥。元兵破汀州，與天祥相失，遁歸故里。後為東湖書院山長，選授南雄文學。其卒也，程鉅夫為作誌銘，見於《雪樓集》，劉將孫作墓表，亦見於《養吾集》，載其行履頗詳。近時顧嗣立《元詩選》小傳稱其入元授清江教授，而程《誌》實作南雄。鉅夫與文交契甚厚，不容有誤，疑嗣立所記乃偶然失考。又《永樂大典》書其名，多作"迠"字。案《集韻》，迠、文音義本通，亦非別有兩名也。文與謝翱、王炎午同入文天祥幕府，滄桑以後，獨不能深自晦匿[①]，以遲暮餘年，重餐元祿。出處之際，實不能無媿於諸人。然其文章則時有《哀江南賦》之餘音，擬以古人，其庾信之流亞乎？文嘗自言："行事使人皆可知可見者，為君子之行；為文使人讀之可曉、考之有證者，為君子之言。"今觀其詩文，皆自抒胸臆，絕無粉飾，亦可謂能踐其言矣。焦竑《國史經籍志》載《青山槀》三十一卷，世尠流傳。今從《永樂大典》中裒輯編訂，勒為八卷。

【彙訂】

① "能"，殿本無。

桂隱文集四卷詩集四卷（浙江鮑士恭家藏本）

元劉詵撰。詵字桂翁，廬陵人。生於宋末，猶及見諸遺老，得其緒論。迨延祐復科舉後，益肆力於名物、度數、訓詁、箋註之學。既十年不第，乃刻意於詩古文。江南行御史臺屢以教官、館職、遺逸薦，皆不報。至正十年卒，年八十三。王榮祿為之請於朝，諡曰文敏。事蹟具《元史・儒學傳》。此集為其門人羅如篪所編，有虞集、歐陽元二序。本傳稱其文"根柢《六經》，躪躒諸子百家，融液今古，而不露其踔厲風發之狀"。考集中有《與揭曼碩書》稱："文章期於古而不期於襲，期於善而不期於同，期於理之達、神之超、變化起伏之妙，而不盡期於為收斂平緩之勢。若以委怯為和平，迂撓為舂容，如學西施者僅得其矉、學孫叔敖者僅得其衣冠談笑,非善學者也。"蓋其文章宗旨主於自出機軸,而不以摹擬字句為古。歐陽元〔玄〕序亦稱其文溫柔敦厚似歐,明辨雄儁似蘇。至論其妙非相師,非不相師,蓋深得誐之用意。元又稱其尤長於詩,詩又長於五言古體短篇,所論亦允。顧嗣立《元詩選》則稱其律詩多佳句。案集中近體格力頗遒,實不僅以佳句見。且嗣立所摘諸聯,如"燕子樓臺人影瘦,海棠池館月痕孤",乃近小詞;"君如硎刃千牛解,我似車輪四角方",亦江湖習調,殊不足盡誐所長也。《誐墓誌》亦歐陽元作,稱其有古文若干卷、諸體詩若干卷、駢儷書劄若干卷,總題曰《桂隱集》,均不著其卷數。疑作誌時僅有槀本,尚未釐定成編。此本為明嘉靖閒其族孫志孔所刊,凡文四卷、詩四卷,而不載駢儷書劄,疑重刊時已有所散佚。又詩末有羅如篪跋,稱先梓其詩十四卷。而今本實止四卷,殆亦編次者所合併歟?

水雲邨槀十五卷(江西巡撫採進本)

元劉壎撰。壎有《隱居通議》,已著錄。其文集舊有二本,一曰《水雲邨泯槀》,乃明洪武閒其孫瑛所手鈔。篇目無多,而多雜採《隱居通議》中語,綴輯成帙,不為完本。一即此本,乃其裔孫凝收拾遺佚,別加排次,蒐求較為賅備。惟原目二十卷,而所存止十五卷,自十六卷以下有錄無書,當由傳寫者失之[①]。然此五卷所載皆青詞、祝文,無關體要之作,其存佚無足為輕重[②],則雖闕猶不闕矣。壎才力雄放,尤長於四六。集中所載諸啟劄,大抵皆在宋世所作。考《隱居通議》自述其得意之筆,如代吳浚謝建閫表、弔吳浚文[③]、代趙必岊謝廟堂啟、通丁應奎啟,今皆不見於集中。則其散佚者亦自不少。然即所存者觀之,隸事鑄詞,亦復頗見精采。壎嘗自言趙必𣌭稱其"能以散文為四六,正是片段議論,非若世俗抽黃對白而血脈不貫者。"蓋生平得力,有甘苦自知者矣。其他古文則多入元以後所作。灝瀚流轉,頗為有氣。而時以俳句綺語攙雜其間,頗乖典則。則覃精儷偶,先入者深,有不知其故態之萌者矣。惟其年過七旬,復出食元祿。而《晚春郊行》詩云:"路少過軍仍鼓吹,地多遺老自衣冠。"丙子《閩山》詩云:"漢祚縱移諸葛在,唐兵雖散子儀侯。"《賈似道》詩云:"漢祖有恩慚馬邑,懷王何罪老咸陽。"皆其未出山時所作,是則可以不存耳。

【彙訂】

① 今傳世尚有明天啟元年趙師聖刻《水雲邨泯藁》三十八卷完本。(黃仁生:《日本現藏稀見元明文集考證與提要》)

② "輕重",殿本作"重輕"。

③ "吳浚",底本作"吳俊",據殿本改。《隱居通議》卷二二《吳允文諸作》條云:"其後允文事不成,為文丞相所殺。余作哀文以弔之曰……"吳浚字允文,其事見《宋史》卷四一八《文天祥傳》。

巴西文集一卷(江西巡撫採進本)

元鄧文原撰。文原字善之,一字匪石,綿州人,隨其父流寓錢塘。自稱巴西,不忘本也。生於宋理宗寶祐六年。宋末應浙西轉運司試,中魁選。至元間,行中書省辟為杭州路儒學正,官至集賢直學士兼國子監祭酒,致仕。致和元年卒於家,諡文肅。事蹟見《元史》本傳。文原學有本原,所作皆溫醇典雅。當大德、延祐之世,獨以詞林耆舊主持風氣。袁桷、貢奎左右之,操觚之士響附景從。元之文章,於是時為極盛,文原實有獨導之功。所著有《内制集》、《素履齋稾》，今並未見傳本。此本不知何人所編，僅錄其碑誌記序等文七十餘篇。即顧嗣立《元詩選》中所錄諸詩，亦無一首。蓋出後人摘選，非其完帙。然黃虞稷《千頃堂書目》僅列二集之名，而無其卷數，蓋亦未見。近時藏書家所有，皆與此本相同。則其全集之存否，蓋未可知。或好事者蒐採遺篇，以補亡佚，亦未可知。然吉光片羽，雖少彌珍，固當以倖存寶之，不當以不完廢之矣。

　　屏巖小稾一卷（編修汪如藻家藏本）

　　元張觀光撰。觀光字直夫，東陽人①。其始末未詳。集中有《和仇山村九日吟》，而《晚春即事》詩中有“杜鵑亡國恨，歸鶴故鄉情”句，蓋宋末元初人。又有《甲子歲旦》詩。考景定五年為甲子，元泰定元年亦為甲子。詩中有“歲換上元新甲子”句，以曆家三元之次推之，上元甲子當屬泰定。觀其《除夕即事》詩中稱“明朝年八十”，則得壽頗長，其時猶相及也。詩多窮途之感，蓋不遇之士。惟《贈談命姚月壺》詩有“試把五行推測看，廣文官冷幾時春”句，其殆曾為學官歟？全集皆格意清淺，頗窘於邊幅，然吐屬婉秀，無鉤章棘句之態。越中詩社以《枕易》為題，李應祈次其甲乙，以觀光為第一。其詩今見集中，併載應祈批，稱其“若紛紛盆盎中得古罍洗”。案黃庚《月屋漫稾》亦稱以《枕易》詩為李侍郎取第一。一試有兩第一，必有一偽。然無可考證，謹附識於此②。又有《梅魂》七言律詩一首，註曰：“武林試中選。”《秋色》五言律詩一首，註曰：“山陰詩社中選。”蓋在當日，亦以吟詠擅名矣。

　　【彙訂】

　　① 道光《東陽縣志》卷一八《人物志·文苑·張觀光傳》云：

"字直夫，一字用賓。世居邑南屏巖，因以自號，學者稱屏巖先生。天性通敏，群經子史，莫不涉覽……德祐納士，從三宮北上，用執政薦，授婺州路儒學教授，階將仕郎，乃給印以終之。元初，婺有學自觀光始。調紹興路……以疲老不赴，遂家於金華。"康熙《金華府志》卷一六《人物·張樞傳》："其先東陽人，父觀光娶金華潘氏，徙居金華而生樞。"光緒《金華縣志》卷八《人物·理學·張樞傳》略同。可知張觀光之仕履，其先為東陽人，觀光婚娶後，遂移居金華也。（楊武泉：《四庫全書總目辨誤》）

②《月屋漫稾》係偽題書名，虛擬作者，說詳本卷《月屋漫稾》條訂誤。

玉斗山人集三卷（浙江鮑士恭家藏本）

舊本題南宋王奕撰。考集中《奠大成至聖文宣王文》稱"至元二十六年歲在己丑，江南儒生王奕等"。其《玉窗如菴記》則稱："歲癸巳前，奉旨特補玉山教諭。"癸巳為至元三十年，然則奕食元祿久矣。蹟其出處，與仇遠、白珽相類。題南宋者，誤也。奕字敬伯，玉山人，所著有《斗山文集》十二卷、《梅嵓雜詠》七卷，今並不傳。惟此集尚存，本名《東行斐稾》。明嘉靖壬寅，其鄉人陳中州為刊版，佚其詩四首，而別附以遺文二篇①，始改題今名。其詩稍失之粗，然磊落有氣，勝宋季江湖一派。素與謝枋得相善，枋得北行以後，尚有唱和詩十首。又有和元好問《曲阜紀行》詩十首，《贈倪布山》詩一首，稱為金遺。其寄周月湖絕句亦有"起觀疆宇皆周土，祇有西山尚屬商"句，皆尚以宋之遺民自居。則其出為學官，當在己丑之後。然其《祭文宣王文》稱"天混圖書，氣通南北，九域甫一，可輿可舟"，《祖庭觀丁歌》稱"幸際天地還清寧”，於新朝無所怨尤。《祭曾子》文稱“某等律以忠孝，實為罪人。願保髮膚，以遂終慕”，亦未敢高自位置。視首鼠兩端，業已偷生隳節，而猶思倔強自異者，固尚有閒矣。集中詩文雜篇，頗乖體例。然無關於宏旨，今亦姑仍原本錄之焉。

【彙訂】

①“遺”，殿本無。

谷響集三卷（編修汪如藻家藏本）

元釋善住撰。善住字無住，別號雲屋。嘗居吳郡城之報恩寺，往來吳淞江上，與仇遠、白珽、虞集、宋无諸人相酬唱。遠贈詩有云：“閶門北去山如畫，有日同師步翠微。”无答其見寄詩亦有“句妙唐風在”之語。蓋雖入空門，而深與文士同臭味也。集中《癸亥歲寓居錢塘千頃寺述懷》詩有“高閣工書三十年”句。從英宗至治三年癸亥，上推三十年為世祖至元三十一年甲午，距宋亡僅十四年。其《贈隱者》詩有“對食慚周粟，紉衣尚楚蘭”句，蓋猶及見宋之遺老，故所作頗有矩矱。觀其論詩有云：“典雅始成唐句法，靐豪終有宋人風。”命意極為不凡。及核其篇什，則但工近體，大抵以清儁雕琢為事，頗近四靈、江湖之派，終不脫宋人窠臼，所言未免涉於過高。然造語新秀，絕無蔬筍之氣，佳處亦未易及。在元代詩僧中，固宜為屈一指也。

竹素山房詩集三卷（編修汪如藻家藏本）

元吾邱〔丘〕衍撰。衍有《晉史乘》，已著錄。此其所著詩集，而附以遺文二篇。其詩頗效李賀體，不能盡脫元人窠臼。然胸次既高，神韻自別，往往於町畦之外，逸致橫生，所謂“王、謝家子弟雖不復端正者，亦奕奕有一種風氣”也。考衍於至大三年為人所累，被攝得釋，不勝其恚，自投西湖死①。留一詩別其友仇遠云："劉伶一鍤事徒然，蝴蝶飛來別有天。欲語太元何處問，西泠西畔斷橋邊。"別見於《釋宗泐集》②，而此三卷中無之。意者原稾為衍所自編，故未經載入歟？朱存理《樓居雜著》有《書吾氏類集》一篇，稱："《虞山雜鈔》內有《竹房集》三卷，予家有子《招雨師文》等篇遺蹟一冊，錄附集後。"其卷帙與此本合。則此猶舊帙云③。

【彙訂】

① 吾丘衍卒於至大四年末，說詳卷一一三《式古堂書畫彙考》條訂誤。

②《釋宗泐集》中無此詩，其詩實釋宗泐詩題中所引，非釋宗泐所作也。（褚玉晶：《竹素山房詩集提要》）

③ "云"，殿本作"矣"。

紫山大全集二十六卷（永樂大典本）

元胡祗遹撰。祗遹，磁州武安人。《元史》本傳載其字曰紹開。然"今民將在祗遹乃文考，紹聞衣德言"，實《周書·康誥》之文。核其名義，疑"紹開"當作"紹聞"，《元史》乃傳刻之譌也。中統初，張文謙宣撫大名，辟祗遹為員外郎，後官至江南浙西道提刑按察使。延祐五年，追贈禮部尚書，謚文靖。是集為其子太常博士持所編。前有其門人翰林學士承旨劉賡序，稱原本六十七卷①。歲久散佚。今據《永樂大典》所載裒合成編，釐為賦、詩、詩餘七卷，文十二卷，雜著四卷，語錄三卷。其閒雜著一類②，祗遹一生所學具見於斯。然體例最為冗瑣，有似隨筆劄記者，有似短章小品者，有似蒞官條約者，有似公移案牘者，層見錯出，殆不可名以一格。考賈誼《新書》皆以所作《治安策》及言事諸疏割裂顛倒，各自為章，別標篇目。說者以為平時紀錄之槀，其後聯綴成篇而上之。祗適是集，或亦是例歟？史稱其官右司員外郎時，以論事忤姦相阿哈瑪，<small>案阿哈瑪原作阿合馬，今改正。</small>外遷太原路治中，提舉鐵冶，欲以歲賦不辦責之。及其蒞職，乃以最聞。官荊湖北道宣慰副使時，辨誣告不軌之獄。官濟寧路總管時，擘畫軍政八事，並修明學校之法。又稱其所至皆抑豪右，扶寡弱，敦教化，厲士風。蓋以吏治名一時，而無一語及其文章。今觀其集，大抵學問出於宋儒，以篤實為宗，而務求明體達用，不屑為空虛之談。詩文自抒胸臆，無所依仿，亦無所雕飾，惟以理明詞達為主。元代詞人往往以風華相尚，得茲布帛菽粟之文，亦未始非中流一柱矣。惟編錄之時，意取繁富，遂多收應俗之作，頗為冗雜。其至如《黄氏詩卷序》、《優伶趙文益詩序》、《贈宋氏序》諸篇，以闡明道學之人作媟狎倡優之語。其為白璧之瑕，有不止蕭統之譏陶潛者。陶宗儀《輟耕錄》載其鍾愛歌兒珠簾秀，贈以《沈醉東風》小曲，殆非誣詞矣。以原本所有，姑仍其舊錄之。而附糾其繆於此，亦足為操觚之炯戒也。

【彙訂】

①“稱”，殿本脫，參書前劉賡序。

②“類”，底本作“卷”，據殿本改。

松鄉文集十卷（兩淮馬裕家藏本）

元任士林撰。士林字叔實，號松鄉，奉化人①。以郝天挺薦，授安定書院山長。是集所錄，碑誌居多。大抵刻意摹韓愈，而其力不足以及愈，故句格往往拗澀，乃流為劉蛻、孫樵之體。

又閒雜偶句,為例不純。其《自然道士傳》、《正一先生傳》、《壽光先生傳》諸篇,襲《毛穎傳》而為之,亦頗嫌寠臼。然南宋季年,文章凋敝。道學一派,以冗沓為詳明;江湖一派,以纖佻為雅雋。先民舊法,幾於蕩析無遺。士林承極壞之後,毅然欲追步於唐人,雖明而未融,要亦有振衰起廢之功,所宜過而存之者也。趙孟頫嘗見其《蘭皋山寺碑文》,深相傾挹。後士林卒,孟頫為誌其墓。杜本亦稱其《謝翺傳》、《胡烈婦傳》能使秉彝好德之心千載著明,固非曲相假借矣。

【彙訂】

① 趙孟頫《松雪齋集》卷八《任叔寔墓誌銘》云:"軍諱士林,字叔寔,姓任氏。其先蜀綿竹人……八世祖來居慶元之奉化,又再世而徙居琦山。"《宋元學案》卷八四《任士林小傳》附王梓材案語,引《松雪齋集》上文後云:"琦山屬鄞,故謝山云鄞人。"趙孟頫為任士林好友,即言由奉化徙居琦山,全祖望(謝山)、王梓材又皆鄞縣人,所言地望必不誤(民國《鄞縣志·文獻志·人物類表第三·文學·任士林傳》,即以任為鄞縣人)。故任士林實為鄞縣人(由其六世祖始)。(楊武泉:《四庫全書總目辨誤》)

松雪齋集十卷外集一卷(江蘇巡撫採進本)①

元趙孟頫撰。孟頫字子昂,宋太祖之後。以秀王伯圭賜第湖州,故為湖州人。年十四,以父蔭入仕。宋亡家居,會程鉅夫訪遺逸於江南,以孟頫入見。即授兵部郎中,累官翰林學士承旨。卒,追封魏國公,諡文敏。事蹟具《元史》本傳。楊載作孟頫《行狀》,稱所著有《松雪齋詩集》,不詳卷數。明萬曆閒江元禧所編《松雪齋集》,寥寥數篇,實非足本。惟焦竑《經籍志》載孟頫集十卷,與此本目次相合。而史所稱《琴原》、《樂原》,得律呂不傳之妙者,檢勘均在其中。《外集》雜文十九首,亦他本所未載,蓋全帙也②。孟頫以宋朝皇族改節事元,故不諧於物論。觀其《和姚子敬韻》詩有"同學故人今已稀,重嗟出處寸心違"句,是晚年亦不免於自悔。然論其才藝,則風流文采,冠絕當時。不但翰墨為元代第一,即其文章亦揖讓於虞、楊、范、揭之間,不甚出其後也。集前有戴表元序,見《剡源集》中,末題"大德戊戌歲"。蓋孟頫自汾州知州謁告歸里時裒集所作,請表元序之者。表元不妄許與,而此序推挹其至,其有所以取之矣。後人編錄全集,仍錄此序以為冠,非無意也。

【彙訂】

① "江蘇巡撫採進本",殿本作"兩淮馬裕家藏本",誤。《四庫採進書目》中"江蘇省第一次書目"著錄此書,未見於"兩淮商人馬裕家呈送書目"。(江慶柏:《殿本、浙本〈四庫全書總目〉著錄圖書進獻者主名異同考》)

② 清康熙上海曹培廉刻本別輯《續集》一卷,當以此本為最足。(胡玉縉:《四庫全書總目提要補正》)

吳文正集一百卷(浙江孫仰曾家藏本)①

元吳澄撰。澄有《易纂言》,已著錄。是集為其孫當所編。永樂丙戌,其五世孫燦所重刊②。後有燦跋曰:"《支言集》一百卷,《私錄》二卷,皆大父縣尹公手所編類,刊行於世。不幸刻版俱毀於兵火,舊本散落,雖獲存者,間亦殘闕。迨永樂甲申,始克取家藏舊刻本,重壽諸梓。篇類卷次,悉存其舊③,不敢更改。惟卷首增入年譜、神道碑、行狀、國史傳以冠之。但舊所闕簡,徧求不得完本。今故止將殘闕篇題列於各卷之末，以俟補續。"云云。則此本乃殘闕之餘，非初刻之舊矣。然檢其卷尾闕目，惟十七卷《徐君順詩序》一篇、五十四卷《題趙天放桃源卷後》一篇、五十七卷《題約説後》一篇，又三十七卷《濂南王先生祠堂記》，末註"此下有闕文"而已，所佚尚不多也。初，許衡之卒，詔歐陽元〔玄〕作神道碑。及澄之卒，又詔揭傒斯撰神道碑。首稱"皇元受命，天降真儒。北有許衡，南有吳澄。所以恢宏至道，潤色鴻業，有以知斯文未喪，景運方興"云云，當時蓋以二人為南北學者之宗。然衡之學主於篤實以化人，澄之學主於著作以立教。故世傳《魯齋遺書》僅寥寥數卷，而澄於註解諸經以外，訂正張子、邵子書，旁及《老子》、《莊子》、《太元》、樂律、《八陣圖》、《葬經》之類，皆有撰論，而文集尚裒然盈百卷。衡之文明白質樸，達意而止，澄則詞華典雅，往往斐然可觀。據其文章論之，澄其尤彬彬乎？吳當所編，過於求備，片言隻字，無不收拾，有不必存而存者，未免病於稍濫。然此自南宋以來編次遺集之通弊，亦不能獨為當責矣。

【彙訂】

① 殿本尚有《私錄》二卷。文淵閣《四庫》本作一百卷（缺卷五一、五二）附錄一卷。

② 明宣德十年（1435），吳燴、吳炬復刻梓此集於家，非重刊於永樂間。（潘柏澄：《〈吳文正公集〉敍錄》）

③ "存"，殿本作"仍"。

金淵集六卷（永樂大典本）

元仇遠撰。遠字仁近，一曰仁父，錢塘人。因居餘杭溪上之仇山，自號曰山村民。世傳高克恭畫《山村圖》卷，即為遠作也。遠在宋咸淳閒即以詩名。至元中嘗為溧陽教授，旋罷歸，優游湖山以終。遠初錄所作一編，方鳳、牟巘、戴表元皆為之序。分教京口時，裒所作曰《金淵集》，吾邱〔丘〕衍為之題詩，所謂《仇仁父解秩建康有新文曰〈金淵集〉》者是也。二集皆已佚。故明嘉靖中顧應祥跋其《贈士瞻上人》卷，已有不見全集之憾。世所傳《興觀集》、《山村遺稾》，皆從手書墨蹟蒐聚成編，非其完善。近時歙縣項夢昶始採摭諸書所載，補輯為《山村遺集》一卷，刻之杭州。而所謂《金淵集》者，則不可復睹。今惟《永樂大典》所載，尚數百首。考遠《贈士瞻上人》卷後有洪武二十一年僧道衍跋，其推挹甚至，蓋深傾倒於遠者。故其監修是書，載之獨夥。疑其全部收入，所遺無幾也。謹依各體排纂，編為六卷。遠在宋末，與白珽齊名，號曰“仇白”。厥後張翥、張羽以詩鳴於元代者，皆出其門。他所與唱和者，周密、趙孟頫、吾邱衍、鮮于樞、方回、黃溍、馬臻，皆一時名士。故其詩格高雅，往往頡頏古人，無宋末麤獷之習。方鳳序述遠之言曰：“近體吾主唐，古體吾主選。”瞿祐又記遠自跋其詩曰①：“近世習唐詩者以不用事為第一格。少陵無一字無來處，眾人固不識也。若不用事之說，正以文不讀書之過耳。”其言頗中江湖、四靈二派之病。今觀所作，不媿所言。而此集出自塵薶蠹蝕之餘，皆項夢昶本所不載，若有神物呵護，俾待聖朝而後顯者，為尤可寶貴矣。

【彙訂】

①“瞿祐”，底本作“瞿祐”，據殿本改。明瞿祐（一作佑）著有《歸田詩話》等。

山村遺集一卷(浙江鮑士恭家藏本)

元仇遠撰。遠所撰《金淵集》,皆官溧陽日所作[①],故取投金瀨事以為名。所載皆溧陽之詩,而他作不預焉。其他作為方鳳、牟巘、戴表元等所序者,僅散見諸家集中,而詩則久佚。世所傳《興觀集》、《山村遺稾》,皆後人以墨蹟裒刻,非其完本。此本為歙縣項夢昶所編[②]。後有夢昶跋,稱:"留意搜訪,從《珊瑚木難》、《清河書畫舫》、成化《杭州府志》、《嘉興志補》、《上天竺寺志》、《絶妙好詞》、《花草粹編》諸書中復得詩詞題跋如干首,編排成帙。"雖其時《永樂大典》猶庋藏清祕,外間不得而窺,《金淵集》所載,夢昶皆不及錄,不足以盡遠之著作,然此集之詩皆不作於溧陽,不可併入《金淵集》内。故仍存其書,各著於錄,以不没遠之佚篇焉。

【彙訂】

① "所",殿本無。

② 項夢昶跋明言此集係前人自世傳仇氏書法手蹟抄得詩若干而成,夢昶復從諸書輯得詩詞題跋若干增補。(查洪德:《山村遺稾提要》)

湛淵集一卷(浙江鮑士恭家藏本)

元白珽撰。珽有《湛淵靜語》,已著錄。《成化杭州府志》載珽《湛淵集》八卷,《文淵閣書目》尚著錄,今已久佚。此本為近時杭州沈菘町所輯[①],凡賦二首、詩六十三首、文六首,冠以戴表元序,而附以宋濂所作《墓誌》。表元序稱其詩甚似渡江陳去非。濂《誌》載劉辰翁之言,稱其"不為雕刻苛碎,有雲山韶濩之音"。又月泉吟社第十八名唐楚友者,即珽之寓名。謝翱、方鳳等亦評其格調甚高。陶九成撰《輟耕錄》載其《演雅》十首。蓋斑在宋咸淳中，已與仇遠同以詩名。入元後，二人皆應薦為儒官。坎坷不達，退老湖山，出處亦略相近。其集皆散佚之後，經後人重輯，略存什一。而遠所撰《金淵集》，以《永樂大典》收入②，恭逢聖代右文，得邀睿鑒，重壽棗梨。而斑集以《永樂大典》未收，無從裒錄，故所傳祇有此本。其中又間雜偽作，如成化《杭州府志》所載《三月八日過西馬塍》一首，中四句全與《月泉吟社詩》同。而第二句以"塍"字與"晴"、"聲"、"名"字同押，是於至正之初已用《洪武正韻》。其為依託淆混，不問可知③。是則與遠所遭有幸有不幸矣。然吉光片羽，終足寶貴，固不妨與遠並傳也。

【彙訂】

① 丁國鈞《荷香館瑣言》云："考葒町，仁和人，名景良，字敬履……葒町其別號也。"則依《總目》體例，當作"仁和沈景良所輯"。（胡玉縉：《四庫全書總目提要補正》）

② 殿本"收"上有"全部"二字。

③ "至正之初"當指白斑作詩之時。然此集末附宋濂《元故湛淵先生白公墓銘》云："（公）以天曆元年九月十五日卒，年八十一。"天曆元年下距至正元年，尚有十三年，至正之初，白斑久已下世，豈能作詩？白於宋末已以詩名，以詩用韻之不合，應舉"宋末"或"元初"，而非"至正之初"。（楊武泉：《四庫全書總目辨誤》）

牧潛集七卷（編修汪如藻家藏本）

元釋圓至撰。圓至字牧潛，號天隱，高安人。至元以來，遍歷荊、襄、吳、越，禪理外頗能讀書。又刻意為古文，筆力嶄然，多可觀者。前有崇禎己卯僧明河《書姚廣孝序後》一篇，稱初得鈔本於武林，前有方回序，後有洪喬祖跋。又有姚廣孝序，序為《逃虛子集》所不載。後又得見刻本，多詩數首，因校付毛晉刻之。此本即毛晉所刻，僅有喬祖跋及明河此文，無方、姚二序，殆偶失之。明河又稱嘗讀虎邱舊志，見圓至《修隆禪師塔記》，嘆其文字之妙。今此《記》不見集中，則不知何以不補入也①。自六代以來，僧能詩者多，而能古文者不三五人。圓至獨以文見，亦緇流中之卓然者。都穆《南濠詩話》嘗稱圓至工於古文，詩尤清婉，舉其《寒食》、《西湖》、《送人》、《再往湖南》、《涂居士見訪》五詩。《送人》及《再往湖南》詩不免凡語，餘三篇誠楚楚有清致，蓋其詩亦有可觀。而所註周弼《三體唐詩》，乃犵陋不可言狀。知文章之道與考證之學分路而揚鑣也久矣。

【彙訂】

① 元刻本、汲古閣本《牧潛集》中皆收錄此《記》，篇名作《修虎丘塔頌序》。（汪桂海：《元版元人別集》）

小亨集六卷（永樂大典本）

元楊宏〔弘〕道撰。宏道字叔能，淄川人。生金之季，其事蹟不見於史傳。以集中詩文考之，金宣宗興定末，始與元好問會於京師，是時金已南遷。至哀宗正大元年，嘗監麟游酒稅。後又仕宋，以理宗端平元年為襄陽府學教諭。其《投趙制置劄》有"歸朝未滿三載"語，則當以紹定末南歸者。而集中又有《贈仲經詩序》，稱"端平二年清明後，出襄陽，攝唐州司戶。十二月上旬北遷，寓家濟源"云云，則在宋未久，旋入於元。考之《宋史》，是歲七月，元兵至唐州。全子才棄師宵遁，唐州遂為元所取。宏道蓋因此北遷耳。其後遂鮮所表見，當未經復仕。惟集中《門帖子》有"己酉再逢鬢未皤"之句，計入元又十四五年，而宏道年已六十矣。綜其生平，流離南北，竊祿苟全。其出處之際，蓋無足道。然其詩則在當日最為有名。元好問序其集，謂："金南渡後學詩者，惟辛敬之、楊叔能以唐人為指歸。"又序楊飛卿《陶然集》，謂："貞祐後詩學為盛，洛西辛敬之、淄川楊叔能、太原李長源、龍坊雷伯威、北平王子正，皆號稱專門。"又有贈宏道詩云："海內楊司户，聲名三十年。"又云："星斗龍門姓氏新，豈知書劍老風塵。"其傾倒於宏道甚至。劉祁《歸潛志》亦以宏道與好問及李汾、杜仁傑並稱。同時若趙秉文、楊雲翼見其詩，並稱嘆不已。秉文至比之金膏水碧，物外難得之寶。今觀所作，五言古詩得比興之體，時時近漢、魏遺音，律詩風格高華，亦頗有唐調。雖不及好問之雄渾蒼堅，然就一時詩家而論，固不可謂非北方之巨擘也。焦竑《經籍志》載《小亨集》十五卷[1]，世久失傳。今從《永樂大典》中搜輯編綴，釐為詩五卷，文一卷。

【彙訂】

　　[1] 焦竑《國史經籍志》卷五著錄楊弘道《小亨集》十卷。（王樹林：《小亨集提要》）

　　還山遺稿二卷附錄一卷（浙江鮑士恭家藏本）

　　元楊奐撰。奐字煥然，又名知章，乾州奉天人。生於金世宗大定二十六年。凡秋試四中選，而春試輒不第。入元以耶律楚材薦，授河南路徵收課稅所長官兼廉訪使[1]。越十年，致仕歸。事蹟具《元史》本傳。考集中《臂僮記》稱所著有《還山前集》八十一卷，《後集》二十卷，《近鑑》三十卷，《韓子》十卷，

《概言》二十五篇,《硯纂》八卷,《北見記》三卷,《正統記》六十卷。《元史》本傳則僅稱有《遺山集》六十卷。元好問作奐神道碑,則稱《遺山集》一百二十卷。卷目均參差不符。然舊本不傳,無由考定。此本乃明嘉靖初南陽宋廷佐所輯,以掇拾殘賸,故名之曰《遺槁》。凡文一卷、詩一卷,冠以《考歲略》。又附錄傳誌、題詠之類為一卷。併各以採自某書,得自某人,及石刻今在某所,註於下。蓋明之中葉,士大夫偶著一書,猶篤實不苟,必求有據如此也。奐詩文皆光明俊偉,有中原文獻之遺,非南宋江湖諸人氣含蔬筍者可及。其《汴故宮記》述北宋大內遺蹟;《與姚公茂書》論朱子家禮神主之式,舉所見唐杜衍家廟及汴京宋太廟為證;《東遊記》述孔林古蹟尤悉,皆可以備文獻之徵也。陶宗儀《輟耕錄》稱:“奐嘗讀《通鑑》,至論漢、魏正閏,大不平之。遂修《漢書》,駁正其事。因作詩云:‘風煙慘澹控三巴,漢燼將燃蜀婦髽。欲起溫公問書法,武侯入寇寇誰家。’後攻宋軍回,始見《通鑑綱目》,其書乃寢。”云云。是郝經以外,又有斯人亦具是卓識矣。

【彙訂】

① “課稅”,殿本作“歲課”,誤,參《元史》卷一五三本傳。

魯齋遺書八卷附錄二卷(左都御史張若湉家藏本)

元許衡撰。衡有《讀易私言》,已著錄。初,衡七世孫堉郝亞卿輯其遺文未竟①,河內教諭宰廷俊繼成之,何瑭為之序。嘉靖乙酉,山陰蕭鳴鳳校刊於汴,自為之序。序後復有題識云:“鳴鳳方校是書,適應內翰元忠奉使過汴②,謂舊本次第似有未當,乃重編如左。續得《內法》及《大學》③、《中庸直解》,俱以次增入舊本,名《魯齋全書》。竊謂先生之書尚多散佚,未敢謂之全也。故更名《遺書》。"蓋此本為應良所重編,而鳴鳳更名者也①。首二卷為語錄。第三卷為《小學大義》、《直說大學要略》、《大學直解》。第四卷分上、下,上為《中庸直解》、下為《讀易私言》、《讀文獻公揲蓍說》及《陰陽消長》一篇。第五卷為奏疏。第六卷亦分上、下,上為雜著,下為書狀。第七、第八卷為詩樂府。《附錄》二卷,則像贊誥敕之類及後人題識之文⑤。其書為後人所裒輯,無所別擇。如《大學》、《中庸直解》皆課蒙之書,詞求通俗,無所發明。其編年歌括尤不宜列之集內。一概刊行,非衡本意。然衡平生議論宗旨,亦頗賴此編以存。棄其蕪雜,取其精英,在讀者別擇之耳。其文章無意修詞而自然明白醇正,諸體詩亦具有風格,尤講學家所難得也。

【彙訂】

① 郝縉字亞卿,依《總目》體例,當作"衡七世孫壻郝縉"。(胡玉縉:《四庫全書總目提要補正》)

②"元忠",底本作"元宗",據殿本改。明嘉靖刻本此集蕭鳴鳳題識原文云:"適予友應內翰元忠奉使過汴。"《明史》卷二八三載應良字原忠。

③"內法",明嘉靖刻本此集蕭鳴鳳題識原文作"心法"。

④ 元大德九年刊本即名《魯齋遺書》。(胡玉縉:《四庫全書總目提要補正》)

⑤ 文淵閣《四庫》本十四卷,卷一、二為語錄,卷三為《小學大義》、《大學要略》,卷四為《大學直解》,卷五為《中庸直解》,卷六為《讀易私言》,卷七為《時務五事》,卷八為雜著,卷九為書狀,卷十為編年歌括,卷十一為四言律詩,卷十二為譜傳,卷十三為

附錄,卷十四為先儒議論,與明萬曆二十四年怡愉學詩刊本相合,而非嘉靖乙酉應良刊本。(何槐昌:《〈四庫全書總目〉著錄校正選輯》)

靜修集三十卷(兩江總督採進本)

元劉因撰。因有《四書集義精要》,已著錄。其早歲詩文才情馳騁,既乃自訂《丁亥詩集》五卷,盡取他文焚之。卒後門人故友裒其佚槀,得《樵菴詞集》一卷,《遺文》六卷,《拾遺》七卷,最後楊俊民又得《續集》二卷。捃拾殘賸,一字不遺,其中當必有因所自焚者。一例編輯,未必因本意也。後房山賈彝復增入《附錄》二卷,合成三十卷[①]。至正中,官為刊行,即今所傳之本。其文遒健排奡,迥在許衡之上,而醇正乃不減於衡。張綸《林泉隨筆》曰:"劉夢吉之詩,古選不減陶、柳。其歌行、律詩,直溯盛唐,無一字作今人語。其為文章,動循法度,春容有餘味。如《田孝子碑》、《輞川圖記》等作[②],皆正大光明,較文士之筆氣象不侔。"今考其論詩有曰:"魏、晉而降,詩學日盛,曹、劉、陶、謝其至者也;隋、唐而降,詩學日變,變而得正,李、杜、韓其至者也;周、宋而降,詩學日弱,弱而復強,歐、蘇、黃其至者也。"云云,所見深悉源流。故其詩風格高邁,而比興深微,闖然升作者之堂,講學諸儒未有能及之者。王士禎作《古詩選》,於詩家流別品錄頗嚴,而七言詩中獨錄其歌行為一家。可云豪傑之士,非門戶所能限制者矣。

【彙訂】

①《總目》所述總計僅二十三卷。文淵閣《四庫》本書前提要作"靜修集二十五卷,續集三卷",又云:"卒後門人故友裒其佚

橐,得《樵菴詞集》一卷,《遺文》六卷,《遺詩》六卷,《拾遺》七卷。最後楊俊民又得《續集》三卷"。文淵閣本確如其所述,未載附錄二卷。(周錄祥:《〈四庫全書簡明目錄·集部〉訂誤》)

②"輞川圖記",底本作"桐川圖記",據此集卷十《輞川圖記》、《今獻彙言》本《林泉隨筆》原文及殿本改。

青崖集五卷(永樂大典本)

元魏初撰。初字太初,號青崖,宏州順聖人。從祖璠,金末官翰林修撰,以亢直稱。元世祖徵至和林,甚見禮重。璠無子,以初為後。少辟中書省掾史①,告歸。有薦於朝者,帝問知璠子,即授國史院編修。尋拜監察御史,官至南臺御史中丞。事蹟具《元史》本傳。焦竑《經籍志》載魏初《青崖集》十卷。《文淵閣書目》亦載魏太初《青崖文集》一部,七册。是明初原集尚存,其後乃漸就亡佚。今從《永樂大典》所載詩文,搜輯哀綴,釐為五卷,猶可見其崖略。史稱:"初好讀書,尤長於《春秋》,為文簡而有法。"而集中所記,自稱與姜彧同辱遺山先生教誨。又稱:"先生入燕,初朝夕奉杖履。"是其學本出元好問,具有淵源。故所作皆格律堅蒼,不失先民軌範。又其在世祖時,始以經史進讀,旋歷諫職,遇事敢言,於開國規模,多所裨益。集中"奏議"一門,皆詳識歲月,分條臚列。中如請定法令、請肅朝儀、請免括大興民兵、請令御史按察司官歲舉一人自代諸議,《元史》皆採入本傳中。其他若請緩椿配鹽貨、請禁刁蹬客來、請優護儒戶、請旌鄭江死節、請修孟子廟、請和雇工匠、請罷河南簽軍諸議②,史所未載者,類皆當時要務,切中事情。今幸遺集僅存,猶足以補史闕,固不徒以文章貴矣。

【彙訂】

①"掾史"，底本作"掾吏"，據《元史》卷一六四本傳及殿本改。

②"簽軍"，殿本作"僉軍"，誤，參此集卷四"奏議"載至元九年八月四日疏。

養吾齋集三十二卷（永樂大典本）

元劉將孫撰。將孫字尚友，廬陵人，辰翁之子。嘗為延平教官、臨汀書院山長。辰翁以文名於宋末，當文體冗濫之餘，欲矯以清新幽雋。故所評諸書，多標舉纖巧，而所作亦多以詰屈為奇。然蹊逕獨開，亦遂別自成家，不可磨滅。將孫擩染家學，頗習父風，故當日有"小須"之目。吳澄為作集序，謂其浩瀚演迤，自成為尚友之文，如蘇洵之有蘇軾。曾以立序則謂淵源所自，淹貫古今①。觀其《感遇》諸作②，皆效陳子昂③、張九齡，雖音節不同，而寄託深遠，時有名理。近體亦多佳句。序記④、碑誌諸文，雖傷於繁富，字句亦間涉鉤棘，然序事婉曲，善言情款，具有其父之所短，亦未嘗不具有其父之所長。又宋、元之際故老遺民，如胡求魚、聶濟之問學，趙文、劉岳申之文章，郭汝介、涂世俊之孝行，多不見於他書，獨是集能具其顛末，亦頗賴以傳。至所云："歐、蘇起而常變極於化，伊、洛興而講貫達於粹，然尚文者不能暢於理，尚理者不能推之文。"其言深中宋人之弊。又云："時文之精即古文之理。韓、柳、歐、蘇皆以時文擅名，其後為古文，如取之固有。皇甫湜、樊紹述、尹洙、穆修諸家，寧無奇字妙句，幽情苦思。所謂不得與韓、歐並，時文有不及焉故也。"其言尤足以砭高語奇古而不能文從字順之病。雖所作不盡踐其言，要不能不謂之通論也。據曾以立序,原集本四十卷。而自明以來,罕見藏弆。惟周南瑞《天下同文集》首有將孫序一篇,中錄其文一篇。顧嗣立《元詩選》僅載其詩一首。蓋亡佚久矣。今據《永樂大典》所載,輯為三十二卷⑤,以備文章之一格,亦歐陽修偶思螺蛤之意爾。

【彙訂】

① "古今",書前曾序原文及殿本作"千古"。

② 殿本"觀"上有"今"字。

③ "皆",殿本無。

④ "序記",底本作"序說",據殿本改。此集卷十五至二二為記。

⑤ "三十二卷",殿本作"二十二卷",誤。

存悔齋稾一卷補遺一卷(浙江鮑士恭家藏本)

元龔璛撰。璛字子敬,自高郵遷居平江。父滁,宋末官司農卿。國亡,不食卒。璛少為憲使徐琬〔琰〕辟置幕下①,後充和靖、學道兩書院山長。調寧國路儒學教授,遷上饒主簿,改宜春丞,以江浙儒學副提舉致仕。所著有《存悔齋詩稾》一卷。明朱存理復輯其佚篇為《補遺》一卷。其《詩稾》之末至正九年開封俞禎跋所稱永嘉朱先生,乃別是一人而佚其名,非即存理也。盛儀《嘉靖維揚志》稱璛善屬文,刻意學書,有晉人風度。蓋亦一時知名士。乃篇什所存,寥寥無幾,當已不免散佚。然其詩格伉爽,頗能自出清新。在元人諸集中猶為獨開生面,正不必以少為嫌矣。

【彙訂】

① "徐琬",當作"徐琰",乃避嘉慶諱改。殿本作"琰"。

雙溪醉隱集八卷（永樂大典本）①

元耶律鑄撰。鑄字成仲，遼東丹王九世孫，中書令楚材之子也。累官中書左丞相。卒，追贈懿寧王，謚文忠。事蹟具《元史》本傳。楚材佐元太祖、太宗平定天下，立綱陳紀，皆出其所規畫。鑄少而聰敏，尤工騎射。從憲宗征蜀，屢建功績。後三入中書，定法令，製雅樂，多所裨贊。經濟不媿其父，而文章亦具有父風，故元好問、李冶諸人皆與款契②。然楚材《湛然居士集》尚有鈔本，而鑄集久佚不傳，藏書家至不能舉其名氏。惟明錢溥《內閣書目》有《耶律丞相雙溪集》十九冊，亦不詳其卷目。檢勘《永樂大典》所收鑄《雙溪醉隱集》，篇什較夥，有《前集》、《新集》、《續集》、《別集》、《外集》諸名。又別載趙著、麻革、王萬慶諸序跋，乃為鑄年少之詩，名《雙溪小稿》者而作。是所作諸集本各為卷帙，頗有瑣碎之嫌。謹裒集編次，都為一集，而仍以《雙溪小稿》原序、原跋分繫首末，用存其概。鑄早從征伐，足蹟涉歷，多西北極遠之區，故所述塞外地理典故，往往詳核。如據和林城唐明皇御書《闕特勤碑》，證《新》、《舊唐書》作“特勒”之誤。“處月”、“丁零”二註，辨論頗詳。此類皆有裨於考證。又其家在金、元之間，累世貴顯，諳習朝廷舊聞。集中如《瓊林園》、《龍和宮》諸賦，敘述海陵、章宗軼事及宮室制度，多《金史》所未及。其他題詠亦多關係燕都故實，而《帝京景物略》諸書均未紀錄，亦足以資博識也。至於《金史·耶律履傳》、《元史·耶律楚材傳》均不著其里貫，於史例頗為不合。今考鑄《寓歷亭》詩註云：“予家遼上，後家醫無閭。”又《五湖別業》詩註云：“余先居和林，從寓隗臺③，今卜築縉雲五湖別業。”敘其遷徙之蹟頗詳，是尤足以補史之闕矣。

【彙訂】

① 文淵閣《四庫》本作六卷。（楊鐮：《元詩史》）

② 殿本"李"上有"與"字。

③ "隗臺"，殿本作"隅臺"，誤，參此集卷三《縉雲五湖別業書事》詩注。

東菴集四卷（永樂大典本）

元滕安上撰。安上字仲禮，定州人。以薦除中山府教授。歷禹城主簿，徵為國子博士，轉太常丞，拜監察御史。以地震上疏不得達，遂引疾去。尋起為國子司業，卒於官。《元史》不為立傳。其事實具見於姚燧所作《墓碣銘》，且稱其"敏修篤行，學積其躬，道行其家，化及其鄉"。而吳澄《文正集》亦謂安上為人乃有學有行而有文者。蓋亦束脩自好之士也。燧又稱所著"有《東菴類稾》十五卷，江西廉訪使趙秉政版之行世。又有《易解》、《洗心管見》藏於家"。而焦竑《國史經籍志》乃稱安上《東菴稾》十六卷，與燧所紀卷數不合，當由未見原集而誤。近時顧嗣立作《元詩選》，搜採至數百家，而安上之集闕焉，則其佚久矣。今從《永樂大典》中裒集編次，得詩二百餘篇，分為四卷。其詩格以朴勁為主，不免稍失之粗獷，而筆力健舉，七言古詩尤有開闔排宕之致。視元末穠豔纖媚之格全類詩餘者，又不以彼易此矣。考蘇天爵《文類》載有安上《祭硯司業先生文》一篇，而姚燧亦謂其文"一本理義，辭旨暢達，不為險譎，非有裨世教者不言"。是原集當兼載詩文。惜《永樂大典》僅存其詩，其文已無可考也。

白雲集四卷（編修朱筠家藏本）

元許謙撰。謙有《讀書叢說》，已著錄。謙初從金履祥游，講明朱子之學，不甚留意於詞藻。然其詩理趣之中頗含興象，五言古體尤諧雅音，非《擊壤集》一派惟涉理路者比。文亦醇古，無宋人語錄之氣，猶講學家之兼擅文章者也。惟其與王申伯一詩，宗旨入於莊、老，非儒者所宜言。求補儒吏一書，代人干乞，亦可不必編置集中，為有道之累。至於《南城晚望》詩，乃五言長律八韻，而誤分為二首；《放棹行》乃七言古詩，而誤以為律體；《故朝散大夫婺州路總管治中致仕朱公壙志》末稱"孤子某等泣血謹識"，全篇皆子為父作之詞，乃他人之文，誤為收入；《題趙昌甫詩卷》實七言絕句一首，題下"昌甫以辛丑歲"云云，即詩之序，乃誤入雜著中；《學箴》一篇既據謙手蹟收入集中，即當題曰《補遺》，乃別共明人題跋題曰《附錄》。考卷末舊跋，是集乃正統丁卯金臺李伸得殘編於其祖妣王氏家，皆謙之草稾。伸始編次成書，非出於謙所自定，故體例蹐駁如是也。成化丙戌，江浦張瑄初刻於廣東，金華陳相為之序。又有正德戊寅陳綱重刻跋，稱脫去數頁，竟不可得，又稱改其名曰《白雲存稾》。此本從商邱宋犖家傳寫，乃題曰《許白雲集》，亦無闕頁。觀卷末題識，蓋此跋從別本錄入，故與書不相應，今亦削之不載云。

　　畏齋集六卷（永樂大典本）

　　元程端禮撰。端禮有《讀書分年日程》，已著錄。其詩文名《畏齋集》，見於黃溍所作《墓誌》，而不著卷數。諸家書目亦多不載，故世久無傳①。惟散見《永樂大典》中者，尚得詩文百餘篇。謹依類編次，釐為六卷。其學以朱子為宗，故作孫叔會《詩集序》云："詩至七言而衰，律而壞，詞而絕。自朱子出，而古詩遺意復見。"蓋朱子之學不在乎詩，故其作有自然之妙，諷詠勸懲之實。

又《送牟景陽序》云蜀文再變於魏了翁。了翁學程、朱學,故未嘗有意為文人之文,而文自妙②。其全集宗旨,不出於是。夫朱子為講學之宗,誠無異議。至於文章一道,則源流正變,其說甚長。必以《晦菴》一集律天下萬世,而詩如李、杜,文如韓、歐,均斥之以衰且壞,此一家之私言,非千古之通論也。然端禮所作,尚皆明白淳實,不龡於正。而其持論,亦足以矯淫哇豔冶之弊,於文章尚不為無功。故糾其膠固之失,而仍裒輯其佚篇,備一格焉。

【彙訂】

① 此集見於明清書目著錄,有《文淵閣書目》卷九一部二冊,《菉竹堂書目》卷三著錄二冊,《國史經籍志》卷五、《千頃堂書目》卷二九著錄十卷。(華嵐:《畏齋集提要》)

② “自”,殿本作“特”。

默菴集五卷(兩淮馬裕家藏本)

元安熙撰。熙字敬仲,藁城人。少慕劉因之名,欲從之游,因亦願傳所學於熙。會因卒,不果。然所學一以因為宗。其門人蘇天爵作《熙行狀》,稱朱子《四書集註》初至北方,溥南王若虛起而辨之,陳天祥益闡其說。熙力與爭,天祥遂焚其書。今天祥之書故在,焚之之說雖涉於夸飾,然熙之力崇朱學,固於是可見也。熙歿之後,天爵輯其詩文,而虞集為之序。詩頗有格調,雖時作理語,而不涉語錄。惟《冬日齋居》五首及《壽李翁八十》詩,不入體裁。雜文皆篤實力學之言,而傷於平沓,蓋本無意於求工耳。天爵《行狀》稱集十卷。目錄後熙子塈附記,亦云《內集》五卷,《外集》五卷。此本僅存詩文五卷,《附錄》一卷①,或舊本散佚,後人重為編綴歟?

【彙訂】

①《四庫》本無《附錄》一卷。（劉毓慶:《歷代詩經著述考（先秦—元代）》）

雲峯集十卷（兩淮馬裕家藏本）①

元胡炳文撰。炳文有《周易本義通釋》,已著錄。據林瀚所作是集序,其原本蓋二十卷,後燬於兵。明成化中,其七世孫用光、八世孫浚乃掇拾散佚,編為此本。凡雜文七卷,附以賦四篇、歌詞一篇,詩一卷、附以詞三首。《附錄》二卷,則本傳、行狀及贈答題詠詩文也。炳文之學,一以朱子為宗。故其《答陳櫟書》云:"我輩居文公鄉,熟文公書,自是本分中事。"其作《草堂學稾序》②,歷舉前代詩人,極詞醜詆。有云:"縱迫曹、劉,何補於格致誠正;縱迫謝、鮑,何補於修齊治平。"持論偏僻,殊為謬妄。然其雜文乃平正醇雅,無宋人語錄、方言皆入筆墨之習。其詩雖頗入《擊壤集》派,然如《贈鶴菴相士四言》、《北寺昏鐘》、《廖塢晚煙》③、《拜鄂岳王墓》、《濠觀亭》、《贈二齊生》諸篇,皆不失雅韻。殆其天姿本近於詞章,故門徑雖殊,而性靈時露歟? 至於古文之中,往往間以藻飾。如《送文公五世孫序》云:"自古及今,人家豈無邱墓④,亦豈無巢翡翠卧麒麟者⑤。"《與吳草廬書》云:"苔綠滋深,而芹香莫采,有負先聖先師。"《環綠亭記》云:"睿聖武公,九十猶好學⑥。德麟年方綠鬢,學當如何。"以文體論之,皆為破律。然較諸侈言載道,毫不修飾者,固有間矣。

【彙訂】

①《四庫全書》本實僅錄前八卷。（潘柏澄:《〈雲峯集〉敍錄》）

　　② 此集卷三有《程草庭學槀序》。

　　③ 此集卷八有《廖塢鶴煙》。

　　④ "豈"，此集卷三《送文公五世孫序》原文及殿本作"疇"。

　　⑤ "亦"，《送文公五世孫序》原文及殿本無。

　　⑥ "九十"，底本作"七十"，據此集卷二《環綠亭記》原文及殿本改。

　　秋澗集一百卷（兩淮馬裕家藏本）

　　元王惲撰。惲有《玉堂嘉話》，已著錄①。惲文章源出元好問，故其波瀾意度皆不失前人矩矱。詩篇筆力堅渾，亦能嗣響其師。論事諸作，有關時政者尤為疏暢詳明，瞭如指掌。史稱惲有才幹，殆非虛語，不止詞藻之工也。集凡詩文七十七卷。又《承華事略》二卷，乃裕宗在東宮時所撰進。裕宗深重其書，令諸皇孫傳觀焉。《中堂事紀》三卷，載中統元年九月在燕京隨中書省官赴開平會議，至明年九月復回燕京之事，於時政綴錄極詳，可補史闕。《烏臺筆補》十卷②，乃為監察御史時所輯御史臺故事。《玉堂嘉話》八卷，則至元戊子所作③，乃追記在翰林日所聞見者。凡文章得失、典制沿革，皆彙而錄之，頗為精核。其論遼、金不當為載記，尤為平允，即當時所取以作《遼》、《金史》者也。與《承華事略》均有別本單行。以舊本編入集中，今仍並存焉。

　　【彙訂】

　　① 依《總目》體例，當作"惲有《承華事略》，已著錄"。（楊武泉：《四庫全書總目辨誤》）

　　② 文淵閣《四庫》本此書中《烏臺筆補》為七卷（卷八三至八九），卷九十為《便民三十五事》，卷九一、九二為《事狀》。

③ 戊子為至元二十五年，然書中內容終於至元三十二年乙未，說詳卷一二二《玉堂嘉話》條訂誤。

牧菴文集三十六卷（永樂大典本）

元姚燧撰。燧字端甫，號牧菴，河南人，姚樞之從子也。案《元史》稱樞為柳城人，元無柳城，蓋史據誌狀之文著其祖貫耳。初以薦為秦王府文學，歷官至翰林學士承旨、集賢大學士，謚曰文。事迹具《元史》本傳。燧雖受學於許衡，而文章則過衡遠甚。張養浩作是集序，稱其“才驅氣駕，縱橫開合，紀律惟意。如古勁將率市人戰①，鼓行六合，無敵不北。”柳貫作燧謚議，稱其“典冊之雅奧，詔令之深醇，抉去浮靡，一返古轍。而銘誌箴頌，雄偉光潔，家傳人誦，莫得而掩”。雖不免同時推獎之詞，然宋濂撰《元史》，稱其文“閎肆該洽，豪而不宕，剛而不厲，舂容盛大，有西漢風。宋末弊習，為之一變”。國初黃宗羲選《明文案》，其序亦云：“唐之韓、柳，宋之歐、曾，金之元好問，元之虞集、姚燧，其文皆非有明一代作者所能及。”則皆異代論定，其語如出一轍。燧之文品，亦可概見矣。其集久佚不傳。明《文淵閣書目》有《牧菴集》二十冊，而諸家著錄皆未之及。劉昌輯《中州文表》，所選燧詩較《元文類》僅多數首，文則無出《文類》之外者。昌跋稱：“《牧菴集》五十卷，聞松江士人家有刻本，南北奔走，竟莫能致。今所得乃錄本，多殘闕，視刻本僅十之二。”黃宗羲序《天一閣書目》云：“嘗聞胡震亨家有《牧菴集》，後求之不得。”蓋已久佚②。惟《永樂大典》所收頗夥。校以劉時中《年譜》所載文目，雖少十之二三，而較之《文類》所選，則多十之五六矣。詩詞更多出諸家選本之外。謹排比編次，釐為三十六卷，以存其概。集中諸體皆工，而碑志諸篇敍述詳贍,尤多足補《元史》之闕,又不僅以詞采重焉。

【彙訂】

①"勁",殿本作"勍",誤,參此集卷前張養浩序。

② 清初王士禛《居易錄》卷一七記《牧菴文集》五十卷,謂"曾睹其本"。(查洪德:《牧菴集提要》)

雪樓集三十卷(兩淮馬裕家藏本)

元程鉅夫撰。鉅夫初名文海,以字行,建昌人。雪樓者,郢州有白雪樓,鉅夫嘗以名所寓,故世即以是稱之。少與吳澄同學。宋亡後從季父飛卿入元,遂留宿衞。世祖試以筆札,改授應奉翰林文字,累官翰林學士承旨。追封楚國公,謚文憲。事蹟具《元史》本傳。鉅夫宏才博學,被遇四朝。忠亮鯁直,為時名臣。文章亦春容大雅,有北宋館閣餘風。其《順宗謚册》諸篇,宋濂等採入《元史》。蘇天爵撰《文類》,亦錄其文十餘篇,大抵皆詔誥碑版紀功銘德之作,而不及其詩①。然其詩亦磊落俊偉,具有氣格。近體稍膚廓,當由不耐研思之故。古詩落落自將,七言尤多遒警。當其合作,不減元祐諸人,非竟不工韻語者。天爵偶爾見遺,非定論也。所著《玉堂集類槀》、《奏議存槀》及詩文雜著,本各自為部。其子大本合輯為四十五卷,門人揭傒斯校正之。此本併作三十卷,乃至正癸卯其曾孫潘所重編②。明太祖洪武甲戌,詔取其本入祕閣。蓋數十年後,已隔異代,猶重為著作典型云③。

【彙訂】

①"及",殿本作"取"。

②"潘",殿本作"潛",誤。明洪武刻本此集有洪武二十八

年曾孫潛跋。(胡玉縉:《四庫全書總目提要補正》)

　　③至正十八年戊戌(1358)揭傒斯子法與鉅夫孫世京重訂此集為三十卷。癸卯(1363)春,建陽書市余通父始為謄寫,劉氏書肆為之刊行,僅成首十卷,即《玉堂類稿》九卷、《奏議存稿》一卷,板旋毀於戊申(1368)。洪武二十四年辛未(1391),以印本、寫本並刻於朱自達書肆,二十八年刊成,程潛識其末。(劉兆祐:《四庫著錄元人別集提要補正》)

　　曹文貞詩集十卷後錄一卷(江蘇蔣曾瑩家藏本)

　　元曹伯啟撰。伯啟字士開,碭山人。至元中,薦除冀州教授。天曆初,官至陝西諸道行臺御史中丞。卒謚文貞。是集一名《漢泉漫槁》。後有至元戊寅吳全節跋,稱為其子江南諸道御史臺管勾復亨所類次①,國子生胡益編為十卷,又稱有張夢臣、歐陽原功、蘇伯修、呂仲實四序,此本皆不載。《總目》於四序之前又列有御史臺咨文、太常博士諡議,亦皆有錄無書,蓋傳寫佚之。《後錄》一卷,為曹鑑奉敕所撰碑及像贊、祭文、哀詞、挽章,而目中"提調、校刊、謄寫姓名"一條亦未載入,則後人刪之也。伯啟生於宋末元初,而家世江北,不染江湖末派,亦不沿豫章餘波,所作乃多近元祐格。惟五言古詩頗嫌冗沓,其餘皆春容嫻雅,渢渢乎和平之音。雖不能與虞、楊、范、揭角立爭雄,而直抒胸臆,自諧宮徵,要亦不失為中原雅調矣。

【彙訂】

　　①"史",殿本脫,參此集卷末吳全節跋。

　　芳谷集二卷(編修汪如藻家藏本)

　　元徐明善撰。明善字志友,德興人,芳谷其別號也。至元中官隆興教授，又為江西儒學提舉。嘗奉使安南。又歷主江浙、湖廣三省考試，拔黃溍於棄卷中，識鑑為當世所稱。《元史》不為立傳。《豫章人物志》頗載其事迹，而不言其有集。又稱為鄱陽人，案程文憲《中州野錄》亦稱明善鄱陽人。頗參差不合①。知遺文湮晦，故傳聞異詞矣。《中州野錄》載其奉使交趾時，陳日烜知其能詩②，即席請賦。遂口占五言律詩一首，日烜遂納款奉貢，明善詩名因大振。然此集中有文無詩，前後亦無序跋，凡文一百二十篇③。其文頗談性理，而平正篤實，大致猶為雅潔，固非以方言俚語闌入筆墨者也。其《汪標墓銘》一首，已有闕文，《河南廉訪使吳公墓銘》一首，有錄無書，當由佚脫。又《平章董士選三代贈官制》三首，考其生平，未居館職，不應代擬王言。案蘇天爵《元文類》載此三制，題元明善所作。蓋編《芳谷集》者因明善之名相同，遂不加考核而誤收。今姑仍原本錄之，而訂其舛謬於此焉。

【彙訂】

①“參差”，殿本作“參錯”。

②“日烜”，殿本作“日炫”，下同，誤。安南陳朝仁宗名日烜。

③《四庫》本實際所錄一百一十一篇。（華嵐：《芳谷集提要》）

觀光稾一卷交州稾一卷玉堂稾一卷附錄一卷（浙江巡撫採進本）

元陳孚撰。孚字剛中，天台臨海人，歷官奉直大夫台州路總管府治中。是編凡分三集。《觀光稾》為至元中孚以布衣上《大一統賦》，江浙行省聞於朝，署上蔡書院山長，考滿謁選京師時作。《交州稾》為至元二十九年世祖命梁曾以吏部尚書再使安南,孚以翰林國史院編修官攝禮部郎中為副使,往來道中之作。《玉堂稾》皆孚官翰林日作。案孚使安南回,擢翰林待制,仍兼國史院編修。而稾中有《翰苑薦為應奉文字二十韻謝大司徒併呈諸學士》一首,又有《至元壬辰呈翰林請補外》二首。壬辰即使還之次年,是前後官翰林所作均在此集也。《觀光》、《交州》二稾,皆紀道路所經山川古蹟,蓋仿范成大使北諸詩,而大致亦復相埒。《玉堂稾》多春容諧雅,渢渢乎治世之音,其上都紀行之作,與前二稾工力相敵。蓋摹繪土風,最所留意矣。《附錄》一卷,皆載論安南詔、安南謝罪表及孚與安南諸書。考孚《元史》無傳,其出使始末乃載《梁曾傳》中①。其時陳世燇不出郊迎,又不延使自陽明中門入。孚作三書責之,辭直氣壯,迄不辱命,然《傳》不載其書詞,此卷亦足補史闕也。瞿宗吉《歸田詩話》曰:“《鸚鵡洲》有陳剛中一篇,詞語跌宕,議論老成,誠佳作也。又《白門詩》亦佳。”葉盛《水東日記》則曰:“詩與文稍異者,以詩兼興趣,有感慨調笑,風流脫灑處,如長詩‘落句翻空旁,人作散場語’是也②。然時一出奇可耳。前元詩人陳孚剛中集中歌行,則全用此體,觀者審之。”云云。蓋宗吉舉其一兩篇,而盛則核其全集,故以自落窠臼為病。雖推闡少苛,要亦識微之論矣。又陶宗儀《輟耕錄》記孚少嘗為僧,題詩於父執之壁。父執知其欲歸俗,因使養髮,妻之以女。其詩淺鄙,其事亦不知有無。小說多誣,不盡可信。集中不載,顧嗣立《元詩選》初集乃錄之《補遺》中,殊失別擇。今無取焉。

【彙訂】

①《元史·梁曾傳》云:“(至元)二十九年……以禮部郎中

陳孚為副,十二月改授淮安路總管而行。三十年正月至安南。"此即《總目》所引。然同書卷一九〇《儒學傳二》云:"陳孚,字剛中,台州臨海人……(至元)二十九年,世祖命梁曾以吏部尚書再使安南,選南士為介,朝臣薦孚博學有氣節,調翰林國史院編修官攝禮部郎中,為曾副。陛辭,賜五品服,佩金符以行。三十年正月至安南。"以下尚敘安南"不庭之罪"及"宣布天子威德"。據此,則所謂陳孚"《元史》無傳,其出使始末,乃載《梁曾傳》中"者,妄也。(楊武泉:《四庫全書總目辨誤》)

②"人",底本作"入",據《水東日記》卷三十六原文及殿本改。

陳秋巖詩集二卷(永樂大典本)

案《陳秋巖集》散見《永樂大典》中,然不著其名,亦不著時代。考焦竑《國史經籍志》有陳宜甫《秋巖集》,當即其人,而爵里則終無可考①。集中《接劉介臣書》詩云:"幾回夢裹尋君去,三尺書來約我歸。閩海浪肥春雨過,和林沙遠曉雲飛。"則當為閩人。又有《庚辰再隨駕北行》二詩。庚辰為至元十七年,則元世祖時嘗為侍從。又有《讀元貞改元詔》詩、《丙申十月扈從晉王領降兵入京朝覲》詩。考之《元史》,丙申為元貞二年。晉王名噶瑪喇,案噶瑪喇原作甘麻剌,今改正。裕宗長子,天性仁厚,御下有恩。王府官屬自內史以下,俱請命天子,不敢稍專。嘗出鎮北邊②,叛王永和爾案永和爾原作岳木忽兒③,今改正。等聞其至,望風請降。至元二十七年封梁王,二十九年改封晉王。所云領降兵者,應即此事。則成宗時又為晉王僚屬。其詩多與盧摯、姚燧、趙孟頫、程鉅夫、留夢炎等相唱和,而諸人詩乃罕及之,其始末遂不可復

詳矣。原集焦《志》作一卷。然篇什稍多，疑其字畫偶誤。今據
《永樂大典》所存者編為二卷。其詩大抵源出元、白，雖運意遣詞
少深刻奇警之致，而平正通達，語無格礙，要自不失為雅音也。

【彙訂】

① 此集作者名陳義高，字宜父（宜甫），號秋巖。張伯淳《養
蒙集》卷四有其墓誌銘。（楊鐮：《元詩史》）

② “嘗”，殿本作“當”，誤。

③ “岳木忽兒”，殿本作“岳本忽兒”，誤。《元史》卷一百十
五《顯宗傳》載：“顯宗光聖仁孝皇帝，諱甘麻剌，裕宗長子也……
至元中，奉旨鎮北邊，叛王岳木忽兒等聞其至，望風請降。”

蘭軒集十六卷（永樂大典本）①

元王旭撰。旭字景初，東平人。其事蹟不見於《元史》，談藝
家亦罕見稱述。顧嗣立撰《元詩選》，彙緝至三百家，而不載旭
集，則久佚可知。惟《山東通志》稱旭與同郡王構及永平王磐俱
以文章名世，天下號為“三王”。而於其出處本末亦未詳載，則併
其人亦幾湮沒矣。今以集中詩文考之，蓋旭家貧力學，教授四
方，嘗為碭山令所賓禮，《送王侯二生序》所云“至元庚寅，碭宰崔
公以禮招余至其邑，俾專講席”者是也②。又嘗至長蘆，主高百
川家，《中和書院記》所云“辱承君幣，來自泰山”者是也。其餘如
安陽，如郿城，如鯨川，皆所曾僑寓之地。又嘗至杭州，之長沙，
遊跡幾半天下，而卒未登仕版。其《有寄》詩云：“處困不堪家累
重，謀生聊藉主人賢。”生平境遇即此可以見其大概矣。其詩隨
意抒寫，不屑屑於雕章琢句，而氣體超邁，亦復時見性靈。古文
多講學家言。其《井田說》一篇，務欲復三代之制，迂闊尤甚，殆

全不解事之腐儒。然如記、序諸作，和平通達，與之坐而談理，其持論則未嘗不醇正，未可廢也。其集見於《文淵閣書目》者一部，一册，而焦竑《經籍志》則作二十卷。今從《永樂大典》採掇排比，尚可得一十六卷，決非一册所能盡。或一册"一"字為"十"字之譌歟？

【彙訂】

① 底本此條與文淵閣庫書次序不符。文淵閣庫書置於"玉井樵唱三卷"之後。殿本置於下卷之首。

② "云"，殿本作"謂"。"講席"，底本作"講習"，據此集卷十一《送王士美侯巖輔二生序》原文及殿本改。

集 部 二 十

別 集 類 二 十

玉井樵唱三卷（兩淮馬裕家藏本）①

元尹廷高撰。廷高字仲明,別號六峯,遂昌人。是集首有廷高《自記》,載其父竹坡詩一聯。蓋即戴復古《石屏集》以其父遺詩冠首之意。竹坡名棟,宋寶祐閒嘗為紹興府幕官,見《此君亭詩話》。而廷高行履不概見。惟《遂昌志》稱其大德閒任處州路儒學教授。顧嗣立《元詩選》小傳又謂其嘗掌教永嘉,秩滿至京,謝病歸,與《志》不同②。永嘉志乘亦不載其名。今案集中有《永嘉書所見》一首云:“此邦幸小稔,竊祿似有緣。”又有《永嘉任滿代者未至》詩,又有《告病致仕謝掌尚書》詩,則廷高仕甌及謝病實非無據,疑《遂昌志》失考也③。其詩氣格不高,而神思清儁,尚能不染俗氛。集中有題虞集邵、陶二菴詩,則集亦重其筆墨矣。

【彙訂】

① 底本此條與文淵閣庫書次序不符。文淵閣庫書與殿本均置於“陳秋巖詩集二卷”條之後。

② “同”,殿本作“合”。

③尹廷高大德間任處州路儒學教授，又曾掌教永嘉。（丁志安：《尹廷高及所著〈玉井樵唱〉》）

清容居士集五十卷（兩淮馬裕家藏本）

元袁桷撰。桷有《延祐四明志》，已著錄。其集據蘇天爵《行狀》及《元史》本傳，俱稱五十卷。此本卷數相符，蓋猶舊本也。桷少從戴表元、王應麟、舒岳祥諸遺老游，學問源淵①，具有所自。其在朝踐歷清華，再入集賢，八登翰苑。凡朝廷制册、勛臣碑版，多出其手。故其文章博碩偉麗，有盛世之音。尤練習掌故，長於考據。集中如《南郊十議》、《明堂郊天異制議》、《祭天無閒歲議》、《郊不當立從祀議》、《郊非辛日議》諸篇，皆成宗初所上。其援引經訓，元元本本，非空談聚訟者所能。當時以其精博，並採用之。其詩格俊邁高華，造語亦多工鍊，卓然能自成一家。蓋桷本舊家文獻之遺，又當大德、延祐閒為元治極盛之際，故其著作宏富，氣象光昌，蔚為承平雅頌之聲。文采風流，遂為虞、楊、范、揭等先路之導。其承前啟後，稱一代文章之鉅公，良無媿矣。

【彙訂】

①“源淵”，殿本作“淵源”。

此山集四卷（浙江鮑士恭家藏本）①

元周權撰。權字衡之，號此山，處州人。嘗游京師，以詩贄翰林學士袁桷。桷深重之，薦為館職，竟報罷。然詩名日起，唱和日多。集中有贈趙孟頫詩云：“瓣香未展師道敬，攜琴暫出松蘿中。”贈虞集詩云：“遠遊非涉聲利途，願謁國丈開榛蕪。”贈揭傒斯詩云：“嗟予觀光老賓客，瓣香仰止懷生平。”贈陳旅詩云：

"下榻清風延孺子,高樓豪氣臥元龍。"贈歐陽元〔玄〕詩云:"牀頭萍綠多矜色,長價還從薛卞門。"贈馬祖常詩云:"絕憐白髮南州士,山斗彌高獨仰韓。"而趙孟頫贈權詩亦有"青青雲外山,炯炯松下石。顧此山中人,風神照松色"之句,且親寫"此山"二字為額以贈。是時文章耆宿不過此數人,而數人無不酬答,似權亦聲氣干謁之流。然孟頫等並以儒雅風流照映一世,其宏獎後進,迴異於南宋末葉分朋標榜之私。故終元之世,士大夫無鈎黨之禍。權與諸人款契,蓋文字之相知,固未可以依門傍戶論也。是集為陳旅所選定,旅及袁桷、歐陽元等各為之序,揭傒斯又為之跋。旅本作者,故別擇特精。旅序稱其"簡淡和平,無鬱憤放傲之色",桷序稱其"法蘇、黃之準繩,達《騷》、《選》之旨趣",元序稱其"無險勁之詞,而有深長之味;無輕靡之習,而有春容之風"。今觀其詩,元所稱尤為知言矣。

【彙訂】

① 文淵閣《四庫》本作十卷。此書元刊本有十卷與四卷本兩種。(何槐昌:《〈四庫全書總目〉著錄校正選輯》)

申齋集十五卷(編修汪如藻家藏本)

元劉岳申撰。岳申字高仲,吉水人。以吳澄薦,召為遼陽儒學副提舉,不就。後授泰和州判,致仕。是集乃其門人蕭洵所編,李祁為之序。元季嘗付剞劂①,久經兵燹。顧嗣立《元詩選》蒐羅至備,獨不及此編。《江西通志》亦謂岳申文集今已不傳。今此鈔帙僅存,亦可云希覯之本矣。岳申文宗法韓、蘇,故其氣骨遒上,無南宋卑冗之習。《豫章人物志》稱所作簡約峻潔,殆非虛語。至集中碑志之作居什之四五,尤可據以考證史事。如《文天祥傳》比《宋史》所載為詳。《夏貴墓誌》稱其出奇計立戰功甚悉，而貴之失節偷生，絕不為諱，且深致婉惜之詞，亦非曲筆諛墓者可比。觀其不安許與，其文品之矜貴可知也。

【彙訂】

① 此集乃明洪武初蕭洵所編，吉水知州費震為刻置學官，始傳於世。費震事迹附見《明史》卷一三八《楊思義傳》。（昌彼得：《〈申齋劉先生文集〉敘錄》）

霞外詩集十卷（浙江鮑士恭家藏本）①

元馬臻撰。臻字志道，號虛中，錢塘道士。仇遠序是集，稱其"隱約西湖之濱，士大夫慕與之交，不過習清虛，談淡泊，無一言及勢力聲利"。龔開序則稱："大德辛丑，嗣天師張真人如燕，主行內醮，元教名流，並翼然景從，王子讞、馬志道在焉。"其人蓋在通介之閒者也。集中鋪張富貴者數篇，如《嗣師吳真人》詩之類，頗乖山林之格。然所作皆神骨秀騫，風力遒上，琅琅有金石之音。雖不能具金鷄擘海、香象渡河之力，而亦不類酸寒細碎，蟲吟草閒。觀其《述懷》一詩，殆宋末遺老寄託黃冠。而其豪逸俊邁之氣，無所不可，政不以枯寂恬淡為高耳。此本為毛晉所刻。末有晉跋，稱"伯雨之後，復有虛中"。今考諸家之序皆作於仁宗大德初年，則臻尚在張雨前，晉偶失檢也②。

【彙訂】

① 底本此條與文淵閣庫書次序不符。文淵閣庫書與殿本均置於"申齋集十五卷"條之前。

② 張雨卒於至正丙戌（六年），見《句曲外史集》附劉基撰《張伯雨墓誌銘》。張之時代略後於馬臻。然《霞外詩集》之仇遠

序,署大德六年,龔開序言及大德五年之明年,亦即大德六年。大德紀年僅十一年,其六年應稱為"大德年間"。且元仁宗無大德年號,"仁宗"乃"成宗"之誤。(楊武泉:《四庫全書總目辨誤》)

西巖集二十卷(永樂大典本)

元張之翰撰。之翰字周卿,邯鄲人。《元史》無傳,惟《松江府志》載之翰至元末自翰林侍講學士知松江府事,有古循吏風。時民苦荒,租額以十萬計,之翰力除其弊,得以蠲除。至今猶祠於名宦祠。生平著述甚富,晚號西巖老人,故以"西巖"名集。其詩清新宕逸[1],有蘇軾、黃庭堅之遺,文亦頗具唐、宋舊格。其集據《松江府志》所載,本三十卷。今於《永樂大典》中蒐採綴輯,分體編次,釐為二十卷。雖當時舊本篇頁多寡不可知,而約略大數,計已得什之六七矣。《永樂大典》所載有標題《張西巖集》,而核其詩文實為張起巖作[2]。起巖字夢臣,濟南人,有《華峯漫稾》、《類稾》、《金陵集》尚行於世,與之翰截然兩人。殆當世繕錄之人以《張西巖集》與《張起巖集》聲音略近,故隨讀而譌,致相淆亂。今並釐正,各存其真焉[3]。

【彙訂】

[1] "宕逸",殿本作"逸宕"。

[2] 殿本"作"下有"者"字。

[3] 張起巖《華峯漫稾》等集已佚。今存《永樂大典》殘本收起巖詩文皆著錄來自《張文穆文集》或《張文穆公集》,並不與張之翰《西巖集》相混。《四庫全書》亦未收張起巖集,何來"各存其真"?(王樹林:《西巖集提要》)

蒲室集十五卷（浙江汪啟淑家藏本）

元釋大訢撰。大訢字笑隱，南昌陳氏子。居杭之鳳山，遷中天竺。又主建康集慶寺。是集詩六卷，文九卷。前有虞集序，謂其“如洞庭之野，衆樂並作，鏗宏軒昂，蛟龍起躍，物怪屏走，沈冥發興。至於名教節義，則感厲奮激，老於文學者不能過”。雖稱之少溢其量，然其五言古詩實足揖讓於士大夫間。餘體亦不含蔬筍之氣，在僧詩中猶屬雅音。又文宗入繼大統，改建康潛邸為集慶寺，特起大訢居之，授大中大夫。故雖隸緇流，頗諳朝廷掌故。若所著《王可毅尚書歷任記》，證以《元史·文宗本紀》，皆相符合。惟《本紀》謂至治元年五月中政使耀珠〔原作咬住，今改正〕。告託歡徹爾〔原作脫歡察兒，今改正〕。等交通親王，於是出文宗居海南。而是《記》則謂至治二年讒慝搆禍，文宗遷海南，與《本紀》相差一年。或傳寫誤“元”為“二”，故與史異耶？集中多與趙孟頫、柯九思、薩都拉〔原作薩都剌，今改正〕。高彥敬、虞集、馬臻、張翥、李孝光往來之作。而第九卷中《杭州路金剛顯教院記》、第十二卷《金陵天禧講寺佛光大師德公塔銘》，並註曰“代趙魏公作”，則孟頫亦嘗假手於大訢。知非俗僧矣。

弁山小隱吟錄二卷（兩淮馬裕家藏本）

元黃玠撰。玠姓名不見於史傳。惟宏治《湖州府志》載玠字伯成，慈谿人，宋黃震之曾孫。清苦力學，無所不通。周游西湖，樂吳興山水，因卜居弁山，與趙文敏游，文敏稱許之。有《卞山集》、《知非稾》、《唐詩選纂》、《韻錄》等書，獨不載此集之目。或後人以《卞山集》、《知非稾》併為一編，改題此名歟？其詩不為近體，視宋末江湖諸人惟從事五、七言律者，志趣殊高[①]。中多勸戒之詞，其上者有元結遺意，次者亦近乎白居易。雖宏闊深厚不能及二人，要於俗音嘈囋之中，讀之如聽古鐘磬矣。前有自序，稱："茂有令德，不敢謂隱。獨以所得於天者薄，故將退藏以終其身。"又引文中子之説，稱："願上之人正身修德，使時和歲豐，已受其賜。"尤粹然有德之言，勝矯語高蹈者萬萬也。

【彙訂】

① 此集乃黄玠手自編訂，有至正五年自序，云："情發於中而形於言，目之曰《弁山小隱吟錄》，錄以畀吾兒私藏之。"此集中雖無近體詩，然其自序舉所題《江山歸興圖》詩即為近體，《玉山名勝集》載其七律十餘首，《吳興藝文補》載其七律四首，五律一首，七絶六首，均在此本之外。（陸心源：《儀顧堂續跋》；余嘉錫：《四庫提要辨證》）

續軒渠集十卷附錄一卷（江蘇巡撫採進本）

元洪希文撰。《附錄》一卷，則其父巖虎詩也。巖虎字德章，號吾圃，莆田人，宋末嘗為教諭。希文字汝質，號去華，嘗官訓導。巖虎詩名《軒渠集》，故希文集以"續"名。然《軒渠集》斷爛不存，故撫其遺詩附於卷末。舊有希文自序，又有至治辛酉、至正壬辰、癸巳林以順、林以扷、卓器之、南譽等題詞。皆在未刻之前，不言原編卷數。嘉靖癸巳，其七世族孫紹興知府珠請山陰蔡宗兖刊定。宗兖序稱刪去一百三十五首，存四百三十五首，編為十卷，附刻一卷。則原集五百七十首也。王鳳靈序則稱詩二卷，為七律一百九十二首、古詩九十七首、絶句一百首，為數不同。又皆不及其詞與雜文。此本凡詩三百六十九首、詞三十三首、雜文十八首，與兩序所言皆不符，疑傳寫者又有所刊削也。宗兖序謂其"以山澤之臞，出山澤之語。譬諸夏鼎、商鬲，華采雖若不足，而渾厚樸素之質，使望之者知為古器"。鳳靈序稱其"能以質勝，不蔽其情"。今觀其詩，純沿宋格，於元末年華縟之風、明中葉堂皇之體迥焉不同，故二人之論云爾。實則清遒激壯，亦足落落獨行也。惟其以巖虎之詩附希文詩末，用《山谷集》後附《伐檀集》之例，以子先父，究於義未安。而篇頁無多，又不能如《伐檀集》之自為卷帙，可以孤行。今特升冠此卷，置希文集之前，如《石屏集》、《玉井樵唱》之例焉。

定宇集十六卷別集一卷（浙江鮑士恭家藏本）

元陳櫟撰。櫟有《書傳纂疏》，已著錄。是集為其族孫嘉基所刊。凡文十五卷，詩及詩餘一卷。《別集》一卷，則附錄序記、誌狀之類[①]。櫟生朱子之鄉，故力崇朱子之學。集中如《澄潭贊》曰："惟千載心，秋月寒水，儒釋同處，我聞朱子。"附會《齋居感興》詩句，以強合於禪，未免自生疵累，異乎朱子之所傳。然集中諸文大抵皆醇正質實，不涉詭誕。如《深衣考》之類，雖未必盡合古制，而援據考證，究與空談說經者有閒。惟詩作《擊壤集》派，多不入格。顧嗣立《元詩選》中所稱"笑渠拄笏看山色，容我扶筇聽水聲"，"柳枝水洒一溪月，豆子雨開千嶂煙"諸句，皆沙中金屑，不能數數遇之也。

【彙訂】

① 文淵閣《四庫》本此書別集載序跋四篇、往來書啟十七篇、墓誌銘一篇、行狀一篇、贊一篇、《謝揭學士撰定宇先生墓誌銘啟》一篇、《勤有堂記》、《祠堂記》、《理學名儒坊傳》各一篇。書啟遠多於序記、誌狀。（周錄祥：《〈四庫全書簡明目錄·集部〉

訂誤》）

良齋詩集十四卷（浙江鮑士恭家藏本）

元侯克中撰。克中字正卿，真定人。幼喪明，聆群兒誦書，不終日，能悉記其所授。稍長習詞章，自謂不學可造詣。既而悔之，以為刊華食實，莫首於理。原《易》以求，乃為得之。於是精意讀《易》，著書名《大易通義》。年至九十餘而卒。今《通義》已不傳，而袁桷所作序尚見《清容居士集》中，可略見克中本末。此乃所作詩集，猶元時舊刻。卷首有毛晉私印，蓋汲古閣所藏。中閒律體最多，而七言律為尤夥。卷一、卷二皆詠經史之作。卷八為諧音格，乃每首全以音通字異者相叶。如一東叶同、峒、桐、銅、童，二冬叶鏞、庸、容、墉、蓉之類。凡七言三十一首，五言二十一首。亦克中自創之格，為古所未有。其詩頗近《擊壤》一派，多涉理路，而抒情賦景之作，亦時有足資諷詠者。昔唐汝詢幼而失明，長而能詩，《姑蔑》一集，明人詫為古所未有。而不知克中已在前，是亦足為是集希傳之證。又汝詢能註《唐詩解》，而克中乃至能詁經，是所學又在汝詢上矣。

知非堂稿六卷（江西巡撫採進本）

元何中撰。中有《通鑑綱目測海》，已著錄。據中自序，所著尚有《易類象》三卷，《書傳補遺》十卷，《吳才老叶韻補遺》一卷，《六書綱領》一卷，《補六書故》三十二卷，《通書問》一卷，《蘇邱述遊錄》一卷，《揩頤錄》十卷。今自《通鑑測海》以外，惟《通書問》及此集僅存。然自序稱有《知非堂槀》十七卷、《外槀》十六卷。顧嗣立《元詩選》載《知非堂槀》十七卷，與自序合。王士禎《居易錄》作十六卷，亦與自序《外槀》合。此集止六卷，似非完書。然嗣立之所錄與士禎之所稱者，已均在此六卷之中，又似無所亡佚者。豈後人傳寫，或合併其卷數，抑或重為選錄，汰其繁冗，故篇帙雖減，而名章雋句一一具存歟①？詩集之富，唐無若白居易，宋無若陸游、楊萬里。而珠礫並存，往往使後人以多為憾。是編佳製具存，而蕪詞較少，可謂刊糟粕而存菁華。即非足本，亦不必以不完為歉矣。

【彙訂】

① 今傳世有六卷本、十卷本、十一卷本。十卷本、十一卷本前六卷均與六卷本合，為詩集，其後為文與附錄，即《外稿》。（查洪德：《知非堂稿提要》）

雲林集六卷附錄一卷（兩淮馬裕家藏本）

元貢奎撰。奎字仲章，宣城人，官集賢直學士，追封廣陵郡侯，謚文靖。李黼為之狀，馬祖常奉敕撰碑，皆天下重望也。所著有《雲林小稾》、《聽雪齋記》、《青山漫吟》、《倦游集》、《豫章稾》、《上元新錄》、《南州紀行》，凡百二十卷。明永樂間徵入祕府，家無副本，遂絕不傳。惟《雲林小稾》宋濂所序者，尚存其曾孫蘭家。洪熙中，福州陳崿復序而傳之。宏治間，其裔孫元禮復採諸書所載奎詩及遺文二篇，附益成編，是為今本①。奎詩格在虞、楊、范、揭之間，為元人巨擘。王士禎《居易錄》論其境地未能深造，殆專以神韻求之歟？吳澄跋其文稾，稱其"溫然粹然，得典雅之體，視求工好奇而卒不工不奇者，相去萬萬"。惜今不可得見矣。卷末增載《見婦人偶興》二首，鄙俚穢褻，必委巷附會之說。元禮不知而誤收之，其為謬陋，不止《謝康樂集》載《東陽溪中贈答》也。

【彙訂】

①《雲林集》六卷，皆詩，後附錄《天遊亭記》、《嵇法師碑》、《游長春宮詩序》三篇，此弘治庚戌刊本。文淵閣《四庫》本無附錄一卷。（瞿鏞：《鐵琴銅劍樓藏書目錄》）

梅花字字香前集一卷後集一卷（浙江鮑士恭家藏本）

元郭豫亨撰。豫亨自號梅巖野人，里籍未詳。據其自序，則至大辛亥作，其書名蓋取宋晏殊詞"唱得紅梅字字香"句也。《離騷》徧擷香草，獨不及梅。六代及唐，漸有賦詠，而偶然寄意，視之亦與諸花等。自北宋林逋諸人遞相矜重"暗香疏影"、"半樹橫枝"之句，作者始別立品題。南宋以來，遂以詠梅為詩家一大公案。江湖詩人，無論愛梅與否，無不借梅以自重。凡別號及齋館之名，多帶"梅"字，以求附於雅人。黄大輿至輯詩餘為《梅苑》十卷。方回作《瀛奎律髓》，凡詠物俱入"著題類"，而梅花則自立一類。此倡彼和，沓雜不休。名則耐冷之交，實類附炎之局矣。豫亨在至大中，距南宋之末未遠，故亦染山人之積習。前、後二集詠梅七律至二百首①，與張洽之數相等②。然洽詩層見疊出，總不出幽香高格，耽寂避喧之意，描摹窠臼，未免厭觀。豫亨則集句為之，又闢新境，且屬對頗能工巧，亦勝李龏《翦綃集》之多集絕句。一花一石，時逢佳勝。存備詩家之小品，固亦無不可矣。

【彙訂】

①《前集》詩五十首，《後集》詩四十八首，序言百首，蓋舉成數，《總目》作"二百首"，"二"字衍。（楊紹和：《楹書隅錄》）

② 作梅詩者乃張道洽，《浙江通志》卷一八一《人物六·文苑四·衢州府》有傳，據弘治《衢州府志》云"字澤民，開化人，端

平二年進士……詠梅花詩三百首”,《千頃堂書目》卷二九有張道洽《賓齋梅花詩》四卷,《總目》卷一八八《梅花百詠》條亦作張道洽。《總目》卷二七載張洽撰《春秋集註》十一卷《綱領》一卷,云“字元德,清江人。嘉定中進士”。(周錄祥:《〈四庫全書簡明目錄·集部〉訂誤》)

中菴集二十卷(永樂大典本)

元劉敏中撰。敏中有《平宋錄》,已著錄。《元史》載敏中《中菴集》二十五卷。《文淵閣書目》作五冊,不著卷數。梁維樞《內閣書目》不載其名①,則是時官書已佚。明藏書之家惟葉盛《菉竹堂書目》僅著於錄②,亦無卷數。黃虞稷《千頃堂書目》雖有其名,而獨作三十五卷,與史不符。蓋虞稷所列諸書乃遍徵各家書目為之,多未親見其本,故卷數多譌,存佚不確,未可盡援為據也。蘇天爵《元文類》中僅載其《賀正旦表》、《忠獻王廟碑》二首,其他作則不概見。今從《永樂大典》所載蒐羅裒輯,以類編次,尚可得二十卷,則所佚者不過十之二三矣③。其詩文率平正通達,無鉤章棘句之習。在元人中亦元明善、馬祖常之亞。本傳稱其文理明辭備,韓性原序亦謂其“不藻繢而華,不琢鏤而工,戶樞門鍵,庭旅陛列,進乎古人之作”。固不誣也。史稱敏中為御史時,劾權臣僧格。原作桑哥,今改正。為集賢學士時,上書陳十事。其文今皆不見集中,殆已散佚。集中有《星變奏議》、《皇慶改元奏議》,則為本傳所未及,蓋史佚之。其金石之文,如巴延原作伯顏,今改正。廟碑,哈剌哈斯、原作哈剌哈孫,今改正。沙札該、原作純直海,今改正。當達里、原作大達立,今改正。耀珠、原作咬住,今改正。布哈爾、原作不阿里,今改正。李唐諸神道碑記,《大智全寺碑》、《岡極寺碑》,皆承詔撰述之作。今考《元史·哈剌哈斯傳》,即用敏中所撰墓碑,然不載其在宗正時,從世皇北巡,猝遇亂,突出破敵事。又不載其在中書省時,"每退食,延見四方賓使,訪以物情得失,吏治否臧,人材顯晦,年穀豐歉,采可行行之"數語。又"度地置兩倉"句,"兩"字譌為"內"字。《沙札該傳》亦用敏中碑,而其子當達里諭降襄陽,取漢口,破婺賊,功不在沙札該下。而《沙札該傳》末乃僅附其子昂阿喇<small>原作昂阿剌,今改正。</small>名,無一語及當達里事,尤為舛漏。蓋《元史》倉猝成書,疏脫實多,不但重複割裂,如顧炎武所譏。則是集之存,併可訂史傳之譌異,不徒貴其文章矣。

【彙訂】

① 梁維樞所著為《內閣小識》,《內閣書目》乃孫能傳等纂。說詳卷九五《言子》條訂誤。

② 殿本"明"下有"人"字。

③ 傳世有元元統刻本二十五卷。(王重民:《中國善本書提要》)

王文忠集六卷(永樂大典本)

元王結撰。結字儀伯,定興人。仁宗在潛邸時,以薦充宿衛。及即位,遷集賢直學士。元統中,官至中書左丞,文忠其諡也。事蹟具《元史》本傳。史稱結有集十五卷,王圻《續文獻通考》所載亦同,今久散佚。惟散見《永樂大典》者,採掇排比,尚得詩一百三十四首、詩餘十三首,編為三卷。又雜文九首為一卷,《問答》五首為一卷,《善俗要義》三十三條為一卷。共成六卷。結為元代名臣,張珪稱其"非聖賢之書不讀,非仁義之言不談"。今觀是集,殆非虛語。詩多古體,大抵舂容和平,無鉤棘之態。

文亦明白暢達,不涉雕華。其中《上宰相論八事書》,乃結年二十餘游京師時所作。平生識力,已具見於是。《問答》五條,皆與吳澄往復之語,或闡儒理,或明經義,可略見其學問之根抵。《善俗要義》乃結為順德路總管時所作,以化導閭里。凡教養之法,纖悉必備。雖瑣事常談,而委曲剴切,謀畫周密,如慈父兄之訓子弟。循吏仁愛之意,藹然具見於言表,尤足以見其政事之大凡。統觀所作,所謂詞必軌於正理,學必切於實用者也,固不與文章之士爭詞采之工拙矣。

　　靜春堂集四卷(兩淮馬裕家藏本)

　　元袁易撰。易字通甫,長洲人。不求仕進。部使者擬薦於朝,謝不應。行中書省署徽州路石洞書院山長,旋亦罷歸。居吳淞、具區之間,築堂曰靜春。聚書萬卷,手自校定。或棹舟載筆牀①、茶竈、古器,游於江湖。趙孟頫嘗為畫《臥雪圖》,稱易與龔璛、郭麟孫為“吳中三君子”。是集乃易歿之後,其子泰所編。延祐四年龔璛為之序,推之甚至。然以王安石擬之,殊不相類。卷末有屬鷃跋,擬以黃、陳,亦未盡然。易詩吐言天拔,於陳與義為近,與黃庭堅之鎔鑄劖削、陳師道之深刻瘦硬,其門徑實各別也。有元作者,綺縟居多。易詩雖所傳無幾,而風骨遒上,固足以高步一時。龔璛等所作集序墨蹟,至明正統中尚存。吳訥題其卷末,深致向往。蓋其人品、詩品均有動人遐想者矣。

【彙訂】

①“棹”,殿本作“掉”。

　　惟實集四卷外集一卷(江西巡撫採進本)

　　元劉鶚撰。鶚字楚奇,永豐人。皇慶間,以薦授揚州學錄。

累官江州總管,江西行省參政。守韶州,以贛寇圍城,力禦不支,被執抗節死。其事甚烈。明初修《元史》,失於採錄,不為立傳,併佚其名。近邵遠平作《元史類編》,始為補入《忠義傳》,然亦僅及其死節一事。其生平行履則已不可考矣。集為其子遂、述所編①,初名《鷺溪文獻》。其稱《惟實集》者,蓋本其祖訓以"詩道貴實"之語也。鶚嘗官翰林修撰,與虞集、歐陽元〔玄〕、揭俟斯等遊。所居浮雲書院,諸人皆有題詠。元為序其文集,稱其詩六體皆善②,俟斯序亦謂其高處在陶、阮之間。雖友朋推挹之詞,例必稍過其量,然今觀其集,大都落落不群,無米鹽齷齪之氣,可以想見其生平,二人所許,亦不盡出標榜也。且鶚身捍封疆,慷慨殉國,千秋萬世,精貫三光。即其文稍不入格,亦當以其人重之。況體裁高秀,風骨清遒,實有卓然可傳者乎?《外集》二卷,皆前人序記、輓詩,乃其裔孫於廷等所重輯。今仍附之集末,以補史傳之闕漏焉③。

【彙訂】

① 今存清抄本《憲節堂惟實集》八卷,題"男遂、述、尊、實、武輯梓"。(劉兆祐:《四庫著錄元人別集提要補正》)

② 歐陽玄序無此語,惟虞集序云:"既讀其詩,六體皆善,信如臨川之言。"(胡玉縉:《四庫全書總目提要補正》)

③ 先云外集一卷,又云外集二卷,前後矛盾。實為正集七卷附錄一卷,無外集之名。文淵閣本書前提要不誤。(馬劉鳳:《"四庫"訂誤十五則》)

勤齋集八卷(永樂大典本)

元蕭𣂏撰。𣂏字維斗,奉元人。歷官集賢學士、國子祭酒,謚貞敏。事蹟具《元史‧儒林傳》。斛卒於仁宗延祐五年，詩文多散佚。順帝至正四年，蘇天爵官西臺，始裒輯其遺槀，得文八十篇、詩二百六十首、樂府二十八篇。分為十五卷，官為刊版於淮東。蓋距斛之歿，幾三十年矣。自明以來，刊版久佚。惟《永樂大典》所載，尚存崖略。謹依類編輯，得文四十二首、詩二百六十一首、詞四首，釐為八卷。按焦竑《國史經籍志》稱蕭斛《勤齋貞敏集》，而《永樂大典》但題作《勤齋集》，頗不相合。然姚廣孝等修輯《永樂大典》，距至正刊版時未遠。其所據本當即天爵所編，不容有誤，殆焦竑誤增其文也。又按天爵《滋谿集》載《斛墓誌銘》一首，稱斛於《六經》百氏無不通，尤精《三禮》及《易》，且邃於六書。初鑿土室終南山下，以經傳列左右，思索其義，至於忘寐者三十年，乃表裏洞徹。關輔自許衡倡明理學之後，斛實繼之，為文悉本諸經。《元史》亦稱：“斛制行甚高，真履實踐。其教人必自小學始。為文辭立意精深，言近指遠，一以洙泗為本，濂洛、考亭為據，為一代醇儒。”今考其文，氣格雖不甚高，而質實簡潔，往往有關名教。其《辭儒學提舉書》及《辭免祭酒司業》等狀，尤可見其出處進退之大節。詩非所長，而陶冶性靈，絕去纖穠流派，亦足覘其志趣之高焉。

石田集十五卷（兩淮馬裕家藏本）[①]

元馬祖常撰。祖常字伯庸，世為雍古部人，居靖州之天山。高祖錫里濟蘇<small>原作錫里吉思，今改正。</small>金末為鳳翔兵馬判官，子孫用以官為氏之例，遂稱馬氏。曾祖雅哈<small>原作月合，今改正。</small>從元世祖南征，因家於汴，後徙光州[②]。延祐中初復科舉，祖常鄉貢、會試皆第一，廷試第二。授應奉翰林文字，擢監察御史，劾罷丞相特們德爾。原作鐵木迭兒③，今改正。既而特們德爾復相，修怨黜為開平縣尹，因避禍退居④。特們德爾死，乃除翰林待制，累遷禮部尚書，尋參議中書省事。元統初拜御史中丞，轉樞密副使，乞歸。至正四年卒，諡文貞。事蹟具《元史》本傳⑤。是集凡詩賦五卷、文十卷。名"石田"者，以所居有石田山房也。其文精贍鴻麗，一洗柔曼卑冗之習。其詩才力富健，如《都門壯遊》諸作，長篇巨製，回薄奔騰，具有不受羈靮之氣。至元閒蘇天爵撰《文類》，錄其詩二十首、文二十首，視他家所收為夥。又請於朝，刊行其集，而自為之序。稱其"接武隋、唐，上追漢、魏，後生爭效慕之，文章為之一變。與會稽袁桷、蜀郡虞集、東平王構更迭倡和⑥，如金石相宣而文益奇"⑦。蓋大德、延祐以後，為元文之極盛，而主持風氣，則祖常等數人為之巨擘云。

【彙訂】

①　文淵閣《四庫》本作《石田文集》十五卷。

②　標點本《元史·馬祖常傳》，作"曾祖月合乃"，"乃"字為人名之組成部分。清顧嗣立《元詩選》卷二一"馬中丞祖常"小傳，亦謂"曾祖月合乃，從元南伐，留汴，後徙光州"。柯紹忞《新元史》卷一四九作"月乃合"。（楊武泉：《四庫全書總目辨誤》）

③　"鐵木迭兒"，殿本作"帖木迭兒"。

④　"退居"，殿本作"告居"。

⑤　《元史·馬祖常傳》："至元四年卒，年六十。"許有壬《至正集》卷四六《魏郡馬文貞公神道碑并序》，謂馬文貞公（即祖常）"至元四年三月丙午薨於光州之第，得年六十。是年四月壬申，葬州北平原鄉西樊以里"。亦可證馬祖常之卒，在"至元四年"。（楊武泉：《四庫全書總目辨誤》）

⑥ "王構"，殿本作"王搆"，誤。王構，《元史》卷一六四有傳，字肯堂，東平人。《總目》卷一九六著錄元王構編《修辭鑒衡》二卷。

⑦ 蘇天爵原序云："與會稽袁公、蜀郡虞公、東平王公以學問相淬礪，更唱迭和，金石相宣，而文日益奇矣……文則富麗而有法，新奇而不鑿，詩則接武隋唐，上追漢魏，後生爭慕效之，文章為之一變。"似不宜顛倒截取。（胡玉縉：《四庫全書總目提要補正》）

架菴集十五卷（永樂大典本）

元同恕撰。恕字寬甫，其先太原人，徙於奉元。恕年十三，以書經魁鄉校。至元閒授國子司業，辭不拜①。陝西行臺侍御史趙世延請置魯齋書院②，以恕領教事。延祐六年立皇太子，召恕為奉議大夫左贊善③。明年英宗繼統，以疾歸。致和元年拜集賢侍讀學士，復辭不赴。卒贈翰林直學士，封京兆郡侯，諡文貞。事蹟具《元史·儒學傳》。所著《架菴集》，本三十卷。至正初，陝西行臺御史觀音保、潘惟梓等始刊布於江淮，趙郡蘇天爵為之序。《文淵閣書目》亦載有《架菴文集》一部，八冊。焦竑《經籍志》乃作二十卷，疑傳寫誤也。自明以來，久佚不傳。故葉氏《菉竹堂書目》、晁氏《寶文堂書目》並不載其名，惟《永樂大典》中頗散見其詩文。謹鈔撮編集，分類排比，釐為文十卷、詩五卷，視原本尚得半焉。其平生著作，不事粉飾，而於淳厚敦朴之中，時露峻潔峭厲之氣。賈仁《行狀》稱其於詩喜陸放翁，於文慕周益公。富珠哩翀《神道碑》又稱至元三十一年國史修世祖帝紀，采事四方，陝西行省平章政事咸寧王辟為掾，典司編錄。故於元初典故最為詳贍。集中誌、狀諸作,多有可與金、元正史相參訂者。惟祈禳青詞本非文章正體,恕素以明道興教自任,更不宜稍涉異端。乃率爾操觚,殊為失檢。今以其原集所有,姑附錄之,而並糾其失於此焉。

【彙訂】

①《元史·儒學傳》云:"至元間,朝廷始分六部,選名士為吏屬。關陝以恕貢禮曹,辭不行。仁宗踐阼,即其家拜國子司業,階儒林郎,使三召,不起。"可知至元間辭不行者,乃"禮曹";仁宗時辭不拜者,始為國子司業。至元為元世祖年號,早於仁宗即位一二十年。《明一統志》卷三三《西安府·人物·同恕》條亦云:"恕學無不該,仁宗以國子司業三召,不起。"(楊武泉:《四庫全書總目辨誤》)

②"魯齋",殿本作"魯齊",誤,參《元史》卷一八九《儒學一》同恕本傳。

③史文只言延祐六年,召同恕為奉議大夫太子左贊善,立皇太子乃在延祐三年,見《元史·仁宗紀》。(楊武泉:《四庫全書總目辨誤》)

道園學古錄五十卷(浙江巡撫採進本)

元虞集撰。集有《平猺記》,已著錄。此集凡分四編,曰《在朝稾》,曰《應制稾》①,曰《歸田稾》,曰《方外稾》。其中詩稾又別名《芝亭永言》。據金華黃溍序,以是集為集手自編定。然其《天藻詩序》云:"友人臨川李本伯宗輯舊詩,謂之《芝亭永言》。"又《賦謝李伯宗》題云:"至元庚辰冬,臨川李伯宗、黃仲律來訪山中,拾殘稾二百餘篇錄之。"而李序又云:"至正元年十有一月,閩憲韓公徵先生文稿本[②]，與先生幼子翁歸及同門之友編輯之，得《在朝稿》二十卷，《應制稿》六卷，《歸田稿》一十八卷，《方外稿》六卷。"所言與今本正相合。又考《道園遺稿》前有至正己亥眉山楊椿序，以為集季子翁歸及其門人所編，與李本序合。蓋集母楊氏為衡陽守楊文中之女，楊椿即其外家後人，其言自當無誤。亦可證黃溍所云之不足據，是編為李所定無疑也[③]。自元暨明，屢經刊雕。然皆從建本翻刻，亦閒有參錯不合。蓋多出後人竄改，要當以元本為正矣。文章至南宋之末，道學一派侈談心性；江湖一派矯語山林，庸沓猥瑣，古法蕩然。理極數窮，無往不復。有元一代，作者雲興。大德、延祐以還，尤為極盛。而詞壇宿老，要必以集為大宗。此《錄》所收，雖不足盡集之著作，然菁華薈粹，已見大凡。跡其陶鑄群材，不減廬陵之在北宋。明人夸誕，動云元無文者，其殆未之詳檢乎？

【彙訂】

① "應制稿"乃"應制錄"之誤，參翁方綱分纂稿原文。（江慶柏等整理：《四庫全書薈要總目提要》）

② "韓公"乃"幹公"之誤。明景泰翻元小字本此集卷末李本識語作"閩憲幹公"，翁方綱分纂稿亦作"閩憲幹公"。幹公即烏公，指烏克章，即幹玉倫徒。（同上）

③ 黃溍《道園遺稿》序云："公之詩文曰《道園學古錄》者，其類目皆公手所編定。"所謂類目，當指《在朝稿》、《應制錄》、《歸田稿》、《方外稿》，非文集之撰輯。（查洪德：《道園學古錄提要》）

道園遺稿六卷（江西巡撫採進本）[①]

元虞集撰，其從孫堪編。蓋以補《道園學古錄》之遺也。凡

古、律詩七百四十一首，附以樂府，刻於至正十四年。考袁錄集
之遺文者，別有《道園類稾》。以校此編，《類稾》所已載者僅百餘
篇，《類稾》所未載者尚五百餘篇②。集著作雖富，而散佚亦多。
當李本編《學古錄》時，已有"泰山一豪芒"之嘆，則雲煙變滅者不
知凡幾。堪續加蒐訪，輯綴成編。縱未能片楮不遺，要其名篇雋
製，挂漏者亦已少矣。集中《題花鳥圖》一首，《元詩體要》作揭傒
斯詩。今觀其格意，於揭為近。或堪一時誤收，亦未可知。然
《元音》及《乾坤清氣集》均載是詩，又題集作。此當從互見之例，
疑以傳疑，不足以為是書病也。

【彙訂】

①　"六卷"，殿本作"十六卷"，誤，參文淵閣庫書。（修世平：
《〈四庫全書總目〉訂誤十四則》）

②　全書共收入各體詩歌七百一十七首（含操一首，附收馮
尊府所作樂府二十首不計在內），其中《類稿》已載者二百一十九
篇，《類稿》未載者四百九十八首。（姬沈育：《虞集作品的五種
元代刊本》）

楊仲宏〔弘〕集八卷（內府藏本）

元楊載撰。載字仲宏，浦城人，後徙杭州。初以布衣薦授翰
林國史院編修官，調海船萬戶府照磨。會仁宗復行科舉之制，遂
登延祐二年進士，授饒州路同知浮梁州事，終於寧國路總管府推
官。事蹟具《元史·儒學傳》。焦竑《國史經籍志》載楊載《仲宏
集》四卷。此本八卷，不知何人所分①。元代詩人，世推虞、楊、
范、揭。史稱其"文章一以氣為主，而於詩尤有法度。自其詩出，
一洗宋季之陋"云云，蓋宋代詩派凡數變。西崑傷於雕琢，一變

而為元祐之朴雅；元祐傷於平易，一變而為江西之生新。南渡以後，江西宗派盛極而衰。江湖諸人欲變之而力不勝，於是仄徑旁行，相率而為瑣屑寒陋，宋詩於是掃地矣。載生於詩道弊壞之後，窮極而變，乃復其始，風規雅贍，雍雍有元祐之遺音。史之所稱，固非溢美。故清思不及范梈，秀韻不及揭傒斯，權奇飛動尤不及虞集，而四家並稱，終無怍色，蓋以此也。瞿宗吉《歸田詩話》曰：“楊仲宏以《宗陽宮甃月》詩得名。然他作如‘風雨五更雞亂叫，江湖千里雁相呼’，‘挾書萬里朝明主，仗劍三年別故鄉’，‘窗閒夜雨銷銀燭，城上春雲壓彩旗’，‘空桑説法黃龍聽，貝葉翻經白馬馱’，沈雄典實，先叔祖每稱之。長篇如《古牆行》、《梅梁歌》，亦皆為時所稱。夫人瞿氏，余祖姑也。嘗以仲宏親筆草稿數紙授予，字畫端謹，而前後點竄幾盡。蓋不苟作如是。”則載於是事，亦以苦吟得之者矣。陶宗儀《輟耕錄》曰：“虞伯生先生、楊仲宏先生同在京日[2]，楊先生每言伯生不能作詩，虞先生載酒請問作詩之法。楊先生酒既酣，盡為傾倒，虞先生遂超悟其理。”云云。竟謂載詩在虞集上，則非其實也。

【彙訂】

①《讀書敏求記》卷四載元刻《楊仲弘詩集》八卷，今存有明嘉靖十五年遼藩翻刻本。則此集原本八卷，四卷乃後人所併。（查洪德：《楊仲弘集提要》）

②“京日”，底本作“京口”，據《輟耕錄》卷四“論詩”條原文及殿本改。

范德機詩七卷（山東巡撫採進本）

元范梈撰。梈字亨父，一字德機，清江人。以薦為左衛教授,遷翰林院編修官。出為嶺海廉訪使照磨,歷轉江西、湖東。後選充翰林應奉,又改閩海道知事,移疾歸。天曆二年授湖南嶺北道廉訪使經歷,以母老未赴。明年母喪,竟以毀卒。所著有《燕然稾》、《東方稾》、《豫章稾》、《侯官稾》、《江夏稾》、《百丈稾》,凡十二卷。此本七卷,不知何人所併[①]。葉子奇《草木子》載椁有與危素同晚步,“得‘雨止脩竹閒,_{案諸本多譌“閒”為“開”[②],今據原本改正。}流螢夜深至’二句,喜甚。既而曰:‘語太幽,殆類鬼作’”云云,即今集中《蒼山感秋》詩也。其語清微妙遠,為詩家所稱。然椁詩豪宕清遒,兼擅諸勝,實不專此一格。《閩書》又載其為閩海道知事時,以文繡局取良家子為繡工,作《閩州歌》述其事,廉訪使遂奏革其弊。《歌》今亦載集中。然其事可記,其詩則語頗近俗,與沈作喆《哀扇工歌》僅相伯仲,尤不當以是概椁也。揭傒斯序其集曰:“虞伯生稱德機如唐臨晉帖,終未逼真。改評之曰:范德機詩如秋空行雲,晴雷卷雨,縱橫變化,出入無朕;又如空山道者辟穀學仙,瘦骨崚嶒,神氣自若;又如豪鷹掠野,獨鶴叫群,四顧無人,一碧萬里。”云云。傒斯之語雖務反虞集之評,未免形容過當。然椁詩格實高,其機杼亦多自運,未嘗規規刻畫古人,固未可以“唐臨晉帖”一語據為定論矣。

【彙訂】

①《總目》卷一七四《范文白詩集》條曰:“椁詩別有七卷之本,題《范德機集》者,乃臨川葛離所編刊於閩中,已著錄。”(司馬朝軍:《〈四庫全書總目〉研究》)

②“開”,殿本作“閒”。

文安集十四卷（編修汪如藻家藏本）

元揭傒斯撰。傒斯字曼碩，龍興富州人。延祐初，以薦授國史院編修官，應奉翰林文字。遷國子助教，告歸，復召還。天曆初開奎章閣，首擢為授經郎，與修《經世大典》。累官翰林侍講學士，總修遼、金、宋三史。卒於官，追封豫章郡公，諡文安。事蹟具《元史》本傳。傒斯與虞集、范梈、楊載齊名。其文章敍事嚴整，語簡而當，凡朝廷大典册及碑版之文，多出其手，一時推為鉅製。獨於詩則清麗婉轉，別饒風韻，與其文如出二手。然神骨秀削，寄託自深，要非嫣紅姹紫，徒矜姿媚者所可比也。虞集嘗目其詩如"三日新婦"，而自目所作如"漢庭老吏"。傒斯頗不平，故作《憶昨》詩有"學士詩成每自夸"句。集見之，答以詩曰："故人不肯宿山家，夜半驅車踏月華。寄語旁人休大笑，詩成端的向誰夸。"且題其後曰："今日新婦老矣。"是二人雖契好最深，而甲乙閒乃兩不相下。考楊維楨《竹枝詞》序曰："揭曼碩文章居虞之次，如歐之有蘇、曾。"其殆定論乎？顧嗣立《元詩選》載傒斯詩，題曰《秋宜集》，今未見①。焦竑《國史經籍志》載傒斯集一卷，今亦未見。此本凡詩四卷，又《續集》二卷、制表、書、序、記、碑誌、雜文八卷②，乃其門人錫喇布哈_{原作燮理溥化，今改正}。所編。錫喇布哈字元普，泰定四年進士。第九卷有《送錫元普序》，即其人也。所編雖不足盡傒斯之著作，然師弟相傳，得諸親授，終較他本為善。觀《元詩選》所載《秋宜集》中《曉出順承門有懷太虛》絕句曰："步出城南門，遙望江南路。前日風雪中，故人從此去。"乃割裂漢樂府半首為傒斯之詩，則所收必不甚精矣。

【彙訂】

① 汲古閣刻有《揭秋宜集》五卷。（查洪德、李軍：《元代文

學文獻學》）

②　文淵閣《四庫》本為詩五卷,制表一卷,書一卷,序二卷,記二卷,碑一卷,銘一卷,雜文一卷,補遺一卷。

翠寒集一卷（江蘇巡撫採進本）①

元宋无撰。无字子虛,蘇州人,嘗舉茂才不就。是集前有自序,又有元貞乙未趙孟頫序、延祐庚申馮子振序。然卷末有題孟頫遺墨詩,不應有孟頫序。以自序考之,蓋此本為无晚年自定,子振為序而刻之。孟頫所序乃其少作,以其名重,仍刊以冠集耳②。子振序仿李中《碧雲集》序例,摘錄其佳句甚悉。所舉如《古研歌》之“神媧蹋雲去補天,留下一團焦黑煙”,殆龗玁不復成語。又如“楊柳昏黃晚西月,梨花明白夜東風”之句,亦欠自然③。然其他品題,大抵精當。統觀其集,七言古體純學李賀、溫庭筠,時有雋語。樂府短章,往往欲出新意而反失之纖。五言律詩、五言長律最為擅長,七言絕句次之,七言律詩又次之。五言古詩集中惟《建業懷古》一首,亦僅如拗體律詩,句句對偶,特平仄不諧耳。蓋才所不近,避而不作也,亦可謂善用其短矣。

【彙訂】

①　“江蘇巡撫採進本”,底本作“浙江巡撫採進本”,據殿本改。《四庫採進書目》中“江蘇省第一次書目”、“浙江省第四次鮑士恭呈送書目”、“江蘇省採輯遺書目錄簡目”、“浙江採輯遺書總錄簡目”著錄此書。鮑士恭進獻本中不可能雜有浙江巡撫進獻之書。（江慶柏：《殿本、浙本〈四庫全書總目〉著錄圖書進獻者主名異同考》）

②　宋无後至元二年自序是為另一一卷本詩集所作,《四庫》

本《翠寒集》並非馮子振"序而刻之"的二卷本,而是將二卷本與有後至元二年自序的一卷本詩集合刻省併而成。(桂棲鵬:《〈四庫全書總目〉正誤六則》)

③"欠",殿本作"失"。

檜亭集九卷(浙江鮑士恭家藏本)

元丁復撰。復字仲容,天台人。延祐初游京師,與楊載、范梈同被薦,而復辭不就。放情詩酒,浪跡江淮閒。凡三徙居,晚乃僑寓於金陵之城北。平生所作不下數千篇,脫槀即棄去,故多所散佚。其壻饒介之及其門人李謹之各據所得,蒐輯成帙。介之所編稱集①,謹之所編稱續集②,今皆未見其本。此本乃至正十年南臺監察御史張惟遠合二集編為九卷,刊於集慶學舍者。其稱"檜亭",蓋以所居有雙檜,復日哦詩其下,因以為名。集中有《次韻介之雙檜亭》詩,即其地也。復詩不事雕琢,而意趣超忽,自然俊逸。其才氣橫溢,魏文帝所謂"筆墨之性,殆不可勝"者,幾乎近之。偶桓《乾坤清氣集》多錄其詩,如《餞趙公子》、《送王伯庸》、《郭生生子》諸詩,字句或有小異,殆由傳本各殊。又《蘭堂上人之金陵因寄憲府張使君》諸詩,此集不載,則遺槀散落人閒,饒介之等偶然未見者矣。

【彙訂】

① "之",殿本無。

② 殿本"集"下有"者"字。

伊濱集二十四卷(永樂大典本)

元王沂撰。沂字思魯,先世雲中人,徙於真定①。父元父,官至承事郎,監黃池稅務。馬祖常《石田集》有所作《元父墓碣

銘》，敘其家世甚詳，而沂始末不概見。今以集中所自述與他書
參考之，尚可得其大略。據馬祖常《碣銘》，稱與沂同榜，則當為
延祐初進士。據集中《送李縣令序》，則嘗為臨淮縣尹。據《義應
侯廟記》，稱延祐四年佐郡伊陽。考《地理志》，伊陽在嵩州，則嘗
為嵩州同知。又詩中有"綸巾羽服卧伊濱"之句，則集名《伊濱》，
亦即起於此時。據《祀南鎮》、《北嶽》諸記，則至順三年嘗為國史
院編修官。據《送瞿生序》及《胡節母詩序》諸篇，則元統三年嘗
在國子學為博士。據《送余闕序》稱"元統初佐考試，見闕對策"
云云，則嘗入試院同考，而余闕實為所得士。據《祀西鎮記》、《御
書跋》諸篇，則至元六年嘗為翰林待制，並嘗待詔宣文閣。又
《宋》、《遼》、《金》三史成於至正五年，而書前列修史諸臣，有"總
裁官中大夫禮部尚書王沂"之名，則是時已位至列卿。其後遷
轉，遂不可考，疑即致仕以去。然集中《壬寅紀異》詩有"壬寅仲
春天雨雹，南平城中晝驚愕。自從兵革十年來，澒洞風塵亙沙
漠"之句，又《鄰寇逼境倉皇南渡》詩有"鄰邑舉烽燧，長驅寇南
平。中宵始聞警，挈家速遠行"之句，又有《寓吉安林塘避桃林兵
警》詩。壬寅為至正二十二年，正中原盜起之時。距沂登第已五
十載，尚轉側兵戈間，計其年亦當過七十矣[②]。沂歷躋館閣，多
居文字之職，廟堂著作，多出其手。與傅若金、許有壬、周伯琦、
陳旅等俱相唱和。故所作詩文，春容和雅，猶有先正軌度。惜其
名不甚著，集亦絕尠流傳，選錄元詩者並不能舉其名氏。今從
《永樂大典》中裒掇編次，釐為二十四卷。庶梗概尚具，不至遂就
湮沒焉。

【彙訂】

①《永樂大典》卷三五二八"門"字韻有王沂《義門曲》，"王

沂"名下有注語曰:"字師魯,襄陰人,延祐乙卯進士,禮部尚書。"
虞集、張翥、宋褧諸人集中皆稱"王師魯"。此集卷二三《伯姊墓
誌銘》自稱"為之誌者,其弟沂師魯也"。又集中《送張常道尹隨
縣序》等文均自言"襄陰王沂"。(韓格平:《王沂〈伊濱集〉校讀
劄記》)

　　②　此集十二卷詩中有一百一十五首同見於《宛委別藏》本
《王徵士詩》八卷(元明間人王沂字子與撰,共詩一百七十九首),
應係《永樂大典》輯錄時將同名二人誤混。《壬寅紀異同劉以和
賦》、《九月十一日鄰寇逼境倉皇南渡感賦》、《寓吉安林塘避桃林
兵警感賦》三詩實皆王沂子與之作。(楊鐮:《元詩文獻辨偽》)

　　淵穎集十二卷附錄一卷(兩江總督採進本)

　　元吳萊撰。萊字立夫,浦陽人。延祐中復科舉之制,以《春
秋》貢於鄉,試禮部不第。後以薦署饒州路長薌書院山長,未行
而卒,年僅四十四。其門人金華宋濂等私諡為淵穎先生。據其
《諡議》,取經義元〔玄〕深為淵,文詞貞敏為穎也。萊與黃溍、柳
貫並受業於宋方鳳,再傳而為宋濂,遂開明代文章之派。故年不
登中壽,身未試一官,而在元人中屹然負詞宗之目,與溍、貫相
埒。遺槀甚夥,濂為摘其有關學術議論之大者,編為斯本,青田
劉基序之。碑文、諡議一卷,別為《附錄》。張綸《林泉隨筆》曰:
"吳立夫《諭倭書》,蓋其十八歲所作,規模仿司馬相如《諭蜀文》。
其末所述諭其王之言,雖古之辨士,莫能過也。其他《大游》、《觀
日》兩賦,與夫《形釋》、《泰誓論補》、《牛尾歌詞》等篇[1],皆雄深
卓絕,真先秦先漢間作者[2]。"黃溍亦稱其文"嶄絕雄深,類秦、漢
間人"。皆未免溢量。胡助謂"他人患其淺陋,而萊獨患其宏

博”,斯為篤論矣。王士禎《論詩絕句》有曰:“鐵崖樂府氣淋漓,
淵穎歌行格儘奇。耳食紛紛説開寶,幾人眼見宋元詩。”實舉以
配楊維楨。而其所選七言古詩③,乃錄萊而不錄維楨。蓋維楨
為詞人之詩,萊則詩人之詩,恃氣縱橫,與覃思冶鍊門戶固殊。
士禎《論詩絕句》作於任揚州推官時。而《古詩選》一書,則其後
來所定,所見尤深也。

【彙訂】

①“牛尾歌詞”,底本作“牛尾歌”,據《今獻彙言》本《林泉隨
筆》原文及殿本補。

②“先漢”,底本作“兩漢”,據《林泉隨筆》原文及殿本改。

③“而”,殿本無。

黃文獻集十卷(浙江鮑士恭家藏本)

元黃溍撰。溍有《日損齋筆記》,已著錄。其文原本經術,應
繩引墨,動中法度。學者承其指授,多所成就。宋濂、王禕皆嘗
受業焉①。濂序稱所著《日損齋稿》二十五卷,溍歿後縣尹胡惟
信鋟梓以傳。又有危素所編本為二十三卷。今皆未見。此本乃
止十卷。前有嘉靖辛卯張儉序,稱“舊本頗闕失,且兼載其一時
泛應異端之求者,恐非公意也。索世家得善本,及公所為筆記一
編,稍加刪定,付建甌尹沈璧、陳珪重梓以傳”云云,則儉已有所
刊削,非濂所序之本②。卷首題“虞守愚、張儉同校”一行,又題
“溫陵張維樞重選,會稽王廷曾補訂”一行。則二人又有所竄易,
併非儉所刻之本。卷數不同,有自來矣。明人誕妄,凡古書經一
刊刻,必遭一塗改,數變之後,遂失其真,蓋往往如此。然有所私
損,未必有所私益。雖殘闕不完,尚可見溍之崖略也。

【彙訂】

①"王禕",殿本作"王褘",誤。説詳卷四六《元史》條註訂誤。

②《四庫採進書目》開列有"《黃學士文集》初稾三卷續稾四十卷,(元至正十五年)刊本","《黃文獻公集》二十三卷,(宋濂序)元刊本",而其中《浙江第四次鮑士恭進呈書目》所列為"《黃文獻公集》二十三卷,十二本"。(馮金牛:《〈四庫全書〉底本問題兩例》)

　　圭齋集十五卷附錄一卷(江西巡撫採進本)

　　元歐陽元〔玄〕撰。元有《拯荒事略》,已著錄。元平生三仕成均,兩為祭酒,六入翰林,三拜承旨。凡朝廷高文典册,多出其手。揭傒斯作元集序,稱:"有曰《詩流》者三卷,曰《鈜中》者十卷,曰《驪煙》者十五卷,曰《强學》者十卷,曰《述直》者三卷①,其門人王師模所編②。"明宋濂序則謂原集一百餘册,皆燬於兵,惟存辛卯至丁酉七年之作二十四卷,其孫祐持編錄之。此本詩賦四卷、文十一卷、附錄一卷,題"宗孫銘鏞編集",又非祐持之舊矣③。孔齊《至正直記》曰:"歐陽元作文,必詢其實事而書,未嘗代世俗夸誕。"時人謂文法不及虞集、揭傒斯、黃溍,而事實不妄則過之。然宋濂稱其文"如雷電恍惚,雨雹交下,可怖可愕。及乎雲散雨止,長空萬里,一碧如洗",實亦未減於三人也。虞集《道園學古錄》有《送元謁告還瀏陽》詩曰:"憶昔先君早識賢,手封制作動成編。交游有道真三益,翰墨同朝又十年。"蓋集父教授於潭州,見元文大驚,手封一帙寄集曰"他日當與汝並駕齊驅",故集詩云然。然則元發軔之初,聲價已與集相亞矣。

【彙訂】

① "述直",底本作"述真",據揭傒斯序原文及殿本改。

② 揭傒斯序"其門人"上尚有"曰《脞語》者三卷"六字。且此序所謂歐陽先生隱居不仕,與揭氏未曾謀面,顯別為一人。則《詩流》諸目非此集所有。(沈濤:《圭齋文集跋》;胡玉縉:《四庫全書總目提要補正》)

③ 宋濂序云"其孫祐持公集二十四卷來",可知其孫名祐,非祐持。(朱家濂:《讀〈四庫提要〉札記》)

待制集二十卷附錄一卷(浙江鮑士恭家藏本)

元柳貫撰。貫字道傳,浦江人。大德四年薦為江山縣教諭,延祐四年授湖廣儒學副提舉,六年改國子助教,至治元年遷博士,泰定元年遷太常博士,三年出為江西儒學提舉。至正元年擢翰林待制,兼國史院編修官,僅七月而卒①。故世稱"柳待制"焉。事蹟附載《元史·黃溍傳》。貫雖受經於金履祥,其文章軌度則出於方鳳、謝翱、吳思齊、方回、龔開、仇遠、戴表元、胡長孺,其史學及掌故舊聞則出於牟應龍,具見宋濂所作《行狀》中。學問淵源,悉有所受。故其文章原本經術,精湛閎肆,與金華黃溍相上下。早年不自存槀,年四十餘北游燕,始集為《遊槀》。其後有《西隴槀》、《容臺槀》、《鍾陵槀》、《靜儉齋槀》、《西游槀》、《蜀山槀》。至正十年,余闕得槀於貫子卣,以濂及戴良皆貫門人,屬其編次。凡得詩五百六十七首、文二百九十四首,勒為二十卷。闕及危素、蘇天爵各為之序,濂為之後記。天爵序又稱有《別集》二十卷,今未見其傳本。考濂《記》稱尚餘詩九百七首、文二百四十八首,謄為二十卷,授先生子卣藏之。蓋刪汰之餘,本未刻也。

以數計之，詩僅存十之四，文僅存十之六，宜其簡擇之精矣。《附錄》一卷，雜錄誥敕、祭文、像贊、行狀、墓表之屬，不知何人所編。卷首亦題曰"柳貫著"，其謬陋可想。又《墓表》今在黃溍集中，而題曰"戴良記"，舛駁尤甚[②]。以所記較史為詳，尚可考貫之始末，姑仍其舊本存之云爾。

【彙訂】

① 黃溍《文獻集》卷一〇下《翰林待制柳公墓表》云："公諱貫，字道傳，姓柳氏……俄以疾卒於寓舍，至正二年十一月九日也，享年七十有三。"宋濂《文憲集》卷二五《劉先生行狀》云："先生諱貫，字道傳，姓柳氏……至正元年辛巳，先生年七十二……會貢舉法復行，江浙行中書省留主文衡。二年壬午夏五月至官，僅七閱月，竟以一病不起，時冬十一月九日耳，先生年七十三矣。"均可證柳貫實卒於至正二年冬。（楊武泉：《四庫全書總目辨誤》）

②《翰林待制柳公墓表》題曰黃溍，《墓表碑陰記》題曰戴良，《總目》混而為一。（司馬朝軍：《〈四庫全書總目〉精華錄》）

閒居叢稾二十六卷（江蘇巡撫採進本）

元蒲道源撰。道源字得之，號順齋。世居眉州之青神，徙居興元。初為郡學正，罷歸。皇慶中，徵為國史院編修官，進國子博士，年六十矣。越歲復引疾去。後十年，召為陝西儒學提舉，不就。迹其生平，恬於仕宦，大抵閒居之日為多。故其子機哀輯遺文，題曰《閒居叢稾》。凡詩賦八卷，雜文、樂府十八卷。詩文俱平實顯易，不尚華藻。黃溍為之序，稱"國家統一海宇，土俗醇美。一時鴻生碩儒所為文，皆雄深渾厚，而無靡麗之習。承平滋久，風流未墜。皇慶、延祐閒，公以性理之學施於臺閣之文。譬如良金美玉，不假鍛鍊琱琢，而光耀自不可掩"云云，亦言其文之真樸也。蓋元大德以後，亦如明宣德、正統以後，其文大抵雍容不迫，淺顯不支。雖流弊所滋，庸沓在所不免，而不謂之盛時則不可。顧嗣立《元詩選》引潛此文，謂"當時風尚如此，可以觀世運焉"，斯言允矣。

　　所安遺集一卷（編修汪如藻家藏本）①

　　元陳泰撰。泰字志同，別號所安，長沙茶陵人。延祐二年進士②，除龍泉縣主簿。栖遲薄宦，惟以吟詠自適，竟終於是官。其著作亦未成集。至其曾孫樸，始裒輯以成此編，故曰"遺槀"。明成化中，其來孫銓等重刊。卷末有舊題六字云："後段蠹損，惜哉！"則併樸所緝亦非完本也。泰與歐陽元〔玄〕同舉於鄉，以《天馬賦》得薦。考官批其卷曰："氣骨蒼古，音節悠然，天門洞開，天馬可以自見矣。"今賦與批詞俱載集首。後元躋臙仕，文章震耀一世。泰集乃幾幾不傳。今觀所作，七言歌行居十之七八，大致氣格近李白，而造句則多類李賀、溫庭筠。雖或不免奔軼太過，剽而不留，又不免時傷粗獷，不及元之風規大雅，具有典型。要其才氣縱橫，頗多奇句，亦自有不可湮没者。久晦而終傳於世，亦有由矣。

【彙訂】

　　① 底本此條與文淵閣庫書次序不符。文淵閣庫書與殿本均置於"閒居叢槀二十六卷"條之前。

　　② 陳泰雖中延祐元年湖廣鄉試，但據此集《將離京師別李朝端陳伯奎二同年》詩意，顯然次年會試落第。不久便入仕途。

（桂棲鵬：《〈四庫全書總目〉正誤六則》）

　　至正集八十一卷（河南巡撫採進本）

　　元許有壬撰。有壬字可用，湯陰人。延祐二年進士，歷官集賢大學士、中書左丞兼太子左諭德，致仕。卒諡文忠。事蹟具《元史》本傳。有壬立朝五十年，三入政府。於國家大事，侃侃不阿，多有可紀。文章亦雄渾閎肆，曆切事理，不爲空言，稱元代館閣鉅手。所著《至正集》，本一百卷。據其弟有孚《圭塘小稾》序云：“門生集錄繕寫方畢，先生捐館。猶子太常博士楨，忽遭起遣，倉皇之際，輕身南行。書籍棄擲，稾亦俱亡。”是其集自有壬既歿，即已淪佚無傳。明宏治間，其五世孫容〔顒〕刊行《圭塘小稾》時亦未之見[①]。故葉盛《水東日記》載容嘗言：“先公《至正集》一百卷，遺失久矣。聞楊少師嘗收有副本，就叔簡少卿求之。少卿云：‘書籍在泰和，有無未可知也。’”此本不知何時復出，而尚闕其十九卷。據黃虞稷《千頃堂書目》所載，卷數正同。蓋相傳衹有此本，其即楊士奇家所藏歟？中如箋表、傳狀、書簡諸體並闕[②]，又有錄而失其辭者，詩十一篇，樂府八篇。有孚序又稱其“論天下事，嘉言讜論，見《至正集》”。而此本疏稾實無一篇，則其散佚者亦復不少。然觀《元史》本傳，載有壬於泰定初言特捫德爾_{原作帖木迭兒，今改正。}之子索南_{原作鎖南，今改正。}與聞大逆，乞正典刑；平章政事趙世延受禍尤慘，爲辨冤復職，及上正始十事諸大端，皆見是集“公移類”中，亦足窺見崖略。而其論特克什_{原作帖實，今改正。}之妹勿令污染宮壼，更人所難言。本傳顧未之及，是尤可以補史闕矣。

　　【彙訂】

　　① “容”，當作“顒”，下同，乃避嘉慶諱改。殿本作“顒”。

② 文淵閣《四庫》本此集卷六十六有《馬栻傳》一篇，卷七十有箋四篇，表八篇。清藝海樓抄本卷六十八有傳一篇，卷七十有箋二篇，表十篇。（董康：《〈至正集〉解題》）

圭塘小槀十三卷别集二卷續集一卷附錄一卷（浙江鮑士恭家藏本）[①]

元許有壬撰。其《小槀》為有壬所自輯。至正庚子，其弟有孚錄而序之，所謂即《至正集》而不具錄者也[②]。迨有壬既歿，集本散亡。而有孚所攜此本獨存，因重加編次，得詩文二百四十三首，釐為十三卷。又輯嘗寄有孚詩文八十五篇，繇獻可所收《文過集》及林慮記遊詩文九十三篇，為《别集》二卷。其殘編斷簡，得於倚尖野人家者為《外集》一卷。有孚復為之序，題"屠維作噩二月"，乃洪武二年己酉，在元亡之後矣。子孫世藏其書。宣德閒，復失其《外集》。成化己丑，其五世孫南康知府容〔顒〕始校正刊行[③]，而以家乘載志文、祭文及有孚等倡和之作編為《續集》一卷，附之於末。葉盛《水東日記》曰："相臺許可用中丞，文章表著一時，有盛名，今世所見者可數耳。耿好問言其裔孫容尚藏文集若干卷，惜乎不得見之。"即此本也。其後《至正集》復出於世，而闕佚未全。今以兩書校核，雖大略相同，亦互有出入。如《忍經》、《春秋經説》、《成中丞詩》諸序，《雪齋書院》、《龍德宮》、《上清儲祥宮》、《河南省左右贊治堂》、《遼山縣儒學》諸記，《武昌萬壽崇寧宮》、《林州同知孫承事》、《克呼原作怯烈，今改正。公神道》諸碑，皆《至正集》所無，而獨見於此本。又《别集》中長短句，《至正集》未載者亦二十三闋。其他異同詳略甚多。以其為有壬手訂原本，又經有孚排定，視集本之晚出者較為精詳。故並著於錄，以備參證焉。

【彙訂】

① 文淵閣《四庫》本無附錄一卷。（劉兆祐：《四庫著錄元人別集提要補正》）

②"而"，殿本作"所"。

③"容"，當作"顯"，底本乃避嘉慶諱改。殿本作"顯"。

禮部集二十卷附錄一卷（兩淮鹽政採進本）①

元吳師道撰。師道有《戰國策校註》，已著錄。其集原名《蘭陰山房類稾》。此本題曰"禮部"者，蓋師道致仕以後②，授奉議大夫禮部郎中，以所進之官名之也。考張樞撰《師道墓表》，杜本撰《師道墓誌》，皆稱致仕後授奉議大夫禮部郎中。而宋濂所作《墓碑》，則稱以禮部郎中致仕，《元史》本傳亦同。蓋《元史》即濂所撰，故與《碑》合。然樞與本皆師道舊友，不應有誤，或濂記錄未真也③。凡詩九卷、文十一卷，流傳頗尠。此本乃新城王士禎寫自崑山徐秉義家，因行於世。師道少與許謙同師金履祥，所著有《易雜說》二卷、《書雜說》六卷、《詩雜說》二卷、《春秋胡氏傳附正》十二卷，於經術頗深。所補正鮑彪《戰國策註》及所撰《敬鄉錄》，於史事亦頗有考證。又與黃溍、柳貫、吳萊相與往來倡和，故詩文具有法度。其文多闡明義理，排斥釋、老，能篤守師傳。其詩則風骨遒上，意境亦深，衰然升作者之堂，非復《仁山集》中格律矣。蓋其早年本留心記覽，刻意詞章，弱冠以後，始研究真德秀書。故其所作，與講學家以餘力及之者，迥不同耳①。

【彙訂】

①"附錄一卷"，殿本脫，參文淵閣庫書。（修世平：《文淵閣〈欽定四庫全書總目〉訂誤十六則》）

②“以”，殿本無。

③ 宋濂撰《吳先生碑》云：“至正三年，先生以內艱歸。明年，江浙行中書省當大比，聘先生取士，疾作不能行，上書請致其仕。八月十七日卒於家，壽六十二。既卒，命書下，以奉議大夫、禮部郎中致仕。”亦謂卒於授奉議大夫、禮部郎中致仕之前，與《墓表》、《墓誌》相合。（昌彼得：《〈吳正傳先生文集〉敍錄》）

④“耳”，殿本作“云”。

積齋集五卷（永樂大典本）

元程端學撰。端學有《春秋三傳辨疑》，已著錄①。其文集《元史》本傳不載，世亦未見傳本，惟《文淵閣書目》有之。今檢勘《永樂大典》各韻中，尚頗散見一二。考曹安《讕言長語》記歐陽元〔玄〕為浙省考官，本房得《四靈賦》一卷，詞意高迥。覆考官謂非賦體，欲黜之。元爭之力，且曰：“其人賦場如此，經義必高。”督掌卷官取其本經，則偉然老成筆也。及拆卷，乃程端學。歐陽元作《端學墓誌》亦稱：“至治癸亥，浙闈秋試第二場《四靈賦》，詞氣高迥，因得與選。”則端學以是賦得名，必載集中。今所存僅《陽燧賦》一篇，而是賦已佚，則散亡亦多矣。謹掇拾殘剩，釐為詩一卷、文四卷，以備元人之一家。端學之説《春秋》，勇於信心，而輕於疑古，頗不免偏執膠固之弊。然其人品端謹，學術亦醇，故其文結構縝密，頗有閎深肅括之風。故曹安又記其會試經義策冠場，考官白宰相曰：“此卷非三十年學問不能成。”蓋根柢既深，以理勝而不以詞勝，故與雕章繪句者異焉。詩尚沿南宋末派。觀《墓誌》稱端學泰定初扈蹕上都，時虞集為國子司業，深相器重，而不甚見兩人唱和之作。則端學不以是擅長，亦可見矣。

【彙訂】

① 依《總目》體例，當作“端學有《春秋本義》，已著錄”。

燕石集十五卷（浙江巡撫採進本）①

元宋褧撰。褧字顯夫，大都人。泰定元年進士。歷官翰林直學士兼經筵講官，謚文清。褧博覽群籍，與兄本後先入館閣，並有集行世，時人以“大宋”、“小宋”擬之。褧集為其姪太常奉禮郎礦所編，凡詩十卷、文五卷。首載至正八年御史臺咨浙江行中書省刊行咨呈一道，歐陽元〔玄〕、蘇天爵、許有壬、呂思誠、危素五序，末附謚議、墓誌、祭文、輓詩。又有洪武中何之權、呂燊二跋。蓋猶舊本。歐陽元序稱其詩“務去陳言，燕人淩雲不羈之氣，慷慨赴節之音，一轉而為清新秀偉”，蘇天爵序稱其詩“清新飄逸，間出奇古，若盧仝、李賀”，危素序則稱其“精深幽麗，而長於諷諭”。核其所說，亦約略近之。至其詞藻煥發，時患才多。句或不檢，韻成牽綴。如《正獻公墳所寒食》詩有“高墳白打錢”句。案韋莊詩“上相閒分白打錢”，非紙錢也。《張女輓詩》“却是貞魂埋不得”句，序稱其女工於屬對，十歲而夭。案李商隱詩“萬古貞魂倚暮霞”，非十歲未字之女也。如斯之類，大抵富贍之過。貪多務得，遂不能刮垢磨光。然武庫之兵，利鈍互陳。論其大體，足為一家，固不以字句累之矣。其文為作詩之餘事，然溫潤而潔淨，亦不失體裁焉。

【彙訂】

① “浙江巡撫採進本”，殿本作“江蘇巡撫採進本”。《四庫採進書目》未著錄此書。（江慶柏：《殿本、浙本〈四庫全書總目〉著錄圖書進獻者主名異同考》）

秋聲集四卷(兩淮馬裕家藏本)

元黃鎮成撰。鎮成有《尚書通考》,已著錄。其集據顧嗣立《元詩選》稱原本十卷,又載有鄭潛序。此本僅存四卷,又惟鎮成自序一篇,而不載潛序,似非完帙矣。王士禛《居易錄》稱其《秋風》一首、《秋山小景》一首、《五曲精舍》一首,以為具有風調。今觀其集,大抵邊幅稍狹,氣味稍薄,蓋限於才弱之故。然近體出以雅潔,古體出以清省,亦復善用其短。故格韻楚楚,頗得錢、郎遺意。較元代纖穠之體,固超然塵壒之外也。《閩書》稱鎮成至正中築室城南,號南田耕舍。部使者屢薦之,不就。似乎高隱之士。鄭潛序則稱其有所激而鳴其不平。今考集中《南田耕舍》詩序言:"賦者率擬之於老農。人各有志,同牀而不相察。"其第二首云:"種田南山下,土薄良苗稀。秭稗日以長,茶蓼塞中畦。路逢荷蓧人,相顧徒嗟咨。我欲芟其蕪,但念筋力微。終焉鮮嘉穀,何以奉年饑。誰令惡草根,亦蒙雨露滋。豈無力耕士,悠悠興我思。"①則鎮成蓋遭逢亂世,有匡時之志而不能行②,乃有託而逃。故詩多憂時感事之語,潛序為知其心。徒以為恬退之士,未足罄所抱矣。

【彙訂】

① 此集卷二有《寫懷》二首,其序云:"予作《南田耕舍》,諸公賦者率擬之於老農。噫,人各有志,同牀而不察,世之君子乃欲責人之知己,不亦難乎? 因作《寫懷》二首以自解云。"其第二首即"種田南山下"。而另作有《南田耕舍》詩。

② "行",殿本脫。

雁門集三卷集外詩一卷(江蘇巡撫採進本)

元薩都拉案薩都拉原作薩都剌,今改正。撰。薩都拉字天錫,號直齋。其祖曰薩拉布哈，<small>案薩拉布哈原作思蘭不花，今改正。</small>父曰傲拉齊，<small>案傲拉齊原作阿魯赤，今改正。</small>以世勳鎮雲、代，居於雁門。故世稱“雁門薩都拉”，實蒙古人也。舊本有干文傳序，稱薩都拉者，譯言濟善也，<small>案，薩都拉，蒙古語結親也。此云濟善，疑文傳以不諳譯語致誤，今姑仍原文，而附訂於此。</small>則本以蒙古之語連三字為名[①]。而集中《溪行中秋玩月》詩乃自稱為薩氏子，殊不可解[②]。又孔齊《至正直記》載薩都拉本朱姓[③]，非傲拉齊所生。其說不知何據。豈本非蒙古之人，故不諳蒙古之語，竟誤執名為姓耶？疑以傳疑，闕所不知可矣[④]。據所自序，稱始以進士入官為京口錄事長，南行臺辟為掾。繼而御史臺奏為燕南架閣官，遷閩海廉訪知事[⑤]，進河北廉訪經歷。干文傳序則稱其登泰定丁卯第，應奉翰林文字，除燕南經歷，升侍御史。於南臺以彈劾權貴，左遷鎮江錄事宣差，後陟官閩憲幕。與自序稍有不同。然自序當得其實也[⑥]。虞集作《傅若金詩序》，稱：“進士薩天錫最長於情，流麗清婉。”今讀其集，信然。楊瑀《山居新話》嘗辨其《宮詞》中“紫衣小隊”諸語[⑦]，及《京城春日》詩中“飲馬御溝”之語為不諳國制[⑧]，其說良是[⑨]。然《驪山》詩內誤用荔枝[⑩]，亦何傷杜牧之詩格乎[⑪]？集本八卷，世罕流傳。毛晉得別本刊之，併為三卷。後得獲匾王氏舊本，乃以此本未載者別為《集外詩》一卷，而其集復完。其中《城東觀杏花》一詩，今載《道園學古錄》中，顯為誤入。則編類亦未甚確。然八卷之本，今不可得[⑫]。故姑仍以此本著錄。晉跋又稱尚有《巧題》七言八句百首[⑬]，別為一集，惜其未見。今距晉又百餘載，其存佚益不可知矣。

【彙訂】

① 蒙古語“結親”音譯為“烏日格土日勒”。薩都剌當為阿

拉伯語"安拉賜福"音譯,而以意譯"天錫"為字。(林松:《關於薩都剌名字的由來》)

②《溪行中秋玩月》詩係盧琦所作,說詳本卷《圭峯集》條訂誤。

③《至正直記》作者為孔克齊,說詳卷一四三《至正直記》條訂誤。

④ 陶宗儀《書史會要》卷七云:"薩都剌,字天錫,回紇人。"即回鶻(維吾爾)人。(楊光輝:《薩都剌生平及著作實證研究》)

⑤ "廉訪",殿本作"廉於",誤。

⑥ 薩都剌泰定四年丁卯(1327)登第,次年七月至鎮江任錄事司達魯花赤(將仕郎),三年任滿,赴京任應奉翰林文字。至順三年(1332)五月,貶官江南諸道行御史臺令史。元統二年(1334)八月,除燕南照磨兼管勾。元統三年(1335)年底,除福建廉訪司知事。至元三年(1337)八月,遷文林郎,任燕南河北道肅政廉訪司經歷。(楊光輝:《薩都剌生平及著作實證研究》)

⑦ "山居新話",底本作"山居新語",據殿本改。楊瑀撰《山居新話》四卷,其卷三有考辨薩都剌《宮詞》、《京城春日》之條目。

⑧ "語",殿本作"句"。

⑨ "是",殿本作"允"。

⑩ "用",殿本作"詠"。

⑪ 杜牧詩與驪山、荔枝及唐時制度有關者,僅《過華清宮》一首。詩云:"長安回望繡成堆,山頂千門次第開。一騎紅塵妃子笑,無人知是荔枝來。"此詩不存在與當時制度不合的問題。《通鑑》天寶五載七月丙辰條云:"妃欲得生荔支,歲命嶺南馳驛致之,比至長安,色味不變。"則杜牧所詠,與史實正符。《總目》

所謂誤，當係據《資治通鑑》胡三省注文推衍。胡注引白居易曰：
"（荔支）若離本枝，一日而色變，二日而香變，四五日外，色香味
盡去矣。"自嶺南至長安，馳驛不止七日七夜，則得生鮮荔支為不
可能，故以杜牧所詠為誤。然清吳應逵《嶺南荔支譜》卷五引阮
福說，謂唐代驛致荔支，當如漢武帝移植扶荔宮故事，以連根之
荔，栽於器中，船載沿海溯江，至襄陽丹河，然後摘取馳驛，越商
州秦嶺，至華清宮可一日而達也。可見史載不誤。（楊武泉：
《四庫全書總目辨誤》）

⑫國家圖書館藏有明成化二十年（1484）張習刻《雁門集》
八卷本。（楊光輝：《薩都剌生平及著作實證研究》）

⑬"巧題"，殿本作"無題"，誤。清嘉慶十二年刻本薩龍光
編注《雁門集》附所輯《倡和錄》跋，稱"七言律巧題一百首見於干
壽道本集序"。附所輯《別錄》引毛晉《集外詩跋》亦作："又有巧
題七言八句百首，別為一集，餘未見。"（江慶柏等：《四庫全書薈
要總目提要》）

　　杏亭摘槀一卷（浙江鮑士恭家藏本）①

　　元洪焱祖撰。焱祖字潛夫，歙縣人。是集前有危素序，稱為
徽州路休寧縣尹致仕。而敘其仕履乃曰："年二十六為平江路儒
學錄，浮梁州長薌書院山長，紹興路儒學正，調衢州路儒學教授，
擢處州路遂昌縣主簿。天曆元年，年六十二致仕。"乃不云其為
縣尹。考宋濂序稱其"自儒官起家，四轉而為遂昌主簿，遂以休
寧縣尹致其仕"。蓋是時猶沿宋例，致仕者率進一官使歸，實未
嘗任是職也。焱祖嘗作羅願《爾雅翼》音釋，至今附願書以行。
又有《續新安志》十卷，亦繼願《新安志》而作。蓋亦博洽之士。

是集為其子浦江尉在所編。其所居有銀杏樹，大百圍。燚祖嘗以"杏亭"自號，因以名集。其詩以古、近體分列。然五言律下註曰"長律附"，不從高棅稱排律，七言律下註曰"拗律附"，亦宋人之舊名。蓋猶當日原本，未遭明人竄亂者也。其詩雖純沿宋調，而尚有石湖、劍南風格，抗衡於虞、楊、范、揭諸家則不足，以視宋季江湖末派，則蟬蛻於泥滓之中矣。

【彙訂】

① 文淵閣《四庫》本標題及書前提要作《杏庭摘稿》，今存清刻本、抄本亦同。宋濂《文憲集》卷七亦有《杏庭摘稿》序。（劉兆祐：《四庫著錄元人別集提要補正》）

安雅堂集十三卷（兩淮馬裕家藏本）

元陳旅撰。旅字眾仲，莆田人。以薦為閩海儒學官。中丞馬祖常奇之，與游京師，又為虞集所知。平章事趙世延引為國子助教，考滿再任。後出為浙江儒學提舉，又召入為應奉翰林文字。至元元年遷國子監丞。越二年卒於官①。事蹟具《元史·儒學傳》。其集見於本傳者十四卷。此本僅十三卷，乃其子籥所編。有張翥、林泉生二序，一作於至正九年，一作於十一年。目次與焦竑《經籍志》相合。殆本傳筆誤，以"三"為"四"歟？史稱其文"典雅峻潔，必求合於古作者，不徒以徇世好"。又稱虞集見所作，有"我老將休，付子斯文"之語。張翥序亦稱："天曆、至順間，學士虞公以文章擅四方。其許與君特厚，君亦得相與薰擩，而法度加密。"蓋紀實也。蘇天爵輯《元文類》，其時作者林立，而不以序屬諸他人，獨以屬旅，殆亦知其文之足以傳信矣。

【彙訂】

①《元史》卷一百九十《儒學二》云陳旅"至正元年遷國子監丞,階文林郎。又二年卒,年五十有六",然吳師道《禮部集》卷一五《陳監丞〈安雅堂集〉序》云:"至正二年七月某日,國子監丞陳君旅眾仲卒於京師。"(方莉玫:《吳師道年譜》)

傅與礪詩文集二十卷(江蘇巡撫採進本)

元傅若金撰。若金初字汝礪,揭傒斯為改字與礪,江西新喻人。曹安《讕言長語》記其少年家酷貧,以織席為生,又改業為針工。後有所激,乃讀書,詩文遂膾炙人口,用以勉人之自礪。則亦奇士也。其詩法授於同郡范梈。虞集、宋褧以異材薦,佐使安南歸①,除歸廣州文學教授。至正三年卒,年僅四十。所著詩集有《初槁》、《南征槁》、《使還新槁》、《牛鐸音》等編,范、虞諸人皆嘗為之序。至正閒,其弟若川彙錄之,名《清江集》②。明洪武中,又刻其文集十一卷,附錄一卷③。今詩文總為一編,不知何人所併也。揭傒斯稱:"每讀與礪詩,如復見范德機。德機七言歌行勝,與礪五言古律勝,餘亦相伯仲。"王士禎《居易錄》則稱其"歌行得老杜一鱗片甲,七律亦有格調",與傒斯論小異。當以士禎之說為然。古文蓋其餘事,然亦和平雅正,無棘吻螫舌之音。雖不能凌跨諸家,要亦一時之儁才矣。

【彙訂】

① "歸",殿本作"還"。

② 殿本"名"下有"曰"字。

③ 今存明洪武刊本《傅與礪詩文集》二十卷,其詩集有其弟傅若川癸亥跋,云:"壬辰兵毀之後,欲求正稿刊行而力弗逮。至

壬戌夏，偶得宋應祥伯禎鈔錄點校先兄正稿，遂僭編次，率衆力鋟梓。”壬辰為至正十二年，壬戌為洪武十五年。則詩集亦刊於洪武中，非至正中。（胡玉縉：《四庫全書總目提要補正》）

瓢泉吟稾五卷（永樂大典本）

元朱晞顏撰。考元代有兩朱晞顏。其一為作《鯨背吟》者。其一為長興人，字景淵，即著此稾者也。晞顏始末不甚可考。惟《吳澄集》有晞顏父文進墓表，載及晞顏，稱其“能詩文而為良吏”，亦不詳其為何官。今以集中詩考之，則初以習國書被選為平陽州蒙古掾。又為長林丞，司煮鹽賦。又曾為江西瑞州監稅。蓋以郡邑卑吏終其身者。其集藏書之家罕見著錄。惟焦竑《國史經籍志》載有《瓢泉集》四卷，而世無傳本[1]。顧嗣立錄元詩三百家，亦不及其名。今據《永樂大典》所載，鈔撮編次，釐為詩二卷、詩餘一卷、文二卷。又牟巘、鄭僖原序二首尚存，仍以弁諸卷首。集中所與酬贈者為鮮于樞、揭傒斯、楊載諸人。故耳目薰擩，具有法度。所作雖邊幅稍狹，而神理自清。牟巘序所稱擬古之作，今具在集中，頗得漢、魏遺意，異乎以割剝字句為工。其雜文亦刻意研練，不失繩墨。惟鄭僖所賞《曲生》、《菊隱》二傳，沿《毛穎》、《革華》之體，自羅文、葉嘉以來，已為陳因之窠臼。僖顧以奇贍許之，殆所謂士俗不可醫矣。

【彙訂】

[1] 明《文淵閣書目》卷九載“朱希賢《瓢泉吟稿》一部四冊完全”（“賢”當為“顏”之誤），《菉竹堂書目》卷三著錄朱希顏《瓢泉吟稿》四冊，清初《千頃堂書目》卷二九著錄朱希顏《瓢泉吟稿》四卷。（胡鑫：《瓢泉吟稿提要》）

筠軒集十三卷（安徽巡撫採進本）

元唐元撰。元字長孺，歙縣人。泰定丁卯，以文學授平江路學錄，再任建德路分水縣教諭，以徽州路學教授致仕，卒。集中《朱克用總管詩會序》作於至正乙酉，自題七十七歲，則當生於宋咸淳五年己巳。始終皆當元盛時，故所作多和平溫厚之音。又嘗著《易大義》、《見聞錄》諸書，於經術頗深，故議論亦不詭於正。據朱文選《行狀》，元有《敬堂雜著》、《思樂雜著》、《吳門雜著》、《分陽雜著》、《金陵雜著》、《老學菆槀》，幾七千篇，分為五十卷。乃其子桂芳手輯，故集中閒有桂芳題識。此本為程敏政編入《唐氏三先生集》者[①]，僅詩槀八卷、文槀五卷，殊非其舊。觀其裔孫澤請汪抑之作序啟中，亦謂兵燹之餘，十存二三。則此集亦蠹蝕零落，幸而得存矣。惟元以鄉校終身，未嘗一官臺閣。而集中有《扈從灤陽清暑》四詩，又有《玉堂夜直》詩及《察罕淖爾》[②]、《李陵臺》諸詩，未喻其故。或誤收他人之作歟？

【彙訂】

①《唐氏三先生集》乃明正德中唐元後裔唐相所編，程敏政校理。（褚玉晶：《筠軒集提要》）

②“察罕淖爾”，殿本作“察罕深爾”，誤。此集卷六作“察罕諾爾”。

俟菴集三十卷（兩淮馬裕家藏本）

元李存撰。存字明遠，更字仲公，安仁人。少博涉典籍，喜為文章。後從上饒陳立太傅陸九淵之學[①]，遂盡焚所著書。其論學以省察本心為主。其論文謂：“唐、虞所有之言，三代可以不言；三代所有之言，漢、唐可以不言。未有《六經》，此理無隱。前古聖賢，直形容之而已，惡能有所增損？”皆陸氏義也。然存所學篤實，非金谿流派墮於元渺，併失陸氏本旨者比。故其詩文皆平正醇雅，不露圭角，粹然有儒者之意。是集為其子卓所編，凡詩十一卷、文十九卷。前有永樂乙酉鄒濟序及危素所作《墓誌》②，末附虞集書一首。案《道園學古錄》有《送李彥方閩憲詩序》曰：“近日晚學小子，不肯細心讀書窮理，妄引陸子靜之說以自欺自棄。至欲移易章句，直斥程、朱之說為非。此亦非有見於陸氏者也，特以文其猖狂不學以欺人而已。此在王制之必不容者也。閩中自中立之歸，已有道南之嘆。仲素、愿中至於元晦，端緒明白，皆在閩中，不能不於彥方之行發之。去一贓史，治一弊政，不如此一事有以正人心。”云云。其言褊躁，與陸氏學派若不戴天。而與存書乃深相推挹，豈非以其人重之歟？亦足見元儒敦樸，無門戶之成見也。

【彙訂】

　　① 顧嗣立《元詩選初集》卷四十七《李徵士存》：“存字明遠，更字仲公，饒之安仁人。好為古文辭，通醫術，既而游於上饒陳立大之門。”黃宗羲《宋元學案》卷九十三《靜明寶峯學案》之“隱君陳靜明先生苑”條：“陳苑，字立大，江西上饒人也，人稱靜明先生……其高弟子曰祝蕃、李存、舒衍、吳謙，所稱江東四先生也。”《江西通志》卷二十二《書院二·建昌府》：“靜明書塾在貴谿縣，元時陳立大家有藏書若干卷……其子……題其室曰‘靜明書塾’。”同治《廣信府志》卷九之三《人物·儒林·元》亦云：“陳苑，字立大，上饒人……弟子李存、祝蕃、舒衍、吳謙最著。”（周錄祥：《〈四庫全書簡明目錄·集部〉訂誤》）

　　② 尚有洪武癸酉涂幾、永樂乙酉徐旭、王和諸序，不止鄒氏

一序。(胡玉縉:《四庫全書總目提要補正》)

滋溪文稿三十卷(兩淮馬裕家藏本)

元蘇天爵撰。天爵有《名臣事略》,已著錄。所作有《詩稿》七卷、《文稿》三十卷。其《詩稿》,《元百家詩》尚錄之,今未見其本。此為其《文稿》三十卷,乃天爵官江浙行省參政時①,屬掾高明、葛元哲所編。元哲字廷哲,臨川人,以鄉貢第一人舉進士。趙汸《東山存稿》中有《別元哲序》一篇②,載其行履甚詳。高明字則誠,永嘉人,登進士第,調官括蒼郡錄事。趙汸又有《送高則誠歸永嘉序》,即其人也。天爵少從學於安熙。然熙詩文麤野不入格,天爵乃詞華淹雅,根柢深厚,蔚然稱元代作者。其波瀾意度,往往出入於歐、蘇,突過其師遠甚。至其序事之作,詳明典核,尤有法度。集中碑版幾至百有餘篇,於元代制度人物,史傳闕略者多可藉以考見。《元史》本傳稱其"身任一代文獻之寄",亦非溢美。虞集《賦蘇伯修滋溪書堂》詩有曰:"積學抱沈默,時至有攸行。抽簡魯史存,采詩商頌併。"蓋其文章原本由沈潛典籍,研究掌故而來③,不盡受之於熙也④。

【彙訂】

①"江浙",底本作"浙江",據《元史》卷一八三本傳及殿本改。《元史·地理志》載:"(至元)二十一年,自揚州遷江淮行省來治於杭,改曰江浙行省。"

②"趙汸",殿本作"趙昉",下同,誤。《總目》卷一六八著錄趙汸撰《東山存稿》七卷《附錄》一卷,其卷三有《送葛元哲還臨川序》。

③"來",底本作"而",據殿本改。

④ “於”，殿本無。

青陽集四卷（編修勵守謙家藏本）

元余闕撰。闕字廷心，一字天心，色目人。世居武威，以父官合肥，遂家焉。元統元年進士，累官淮南行省左丞，分守安慶。陳友諒陷城，自刭死。贈行省平章，諡忠宣。事蹟具《元史》本傳。闕以文學致身，於《五經》皆有傳註，篆、隸亦精緻可傳。而力障東南，與許遠、張巡後先爭烈。故集中所著，皆有關當世安危。其《上賀丞相》四書，言蘄、黃禦寇之策，尤為深切。使闕計果行，則友諒之能陷江東、西否，尚未可知也。其第二書謂往時泰哈布哈、原作泰不華，今改正。曼濟哈雅原作蠻子海牙，今改正。並力攻蘄、黃，賊幾就滅。忽檄散各軍，止有布延特穆爾原作卜顏帖木兒，今改正。駐劄蘭溪。盜之復陷沿江諸郡，實人謀不臧。證以布延特穆爾本傳，知丞相托克托原作脫脫，今改正。雖有功於江淮，而實階亂於蘄、黃之地。又第四書曰蘭溪之功，布延特穆爾平章為最，曼濟哈雅中丞特因之成事，《布延特穆爾傳》亦採用之。則又是非之公，足以信諸後代者也。其詩以漢、魏為宗，優柔沈涵，於元人中別為一格。胡儼《雜說》曰：“初危太樸以文學徵起，士君子皆想望其風采。或問虞文靖公曰：‘太樸事業當何如？’曰：‘太樸入京之後，其詞多夸，事業非所敢知。必求其人，其余闕乎？’問何以知之，曰：‘集於闕文字見之。’後闕竟以忠義顯。乃知前輩觀人，自有定鑒。”云云。然則文章雖闕之餘事，而心聲所發，識度自殊，亦有足覘其生平者矣。

鯨背吟集一卷（編修汪如藻家藏本）

舊本題元朱晞顏撰。前有自序，署其字曰名世①。末又有自跋。序稱至元辛卯,泛海至燕京②,舟中成七言絕句三十餘首,詩尾各以古句足之。其末章云:"早知鯨背推敲險,悔不來時祇跨牛。"因名《鯨背吟》。曹學佺編入《十二代詩選》中。長洲顧嗣立編《元百家詩》,據趙孟頫所作宋无《翠寒集》序,謂无舊以晞顏字行,先世自晉陵遷吳,冒朱姓。至元中其父領征東萬戶案牘,當行病痿,无匄以身代,遂入海。經高麗諸山,未嘗廢吟詠,《鯨背吟》正其時作。然序稱:"偶託迹於曹科,未忘情於筆硯。緣木求魚,乘桴浮海。"與代父入征東幕府,情事渺不相涉。與孟頫序所稱"西谿王公以茂才舉之,辭不就"者亦不合,又不知其何故矣。疑以傳疑可也③。

【彙訂】

①《四庫》本此集源出曹學佺《石倉歷代詩選·元詩》卷四八,而《詩選》所錄自序皆署"朱晞顏卜名世序",卜名世即無名氏,非朱晞顏字名世。(楊鐮:《元詩文獻新證》)

② 書前自序未提及泛海時間與目的地。(昌彼得:《說郛考》;桂棲鵬:《〈四庫全書總目〉正誤六則》)

③ 宋无《自銘》述其代父入征東萬戶府泛海經高麗從征日本,與集中詩句描寫相合。宋无居平江,與"蘇臺吟人"所記居地相合。宋无《翠寒集》中亦有海上見聞詩。元末陶宗儀編《說郛》卷五七收《鯨背吟集》,自序後注云:"朱晞顏即宋翠寒也。"(同上)

近光集三卷扈從詩一卷(江蘇巡撫採進本)

元周伯琦撰。伯琦有《六書正譌》,已著錄。當順帝時,伯琦以文章知遇,出入禁廷。因別裒錄所作,為此二集。《近光集》乃後至元八年庚辰由國史院編修擢翰林修撰，同知制誥。至正元年辛巳，為授經郎經筵譯文官。二年壬午，為簾內官。四年甲申，陞監書博士。五年乙酉，改崇文監丞，迄於出為海北廣東道肅政廉訪使。凡五年之詩。《扈從詩》則至正十二年壬辰，由翰林直學士兵部侍郎拜監察御史，扈從上京之作也。《近光集》中述朝廷典制為多，可以備掌故。《扈從詩》中記邊塞聞見為詳，可以考風土。而伯琦文章淹雅，亦足以摹寫而敘述之。溯元季之遺聞者，此二集與楊允孚《灤京百詠》亦略具其梗概矣。

經濟文集六卷（浙江鮑士恭家藏本）[①]

元李士瞻撰。士瞻字彥聞，先世新野人，徙居荆門。至正初，中大都路進士[②]。中書辟充右司掾，除刑部主事。累官戶部尚書，出督福建海漕，就拜行省左丞。召入為參知政事，改樞密副使，拜翰林學士承旨，封楚國公。以至正二十七年卒。《元史》不為立傳，惟《順帝本紀》載："至正二十二年，樞密副使李士瞻上疏極言時政。凡二十事。"具列其目，大抵當時急務。蓋亦讜直之士也。是集為其曾孫伸所編，所錄始於為右司掾時，而迄於奉使閩中。故《元史》所載時政疏不在其中。然所載往來簡劄至七十餘通，幾居全集之半。雖多屬一時酬答之作，而當時朝政之姑息，兵事之乖方，藩臣之跋扈，多可藉以考見。其彌縫匡救[③]，委曲周旋，拳拳憂國之忱，亦不在所上《時政疏》下。《元史》於順帝時事最稱疏略，存此一集，深足為考證之助，正不徒重其文章矣。

【彙訂】

①　底本此條與文淵閣庫書次序不符。文淵閣庫書與殿本均置於"近光集三卷扈從詩一卷"條之前。

②　此集卷末附錄李士瞻子守成等撰《行狀》稱"公生皇慶二年"，至正二十七年卒，年五十五。又附錄陳祖仁撰《行狀》云："年三十餘，中大都路進士第十名，庚寅也。"庚寅為至正十年，是時李士瞻年三十八，與"年三十餘"合。惟據《元史·順帝紀》及《選舉志》，至正十年無進士科，科在次年。《新元史·李士瞻傳》即作"登至正十一年進士第"。至正紀年共二十八年，第十一年不得稱"初"。（楊武泉：《四庫全書總目辨誤》）

③　"彌縫"，殿本作"彌縱"，誤。

純白齋類稿二十卷（浙江巡撫採進本）①

元胡助撰。助字履信，一字古愚，婺州東陽人。始舉茂才，為建康路儒學學錄。歷美化書院山長、溫州路儒學教授。用薦再為翰林國史院編修官。秩滿授承信郎②、太常博士，致仕歸。時至正五年也。是集乃助所自編，本三十卷。歷年既久，殘闕失次。明正德中，其六世孫淮掇拾散佚，重編此本。僅存賦一卷、詩十六卷、雜文三卷。又附錄當時投贈詩文二卷，仍以《純白齋類稿》為名。而卷帙已減三之一，非其舊本。虞集嘗跋其《上京紀行集》，稱其龍門以後詩尤佳，今已散入集中。鄧文原、吳澄嘗跋其《鑾坡小錄》及《升學祭器文》，此本不載。則當在亡佚十卷中也。助詩文皆平易近人，無深湛奇警之思，而亦無支離破碎之病，要不失為中聲。吳澄稱其詩"如春蘭茁芽，夏竹含籜，露滋雨洗之餘，濯濯幽媚③，娟娟靜好"。則形容過當，反不肖其品格矣。

【彙訂】

①　底本尚有"附錄二卷"四字，據文淵閣庫書及殿本刪。

（沈治宏：《〈四庫全書總目〉集部著錄圖書失誤原因析》）

②　此書卷十八《純白先生自傳》云："秩滿，授承事郎、太常博士。年幾七十，竟告老於朝，致仕以歸，實至正五年也。"承事郎為元代正七品（宋為正九品）文散官，承信郎為宋從九品武階官。

③　據《吳文正集》卷二二《胡助詩序》，"濯濯"當作"馥馥"，《文溯閣提要》不誤。（袁芸：《〈文溯閣四庫全書提要〉別集類辨證》）

圭峯集二卷（浙江鮑士恭家藏本）

元盧琦撰。琦字希韓，號立齋，惠安人。圭峯其所居地。鈔本或作《圭齋集》，傳寫誤也。至正二年進士。授州錄事，遷永春縣尹，改調寧德。歷官漕司提舉，除平陽州，命下而卒。事蹟具《元史·良吏傳》。徐𤋮《筆精》曰："《圭峯集》歲久弗傳，近歲惠安莊戶部徵甫蒐而梓之，誤入薩天錫詩六十餘首①。"此本為元陳誠中所編，明萬曆初邑人朱一龍、福州董應舉序而刻之②。在莊本之前，然已多竄入他作。如五言古詩《春日思遠遊》，則在陳旅集中。又五言古詩中《過嶺至崇安》、《送吳甫至揚州》、《題焦山方丈壁》、《秋日池上》、《度閩關》、《宿臺山寺絕頂》、《早發黃河》等篇，七言古詩中《有事居庸關》、《走筆贈孟禮》、《樂陵臺望月》、《夜泊釣臺》、《江南樂》、《江南怨》、《雪山辭》、《崔鎮阻風》、《遊吳山馳峯紫陽菴》③、《江上聞笛別友》、《寒夜聞笛》、《黯淡灘歌》、《清湖曲》、《海棠曲》、《儒有薩氏子》等篇，七言律詩中《高郵城樓晚望》、《燕將軍出獵》、《鶴林長老》、《和王維學海南還韻》、《三衢守索題爛柯石橋》、《登鎮陽龍興寺閣》、《寄參政許可用》、

《送僉憲王君寶》、《金陵道中》、《再過鍾山萬壽寺》等篇,共三十二首,皆在薩都拉集中。至於薩都拉《溪行中秋玩月》一篇,自序稱“余乃薩氏子”云云,班班可考,此集乃改題曰《儒有薩氏子》。序末又删其“至元丁丑仲秋書”一句,尤為顯然作偽,不得謂之誤收。蓋編輯之時,務盈卷帙,以夸蒐採之富,故真贋溷淆如此也④。琦官雖不高,而列名良吏,可不藉詩而傳。即以詩論,其清詞雅韻,亦不在陳旅、薩都拉下。編錄者移甲為乙,亦非無因矣⑤。集又載賦三篇、記六篇、誌銘二篇、祭文一篇、啟三篇、雜著九篇,則確出琦作,非由假借。今删其詩之妄錄者,併其文錄之,以存琦之真焉⑥。

【彙訂】

①“薩天錫”,殿本作“薩都拉”,誤。參《筆精》卷四“盧圭齋詩”條原文。

②《四庫》本所據底本乃萬曆三十七年莊毓慶刻本,非陳誠中所編本,亦非朱一龍隆慶六年序刻本,其分卷方式基本按萬曆本以詩為卷上、賦與文為卷下的原貌而別為二卷。(黃仁生:《日本現藏稀見元明文集考證與提要》)

③“駞”,殿本作“馳”,誤。此集卷上有《遊吳山駝峯紫陽菴》詩。

④ 盧琦集與薩都剌集重複詩達七十五首,互有誤收,不得謂皆為《圭峯集》編者濫收之過。而《溪行中秋玩月》詩顯為旁人讚揚口吻而非本人自述,當係盧琦作,收入萬曆刻《圭峯集》卷上,詩題首句“儒有薩氏子者”,又提及“後至元三年八月望”,故並無必要删除末句以作假。弘治本《薩天錫詩集》卷五所收此詩改詩題為序,首句異文作“余乃薩氏子”,已經後人竄亂。(楊光

輝：《薩都剌生平及著作實證研究》）

⑤盧琦詩佚失甚多，萬曆本所據底本即隆慶本，隆慶本所據底本除陳一龍編《圭峯集》，還有琦子盧昺所編《平陽集》。若萬曆本增益二百多首詩皆出自《平陽集》，當不致有意將他人詩篇冒充乃父之作。（黃仁生：《日本現藏稀見元明文集考證與提要》）

⑥文淵閣《四庫》本此集中三十三首互見之詩實際均未刪。（李軍：《圭峯集提要》）

蛻菴集五卷（浙江巡撫採進本）

元張翥撰。翥字仲舉，晉寧人。至元初，用隱逸薦，召為國子助教，分教上都。尋退居淮東①。會修《宋》、《遼》、《金》三史，起翰林國史院編修官。累遷翰林學士承旨，致仕，加河南行省平章政事，給俸終身。事蹟具《元史》本傳。案金明昌、承安閒，亦有張翥，字曰仲揚。劉祁《歸潛志》記其“矮窗小戶寒不到，一爐香火四圍書”，“西風了却黃花事，不管安仁兩鬢秋”諸句，稱其浮豔。諸書援引，或誤為一人，非也。翥嘗從學於李存，傳陸九淵之說。詩法則受於仇遠，得其音律之奧。其詩清圓穩貼，格調頗高。近體、長短句，極為當時所推。然其古體亦伉爽可誦，詞多諷諭，往往得元、白、張、王之遺，亦非苟作。王士禎《居易錄》曰：“蛻菴元末大家，古、今詩皆有法度。無論子昂、伯庸輩，即范德機、揭曼碩未知伯仲何如。”其論當矣。史稱翥遺槁不傳，傳者有律詩、樂府，僅三卷。王士禎則稱：“《蛻菴集》四卷，明洪武三年錫山郎成鈔本。”此本乃朱彝尊所藏明初釋大杍手鈔本②，前後有來復、宗泐二人序跋。蓋大杍與翥為方外交，元末翥没無嗣，大杍取其遺棄歸江南，別為選次而錄存之。考《元音》、《乾坤清氣集》、《玉山雅集》諸書，所錄蒘詩尚有出此集之外者，則亦非全本也。

【彙訂】

①《元史》本傳云："至元末，同郡傅巖起居中書，薦蒘隱逸。至正初，召為國子助教，分教上都生，尋退居淮東。"《宋元學案》卷九三《張蒘小傳》亦云："至元末，以隱逸薦。至正初，召為國子助教，分教上都。尋退居淮東。"可知《總目》"至元初"為"至正初"之誤。（楊武泉：《四庫全書總目辨誤》）

② 四庫底本係清鈔本，今藏國家圖書館。（羅鷟：《〈元詩選〉與元詩文獻研究》）

　　五峯集六卷（編修汪如藻家藏本）

　　元李孝光撰。孝光字季和，樂清人。隱居教授白野，泰哈布哈原作泰不華，今改正①。嘗師事之。至正七年，詔徵隱士，以祕書監著作郎召②。明年陞文林郎、祕書監丞。所著詩文，歲久散佚。是編乃宏治甲子懷遠錢杲為樂清令，訪求遺棄，得全集於儒生周綸家，因俾綸編次刊版。杲自為之序，仍以《五峯集》為名。其詩文不分卷帙，但以各體分編。今定以樂府、四言詩為一卷，五、七言古詩為一卷，五言律詩為一卷，七言律詩為一卷，絕句為一卷，雜文為一卷③。卷首別有逸文目四篇，曰《南村草堂記》，曰《郭翼遷善齋記》，曰《姚文煥書聲齋記》，曰《孝善坊記》，皆有錄無書。蓋傳寫復佚，今亦闕之。元詩綺靡者多，孝光獨風骨遒上，力欲排突古人。樂府、古體皆刻意奮厲，不作庸音。近體五言疏秀有唐調，七言頗出入江西派中，而俊偉之氣自不可遏。中間如《贈潘九霞》絕句所云：“道士自稱潘九霞，身騎黃鶴大如車。借我北窗眠一夜，酒醒共喫白丹砂。”失之麤獷者，亦閒有之，然不害其風格也。雜文凡二十首④，皆矯矯無凡語。楊維楨作《陳樵集》序，舉元代作者四人，以孝光與姚燧、吳澄、虞集並稱，亦不虛矣。末附題朱澤民畫一首，蓋“古樂府”之末章，誤編於文集，今仍移附樂府末云。

【彙訂】

① “原作泰不華今改正”，殿本無。

② 據陳德永《李五峯行狀》，李孝光乃於至正三年十二月應詔，次年四月至京師，授官祕書監著作郎。至正七年，升任祕書監監丞。郭翼《林外野言》卷下《和讀李五峯集》云：“先生住婁八十日，金石遺音手自題。”據此集卷二《送瞿慧夫上青龍鎮學官詩序》，孝光客游婁縣在至正四年冬，至正五年正月離去。郭詩又云：“著作新聞徵士詔，天光久待照青藜。”是其時已應徵授著作郎職。（陳增傑：《李孝光集校注》）

③ 文淵閣《四庫》本此集為十卷，卷一雜文，卷二古樂府，卷三四言，卷四五言絕句，卷五五言古體，卷六五言律，卷七六言，卷八七言律，卷九七言古體，卷十七言律。（王樹林：《五峯集提要》）

④ 文淵閣《四庫》本收雜文十三首（見卷一）。（陳增傑：《李孝光集校注》）

野處集四卷（浙江巡撫採進本）

元邵亨貞撰。亨貞字復孺。楊樞《淞故述》載其本淳安人，至正閒為松江訓導，占籍華亭。今考集中有《送族兄安仲還鄉序》云：“至元中，大父處縣君以弗終仕於宋，晦迹華亭別業，先子遂生華亭。至德閒,大父歸葬故里,先子弗克舉家去,至今為華亭人。"則自其祖已占籍松江,樞所述猶未盡也。是編後有馮遷、汪稷二跋,謂其書本出上海陸深家,深之孫郊以授樞而刊行之。並所著《蛾術詩選》、《蛾術詞選》為十六卷[1]。今《詩》、《詞》二選世已無傳,惟此本獨存,其雜文六十八首。亨貞終於儒官,足蹟又不出鄉里,故無雄篇巨製以發其奇氣[2]。而文章大致清快,步伐井然,猶能守先民遺矩者。其詩詞世不多見,陶宗儀《南村輟耕錄》載所作《詠眉目·沁園春》詞二首,雋永清麗,頗有可觀。蓋所長尤在於是,惜《詞選》今已久佚矣。

【彙訂】

①"蛾術詞選",殿本作"蛾述詞選",誤。

②《蟻術詩選》五古、七古中固多巨製。(班書閣:《蟻術詩選提要》)

夢觀集五卷(浙江鮑士恭家藏本)

元釋大圭撰。大圭字恒白,姓廖氏,晉江人。至正閒,居泉州之紫雲寺。其集本二十四卷。首為《夢法》一卷、《夢偈》一卷、《夢事》一卷,次為詩六卷,次為文十五卷。所謂《夢法》、《夢偈》、《夢事》者,皆宗門語錄,不當列之集中。其雜文亦多青詞[1]、疏引,不出釋氏之本色,皆無可取。惟其詩氣骨磊落,無元代纖穠之習,亦無宋末江湖蔬筍之氣。吳鑒原序稱其"華實相副,詞達而意到,不雕鏤而工,去纂組而麗,屏耕鋤而秀"[2]。雖朋友推獎之詞,然核以所作,亦不盡出於溢美。蓋石湖、劍南之餘風,猶存於方以外矣。今刪除其《夢法》等卷,併刪除其雜文,惟錄古、今體詩編為五卷。沙礫既捐,精華斯露。取長棄短,期於不失雅音。其三乘宗旨,聽釋氏之徒自傳之,固不必為彼法計也。

【彙訂】

①“其”,殿本無。

②“耕鋤”,殿本作“耘鋤”,誤,參明刻本此集吳鑒序原文。

金臺集二卷(江蘇巡撫採進本)

元納新原本作逎賢,今改正。撰。納新有《河朔訪古記》,已著錄。是集為危素所編。前有歐陽元〔玄〕、李好文、貢師泰三序,作於至正壬辰。又有黃溍題詞,作於至正庚寅。末有至正乙酉揭傒斯跋、至正辛卯程文跋、至正乙未楊彝跋、至正己丑泰哈布哈原本作泰不華,今改正①。題字、至正戊子張起巖題詩。復有虞集詩一首及危素一跋,均不著年月。素跋稱:“易之《金臺前藁》,余既序之。及再至京師,又得《後藁》一卷。”則此集二卷乃合兩藁編之。故集中稱揭傒斯諡為“揭文安”,而集末乃有傒斯跋也。納新天才宏秀,去元好問為近。雖晚年内登翰林,外參戎幕,而仕進非所汲汲,惟以遊覽唱酬為事。故氣格軒翥,無世俗猥瑣之態。其名少亞薩都拉,核其所作,視薩都拉無不及也。

【彙訂】

①“原作泰不華今改正”,殿本無。

子淵詩集六卷(永樂大典本)

案《子淵詩集》散見《永樂大典》中,但題曰元人。《文淵閣書目》載之,亦不著撰人名氏。考集中有《歲盡》詩云:“照我鄉關夢,相隨到鄞城。”鄞故城在鄞縣東,唐時析鄞置鄮、慈、奉、鎮四邑,隸明州,元為慶元路。納新《金臺集》有《懷明州張子淵》七律一首,又有《依韻奉答子淵》七律二首。今倡和詩俱在集中,韻亦相符,則當為慶元路人。又《鐵釜中蓮》詩題下自註,敘同時並賦諸人,有"暨仲深"之語。則其名當為仲深。又有《懷兄子益在橫浦》詩。以其兄字推之,則"子淵"當為其字矣。集久不傳。茲分體綴輯,得詩六卷,多與納新、楊維楨、張雨、危素、袁華、周煥文、韓性、烏本良、斯道兄弟唱和之作,而納新為尤夥。古詩沖澹,頗具陶、韋風格。律詩雖頗涉江湖末派,格意未高。然五言如"曉市魚鰕集,秋田筍蕨多"[1],"驛路隨江盡,湖雲類海寬","地通江棧闊,天入海門低","明月孤城柝,秋風弱客心","枯隺晴似雪,獨鶴夜如人",七言如"江村夜迥傳金鼓,池館秋深老芰荷","滿面炎塵低客帽[2],一川離思屬荷花","家僮解事故攜酒,野鳥避人低度牆","北風吹沙弓力勁,落日照海旌旗寒","林荒乏釀茶為酒,魚熟難賒米當錢","西江返照連虹影,南鎮殘山入雁行",亦皆楚楚有致。其見重於當時名輩,亦有以也。

【彙訂】

① 文淵閣《四庫》本此集卷三有《宿單孟年溪齋次韻》:"蘇端元有約,風雨亦來過。曉市魚鰕集,深秋筍蕨多。交情今管鮑,詩句逼陰何。最喜華顛祖,孫兒似小坡。"(袁芸:《〈文溯閣四庫全書提要〉別集類辨證》)

② "低",底本作"依",據殿本改。此集卷四有《送周養心檢討》:"江南六月蠶重熟,此日揚舲興倍賒。滿面炎塵低客帽,一川離思屬荷花。功名袞袞人千里,世路悠悠日自斜。擬駕輕車尋舊約,曳裾多在五侯家。"

午溪集十卷(編修汪如藻家藏本)

元陳鎰撰。鎰字伯銖,麗水人。嘗官松陽教授。後築室午溪上,遂以"午溪"名其集。卷首題"前進士曲阜孔暘編選,前進士青田劉基校正"。有黄溍、張翥、孫炎及暘、基五人序。翥序稱其學於外舅周衡,炎序又稱其學於翥。故其詩才地雖覺稍弱,而吐言清脱,不失風調,蓋淵源有所自來。前又載基、暘手柬各一通。基柬稱其"體製皆佳,而近日應酬之作去其一二則純矣"。暘柬則稱其"篇篇合律而中吕,字字鏗金而鏘玉"。今觀其集,基言為是。基序稱《午溪集》一卷,炎序稱二卷,暘序則稱四百餘篇。此本十卷,豈基所欲去者,暘仍為存之乎?

藥房樵唱三卷附錄一卷(浙江鮑士恭家藏本)①

元吳景奎撰。景奎字文可,蘭溪人。年三十,海道萬户劉貞為浙東憲府掾,嘗辟為從事。明年貞去,景奎亦歸。久之用部使者薦,署興化縣儒學錄,以母老辭不就。至正十五年,卒於家。黄溍為誌其墓,深相惋惜。是集乃其子履與其門人黄琪所編。中閒五言古體皆源出白居易,七言古體閒似李賀。近體亦音節宏敞,豪放自喜。宋濂為作集序,亦極相推挹。特編次時失於簡汰。如《偶成》詩云:"挾才勝德世所薄,寧我負人天可欺。士之言行苟如此,聖經賢傳將奚為。"殆劉克莊所謂"有韻語錄",殊不入格。其他應俗之作,亦多榛楛勿翦。是則履等輯錄之過。然其菁華自在,亦不以此相掩也。

【彙訂】

① "三卷",殿本作"二卷",誤。今存諸本皆作三卷。

栲栳山人集三卷(兩淮馬裕家藏本)①

元岑安卿撰。安卿字靜能,餘姚人。所居近栲栳峯,故以自號。志行高潔,窮厄以終。其詩有云:"老成媿苟得,童稚羞無官。"又云："人觀所為主,結交慎攀援。"足見其堅苦自立之意。集中《次韓明善題推蓬圖》詩稱"坡翁仙去二百春",以蘇軾卒於建中靖國元年計之,蓋當元之中葉。故上得見屬元吉,下得見危素也。是集為安卿邑人宋禧編輯。禧初名元禧,洪武閒召修《元史》,曾為安卿題像,述其生平。今亦附載於集中。其詩戛戛孤往,如其為人。惟七言古詩時雜李賀、溫庭筠之體,蓋有元一代風氣如斯。然氣骨本清,究亦不同纖媚穠冶之格。顧嗣立《元詩選》曰："安卿嘗作《三哀詩》,弔宋遺民之在里中者。寄託深遠,有俯仰今昔之思。"案《三哀詩》,一曰屬元吉,宋末舉進士第,為烏程尉,入元不仕以終,安卿之師也;一曰高師魯,佚其名而為安卿家三世之交,總角時曾得見之;一曰李天錫,則其里之老儒,安卿未及相識者。詳其詞意,前二篇為追念故交,後一篇為表章潛德。其閒雖有"新亭"、"黍離"諸語,乃追敍三人之遺事,非安卿自有是感,詩語甚明。嗣立遽以思宋為說,穿鑿殊甚。又集中《出門偶賦》詩有:"側聞朝廷遺逸徵,集賢著作空盈庭。中書堂上日羊飯②,世祖山河如砥平。"則身見元政漸弛,文恬武嬉,方深以國事為憂,而望以無忘祖宗之創業,豈復睠睠於宋者乎?嗣立以詞害意,遂使安卿首鼠兩端。今謹訂正其誤,俾讀者無惑焉。

【彙訂】

①"三卷",殿本作"二卷",誤。今存諸本皆作三卷。

②"日羊飯",不辭。檢此《集》卷中《出門偶賦》,乃"日午飯","羊"為譌字。(楊武泉:《四庫全書總目辨誤》)

集 部 二 十 一

別集類二十一

梅花道人遺墨二卷（浙江鮑士恭家藏本）

元吳鎮撰。鎮字仲圭，自號梅花道人，嘉興人。《嘉興志》稱其卒於明洪武中。考鎮自書墓碣，稱生於至元十七年庚辰，卒於至正十四年甲午。則未嘗入明，《志》為舛誤。又陳繼儒《梅花菴記》稱鎮自題墓碣為“梅花和尚之塔”①，後扎木揚喇勒智原作楊璉真伽，今改正。所至椎冢燔榔，獨鎮之墓疑為僧塔，遂舍去。考扎木揚喇勒智發宋陵在至元甲申、乙酉之閒，《元史》與《癸辛雜識》所記並同。是時鎮方五六歲，安有預題墓碣之事？此好事者因鎮明於《易》數，故神其説，而未思歲月之顛舛。繼儒摭以為説，亦疏謬也。鎮以畫傳，初不以文章見重。而抗懷孤往，窮餓不移。胸次既高，吐屬自能拔俗。舊無專集，此本題曰“遺墨”，乃其鄉人錢棻捃拾題畫之作，薈粹成編。其中如《題竹》詩“陰涼生硯池，葉葉秋可數。東華客夢醒，一片江南雨”一篇，考鎮杜門高隱，終於魏塘，足蹟未至京師，不應有“東華客夢”之句。核以高士奇《江村銷夏錄》，乃知為鮮于樞詩，鎮偶書之，非其自作，棻蓋未之詳審。又鎮畫深自矜重，不肯輕為人作。後來假名求售，贋蹟頗多,亦往往有庸俗畫賈偽為題識。如題《畫骷髏》之《沁園春》詞。無論歷代畫家從無畫及骷髏之事[②],即詞中"漏泄元陽,爹娘搬販,至今未休"諸句,鄙俚荒謬,亦決非鎮之所為。又如《嘉禾八景》之《酒泉子》詞,詞既夈陋,其序末乃稱"梅花道人鎮頓首"。偶自作畫,為誰頓首耶[③]? 即《題竹》佚句之"我亦有亭深竹裏,也思歸去聽秋聲","亦"字、"也"字重疊而用,鎮亦不應昧於字義如此。凡斯之類,棻皆一例編載,未免失於決擇。然偽本雖多,真蹟亦在,披沙簡金,往往見寶。要未可以糅雜之故,一例廢斥之矣。

【彙訂】

① "梅花菴記",殿本作"梅花菴集",誤。

② 南宋李嵩已繪有《骷髏幻戲圖》,今存北京故宮。《圖繪寶鑒》卷四載全重陽真人王喆嘗畫《骷髏》、《天堂》二圖。重陽尚撰有《祝英臺》詞《詠骷髏》,其徒馬鈺撰有《滿庭芳》詞二首,一為《嘆骷髏》,一為《師父畫骷髏相誘引稍悟》。(謝巍:《中國畫學著作考錄》)

③ 此非序文,乃是書簡或摹緣文,抄錄時或省去受書人之稱謂。(同上)

玩齋集十卷拾遺一卷(兩淮馬裕家藏本)

元貢師泰撰。師泰字泰甫,宣城人。以國子生中江浙鄉試。除泰和州判官,薦充應奉翰林文字,出為紹興府推官。復入翰林,遷宣文閣授經郎。至正十四年,擢吏部侍郎,除浙江都水庸田使。尋拜禮部尚書,調平江路總管。張士誠據吳,避之海上,江浙行省丞相承制授參知政事。二十年,改戶部尚書,命督海運。二十二年召為祕書卿，道卒。事蹟具《元史》本傳。明嘉靖中，李默作是集跋云："予在宣州，諸生貢安國者，為言其先世禮部公流寓海寧時，自名其里曰小桃源。元命既革，宋學士景濂嘗過之，公為置酒飲。夜分乃起，就卧仰藥而斃。"顧嗣立《元百家詩選》則據其門人朱鐩所作《紀年録》及揭汯所作《墓誌》，載至正十六年正月，張士誠陷平江。公抱印隱居吳淞江上，主釣臺山長吳景文家，易姓名為端木氏，號戾契子、翀翀翁。二十六年，卒於海寧寓舍。證默跋所紀之誣。案《明史・宋濂傳》，濂乞假歸省在至正二十五年乙巳。師泰没於至正二十二年壬寅[1]，其時濂無由至海寧。且太祖稱吳王在至正二十四年甲辰，稱吳元年在二十七年丁未，元順帝北趨上都在二十八年戊申七月，是為洪武元年。師泰既没於壬寅，尚在元亡前六年，何以稱"元命既革"？此其後人之飾詞，欲附於王蠋之節，殊非事實。嗣立疑之當矣。師泰所著有《友迂集》，余闕序之；《玩齋集》，黄溍序之；《東軒集》，程文序之，又有《奐㚟集》、《閩南集》見於李國鳳之序。其門人謝肅、劉欽類為一篇，總名曰《玩齋集》，今未之見。明天順間，寧國守會稽沈性重加蒐輯，得詩文六百五十三首，釐為十卷，又《補遺》一卷，其年譜之類别為一卷附之，是為今本。師泰本以政事傳，而少承其父奎家學，又從吳澄受業，復與虞集、揭傒斯游，故文章亦具有源本。其在元末，足以凌厲一時。詩格尤為高雅，虞、楊、范、揭之後，可謂挺然晚秀矣。集中《題陶淵明五柳圖》絶句，《明詩别裁集》以為燕王篡位之後，建文舊臣江右袁敬所作，併記敬所本末甚詳。今考明孫原禮所撰《元音》，成於洪武甲子，張中達為之刊版在建文辛巳，均在遜國以前。而收入是詩，題為師泰所作。則為師泰之詩誤附會於敬所，非敬所之詩誤竄入師泰集中明矣。

【彙訂】

① "壬寅"，殿本作"壬辰"，誤。

羽庭集六卷（永樂大典本）

元劉仁本撰。仁本字德元，天台人。以進士乙科歷官溫州路總管，江浙行省左右司郎中①。時方國珍據有溫、台，招延諸郡士大夫，仁本入其幕中，參預謀議②。國珍歲治海舟，輸江淮之粟於大都，仁本實司其事。其所署省郎官，蓋即元所授。故集中諸作，大都感慨阽危，眷懷王室。其從國珍，蓋欲借其力以有為，徐圖興復。亦如羅隱之仕吳越，實心不忘唐。觀其《贈李員外自集慶回河南》詩云："漢兵早已定中華，孫述猶鳴井底蛙。"於明祖顯然指斥，其志可知。厥後國珍兵敗，仁本就擒，抗節不撓，至鞭背潰瀾而死。則仁本終始元人，未嘗一日入明。《永樂大典》題曰"國朝劉仁本"，非其實也。仁本學問淹雅，工於吟詠，多與趙俶、謝理、朱右等唱和。嘗治兵餘姚，作雩詠亭於龍泉左麓，仿佛蘭亭景物。集一時文士，修禊賦詩，自為之序。其文雖不見於集中，而石刻今日猶存。文采風流，可以想見。故所作皆清雋絕俗，不染塵氛。其序記諸篇，述方國珍與察罕通使及歲漕大都諸事，多記傳所不載，亦可補史闕。原本久佚，謹就《永樂大典》所載，以類編次，釐為詩四卷、文二卷。仍改題曰"元劉仁本"，以存其真焉。

【彙訂】

① 貢師泰《玩齋集》卷十有劉仁本母的墓誌銘《贈天台郡君王氏墓誌銘》，曰："仁本伏謁泣請曰：'仁本不肖，幸選於鄉，吏於

部使者,累遷行省幕府以承恤典,皆夫人教訓之及也。'"顯然劉仁本只中過鄉試,以鄉貢為吏而入仕。元代官制,路總管為正三品或從三品,行省郎中為正五品,《總目》所述歷官次序有誤。且據鄭真《滎陽外史集》卷二三《上劉僉樞羽庭書》、《謝劉羽庭副樞書》、卷四五《韓能墓碑》、戴良《九靈山房集》卷二七《袁廷玉傳》,劉仁本元末時還曾任江浙行樞密院的僉樞密院事、樞密副使,階至從二品。(桂棲鵬:《〈四庫全書總目〉正誤六則》)

②《明史·方國珍傳》附:"劉仁本,字德元,國珍同縣人。元末進士乙科,歷官江浙行省郎中。"《明史稿》卷一一四所載同。《明史·方國珍傳》云"黃巖人"。可知劉仁本里籍為黃巖。(楊武泉:《四庫全書總目辨誤》)

不繫舟漁集十五卷附錄一卷(兩淮馬裕家藏本)①

元陳高撰。高字子上,溫州平陽人。至正十四年進士,授慶元路錄事。未三年,輒自免去。平陽陷,棄妻子,往來閩、浙間,自號不繫舟漁者。至正十六年,浮海過山東,謁河南王庫庫特穆爾原作擴廓鐵木兒,今改正。於懷慶,密論江南虛實。庫庫特穆爾欲官之,會疾作卒②。蓋當國祚阽危,猶力謀匡復。明太祖稱王保保真男子。即庫庫特穆爾。如高者,事雖不就,其志亦不愧王保保矣,不但詩之足傳也。明洪武初,蘇伯衡訪其遺集,釐定成編,題曰《子上存稾》。此本題《不繫舟漁集》,不知何人所改。文格頗雅潔。詩惟七言古體不擅場,絕句亦不甚經意。其五言古體,源出陶潛,近體律詩,格從杜甫。面目稍別而神思不遠,亦元季之錚錚者矣。元又有嘉定僧祖柏,其詩亦名《不繫舟集》,見顧嗣立《元詩選》。集中有《題倪瓚芝秀圖》詩,蓋與高同時,然其詩不及高遠甚。今未見其本。以集名相亂，附著其異於此，庶來者無疑焉。

【彙訂】

① "不繫舟漁集十五卷附錄一卷"，殿本作"不繫舟漁集十六卷"，誤，參文淵閣《四庫》本此集。

② 乾隆《溫州府志》卷二〇《人物・文苑・陳高傳》："平陽人，至正進士，授慶元錄事，轉慈谿尹，皆有聲。"民國《平陽縣志》卷三六《人物・陳高傳》據揭法《陳子上墓誌銘》云："（至正）二十七年，北走山東，謁中書左丞相河南王庫庫特穆爾於懷慶，陳江南虛實及天下安危大計。庫庫聞高至，大喜，欲授以官，知非其志，不敢强居。數月疾作，八月壬戌卒，年五十三。庫庫遣官致祭。"可知陳高北行，在至正二十七年。若至正十六年，陳高方"崎嶇入浙"，為慶元錄事，轉慈谿尹，並未北行。而庫庫特穆爾拜左丞相封河南王，據《元史・察罕帖木兒傳》，乃在至正二十五年九月，而至正十六年無是事也。（楊武泉：《四庫全書總目辨誤》）

居竹軒集四卷（浙江鮑士恭家藏本）

元成廷珪撰。廷珪字原常，一字元章，又字禮執，揚州人。好學不求仕進，惟以吟詠自娛。奉母居市廛，植竹庭院間，頗有山林意趣。因扁其燕息之所曰居竹軒。晚遭世亂，避地吳中，蹤跡多在松江。故集中有"欲卜居海上"之作。後竟没於雲閒，其年蓋已七十餘矣。此集乃其友郜肅、劉欽搜輯遺槀所刊也。廷珪與河東張翥為忘年交，其詩音律體製多得法於翥，而聲價亦與翥相亞。觀詩中所載酬答者，如楊維禎、危素、楊基、李黼、余闕、張雨、倪瓚，皆一代勝流。而巎與闕之忠義、瓚之孤僻，尤非標榜聲氣之輩。其傾倒於廷珪，必有所以取之矣。劉欽稱廷珪“五言務自然，不事雕劌。七言律最為工深，合唐人之體”①。今觀其七言古詩，亦頗遒麗。惟五言古詩竟無一篇，似不應全卷遺佚。或自知此體不擅長，遂不復作，亦如宋无之《翠寒集》歟②？

【彙訂】

①　檢文淵閣《四庫》本此集，“五言務自然”云云出自卷首郘肅序，其後為劉欽序。（周錄祥：《〈四庫全書簡明目錄·集部〉訂誤》）

②　顧嗣立輯《元詩選二集·戊集》選錄廷珪詩，五古有《賦得龍門送張德常同知之嘉定》等八首。明嘉靖刊本、知不足齋抄本及文淵閣《四庫》本此集卷一均收有五言古詩七首。（劉遠遊：《〈四庫提要〉補正》；李軍：《居竹軒集提要》）

句曲外史集三卷補遺三卷集外詩一卷（浙江鮑士恭家藏本）

元張雨撰。雨有《元品錄》，已著錄。其平生詩文，嘗手錄成帙，然當時未及刊版。故零縑斷素，賞鑒家多傳其墨蹟，而集則無傳①。明成化閒，姚綬始購得其稾。嘉靖甲午，陳應符始釐為三卷，校讎付刊，而以劉基所作《墓誌》、姚綬所作《小傳》附之。崇禎中，常熟毛晉復取烏程閔元衢所錄佚詩，為《補遺》三卷，附以同時酬贈之作。晉又與甥馮武搜得雨集外詩若干首，續刻於後。仍以徐世達原序冠於簡端者，即此本也。雨詩文豪邁瀟落，體格遒上。早年及識趙孟頫，晚年猶及見倪瓚、顧阿瑛、楊維楨，中閒如虞集、范梈、袁桷、黃溍諸人，皆以方外之交，深為投契②。故耳擩目染，具有典型。雖託蹟黃冠，而談藝之家位置於文士之列,不復以異教視之,厥有由矣。

【彙訂】

① 張雨詩集有元徐達左刊本《句曲外史貞居先生詩集》五卷,乃其佅誼所編類。(瞿鏞:《鐵琴銅劍樓藏書目錄》)

②"為",殿本作"相"。

僑吳集十二卷(兩淮馬裕家藏本)

元鄭元祐撰。元祐有《遂昌雜錄》,已著錄。元祐家本遂昌,徙於錢塘。而流寓平江凡四十年,為時最久,故其集名以"僑吳"。實則杭州所作亦在其內,蓋從其多者言之也。集本其晚年所定,以授謝徽。今此本後有宏治丙辰張習跋,乃稱元祐本有《遂昌山人集》,與《僑吳集》多繁蕪重出,"因通錄之,得詩文之精純者,併為十二卷,仍名《僑吳集》,用梓以傳"。則此本為習所重訂,非元祐手編之本矣。凡文六卷,詩六卷。其中《與張德常書》有"僕贊郡無補,嘗移橋李"之語,而蘇大年所作《墓誌》、盧熊《蘇州府志》皆稱元祐以大府薦,兩為校官,不言嘗為他職,與元祐仕履不合。豈代人所作,失於標註耶? 其文頗疏宕有氣,詩亦蒼古。蓋元祐生於至元之末,猶及見咸淳遺老,中閒又得見虞集諸人,得其緒論,末年所與游者,亦皆顧阿瑛、倪瓚、張雨之流。互相薰染,其氣韻不同,固亦有自來矣。

詠物詩一卷(浙江鮑士恭家藏本)

元謝宗可撰。宗可自稱金陵人,其始末無考。相傳為元人,故顧嗣立《元百家詩選》錄是編於《戊集》之末,亦不知其當何代也。昔屈原頌橘、荀況賦蠶,詠物之作,萌芽於是,然特賦家流耳。漢武之《天馬》,班固之《白雉》、《寶鼎》,亦皆因事抒文,非主於刻畫一物。其託物寄懷，見於詩篇者，蔡邕詠庭前石榴①，其始見也。沿及六朝，此風漸盛。王融、謝朓至以唱和相高，而大致多主於隸事。唐、宋兩朝，則作者蔚起，不可以屈指計矣。其特出者，杜甫之比興深微，蘇軾、黃庭堅之譬喻奇巧，皆挺出眾流。其餘則唐尚形容，宋參議論，而寄情寓諷，旁見側出於其中，其大較也。中閒如雍鷺鷥、崔鴛鴦、鄭鷓鴣，各以摹寫之工，得名當世。而宋代謝蝴蝶等，遂一題衍至百首，但以得句相夸，不必緣情而作。於是別岐為詩家小品，而詠物之變極矣。宗可此編，凡一百六首，皆七言律詩。如不詠燕、蝶而詠睡燕、睡蝶，不詠鴈、鶯而詠鴈字、鶯梭，其標題亦皆纖仄。蓋沿雍陶諸人之波，而彌趨新巧②。瞿宗吉《歸田詩話》曰：“謝宗可《百詠》詩，世多傳誦。除《走馬燈》、《蓮葉舟》、《混堂》、《睡燕》數篇，難得全首佳者。”其說信然。然四詩亦非高作。顧嗣立錄其四十首，又摘其警句二十聯。其中如《筆陣》之“怒卷龍蛇雲霧泣，長驅風雨鬼神驚”，則傷於麤豪；《螳螂簪》之“鬢雪冷侵霜斧落，髮雲低壓翠裳空”，則傷於湊砌。特以格調雖卑，才思尚豔，詩教廣大，宜無所不有。元人舊帙，姑存之備一體耳。《歸田詩話》又曰：“曩見邱〔丘〕彥能誦宗可《賣花聲》詩一首，《百詠》中不載。”蓋性既喜此一格，則隨事成吟，非作此一集而絕筆。彥能所誦，殆出於此集既成之後歟？

【彙訂】

①“石榴”，殿本作“若榴”。《藝文類聚》卷九十二載蔡邕《翠鳥》詩，首句曰：“庭前（一作牖）有若榴。”“若榴”即石榴。

② 殿本“趨”下有“於”字。

鹿皮子集四卷（兩淮馬裕家藏本）

元陳樵撰。樵字居采[①]，婺州東陽人。至正中，遭亂不仕，遁居圓谷。每衣鹿皮，因自號鹿皮子。考所作《北山別業》詩三十八首，備水石花竹之趣，則亦顧阿瑛、倪瓚之流，非窮鄉苦寒之士也。鄭善夫《經世要言》稱其經學為獨到。然所稱"神所知者謂之智"，實慈湖之緒餘，而姚江之先導。論其所長，當仍在文章。是集題曰"盧聯子友編"。其古賦落落有奇氣。詩古體五言勝七言，近體七言勝五言。大抵七言古體學溫庭筠，以幽豔為宗；七言近體學陸龜蒙，而雕削往往太甚。如"春在地中常不死，月行天盡又飛來"之類，則傷於龎俗；"詩無獺髓痕猶在，夢有鸞膠斷若何"之類，則傷於纖巧。顧嗣立《元詩選》乃標為佳句，列於小傳之內，殊失別裁。又古詩用韻，多以真、諄、臻、侵同用，沿吳棫《韻補》之謬註，殊乖古法。近體多以支、脂、之、微、齊通押，蓋亦誤信吳棫之説。夫詩各有體裁，韻亦各有界限。既僻於復古，自可竟作古詩，何必更作今體。既作今體，而又不用今韻，則驢非驢，馬非馬，龜兹王所謂贏矣。是皆賢智之過，亦不必曲為樵諱也。

【彙訂】

①《宋元學案》卷七〇《陳樵小傳》云："字君采。"康熙《金華府志》卷一六《陳樵傳》、《嘉慶一統志》金華府卷《人物·陳樵》條、道光《東陽縣志》卷一八《陳樵傳》，亦均謂"字君采"。（楊武泉：《四庫全書總目辨誤》）

林外野言二卷（浙江鮑士恭家藏本）

元郭翼撰。翼有《雪履齋筆記》，已著錄。翼學問博洽，既老不得志，偃蹇學官，惟刻意於詩古文。嘗自號東郭生，又稱野翁，而名所著集曰《林外野言》。今所傳本凡二卷，附《與顧仲瑛書》一篇①。考《玉山名勝》及《乾坤清氣》諸集所錄翼詩②，不見此集者尚多。又如《題劉龍洲墓道》、《道士游武當》諸詩，又皆別見呂誠集。疑或後人重編，故多所舛漏，未必即翼手定之稾也。翼從楊維楨遊，詩頗近其流派。其開如《望夫石》、《精衛詞》諸篇，皆用《鐵崖樂府》體，尤為酷似。要其筆力挺勁，絕無懦響，在元季詩人中，可謂矯然特出者矣。

【彙訂】

①“顧仲瑛”，殿本作“顧阿瑛”，誤，參此集原題。

②“及”，殿本無。

傲軒吟稾一卷（浙江鮑士恭家藏本）

元胡天游撰。天游名乘龍，以字行，號松竹主人，又號傲軒，岳州平江人。當元季之亂，隱居不仕。邑人艾科為作傳，稱“使天假其年，遇明太祖，必為劉基、宋濂”，則沒於順帝末年也。其集兵燹之餘，僅存十一。《傳》稱其“七歲能詩，已具作者風力，名籍籍一世①，視伯生、子昂，不輸一籌”。今觀所作，大都悲壯激烈，而頗病粗豪。非惟未足抗虞集，亦未足以敵趙孟頫，《傳》所稱者殊過。然長歌慷慨之中，能發乎情，止乎禮義，身處末季，惓惓然想見太平，猶有詩人忠厚之遺。其在元季，要亦不失為作者也。集中《陌上花》詩小序，誤以錢鏐為梁元帝，頗為乖舛。蓋興酣落筆，記憶偶疏。庾信“桂華”之語，誤讀《漢書》；王維“垂楊”之句，譌解《莊子》。取其大端，則小疵可略，論古人者，正不在尋章摘句閒矣。

【彙訂】

①“世”，底本作“時”，據《元詩選》初集卷五十一胡天游條下引艾科所作傳原文及殿本改。

師山文集八卷遺文五卷附錄一卷（安徽巡撫採進本）

元鄭玉撰。玉有《春秋闕疑》，已著錄。是編《文集》八卷，前有至正丁亥程文序，又有至正庚寅玉自序，蓋即玉所自編。惟序稱“名曰《餘力藁》，以見吾學之不專於文詞”，則集名似後人追改。然王禕序及楊士奇跋已皆稱《師山集》①，則初刻時已改名矣②。《遺文》五卷，不知何人所編。程敏政跋玉《釣臺詩卷》，稱其裔孫蚓裝潢成册，張駿和敏政詩跋亦稱玉裔孫鯨、蚓皆能詩。其或出蚓等之手歟？《附錄》一卷，則當時酬贈詩文及後人題詠也。玉自序謂：“韓、柳、歐、蘇塗天下之耳目，置斯民於無聞見之地。道之不明，文章障之；道之不行，文章尼之。”其《與洪君實書》又力詆唐皇甫湜，其言殊妄。汪克寬作玉行狀，稱其文“以正大剛直之氣，發為雄渾警拔之詞，感慨頓挫，簡潔純粹。然紀事樸實，不為雕鏤鍛鍊，跌宕怪神之作。出入馬遷、班固，而根之以《六經》之至理”。其推尊亦太過。然玉學術本醇，克寬所謂“大抵主於明正道，扶世教”者，其論不誣。其文皆雅潔不支，歐陽元〔玄〕所謂“嚴而有法”者，案元此語亦見克寬《志》中。亦為不媿。其《送葛子熙序》稱：“陸子之質高明，故好簡易，朱子之質篤實，故好邃密。所入之途有不同，及其至也，三綱五常、仁義道德豈有不同者哉？況同是堯、舜，同非桀、紂，同尊周、孔，同排釋、老，同以天理為公，同以人欲為私。大本達道，無有不同者。學者不求其所以同，惟求其所以異，此豈善學聖賢者哉？”又《與汪真卿書》

稱："朱子盡取群賢之書，析其同異，歸之至當。使吾道在宇宙如青天白日，萬象燦然，莫不畢見。然自是以來，三尺之童，即談忠恕，目未識丁，亦聞性與天道，一變而為口耳之弊。蓋古人之學，以所到之深淺為所見之高下，所言皆實事，今人之學，所見雖遠而皆空言。此豈朱子畢盡精微以教世之意哉？"其言皆辨別真偽，洞見癥結，無講學家門户之見。知其授命成仁，揹拄名教，不自剽竊語錄中來矣。

【彙訂】

①"王褘"，殿本作"王禕"，誤。説詳卷四六《元史》條註訂誤。王褘《王忠文集》卷十七有《書鄭子美文集後》。

②王褘序作於洪武三年，《文祿堂訪書記》著錄元至正刻本《師山先生文集》十一卷，有至正丁亥程文序與至正庚寅自序。可知王褘所序非初刻本。（劉兆祐：《四庫著錄元人別集提要補正》）

友石山人遺稾一卷（編修汪如藻家藏本）

元王翰撰。翰字用文，其先西夏人，元初從下江淮，授領兵千户，鎮廬州，因家焉。翰少襲爵，有能名，累遷江西、福建行省郎中。陳友定留居幕府，表授潮州路總管，兼督循、梅、惠三州。友定敗，浮海抵交趾，不果。屏居永福之觀獵山，著黄冠服者十一年。洪武開辟書再至，翰以幼子偁託其故人吳海，遂自引決。翰本將家子，志匡時難，不幸遭宗邦顛沛，其慷慨激烈之氣，往往託之聲詩。故雖篇什無多，而沈鬱頓挫，凜然足見其志節。如《題畫葵花》云："憐渠自是無情物，猶解傾心向太陽。"《送陳仲實還潮陽》云："歸去故人如有問，春山從此蕨薇多。"大都憔悴行吟,不忘故國。其絕命詩云:"昔在潮陽我欲死,宗嗣如絲我無子。彼時我死作忠臣,覆祀絕宗良可恥。今年辟書親到門,丁男屋下三人存。寸刃在手顧不惜,一死了却君親恩。"蓋翰於死生之際,明決如此,亦可見其志之素定也。顧嗣立《元詩選》僅載翰詩二十七首。此本乃其子偁所輯,凡諸體詩八十四首。前有陳仲述序,後附誌銘、表詞等七篇,皆吳海所作也①。

【彙訂】

① 文淵閣《四庫》本無此七篇文字。

聞過齋集八卷(兩淮鹽政採進本)

元吳海撰。海字朝宗,閩縣人。至正末,遭逢兵亂,絕意仕進。明洪武初,守臣欲薦諸朝,力辭得免。既而徵諸史局,亦力辭不赴。事蹟具《明史·隱逸傳》。是集為其門人王偁所編。初,海與永福王翰善。元亡之後,海以翰嘗仕元,勸以死節。而自撫其遺孤,教之成立,即偁是也。史稱其文"嚴整典雅,一歸諸理",又載海嘗言"楊、墨、釋、老,聖道之賊;管、商、申、韓,治道之賊;稗官野乘,正史之賊;支詞豔説,文章之賊。上之人宜敕通經大臣,會諸儒定其品目,頒之天下。民閒非此不得輒藏,坊肆不得輒鬻"云云。雖持論少狹,非古人兼資博考之義,然其宗旨之正,亦於此可見矣。其題曰"聞過齋"者,海平生虛懷樂善,有規過者,欣然立改,嘗以"聞過"名其齋,偁因以名其集云。

學言詩稿六卷(江西巡撫採進本)

元吳當撰。當字伯尚,崇仁人,澄之孫也,以廕授萬億四庫照磨。薦為國子助教,預修《宋》、《遼》、《金》三史。除翰林修撰,累遷直學士。江南兵起,拜江西肅政廉訪使,左遷撫州路總管。

旋罷歸，後復擢江西行省參知政事。未上官而陳友諒已陷江西，遂遯迹不出。友諒遣人召之，當堅臥，以死自誓。昇狀載送江州，拘留一年，終不屈。友諒滅，乃免。洪武初，復迫致之。見太祖，長揖不拜，竟得放歸。隱居吉水之谷坪，完節以終。所著有《周禮纂言》，今已佚。惟此集存。原本九卷，明崇仁知縣新安葉良貴所刊。此本六卷，則國朝臨川李紱重刊所併也。澄於元代致位通顯，號曰大儒，然實宋咸淳鄉貢士。出處之間，猶不免責備於賢者。當不受僭竊之辟，則高於張憲諸人。乃天下已定，仍不降禮於萬乘，尤在楊維楨諸人上。蓋死生久付之度外，其不為謝枋得者，特天幸耳。有元遺老，當其最矯矯乎^①！其詩風格遒健，忠義之氣凜凜如生，亦元季之翹楚。顧嗣立《元百家詩》僅摭其《潯陽舟中》詩三首，《送樊秀才》詩一首，附澄《草廬集》末。其殆未見此本歟？

【彙訂】

① 吳當被陳友諒拘留，後即隱居吉水，不久病死，時在至正二十一年(1361)。則非元遺老。（楊鐮：《元詩史》）

北郭集六卷補遺一卷（浙江鮑士恭家藏本）

元許恕撰。恕字如心，江陰人。至正中，薦授澄江書院山長，旋棄去。會天下已亂，乃遁迹賣藥於海上，與山僧野人為侶。善自晦匿，罕相識者，故徵召不及。至洪武甲寅乃卒。是集其子禮部主事節所輯，范餘慶跋稱其後張簡編為七卷。今考定原本為六卷，是今本六卷乃其原數。顧嗣立《元詩選》云“所著《北郭集》十卷”，或“十”字、“七”字字畫相近而誤歟？集中每卷之首皆題“五七言古”一行，其實乃古體、近體雜編，殊不可解，疑或傳錄者所妄加。《補遺》卷內附錄其子節詩六首、孫輅詩二首,又許穆詩二首,許雲詩一首,則其族孫裔所續入也[①]。恕詩格力頗遒,往往意境沈鬱,而音節高朗,無元季靡靡之音。近體頗似陳與義,或其所宗法者在《簡齋集》耶? 中多愁苦之詞。然如《偶成》詩之"一逕豆苗綠,獨行溪水西。繁露墜叢竹,新流漲芳堤。偶與樵者語,忽聞幽鳥啼"云云,亦未嘗不翛然清遠。蓋遭逢喪亂,故哀怨獨深,有不能率其恬夷之素者矣。

【彙訂】

① 文淵閣《四庫》本未錄許穆詩二首,許雲詩一首。(王樹林:《北郭集提要》)

玉笥集十卷(浙江鮑士恭家藏本)

元張憲撰。憲字思廉,山陰人。家玉笥山,因以為號。少負才不羈。晚為張士誠所招,署太尉府參謀,稍遷樞密院都事。元亡後,變姓名,寄食僧寺以沒。《明史·文苑傳》附載陶宗儀傳末。然二人出處不同,非氣類也。是集卷首有同時楊維楨、周砥、戴良及成化初安成劉釪四序,又孫大雅《玉笥生傳》一篇、楊基《〈玉笥生傳〉書後》一篇。其平生事狀,尚略具梗概[①]。憲早歲入元都所作《紅騘馬歌》、《酧海一漚》諸篇,皆在集中,奇氣鬱勃,頗有志於功名。後從淮張之招,非其本願。故其《枕上感興》詩云[②]:"拓疆良在念,擇木詎忘覘。嘉猷固久抱,忠憤欲誰展。"蓋初同王粲之依劉,晚類韋莊之仕蜀,亦自知所託非人,而貧賤銜恩,不能自拔。讀其詞,可以知其志矣。憲學詩於楊維楨,維楨許其獨能古樂府。今集中樂府、琴操凡五卷[③],皆頗得維楨之體。其他感時、懷古諸作,類多磊落航髒,豪氣坌涌。詩末間附評語，蓋亦維楨所點定云。

【彙訂】

① 殿本"具"下有"其"字。

② 文淵閣《四庫》本卷五載此詩，題為《枕上興感》。（周錄祥：《〈四庫全書簡明目錄・集部〉訂誤》）

③ 文淵閣《四庫》本僅卷三為《古樂府》，其中後半部分為《琴操》。

青村遺稾一卷（浙江巡撫採進本）

元金涓撰。涓字德原，義烏人。本姓劉，先世避吳越王錢鏐嫌名，改為金氏。嘗受經於許謙，又學文章於黃溍。嘗為虞集、柳貫所知，交薦於朝，皆辭不赴。明初州郡辟召，亦堅拒不起，竟教授鄉里以終。所著有《湖西》、《青村》二集，共四十卷，兵燹不存。嘉靖中，其六世孫魁始掇拾散亡，編為此本。魁子江始刊版印行。以所存無幾，非涓手定之原集，故題曰《遺稾》。涓於宋濂、王褘為同學①，褘贈涓詩有"惜哉承平世，遺此磊落姿"句，頗嗟其沈晦。而涓《送李子威之金陵》詩云："若見潛溪宋夫子，勿云江漢有扁舟。"乃深慮其薦達，志趣頗高。然其詩則不出江湖舊派，摹寫山林，篇篇一律，殊未為超詣。觀集中有《錢塘行在》一篇，以元統、至正閒人，何至指錢塘為行在？知由耽玩宋末諸集，以習熟而誤沿舊語矣。特以託意蕭閒，不待矯語清高，自無俗韻。又恬於仕宦，疏散寡營，亦無所怨尤，故品格終在江湖詩上耳。詩道關乎性情，此亦一證矣。

【彙訂】

① "王褘"，殿本作"王禕"，下同，誤。說詳卷四六《元史》條

注訂誤。

丁鶴年集一卷(直隸總督採進本)①

元丁鶴年撰。鶴年字亦曰鶴年，蓋用孟浩然字浩然例也，色目人。本世家子，遭亂不求仕宦，篤尚志操，兼以孝聞。烏斯道、戴良為作傳，皆以申屠蟠擬之②。元亡避地四明，後歸老武昌山中。《明史‧文苑傳》附見《戴良傳》末。其詩本名《海巢集》，此本題《丁鶴年先生集》，不知何人所編。末附有鶴年長兄浙東僉事都元帥吉雅摩迪音原作吉雅謨丁，今改正。詩九首③、次兄翰林應奉阿里沙詩三首、又鶴年表兄樊川吳惟善詩五首④，亦不知何人所續入也⑤。鶴年既絕意於功名，惟覃思吟詠，故所得頗深。尤長於五、七言近體，往往沈鬱頓挫，逼近古人，無元季纖靡之習。至順帝北狩以後，興亡之感，一託於詩。惝惻纏綿，眷眷然不忘故國。瞿宗吉《歸田詩話》所稱"行蹤不異梟東徙，心事惟隨雁北飛"句，及《逃禪室與蘇生話舊》一篇，可以知其素志。宗吉又稱其《梧竹軒》詩，謂其時作者已滿卷，此詩一出，皆為斂衽。今考其詩中二聯堆砌無味，徒以起二句用鳳凰事，以"棲梧桐"、"食竹實"關合；末二句用蔡邕事，以"焦尾桐"、"柯亭竹"關合，頗為工巧耳。以是求鶴年之詩，失之遠矣。

【彙訂】

① 文淵閣《四庫》本作三卷。(楊鐮：《元詩史》)

② 烏斯道作《丁孝子傳》，未嘗以申屠蟠擬之。(陳垣：《元西域人華化考》)

③ 戴良《高士傳》謂吉雅謨丁為鶴年從兄。(同上)

④ "吳惟善"，殿本作"吳維善"，誤，參此集附錄。

⑤ 明永樂刻本《鶴年詩集》分四卷，一曰《海巢集》，二曰《哀思集》，三曰《方外集》，四曰《續集》，後附吉雅謨丁等三人詩。明正統刻本則分三卷，統名《海巢集》，已失其舊。（瞿鏞：《鐵琴銅劍樓藏書目錄》；傅增湘：《鈔本丁鶴年詩集跋》）

貞素齋集八卷附錄一卷北莊遺槀一卷（浙江鮑士恭家藏本）①

元舒頓撰。頓字道原，績溪人。至元丁丑，江東憲使辟為貴池教諭，秩滿調丹徒②。至正庚寅，轉台州路儒學正。以道梗不赴，歸隱山中。明興，屢召不出，名所居曰貞素齋，著自守之志也。所著有《古淡槀》、《華陽集》，今皆不傳③。此本乃嘉靖中其曾孫旭、元孫孔昭等所輯，績溪知縣遂寧趙春所刊。其文章頗有法律。詩則縱橫排宕，不尚纖巧纖組之習，七言古體尤為擅場。卷首有頓自序及自作小傳，均以陶潛自比。而其文乃多頌明功德。蓋元綱失馭，海水群飛，有德者興，人歸天與，原無所容其怨尤。特遺老孤臣，義存故主，自抱其區區之志耳。頓不忘舊國之恩，為出處之正，不掩新朝之美，亦是非之公，固未可與《劇秦美新》一例而論也。《附錄》一卷，載俞希魯、唐仲實等所作銘記數篇。《北莊遺槀》一卷，則頓弟遠、遜遺詩，亦孔昭等所採入，今並仍其舊錄之焉④。

【彙訂】

① 殿本"北"上有"又"字。

② 舒頓歷官貴池教諭、丹徒校官。後轉升台州路儒學，恰逢元末兵亂，遂退歸故里。明興，稱疾不赴徵召。據清道光間舒正儀編《貞素先生舒公年譜》："至元五年己卯（1339）三十六歲。

《家譜》：'是年夏四月，父教諭公卒，公解職奔喪。'……至正元年辛巳(1341)三十八歲。《家譜》：'是年秋七月，服闋，起補京口丹陽校官。'《行狀》（張梓《故貞素先生舒公行狀》）謂'秩滿，調丹（徒）〔陽〕'，誤。"則舒頔並非秩滿遷調而係服闋後赴補。（魏崇武：《〈四庫全書〉之〈貞素齋集〉"提要"辨正》）

③《古淡橐》當作《古澹橐》。《年譜》載舒頔作品集另有《歸來橐》、《和蘇文定公詩集》、《貞素齋別錄》三種。且據舒旭《華陽貞素齋集》序、舒朝陽《華陽貞素齋集》序、舒孔昭《華陽貞素齋集》跋，《華陽集》並非不傳，而是仍保存於明嘉靖十九年(1540)趙春刻本《華陽貞素齋集》（即四庫底本知不足齋抄本《貞素齋集》所據。《浙江採集遺書總錄》著錄："《貞素齋集》八卷，知不足齋寫本。右元台州學正績溪舒頔撰，裔孫新蔡學諭朝陽編次，嘉靖庚子知績溪縣遂寧趙春付梓并序。"）中。（同上）

④ 附錄卷二為舒遠《北莊遺橐》與舒遜《可菴搜枯集》。（胡玉縉：《四庫全書總目提要補正》）

一山文集九卷（兩淮馬裕家藏本）

元李繼本撰。繼本名延興，以字行，東安人，占籍北平。登至正十七年進士，授太常奉禮，兼翰林檢討。考其代雄縣知縣所作《禱雨文》內稱"洪武二十七年"，則其人明初尚存矣。此集前有李敏序，稱為其子方曙、方煦所輯。而景泰中黎公穎序，則曰其孫容城教諭伸所編。意其父子相繼為之歟？朱彝尊《明詩綜》蒐羅最備，獨未錄是集。殆以未仕於明，故與楊維楨諸人一例不載[1]。顧嗣立《元百家詩選》亦未收入，則疑流傳頗少，嗣立偶未見也[2]。其詩文俊偉疏達，能不失前人規範。長歌縱橫磊落，尤為擅場。中有學李白不成，流為盧仝、馬異格調者。好奇之弊，其失不免獷而野。然愈於翦紅刻翠，以詞為詩者多矣。

【彙訂】

①《明詩綜》卷十四有李延興詩十七首。（余嘉錫：《四庫提要辨證》）

② 顧嗣立《元詩選》（初集即《元百家詩選》）的體例是，凡仕於明朝者不予收錄。協助顧氏編纂《元詩選》的金侃在康熙二十八年曾抄《一山文集》九卷，而《元詩選》的編纂始於康熙三十年，完全可以收入。《元詩選初集》已集選有李士瞻《經濟集》，顧氏在其小傳中稱其子李延興"明洪武間，嘗典邑校。有《一山文集》傳於世，茲不復錄也"。可見其持論之嚴。（羅鷺：《〈元詩選〉與元詩文獻研究》）

江月松風集十二卷（山東巡撫採進本）

元錢惟善撰。惟善字思復，自號心白道人，錢塘人。領至正元年鄉薦，官至儒學副提舉。張士誠據吳，退隱吳江之筒川，又移居華亭。明洪武初卒。惟善初應鄉試時，題曰《羅剎江賦》，鎖院三千人，不知所出。獨惟善引枚乘《七發》，證錢塘之曲江即羅剎江，大為主司所稱，由是知名。其作《西湖竹枝詞》，乃稱斷橋曰段家橋，為瞿宗範所譏，並見瞿宗吉《歸田詩話》。然考證之疏密與吟詠之工拙，各自一事，不以地理之偶誤，病及其詩也。其集在明不甚顯，故焦竑撰《國史經籍志》收元人詩集頗夥，而惟善所作不著錄。其傳於世者，惟賴良《大雅集》所錄詩九首而已。此本初為惟善手書真蹟，藏於練川陸氏家。後歸嘉興曹溶，康熙中金侃於溶家鈔得。又以甫里許氏藏本較其異同，始行於世。

顧嗣立《元詩選》所錄,即據此本採入者也。前有陳旅序,稱其
"妥適清舊,娓娓乎有唐人之流風",品題頗當。又有至元五年淳
安夏溥序,以宋末四靈指為晚唐之人,紕謬殊甚。今惟錄旅序以
弁首,溥序則削不載焉。

　　龜巢集十七卷(編修汪如藻家藏本)

　　元謝應芳撰。應芳有《思賢錄》,已著錄。集一卷為賦,二卷
至五卷為詩,六卷至十一卷為雜文,十二卷為詩餘,十三卷至十
五卷又為雜文,十六卷、十七卷又為詩。編次頗為無緒,疑後人
傳寫,亂其舊第。抑或本為前集十二卷,後集五卷,一則先詩而
後文,一則先文而後詩。傳寫誤併為一集,故參錯如是也[①]。史
稱其詩文雅麗醞藉。今集中詩頗雅潔,文則多應酬之作。然其
中如《上周郎中論五事啟》、《上奉使宣撫書》、《與王氏諸子書》、
《上周參政正風俗書》、《上何太守書》、《上武進樊大尹書》、《與林
掌諭請建先賢祠書》,皆有關於國計民生、人心風俗,非徒以筆墨
為物役者。史稱其"年益高,學行益邵。達官縉紳過郡者,必訪
其廬。應芳布衣韋帶,與之抗禮。議論必關世教,切民隱",蓋不
誣焉。

　　【彙訂】

　　①《常州先哲遺書》後編收有《龜巢槀》二十卷足本,並有繆
荃孫撰跋語,謂《四庫》所收僅十七卷,非足本,序次紊亂,誠傳抄
之誤。(楊洪升:《〈四庫全書總目〉補正六則》)

　　石初集十卷附錄一卷(浙江鮑士恭家藏本)[①]

　　元周霆震撰。霆震字亨遠,安成人。以先世居石門田西,自
號石田子初,省其文則曰石初。早年刻意學問,多從宋諸遺老

游,得其緒論。延祐中行科舉法,再試不售,遂杜門專意詩古文。是集為廬陵晏璧所編,集後行狀、誌銘之屬,亦璧所附也。霆震生於前至元二十九年壬辰,卒於明洪武十二年己未②,年八十有八。親見元代之盛,又親見元代之亡。故其詩憂時傷亂,感憤至深。如《二月十六日青兵逼城》、《古金城謠》、《李潯陽死節歌》、《兵前鼓》、《農謠》、《杜鵑行》、《過玉成砦》、《關城曲》③、《郡城高》、《人食人》、《延平龍劍歌》、《寇至雜詠》、《寇自北來》、《軍中苦樂謠》、《宿州歌》諸篇,並敍述亂離,沈痛酸楚,使異代尚如見其情狀。昔汪元量《水雲集》,論者以為宋末之詩史④。霆震此集,其亦元末之詩史歟?

【彙訂】

①“石初集十卷附錄一卷”,殿本作“石初集十七卷”。文淵閣《四庫》本此集為十卷,書前提要云十卷。(修世平:《〈四庫全書總目〉訂誤十七則》,圖)

②“十二年”,殿本作“二十年”,誤。前至元二十九年壬辰為 1292 年,明洪武十二年己未為 1379 年。(同上)

③“關城曲”,殿本作“城關西”,皆誤。此集卷三作“城關曲”。

④“以為”,殿本作“謂”。

山窗餘稿一卷(浙江鮑士恭家藏本)

元甘復撰。復字克敬,餘干人。其詩源出於張翥。雖不及翥之才力富健,諸體兼備,而風懷澄澹,意境翛然。五言古體,綽有韋、柳之遺,其格韻乃似在翥上。蓋才有所偏長,詣有所獨至也。元亡之後,遁跡以終。著作散佚,僅存手墨於同里趙石蒲家，凡文數十篇、詩十餘首①。明成化中，石蒲之孫琥始為繕錄開雕，復見於世。雖零篇斷簡，所剩無多，而詩格文筆，一一高潔。疑復當日自擇其最得意者，手錄此帙，故篇篇率有可觀。轉勝於珠礫雜陳，務盈卷帙，徒供覆瓿者矣。顧嗣立《元詩選》稱琥刻是編，劉憲為序。此本僅有琥跋，不載憲序，蓋刊版散失之後，輾轉傳鈔佚之矣。然復集自足傳，亦不以序之有無為輕重也。

【彙訂】

① "凡文數十篇詩十餘首"，殿本無。

梧谿集七卷（浙江鮑士恭家藏本）

元王逢撰。逢字原吉，自稱席帽山人，江陰人。當至正閒，被薦不就，避地吳淞江，築室上海之烏涇。適張氏據吳，東南之士咸為之用，逢獨高蹈遠引。及洪武初，徵召甚迫，又以老疾辭。《明史·文苑傳》附載於戴良傳中，以二人皆義不負元者也。逢少學詩於陳漢卿，得虞集之傳，才氣宏敞而不失謹嚴。集中載宋、元之際忠孝節義之事甚備。每作小序以標其崖略，足補史傳所未及，蓋其微意所寓也。是書傳本差稀①，王士禎屬其鄉人楊名時訪得明末江陰老儒周榮起手錄本，乃盛傳於世。榮起號硯農，究心六書，毛晉汲古閣刊版多其所校，蓋亦好古之士云。

【彙訂】

① "書"，殿本作"詩"。此集七卷皆為詩作。

吾吾類稾三卷（永樂大典本）

元吳臬撰。臬《元史》無傳，志乘亦失載其姓名。獨《永樂大典》各韻中頗採錄其詩文，題作吳舜舉《吾吾類稾》。又別收胡居敬等原序三篇①，略具行履。知其為臨川人，乃宋丞相吳潛諸

孫。早游吳澂之門，嘗官臨江路儒學教授。元亡後抗志不出，遯
跡以終，而不著其名。惟王圻《續文獻通考》載有吳臯《吾吾類
藁》之目，而集中祝文亦有"臯忝游宦"語。知臯為其名，舜舉乃
其字也。臯工於韻語，所作大都以朴澹為主，不涉元末佻巧纖靡
之習。詩中紀年，多有庚寅、壬辰及癸卯、甲辰等歲名。時值至
正之季，盜賊縱橫，目擊艱危，每深憂憤。如《和劉聞廷擬古十
章》，反覆於國步將傾，藩維弛節，而繼之以"堂堂潯陽守，重義知
所本"云云，特表李黼之忠烈，以激厲當時，其志有可憫者。雖其
骨格未堅，尚不能抗行古作者，而纏綿悱惻，要不失變雅之遺意
焉。集佚已久。顧嗣立《元詩選》搜羅最廣，亦闕而不載。今從
《永樂大典》裒輯，共得詩一百二十餘首，釐為三卷①。其雜文十餘
首，亦附於後，備考核焉。

【彙訂】

　　①"三"，底本作"二"，據殿本改。此集卷首有胡居敬、梁
寅、張美和序三篇。

　　樵雲獨唱六卷（浙江鮑士恭家藏本）

　　元葉容〔顒〕撰①。容字景南，金華人。志行高潔，結廬城山
東隅，名其地曰雲顒，自號雲顒天民。是集乃其孫雍所編。前有
自序，謂"薪桂老而雲山高寒，音調古而巖谷絕響"，故名曰《樵雲
獨唱》。序凡二篇，皆題至正甲午。而集中多載入明詩，且後篇
乃明興後語，疑原本後篇未著年月，傳寫者誤以前篇年月補入
也。顧嗣立《元詩選》載："葉樵雲容，字伯愷。洪武中登進士，官
行人司副，免歸。"案集中《挽琳荊山上人》云："大德庚子春，生我
及此公。"以年計之，當洪武戊申，景南年六十有九矣。其《獨樂

歌》云："屈指今年七十五。"集中詩皆高曠之言，絕無及仕宦者。袁布政凱序云："使先生後生數年，際我朝之明盛，與一時俊乂並列庶職，其事業必有可觀。惜其不然，而徒於言語文字間見之，其志不亦可哀乎?"袁序作於成化間，不應有誤。《元詩選》所引，未知何所據也。又《震澤編》載"東山葉容字伯昂，嘗以鄉貢為和靖書院山長，則又一同名姓者耳"云云，其辨甚明。案《太學題名碑》，建文庚辰科有葉容，亦金華人。庚辰為建文三年，革除以後稱洪武三十三年[2]。《元詩選》所引，當必因此而譌，嗣立特未之詳考也。其詩寫閒適之懷，頗有流於頹唐者。而胸次超然，殊有自得之趣。天機所到，固不必以繩削求矣。

【彙訂】

①　"葉容"，"容"當作"顒"，底本乃避嘉慶諱改，下同。殿本作"顒"。

②　庚辰為建文二年，建文三年應稱"洪武三十四年"。（楊武泉：《四庫全書總目辨誤》）

桐山老農文集四卷（浙江范懋柱家天一閣藏本）

元魯貞撰。貞字起元，自號桐山老農[1]，開化人。集中《萬青軒記》自稱曲阜人，蓋曲阜其祖貫也。是集凡文三卷，詩一卷。凡元代所作，皆題至正年號。其入明以後，惟題甲子，殆亦栗里之遺意。詩不出元末之格，且間有累句，殊非所長。其文亦聞見頗狹，或失考正，如《武安王廟記迎神詞》中有"蘭佩下兮桂旗揚，乘赤兔兮從周倉"句。考周倉之名不見史傳，是直以委巷俚語鐫刻金石，殊乖大雅。然人品既高，胸懷夷曠，一切塵容俗狀，無由入其筆端。故稱臆而談，自饒清韻，譬諸深山幽谷，老柏蒼松，雖不中繩規,而天然有出塵之意。其故正不在語言文字閒矣。

【彙訂】

① 殿本"號"下有"曰"字。

靜思集十卷(浙江鮑士恭家藏本)

元郭鈺撰。鈺字彥章,吉水人。《江西通志》稱其元末遭亂,隱居不仕。明初以茂才徵,辭疾不就。集首有洪武二年廬陵羅大已序,亦稱其"有經濟,能自守"。今案集中有《辛亥秋詔舉秀才,余以耳聾足躄,縣司逼迫非情,因成短句》一詩,辛亥為洪武四年,又在作序後二年,則所謂能自守者信矣。又《癸丑首正》詩中有"盲廢倦題新甲子,醉來謾說舊山川。貞元朝士今誰在,東郭先生每自憐"之句,是其不忘故國,抗跡行吟,志操可以概見。又有《乙卯新元六十生辰》詩,則其入明已八年矣。跡其生平,大抵轉側兵戈,流離道路,目擊時事阽危之狀,故見諸吟詠者每多愁苦之詞。如《悲廬陵》、《悲武昌》諸篇,慷慨激昂,於元末盜賊殘破郡邑事實,言之確鑿,尤足裨史傳之闕。其遺集本藏於家。嘉靖閒,羅洪先始為序而傳之。而其孫廷詔等不知編次之法,前後舛錯,殊無義例①。以行世既久,今亦姑仍其舊錄之云爾。

【彙訂】

① 今存鈔本題"元處士吉水桂林郭鈺彥章著,明國子生八世從孫廷昭編"。文淵閣《四庫》本卷首嘉靖四十年辛酉羅洪先序亦云:"因校譌舛,屬其八世從孫廷昭入梓以傳。"(王重民:《中國善本書提要》)

九靈山房集三十卷補編二卷(兩江總督採進本)

元戴良撰。良字叔能,浦江人。嘗學文於柳貫、黃溍、吳萊,學詩於余闕。《明史·文苑傳》,明太祖初定金華時用為學正,良棄官逃去。至正辛丑,順帝用薦者言,授淮南、江北等處行中書省儒學提舉。後至吳中依張士誠。知士誠不足與謀,挈家浮海至膠州,欲間道歸庫庫軍。庫庫即世所稱王保保,百戰以圖恢復者也。會道梗不達,僑居昌樂。洪武六年南還,變姓名隱四明山[①]。十五年,徵入京,欲官之,以老疾辭。太祖怒,羈留不釋。次年四月卒於京師,然迄未食明祿也。良世居金華九靈山下,故自號九靈山人。其集曰《山居稾》,曰《吳游稾》,曰《鄞游稾》,曰《越游稾》。後跋又云[②]:“集外有《和陶詩》一卷。”今檢集中,《越遊稾》內已有《和陶詩》一卷,而其門人趙友同所作《墓誌》亦云:“《和陶詩》一卷、《九靈集》三十卷,不在集目之內。”或本別有《和陶詩》一卷,而為後人合併於集中者,未可知也[③]。良詩風骨高秀,迴出一時。睠懷宗國,慷慨激烈,發為吟詠,多磊落抑塞之音。故其《自贊》謂“歌黍離麥秀之詩,詠剩水殘山之句”。蘇伯衡贊其畫像,亦謂其“跋涉道途,如子房之報韓;其彷徨山澤,如正則之自放”云。

【彙訂】

① 戴良於至正二十七年(1367)十一月前後渡海還鄞,“洪武六年(1373)南還”誤。(魏青:《戴良生平行蹤考論》)

② “後”,殿本無。

③ 文淵閣《四庫》本卷末有正統十年歲次乙丑夏六月望前一日從曾孫統跋,云:“集外有《和陶集》一卷。”又乾隆壬辰夏月十四世從孫殿江跋亦云:“遺書若《春秋經傳考》、《和陶集》,今不知尚存與否。”

灤京雜詠一卷（浙江鮑士恭家藏本）

元楊允孚撰。允孚字和吉，吉水人。其始末未詳。惟集後羅大已跋稱：“楊君以布衣襆被，歲走萬里，窮西北之勝。凡山川、物產、典章、風俗，無不以詠歌記之。”則允孚似未登仕版者。然第四十九首註稱“每湯羊一膳具數十六，餐餘必賜左右大臣，日以為常。予嘗職賜，故悉其詳”云云，則亦順帝時尚食供奉之官，非游士矣。又末數首中，一則曰：“宮監何年百念消，冠簪驚見鬢蕭蕭。挑燈細說前朝事，客子朱顏一夕凋。”一則曰：“強欲澆愁酒一卮，解鞍閒看古祠碑。居庸千載興亡事，惟有中天月色知。”一則曰：“試將往事記從頭，老鬢征衫總是愁。天上人閒今又昔，灤河珍重水長流。”則是集蓋作於入明之後。故羅大已序有“兵燹所過，莽為邱墟，回視曩遊，慨然永嘆”語也。其詩凡一百八首，題曰“百詠”，蓋舉成數①。其曰“灤京”者，以灤河逕上都城南，故元時亦有此稱。詩中所記元一代避暑行幸之典，多史所未詳。其詩下自註，亦皆賅悉。蓋其體本王建《宮詞》，而故宮禾黍之感，則與孟元老之《東京夢華錄》、吳自牧之《夢粱錄》、周密之《武林舊事》同一用意矣。

【彙訂】

① 集中前一百首係當年隨元帝赴上京所作，後八首哀婉淒苦，當是元亡後不久所作，應為附錄，綴於集後。“挑燈細說前朝事”為第九十九首，用唐人“白頭宮女在，閒坐說玄宗”之意。另兩首在後八首中。（鄧紹基、史鐵良：《灤京雜詠提要》）

雲陽集十卷（浙江鮑士恭家藏本）

元李祁撰。祁字一初，別號希蘧，茶陵人。元統元年進士，除應奉翰林文字,改授婺源州同知。遷江浙儒學副提舉,以母憂解職。會天下已亂,遂隱永新山中。元亡,自稱不二心老人,年七十餘乃卒。祁為詩沖融和平,自合節度①,文章亦雅潔有法。其初登第也,元制以漢人、南人為左榜,蒙古、色目人為右榜。案元制尚右,故《元史·梁增傳》稱諭安南以新朝尚右之禮,蒙古、色目人為右榜以此。祁為左榜第二人,其右榜第二人則余闕也②。後闕死節,而祁獨轉側兵戈間。嘗為闕序《青陽集》,以“不得乘一障,效死如廷心”為恨。又稱:“世之貪生畏死,甘就屈辱,靦然以面目視人者,斯文之喪,益掃地盡矣。”蓋與闕雖出處稍殊,死生各異,而其惓惓故主,義不負元,則大節如一。昔宋理宗寶祐四年榜得文天祥為狀元,又得陸秀夫、謝枋得二人。是榜得李黼為狀元,而又得祁與闕二人③。黼不媿文天祥,闕不媿陸秀夫,而祁亦不媿謝枋得。是二榜者,後先輝映,亦可云科名之盛事矣。初,明兵至永新,祁中刃僵道左。千戶俞子茂詢知為祁,舁歸禮待之。雖幸不死,然洪武中徵召舊儒,祁獨力拒不起。子茂重其為人,祁沒之後,子茂為刻其遺集十卷。至宏治間,其五世從孫東陽搜輯遺槀,屬吉安守顧天錫重鋟,即此本也。國朝康熙中,廣州釋大汕復以意刪削,併為四卷。然大汕雖號方外,實權利之流,其學識不足以知祁,去取深為未當。故今仍以原本著錄,存其真焉。

【彙訂】

①“節度”,殿本作“節族”。

②“第二人”,底本作“第三人”,據殿本改。(桂棲鵬:《元代進士研究》)

③《元史·忠義傳·李黼傳》云:“泰定四年,以明經魁多士。”《李齊傳》云:“元統元年進士第一。”則李祁與李黼非同榜。

同榜者乃李齊。（胡玉縉：《四庫全書總目提要補正》）

　　南湖集二卷（浙江鮑士恭家藏本）[①]

　　元貢性之撰。性之字友初，《歸田詩話》作有初，未詳孰是也[②]。宣城人，尚書師泰之族子。元季以胄子除簿尉，後補閩省理官。洪武初，徵錄師泰後人，大臣以性之薦。性之避居山陰，更名悦。其從弟仕於朝者，迎歸金陵、宣城，俱不往，躬耕自給以終其身。其集名曰《南湖》，雖仍以宣城祖居為目，實則没於浙東，終未歸也[③]。集中題《畫馬》詩云：“記得曾陪仙仗立，五雲深處隔花看”，題《葡萄》詩云：“憶騎官馬過灤陽，馬乳累累壓架香”，蓋惓惓不忘故國。又題《墨菊》詩曰：“柴桑生事日蕭然，解印歸來祇自憐。醉眼不知秋色改，看花渾似隔輕煙。”題《陶靖節像》曰[④]：“解印歸來尚黑頭，風塵吹滿故園秋。一生心事無人識，剛道逢迎媿督郵。”其不事二姓之意，尤灼然可見。貢欽作是集序曰：“會稽王元章善畫梅，得其畫者無貢南湖題詩則不貴重。”故集中多詠梅詩。嘗題絶句云：“王郎胸次亦清奇，盡寫孤山雪後枝。老我江南無俗事，為渠日日賦新詩。”又云：“王郎日日寫梅花，寫遍杭州百萬家。向我題詩如索債，詩成嬴得世人夸。”其他題畫之作尤多。蓋人品既高，故得其題詞則縑素為之增價，有不全繫乎詩者。《歸田詩話》稱其《吳山游女》及《送戴伯貞之廣西》兩篇，未足以盡性之也。

【彙訂】

　　①“二卷”，底本作“七卷”，據文淵閣庫書及殿本改。（李裕民：《四庫提要訂誤》）

　　②有、友乃通用字。（同上）

③ 殿本"終"下有"始"字。

④ 殿本無"陶"字。

佩玉齋類稾十卷(兩淮馬裕家藏本)

元楊翮撰。翮字文舉,上元人。父剛中,大德間官翰林待制,著有《霜月集》,今已不傳。翮初為江浙行省掾①,至正中官休寧主簿,歷江浙儒學提舉,遷太常博士。剛中為時名宿,所學具有原本,當代勝流多與之遊。翮承其家訓,益鏃屬為古文辭。觀虞集、楊維楨等所作序,皆儼然以父執自居,則其指授提撕,必為親切。故其文章格律,多得自師友見聞,意態波瀾,能不失先民矩矱。雖邊幅未廣,醖釀未深,而法度謹嚴。視無所師承,徒以才氣馳騁者,則相去遠矣。是集刊於至正末,而劉仔肩選明《雅頌正音》,乃採入其詩。又《楊基集·悼楊文舉博士》詩亦有"白髮蒼髯老奉常,亂離終喜得還鄉"句。則翮之没當在洪武初年。今以其未受明祿,故仍係之元人焉。

【彙訂】

① "江浙",殿本作"浙江",誤。

清閟閣集十二卷(安徽巡撫採進本)

元倪瓚撰。瓚字元鎮,號雲林,案梁清遠《雕邱〔丘〕雜錄》曰:"倪雲林字元鎮。"而華亭夏正長寅《贈陳進之序》稱為太宇,不知其何據。謹附識於此。無錫人。畫居逸品。詩文不屑屑苦吟,而神思散朗,意格自高,不可限以繩墨。明天順間,宜興塞朝陽有刻本①。至萬曆中,其八世孫瑝等復為彙刊,凡十五卷。歲久漫漶,惟毛晉所刊《十元人集》本行世。國朝康熙癸巳,上海曹培廉重為編定,校勘付梓,多所增補。考朱存理《樓居雜著》有《題雲林子詩後》一篇,稱:

“素愛其詩,每見一篇一詠,輒收錄之。近得蹇氏新刻本,參校其所遺者,存而萃集成帙,多吳遊之作。計得諸體詩及雜文共若干篇,為《外集》一卷。”則蹇刻原非足本,故培廉更為蒐輯也。凡詩八卷、雜文二卷。《外紀》二卷,上卷列遺事、傳、銘,並贈答、弔挽之作,下卷專載諸家品題詩畫語。毛晉嘗刊《雲林遺事》,於集外別行,培廉哀為一編。瓚之始末,備列無遺矣。世又有別本《文集》二卷,末有崇禎戊寅紀同人跋曰:“《雲林詩集》,毛子晉家有刊本。此《文集》二卷,自滄江劉氏鈔得之。蓋哀輯墨蹟而成,非原本也。後見刻本,較此本增多數篇,分為四卷,序次亦稍不同。然文中《荊谿圖序》一首,據《宜興縣志》載入者核之,即《題陳惟允畫荊谿圖》之節本。前後複見,略不一檢,則冗雜無緒可知。不及此本之清整也。”云云。其考正頗核。今考集中所載,如《題天香深處卷後》、《題紫華周公碑傳行狀後》、《題師子林圖》、《重覽紫華周公碑傳》、《題周遜學府君遺翰後》、《鶴林周元初像贊》等六篇,皆詞意猥鄙,決非瓚筆。蓋自偽本墨蹟鈔撮竄入,同人未及辨正。培廉此本亦尚載集中。以流傳既久,姑仍刊本存之,而附著其可疑如右。”

【彙訂】

① 朝陽名曦,依《總目》體例,當作“宜興蹇曦有刻本”。(胡玉縉:《四庫全書總目提要補正》)

玉山璞稾一卷(兩淮馬裕家藏本)①

元顧瑛撰。瑛一名阿瑛,又名德輝,字仲瑛,崑山人。少輕財結客。年三十,始折節讀書,與天下勝流相唱和。舉茂才,署會稽教諭,辟行省屬官,皆不就。年四十,即以家產盡付其子元臣，卜築玉山草堂。池館聲伎，圖畫器玩，甲於江左。風流文采，傾動一時。後元臣仕為水軍副都萬戶。元亡，隨例徙臨濠，瑛亦偕往。洪武二年卒。嘗自題其畫像曰：“儒衣僧帽道人鞵，天下青山骨可埋。若説舊時豪俠興，五陵衣馬洛陽街。”紀其實也。《明史·文苑傳》附載《陶宗儀傳》末。楊循吉《蘇談》曰：“阿瑛好事而能文，其所作不逮諸客，而詞語流麗，亦時動人。故在當時，得以周旋騷壇之上，非獨以財故也。”今觀所作，雖生當元季，正詩格綺靡之時，未能自拔於流俗。而清麗芊綿，出入於温岐、李賀閒，亦復自饒高韻，未可概以詩餘斥之。集末附《步虛詞》四章，體摹《真誥》。又小詞二首，文二篇。《拜石壇記》，頗疏峭。《玉鶯》一傳，為楊維楨得簫而作，摹擬《毛穎》、《革華》，則不免陳因窠臼矣。

【彙訂】

①　底本此條與文淵閣庫書次序不符。文淵閣庫書與殿本均置於“清閟閣集十二卷”條之前。

麟原文集二十四卷（兩淮馬裕家藏本）

元王禮撰。禮字子尚，後更字子讓，廬陵人。元末為廣東元帥府照磨。明興不仕，聘為考官，亦不就。《江西通志》載吉安人物有王子讓而無王禮，蓋誤以子讓為名也。禮工於文章，著述甚富。嘗選輯同時人詩為《天地閒集》，_{案謝翶嘗錄宋遺民詩為《天地閒集》，此襲其名，蓋陰以自寓。}其名見於郭鈺《靜思集》中，今已久佚。惟是編尚存，分前、後兩集，各十二卷。前有李祁、劉定之二序。定之序謂其“託耕鑿以棲迹於運去物改之餘，依曲蘖以逃名於頭童齒豁之際。其文奇氣硉矹胸臆，以未裸將周京故也。有與子讓同出元科目,佐幕府,其氣亦有掣碧海弓蒼旻之奇①。及攀附龍鳳,自擬留文成。然有所作,噫喑鬱伊,捫舌駭顏,曩昔豪氣漸泯無餘矣。"意蓋借禮以詆劉基,然所評與禮文不甚似。祁序稱其"藹然仁義之詞,凜然忠憤之氣,深切懇至,無不可人意者",斯得之矣。

【彙訂】

①"弓",底本作"弋",據劉定之序原文及殿本改。

來鶴亭詩八卷補遺一卷(浙江鮑士恭家藏本)①

元呂誠撰。誠字敬夫,崑山人。工於吟詠,詩格清麗,與同里郭翼、陸仁、袁華相唱和。嘗於園林蓄一鶴,後有鶴自來為伍,因築來鶴亭,併以名其詩集。考集中第一卷多嶺南詩。二卷有《洪武辛亥南歸重渡梅關》詩云:"去年竄逐下南溟,萬里歸來鬢已星。"辛亥為洪武四年,是明初嘗謫遷廣東,已而赦歸。其緣何事獲譴,則不可考。第八卷詩內有"洪武癸酉"紀年。癸酉為洪武二十六年,而楊維楨前序作於至正七年丁亥,至是已四十七年,計其時誠亦耄矣。諸書皆稱呂處士,無言其嘗仕於明者,則仍元遺老也。集不知何人所編,維楨序稱:"嘗和其古樂府,自上京至江南謠弄若干首。"今集中皆無之,則原序雖存,詩已多所散佚,非其原本。又顧嗣立《元人百家詩選》稱其尚有《既白軒》、《竹洲》、《歸田》諸稿。今所見者惟此集,或維楨所言在其他集之內歟?

【彙訂】

①"八卷",殿本作"九卷",誤,參文淵閣庫書。

雲松巢集三卷(浙江鮑士恭家藏本)

元朱希晦撰。希晦,樂清人。至正末,隱居瑤川①,與四明

吳主一、蕭臺、趙彥銘游詠雁山之中,稱"雁山三老"。明初有薦
於朝者,朝命未至而卒。是集乃其子龜所編,天台鮑原宏〔弘〕為
之序。正統中,其元孫元諫刊版,章陬又為之序②。原宏序稱其
"飄逸放曠宗於李,典雅雄壯宗於杜",陬序稱其"思致精深,詞意
豐贍。滔滔汨汨如驚濤怒瀾,蛟鼉出没,而可駭可愕"。今觀其
詩,五言詩氣格頗清,而邊幅少狹,興象未深,數首以外,詞旨略
同。七言稍為振拔,古體又勝於近體。溯其宗派,蓋瓣香於《劍
南》一集。原序所稱,未為篤論也。

【彙訂】

①"瑤川",底本作"瑤州",據殿本改。永樂五年鮑原弘序
云:"初,予在樂清咨訪故老,得瑤川朱先生希晦。"正統六年章陬
序亦云:"《雲松巢集》者,樂清朱先生希晦所賦詠也。先生家
瑤川。"

② 正統中章陬序所述尚有千餘篇,則朱龜所藏本必不止此
本所收百餘首,可知非龜所編之本。又章陬序乃應希晦玄孫美
之請,在正統辛酉,而希晦七世孫諫刻版在嘉靖戊子,相距八十
七年。"諫"前"元"字當衍。(孫詒讓:《溫州經籍志》)

環谷集八卷(浙江鮑士恭家藏本)

元汪克寬撰。克寬有《禮經補逸》,已著錄。其平生以聚徒
講學為業,本不留意於文章,談藝之家亦未有以文章稱克寬者。
然其學以朱子為宗,故其文皆持論謹嚴,敷詞明達,無支離迂怪
之習。詩僅存十餘首,雖亦《濂洛風雅》之派,而其中七言古詩數
首造語新警,乃頗近溫庭筠、李賀之格。較諸演語錄以成篇,方
言俚字無不可以入集者,亦殊勝之。在其鄉人中,不失為陳櫟、

胡炳文之亞。文士之文以詞勝，而防其害理，詞勝而不至害理，則其詞可傳；道學之文以理勝，而病其不文，理勝而不至不文，則其理亦可傳。固不必以一格繩古人矣。此集為國朝康熙初其裔孫宗豫所輯[①]，前列行狀、墓表、年譜，末附以汪澤民等序文，為《胡傳纂疏》諸書而作者。前有三原孫枝蔚序，稱《祁門三汪先生集》。今以時代不同，析之各著錄焉。

【彙訂】

① 此集為其同族後學懋麟字蛟門選輯，裔孫宗豫字武山校梓。（班書閣：《環谷集提要》）

性情集六卷（永樂大典本）

元周巽撰。巽事迹不見於他書，其詩集諸家亦未著錄。惟《文淵閣書目》載有周巽泉《性情集》一部，一冊，與《永樂大典》標題同。《吉安府志》又載有周巽亨《白鷺洲》、《洗耳亭》二詩，檢勘亦與此集相合。而集中《擬古樂府》小序則自題曰“龍唐耄艾周巽”云云。以諸條參互考之，知巽為其名，而巽泉、巽亨乃其號與字也。集中自稱嘗從征道、賀二縣猺寇，以功授永明簿，則在元曾登仕版。而所紀干支有“丙辰九月”，當為洪武九年，則明初尚存矣。巽詩格不高，頗乏沈鬱頓挫之致。然其抒懷寫景，亦頗近自然，要自不失雅則。集以“性情”為名，其所尚蓋可知也。元末吉州一郡，如周霆震、楊允孚、郭鈺等，皆有詩集流傳，而巽詩獨佚，殆亦有幸不幸歟？今據《永樂大典》所載，蒐羅編輯，釐為六卷。俾與《石初》諸集並存於世，亦未嘗不分路爭馳矣。

花溪集三卷（兩淮鹽政採進本）

元沈夢麟撰。夢麟字原昭，吳興人。舉後至元己卯鄉薦，授

婺源州學正,遷武康令。至正中,解官歸隱。明初以賢良徵,辭
不起。應聘入浙、閩校文者三,為會試同考者再,太祖稱之曰"老
試官"。然知其志不可屈,亦不強以仕。年垂九十而卒[①]。夢麟
以前朝遺老,不能銷聲滅蹟,自遁於雲山煙水之閒,乃出預新朝
貢舉之事。此與楊維楨等之修《元史》、胡行簡等之修禮書,其蹤
蹟相類。以較丁鶴年諸人,當降一格。然身經徵辟,卒不受官,
較改節希榮者,終加一等。仍繫諸元,曲諒其本志也。是集為其
元孫江西按察司僉事清所編[②],凡詩文四百二十四篇。夢麟與
趙孟頫為姻家,傳其詩法,七言律體最工,時稱"沈八句"。劉基
早與之遊,嘗寄贈曰:"杜陵老去詩千首,陶令歸來酒一樽。"其文
其人,具見於是矣。

【彙訂】

① 沈夢麟字元昭,湖州歸安人。元至正十三年中鄉試,授
婺源州學正,遷武康縣尹。卒年九十三歲。書前彭韶序所述其
事迹多誤,《總目》襲之。(潘柏澄:《花溪集敘錄》)

② 此集乃其玄孫江西按察司僉事清刻於瑞州,編定者按察
使同邑陸玠,校正者副使吳瓊,為時則弘治丁巳(1497)也。(傅
增湘:《校花溪集跋》)

樗隱集六卷(永樂大典本)

元胡行簡撰。行簡字居敬,新喻人。至正二年進士,授國子
監助教,歷翰林修撰,除江南道御史,遷江西廉訪司經歷。遭世
亂,乞歸,以經學教授鄉里。事蹟見《江西通志》中。考《明史·
禮志》載洪武二年詔郡縣舉高潔博雅之士,同修禮書。至者八
人,而行簡與焉。是明初尚存,故集中《晏公廟》、《喻真人》二碑

均有洪武年號。然《明太祖實錄》又載："徵江西儒士劉于、胡行簡等至京，欲官之，俱以老病辭，各賜帛遣還。"則尚未受明官也。行簡文章以沖和澹雅為宗，雖波瀾未闊，而能確守法度，不為支離冗贅之詞。擬之元末，殆李祁《雲陽集》之流。其詩傳者無多，《墨竹》一章，於故君舊國之思再三致意，亦頗可見其節操。焦竑《經籍志》所列元末明初諸集，為數最夥，而獨無此集之目，是明代傳本已尠。今從《永樂大典》蒐輯編綴，釐為六卷，存其概焉。

東山存稿七卷附錄一卷（內府藏本）

元趙汸撰。汸有《周易文詮》，已著錄。初，汸於洪武二年應召修《元史》，歸未踰月而卒。其門人汪蔭裒輯遺文為一編。後其門人范準又搜羅補綴，汪仲魯為之序，但稱若干卷而不詳其數，似作序時尚未編定也。又有嘉靖戊午鮑志定序，稱"文集散佚，間輯於汪、范二君而未備也。先翰林于先生為莫逆交，故諸所撰述留余家藏書樓中，大率悉備。先君子棠野公追念世好，收摭先生遺文，總彙成集，攜遊北雍。潛川豫菴汪君亟請繡梓"云云。則此本乃志定之父所編，非汪蔭、范準之舊也。凡詩詞一卷、文六卷，《附錄》一卷。詩、文間註本事，有似汸自註者，有稱汸為先生，如《贈推命焦月巖》、《詠蟋蟀》二詩及虞集私試《江西六君子策》之類，灼然為後人所加者。詳其語意，殆汪、范二人所附歟？康熙辛酉趙吉士重刊跋稱第六卷《虞集行狀》中闕二頁[①]。今考此篇之末，其文未畢，蓋尚闕其末一頁，不但二頁也。有元一代，經術莫深於黃澤，文律莫精於虞集。汸經術出於澤，文律得於集，其淵源所自，皆天下第一。故其議論有根柢，而波瀾意度均有典型，在元季亦翹然獨出。詩詞不甚留意，然往往頗近元祐體，無雕鏤繁碎之態。蓋有本之學，與無所師承，剽竊語錄，自炫為載道之文者，固迴乎殊矣。

【彙訂】

① "刊"，殿本作"刻"。

東維子集三十卷附錄一卷（浙江孫仰曾家藏本）

元楊維楨撰。維楨有《春秋合題著說》，已著錄。此其初刊詩文集也。維楨以詩文奇逸凌跨一時。此編乃錄文二十八卷，詩僅兩卷，又以雜文六篇足之。蓋以文為主，詩特附行耳。朱國楨《湧幢小品》載王彝嘗詆維楨為"文妖"。今觀所傳諸集，詩歌、樂府出入於盧仝、李賀之間，奇奇怪怪，溢為牛鬼蛇神者，誠所不免。至其文則文從字順，無所謂"翦紅刻翠以為塗飾，聱牙棘口以為古奧"者也。觀其於句讀疑似之處，必旁註一"句"字，使讀者無所岐誤。此豈故為險僻，欲使人讀不可解者哉？其作《鹿皮子文集序》曰："盧殷之文凡千餘篇，李礎之詩凡八百篇，樊紹述著《樊子書》六十卷，雜詩文凡九百餘篇，今皆安在哉？非其文不傳也，言厖義淫，非傳世之器也。孔孟而下，人樂傳其文者屈原、荀況、董仲舒、司馬遷，又其次王通、韓愈、歐陽修、周敦頤、蘇洵父子，我朝則姚公燧、虞公集、吳公澄、李公孝光。凡此十數君子，其言皆高而當，其義皆奧而通也。"觀其所論，則維楨之文不得概以"妖"目之矣。陶宗儀《輟耕錄》載維楨《辨統論》一篇，大旨謂元繼宋而不繼遼、金。此集不載此篇，未喻其故。今恭奉諭旨，補入集內。蓋維楨雖反顏吠主，罪甚揚雄①，而其言可採，則不以其人廢之②。仰見聖人衮鉞之公，上超萬古，非儒生淺見之能窺也。

【彙訂】

① 此當係指《鐵崖古樂府補》卷四所收《大明鏡歌鼓吹曲十三篇》而言，然據清末葛漱白考，《大明鏡歌鼓吹曲》乃偽作。（孫小力：《楊維禎年譜》）

② "廢之"，殿本作"而廢"。

鐵崖古樂府十卷樂府補六卷（安徽巡撫採進本）

元楊維禎撰，其門人吳復所編①。維禎以樂府擅名，此其全帙也。樂府始於漢武，後遂以官署之名為文章之名。其初郊祀等歌，依律製詩，橫吹諸曲，采詩協律，與古詩原不甚分。後乃聲調迥殊，與詩異格，或擬舊譜，或製新題，輾轉日增，體裁百出。大抵奇矯始於鮑照，變化極於李白，幽豔奇詭、別出蹊徑，岐於李賀。元之季年，多效溫庭筠體，柔媚旖旎，全類小詞。維禎以橫絕一世之才，乘其弊而力矯之，根柢於青蓮、昌谷，縱橫排奡，自闢町畦。其高者或突過古人，其下者亦多墮入魔趣。故文采照映一時，而彈射者亦復四起。然其中如《擬白頭吟》一篇曰："買妾千黃金，許身不許心。使君自有婦，夜夜白頭吟。"與"三百篇"風人之旨亦復何異？ 特其才務馳騁，意務新異，不免滋末流之弊，是其一短耳。去其甚則可②，欲竟廢之則究不可磨滅也。惟維禎於明初被召，不肯受官，賦《老客婦謠》以自況，其志操頗有可取。而《樂府補》內有所作《大明鏡歌鼓吹曲》，乃多非刺故國，頌美新朝，判然若出兩手。據危素跋，蓋聘至金陵時所作。或者懼明祖之羈留，故以遜詞脫禍歟？ 然核以大義③，不止於白璧之微瑕矣。

【彙訂】

①《鐵崖古樂府補》六卷中頗有入明以後作品，而吳復卒於

元至正八年。《楷書隅錄》卷五謂《樂府補》六卷乃入明後續經採錄者。（王次澄：《〈四庫全書總目提要〉正補二十五則》；黃仁生：《楊維楨與元末明初文學思潮》）

② 殿本"甚"上有"太"字。

③ "或者懼明祖之羈留故以遜詞脱禍歟然"，殿本無。

復古詩集六卷（編修汪如藻家藏本）

元楊維楨撰。所載皆琴操、宮詞、冶春、遊仙、香奩等作，而古樂府亦雜廁其閒。乃其門人章琬所編，以其體皆時俗所置而不為，故以"復古"為名。琬序稱輯前後所製者二百首，連吳復所編又三百首。而今止一百五十二首，數不相符，或後人已有所刪削，非完本歟①？ 其中《香奩》諸詩，為他本所不載。古樂府諸篇則與《鐵崖樂府》相復者數十首，而稍有異同。如《石婦操》"山夫折山花"句上，《樂府》本尚有"峨峨孤竹岡，上有石魯魯"二句，"山頭朝石婦"句，《樂府》本作"歲歲山頭歌石婦"。又《烽燧曲》一首，《樂府》本以上二句作下二句，其文互有顛倒。又《樂府》本所載詩題與此本異者，如《北郭詞》之作《屈婦詞》，《秦宮曲》之作《桑陰曲》，《合歡詞》之作《生合歡》，《空桑曲》之作《高樓曲》，此類不一而足。蓋吳復編《鐵崖樂府》在至正六年，琬編此集在至正二十四年，相距幾二十載。殆維楨於舊槀又有所改定，故琬據而錄之。此當從其定本，不當泥其初槀者矣。

【彙訂】

①《鐵崖先生古樂府》十卷《復古詩集》六卷，題"門生富春吳復類編"，詩集題"太史紹興楊維楨廉夫著，太史金華黃溍晉卿評，門生雲間章琬孟文注"。其目錄以《復古詩集》連作十六卷，

詩則別為起訖，版心統題《古樂府》。吳復序云："先生為古雜詩五百餘首，自謂樂府遺聲。"章琬序則云："輯前後所製二百首，及吳復所編又三百首，名曰《復古詩集》。"蓋其體為古樂府，《復古》則琬所名也，故琬所注者名曰《復古詩集》，其不注者仍名《古樂府》，蓋二而一者也。今復所編四百九首，琬所注一百五十二首，總計五百六十一首，固有贏無絀，無所刪削也。（陸心源：《儀顧堂續跋》）

麗則遺音四卷（江蘇巡撫採進本）

元楊維楨撰。維楨《東維子集》不載所作古賦，《鐵崖文集》中亦僅有《土圭》、《蓮花漏》、《記里鼓車》三作，而他賦概未之及。是集為賦三十有二首，皆其應舉時私擬程試之作①。乃維楨門人陳存禮所編②，而刊版於錢塘者。至正二年，維楨自為之序。其後漸佚不傳。《明史·藝文志》中備錄維楨著述書目，亦無是集之名。明末常熟毛晉偶得元乙亥科湖廣鄉試《荊山璞賦》一冊，而是集實附卷末，始為重刻以行。其《荊山璞賦》五首，並綴錄於後，以存其舊。元代設科，例用古賦。行之既久，亦復剽竊相仍，末年尤甚。如劉基《龍虎臺賦》，以場屋之作為世傳誦者，百中不一二也。維楨才力富健，回飆馳霆激之氣，以就有司之繩尺，格律不更，而神采迥異。邊擬諸詩人之賦，雖未易言，然在科舉之文，亦可云卷舒風雲，吐納珠玉者矣。

【彙訂】

① 集中所收賦僅部分為科舉之作，另有相當數量的作品，如《些馬》、《杖賦》等當作於中進士之後。（黃仁生：《楊維禎與元末明初文學思潮》）

② “陳存禮”，殿本作“陳有禮”，誤。明汲古閣刊本此集有陳存禮跋。

夷白齋槀三十五卷外集一卷（浙江鮑士恭家藏本）

元陳基撰。基字敬初，臨海人，受業黃溍之門。所作詩文皆操縱馳騁，而自有雍容揖讓之度，能不失其師傳。至正中，以薦授經筵檢討。嘗為人草諫章，幾獲罪，引避歸。張士誠據吳，引為學士，書檄多出其手。明興，太祖召修《元史》，賜金而還。《明史·文苑傳》附見《趙壎傳》中①。基寓舍有夷白齋，故以名其槀。凡《內集》詩十一卷、文二十四卷，《外集》詩文合一卷，大抵皆元世所作也。朱存理《樓居雜著》有《跋〈夷白齋槀〉》一篇，稱“得鈔本於王東郭家，臨寫一部，計二百九十六番，裝為五冊”，而不言其卷數。又有《跋〈夷白齋拾遺〉》一篇，稱“尚寶李公前修郡乘時，先得海虞人家本一冊，復有遺文三十五篇，予悉錄之。今得王氏本相校異同，於海虞本錄出為《拾遺》一卷。吳中尤氏有遺墨數紙，內有陳基傳、謝徽詩，併存《拾遺》後”云云。據其所言，頗與今本相近。然存理但云《拾遺》為遺文，而此本《外集》有詩，或後人又有所更定歟？

【彙訂】

① “文苑傳”，底本作“文苑傅”，據殿本改。

庸菴集十四卷（永樂大典本）

元宋禧撰。禧初名元禧。後改名禧，字无逸，庸菴其號也，餘姚人。元至正庚寅，中浙江鄉試，補繁昌教諭，尋棄歸。洪武初，召修《元史》。所撰《外國傳》，自高麗以下悉出其手。書成不受職，乞還山。復與桂彥良同徵主考福建。故《明史》列之《文苑》中，附見《趙壎傳》末。然集中《題桐江釣隱圖》有云：“黃冠漫憶賀知章，老病憐予簡書趣。”又《寄宋景濂》云：“當時十八士，去留各有緣。”而戴良贈以詩，亦有“麥秀歌殘已白頭，逢人猶自説東周”之句。則亦沈夢麟、趙汸之流，非危素諸人比也。禧學問源出楊維楨。維楨才力横軼，所作詩歌，以奇譎兀臬淩躒一世，效之者號為“鐵體”。而禧詩乃清和婉轉，獨以自然為宗，頗出入香山、劍南之閒。文亦詳贍明達，而不詭於理。可謂“善學柳下惠，莫如魯男子”矣。黃虞稷《千頃堂書目》載《庸菴文集》三十卷，又《庸菴詩集》十卷。自明以來，未有刊版，故流播絶稀。今浙江所採進者，乃其《詩集》，即《千頃堂書目》所云十卷之本，而《文集》則已久佚。惟《永樂大典》各韻内詩文並載，尚具梗概。以浙本相校，其詩惟多七言絶句四首①、詞一首，其他轉不若浙本之詳備。疑編錄之時，多所刪汰。其雜文每題之下各載年月。檢勘皆至正閒所作，而入明乃無一篇，當亦不免有所遺脱。然世無傳本，惟藉此以獲見一斑，尤不可不亟為甄錄。謹據浙本參互考證，仍編《詩集》為十卷，《文集》則別釐為四卷，又從《西湖志》補詩二首，《餘姚志》補文二首。統題作《庸菴集》，以備元末之一家焉。

【彙訂】

① “惟”，殿本作“為”，誤。

可閒老人集四卷（浙江鮑士恭家藏本）

元張昱撰。昱字光弼，自號一笑居士，廬陵人。元末，左丞楊旺扎勒原作楊完者，今改正。鎮江浙①，昱參謀軍府，官至左右司員外郎，行樞密院判官，元末棄官不仕。張士誠招禮之，不屈。

明太祖徵之至京，召見，憫其老，曰：“可閒矣。”厚賜遣歸。更號可閒老人，放浪山水，年八十三乃卒。《明史·文苑傳》附見《趙撝謙傳》中。瞿宗吉《歸田詩話》記其在楊旺扎勒幕中諸作。又記其酒酣自誦《歌風臺詩》，以界尺擊案，淵淵作金石聲，曰：“我死葬骨湖上，題曰‘詩人張員外墓’足矣。”其風調可以想見也。其詩學出於虞集，故具有典型。舊槀散佚，正統元年楊士奇始得殘帙於給事中夏時，以授浮梁縣丞時昌刻之。此本即從正統刻本傳寫者，士奇原序尚載於卷端。其詩才氣縱逸，往往隨筆酬答，或不免於頹唐。然如《五王行春圖》、《歌風臺》諸作，皆蒼莽雄肆，有沈鬱悲涼之概。《天寶宮詞》、《輦下曲》、《宮中詞》諸作，不獨詠古之工，且足備史乘所未載。顧嗣立《元詩選》嘗錄其詩於《辛集》中。其小傳引楊士奇序云云，所見蓋即此本。舊版久佚，流傳漸寡。國初金侃得毛晉家所藏別本②，改題曰《廬陵集》。侃復為校正，閒附案語於下方。然其本亦從此本傳錄，非兩書也。

【彙訂】

①“江浙”，殿本作“浙江”，誤。據《南村輟耕錄》卷八《志苗》等，楊完者曾任江浙行省參知政事。

②“國初”，殿本作“國朝”。

石門集七卷（浙江汪啟淑家藏本）

元梁寅撰。寅有《詩演義》，已著錄①。其集世有二本。一即此本，乃馬氏玲瓏山館所鈔。一為新喻知縣崇安暨用所刊本②，分為十卷③，與此本稍有詳略，而其大致不甚相遠，蓋即此本而析其卷帙以就成數耳④。寅於《易》、《詩》、《書》、《春秋》、

《禮記》、《周禮》皆有訓釋。又有《策要》、《史斷》諸書，頗究心於史學。又有《巵言》、《論林》、《搜古集》、《格物編》諸書，亦兼講考證。故其文理極醇雅⑤，而持論多有根柢，不同剽掇語錄之空談。詩格尤春容澹遠，規仿陶、韋。惟《河源》一記，過信篤什所傳，其謬與潘昂霄相類。蓋儒生拘限舊聞，故承譌襲誤。然有元一代，皆主火敦腦兒之説，不獨寅一人為然，存而不論焉可矣⑥。

【彙訂】

① 依《總目》體例，當作"寅有《周易參義》，已著錄"。（胡玉縉：《四庫全書總目提要補正》）

② 殿本"用"下有"其"字。

③ 今存明嘉靖三十一年傅鸞刊本《石門集》二卷，較《四庫》本多賦四篇，古、近體詩各數十首，詞四闋，記三十三篇，序二十四篇，書後四篇，書三篇，論三篇，傳三篇，箴銘贊祝辭六篇，墓誌銘五篇，樂章及四言詩為《四庫》七卷本所無。另吳氏《拜經樓藏書題跋記》有舊鈔本《石門集》十五卷。（胡玉縉：《四庫未收書目提要續編》）

④ 七卷本卷一古賦二篇，卷二五言古詩、歌行，卷三樂府辭、五言律詩、五言長律、五言絕句，卷四七言律詩，卷五七言拗體、七言長律、七言絕句，卷六記，卷七序。十卷本卷一為記，卷二序，卷三跋、論、賦等，卷四樂章、四言詩、樂府、五言古詩、七言古詩，卷五為五言律詩、七言律詩、五言絕句、七言絕句、六言詩、詞，卷六至卷八為經史論文，卷九、卷十為策論。兩本詩文數目差別甚大，十卷本經史論文、策論等亦為七卷本所無。"稍有詳略，而其大致不甚相遠"之説不確。（潘柏澄：《梁石門集敘錄》；王樹林：《石門集提要》）

⑤ "極"，殿本作"致"。

⑥ "存而不論"，殿本作"存不而論"，誤。《石門集》卷六《河源記》云："河源在吐蕃西鄙，有泉百餘竇，地方七八十里，皆沮洳不勝人跡。泉不可遍視，登其旁嶺，下視泉竇，歷歷如列星，故名鄂端諾爾（按即"火敦腦兒"）。鄂端者，漢言星宿也。諾爾者，海也。星宿海合流而東，匯為二澤，復合流始名黃河。"此説與潘昂霄《河源記》所論雖不盡精確（星宿海尚非源頭），但較之黃河重源，即發源於帕米爾高原，東流至鹽澤，潛入地下，至積石復出之説，實較科學。（楊武泉：《四庫全書總目辨誤》）

玉笥集九卷（浙江汪啟淑家藏本）

元鄧雅撰。原本集首但題鄧伯言，而不著其名。今案集中洪武壬戌辭聘詩有"雅以菲才，例蒙郡舉"云云，知其名為雅，而伯言乃其字也。又雅雖辭聘，而末一卷乃為《朝京紀行》詩，且有應制賦《鍾山雲氣沍寒》之作。蓋當時未允其辭，起送入都之後，始得放還，與張昱等相類也。時梁寅方講學石門山中，雅與之遊，此集即寅所勘定。然《江西通志》失載其人。此集諸家書目亦未著錄，惟此鈔帙流傳，僅存至今耳。卷首有梁寅序及答書一首，又何淑、丁節、戴正心序各一首，謝觀題詞一首，皆極相推挹。今觀其詩，雖未免稍涉率易，而氣味沖澹，頗有自然之致，究為不失雅音。與梁寅《石門集》體裁正復相近，宜其契分之深矣。